Doctor medicinae Karl Hermann Amadeus Grebe, Nervenarzt

Anekdoten und Tragödien

Ein Versuch, das normal-verrückte Dasein eines Nervenarztes in Deutschland zu beschreiben

Band 1

LinguaMed Verlags-GmbH
Friedensallee 30
63263 Neu-Isenburg

ISBN 3-928610-34-1 LinguaMed Verlags-GmbH, Neu-Isenburg 2000

Die Deutsche Bibliothek – CIP-Einheitsaufnahme

Anekdoten und Tragödien
Grebe, Karl H.
Neu-Isenburg : LinguaMed-Verl.-GmbH, 2000

ISBN 3-928610-34-1

Impressum
Verlag:
LinguaMed Verlags-GmbH
Friedensallee 30
63263 Neu-Isenburg

Druck:
F. W. Wesel, Druckerei und Verlag GmbH & Co. KG
Baden-Baden

Inhalt

Geleitwort

Anläßlich des Kongresses der amerikanischen Psychiatervereinigung (APA) 1998 in Toronto, Kanada, kam ich mit dem Kollegen K. G. ins Gespräch über den eklatanten Kontrast zwischen der professionell"gestylten" amerikanischen Wissenschaftspräsentation und der psychiatrischen Versorgungsqualität bzw. der konkreten Situation psychisch Kranker. Im Rahmen darauf folgender abendlicher Diskussionen über das deutsche Gesundheitswesen und die diesbezügliche Situation hierzulande offenbarte er mir den fast fertigen Entwurf eines Opus mit den Erlebnissen und Erfahrungen aus seiner Nervenarztpraxis. Seine „Anekdoten" und treffend-spritzigen Alltagsschilderungen faszinierten unsere Gesprächsrunden und bestärkten mich, ihn zur Veröffentlichung zu ermuntern.

Erfreulicherweise liegt nun dieses außergewöhnliche Manuskript vor: prima vista ein locker-salopp verfaßtes Buch über „irrenärztliche" Tätigkeit, bei näherem Hinsehen aber ein durchaus anspruchsvoller Lesestoff für die Zielgruppe Nervenarzt und/oder Psychotherapeut mit hohem Anspruch an nervenheilkundliche Kenntnis und Humor sowie Offenheit für Lebensweisheit und -philosophie. Dennoch ist es auch für diejenigen lesenswert, die sich als Ärzte in der neuro-psychiatrischen Weiterbildung befinden, sich hausärztlich mit neurologisch-psychiatrischen „Fällen" herumplagen, auch für alle, die irgendwo im psychosozialen Bereich tätig sind, und es sei denen dringend empfohlen, die das schwere Unterfangen begonnen haben, Gesundheits- und Sozialpolitik zu steuern und zu reformieren – schließlich jedem, der sich darüber ernstlich Gedanken macht.

Es zeigt Probleme auf, über die man nachdenken müßte, ob es hierfür eine Lösung gibt oder nicht. Für manche könnte das Buch nicht ungefährlich sein, ist es letztendlich doch zum Teil auch deprimierend, weil es der Wahrheit entspricht, so die Kommentare eines Lektors.

Profan-sarkastisch/pseudophilosophisch könnte man sagen, unsere heutige, moderne Welt ist (auf fast allen Gebieten) so verrückt, daß sie nur für einen Psychiater erträglich ist ...

In diesem Sinne wünsche ich allen viel Vergnügen bei der Lektüre – für viele Kollegen dürften die geschilderten Erfahrungen aus dem Alltag einer Nervenarztpraxis sehr vertraut sein. Da Humor vielleicht der wichtigste und gesündeste Abwehrmechanismus ist, kann das Lesen im Sinne einer Distanzierung/Entspannung Balsam für die Seele und das „Nervenkostüm" unserer Berufsgruppe sein und somit eine psychohygienische Funktion erfüllen!

Wasserburg/München im Januar 2000

Prof. Dr. G. Laux

Einlei(t/d)ung

Im vergangenen Jahr fiel mir ein Büchlein von Günter Krämer und Jan Tomaschoff in die Hände; voller Cartoons über, mit und – eben – von Irrenärzten. Kein Wunder, daß sie den Titel „Irre(n)ärzte" wählten.

Wenn wir uns heute mehr oder minder freiwillig dem Zwang zur *political correctness* beugen und uns „Nervenärzte", „Psychiater", „Psychotherapeuten" und „Neurologen" nennen, verbergen wir sicherlich schamvoll unsere Anteile an der Verrücktheit unserer Beziehungen zu denjenigen, die – ebenfalls mehr oder minder freiwillig – sich uns ausliefern. Unsere Vorfahren scheinen mir da ehrlicher.

Ich hatte schon jahrelang darüber nachgebrütet, wie ich, ob ich überhaupt und warum gerade ich meinen Senf zu dieser delikaten Angelegenheit hinzugeben und dadurch möglicherweise jemandem die Mahlzeit etwas ungenießbarer machen sollte. Ob es Dijoner Senf oder süßer Senf nach bayrischer Art geworden ist, mag der Leser entscheiden.

Schon vor der geraumen Zeit von fünfzehn Jahren hat mein Leidensgenosse Berthold Rothschild seine „Wahrheiten über das Kuckucksnest" verbreitet, wenngleich ich glaube, daß dieser seinerzeit modische Untertitel dem Verleger zuzuschreiben ist. Den Kollegen und mich trennt zwar nicht das Lebensalter, doch scheint er mir als Schweizer viel ruhiger und ernsthafter. Auch ist er in eine andere, in mancher Beziehung andersartige Volksgemeinschaft und ein anderes Gesundheitssystem eingebunden. Zudem sind die Zeitläufe anders. Vieles wird sich zwar ähneln, so manches jedoch unterscheidet sich und legitimiert oder entschuldigt zumindest meinen Schreibdrang. Häufig bin ich bewußt mehr an der Oberfläche geblieben.

Ein Buch wie das meine entsteht zumeist nicht um aufzuklären, sondern als Katharsis des Schreibers und in der vagen Hoffnung, eine verstehende Seele zu finden. Er wähnt diese auch außerhalb der Gruppe der ähnlich Betroffenen, mit denen er sich rasch bis zur Erschöpfung in der Thematik festredet oder die, wenn sie klug sind, schon abwinken, wenn das Gespräch eine entsprechende Wendung nimmt.

Es befriedigt andererseits jedermanns Voyeurismus, wenn einer die Hosen herunterläßt, auf irgendeine andere Weise einen Striptease zelebriert oder sich zu dem Schlüsselloch macht, durch das man gar Wunderliches zu erspähen glaubt. Beklatscht zu werden, ist aber gefährlich für den Schreiber, da er sich in dem Wahn, er werde nun verstanden, weiter exhibitionieren möchte.

Das Verhältnis der Gesellschaft zu ihren Irren(-)Ärzten – das ist ein Thema, das hier zwar immer wieder angesprochen wird, nicht aber als Leitthema gedacht ist. Allerdings wage ich einige Anmerkungen.

Jeder bekommt, so geht eine Sage, das, was er verdient hat. Also gilt der Schluß, daß die Gesellschaft sich mit eben jenen Ärzten begnügen muß, die sie ausgebildet und damit geformt, beziehungsweise verformt hat, und daß der jeweilige Arzt eben in jener Gesellschaft leben muß, die er mitgestaltet.

Es ist auch ein Allgemeinplatz, daß Psychiater noch vor den Hygienikern eine öffentliche Aufgabe zugedacht bekommen haben. Das dient zwar nicht immer ihrem Vergnügen, steigert aber durchaus ihr Gefühl der eigenen Wichtigkeit. Diese Situation ist verführerisch. Es ist nicht allein die Einsicht, daß eine Zusammenarbeit gelegentlich notwendig ist. Psychiater stehen weit mehr als andere Ärzte in der Gefahr einer Kumpanei oder gar einer Identifikation mit den staatstragenden Organisationen. Helmut Schmidt nannte das „vorauseilenden Gehorsam". Dieser Gehorsam geht nicht selten bis zur Selbstaufopferung. Jeder mag sich da an die eigene Brust klopfen. Vielleicht ist das eine Eigenschaft, die uns Deutschen mehr auf den Leib geschneidert ist als den Angehörigen anderer Nationen.

Andererseits hört man von Ärzten immer häufiger selbstmitleidvolle Klagen über die abnehmende Reputation und das zunehmende Überhörtwerden im „psychosozialen Konzert".

Auch hier stimmt der Vergleich mit der Hygiene. Erst die Kanalisation ließ die Cholera in Europa verschwinden, wie das Hamburger Beispiel zeigt. Der Furz war den alten Ägyptern eine Gottheit. Herakles, der den Augiasstall ausmistete, war ein Halbgott. Der Tarquinius Priscus der römischen Sage, der die Cloaca maxima erbaute, war ein König. „Pecunia non olet" stammt von Vespasian, der Urin zu Geld machte. Er war immerhin römischer Kaiser. Unsere Kanalarbeiter sind uns in personam unwichtig.

Bedeutsamer waren mir hier Bezüge und Beziehungen: die zu meinen/unseren Patienten und umgekehrt die meiner Patienten zu mir und zu uns Nervenärzten allgemein.

Interessant schien mir, warum die Menschen, die zu uns kommen, sich krank oder auch nicht krank fühlen, welche Definitionen und Erklärungen sie oder ihre Umwelt für ihr Befinden haben, wie sie mit sich selbst und anderen umgehen. Auch der Umgang der Gesellschaft mit ihren Kranken war eins meiner Anliegen. Diagnosen oder Klassifikationen waren mir hier eher unwesentlich, obwohl sie inzwischen im ärztlichen Alltag einen großen, wenn nicht gar übergroßen Stellenwert erhalten haben.

Auch die Beziehung, die ich als (Nerven-)arzt zu mir selbst habe, mein Selbstbild, mein Verhältnis zu meinem Beruf und zu der (immer kleiner gewordenen) Welt außerhalb des Berufs schienen mir überdenkenswert.

Hier handelt sich um das Leben, so wie es dem Irrenarzt täglich entgegenschwappt. Sicherlich ist ein gehöriges Maß an Voyeurismus mit dabeigewesen, aber – ohne diesen Persönlichkeitszug wäre so mancher nicht Nervenarzt geworden.

Hier finden Sie nicht die tägliche Routine, das was glatt, wie geschmiert abläuft. Es sind die Dinge, die einen einhalten und stutzen lassen. Es sind Besonderheiten und Typisches. Es ist die Spitze des Eisbergs. Es ist ein Steinbruch für Romane und Grotesken.

Dieses Werklein besteht nicht aus Aphorismen oder abstrakten Weisheiten, wenngleich einige einfache Erkenntnisse hier und da eingestreut sind. Es handelt sich um reale Geschehnisse und Tatsachen, die versuchsweise thematisch geordnet sind. Diese Geschichten und Geschichtchen mögen amüsieren, aber auch nachdenklich machen – einige sollen bewußt erschrecken. Vielleicht bin ich in meinen Kommentaren manchmal sarkastisch; als zynisch möchte ich nicht gelten. Wenn ich etwas mehr Betroffenheit unter meinen Lesern erreichte, wäre ich schon zufrieden.

Die Kategorie dieses Buchs liegt irgendwo in meinem eigenen Sargassomeer und daher zwischen Erlebnisbericht, Sachbuch, Erbauungsliteratur, Philippika, Satire und Tragikomödie. Es ist keine Einheit, nicht aus einem Guß. „Große Literatur" oder tiefschürfende philosophische Gedanken waren nicht beabsichtigt, auch wenn aus unserem Berufsstand nicht nur Benn, Bamm, Jaspers und Schiller stammen. Eugen Roth mit seiner ernsthaften Leichtigkeit (oder vielleicht vice versa: leichten Ernsthaftigkeit?) gehört dazu.

So mancher wird in einigen Auffassungen mit mir nicht übereinstimmen. Mancher ist besser informiert. Mancher hätte anders formuliert. Ich beanspruche nicht, über den gesunden Menschenverstand hinaus besondere Kenntnisse in Politologie, Rechts- oder Wirtschaftswissenschaften zu haben. Aber: auch wenn ich einzelne Fakten nicht richtig eingeordnet haben sollte – die Fahrtrichtung des Zuges kann ich trotzdem erkennen.

Mancher hält sicherlich einiges für politisch nicht opportun. Mag sein. Ich hänge mein Mäntelchen trotzdem nicht in den Wind. Wenn mir nachgesagt werden sollte, es wäre besser gewesen, wenn ich vieles von dem, was ich *geschrieben* habe, lediglich aus*gesprochen* hätte, ist mir diese Haltung der des schweigenden Philosophen zu nahe. „Sic tacuisses" scheint wieder modern zu werden. Mehrmals in der Vergangenheit entsprang dem Flüstern und Schweigen, dem Wegsehen und Mittun das deutsche Unheil: die feige Verweigerung von Verantwortung.

Für mein gelegentliches Bramarbasieren und Granteln mag ich mich daher nicht entschuldigen.

Begebenheiten und Personen wurden verfremdet. Mein Pseudonym habe ich weniger zu meinem, als vielmehr zum Schutz meiner Patienten und der anderen

Betroffenen angenommen. Derjenige, der meint, über den Autor auf die Identität seiner „Fälle" rückschließen zu können, irrt sich somit. Einiges, über das ich gern geplaudert hätte, darf ich somit nicht veröffentlichen, weil der große Bekanntheitsgrad der Geschehnisse die Anonymität der darin verwickelten Personen aufhöbe.

London und Berlin im Oktober 1999

K. H. A. Grebe

Begriffe und Namen, die Ihnen möglicherweise nicht geläufig sind, finden Sie im Anhang des 2. Bandes. Für ergänzende und kritische Anmerkungen bin ich dankbar. Sie können mich über e.mail erreichen: Grebe@zwei1000.de

Eins - wer es mit wem zu tun hat

Am anderen Morgen fand man Ludwig und von Gudden ertrunken. Bis heute ist unklar, was da eigentlich geschehen war. Der König hatte seinen Psychiater mit in den Tod genommen. Er war ihm zu nahe gekommen.

Die Erforschung von Krankheiten hat so große Fortschritte gemacht, daß es immer schwerer wird, einen Menschen zu finden, der völlig gesund ist.

(Aldous Huxley)

Definitionen und Kalauer

Wir denken in *Bildern.* Wir reden in Bildern. Erst in Bildern erfassen und begreifen wir. Worte sind Abbildungen unserer Gedanken, unserer Wahrnehmung und Deutung der Wirklichkeit. Wörter und ganze Gedankengebäude sind Analogien zu Bekanntem, Vertrautem – anschaulich, einleuchtend, manchmal auch trübe und dunkel.

Weiß ich, woher das Bild kommt, was es ungefragt und häufig unbesehen transportiert, laufe ich weniger Gefahr, mir und anderen *Illusionen* zu machen.

Bilder

Apollos, Asklepios, Priester, Schamane, Druide, Medizinmann. Galenus, Paracelsus, Albert Schweitzer, Sigmund Freud, Ferdinand Sauerbruch, Julius Hackethal, Manfred Köhnlechner. Weiser, Seelsorger, Kolumnist, Conférencier. Rettungswacht, Caféhausbesitzer. Wissenschaftler, Paramediziner, Okkultist. Übervater, Beratungsinstitut, Partnerersatz, Stummer Diener, Schuhabtreter ... Arzt.

Begriffliches

Sind Psychiater und Pädiater die einzigen Ärzte (griechisch: iatros) unter den Medizinern? Der Augenarzt ist Ophthalmo*loge*, der Hals-Nasen-Ohren-Arzt Laryngo-Rhino-Oto*loge*, der Hautarzt Dermato*loge*, der *Nerven*arzt Neuro*loge* ... Die griechisch-lateinischen Namen wirken wissenschaftlicher, als es der ärztliche Alltag wirklich *ist*.

Diese Berufsbezeichnungen beziehen sich auf Kranke, Krankheiten und Körperteile, die es zu behandeln gilt. Wie sieht es aber mit den deutschen Bezeichnungen Postarzt, Bahnarzt, Amtsarzt oder gar – Kassenarzt (*Glossokomiater*?) aus? Wen oder was sollen diese denn heilen? Die Kassen – konkret die Taschen der Post, der Bahn, des Beamtenwesens, der Krankenkassen? (Anmerkung: Sisyphos hatte es da leichter. Steine halten ihr Gewicht, die Lasten des Kassenarztes werden stetig schwerer.)

Zynismus

Äußere Zwänge zu verinnerlichen, um sie vermeintlich unschädlich zu machen – was tut der Psychiater anderes?

Steigerungen

Arzt – Kassenarzt: humanitär – defizitär.

Erfolg

Psychiater: arbeitet vergeblich, aber nicht umsonst.

Kassenarzt: arbeitet nicht vergeblich, aber umsonst.

Als Kassenarzt niedergelassener Psychiater: arbeitet umsonst und vergeblich.

Interessenkonflikt

Psychiater: jemand, der viel Zeit für seine Patienten hat.

Kassenarzt: jemand, der viele Patienten hat.

Psychiater als Kassenarzt: jemand, der schon verrückt war, als er meinte, daß sein Anspruch zu realisieren sei; häufig darüber *psychiatrisierungsbedürftig* geworden (Gott-sei-Dank sind die meisten Patienten psychiatrisch geschult).

Helfer

Ärzte gehören zu den „*helfenden Berufen*". Ärzte können in gesellschaftlicher und zunehmend in ökonomischer Hinsicht noch nicht einmal sich selbst helfen. Die Forderung: „Arzt hilf dir selber" zu erfüllen hieße, das Münchhausen-Prinzip noch zu beherrschen. Ein *Iatrologe* dürfte nicht mehr aus den eigenen Reihen kommen. Er müßte in jeder Hinsicht unabhängig sein und die Kompetenzen von Psycho-, Sozio- und Astrologie besitzen.

Krankheit

Kein Leiden, kein gottgegebenes Schicksal, sondern eine sozialpolitische Definition: das Fehlen von Wohlbefinden. Das laßt uns feiern, liebe Weltgesundheitsorganisation!

Der Kränkste in diesem System wäre derjenige, der lustlos für das Befinden des Rests zu sorgen hat: Arzt, hilf dir selber! Sonst ist den anderen nicht mehr zu helfen.

Spagat

Schnell, möglichst noch heute der Effekt, möglichst umfassend! Sanfte Medizin, trotzdem radikal, das Leiden an der Wurzel erfassend. Frei von Effekten auf andere Systeme, ohne Nebenwirkungen, das Wirkziel wie ausgestanzt. Reproduzierbar die Methode, gut bekannt und Therapiestandard, trotzdem modern und innovativ, vielleicht auch ein bißchen alternativ. Jung und gleichzeitig erfahren, ernsthaft und trotzdem eloquent, der Behandler. Aber absolut *sicher*, das Ganze.

Absolute Sicherheit? Diese Art Sicherheit läßt nicht sicher schlafen. Sie erfordert defensives Verhalten, auch in der Medizin. Sicher kann Absolutheit das Leben kosten.

Fragen

Die neunzehnjährige Patientin hat eine brennende Frage auf dem Herzen. Es hat ihr keine Ruhe gelassen. Sie *muß* es wissen. Allein wegen dieser Frage hat sie geduldig eine Stunde im Wartezimmer verbracht: „Haben Sie auch eine *Couch*?"

Effizienz

In den USA gibt es mehr Psychoanalytiker als Briefträger. Die Post erreicht ihr Ziel dennoch.

Kunden

Ein *Patient* soll leidend *und* geduldig sein? Meist erfüllt er nicht das Soll, ist weder eins nur oder beides nicht.

Klient hieß der Hörige oder der Bürger minderen Rechts im alten Rom. Mr. Rogers, hier ist es mit freier Verantwortlichkeit nicht weit her.

Ich ertrüge es besser zu leiden, als hörig zu sein, wäre ich Kunde eines *Psycho*.

Psychiater-Herrschaft ...

„Die Psychiater streben nach der Weltherrschaft", verbreitet Scientology. Der Kollege Thomas Szasz hält die Psychiatrie für eine nach gesellschaftlicher Macht strebende Geheimgesellschaft mit eigenen Symbolen und Ritualen. Der Kollege Karadzic war zumindest ein Täter. Vielleicht hatte er gemeint, daß man doch das tun soll, was alle Welt sowieso von einem glaubt.

Warum sollten die Psychiater *nicht* die Herrschaft haben?

Nervenärzte, Neurologen, Psych- iater, o-logen, o-therapie

Wer sind wir eigentlich, wir Nervenärzte, wir Neurologen, wir Psychiater, Psychotherapeuten, Psychologen?

Berufsbezeichnungen im Dunstkreis der Medizin sind häufig unklar. Zumeist bezeichnen sie nicht das, was sie vordergründig aussagen. Logos, Praxis, Therapie und die daraus abgeleiteten Suffixe verlieren ihre Bedeutung. Welcher Psychotherapeut versteht sich als Angehöriger des Pflegepersonals, welcher Urologe ist hauptsächlich wissenschaftlich orientiert? Allenfalls „Praxis" als Tat und Handlung ist begrifflich klar und zutreffend. Auffällig ist auch das Versteckspiel hinter griechisch-lateinischen Begriffen. „Irrenarzt", wie sich meine Profession ohne Schönfärberei noch Anfang des zwanzigsten Jahrhunderts nannte, war klar definiert – und deutsch.

Klapsmühle

Psychiatrie – das ist das, was der Psychiater *tut*. Es ist zuerst das ärztliche Handeln, vielleicht noch das dahinterstehende Konzept.

Psychiatrie – das ist die Institution, die Summe der Einrichtungen, der Staat als Auftraggeber und Kontrolleur, der Umgang des Staates mit den psychisch Kranken. Für viele ist Psychiatrie handfest erlebbarer Totalitarismus. Für unsere Vorfahren war das die „Klapsmühle", die Vorhölle. Man kam dorthin, wenn man verrückt war, außer sich war, nicht mehr derselbe, anders als die anderen. Psychiatrie war der Ort der Unvernunft, der Hort der Irren, die *Anstalt*. Psychiatrie war mit Angst belegt. Man fürchtete den Verlust seiner selbst und hatte Sorge um sein Ansehen und das der Familie.

Auch wenn die Akzeptanz der Psychiatrie heute wesentlich höher ist – Berührungsängste bestehen weiterhin. Der Gedanke, man könnte selbst den Verstand verlieren, macht Angst. Irrationales weckt irrationale Befürchtungen. Auch die Psychiatrie selbst ist nicht nur gelegentlich irrational.

Psychiater und Neurologen

Der Psychiater war häufig nicht der *Seelenarzt*, der er vorgab zu sein, sondern der *Irrenarzt*, der auf der Lauer lag, sein Opfer immer gleich in die Anstalt einsperrte oder sein Elektroschockgerät mit sich führte, um ihm eine „überzubrennen", nachdem er mit dem Reflexhammer „bekloppt" worden war. Auch heute noch ist der Psychiater jemand, vor dem es sich zu hüten gilt.

Der Psychiater war in der Vergangenheit im Volksbewußtsein dem Hundefänger gleich, der im Staatsauftrag diejenigen aus dem Verkehr ziehen sollte, die nicht in die allgemeine Harmonie paßten, ein Helfershelfer der Macht. Er hatte eine primär *polizeiliche* Aufgabe. Die Folgen reichen bis in die Gegenwart.

Übrigens stammen die scherzhaft anmutenden, doch angstbesetzten Begriffe des Volksmundes zu einem nicht unwesentlichen Teil aus der nervenärztlichen Praxis der vergangenen Jahrhunderte. Bei dem „Bekloppten", dem „Behämmerten" handelt es sich um ein verzeihliches Mißverständnis: Es handelt sich um eine *neurologische* Prüfung. (Erstaunlich ist, daß man ihn so völlig von dem „Beschlagenen" unterscheidet.) Ähnliches gilt von den Verbalinjurien unserer Kinder wie „Spasti" oder „Epi", denn weder ein Spastiker noch ein Epileptiker ist regelhaft geistig oder seelisch behindert oder krank. „Zu heiß gebadet" meint nicht, daß die Mutter den Säugling mißhandelt habe, wenngleich „mit dem Klammersack gepudert" und ähnliche Freundlichkeiten als Analogbildungen daran denken lassen. Es stammt aus der Zeit des „moral treatment" Anfang des letzten Jahrhunderts, in der unter anderem die physikalische Behandlung Geisteskranker betrieben wurde: Festzurren, Zwangsbäder, Reize aller Art. Diese konnten auch sensorisch oder psychisch sein, wie das Erschrecken, das „Schocken" der Patienten, in diesem Jahrhundert auch modern: elektrisch. So gerne möchten auch wir Nachgeborenen jemanden zurechtschütteln, bis er wieder zurechtgerückt ist. Leider gibt die Methodik Anlaß zur Verwechslung mit der amerikanischen Version der Höllenpforte.

Zwischen der Neurologie und der Psychiatrie besteht eine Art Haßliebe: Scheidungen und Heiraten zwischen diesen beiden Fächern haben mehrmals stattgefunden. Während die Neurologie sich von jeher als primär medizinisches, somatisch orientiertes Fach verstand und sich allein mit der *hardware* sowohl des Zentralrechners als auch der Peripherie befaßt, steht die Psychiatrie in zwei verschiedenen Welten, die sich zwar ergänzen, nie aber völlig zusammenkommen werden. Die Geschichte der Psychiatrie ist daher derart komplex, daß sie nie vorurteilsfrei geschrieben worden ist – und wohl nie geschrieben werden wird. Sie ist durchströmt von philosophischen Theorien und pädagogischen Praktiken, die mit naturwissenschaftlichen Erklärungen abwechseln und parallel laufen – auch in derselben Person – ohne jemals zu einer Einheit zu werden. So können Psychiater auch *antipsychiatrisch* eingestellt sein, je nachdem, wie ihr Verständnis von Psychiatrie ist.

Pillen

Des Volkes Meinung ist heute: Ein Psychiater ist ein Pillendoktor. Psychopharmaka verändern die Persönlichkeit. Sie machen süchtig. Ein Pillendoktor versteht nichts von Psychologie. Eigentlich muß man zum Psychologen. Wir Psychiater tragen sicher eine Mitschuld an dieser Vorstellung.

Dennoch – eine Patientin kommt in die Praxis, bittet um Psychotherapie. „Aber bitte keine Medikamente, Herr Doktor. Ich möchte keine Chemie". Nach zwei bis drei Sitzungen erlahmt ihr Interesse. Sie sieht, daß sie Arbeit leisten muß und nicht „Genuß sofort" erhält. Am vierten Termin steht die Frage im Raum: „Kann ich nicht etwas Biologisches, etwas Pflanzliches haben?". Komme ich diesem Wunsch nach, geschieht folgendes: Das „Pflanzliche" wirkt nicht entsprechend den Vorstellungen, und nach vierzehn Tagen kommt die Frage: „Könnte ich nicht doch noch einmal Adumbran (Lexotanil, Tavor, Valium) bekommen, das mir der Hausarzt immer gegeben hat?"

Zwar ist vordergründig unserer Gesellschaft Ideologie wichtiger als Wissen, doch gilt in der konkreten Lebenssituation dieserart Rigorismus nur für andere. Für die meisten Hilfesuchenden ist er zu mühsam.

Therapeutische Erfahrung ist: Pillen ersetzen keine Psychotherapie, aber Gespräche auch nicht differenzierte Pharmakotherapie. Das eine kann das andere unterstützen, aber auch verhindern.

Reden

„Reden tut gut", heißt es. Zumindest dem, der gut reden kann. Oder dem, der professionell zuhören kann. Oder dem, der diesen Eindruck hinterläßt. Sicher dessen Konto.

Nicht alles, was mit Reden und Zuhören zu tun hat, ist Psychotherapie. Nicht jede Psychotherapie ist Reden und Zuhören. Nicht alles, was sich so nennt, ist Psychotherapie. Vieles ist psychotherapeutisch wirksam, was nicht den Anspruch erhebt, eine solche zu sein. Nicht alles heilt. Manches schadet.

Interessant sind die Verknüpfungen: Sozialarbeit mit Psychotherapie, alte und neue Religionen mit Psychotherapie, weltanschauliche Indoktrination durch psychotherapeutische Verfahren, Gebetstherapie innerhalb von Delegationspsychotherapien, Astrologie, Tarotkarten, vedische Lehren und Psychotherapie, körperbezogene Psychotherapie nahe dem Rotlichtmilieu. Schauen Sie zu Ihrem Amüsement die Angebote in den verschiedenen Anzeigenblättern an!

Babylonische Sprachverwirrung

Immer wieder werden wir verwechselt: Psychologen, Psychotherapeuten, Psychiater, daneben auch Nervenärzte und Neurologen. Auch ärztlichen Kollegen geht dieses immer wieder durch, obwohl sie es besser wissen müßten.

Sicherlich gibt es einige Kollegen, die alle drei Weiterbildungen auf sich vereinigen können.

Für die noch wenig in diesem Sprachbabylon Erfahrenen: Der *Neurologe* ist im wesentlichen ein „Körpermediziner". Der *Nervenarzt* ist durch seine doppelte Ausbildung sowohl im Fach Neurologie als auch in der Psychiatrie tätig. Der *Diplompsychologe* ist kein Arzt, sondern hat Psychologie studiert, ein *Psychiater* aber Medizin. Er hat sich in seiner Facharztzeit mit der „Seelenheilkunde" beschäftigt. Beide sind damit aber noch keine Psychotherapeuten.

Ein Psychotherapeut kommt entweder aus der Medizin (welcher Fachrichtung auch immer) *oder* aus der Psychologie. In jedem Fall hat er eine psychotherapeutische Aus- und Weiterbildung durchlaufen.

Ein Mediziner hat sich entweder als Nervenarzt, als Psychiater, als Allgemeinarzt, Internist, Gynäkologe, Hautarzt und so weiter einen *Zusatztitel* Psychotherapie erkämpft oder den Titel Facharzt für Psychiatrie und Psychotherapie, beziehungsweise den für psychotherapeutische Medizin erhalten und entsprechende Examina abgelegt.

Ein psychotherapeutisch tätiger Psychologe hat entweder ein Fortbildungskurrikulum in Psychotherapie entsprechend den Kriterien seines Berufsverbandes durchlaufen, hat die Nachweise erbracht und verschiedene Prüfungen gemacht. Damit kann er frei praktizieren. Wollte er sichergehen, daß die Krankenkassen für seine Therapie bezahlen, assoziierte er sich bisher als Vertragspsychotherapeut mit der Kassenärztlichen Vereinigung und erhält seine Klienten im Rahmen eines *Delegationsverfahrens* über einen oder mehrere als Psychotherapeuten zugelassene Ärzte.

Übrigens: die Bestrebungen gehen dahin, Titel wie „Nervenarzt", „Facharzt für Neurologie und Psychiatrie", „Facharzt für psychotherapeutische Medizin" sowie verschiedene Kombinationen von Facharzttiteln aus diesem Bereich wegfallen und den Facharzt für Psychiatrie, den für Kinder- und Jugendpsychiatrie und Psychotherapie und den für Neurologie bestehen zu lassen. Zusätzlich möchte man neue Bereiche etablieren: den Facharzt für forensische (Gerichts-) Psychiatrie, den Facharzt für Sucht, den Facharzt für Gerontopsychiatrie und -psychotherapie, den für spezielle Psychotherapie und den für Psychosomatik und Konsiliar- und Liaisonpsychiatrie. Für den Wegfall werden großzügige Übergangsregelungen angestrebt. Jedem seinen Titel!

Ein weiteres Kreuz ist, daß die Berufsbezeichnung „Psychologe" oder „Psychotherapeut" bis Inkrafttreten des Psychotherapeutengesetzes nicht gesetzlich geschützt war, sondern nur der *Diplompsychologe*. Es gab daher viele „Psychologen", „psychologische Berater", die im günstigsten Fall aus einem der psychosozialen Berufe stammen und eine Ausbildung in einer der verschiedenen psychotherapeutischen Schulen nachweisen können. Es kann sich aber auch um jemanden handeln, der auf einer Heilpraktikerschule zwei Jahre Kurse belegt hat. Für die somit in der Heilkunde ohne Bestallung (als Arzt) Tätigen ist vom Gesetzgeber die *Heilpraktikerprüfung* vorgesehen.

Andererseits wurde bislang diese Prüfung in einer speziellen Variante auch den Psychologen abverlangt. Um in einer Beratungsstelle tätig zu sein, ist diese Prüfung nicht erforderlich.

Können Sie noch folgen?

Damit ist noch nicht alles gesagt: Im Rahmen der *Kassenpsychotherapie* sind drei Therapierichtungen anerkannt, die bezahlt werden: die altehrwürdige Psychoanalyse, die tiefenpsychologisch orientierte Psychotherapie und die Verhaltenstherapie. Daneben darf jeder Therapeut Sonderverfahren betreiben, die sich aber in den gesteckten Rahmen einordnen müssen. Über die Wissenschaftlichkeit neuer Verfahren redet man sich immer wieder die Köpfe heiß. Vieles ist noch klärungsbedürftig.

Verbände der Nicht-Vertragspsychotherapeuten unter den Psychologen strebten seit einer Reihe von Jahren eine von den Ärzten unabhängige, gleichrangige Stellung im Gesundheitswesen an. Es ist meines Erachtens auch zu verstehen, daß eine qualifizierte Berufsgruppe, die hauptberuflich Psychotherapie betreibt und den „Nebenerwerbstherapeuten" unter den psychotherapeutisch tätigen Ärzten manchmal therapeutisch überlegen ist, auch eigenverantwortlich arbeiten möchte. Das Psychotherapeutengesetz hat nun die Situation völlig verändert.

Hiermit kommt aber die Methodenfrage verstärkt ins Spiel. Eine Reihe der Bewerber um eine Approbation als Psychotherapeut hat keine Ausbildung in den anerkannten Verfahren. Deswegen gibt es zwei Strategien: Last-Minute-Weiterbildungen und Druck auf den Bundesausschuß der Ärzte und Krankenkassen, weitere Verfahren zuzulassen. Auch die einzelnen Länderbehörden sind dankbare Opfer der Lobbyisten. Hat man die Zulassungshürde hinter sich, kann man ja sein geliebtes Verfahren umetikettieren.

Eine weitere Frage bleibt weiterhin ungeklärt. Von der meisten meiner Freunde unter den Psychologen wird dies genauso gesehen. Das ist die Frage der Haftung im Fall eines Schadens durch eine nichterkannte Psychose oder eine organische, sich im psychischen Bereich auswirkende Krankheit. Ein Psychologe ist kein Mediziner. Diagnostische Fähigkeiten außerhalb psychologischer Methoden hat er nicht erlernt. Auch die vorgeschriebene ärztliche Konsiliaruntersuchung löst das Problem nicht wirklich. Wer untersucht denn hier? Der ärztliche Psychotherapeut, der von Somatik kaum noch etwas versteht, die Psychiatrie durch die psychotherapeutische Brille sieht, der Psychiater, der nicht mehr umfassend neurologisch gebildet ist, der Neurologe, der mit der Psyche „nichts mehr am Hut" hat oder der *allwissende Allgemeinmediziner*?

Ich verlange den *Irrenarzt* zurück, den Facharzt für Wegweisung, der sich um die in diesem Dschungel verirrten Seelen kümmert. Er ist, wie die meisten Stellen in der Bürokratie, eine Arbeitsbeschaffungsmaßnahme.

Verrückt sein

Befindlichkeiten und Handlungen, die nicht unseren Erwartungen oder Normen entsprechen, belegen wir häufig mit geometrischen oder mechanischen Adjektiven: gehoben, enthoben, ekstatisch, flach, herabgesunken, gedrückt, deprimiert, verquer, verdreht, verschroben – eben verrückt, verirrt und damit irre. Wir glauben für uns selbst, zumeist mit beiden Beinen *in* der Wirklichkeit, *auf* dem Boden der Tatsachen oder *über* der Situation zu stehen.

Psychische Störungen und Krankheiten sind häufiger, als wir im allgemeinen annehmen und als uns lieb ist. Fast die *Hälfte* von uns wird in irgendeinem Lebensabschnitt eine relevante psychiatrische Störung entwickeln, sei es eine Depression, eine Alkoholproblematik oder eine Angstkrankheit. Es handelt sich hierbei nur um die drei häufigsten Bereiche. Die Bedeutung der psychiatrischen Alterskrankheiten beginnt uns erst allmählich klar zu werden. Wir wissen durch zahlreiche epidemiologische Studien, daß die Zahl der Behinderungen und Erwerbsunfähigkeiten zum Beispiel durch endogene Depressionen weit höher ist als die durch Diabetes, durch arteriellen Hochdruck, Gelenk- und Lungenkrankheiten. Die gesellschaftlichen Kosten – sowohl durch Produktivitätsausfall als auch durch Behandlung – sind immens. Vor der durch die Demenzen entstehenden Kostenlawine haben die Gesundheitspolitiker Angst.

Als Ärzte – auch in der Neuropsychiatrie – stehen wir in dem Dilemma, die hohen Behandlungskosten gegen die individuelle menschliche Not abzuwägen. Obwohl der amerikanische Begriff der *managed care* bei uns als medizinische Organisationsform der Zukunft gilt, betreiben wir im Rahmen unserer kassenärztlichen Tätigkeit seit Jahrzehnten genau dies: In dem Wissen um die Begrenztheit unserer Ressourcen versuchen wir, die Kosten der Behandlung in den Griff zu bekommen und zu halten. Aber obwohl wir alles daransetzen, die Probleme unserer Patienten im Sinne der Krankenversicherungen in kürzerer Zeit und mit geringerem finanziellen Aufwand zu lösen: Für ihre Konflikte, ihre Depressionen und Ängste, ihre Wahrnehmungsstörungen, ihre Schmerzen, ihre körperlichen, geistigen und seelischen Behinderungen gibt es keine ökonomischen Patentrezepte. Die gesellschaftliche Wirklichkeit, die immer mehr Verunsicherung, Angst und Resignation erzeugt, konterkariert unsere Bemühungen.

Erst allmählich stoßen die Medien auf die gesellschaftliche Bedeutung psychischer Störungen. In unserem Land wird sie bislang selten offen diskutiert. In aller Regel handelt es sich um sensationsheischende Berichte über Gewalttaten im engeren und weiteren Zusammenhang mit psychischen Störungen und Krankheiten, seien es Tötungsdelikte an oder Suizide von prominenten Persönlichkeiten. Um Aufklärung der Öffentlichkeit und individuelle Vorbeugung geht es dabei selten. Wie so häufig, hinken wir hier der Szene jenseits des großen Teichs weit hinterher.

Als Student traf ich bei einer meiner Nachtwachen auf einen Pädagogikstudenten, der mich rasch in eine heftige Diskussion über psychische Krankheiten verwickelte.

Irgendwie hatte er eines der damals, Anfang der siebziger Jahre umlaufenden Bücher der antipsychiatrischen Szene in die Hand bekommen und sich, ohne eigene Erfahrungen auf diesem Gebiet zu haben, die Meinung der Autoren zu eigen gemacht. Er war der Meinung, es gebe keine psychischen *Krankheiten*, sondern es handele sich hierbei um eine Erfindung der Ärzteschaft und anderer daran Interessierter aus dem medizinisch-industriellen Komplex. Heute noch führt Scientology eine ähnliche Argumentation ins Feld. Depressionen waren ihm aus der Situation erklärbar, Fehlwahrnehmungen oder einfach eine andere Art, mit der Realität umzugehen, Suizid eine freie Entscheidung, die Definition psychischer Krankheiten ein kulturelles Phänomen der westlichen Welt, die mit dem Irrationalen nicht umgehen könne.

Ideologie wirkt überzeugend, obwohl die transkulturelle Psychiatrie uns seit langem eines anderen belehrt. Gleich ob man sich entwickelte oder Drittweltländer anschaut, welche Rasse, Kultur, Religion oder Zeitepoche es auch immer sei, es zeigt sich eine bemerkenswerte Gleichförmigkeit der Krankheitsbilder.

Allerdings ist die Wirklichkeit kaum einmal paradigmatisch. Wie schon vermerkt, habe ich kein Lehrbuch angestrebt, auch keine Fallstudien, sondern Beobachtungen und Skizzen. Es sollte auch keine Schmetterlingssammlung werden, doch man beschäftigt sich nur mit den Dingen wirklich, die einen neugierig gemacht haben. Im Buch mischen sich wie im Leben anlagemäßiges, entwicklungsbedingtes mit organischen Krankheiten und Schädigungen, mit familiären, kulturellen, religiösen, situativen Faktoren, die das Gesicht der Störung oder Krankheit formen. Unsere Alten lehrten uns, *Pathogenese* von *Pathoplastik* zu unterscheiden, Ursachen von Aus- und Überformung zu trennen.

Arzt und Therapeut haben die schwere Aufgabe, in dem Gewirr die Übersicht zu behalten, für sich und mit dem Patienten zu klären, was behandelt werden *kann* und was behandelt werden *soll*. Noch wichtiger ist, daß es sich um Menschen in ihren Schicksalen handelt und nicht um „Syndrome". Häufig machte mich das schwermütig, was ich sah. Doch schien mir so manches Mal ein Lächeln erlaubt.

Kämpferpersönlichkeit

Ein sich machoartig gebärdender, kleiner, schmaler Mann im mittleren Alter stellt sich vor, weil er seit einem Sturz vor wenigen Jahren nicht mehr richtig gehen könne, vergeßlich geworden sei und ständig zittere, Sehstörungen und schwitzige Hände habe.

Er sei zu Hause auf der Treppe gestolpert, mit dem Genick aufgeschlagen, habe Farben gesehen, Töne wie bei einem Orgelspiel gehört und dabei Angst und eine starke Beklemmung verspürt.

Als alter Vietnamkämpfer habe er Versorgungsansprüche an die Army. Er sei daher wegen seiner Beschwerden zur Rehabilitation in den Vereinigten Staaten gewesen. Dort sei eine Computertomographie der Halswirbelsäule durchgeführt worden. Seine Probleme habe man auf den Sturz zurückgeführt.

Nach Vietnam habe er weiter in der Army gedient, erzählt er. Er habe lange in Ostasien gelebt. Er sei dort ein ganz großer Mann gewesen, den man gefürchtet habe, betont er, reckt sich auf, strafft seine Gesichtsmuskeln und streckt das Kinn vor. Er habe heute noch seine *connections*.

Hier in Deutschland ist er seit langen Jahren arbeitslos. Seine Frau, eine Asiatin, habe ich schon vor einiger Zeit kennengelernt. Sie hat sich inzwischen wegen seiner Rechthaberei, seiner Zornausbrüche und Prügeleien von ihm getrennt.

Der neurologische Befund und die weiteren technischen Untersuchungen erklären die Beschwerden nicht. Für eine Frührente reicht es nicht. Auch wenn er früher gefährlich gewesen sein mag.

Realkrimi

Eines schönen Tages wird neben den Müllcontainern eines Supermarkts eine infernalisch stinkende Sporttasche gefunden. Als sie geöffnet wird, findet man einen in Verwesung übergegangenen Frauentorso.

Einige Monate später erhalte ich den Konsiliarauftrag einer nahe gelegenen Justizvollzugsanstalt. Ein vor wenigen Wochen aufgenommener junger Mann reagiere in den letzten Tagen „psychotisch". Er schreie den ganzen Tag über, randaliere nachts und sei äußerst aggressiv. Er sei wegen Drogenbesitzes in Haft.

Vor mir sitzt ein milchbärtiger Jüngling, der anscheinend kein Wässerchen trüben kann, ruhig und geordnet, und blickt schüchtern vor sich hin.

Was denn los gewesen sei, frage ich ihn. Er könne seine Gedanken nicht mehr abstellen. Seine Erinnerungen holten ihn ständig ein.

Sein Bruder habe ihn gezwungen, die Tasche aus der Wohnung zu holen, die vor einigen Monaten vor dem Supermarkt gefunden worden sei. Die Szenen stünden immer noch plastisch vor ihm, wie an jenem Tag. Bei der Leiche habe es sich um eine Freundin seines Bruders gehandelt. Sie habe gedroht, seinen Bruder wegen Drogenhandels anzuzeigen. Sie habe gesagt, daß sie ihn in der Hand habe. Sein Bruder habe noch unter Bewährung gestanden. Darauf habe der einen Hammer genommen.

Räuberpistolen

Am Samstag um sechzehn Uhr kommt der Anruf des Sohnes eines Bekannten. Seine ältere Schwester, die mit ihm zusammen in einer nahe gelegenen Universitätsstadt Pädagogik und Psychologie studiert, macht ihm Sorgen. Sie sei völlig durchgedreht. Sie habe erhebliche Mengen verschiedener Drogen von Kokain bis Heroin konsumiert und habe jetzt einen schweren Verfolgungswahn entwickelt. Er wolle auf keinen Fall mit ihr in eine dortige Klinik fahren, weil er befürchte, daß etwas an ihrer Geschichte wahr sein könne. Sie habe sich mit Leuten aus Kreisen der italienischen Mafia am Ort abgegeben.

Als die beiden erscheinen, ist das Mädchen schwer erregt und kann anfangs kaum einen folgerichtigen Gedanken äußern. Was sie dann erzählt, ist in sich stimmig. Sie habe eine Beziehung zu einem Afrikaner gehabt, von dem sie sich getrennt habe, als er wegen Kleinkriminalität im Gefängnis gesessen habe. Ein Sizilianer habe sich ihr gegenüber als professioneller „Bodyguard" ausgegeben und ihr angeboten, sie vor dem eifersüchtigen Ex-Freund zu beschützen. Sie sei zunehmend von diesem neuen Bekannten eingenommen gewesen, der sie seiner Familie und Freunden vorgestellt habe. Sie habe von ihm erfahren, daß er so wie alle seine Bekannten Mafiosi seien, habe bemerkt, daß deutsche Polizeibeamte ihn gewähren ließen und auch zum Teil „mit unter der Decke steckten". Er habe Drogen, vornehmlich Kokain, konsumiert und sie auch daran teilhaben lassen. Sie habe auch Heroin bekommen. Er habe zahlreiche junge Frauen gekannt, zumeist drogenabhängige Prostituierte. Sie sei mit ihm rasch eine sexuelle Beziehung eingegangen. In der letzten Zeit sei er zu ihr brutaler geworden und habe sie zuletzt auch ungeschützt „genommen". Sie habe in diesen Tagen Angst bekommen, habe sich „vollgedröhnt" und ihn abgewiesen. Als er plötzlich verschwunden sei, habe sein Onkel Rache geschworen, falls er sich etwas angetan habe. Sie sei fortgelaufen und habe bemerkt, daß eine lange Karawane von schwarzen Mafia-Limousinen, seine voran, ihr gefolgt sei. Irgendwie sei es ihr gelungen zu entkommen. Sie habe Angst, er werde ihr hierher folgen und sie oder jemand aus ihrem Familien- und Bekanntenkreis umbringen. Er wisse, woher sie komme.

Es scheint sich um eine Mischung von Szene-Realität und drogentoxischer Paranoia zu handeln. Es ist durchaus möglich, daß sie sich in eine Zuhälterszene begeben hat und dort als Prostituierte eingeübt werden sollte. Sie war immer schon auf eine etwas dümmliche Art neugierig auf Exotisches und zeigte eine heftige Protesthaltung gegen das protestantisch-konservativ geprägte Elternhaus und den sich verabsentierenden, dennoch patriarchalischen Vater. Seit dem Tod ihrer Mutter vor wenigen Jahren ist sie „neben der Spur".

Diesen Abend wird sie einer guten Bekannten der Familie anvertraut, die auf sie aufpaßt, bis der Vater morgen von einem Kongreß wiederkommt. Sie wird den Studienort wechseln müssen. Das Fach Psychologie sollte sie vorerst beiseite legen und sich auf ihre pädagogische Ausbildung konzentrieren. Vorübergehend ist eine stationäre Psychotherapie notwendig. Sie sollte ambulant weitergeführt werden.

Paranoia

Während eines Waldspaziergangs bekommt sie unvermittelt Angst und fühlt sich verfolgt. Als ihr geschiedener Mann ein Jahr später unerwartet verstirbt, läuft sie angstgetrieben durch die Stadt. Fotos und Zeitungsartikel handeln von ihr, Spaziergänger schauen ihr nach, Männer mit Schlapphüten, Zuhälter und andere gefährliche Menschen sind hinter ihr her, wollen sie versklaven und zur Prostitution zwingen. Sie flieht zu ihrer Schwester nach Süddeutschland und wird dort aufgegriffen. Sie wird einige Wochen in einer Universitäts-Nervenklinik behandelt. Danach ist sie regelmäßig, mit zunehmender Stabilisierung eher sporadisch in nervenärztlicher und psychotherapeutischer Behandlung.

Sie ist das jüngste von drei Kindern. Der Bruder und die Schwester sind deutlich älter. Die Eltern lebten mehrere Jahre lang getrennt, bevor es schließlich zur Scheidung kam. Sie war damals noch sehr klein. Für den Vater, einen Lehrer, war dies die zweite Ehe. Er hat später zum dritten Mal geheiratet. Aus der ersten Ehe des Vaters hat sie zwei Halbschwestern. Die Mutter war Novizin, als sie den Vater kennenlernte.

Die Mutter habe „ganz flott" gelebt, erzählt sie. Irgendwie sei sie aber ambivalent geblieben – sie habe später bei einer achtjährigen Enkelin etwas „lasziv Böses" vermutet, weil sie sich immer so aufreizend bewegt habe.

In der Familie sei stets viel schmutzige Wäsche gewaschen worden. Selbst habe sie schon als Kind ihre Eltern gegeneinander ausgespielt. Sie sei das schwarze Schaf der Familie gewesen. In der Pubertät habe sie stark unter Minderwertigkeitsgefühlen gelitten, sich an andere geklammert und „angebiedert", dann wieder total isoliert. Damals habe sie angefangen zu trinken. In der Schule sei sie faul gewesen. So sei sie ins Internat gekommen. Der Internatsleiter habe sie in sein Bett ziehen wollen; sie habe jedoch seinen Werbungen standgehalten. Allerdings habe sie sich von ihm nur spärlich bekleidet fotografieren lassen. Weniger wählerisch sei sie in ihren intimen Beziehungen zu Gleichaltrigen gewesen.

Mit fünfundzwanzig Jahren heiratete sie. Die Ehe wurde nach drei Jahren wieder geschieden. Ihr Mann habe sie geschlagen. Daß sie abgetrieben habe, könne sie sich heute noch nicht verzeihen. Ihr Mann verunglückte vier Jahre später tödlich. Seit dieser Zeit habe sie keine länger anhaltenden oder tiefergehenden sexuellen Beziehungen mehr gehabt.

Sie ist Sozialarbeiterin. Eine erste Beschäftigung scheiterte an der Psychose. Eine Arbeitsbeschaffungsmaßnahme in einem Behindertenheim wurde nicht verlängert. Wegen dienstlicher Differenzen kündigte sie einen Vertrag mit einem norddeutschen Internat nach knapp halbjähriger Tätigkeit. Danach war sie arbeitslos, hatte als Förderungsmaßnahme des Arbeitsamtes zunächst ein Ausbildungsverhältnis als Hotelkauffrau und arbeitete eineinhalb Jahren in einer Werbefirma. Nachdem sie bei Auseinandersetzungen gegenüber ihrem Chef ausfallend wurde, erhielt sie eine fristlose Kündigung. Anschließend war sie bei einer kirchlichen Einrichtung in der Obdachlosenfürsorge und zuletzt bei einer Elterniniative beschäftigt.

Als ich sie kurz nach der ersten stationären Behandlung kennenlerne, hat sie kaum noch Wahnideen. Sie ist eher depressiv verstimmt. Dies bessert sich recht gut. Nach einiger Zeit verschwindet auch die ängstlich-wahnhafte Stimmung. Sie erkrankt aber erneut, nachdem sie beruflich scheitert. Die Störungen bessern sich jedoch rasch. Die Kollegen im Krankenhaus haben wie ich schon zuvor nicht den Eindruck, daß es sich um eine Schizophrenie handelt, sondern eher um eine paranoide Psychose. Im weiteren Verlauf fängt sie wieder an zu trinken, sicherlich eine inadäquate Selbsttherapie von Angst und Depression. Ein neuer Bekannter fördert bewußt die Störung, um sie an sich zu binden.

Sie ist offen, keinesfalls mißtrauisch. Sie wirkt zumeist gedrückt. Sie ist ängstlich und leicht erregbar und befürchtet, daß die Störungen von ihr nicht mehr kontrollierbar seien. Auch in den Zeiten erhöhter intrapsychischer Spannungen, in denen paranoide Erlebnisweisen auftreten, kann sie diese als realitätsfern einordnen. Auch die dabei auftretenden diffusen Depersonalisationserlebnisse gehen rasch vorüber. Der Gedankengang ist formal nie auffällig, die Gedankenführung durchaus logisch. Sie sieht sich selbst allerdings sehr negativ, sie bezichtigt sich selbst, verachtet sich, hat die masochistische Tendenz, sich selbst zu bestrafen, wohl um von der fiktiven Schuld befreit zu werden. Auch die Paranoia, der Wahn einer Verfolgung durch Zuhälter, die sie wegen ihrer sexuell aufreizenden Verhaltensweisen zur Prostitution zwingen wollten, steht unter der Thematik der Schuld.

Sie leidet an einer tiefgreifenden Persönlichkeitsstörung, einer Borderline-Persönlichkeit. Manchmal entgleist sie psychotisch, ist paranoid. Ein Morbus Bleuler, eine Schizophrenie, liegt ganz sicher nicht vor. Gelegentlich trinkt sie stark, um ihre Angst zu betäuben. Dabei ist sie auch gefahren. Sie ist aber nicht alkoholabhängig, zu einem Filmriß oder einem echten Kontrollverlust ist es bislang nicht gekommen.

Chaos

Er litt schon in der Jugend und Adoleszenz unter depressiven Verstimmungen, die dann vermehrt erst wieder im Alter von fünfundzwanzig Jahren auftraten. Damals zog er sich von allen Menschen zurück, verschwand von zu Hause und lebte als Obdachloser. Auch nach einer mehrmonatigen Behandlung in einer religiös orientierten Klinik ist er immer wieder „abgerutscht" und „einfach verschwunden".

Nach einer Zeit in einer anderen psychiatrischen Klinik wohnte er in einem Obdachlosenheim und arbeitete in einer dazugehörigen Werkstatt. Er ist wieder vermehrt menschenscheu geworden und zieht sich zurück.

Er ist das dritte von vier Kindern eines Verwaltungsangestellten in einer Dorfgemeinde von etwa eintausend Einwohnern. Er hat nach der Grundschule das Gymnasium besucht. Die Mutter des Patienten ist schon seit fünfzehn Jahren tot. Der Vater, zu dem er eine gute Beziehung gehabt hat, ist vor einigen Monaten gestorben. Mit den Geschwistern verbindet ihn nichts mehr.

Als junger Mann hatte er ein Bekehrungserlebnis und empfand eine Berufung. Er studierte deshalb an einer freien theologischen Akademie und fing noch während dieser Zeit an zu predigen. Nur wenige Jahre darauf geriet er aber in eine Glaubenskrise, gab seine Predigttätigkeit auf und kehrte nach Hause zurück. In dieser Zeit besuchte er das erste Mal in seinem Leben ein Bordell. Er bestahl seinen Vater und verschwand kurz darauf aus dem Gesichtskreis der Familie. Es folgten in raschem Wechsel Zeiten von Obdach- und Arbeitslosigkeit, mit fester Wohnung und neuen Beschäftigungsverhältnissen. Vor drei Jahren heiratete er. Aus dieser Ehe hat er einen zweijährigen Sohn. Seine Frau ist erneut schwanger. Trotzdem verließ er sie nach zwei Jahren und ist seither wieder obdachlos.

Er schildert sich selbst als gefühlskalt. Richtig ist eher, daß er Gefühle nicht zulassen kann. Er hat Angst vor ihnen. Er fühlt sich gegenüber anderen Menschen, vor allem vor deren Anforderungen wehrlos. Er kann deren Nähe nicht ertragen und hat daher auch die Arbeit in der Werkstatt niedergelegt. „Ich bin ein wehrloser Typ." Er sieht sich als mit Gott im Unreinen, von bösen Kräften dominiert. Er habe Erfahrungen mit Exorzismus, hat aber keinen Erfolg erlebt. Er resigniert: „Für mich ist es eine Tatsache, daß ich an dem, was mich kaputt macht, nichts mehr ändern will." Das theologische Konzept seiner Störungen aufzulösen, ist ihm bislang nicht möglich gewesen.

Ich habe ihn auf seinen Wunsch und angesichts der religiösen Ausgestaltung seiner Störung erneut in die frühere Klinik eingewiesen. Er brach die Behandlung dort aber nach drei Wochen ab und erklärte, nach Südostasien zu reisen. Ein intensiveres Gespräch hierüber war den Therapeuten nicht mehr möglich, da er die Klinik schon verlassen hatte. Jetzt ist er plötzlich wieder im Lande – ich erfahre davon durch das Arbeitsamt, das von mir einen Befundbericht haben möchte.

Er bietet eine ausgeprägte depressive Störung mit diffuser Angst, Zwängen, Wahn sowie Derealisations- und Depersonalisationserlebnissen. Ich halte die Störung für ein Borderline-Syndrom.

Wählerisch

Eine Frau wird mir von ihrer Schwester notfallmäßig vorgestellt. Mit ihrer Psychotherapeutin, einer Ärztin für Allgemeinmedizin, hat sie sich überworfen, die beiden nervenärztlichen Kollegen an ihrem Wohnort mag sie nicht, und in den Orten der näheren Umgebung hat sie auch keinen Arzt gefunden, den sie akzeptiert.

Sie ist erregt und völlig verdreht, ihre Gedanken sind sehr sprunghaft, sie ist gedrückter Stimmung, fühlt sich von ihrer Umgebung benachteiligt, vor allem von ihrem Ex-Ehemann. Ihre Kleidung ist unpassend – trotz ihrer mehr als fünfzig Jahre trägt sie Teenagerkleidung, einen Minirock, hat hellblond gefärbtes Haar und ist übermäßig geschminkt.

Diagnostisch handelt es sich auch hier um ein „Borderline-Syndrom", eine Störung, die allgemein auf eine sehr frühe Störung der psychischen Entwicklung zurückgeführt wird. Unter der Behandlung stabilisiert sie sich langsam und kehrt einige Monaten später nach Hause zurück.

Trotz einer Reihe von Jahren, die seither vergangen sind, hat sie noch keinen Psychiater oder Psychotherapeuten am Heimatort gefunden. Jedes Jahr sucht sie mich auf. Trotz aller auffälligen Verhaltensweisen ist sie seither emotional stabil und fühlt sich wohl.

Bei einem der letzten Besuche ist sie sehr in Eile: „Herr Doktor, ich habe nicht viel Zeit, ich muß heute noch nach Italien fahren." „Sie werden nicht bei Ihrer Schwester übernachten?" „Nein, ich muß noch nach Hause und meinen Koffer packen." Sie wohnt vierhundert Kilometer entfernt *in der entgegengesetzten Richtung*, im Norden.

Mehr desselben

Sie verweigert sich. Ihr Zimmer im Pflegeheim ist kahl und unfreundlich. Alles, was es hätte schmücken können, hat sie hinausgeworfen, zerstört oder entfernen lassen. Zuvor hatte sie ihr Bett mit Puppen und Bären dekoriert. Jetzt ist ihr Raum bis auf Möbel und Pflegegeräte leer. An Gemeinschaftsaktivitäten beteiligt sie sich nicht. Sie ist nur ausgesprochen selten zu motivieren, außerhalb des Bettes in einem Sessel oder in ihrem Rollstuhl zu sitzen, und verbringt den größten Teil ihrer Zeit flach auf dem Rücken liegend in ihrem Bett. Sie könne nicht mehr gehen, sagt sie, obwohl sie noch vor wenigen Wochen ohne Hilfe aufstand und den Naßraum ihres Zimmers aufsuchte. Sie trinkt und ißt viel zu wenig und sehr unregelmäßig. Sie ist abgemagert, die Muskulatur ist verschwunden, die Knochen stehen hervor. Schon vor einigen Jahren ist eine Gastrostomie angelegt worden. In der Zwischenzeit konnte man auf die künstliche Ernährung verzichten. Jetzt erfolgt die Ernährung vorwiegend auf diesem Weg. Das Pflegepersonal berichtet, daß sie die Pumpe abstellt und die Sonde abklemmt. Manchmal verlangt sie zu trinken, verweigert dann aber das Schlucken. Obwohl sie in der Lage wäre, die Tasse an ihren Mund zu führen, läßt sie ihre Getränke auf dem Tisch stehen.

Will jemand mit ihr reden, gibt sie zumeist mit Zeichen und Gebärden zu verstehen, daß ihr Mund zum Sprechen zu trocken sei, trinkt dann aber nicht. Minuten später lamentiert sie lautstark über ihr Befinden, bis dasselbe Spiel von neuem beginnt.

Immer wieder, sei es Tag oder Nacht, ruft sie laut nach den Pflegerinnen. Erscheint eine, spricht sie nicht. Äußert sie dennoch eine Forderung, nimmt sie die angebotene Hilfe nicht an. Die Nachtruhe auf der Pflegestation ist erheblich gestört.

Fünfundzwanzig Jahre schon bringt sie in Krankenhäusern und Heimen zu. Als ich die verschiedenen Berichte aufmerksam lese, scheinen mir ihre Verhaltensstörungen einem „Diagnosen-Shift" unterlegen zu haben. Anfangs wurde eine affektive

Störung im Sinne einer Affektpsychose angenommen, auch diskutierte man einen Folgezustand einer schizophrenen Störung, nahm später eine asthenische, selbstunsichere Persönlichkeit und schließlich eine histrionische (hysterische) Persönlichkeitsstörung mit Hospitalismus an.

Ähnlich wie die diagnostische Unsicherheit fällt ein rascher Wechsel des therapeutischen Konzepts auf – während eben gerade noch die Sozialprognose negativ war, kommt es kurz darauf zu einer günstigen Einschätzung. Wenige Tage danach wird ein Antrag auf eine geschlossene Unterbringung wegen Selbstgefährdung gestellt. Schon nach zwei Monaten wird sie in ein offenes Altersheim entlassen; der Beschluß ist noch nicht abgelaufen. Dieser Versuch scheitert nach wenigen Wochen. – Das in den Berichten beschriebene „Agieren und Spalten" der Untersuchten hat seine Pendants in der Diagnosenstellung und Behandlung.

Erst nach einer Verlegung auf eine geschlossene gerontopsychiatrische Station eines Altenzentrums beruhigt sie sich, wenn auch hier das Verhältnis zu Personal und Mitpatienten nie konfliktfrei ist. Sie ist aber zugänglicher, schmückt ihr Zimmer und ist stolz auf ihr Erreichtes. Ohne daß ich gefragt werde, wird sie nach einem Jahr ein weiteres Mal verlegt – zwar innerhalb der Einrichtung, aber weg von der gerontopsychiatrischen auf eine offene geriatrische Pflegestation, in der sich naturgemäß wenig Ansprechpartner unter den Mitpatienten befinden. Hier zieht sie sich zurück, igelt sich ein und reagiert in der Hoffnung auf Zuwendung in der Weise, die sie allein versteht, die aber immer nur kurzzeitig erfolgreich war.

Schon der letzte Gutachter hat von einer „histrionischen Persönlichkeitsstruktur" gesprochen. Die Patientin verlangt in der Tat nach Zuwendung und Aufmerksamkeit, steht gern im Mittelpunkt, kann Frustrationen schwer ertragen und zeigt starke, wechselhafte emotionale Reaktionen. Nachdem ihr ihre Bühne genommen wurde, zieht sie sich schmollend zurück. Ein großes Problem ist ihr selbstzerstörerisches Verhalten; sie verweigert die Nahrungsaufnahme. Das ist etwas, was sie in der Klinik in Versagungssituationen häufig erfolgreich eingesetzt hat. Andere Strategien hat sie nicht erlernt.

Obwohl ich dem Amtsgericht mitteile, daß ich die Entscheidung, die Patientin aus juristischen Gründen auf eine offene Station zu verlegen, für ungünstig halte, erfolgt keine Revision. Es kommt keine Antwort.

Ich habe den Verlauf ein halbes Jahr beobachtet. Vor vierzehn Tagen habe ich sie wegen eines lebensbedrohlichen Marasmus notfallmäßig eingewiesen. Sie hatte während meines Urlaubs nichts gegessen, die Sondennahrung ausgewürgt und wog nur noch achtundzwanzig Kilogramm. Aus der Inneren Abteilung unseres Krankenhauses, wo sie wegen Magenblutungen lag, hatte man sie nach wenigen Tagen wieder entlassen.

Als ich heute wieder dem Heim einen Besuch abstatte, ist sie wieder da. Ohne daß ich informiert wurde, hat man sie einfach wieder entlassen. Eine *psychiatrische*

Behandlung sei nicht erforderlich. Der Kurzbrief enthält bis auf medikamentöse und pflegerische Anordnungen keine Daten. Sie sei ruhig und geordnet gewesen, sagt mir der Kollege, den ich anrufe. Der Drang auf die gerontopsychiatrischen Stationen sei wegen der Urlaubszeit besonders hoch, so daß man sie nicht besonders berücksichtigen könne. Zudem habe sich das Versorgungskonzept des Hauses geändert: Therapie, nicht Aufbewahrung sei das Prinzip. Eine Sondenernährung könne auch im Heim erfolgen. Seine Aussagen sind widersprüchlich und tendenziös. Ich erkenne, daß der Kollege zu einer sachlichen Diskussion nicht bereit ist und breche das Gespräch ab.

Ihr Verhalten hat sich nicht geändert. Inzwischen hat sie sich mehrmals aus dem Bett auf den Boden geworfen. Glücklicherweise hat sie sich nichts gebrochen. Sie ist mit siebenundzwanzig Kilogramm vital gefährdet. Ein personell unterbesetztes Pflegeheim ist sicher nicht der rechte Ort für sie.

Zu spät

Ich werde auf eine alte Frau aufmerksam gemacht, die still ganz außen auf der Kirchenbank sitzt. Sie sei freundlich, aber sehr scheu, gehe sofort nach dem Gottesdienst nach Hause. Wenn man sie nach ihrem Befinden frage, lächele sie nur lieb. In der letzten Zeit habe sie erheblich an Gewicht abgenommen. Ihr schmecke einfach nichts mehr. Alles bleibe im Halse stecken. Sie sei das Leben leid, hat sie einer Bekannten offenbart.

Sie ist stark untergewichtig, sieht ausgemergelt aus. Die Schläfen und Wangen sind eingefallen. Die Haut ist wie Pergament. Die Venen treten stark hervor. Die Beine sind elefantenartig dick und voller Wasser. Sie schaut mich ängstlich an. Woher ich das wisse, daß sie nicht esse. Wer sie verraten habe?

Sie hat einen Verfolgungs- und Vergiftungswahn. Seit Jahren ist sie sich sicher, daß die Autos, die vor ihrem Haus hin- und herfahren, ihretwegen ausgesandt wurden, daß man sie bestrahle und ihr nachts schlimme Dinge ins Ohr flüstere.

Den Hausarzt hat sie seit fast einem halben Jahr nicht mehr aufgesucht. Er habe immer nur Tabletten zur Herzstärkung und Entwässerung aufgeschrieben, die den Mund ausgetrocknet hätten. Das Wasser hat sie nicht verloren. Der Hausarzt hat sie zur Bauchspiegelung überwiesen. Davor hat sie Angst gehabt.

Sie hat eine Eisenmangelanämie und einen Eiweißmangel im Blut. Das Wasser kann nicht in den Gefäßen bleiben. Die ausschwemmenden Medikamente haben die Frau noch mehr ausgetrocknet. Die Hirnleistung ist noch schlechter, die organische Psychose noch schwerer.

Das Hungern aber ist erklärlich: Sie kann nichts mehr herunterschlucken. Appetitlosigkeit, Schluckstörungen, Eiweißmangel, Anämie, Nieren- und Leberfunktionsstörungen haben *eine* Ursache. Der Bauch ist steinhart. Er ist voller Krebs.

Als sie zum Sterben nach Hause entlassen wird, kann sie sich nicht mehr allein versorgen. Selbst zum Aufstehen ist sie zu schwach. Gesäß und Fersen sind offen. Die beiden weit über siebzigjährigen Nachbarinnen kümmern sich um sie. Die Kollegen im Krankenhaus hatten das für selbstverständlich angesehen. Der Hausarzt verordnet dreimal tägliche Grundpflege sowie Behandlungspflege. Ohne Begründung wird die Grundpflege von der Krankenkasse auf zwei Male am Tag heruntergesetzt. Erst nach drei Wochen genehmigt sie Behandlungspflege. Die Todkranke kann inzwischen nicht einmal den Trinkbecher halten.

Der Medizinische Dienst lehnt trotz inständiger Bitten der Nachbarinnen ab, seinen Besuch vorzuverlegen. Sein Erscheinen erübrigt sich. Er erscheint auch nicht zu dem vereinbarten Termin (obwohl er von dem Todesfall nicht informiert worden ist). Statt dessen erhalte ich mehr als eine Woche nach ihrem Tod die Anforderung eines Behandlungsberichts. „Zu spät", schreibe ich auf das Formular.

Berufssorgen

Die rundliche Blondine hat ein verweintes Gesicht. Der Lidschatten ist verwischt, das Mascara ist auf die Wangen verteilt und der Puder hat schon herablaufende Ströme aushalten müssen, Lippenstift ist auf den Zähnen, die Haare sind fettig. Sie ist mit den Nerven völlig herunter. Das Eau de Cologne täuscht nicht darüber hinweg, daß sie nicht mehr ganz frisch ist.

Sie muß jetzt das Geld verdienen und geht daher wieder anschaffen. Ihr Mann ist zu einer Umschulung auswärts und kommt nur am Wochenende nach Hause. Das Geld des Arbeitsamtes reicht nicht hin und nicht her. Früher hatten sie Geld genug, aber es ist nichts davon übriggeblieben. Seinen alten Beruf als Zuhälter kann er nicht mehr ausüben. Er ist nicht mehr kräftig und flink genug. Ja früher! Nur noch als Geschäftsmann kann er weitermachen. Auch sie kann in ihrem Beruf nicht mehr arbeiten, es sei denn – wie jetzt – als Notnagel, als letztes Aufgebot in einem Etablissement. Es ekelt sie, die alten, betrunkenen, stinkenden Kerle zu bedienen. Die, die zuletzt noch übrig bleiben. Sie kann nicht mehr schlafen und wälzt sich im Bett hin und her: Hoffentlich kommt er wirklich wieder ganz zu mir zurück, findet keine Neue. Was soll dann aus mir werden?

Wenn sie beide doch bald soweit wären, ein *eigenes* Etablissement zu führen.

Vorbild

Er ist von den Kardiologen ein weiteres Mal als gesund nach Hause entlassen worden. Er war an seinem Schreibtisch mit starken Schmerzen in der Herzgegend zusammengebrochen. Kurz zuvor war er aus dem Urlaub gekommen und hatte danach eine neue Verantwortung übernommen, die ihm eigentlich weniger Mühe machen sollte. Als Projektleiter hatte er die Verantwortung für ein Objekt von mehreren zig Millionen gehabt, jetzt war er Leiter der technischen Verwaltung. Danach begann es mit den Schmerzen, für die seine Ärzte keine Erklärung haben.

Sein Vater war zwar „nur" Arbeiter, jedoch sehr kompetent und hatte sich in der Firma hochgearbeitet. Auch in seiner Kirchengemeinde war er eine Respektsperson, auf die man hörte. Er war stolz auf seinen Vater. Als er erwachsen wurde, versuchte er, ihm nachzueifern. Er besuchte das Gymnasium, studierte Ingenieurwissenschaften und machte Karriere. Er heiratete, hatte Kinder und baute ein Haus. Auch er ist ein aktives Mitglied seiner Kirche. Auch er ist überall angesehen. Er ist hoch motiviert, leistungsfähig und stolz auf das Erreichte.

Jeder Versuch, neu anzufangen, scheitert. Immer wieder leidet er unter Schmerzen in der Brust. Auch eine Psychotherapie kann nicht verhindern, daß er schließlich berentet wird. Jetzt, als er zu Hause bleibt, beginnt der Konkurrenzkampf in der Ehe. Er versucht, die „Richtlinienkompetenzen" im Haushalt zu übernehmen, was seine Frau, die ich als stark erlebe, sich nicht gefallen läßt. Als ich später den Film „Papa ante portas" sehe, muß ich an ihn denken. Erst eine Paartherapie hilft ihnen, diese Konflikte zu lösen.

Trotzdem geht es ihm nicht viel besser. Er klagt über eine bleierne Müdigkeit, die ihn den ganzen Tag nicht verlasse. Wenn er sich in seinen Sessel setzt, schläft er sofort ein. Zuerst neigen wir beide dazu, diese Störung als regressives, als Rückzugsverhalten bei einer subjektiven Überforderung zu psychologisieren. Das ist nur eine Seite der Medaille: Er schnarcht. Er leidet an einer Schlafapnoe, einer Krankheit, die erst in den letzten Monaten zuvor allgemeine Beachtung erlangt hat. Als er mit einem speziellen Atemhilfsgerät versorgt wird, fühlt er sich nach langem endlich wohl.

Dompteuse

Die junge Krankenschwester, die seit einiger Zeit unter Panikattacken leidet, hat selbst einen Weg gefunden, wie sie mit ihrer nächtlichen Angst umgeht: Statt im Bett liegenzubleiben und die Panik auszukosten, zieht sie sich die Turnschuhe an und läuft einige Runden im Garten, bis der Druck im Hals und auf der Brust nachgelassen hat.

„Ich reite meinen Tiger", nennt sie das.

Überflutung

Den Parkplatz konnte er allein nicht bewältigen: Er kam sich vor wie Petrus auf dem See Genesareth. Er hatte das Gefühl zu versinken. Die Beine versagten den Dienst. Der Kopf war leer, die Ohren rauschten, seine innere Stimme sagte: Ich kann nicht. Er fühlte sich aber sofort wieder sicher, wenn ihm seine fünfjährige Tochter die Hand reichte.

Seit Jahren schon hatte er diese unerklärliche Angst. Bislang hatte er sein Leben immer im Griff gehabt, sich beruflich immer weiter entwickelt, eine Familie gegründet und ein Haus gebaut. Eine Erklärung für diese Störung, die wie der Krebs um sich fraß und immer neue Lebensbereiche erfaßte, hatte er nicht. Sein Beruf machte ihm Freude, seine Ehe war intakt, die Kinder entwickelten sich gut.

Er machte Fortschritte in der Psychotherapie. Vieles von dem, was ihm schon lange nicht mehr zur Verfügung gestanden hatte, eroberte er sich neu. Während eines stationären psychotherapeutischen Heilverfahrens übte er das, was er noch an Defiziten hatte: die Benutzung von öffentlichen Verkehrsmitteln, sich unter vielen Menschen bewegen, sich ohne Scheu oder Scham auffällig verhalten und vieles andere. Selbst eine Rede an die Kunden von der Mitteltreppe eines großen Kaufhauses herab gelang ihm.

Eins bedrückte ihn noch: Er hatte große Angst vor dem Besuch des Fußballstadions, obwohl er Fan eines großen Vereins ist. Auch die Vorstellung der Menschenmenge während eines Rockkonzerts hielt er nicht aus. „Seine" Gruppe wird in einem Jahr spielen.

Einige Monate später will er sich vor seinem Sommerurlaub verabschieden. „Es geht nach Südtirol", sagt er. „Dort gibt es Seilbahnen", fällt mir ein. „Sie meinen doch nicht etwa ..." „Genau das", antworte ich. Ich bin mir nicht sicher, wie sein „ja" gemeint ist, als er mich verläßt.

Als er beim nächsten Mal vor mir sitzt, strahlt er über das ganze Gesicht. Er hatte nach wie vor seine Zweifel, ob er wirklich mit der Seilbahn fahren würde, als sein Wirt ihm eine Besichtigung der Alm vorschlug. Es war kurz vor dem Abtrieb, das Vieh wurde schon geschmückt. Da man mit dem Jeep fuhr, hatte er keinen bösen Gedanken. Nach einer längeren Strecke allerdings hielt der Wagen in einem einsamen Seitental. Er erblickte eine Seilbahn, aber kein Gasthaus, nicht einmal eine Bank zum Ausruhen. Es gab keine Möglichkeit, um die Fahrt herumzukommen. Der Gesichtsverlust zudem! Es half nichts, er mußte fahren. Die ersten Minuten waren die Hölle: Kopfdruck, Ohrenrauschen, trockener Mund, Druck auf der Kehle und Brust, ein Kribbeln am ganzen Körper, nasse Hände, zitternde, kalte Finger, bebende, weiche Knie, Brechreiz, ein Rumoren im Bauch. Am liebsten hätte er um einen Stop und die Rückfahrt gebeten. Plötzlich, nach einer Viertelstunde, war alles vorbei. Der Rest der Fahrt war ein Vergnügen. Alles war so leicht. Er genoß das leise Schweben, so wie er bisher nichts genossen hatte. Nachmittags fuhr er mit der Gondel wieder zurück, obwohl er sich anfangs geschworen hatte zu laufen, auch wenn es Stunden dauere. Nachts schlief er so tief und fest wie seit langem nicht mehr.

Ich kann die Therapie nach zwei weiteren Stunden beenden. Er hat in der Überflutung durch die Angst gelernt, daß sie auch *für ihn* nicht tödlich ist. Theoretisch war ihm dies schon vorher klar. Nur war die Mauer in seinen Augen für ihn zu hoch. Jetzt kann er seinen Weg gehen. Als er sich nach mehr als einem Jahr noch einmal vorstellt, sind wir beide mit dem Erreichten zufrieden.

Rückzug

Er ist fünfunddreißig Jahre alt, als ich ihn das erste Mal sehe. Er sitzt im Wohnzimmer seiner Mutter, pafft eine Zigarette nach der anderen und lächelt mich schüchtern an. Seine Haare sind lang und kraus – er erinnert mit seiner Brille etwas an Rainer Langhans. Sein Zeige- und Mittelfinger nikotingebräunt. Seit mehr als einem halben Jahr hat er die Wohnung nicht mehr verlassen. Sein Vorarbeiter hat mehrfach versucht, ihn zur Arbeit abzuholen. Jedesmal hat er sich verweigert. Er habe Angst. Wovor? Die Antwort weiß er selbst nicht.

Er leidet seit einigen Jahren zunehmend an diesen völlig ungerichteten Ängsten, dazu unter Unruhe, Zittern, Brechreiz und Interesselosigkeit. Er zieht sich immer mehr zurück. Er hat Angst, die Wohnung zu verlassen, Bus zu fahren oder die Firma aufzusuchen. Schon bei dem Gedanken, daß er aus dem Haus heraus müsse, kommt Panik in ihm hoch. Einmal, als er sich von anderen gedrängt fühlt, das Haus zu verlassen, reagiert er völlig paradox und flüchtet in den nahegelegenen Wald.

Er lebt zusammen mit der Mutter in der elterlichen Wohnung. Er ist Einzelkind. Der Vater verstarb, als er dreizehn Jahre alt war. An ihn erinnert er sich nicht mehr.

Seine Geburt war durch eine Wehenschwäche kompliziert. Es war eine Hausgeburt. Die ersten Lebenswochen verbrachte er in der Klinik. Zu allem Überfluß entwickelte er eine Neugeborenengelbsucht. Als junger Mann hatte er zeitweise einen erhöhten Blutdruck und gelegentlich erhöhte Blutzuckerwerte, die medikamentös behandelt werden mußten. Er hat eine chronische Raucherbronchitis und häufig Magenschleimhautentzündungen.

Vor der Einschulung wurde er ein Jahr zurückgestellt und hat die vierte Klasse wiederholen müssen; seine Leistungen blieben unterdurchschnittlich. Mit Ende der achten Klasse ging er von der Schule ab, angeblich, um Geld zu verdienen. Eine Schuhmacherlehre brach er ohne Gesellenprüfung ab. Nach einem weiteren Jahr als Hilfskraft bei seinem Ausbilder wechselte er in eine Metallwarenfabrik, wo er als Zuschneider arbeitete. Von der Bundeswehr wurde er wegen einer Sehschwäche ausgemustert.

Schon als Jugendlicher war er gehemmt und kontaktscheu. Er hatte wenige Freunde und verlor auch diese durch Umzüge der Familie. Jetzt hat er nur wenige Bekannte. Frauen gegenüber ist er ängstlich und unsicher, obwohl er durchaus sexuelle Wünsche hat. Er hat vor kurzem erst eine Kontaktanzeige aufgegeben. Er hat zwar Antworten erhalten, kann sich aber nicht zu einer Entscheidung aufraffen. So ist er im mütterlichen Haushalt geblieben und wird von ihr umfassend versorgt.

Trotz einer psychotherapeutischen Behandlung mit medikamentöser Unterstützung zeigt sich keine Besserung. Nach jeder stationären Behandlung verfällt er zu Hause sofort wieder in sein dumpfes Brüten.

Die Mutter verstirbt ganz plötzlich. Er findet sie selber in ihrem Zimmer tot auf, nachdem sie morgens nicht aufgestanden ist. Eine lange Zeit zieht er sich völlig zurück und reagiert verstärkt mit Angst, Eßstörungen, vermehrtem Zigarettenkonsum, psychosomatischen Beschwerden wie Schwindel, Herzbeschwerden, Magenschmerzen und Erbrechen. Er ist völlig allein in der Wohnung. Der Betreuer und Verwandte sowie Mitbewohner des Hauses versorgen ihn. Gelegentlich kommt eine Bekannte ins Haus, ihm das Haar zu schneiden.

Er sucht keinen Arzt auf. Allein, als er plötzlich auf einem Ohr durch Cerumen obturans, vulgo Ohrenschmalz, nicht mehr hören kann, läßt er sich in seiner Angst vor einem dauerhaften Hörverlust zu einem Arztbesuch überreden.

Er droht zunehmend zu verwahrlosen. Er ist nicht mehr in der Lage, für eine ausreichende und ausgewogene Ernährung zu sorgen. Zunehmend verliert er seine restlichen sozialen Kompetenzen. Er geht nur noch nach langem Zureden aus dem Haus, kurz und allenfalls mit Begleitung. Er ist völlig überfordert, den Tag zu strukturieren. Seine Körperpflege ist katastrophal, die Wohnung verschmutzt. Die Betreuung kann diese Entwicklung trotz aller Bemühungen nicht aufhalten, weil er sich nicht mehr an Absprachen halten kann und immer hilfsbedürftiger und unselbständiger wird.

Er hat sich vor einigen Monaten in einer Rehabilitationseinrichtung vorgestellt. Der Termin der Aufnahme kommt, doch er verweigert sich und bleibt zu Hause.

Ich-Dystonie

Ein großer, kräftiger Mann sitzt voller Angst und Traurigkeit vor mir. Er ist übergewichtig, hat weiche Gesichtszüge. Seine Lippen beben. Er kann mir nicht in die Augen sehen. Sein Blick ist nach unten gerichtet oder irrlichtert durch den Raum.

Er kommt mit seiner Homosexualität nicht zurecht. Er will sie los werden. Er ekelt sich. Er haßt sich dafür, daß er immer wieder neue Kontakte sucht.

Sein erstes homosexuelles Erlebnis hatte er mit fünfzehn Jahren, als er auf einer Toilette einer Badeanstalt von einem etwas älteren Mann vergewaltigt wurde. Er fühlte sich beschmutzt. Gleichzeitig regte das Ereignis homosexuelle Phantasien an. Mit achtzehn Jahren hatte er sein *coming out*, unternahm er die ersten eigenen Aktivitäten. Stets litt er unter starken Schuldgefühlen, die er mit Tabletten und Alkohol zu bekämpfen suchte. Zweimal versuchte er, sich mit Tabletten das Leben zu nehmen. In den Jahren darauf wurde er mehrfach wegen eines Alkohol- und Psychopharmakamißbrauchs stationär behandelt. Er lebte in einer christlichen Wohngruppe und wurde mehrere Monate in einer christlich orientierten Klinik behandelt, weil er hoffte, daß der Glaube ihm helfe.

Zwei Jahre hatte er keine homosexuellen Kontakte mehr, obwohl es ihn ständig in Toiletten und Badeanstalten drängte. Er empfand schon dadurch Erleichterung, daß er männliche Körper sah. Schließlich konnte er nicht mehr widerstehen und hatte verschiedentlich wieder Verkehr. Seither besteht seine Freizeit in der Kontaktsuche.

Er hat nicht nur Angst, sich mit AIDS zu infizieren. Er empfindet seinen Zustand als unnormal, pervers, hat Schuldgefühle und verspürt tiefe Depressionen und zahlreiche körperliche Mißempfindungen.

Seine Großeltern haben ihn aufgezogen, weil seine Eltern einen Geschäftshaushalt führten. In seinen Erinnerungen hatte er zu seiner Mutter ein inniges Verhältnis. Trotzdem ging es ihm nicht tief genug. Er hätte sich mehr Zärtlichkeiten gewünscht, als er erhielt. Er empfand die Beziehung zu ihr wie eine zwischen Mutter und Tochter. Nicht, daß seine Mutter ihn wie eine Tochter behandelte. Sie wies ihn im Gegenteil häufig auf seine geschlechtsspezifische Rolle hin. Er half jedoch im Haushalt viel mit, machte Besorgungen, versorgte seinen Bruder, und wünschte sich schon früh, *kein* Junge zu sein. Auch in seinen wenigen Schulfreundschaften spielte er immer die „feminine" Rolle, fühlte sich seinen männlichen Freunden unterlegen und bewunderte sie.

Nach einer Lehre als Industriekaufmann machte er eine Ausbildung zum Krankenpfleger. Er wechselte mehrmals die Stellen, nachdem er sich auf der Station (häufig urologische Abteilungen) versucht fühlte. Krankenschwestern empfand er als Konkurrenz, gar als Gefahr für sein weibliches Selbstverständnis.

Bislang hat ihm keine ambulante Psychotherapie, keine Klinik, kein Seelsorger, keine christliche Wohngruppe aus seinem Dilemma geholfen. Er plant nun, wieder zu seiner Mutter zu ziehen, die inzwischen Hilfe benötigt. Er gibt zu, daß er sich selbst dadurch zwingen will, seine homosexuellen Kontakte zu reduzieren.

Pygmalion anders herum

Ich soll ihn wegen eines Antrags auf ein psychosomatisches Heilverfahren begutachten. Seine Frau habe ich schon früher einmal gesehen. Sie kam wegen einer Erschöpfungsdepression.

Er kann sich gegenüber seiner Frau nicht durchsetzen, fühlt sich bevormundet. Auch hat er an seinem Arbeitsplatz Schwierigkeiten mit seinen fast ausnahmslos weiblichen Mitarbeitern. Er fühlt sich hin- und hergeschubst.

Er ist Nachkriegskind, Ergebnis eines one-night-stand, Sohn eines afroamerikanischen Soldaten und einer Deutschen. Er ist Mischling, zwar hellhäutig, jedoch mit ausgeprägt negroiden Zügen. Die Mutter war nicht in der Lage, ihn zu erziehen. Seit seinem vierten Lebensjahr war er in Kinderheimen untergebracht. Er war verhaltensgestört. Bald galt er als schwererziehbar, ließ sich kleinere kriminelle Delikte zuschulden kommen und wurde schließlich der Fürsorgeerziehung überstellt. In der Schule arbeitete er nicht mit, schwänzte den Unterricht, blieb sitzen und verließ die Hauptschule ohne Abschluß. Danach hatte er lediglich kurze Jobs, die er immer wieder aufgab. Auf Hänseleien reagierte er aggressiv – oder zog sich zurück.

In einer Kneipe lernte er seine Frau kennen. Die beiden blieben zusammen. Sie wußte immer schon, was sie wollte, und *sie* konnte sich durchsetzen. Obwohl sie selbst aus schwierigen Verhältnissen kam, biß sie sich durch. Nach ihrer mittleren Reife machte sie eine Ausbildung bei einer kommunalen Behörde und schlug die Beamtenlaufbahn ein.

Die ersten Ehejahre waren harmonisch. Sie hatte ihn zu einer qualifizierten Ausbildung überredet. Er holte seine Schulausbildung nach, machte seinen Fachhochschulabschluß, seine Ausbildung als Erzieher und bekam sofort eine Anstellung. Nach einiger Zeit hatten sie zwei Kinder.

Eines Tages wurde er von der Polizei vernommen. Er habe eine Jugendliche, die ihm anvertraut war, sexuell mißbraucht. Das Mädchen war für seine Umtriebigkeit bekannt. Obwohl es nie zu einer Anklage kam, wurde er von seinem Arbeitgeber entlassen, weil das Vertrauensverhältnis zerstört sei.

Er begann, an sich zu zweifeln. Die Minderwertigkeitsgefühle seiner Kinder- und Jugendzeit kamen wieder hoch und überrollten ihn. Er war wieder „ein armer Nigger". Die Zuwendung seiner Frau war Mitleid, daß sie ihn motiviert hatte, sich beruflich hochzuarbeiten, Dominanz, ihre finanzielle Unterstützung in der ersten Zeit empfand er als Sklavenkauf. Er ließ sich von ihr aus seinem Selbstmitleid nicht herausholen, sondern deutete ihr Zureden als Angriff und Bevormundung.

Erst in einer langen Psychotherapie lernt er allmählich, mit seinen alten Verletzungen umzugehen und sie vom Heute zu trennen. Allerdings führt die auch zu einer Trennung von der Ehefrau, die seine neugewonnene Selbständigkeit nicht ertragen kann und mit Kontaktsperre zu den Kindern und unsinnigen finanziellen Forderungen gegen ihn kämpft.

Bittere Drops

Er hält mir ein Bonbon entgegen: meine Visitenkarte! Er hat den gleichen Namen wie ein großer Hersteller von Süßigkeiten. Er kommt wegen seiner Angst und seiner depressiven Verstimmung zu mir. Er war schon vor einer Reihe von Jahren in psychiatrischer Behandlung. Seine Lebensgeschichte ist eine Aneinanderkettung von Tragödien.

Sein Vater war Beamter und Angehöriger der Nationalsozialistischen Partei. Er hat ihn als einen herzlosen, brutalen Mann in Erinnerung. Im zwölften Lebensjahr verlor er seine Mutter. Die Stiefmutter habe ihn drangsaliert, weil er seiner leiblichen Mutter so sehr geähnelt habe.

Er hat zwei Kinder, eine Tochter und einen Sohn. Der Sohn ist geistig behindert, hat eine Psychose entwickelt und ist wegen krimineller Delikte in einem psychiatrischen Sonderkrankenhaus untergebracht. Zuvor hatte der noch im zuständigen psychiatrischen Krankenhaus eine Station angezündet. Er lebt in ständiger Angst, der Sohn könne entlassen werden.

Seine Frau hat sich vor zwölf Jahren von ihm getrennt, weil sie mit der Krankheit des Sohnes überfordert war. Sie gab ihm die Schuld dafür. Ein Jahr später war sie mitten im Winter einfach verschwunden. Er informierte die Polizei, die erst nach einigen Tagen etwas unternahm, sie aber nicht fand. Mehr als ein Jahr suchte er sie in den dichten Wäldern der Umgebung, bis er sie endlich in einer Schonung entdeckte. Man identifizierte sie an einem Abschiedsbrief und ihrem Zahnstatus.

Die Tochter war dreizehn Jahre alt, als die Mutter verschwand. Er hat sie allein erzogen. Sie lebt noch in seinem Haushalt. Sie hat vor Jahren ihren Freund, einen zehn Jahre älteren, verheirateten Mann aufgenommen. Der Freund verdient zwar gut, gibt jedoch nichts für seinen Unterhalt ab. Er hat noch für den Unterhalt der Frau und seiner beiden Kinder zu sorgen und besitzt ein Sportboot. Die Tochter, die zwar ebenfalls arbeitet, zahlt nur etwas zur Miete dazu. Er beherbergt die beiden, beköstigt sie, putzt, kocht, kauft ein und bestreitet die Lebenshaltung für alle mit seiner schmalen Rente. Seinem Ärger darüber gibt er mir gegenüber häufig Ausdruck, ändert aber nichts. Er hat Angst, danach allein zu sein, und zahlt dafür.

Er ist selbst häufig depressiv und hat schon mehrfach versucht, sich umzubringen. Einmal ist er am Heiligabend in eine Talsperre gesprungen. Als ihn der Mut verließ, kam er wieder aus dem kalten, eisbedeckten Wasser heraus und lief die lange Strecke nach Hause.

Er wird wegen seiner therapieresistenten Depression berentet. Früher war er sehr sportlich. Er lief. Auch noch in den letzten Wochen war er im Stadion zu sehen. Die rechte Seite kann er allerdings seit einem Schlaganfall nicht so gut bewegen. Die Tochter und deren Freund helfen ihm nicht im Haushalt, sondern lassen sich von ihm bedienen.

Er sitzt in der Falle seiner divergierenden Interessen.

Haut ...

Die Klinik schreibt, mir bedauernd mitteilen zu müssen, daß der Patient sich suizidiert habe.

Als ich ihn das erste Mal sehe, ist er seit langem tief depressiv verstimmt, unruhig, läuft im Hause umher, macht seine Frau verrückt, kann nachts nicht mehr schlafen und hat sich schon aus dem ehelichen Schlafzimmer ausquartiert. Er schafft seine Arbeit als Industriekaufmann nicht mehr und hat, als er einundsechzig Jahre alt wurde, einen Antrag auf vorzeitige Berentung gestellt. Seine Frau, Inhaberin eines kleinen Dienstleistungsbetriebs, erklärt mir gerade heraus, daß es so nicht weitergehe. Sie könne das nicht mehr ertragen. Ich müsse eine Lösung finden.

Mir fällt sein Toupet und die sorgfältige Camouflage seiner mäßig ausgeprägten Vitiligo auf. Er zeigt mir seine Hände, die ebenfalls einige größere pigmentlose Bezirke aufweisen: Er schäme sich seines Aussehens. Jeden Morgen benötige er eine Dreiviertelstunde, um sich fertig zu machen. Die Hände könne er nicht dauerhaft abdecken. Er sei am Ende. Mit seiner Frau könne er nicht reden. Sie verstehe ihn nicht und gebe immer nur sinnlose Ratschläge, die ihn verletzten. Sie sei immer schon die stärkere gewesen. Er habe ihre Kraft stets bewundert.

Nach einigen Wochen sehe ich, daß wir ambulant nicht weiterkommen. Er benötigt vor allem eine Auszeit von zu Hause. Die Familie empfindet seine Störung als Skandal, aber noch mehr, daß er in die Klinik soll. Sie sind erst zufrieden, als ich einen Platz in einem Haus im nahegelegenen Nachbarbundesland finde. In den ersten Wochen werde ich häufig angerufen, was denn weiter werden soll. Ich muß auf die Kollegen verweisen.

Die Todesanzeige spricht von einem friedlichen Entschlafen. Nach seinem Tod nimmt keiner der Angehörigen des Patienten Kontakt mit mir auf. Im Betrieb der Ehefrau herrscht „business as usual".

...und Haar

Ein untersetzter, schmaler Mann sitzt vor Angst zitternd und schwitzend vor mir. Er weiß nicht mehr weiter. Die Gläubiger fordern ihr Geld, weit mehr, als er in absehbarer Zeit aufbringen kann.

Irgend etwas an seinem Kopf wirkt unecht. Es sind die Haare, exakt gescheitelt, zu korrekt, aber irgendwie schief, seitlich verschoben, gering zwar, aber einem sorgfältigen Beobachter offensichtlich.

Schon mit Anfang Zwanzig fielen ihm die Haare mitten auf dem Kopf aus. In der ersten Zeit legte er den Scheitel tiefer und kämmte die Haare auf die andere Seite. Später benötigte er Haarfestiger. Schließlich half auch das nicht mehr. Er mußte akzeptieren, daß seine Bemühungen gescheitert waren. Mußte er wirklich?

In der Zeitung fand er eine Anzeige, die Abhilfe versprach. Er las von einer neuen Methode, neues Haar in das vorhandene einzuweben, so daß selbst beim Schwimmen keinem die Behinderung auffalle.

Es sollte wirklich keiner wissen. Keiner sollte ahnen, daß er ein solches Stigma habe und zu einer solchen Methode greifen müsse. Er suchte sich daher ein Institut aus, das achtzig Kilometer entfernt war. Regelmäßig alle vierzehn Tage mußte das Haar nachgerichtet werden. Alle vierzehn Tage mußte er einhundertsechzig Kilometer fahren. Alle vierzehn Tage ein kleines Vermögen. Er war es sich wert. Er fühlte sich besser.

Bis eines Tages sein Auto den Geist aufgab. Eine Reparatur war nicht mehr möglich. Sein Konto war leer. Er mußte fahren, sonst wäre alles vergeblich gewesen. Er nahm seinen ersten Kredit auf. Die Kosten für die Haare blieben, die Zinsen für den Kredit auch. An eine Tilgung war nicht zu denken. Das neue Auto verlor an Wert.

Die Firma geriet in finanzielle Schwierigkeiten. Sie hatte nicht mehr genügend Aufträge und mußte Personal abbauen. Er gehörte dazu. An eine Abfindung war nicht zu denken. Das Arbeitslosengeld reichte nicht, den Wagen und die Haare zu finanzieren. Die Bank wollte das Darlehn nicht aufstocken. Nie hätte er früher einen Kreditvermittler in Anspruch genommen. Aber es war eine absolute Notlage.

Der Geldbedarf wuchs. Eine neue Stelle war nicht in Aussicht. Der Gerichtsvollzieher erschien und klebte seine Marken. Das Auto mußte verkauft werden. Er konnte das Haarinstitut nicht mehr aufsuchen. Anderen fiel nun sein Kunsthaar auf. Seine Scham und seine Angst wurden riesengroß.

Er geriet in Panik und dachte immer häufiger daran, sich allem zu entziehen, einfach Schluß zu machen. Er hatte keinen Menschen, der ihm nachtrauern würde. Die Eltern waren vor einigen Jahren verstorben, Geschwister hatte er nicht. Vor dem weiblichen Geschlecht hatte er sich stets gefürchtet.

Mir bleibt nichts anderes übrig, als ihn für einige Wochen ins Krankenhaus zu schicken. Trotzdem ist es für ihn ein langer Weg, sich selbst akzeptieren zu lernen.

Vorhölle

Sie stammt aus einem osteuropäischen Land. Sie ist Universitätslehrerin. Ihre Tochter, ebenfalls Akademikerin, lebt seit langem hier.

Bei einem ihrer früheren Besuche hatte der deutsche Schwiegersohn ohne ihr Wissen für sie und ihren Mann einen Asylantrag gestellt. Ohne daß sie es wollte, war ihr plötzlich die Rückkehr nach Hause verwehrt. Eine freiwillige Rückkehr oder eine Rückführung wäre unter den damaligen politischen Bedingungen mit unkalkulierbaren Gefahren einhergegangen. Anfangs war völlig unsicher, ob der Antrag Erfolg haben würde. Das Antragsverfahren zog sich über einige Jahre hin. Eigene Einkünfte hatte sie hier nicht. Sozialhilfe erhielt sie in der ersten Zeit nicht, weil die Tochter und deren Mann gut verdienten. Die Tochter ließ sich aber scheiden, und auch deren Aufenthaltsberechtigung wurde unsicher.

So kam sie zu mir. Sie war voller Angst. Sie hatte eine gute Phantasie und konnte durch ihre beruflichen Kenntnisse sich die möglichen Komplikationen sehr gut ausmalen. Lange, ausführliche Gespräche, die Hilfe von Freunden, all das führte zu einer gewissen Stabilisierung. Sie erhielt einen Vertrag als Lektorin an einer nahegelegenen Universität, er eine Stellung in seinem früheren Beruf.

Inzwischen sind sie und ihr Mann eingebürgert. Auch die finanziellen Verhältnisse haben sich etwas gebessert. Das Ehepaar erhält eine kleine Rente. Die Tochter hat noch einmal geheiratet. Deren jetziger Mann war anfangs noch im Studium. Er ist Lebenskünstler und etwas exaltiert. In kurzer Zeit haben die beiden drei Kinder, er aber keine Arbeit. Ihr Einkommen allein reicht für seine Ansprüche nicht aus. Die Ehe ist konfliktreich. Er versetzt dazu die Schwiegereltern durch gewagte sportliche Experimente mit den Enkeln in chronische Angst und Schrecken. Sie kommen als Babysitter, bleiben, ziehen um, verzichten auf die eigenen Einkünfte. Die Rente reicht keinesfalls zum Leben. In der Sorge, die Kinder hätten daraufhin noch mehr Schwierigkeiten, wagen sie aber nicht, Sozialhilfe zu beantragen. Erst nach einer langen Zeit gelingt es ihm, wirtschaftlich Boden unter die Füße zu bekommen.

Die alte Dame leidet unter Attacken panischer Angst, hat in Fahrstühlen Platzangst, denkt nur noch an die gefährdeten Enkel, an ihre Tochter, an die desolaten Finanzen, sorgt sich um ihren depressiven Mann, der von gemeinsamem Tod phantasiert, hat Herzrhythmusstörungen, Herzrasen, Luftnot, Schmerzen in der Hals- und Lendenwirbelsäule, ständige Hexenschußbeschwerden, knickt mit dem rechten Bein ein, klagt über Krampfadern. Bei einem zunehmend massiven Übergewicht rezidiviert ihr Bauchwandbruch. Sie wird operiert, erhält eine Netzplastik und muß fortan ein Korsett tragen. Wegen ihrer Krampfadern trägt sie Kompressionsstrümpfe, die ihr Schmerzen und ständigen Juckreiz bereiten.

Sie kommt nicht zur Ruhe.

Nicht belastbar

Die junge griechische Frau stellt einen Antrag auf eine Rente wegen Erwerbsunfähigkeit.

Sie hat bei einem Unfall vor zwanzig Jahren eine Hirnverletzung erlitten. Ihren Leistungsabfall führt sie darauf zurück. Sie leidet häufig an einer Gastritis, hat einen nervösen Reizmagen und eine chronische Eisenmangelanämie.

Sie stammt zwar aus Griechenland, lebt aber seit ihrem fünften Lebensjahr in Deutschland. Hier wurde sie eingeschult und verbrachte den größten Teil ihrer Schulzeit. Mit Ende der griechischen Schulpflicht wurde sie von der Familie in die Heimat geschickt, wo sie in einer Fabrik arbeiten sollte. Sie kehrte aber bald nach Deutschland zurück und wurde Laborhelferin in einer Chemiefirma.

Kurz darauf hatte sie einen Verkehrsunfall. Sie erlitt ein Schädelhirntrauma dritten Grades mit einer großen linksseitigen Hirnblutung und mußte längere Zeit stationär behandelt werden. Drei Monate fehlen ihr in ihrer Erinnerung. Sie ist seither rechtsseitig gelähmt und hat eine aphasische Sprachstörung.

Fünf Jahre später heiratete sie und zog mit ihrem Ehemann, der damals gerade aus Griechenland gekommen war, an ihren jetzigen Wohnort. Hier erhielt sie bald eine Stellung als Maschinenarbeiterin. Schon im Jahr darauf nahm sie neuropsychiatrische Hilfe in Anspruch, weil sie sich überfordert fühlte und vermehrt unter Angst, Herzrasen und Schwindel litt. Sie ist jetzt seit einem Jahr wegen ihrer Beschwerden arbeitsunfähig.

Sie ist etwas übergewichtig. Sie kann die Wirbelsäule nur unter Schmerzen bewegen. Die rechte Körperhälfte ist etwas gelähmt. Die Grob- und die Feinmotorik der rechten Hand ist gestört, das rechte Bein wird beim Gehen schlecht mitgeschwungen, die Muskeleigenreflexe sind rechts gesteigert. Die Wortbildung ist deutlich erschwert, die Sätze zeigen ausgeprägte grammatikalische Fehler, es bestehen jedoch keine Paraphrasien, Wortfehl- oder Neubildungen. Es handelt sich um eine eindeutige motorische Aphasie, nicht um einen mangelnden Spracherwerb durch ihre Herkunft. Sie hat ja seit ihrem fünften Lebensjahr vorwiegend in Deutschland gewohnt. Sie wirkt psychisch deutlich verändert, schwerfällig, zähflüssig, gehemmt. Sie ist depressiv, stimmungslabil und hypochondrisch. Ihr Gedächtnis ist schlecht. Sie mag ihre Beschwerden überbetonen – das muß bei der subjektiv stark erlebten Beeinträchtigung jedoch als verständlich gelten.

Sie hat die ganzen Jahre nur unter erheblicher Selbstüberforderung gearbeitet. Ich hoffe, der Gutachter sieht das genauso.

Bleierne Schwere

Ich kenne die Patientin seit nunmehr fünfzehn Jahren. Schon damals hatten sie und ihr Mann sich nichts mehr zu sagen. Er befand sich ebenfalls in psychiatrischer Behandlung. Er trank und schlug sowohl sie als auch die Tochter. Sie zog immer wieder aus der gemeinsamen Wohnung aus, entweder in das Frauenhaus oder zu ihrer Schwester. Sie mußte häufig stationär in der psychiatrischen Klinik aufgenommen werden. Fünf Jahre später trennten sie sich. Der Ehemann kehrte in sein Heimatland zurück.

Die inzwischen volljährige Tochter war wegen einer Jugendpsychose schon drei Jahre zuvor in kinder- und jugendpsychiatrischer Behandlung. Sie wurde mir einmal kurz nach der Trennung wegen eines schweren katatonen Zustandsbildes vorgestellt und lebt nun in einer psychiatrischen Einrichtung in einem anderen Bundesland. Gelegentlich kommt die Tochter zu Besuch. Der Kontakt zwischen Mutter und Tochter ist jedoch fast sprachlos.

Oft wird die Patientin seit der Trennung auf offener Straße von Landsleuten beschimpft. Nur zu wenigen Personen hat sie noch Vertrauen.

Sie ist nicht in der Lage, ihre Eheproblematik rational anzugehen, reagiert depressiv, dann wieder hysterisch. Die verschiedenen Therapeuten gingen diagnostisch von einer *protrahierten depressiven Belastungsreaktion bei einer (infantilen) Persönlichkeitsstörung* aus. Die stationären und die ambulanten Behandlungen stabilisieren sie immer nur für eine kurze Zeit. Auch eine intensive ambulante Psychotherapie nach der Trennung änderte weder ihre innere Verfassung noch die äußere Situation.

Sie zieht sich von allen zurück, verhält sich regressiv, ist tief depressiv verstimmt und muß häufig stationär aufgenommen werden. Auch heute noch hat sie suizidale und parasuizidale Phantasien, sieht sich aus dem Fenster stürzen oder denkt daran, sich von einem Lastkraftwagen überfahren zu lassen. Sie fühlt sich unfähig, ihre Arbeit zu schaffen, kann von ihr aber auch nicht lassen. Die Berufstätigkeit ist ihr einzig verbliebener Lebensinhalt. Sie kann nicht vom Grübeln lassen.

Sie wirkt stark vorgealtert. Der Blutdruck ist hoch. Vor einigen Jahren hat sie während einer stationären Behandlung ein schweres Basedow-Syndrom durch eine Immunhyperthyreose, eine besondere Art einer Schilddrüsenüberfunktion entwickelt. Die hervorquellenden, glanzlosen Augen in dem schmalen, zerfurchten Gesicht, der hoffnungslose Ausdruck, das blasse, verhaltene Lächeln, die leise Sprache – diesem bleiernen Gefühl kann ich mich nur schwer entziehen.

Ein Mann rennt und: Aus vier mach zwei

Der Mann rennt. Er läuft und läuft, bis ihm die Zunge zum Hals heraushängt. Will er sitzenbleiben, muß er sofort wieder aufspringen. Die Angst läßt ihm das Herz beben, die Finger zittern, die Ohren rauschen. Nachts wacht er mit einem gewaltigen Druck in der Brust auf, der ihn nicht wieder einschlafen läßt. Morgens wagt er sich nicht aus dem Bett. Er bleibt liegen und starrt die Decke an. Er muß sich das Denken verbieten, denn zu denken schmerzt. Wenn er läuft, geht es ihm besser. Nur dann.

Seinen Geschäften kann er kaum noch nachgehen. Sein Kopf ist blockiert. Seine Phantasie ist versandet. Er starrt nur noch Löcher in die Wand, wenn er an seinem Arbeitstisch sitzt. Nur wenn er läuft, kommen ihm noch neue Ideen. Heute wissen wir um die Endorphine, die kleinen Moleküle der Lust und der Freiheit von Schmerz.

Vor einiger Zeit hat sich die Frau eines Freundes das Leben genommen. Er erzählt mir davon. Ich habe sie und ihren Mann flüchtig gekannt. Sie war seit Jahren depressiv gewesen. Jetzt hat *seine* Frau ihn verlassen und sich mit diesem Freund liiert.

Am nächsten Tag findet ihn sein Sohn an der Treppe hängend. Es vergeht nur eine Woche, bis sie von mir eine Bescheinigung für die Lebensversicherung über seinen Geisteszustand haben will.

Ein halbes Jahr später heiratet sie den alten Freund. Die Bescheinigung hat sie bis heute nicht bezahlt.

Endstation

Plötzlich und für sie unerklärlich leidet die junge Türkin unter depressiven Verstimmungen, an Schlafstörungen, Angst, Herzklopfen, einem Druckgefühl im Hals und denkt, daß ihr kein Mensch mehr helfen könne, daß ihr Leben vorbei sei und ihr Leid nur noch mit ihrem Tod beendet sei.

Sie wohnt seit mehr als zwanzig Jahren in Deutschland. Die Ehe hat zwar in den letzten Jahren unter ihrer Krankheit gelitten, ist aber stabil. Ihr Mann hält zu ihr. Nur das letzte Kind geht noch zur Schule, zwei sind erwachsen. Die wirtschaftlichen Verhältnisse sind geordnet.

Sie sucht Hilfe bei einem Nervenarzt und sieht keine Änderung. Sie denkt immer häufiger an den Tod, malt sich aus, wie sie ihn am einfachsten und am wenigsten unangenehm für sich herbeiführen könne. Sie entschließt sich, es mit Medikamenten zu versuchen. Es gelingt ihr jedoch nicht. Sie hat Bauch- und Rückenschmerzen. Der Gynäkologe stellt Myome fest. Sie unterzieht sich einer Gebärmutteroperation, von der sie sich auch eine Besserung ihrer Befindlichkeit erhofft. In der Folgezeit hat sie nur selten gute Phasen, in denen sie den Tag mit Schwung beginnt. Nach wenigen Stunden stürzt sie wieder in tiefe Verzweiflung. Die orthopädische Behandlung ist ebenfalls erfolglos. Auch nach einem Aufenthalt in der Heimat geht es ihr nicht besser.

Zu ihrem Arzt traut sie sich nicht mehr zurück. Sie schämt sich zutiefst. Sie zieht sich zurück, ist tief deprimiert, hat zu nichts Lust, schafft weder den Beruf noch die Hausarbeit. So ist lange alles beim alten geblieben, als sie bei mir erscheint.

Das pack ich schon wieder

Vor einigen Jahren kam ein damals achtunddreißigjähriger Mann in meine Behandlung, mittelgroß, athletisch gebaut mit starken Unterarmen, der so aussah, als könne er allein und ohne Hilfe ein Klavier mehrere Treppen hinauftragen.

Was gar nicht zu ihm paßte, war, daß er völlig aufgelöst war, weinte, schluchzte, zitterte, stark schwitzte, nachts nicht mehr schlief, sondern unruhig in der Wohnung umherlief. Seine Lebensgefährtin war ebenfalls völlig verzweifelt. Sie wußte nicht, wie sie ihm helfen sollte.

Angefangen hatte die Störung plötzlich, ungefähr vierzehn Tage vor unserem ersten Kontakt. Irgendwelche äußeren Auslöser waren nicht zu erfahren, obwohl wir lange und intensiv miteinander sprachen. Er hatte bisher sein Leben gemeistert, trotz einiger Schicksalsschläge. Seine Frau war etwa vier Jahre zuvor an Krebs verstorben. Er hatte allein für seine beiden Kinder sorgen müssen.

Neben seinem Beruf als Kraftfahrer einer Bank hatte er noch einen Nebenerwerb, bei dem er so viel verdiente, daß er seine Familie gut über Wasser halten und sich noch zwei Eigentumswohnungen leisten konnte.

Jetzt war für ihn alles schwarz in schwarz, so, als sei er völlig gescheitert, als werde er nie wieder etwas anfassen können, als sei er finanziell völlig ruiuniert. Noch wenige Wochen zuvor hatte er in seiner Nebentätigkeit eine Reihe von Aufträgen angenommen, die er jetzt als riesigen Berg vor sich sah, den er nicht abtragen könne. Er habe eine fürchterliche Leere im Kopf, habe ein Gefühl, als ob er Blei in den Beinen habe, einen Berg auf der Brust. Morgens liege er im Bett und könne nicht aufstehen, sei dabei innerlich völlig unruhig. Erst gegen Abend gehe es ihm besser. Das sexuelle Interesse sei völlig erloschen.

Keiner in der Familie, weder Eltern noch Geschwister, hatte bislang ähnliche Depressionen gehabt, denn um eine Depression handelte es sich offensichtlich. Dieses plötzliche Hereinbrechen in das Leben, ohne einen Bezug auf die Lebenssituation, ohne irgendwelche Hinweise auf eine frühere neurotische Entwicklung sprach für eine endogene Depression. Er mußte medikamentös behandelt werden.

Meine geduldige Aufklärungsarbeit hatte den Erfolg, daß er die Behandlung akzeptierte und die anfänglichen Nebenwirkungen wie Mundtrockenheit, verstärkte Müdigkeit, Schwindelgefühle und leichte Sehstörungen ohne viel Aufhebens hinnahm.

Es war viel Überzeugungsarbeit notwendig, bevor er seinen gelben Schein akzeptierte. Er hatte zu viele von jenen Weisheiten aufgenommen, die sagen, daß Arbeit adele und man alles könne, wenn die Pflicht es wolle. Er wurde konsequent von seinen beruflichen Aufgaben *entpflichtet*, um seine Minderwertigkeitsgefühle zu mindern, die immer dann auftraten, während er vor seiner Arbeit saß.

Nach ungefähr drei Wochen Behandlung besserte sich der Zustand, wenngleich er nun häufiger in Tränen ausbrach, während er zuvor verkrampft gewesen war und sogar davon gesprochen hatte, daß er nicht in der Lage sei zu weinen. Von da an ging es stetig aufwärts, die Unruhe ließ nach, der Schlaf besserte sich, auch die Stimmung hellte mit der fortschreitenden Entspannung auf. Das Interesse an der Umgebung und an der Arbeit wuchs, so daß er nach etwa zwei Monaten meinte, daß die Behandlung abgesetzt werden könne.

Trotzdem bestellte ich ihn immer wieder ein, da ich wußte, daß gerade diese Zeit äußerst empfindlich ist, und daß die häufigen kleinen und kurzzeitigen Rückfälle überbewertet werden und nicht selten völlig grundlos zu tiefer Verzweiflung führen.

Einige Monate später, nachdem die Antidepressiva bereits abgesetzt waren, meldete er sich plötzlich nicht mehr. Ich hörte aber von Bekannten, daß er wieder völlig gesundet sei und wieder wie ein Berserker arbeite, sogar des Guten zuviel tue.

Nach einem halben Jahr kam er wieder in dem gleichen Zustand: Völlig aufgelöst, ängstlich, klammerte er sich an mich, suchte um Hilfe aus seiner Situation. Auch jetzt besserte sich unter der medikamentösen Behandlung das Zustandsbild rasch, vielleicht in etwas kürzerer Zeit als zuvor, da ich jetzt die Antidepressiva als Infusion verabreichte.

Im nächsten Jahr geschah dasselbe. In der Zwischenzeit hatte er wieder übermäßig gearbeitet, hatte mehr an Aufträgen angenommen, als er überhaupt leisten konnte und hatte sich sogar mit dem Gedanken getragen, aus seinem Nebenerwerb den Hauptberuf zu machen und selbständig zu werden. Jetzt war er wieder völlig am Boden zerstört.

Es handelte sich nicht um eine einfache „endogene Depression", sondern um eine Zyklothymie, ein Schwanken zwischen tief gedrückter und euphorischer Stimmung, zwischen Depression und Manie, himmelhoch jauchzend, zu Tode betrübt.

Er sprach auf Lithiumpräparate an. Die Schwankungen wurden geringer. Es gab allerdings für eineinhalb Jahre noch Probleme dadurch, daß er, wenn er arbeitete, sich mit ganzer Kraft hineingab, stark schwitzte, viel trank und die Lithiumsalze rascher ausschied. Dadurch war natürlich die Vorbeugung gefährdet. Es bedurfte einiger Zeit, in der er noch mehrfach leichte Rückfälle hatte, bis der Zustand sich allmählich stabilisierte.

Zu Schwierigkeiten kam es noch einmal, nachdem der Arbeitgeber, der wegen der häufigen Ausfallszeiten infolge Krankheit irritiert war, ihm anbot, eine Abstandssumme zu zahlen, wenn man in gegenseitigem Einverständnis das Arbeitsverhältnis auflöste. Er war gegen meinen Rat darauf eingegangen und erlitt recht bald darauf wieder einen depressiven Rückfall, so daß er nun völlig ohne Einkommen dastand. Die Bank, die den Kauf seiner Wohnung finanziert hatte, war sein früherer Arbeitgeber. Sie sah nun ihre Felle davonschwimmen. Sie versteigerte seine Wohnung, obwohl er bereits fast die Hälfte getilgt hatte. Der große Verlust führte dazu, daß er noch jetzt erhebliche Schulden abzuzahlen hat.

Insgesamt hat er sich aber in den letzten Jahren zunehmend stabilisiert, depressive Rückfälle sind nicht mehr aufgetreten.

Ausweglos

Drei Jahre später bat er mich, seinen Bruder zu behandeln, der wenige Tage zuvor plötzlich dieselben Symptome gezeigt habe wie er selbst früher auch.

Am nächsten Tag sah ich ihn. Er war in der Tat in einer tief depressiven Stimmung. Er wirkte sehr angespannt und verzweifelt. Nach längerem Gespräch schien es mir, daß ich einen Zugang zu ihm bekommen hatte. Ich bestellte ihn für den übernächsten Tag wieder ein. Ich gab ihm Medikamente mit, wobei ich sowohl Antidepressiva als auch Tranquilizer auswählte, um seine Angst zu mindern, die er durch alle Poren ausschwitzte. Ich sprach mit seiner Frau und bat sie, mich bei dem geringsten Zeichen einer Verschlechterung sofort zu verständigen.

Am übernächsten Tag erschien er jedoch nicht. Als knapp zehn Minuten verstrichen waren, hatte ich *irgendwie* das Gefühl, daß hier etwas schiefgelaufen war. Ich tat das, was ich sonst vermeide: Ich rief bei dem Patienten zu Hause an. Die Ehefrau war völlig aufgelöst. Er hatte sich fünf Minuten zuvor erschossen.

Steine statt Brot

An diesem Tag hatte ich ein Rentengutachten anzufertigen. Der Fall hat mich sehr nachdenklich gemacht. Die Frau war in meinem Alter . Vielleicht spürte ich auch deswegen Solidarität.

Sie war vor dreißig Jahren mit ihrem Vater und einem ihrer vielen Brüder aus Süditalien gekommen, um Geld für die vielköpfige Familie zu verdienen. Der Vater wurde nach der Einstellungsuntersuchung wegen einer offenen Tuberkulose sofort wieder zurückgeschickt. Endlich hatte sie die Chance zu entkommen. Sie heiratete nach einigen Jahren einen Deutschen. Sie merkte es bald – er entsprach in vielen seiner Charakterzüge ihrem Vater: gefühlsarm, rasch aufbrausend, untreu. Sie hatte die Schläge mit dem Ledergürtel und die Wunden von der Schnalle noch gut in Erinnerung. Als bald nach dem Eheschluß ein Kind geboren wurde, konnte sie nicht wieder zurück. Sie konnte sich zu jener Zeit nicht scheiden lassen – wohl ihr deutscher Ehemann, nicht aber sie als Italienerin. Ein halbes Jahrhundert zuvor hatte Mussolini ein Konkordat mit dem Heiligen Stuhl geschlossen, das trotz seines Ablebens und des Endes der faschistischen Herrschaft weiterhin gültig war. Zudem: hatte eine *mamma* bambini, mußte die *famiglia* intakt bleiben. Sie hatte die Falle verinnerlicht und als gute Katholikin akzeptiert. Ihr germanischer und protestantischer – nichtsdestoweniger machistischer – Mann nahm sich die Rechte, von denen er meinte, daß sie ihm zustünden, auch wenn sie von keiner moraltheologischen Auffassung gestützt wurden. Er hatte seine Gespielinnen, wie auch sein Schwiegervater immer seine verschwiegen-offenen Geheimnisse hatte. Sie tolerierte es aus Tradition, bis daß ihr Mann sich eines Tages eine ihrer jüngeren Schwestern zur Gespielin nahm.

Ein weiterer Verlust kam hinzu: Ein kleines Unternehmen, das sie mit ihrem Mann inzwischen aufgezogen hatte, war durch Brandstiftung dahin. Auch ihre Wohnung war abgebrannt. Weil der Fall nicht aufgeklärt werden konnte, hatte die Versicherung die Gelder bis heute nicht bezahlt. Die Schulden waren achtstellig – nicht in Lire, versteht sich. Sie hatte, weil sie nichts anderes besaß, ihre ganze Liebe hineingesteckt und alles verloren.

Jetzt wurde sie durch die Summe aller Kränkungen wirklich krank. Sie schlief nicht mehr, war am Tag müde und antriebslos, hatte keinen Appetit, dann wieder

Freßtouren, in denen sie alles Eßbare in sich hineinstopfte, hatte Kopfschmerzen und Bauchweh und verweigerte sich ihrem Mann, der das alles nicht verstand.

Der Hausarzt verschrieb ihr Antidepressiva und schickte sie zu einer ärztlichen Psychotherapeutin. Ihr erzählte sie vieles, klagte sich aus und fühlte sich in vielem erleichtert.

Die Therapie macht aber keine Fortschritte – eineinhalb Jahre, Verlängerung im Gutachterverfahren, fast fünfzig Stunden verrinnen ohne wesentlichen Erfolg.

Der Internist verordnet ihr in Übereinstimmung mit der Therapeutin immer höhere Dosen an Antidepressiva, bis sie bald an der Toxizitätsgrenze liegen. Andere Präparate kommen hinzu, auch Neuroleptika. Alle Medikamente für sich genommen sind durchaus angezeigt; eins ist aber auffällig: Mehr hilft nicht mehr. Nur weniger, das kann sie nicht ertragen. Dann fehlt ihr die Decke über ihrer frierenden, schmerzenden Seele, das warme Dunkel des Nicht-Wahrnehmens und Vergessens. Die Testpsychologie zeigt schwere Störungen im Erfassen und Erinnern. Sie fordert die Narkose ein.

Denn über eines schämt sie sich zutiefst. Bis zu heutigen Tag hat sie es ihrer Therapeutin verschwiegen: Ihre eigene Schwester ist ihre Konkurrentin. Keiner darf *das* wissen. Es zerrisse die *famiglia*.

Steine statt Brot. Nie hat sie mehr erhalten. Nichts anderes wagt sie, sich vorzustellen.

Herausgewachsen

Ein kleiner, unscheinbarer Mann bringt mir seine Frau – einen Kopf größer und jünger als er, gutaussehend und gepflegt. Sie habe sich verändert. Sie reagiere nicht mehr auf seine Wünsche, kaufe plötzlich vermehrt für sich ein, leiste sich mehr, als er ihr an Taschengeld zugestehe.

Sie ist erregt, redet gegen ihn an. „So kenne ich dich gar nicht", meint er. „Sie ist manisch", wendet er sich an mich. „Sie hatte schon früher einmal eine solche Phase."

Sicherlich ist sie maniform enthemmt. Es scheint mir aber, daß er nicht nur überfürsorglich ist, sondern daß er schon seit langem versucht, sie zu bevormunden.

Die medikamentöse Behandlung schlägt rasch an. Sie ist bald geordneter, aber nie wieder „die Alte", so wie er sie gern hätte. Sie ist selbständiger, nimmt ihre Angelegenheiten selbst in die Hand, fragt ihn nicht mehr ständig um Erlaubnis, teilt ihr selbstverdientes Geld auch selbst ein. In ihrem Beruf ist sie schon immer sehr gefragt gewesen. Das nimmt sie jetzt wahr. Seitdem hängt der Haussegen schief.

Einige Monate später sitzt er allein vor mir. „So geht das einfach nicht weiter; sie muß ins Krankenhaus", sagt er. „Sie ist völlig überdreht. Sie wirft ihr Geld zum Fenster raus." Sie hatte sich ohne seine Einwilligung einen langjährigen Wunsch erfüllt und eine gute Kameraausrüstung mit hochwertigen Objektiven und umfassendem Zubehör gekauft.

„Ich hatte das Geld, und ich bin es mir wert", meint sie später. Der Mann kann nicht verstehen, daß diese Haltung nicht krankhaft ist. Zweifellos ist sie hypoman. Aber dieser leicht gesteigerte Antrieb läßt sie erstmals das realisieren, wozu sie bislang nicht in der Lage war. Ihre Tochter steht hinter ihr. Die Ehe allerdings hält trotz langjährigen Bestehens diese Belastung nicht aus.

Die Frau lebt jetzt seit Jahren allein. Sie kann für sich sorgen. Sie fühlt sich wohl. Eine Manie oder eine Depression sind seither nie wieder aufgetreten.

Abenteuerlust

Die alte Dame hat sich mit ihrem Mann völlig zerstritten. Sie packt all ihre Habseligkeiten in ihren Wagen und übernachtet auf dem Parkplatz vor ihrer Kirche. Der Küster kann sie am nächsten Morgen überreden, nach Hause zu fahren.

Sie macht ganz allein Urlaub und fährt nach Spanien. Plötzlich ist sie verschollen. Kein Mensch weiß, wo sie sich aufhält. Nach vierzehn Tagen meldet sich die deutsche Botschaft: Sie ist in Madrid völlig mittellos in einem Krankenhaus aufgetaucht. Sie ist beraubt worden. Über ihre Eskapaden – ohne ihren Mann – berichtet sie mir augenzwinkernd „ganz im Vertrauen".

Ich kann die Situation verstehen. Auch hier ist die manische Krankheit tief in der ehelichen Situation verwurzelt. Sie ist eine kleine, rundliche, temperamentvolle Rheinländerin, die ihre Entscheidungen aus dem Handgelenk schüttelt und stets einen Scherz auf den Lippen hat. So war sie schon früher, bevor die Störung begann. Er ist ein hagerer, emotionsloser „Pfeffersack", pedantisch und lange vorausplanend, dem alles, was das tägliche Gleichmaß übersteigt, verdächtig und in tiefster Seele zuwider ist. Weiß der Kuckuck, denke ich, wie die beiden es so lange miteinander ausgehalten haben. Vielleicht aber haben beide um ihre Defizite gewußt, vielleicht auch nur dumpf gespürt und in dem anderen das gefunden, was ihnen selbst fehlte: ihr die Konstanz und die Sicherheit, ihm die Spontaneität und die Lebensfreude.

Gerade hat sie ihr Abenteuer einer Wettfahrt mit der Polizei (s.u.) überstanden, denkt sie schon an eine Mittelmeerkreuzfahrt. Ihr Mann hat ihr nach seinem Tod genug hinterlassen. Er ist an einem Prostatakrebs verstorben. Die Familie schlägt ob dieses erneuten Leichtsinns die Hände über dem Kopf zusammen. Ich werde gedrängt zu intervenieren. Ich kann und will es auch nicht. Kurz vor Antritt der Fahrt trifft sie der Schlag.

Die Klischees der psychoanalytischen Psychosomatik, die populären Hypothesen Thorwald Detlefsens ...

Was ich nicht sehe ...

Ein Mann stellt mir seine Frau vor, eine Mittfünfzigerin. Sie leide seit einigen Monaten an der Vorstellung, sie habe ihr Enkelkind vom Wickeltisch fallen lassen, so daß es bald darauf gestorben sei. Ihre Tochter wohnt einige Stunden entfernt. So kann sie das Kind nicht sehen. Fotos erklärt sie als Fälschungen. Telefonanrufen, bei denen die Tochter das Kind in den Hörer hineinbrabbeln läßt, schenkt sie keinen Glauben. Sie ist völlig davon überzeugt, daß das Kind tot sei und sie die Schuld daran trage. Sie ist unruhig, läuft ziellos in der Wohnung umher, schläft kaum noch, wacht häufig auf, ißt schlecht, nimmt an Gewicht stark ab. Die Familie ist sehr besorgt.

Die Behandlung ist langwierig. Ich spreche mit ihr, konfrontiere sie, zeige ihr die Brüche in ihrer Logik, gebe ihr aber auch antidepressive Medikamente. All das, die Gespräche, die Medikamente und schließlich und vor allem der Besuch der Tochter mit dem Kind führen nach langer Zeit zu einer Besserung.

Schuldgefühle

Seit einem Jahr kann er nicht mehr arbeiten. Er sitzt vor mir, wagt nicht, mich anzuschauen. „Ich belästige Sie doch hoffentlich nicht?", fragt er. Langsam und bruchstückhaft kommt es aus ihm heraus. Er hat Zwänge, Zwänge, die ihn mehr und mehr ausfüllen, keinen Platz für anderes lassen. Er fühlt sich geradezu besessen. Sein bisheriges Leben ist zusammengebrochen.

Schon früher war er schwermütig, sehr sorgfältig, fast skrupulös. Er konnte keinem etwas zuleide tun, nahm sich stets zurück. Er sorgte sich um seine Familie und war ein regelmäßiger Kirchgänger.

Eines Tages läßt er sich von den Brüdern seiner Frau überreden, mit ihnen in die nächste Großstadt zu fahren, um eine „Sause" zu machen. Die beiden leben gern und machen sich keine großen Gedanken. Es macht ihnen Spaß, ihn zu verführen, ihnen in eine Peep-Show zu folgen. Zu Hause quält ihn sein Gewissen so sehr, daß er seiner Frau seine Verfehlungen beichtet. Ihr Urteil ist vernichtend. Sie verachtet ihn. Sie entzieht sich ihm. Immer wenn er versucht, mit ihr Kontakt aufzunehmen, sieht sie weg.

Bei seiner Arbeit als Buchhändler versagt er plötzlich. Er muß sein Sortiment wieder und wieder kontrollieren, schaut seine Bücher nach Beschädigungen durch. Bei Auslieferungen steht er lange vor der Tür, schaut auf den Klingelknopf, wagt nicht zu drücken, weil der Knopf sich verklemmen könnte. Er muß die Bücher wieder durchsehen. Manchmal schafft er seine Aufgabe, aber immer häufiger kehrt er unverrichteter Dinge zurück. Seine Umsätze fallen in kurzer Zeit ins Bodenlose, so daß er den Konkurs anmelden muß. Sein Haus wird versteigert. Trotzdem bleiben hohe Schulden, die er nie tilgen wird. Er kann seine Familie nicht mehr versorgen. Er fühlt sich schuldig. Gott hat ihn verstoßen. Seine Schuld ist so groß, daß sie nie vergeben werden kann. Für eine gewisse Zeit halten noch einige Menschen aus seiner Kirchengemeinde zu ihm, dann ziehen auch diese sich zurück.

Als er zu mir kommt, ist er völlig allein. Seine Frau hat sich von ihm distanziert. Er hat seine wenigen Freunde verloren. Er ist arbeitsunfähig. Sein geringes Vermögen ist verschwunden; er ist über beide Ohren verschuldet. Sein Psychiater hat ihm nicht helfen können. Eine stationäre psychotherapeutische Behandlung war erfolglos.

Allmählich faßt er Vertrauen. Ich verordne ihm Clomipramin, ein antidepressives Medikament, das langsam, sehr langsam seine Wirkung zeigt. Zuerst wird er ruhiger, ausgeglichener, kann sich auf die Gespräche einlassen, fragt nicht ständig nach, entschuldigt sich nicht mehr und wagt auch verschiedentlich, zu spät zu kommen. Die Zwänge werden zunehmend geringer. Nach einer längeren Berentung schafft er es wieder zu arbeiten, allerdings in einem anderen Beruf. Nach vierzehn Jahren findet er eine neue Partnerin. Vor kurzem haben die beiden geheiratet. Er fühlt sich wohl.

Wenn ich jetzt, nach vierzehn Jahren, die Vorstellung äußere, die Medikamente vorsichtig abzubauen, droht er mir an, die Freundschaft aufzukündigen.

Vier Jahre später stellt er mir seinen Sohn vor. Er hat es wieder einmal geschafft, ihn bei seiner Ehemaligen für sich „auszuleihen". Der Junge hat auffällige Blinzelbewegungen entwickelt. Als er zwölf Jahre alt ist, haben sich diese motorischen Störungen zu dem Syndrom der „polyphänen Tics" ausgeweitet. Er zappelt, zuckt und hampelt herum, ist verhaltensgestört und Klassenkasper. Der Junge hat nur wenig Möglichkeiten gehabt, am Modell des Vaters zu lernen.

Zwölf Jahre später hat der Junge Sammelzwänge entwickelt. Siebzig Coca-Cola-Flaschen mit Urin müssen entsorgt werden. Zwangskrankheit und Ticstörung – sind das doch nur zwei Seiten derselben Medaille?

Schleusenwärter

Die einzige Möglichkeit, seine Ehe und seine Familie zu retten, sieht er im Bau eines Hauses mit integrierter Luftschleuse. Eine Einliegerwohnung mit einer Doppeltür zur Hauptwohnung täte es auch. Seine Frau ist mit der Tochter ausgezogen und lebt jetzt bei ihrer Mutter. Er ist in der Wohnung allein. Nur so kann er die Tochter retten.

Wenn er nach Hause gekommen ist, hat er sich ausgekleidet, die Oberbekleidung auf einen Haufen geschichtet, die Unterkleidung in die Waschmaschine geworfen und ausgiebig geduscht. Dann hat er Hauskleidung angezogen, Fenster und Türen geöffnet und angefangen, die Schränke abzustauben, den Teppich zu saugen, die Fliesen im Flur und das Bad zu scheuern. Nach drei bis vier Stunden ist er mit seiner Arbeit und selbst fertig gewesen. Seine Frau übrigens auch. Dann hat er den Wagen ausgesaugt, das Armaturenbrett gewischt, die Scheiben poliert. Tag für Tag. Seine Tochter durfte nicht mit dem Staub in Berührung kommen, den er aus seiner Behörde tagtäglich mitbrachte.

Eine Zeitlang hat es geschienen, als habe er es geschafft. Ein verhaltenspsychologisches Institut hatte sich seiner angenommen und es tatsächlich erreicht, daß er nicht mehr putzen mußte. Doch lange hat die Besserung nicht vorgehalten. Nach wenigen Tagen ist alles beim alten gewesen. Als er seine Therapeuten wieder aufgesucht hat, haben die ihre Köpfe geschüttelt.

Er will Hilfe, um seine Familie zu behalten, vor allen seine Tochter, die er abgöttisch liebt.

Horten

Irgendwann kann ich das noch gebrauchen. Dieser Satz ist jedem schon irgendwann durch den Kopf gegangen, als es darum ging, sich für Wegwerfen oder Aufheben zu entscheiden. Hamstern, Horten und Sammeln kann zu einer Obsession werden. Gegenstände sind zu wesentlichen Werten im Leben geworden, ihr Verlust ist Verlust von Lebensinhalten. Symbole werden übermächtig.

Als der Haushalt des alten Ehepaars aufgelöst werden muß, ist die Not groß. Sie besitzen ein kleines Siedlungshaus am Stadtrand, das sie sich im Laufe von vielen Jahren langsam ausgebaut haben. Nach dem Krieg waren sie mit nichts im Westen angekommen. Alles, was sie hatten, war jenseits der Oder geblieben. Er fand eine gute Arbeit und war fleißig; sie ging mit dem Verdienten sparsam um. Sie konnten ihre drei Kinder großziehen und ihnen eine gute Ausbildung vermitteln. Es blieb dabei noch genug, sich ein eigenes Haus zu bauen und sich eine neue Heimat zu geben.

Als er durch einen Schlaganfall pflegebedürftig wurde, versuchte sie, ihren Mann zu Hause zu versorgen. Sie war immer schon zäh und hat ihren Kopf durchgesetzt. Auch wenn sie gelegentlich einen depressiven Eindruck machte, wenn es nicht ganz nach Ihren Vorstellungen zu laufen schien. Er war aus ähnlichem Holz geschnitzt. Immer schon polterig, wurde er mit dem Alter immer rechthaberischer, so daß kaum jemand noch mit ihm zurechtkam, auch seine Kinder nicht. Wie seine Frau wollte auch er nicht die neu erworbene Heimat verlassen. Er erlitt einen zweiten Schlaganfall und wurde bettlägerig.

Als der Älteste mit seinen Söhnen beim Auszug Hand anlegt, ist es ihr ein Sakrileg. Es ist ein neuer schwerer Verlust, den sie nicht mehr ersetzen kann. Es ist endgültig. Als er die vielen nutzlosen Dinge aus dem Haus hervorholt, mit denen alle Speicherräume, Keller, Nebengelasse, Dachboden, Gartenhäuschen und Garage deckenhoch gefüllt sind, fällt sie ihm in den Arm und schleppt nachts einen großen Teil wieder in das Haus zurück. Erst als das Altersheim droht, sie beide wegen des Terminverzugs nicht mehr aufzunehmen, geben sie nach. Einiges von ihrem Hausrat verschenken sie. Drei Lastwagen mit Sperrmüll: seit Jahrzehnten ungebrauchtes Mobiliar, alte Bettgestelle und Matratzen, mehrere defekte Fernseher und Musiktruhen, Teppichreste, Kleidung aus der Nachkriegszeit, Kunststoffbehälter, Dosen, Marmeladengläser, alte Kaninchenställe, Vogelbauer, Öfen, Fensterrahmen, bündelweise

Zeitungen und Illustrierte ... Alle wußten, daß *sie* nichts wegwerfen konnte – *er* aber hatte alles gesammelt, was er am Straßenrand sah.

Nach einem Jahr im Altersheim haben sie sich mit allen überworfen. Sie ziehen zurück in eine Wohnung in ihrer Stadt. Sie fordert ihr verschenktes Mobiliar zurück. Wenige Tage nach dem Umzug liegt er im Krankenhaus. Ihm muß ein Bein amputiert werden. Alle zweifeln, ob er überlebt. Sie versteht nicht, wie ihr geschehen ist, und hadert mit Gott.

Wassergeld

„Er kommt morgens nicht aus dem Haus. Er verbringt zwei Stunden im Badezimmer. Er duscht täglich, und das mindestens eine Stunde lang. Das Wassergeld ..." Die Mutter ist sichtbar verzweifelt. „Seit zwei Jahren geht das schon so. Mein Mann und ich, wir haben alles versucht. Wir haben im Guten mit ihm geredet, und wir haben geschimpft. Nichts hat gefruchtet. Meine Freundin hat gesagt, ich soll mal zu Ihnen kommen." Die Freundin hatte recht.

Als der junge Mann unruhig hin und her rutschend vor mir sitzt, fällt mir seine ekzematisierte Haut auf, nicht nur an den Händen, sondern auch im Gesicht und am behaarten Kopf. Er wäscht und duscht sich aber nicht nur stundenlang, sondern er kontrolliert auch alles nach, was er getan hat, er zählt scheinbar unvermittelt vor sich hin, nimmt seltsam verschrobene Haltungen an, die sich keiner erklären kann. Er hat magisch anmutende Riten entwickelt, drohendem Unheil vorzubeugen.

Es handelt sich um eine ausgeprägte Zwangskrankheit. Verhaltenstherapie und Medikamente (Serotonin-Wiederaufnahmehemmer) mildern die Symptomatik soweit, daß er seit langem wieder ein selbstbestimmtes Leben führen kann. Ohne die Medikamente erlebt er einen Rückfall. Es geht nicht *ohne.*

Cliffhanger

„Bitte rasch, Herr Doktor. Ein Patient will sich umbringen. Er hat sich aus dem Fenster im dritten Stock gestürzt. Wir haben ihn noch festhalten und hineinziehen können." Ich hatte mich gerade wieder in metaphysischen Übersetzungen normaler psychiatrischer Erkenntnisse geübt. Plumps. Der normale Alltag.

Wie üblich ist die Praxis gerammelt voll. Aller Augen warten auf dich, o Herr. Nur fühle ich mich alles, nur nicht allmächtig. Ich gehe in die Höhle der Löwen, das Wartezimmer. Dort ist heute schon zum x-ten Male durchgehechelt worden, daß man so lange warten müsse (was jeder vorher wußte, weil es stadtbekannt ist), und daß doch die Organisation geändert werden müsse. Jetzt beweise ich ihnen, daß es anders geht, denke ich. Ich ändere die heutige Organisation sofort, *auf der Stelle.*

„Es tut mir leid, meine Damen. Gerade ist ein Notfall gemeldet worden. Ich muß leider zu einem dringenden Hausbesuch. Frau M., kommen Sie doch bitte einmal heraus." Ich übernehme die Stelle der Helferin, die für mich die Formulare für die Zwangseinweisung sucht, die Personalien aufnimmt und mir alles bereitlegt. „Wie sah es die letzte Zeit aus, Frau M., wie geht es Ihnen?" Plötzlich geht es ihr gar nicht so schlecht. Sie hat sich noch nicht den täglichen ehelichen Frust aus den Kammern ihres Gedächtnisses zusammengeklaubt, den sie sonst über mir ausgießt. Sie entlastet sich immer nur, ohne ihre Situation zu ändern oder ändern zu *wollen*. In drei Sätzen sind wir so weit. Michael Balint habe ich damit links überholt. Der hat immer fünf Minuten benötigt. Sie ist zufrieden!

Der nächste Patient bekommt seinen Befund erklärt und geht. Die nächste Dame, die denselben Herrn (mich) verlangt hatte, ist auch bald abgefertigt. Zwei lassen sich auf ein Wort zum Donnerstag und Rezepte ein. Eine Patientin wird noch schnell untersucht und zur Kernspintomographie überwiesen. Eine weitere erhält nach kurzer Untersuchung einen Brief in die Hand, daß mangels Vorfall und Ausfällen auch mit fünfundsiebzigjähriger, völlig verschlissener Wirbelsäule eine Bandscheibenoperation nicht in Frage kommt, auch wenn sie Rückenschmerzen hat. Noch kurz das Stethoskop auf den Hals und ein Termin für eine Dopplersonographie der Halsgefäße, dann die Tasche gegriffen und los!

Gasgeben und weg! Ein Stoßgebet: hoffentlich steht keiner vor der Polizeiwache – denn daran muß ich vorbei.

Der Ruhestörer sitzt in aller Unschuld in seinem Zimmer. Nein, sagt die Pflegedienstleiterin, nein, umbringen wollte er sich nicht. Er wollte zu einer *Quelle*. Er sei vier Wochen auf dem *Trockendock* gewesen, bevor die Psychiatrie ihn in das Pflegeheim entlassen habe. Trotz seiner zweiundvierzig Jahre habe man ihm eine schlechte Prognose gestellt. Er sei immer wieder aus Heimen entwichen und auf die Trebe gegangen und habe weitergetrunken. Inzwischen sei er durch seine Bauchspeicheldrüsenentzündungen zuckerkrank.

Er hatte einem gehunfähigen Patienten den Fixiergurt aus dem Rollstuhl gestohlen, nachdem er festgestellt hatte, daß das Toilettenfenster unverschlossen war. Der Gurt war allerdings etwas kurz. Vielleicht hatte auch sein Verstand nicht weiter gereicht. So hatte er nun an dem Gurt vor der Hauswand zwischen dem dritten und zweiten Stockwerk gehangen und um Hilfe geschrien.

Was danach kam, muß zirkusreif gewesen sein. Alle stürzten ans Fenster. Das Klo war verschlossen. Ein Schlüssel war in der Eile nicht aufzufinden. Das Fenster lag aber über Eck mit dem Flur vor der Station. Ein Pfleger hängte sich aus dem nächstgelegenen Flurfenster, konnte ihn aber nicht greifen. Erst als ihn mehrere Schwestern am Hosengurt festhielten, gelang das Experiment. Dieu est avec les imbéciles.

Auf und davon

Als er morgens auf der Toilette sitzt, hat er das Gefühl, er werde gewürgt. Er ist sich sicher, es ist einer der Kommanditisten der Firma, der er schon seit Jahrzehnten angehört. Er erinnert sich plötzlich, daß er ein Schreiben der Staatsanwaltschaft erhalten hat, in dem er aufgefordert wird, eine Stellungnahme zu dem Vorwurf der Untreue und des Geheimnisverrats abzugeben. Es ist ihm plötzlich wieder klar, daß er einer großen japanischen Firma verraten habe, daß sie von seinem Konzern geschluckt werde. Ihm wird heiß. Das Herz rast. Die Polizei wird ihn bald ergreifen. Er hat keine Zeit zu verlieren. Er stürmt in großer Hast von der Toilette und vergißt sogar abzuziehen, wie später entdeckt wird.

Von da an verliert sich seine Spur. Kein Mensch weiß, wo er sich aufhält; keiner weiß, ob er überhaupt noch lebt. Er ist verschwunden, einfach verschollen. Nach einigen Wochen kündigt die Firma seinen Vertrag. Sein Haushalt wird aufgelöst. Er wird zur Unperson.

Ein halbes Jahr später, es ist Ende Oktober, findet man einen bewußtlosen, fast erfrorenen und verhungerten alten Mann an der Straße. Er ist unterkühlt und dem Tode nahe. Im Krankenhaus wird er vorsichtig wieder aufgetaut. Zwei Tage später liegt er auf dem Operationstisch. Beide Vorfüße müssen wegen der Erfrierungen amputiert werden. Von der Zeit im Aufwachraum an ist ihm jetzt alles wieder erinnerlich.

Die Zwischenzeit ist in ein graues Zwielicht gehüllt, aus dem gleichsam inselartig deutlichere Szenen herausragen. Er ist auf der Flucht gewesen; quer durch Deutschland ist er gelaufen. Er hat sich von den Feldern und aus Mülltonnen ernährt. Er erinnert sich an eine drogenabhängige junge Frau, die nichts besonderes daran fand. In Dresden sprach er die Polizei an, die eine Razzia machte. Er war der Meinung, man suche nach ihm. Als schmutziger, alter Penner interessierte er nicht. Allmählich zog ihn die Heimat wieder an. Es wurde kalt, die Felder waren abgeräumt, die Mülltonnen gaben wenig her. Der Tod durch Erfrieren kam ihm nicht mehr schrecklich vor. Es war so leicht.

Im Krankenhaus erfährt er, was inzwischen geschehen ist. Sein Vater, den er bis zu seinem Aufbruch versorgt hat, ist kurz danach verstorben. Er steht ohne Arbeitsvertrag da. Die Kündigung hat dazu geführt, daß er nicht mehr krankenversichert ist. Er muß sich freiwillig versichern. Sein Haushalt existiert nicht mehr. Ein wertvolles Möbelstück, das man anscheinend gestohlen hat, sieht er bei einem Trödler und kauft es zurück. Zum Glück hat er Rücklagen. Langsam erholt er sich. Eine Anschlußheilbehandlung schließt sich an.

Er hat in den Tagen vor den turbulenten Ereignissen unter großer seelischer Anspannung gelebt. In der Firma waren zahlreiche schwierige Dinge zu erledigen. Sein Vater ist todkrank gewesen und hat versorgt werden müssen. Tag und Nacht hat er geschrien, hat ihn nicht zur Ruhe kommen lassen. Tagsüber ist er völlig übermüdet ins Büro gekommen, bis daß er plötzlich von seinen Erlebnissen überrollt wurde.

Es hat sich um eine psychotische Episode gehandelt, die durch seinen wochenlangen Schlafentzug induziert wurde. Derart lange Verläufe sind nicht so selten. Selten sind sie aber so dramatisch.

Inzwischen ist er weitgehend gesund. Viele ehemalige Freunde interessieren sich aber nicht mehr für ihn. Er lebt von seinem Ersparten. Bis daß er die Altersrente erhält, muß er sich noch gedulden. Unser ach so dichtes soziales Netz hat für derartige Problemfälle ein Riesenloch. *Unvernunft* ist der Vernünftigkeit unserer Gesundheits-Planer nicht zugänglich.

Bedeutsames

Eine Dame in den Fünfzigern, seit langem Witwe, fühlt sich von Bewohnern ihres Hauses kontrolliert und verfolgt. *Man* habe überall in ihrer Wohnung Mikrofone und Kameras installiert, erzählt sie, der Fußboden sei durchlöchert, der Fernseher in ein System eingeschleift, das ihr ständig bedeutsame Nachrichten übermittle. Auf dem Fernseher liefen gelegentlich Programme, die sie nicht gewählt habe. Zumeist seien es Filme sexuellen Inhalts. *Man* wolle sie anscheinend verkuppeln; *man* wolle sie animieren, ein Verhältnis mit einem anderen Mieter einzugehen. Eine so gut aussehende Frau in ihrem Alter dürfe nicht allein bleiben. *Man* flüstere und tuschele über sie, verstumme aber in dem Augenblick, wenn sie sich zeige. *Man* wisse genau, was sie tue, und rede darüber. Sie höre aber gut und sei daher auf dem Laufenden. Sie werde bis in die Stadt verfolgt. *Man* habe Männer engagiert, die mit ihren Wagen hinter ihr her führen. Sie habe sich aber deren Zulassungsnummern gemerkt.

Als ich sie eines Tages in ihrer Wohnung aufsuche, zeigt sie mir in den Ecken des Wohnzimmers Stellen, in denen der Estrich nicht ganz die Wand erreicht. Da hindurch werde sie abgehört.

Die Psychose hat sich die Thematik ausgewählt, unter der die Frau am meisten leidet: den Partnerverlust und den sexuellen Verzicht. Eine Korrektur ist ihr nicht möglich.

Bader-Meinhoff-Bande

Die Polizei bringt einen jungen Mann in die Klinik, der auf der Autobahnraststätte Zechprellerei begangen hat. Den Beamten hat er eine verworrene Geschichte erzählt, die sie an seiner geistigen Gesundheit zweifeln ließ.

Er sei Psychologiestudent in einer süddeutschen Universitätsstadt, sagt er und zeigt seinen Studentenausweis. Er könne die Situation völlig zweifelsfrei erklären. Er habe seit längerem bemerkt, daß Mitglieder der Rote-Armee-Fraktion es auf ihn abgesehen hätten. Ein Mann, der wie Jan Carl Raspe ausgesehen habe, sei häufig in seinem Treppenhaus erschienen; auch andere aus dessen Umfeld seien dort zu sehen gewesen. Er habe sich bedroht gefühlt. Die örtliche Polizei habe ihm trotz mehrfacher Vorstellungen nicht geglaubt.

Nachdem er sich erinnert habe, daß D. (der seinerzeitige Oberbürgermeister einer norddeutschen Großstadt) vor Jahren bei einem Laienspiel zugesehen habe, bei dem er mitgewirkt habe, sei ihm die Idee gekommen, ihn in seinem Rathaus aufzusuchen und um Hilfe in dieser Sache zu bitten. Nachdem er als Anhalter die lange Strecke hinter sich gebracht habe, habe er zu seiner Enttäuschung feststellen müssen, daß D. nicht im Amt gewesen sei. Er habe daher seine Beschwerden über die Untätigkeit der Polizei seiner Stadt bei der dortigen Polizeidirektion geäußert.

Beim Verlassen des Gebäudes sei ihm aufgefallen, daß man ihn beobachte. Er habe schon bei seiner Ankunft eine lebhafte Drogenszene bemerkt. Die Dealer hätten ihn als ihren Feind erkannt und ihn verfolgt. Er habe daraufhin auf dem schnellsten Weg die Stadt verlassen und mehrfach, allerdings erfolglos, das Fahrzeug gewechselt.

Auf der letzten Raststelle habe er sich in das Restaurant gesetzt und zu seinem Schutz bewußt nicht gezahlt, um auf sich aufmerksam zu machen. Tatsächlich, man holte die Polizei.

Konspiration

Er hat vor fünfundzwanzig Jahren in einem Haus gewohnt, in dem sich eine „konspirative Wohnung" einiger Mitglieder der „Rote-Armee-Fraktion" befand. Seitdem die Bewohner mit großem Polizeiaufwand festgenommen wurden, sinniert er darüber nach, ob er nicht doch zu den Begünstigern gehörte und sich damit strafbar gemacht habe.

Filmreif

Die Mutter war prominent. Auch er ist Künstler, vor allem Lebenskünstler. Er besitzt einen Stempel. Er hat eine Filmagentur. Ständig ist er unterwegs, telefoniert mit anderen Künstlern, stundenlang, gibt große Summen dafür aus. Geld fürs Essen hat er nicht. „Hammse nich ma´ ´nen Fünfer für mich, Herr Doktor?" fragt er, „ick habe Hunger. Meene Olsche hat ´ma wida keen Jeld für mir. Jerade ´nen Zehna hatse mir zujesteckt." Er trägt ein Käppi, einen Davidsstern, ein kleines Krummschwert und hat sich einen krausen Bart wachsen lassen. Besonders orthodox sieht er dadurch nicht aus.

Heute ruft mich seine Vermieterin an. Er sei völlig durchgedreht, laufe in einem Overall herum, bohre an der Außenwand des Hauses immer neue Löcher, um ein Messingschild mit seinem Firmennamen anzubringen. Er habe ein schweres Schild aus seinem Fenster in die Fußgängerzone geworfen, lasse tags wie nachts mehrere Radios und Fernseher mit unterschiedlichen Programmen gleichzeitig laufen und habe einer Nachbarin, die bei ihm geschellt habe, erklärt, er sei ein Kindermörder.

Ich suche ihn auf. Er ist aufgeregt, verhält sich jedoch geordnet und bittet mich herein. Seine Wohnung ist ein einziges Chaos. Auf der Matratze, die ihm als Schlafplatz dient, liegen Bücher, Papiere, Schreibutensilien, auf dem Fußboden daneben steht ein Fernseher; sehe ich Pin-up-Kalende und, ernsthafte Literatur. Auf einem

Tisch finden sich weitere Fernseher, ein Videorekorder, Radios. Auf einem anderen Tisch ist ein Schreibautomat in genialem Durcheinander von Schriftstücken und Socken, Kleinkalibermunition, Abzeichen, Medaillons und Flaschen bedeckt. Ähnlich sieht es in der Küche aus, wo ein weiteres Radio und ein Fernseher mit jenen im Wohnzimmer um die Wette plärren. Ich habe die Wahl zwischen einem Bericht über tschechische Atomkraftwerke und einem Soft-Porno mit Emanuelle, Musik aus der Karibik, Bongo-Trommeln und einer Reportage. Das Telefon hat seine frühere Lebensgefährtin mitgenommen, weil er durch seine regen Gespräche mit potentiellen Kunden tief in die roten Zahlen gelangt ist.

Er gibt sich einsichtig: „Herr Doktor, steckense mich bitte in de *Jeschlossene*, am besten uff Dauer, hinter Schloß und Riejel, lebenslänglich. Da kann ick keenem jefährlich werden. Ick drehe wieda durch. Ick kann so jut schauspielern, dat keener weeß, wie dreckig et mir wirklich jeht. Die jungen Doktors kennen dat nich. Die kann ick wirklich bescheißen." Er legt sich unvermittelt auf den Boden und fragt mich, ob er seine Religion ausüben könne: „Adonai, Elohim, Jerushalajim", kommt es über seine Lippen, während er in vertrackter Haltung auf der Matratze liegt. Dann folgen zunehmend unverständliche Neologismen, die altgriechisch oder hebräisch anmuten, Beschreibungen sexueller Phantasien vollbusiger blonder „Schicksen". Er schüttelt sich, schreit, macht einen klassischen *arc de cercle*. Schließlich spricht er wieder völlig vernünftig mit mir.

Es gelingt mir, ihn zu beruhigen. Ich organisiere seine stationäre Aufnahme für den nächsten Tag. Seine frühere Lebensgefährtin, Mutter seiner Tochter, die seit Jahren nur noch seine Betreuerin ist, scheint erleichtert. Ursache für dieses „Ausrasten" war, daß sie ihm unmißverständlich mitgeteilt hatte, daß sie nach langer Abstinenz einen anderen Partner habe.

Gefangen

Eine Frau aus den „neuen Bundesländern" wird mir von Zufallsbekannten meiner Frau vorgestellt. Sie fühlt sich vom Bundeskriminalamt, dort eingeschleusten alten Stasi-Mitarbeitern und deren Helfershelfern (auch dem Ehemann) verfolgt, kontrolliert, abgehört und beeinflußt – durch Abhöranlagen, Mikrofone, Lautsprecher, Strahlen, Gase, seltsame Sprays, Parfümseifen und Nahrungsmittel. Nachts ist sie ihrer nicht sicher. Alles scheint ihr umfunktioniert und unterwandert.

Begonnen hat es vor vier Jahren. Ihr Mann habe damals immer den Besuch eines geheimnisvollen Herrn empfangen, mit dem er immer nur getuschelt habe, erzählt sie. Die beiden hätten auch über sie gesprochen, doch habe sie nur Wortfetzen verstanden. Das Ganze sei für sie sehr undurchsichtig gewesen. Sie glaube, daß *man* sich gegen sie verschworen habe.

Ihr Mann habe seinerzeit schon eine Beziehung zu einer anderen Frau gehabt. Eines Tages habe *sie* in einem Café einen Mann gesehen, der sie magisch angezogen habe. Sie habe sich sofort an seinen Tisch begeben und mit ihm gesprochen. Sie habe sofort gemerkt, daß er ein Hypnotiseur war. In der folgenden Zeit habe sie sich häufig mit ihm getroffen und mit ihm lange geredet. Er habe sie in ihrer Auffassung bestätigt, daß sie in großer Gefahr sei.

Sie war so verzweifelt, daß sie versuchte, ihrem Leben ein Ende zu setzen. Sie mußte in der psychiatrischen Abteilung des Städtischen Krankenhauses ihrer Stadt aufgenommen werden. Sie dachte in dieser Zeit viel nach und besuchte wieder ihre Kirche, die sie fast vierzig Jahre zuvor verlassen hatte. Ihre neuen Bekannten kümmerten sich sehr um sie, waren aber über die Ursache ihrer Probleme gespaltener Meinung. Einige sprachen von einer „okkulten Belastung", andere rieten ihr, einen Psychiater zu konsultieren. Im vergangenen Jahr unternahm ein Pastor eine „Freisprechung". Sie entwickelte bei diesem Vorgang die Meinung, daß sie über ihre Erlebnisse nicht mehr sprechen dürfe.

Vor einigen Wochen ist sie wegen der „Sprays" aus der ehelichen Wohnung ausgezogen. Sie lebt seither bei Bekannten. Sie empfindet nun eine Erleichterung. Sie will sich von ihrem Mann trennen. Dieser gehört nicht ihrer Kirche an. Sie ist sicher, daß er Mitglied der „Firma" sei.

Sie leidet an einer paranoid-halluzinatorischen Psychose, hat einen systematisierten Verfolgungswahn und akustische, taktile und olfaktorische Halluzinationen. Alle Sinnesqualitäten sind betroffen: Sie hört ihre Verfolger über sie sprechen, fühlt die Strahlung und riecht die Gase, gelegentlich sieht sie auch etwas, was andere nicht zu erkennen vermögen. Ihr Gedankengang ist dabei formal nicht gestört.

Ich beginne bewußt keine neuroleptische Behandlung, die an sich notwendig wäre – einerseits, weil ich die Therapie von hier aus nicht weiter verfolgen kann, andererseits, um nicht in ihr Wahnsystem aufgenommen zu werden und dadurch meinen Einfluß auf sie völlig zu verlieren. Ich habe einen im Krankenhaus tätigen Kollegen gebeten, der viel Erfahrung mit der Behandlung freikirchlicher Patienten hat, die Frau in der nächsten Zeit aufzunehmen.

Zwei Tage später fragt eine Bekannte nach, ob die Patientin ein Attest für den Notar erhalten könne, daß sie geistig normal sei. Sie wolle bestimmen, daß nicht der Mann, sondern der Sohn gegebenenfalls die Vormundschaft über sie übernehme. Ich erkläre, daß dieses Zeugnis nicht nur unwahr und damit strafbar, sondern auch ein Widerspruch in sich sei. Es gibt keine Vormundschaften mehr, sondern nur Betreuungen, die allein für den defizitären Bereich eingerichtet werden. Personen, mit denen Konflikte bestehen, werden vom Amt des Betreuers ausgenommen.

Selbstzerstörung

Sie ist zuletzt vor kurzem aus dreieinhalbmonatiger stationärer psychiatrischer Behandlung entlassen worden. Die Zahl der Entlassungsberichte (elf in den letzten drei Jahren) zeigt die Problematik. Sie wird von der Klinik als schwere Borderline-Störung angesehen. Ich kenne jedoch von ihr eindeutige paranoid-halluzinatorische Dekompensationen. Sie hat mehrfach über *imperative Stimmen* berichtet, Stimmen, die ihr Befehle gaben. Sie fügt sich ständig Verletzungen zu, indem sie sich Nähnadeln in die Unterarme einbringt. Die Muskulatur des linken Unterarms ist völlig verschwunden und die Haut schwarz verfärbt. Der linke Arm ist durch die Lähmung der Streckmuskulatur nur eingeschränkt benutzbar. Jetzt nimmt sie sich die rechte Seite vor. Wegen einer beginnenden Sepsis sollte der linke Unterarm schon einmal amputiert werden. Der rechte ist durch die Hunderte von Nadeln in der Muskulatur verformt. Sie trinkt erheblich und steigert den Alkoholkonsum in den zahlreichen suizidalen Krisen, in denen sie auf Dächern steht oder sich auf andere Weise umbringen will. Häufig wird sie eingewiesen. Nicht selten geht sie auch selbst ins Krankenhaus.

Durch das Trinken ist ihre Leber krank geworden; sie hat eine Fettleber. Der Alkohol hat ihr Gesicht gezeichnet. Sie ist körperlich verwahrlost, die Zähne sind verfallen und sanierungsbedürftig. Sie hat sich von ihrer eigenen Familie getrennt (sie hat drei Kinder im Alter von sieben, elf und fünfzehn Jahren) und lebt mit einem Mann zusammen, der sie schon mehrfach aus seiner Wohnung herauswarf.

Sie kann nicht mehr für sich selbst sorgen und findet sich in der Gesellschaft nicht zurecht. Inzwischen ist sie berentet. Sie soll in einem psychiatrischen Wohnheim aufgenommen werden.

Sie entstammt einer problembehafteten Familie: Der Vater, der einzig Vernünftige, ist ein besonnener Mann – aber minderbegabt. Die Mutter ist Alkoholikerin, mehrere ihrer Brüder trinken. Ein Bruder ist drogenabhängig, ein weiterer schwachsinnig und gelegentlich psychotisch.

Die Familie ihres Bekannten ist ebenfalls schon seit Jahren in der Praxis gut bekannt. Sein Vater hatte eine Parkinson-Krankheit und war in seinen letzten Jahren schwer dement. Seine Frau, von der er getrennt lebt, ist hysterisch. Eine Tochter ist chronisch depressiv, ist mehrfach mit Alkoholikern verheiratet gewesen, die sie prügelten, wenn sie deren Wünsche nicht erfüllte. Die zweite Tochter starb durch Drogenmißbrauch, die dritte hatte kurz zuvor ihre „Karriere" begonnen.

Jagdschein

Anja ist verschwunden. Kein Mensch kann mir sagen, wo sie geblieben ist. Die Wohnung ist leer. Im Krankenhaus weiß keiner, wohin sie nach der Entlassung gegangen ist. Ich habe vor einigen Wochen versucht, sie in ihrer Wohnung aufzusuchen, weil sie laut aus dem Fenster schrie, die Schweine sollten sie in Ruhe lassen, und ihre Unterwäsche, andere Bekleidungsstücke und Hausrat auf die Straße warf. Sie hat mir die Tür nicht geöffnet. Ich wurde von ihr mit wüsten Beschimpfungen empfangen, ich wolle doch nur dasselbe wie die anderen Männer auch – ich solle meinen Arsch aus ihrem Haus bringen, und zwar dalli. Einige Tage darauf wurde sie von der Polizei ins Krankenhaus gebracht.

Nach sechs Jahren erhalte ich ein Lebenszeichen. Sie lebt in unserer alten Hauptstadt.

Sie hat einen ausführlichen Brief geschrieben. Eigentlich habe sie meine Patientin bleiben wollen, jedoch habe sie befürchtet, daß ich, zusammen mit einem ihr bekannten Rechtsanwalt, sie an das Kreiskrankenhaus verkaufen wolle, um etwas aus ihren Ovarien züchten zu lassen. Die Polizei, die sie selbst zu ihrem Schutz vor mir gerufen habe, habe sie in die Klinik gebracht. Nach der Entlassung habe sie weiter Stimmen gehört, sich aber erfolgreich vor Besuchen bei meinem Kollegen gedrückt. Vor mir habe sie eine zu große Angst gehabt. Die Stimmen – allen voran die Stimme des Bundespräsidenten! – hätten ihr befohlen, zu ihm zu kommen, um ihn zu heiraten. Sie habe ihre Wohnung aufgelöst, die Möbel aber zurückgelassen, und sei auf seinen Befehl hin ohne irgendwelche Habseligkeiten in die Nähe ihres Präsidenten gezogen. Im Rotlichtviertel der Nachbarstadt habe sie in einem schrecklichen Zimmer gehaust, bis man sie wegen Zahlungsunfähigkeit hinausgeworfen habe. Monatelang habe sie sich auf irgendeine Weise durchgeschlagen. Der Bundespräsident sei durch den amerikanischen Botschafter, den amerikanischen Präsidenten, den König von Saudi-Arabien und Gaddafi abgelöst worden. Der saudische Botschafter habe sie empfangen, weil er die Frau habe sehen wollen, die vorhatte, Gaddafi zu heiraten. Kein Mensch, auch nicht die zuständige Amtsärztin, hätten gemerkt, wie krank sie gewesen sei. Noch während des Golfkrieges sei sie nach Genf gereist, um Saddam Hussein zu heiraten. Mittellos habe sie in Genf nicht mehr aus noch ein gewußt, bis ihr die Stimmen geraten hätten, mit ihrem Diabetes ins Krankenhaus zu gehen. Dort habe sie, französisch radebrechend, erklären wollen, daß sie zur Heirat in den Irak reisen müsse. Nach zwei Tagen habe sie sich in der dortigen Psychiatrie wiedergefunden. Vierzehn Tage später sei sie allein in die Bundeshauptstadt gereist, um in der psychiatrischen Klinik aufgenommen zu werden. Danach sei es so weitergegangen. Während ihrer verschiedenen phantasierten und wohl auch realen Liaisons mit Scheichs und Staatspräsidenten habe sie mit dem Weißen Haus, dem Hauptquartier in Tripolis, mit Abu Dhabi und so weiter telefoniert. Sie sei immer gut gekleidet, schlank und gepflegt gewesen. Desöfteren sei sie bei Zechprellereien und Ladendiebstählen erwischt worden – sie habe aber stets als schuldunfähig gegolten, Gott sei Dank habe der Klinikchef dies der Staatsanwaltschaft bestätigt. Bei fünf Priestern sei sie in Beichte gewesen, da sie immer wieder in Sünde gefallen sei, auch als sie mit dem Bundespräsidenten „gegangen" sei. Auch ein bekannter Bankier sei ihr Liebhaber gewesen.

Seit einigen Monaten sei sie ruhiger. Sie arbeite halbtags bei einem Rechtsanwalt, der ihr Vorleben kenne. Sie lebe mit einem wesentlich jüngeren Mann zusammen, der nach dem chinesischen Horoskop ein Tiger sei. Dieser Tiger habe sie schon vor Jahren unter der Dusche gepackt. Ihr „Ödipus und Filius" sei wie sie wegen einer Psychose in psychiatrischer Behandlung. Er sei drogenabhängig gewesen, habe wegen eines Banküberfalls eine mehrjährige Haftstrafe verbüßt, sei aber jetzt für sie, seine „Adoptivmutter", ein „pflegeleichtes und liebes Kind". Sie sei nach jahrelangem Lernprozeß in verschiedenen Konfessionen und Religionen in den Schoß der katholischen Kirche geflüchtet und habe jetzt durch die Betreuung des armen Jungen die Gelegenheit, den

Mord durch die Abtreibung ihres leiblichen Kindes zu sühnen. Sie fürchte nur den Tag, an dem sie sterben und das „Kind" allein zurücklassen müsse.

Sie wünsche mir den besten Umsatz für mein „Geschäft" und könne sich vorstellen, daß ich später doch noch – im Jenseits – meine frühere Patientin „mit dem Männerverschleiß, dem schlagenden Professor und den Türkenknaben" behandele.

Anja gehört zu meinen ersten Patienten in der neuen Praxis.

Sie ist nur geringfügig älter als ich, mittelgroß, vollbusig und etwas füllig, trägt ein weites, wallendes, wadenlanges Kleid. Sie stürmt in die Praxis und erstürmt sie mit ihrer gezielten, raschen Art – die Helferinnen wissen nicht, sich dagegen zu wehren, und sitzen mit offenem Mündern einfach da. Die weiten Kleider haben ihre Funktion – dazu gehören auch Beutel an den Oberschenkeln. Anja hat für sich erkannt, daß sie doch den „Jagdschein" habe und alles ihr gehöre: „Ist der Ruf erst ruiniert, lebt sich's gänzlich ungeniert".

Anja hat erstmals sechs oder sieben Jahren vor unserem ersten Kontakt Stimmen gehört. Allerdings war sie schon mit sechzehn oder siebzehn Jahren verhaltensauffällig, opponierte gegen die konservative Erziehung der Mutter und onanierte, wie sie amüsiert erzählt, „bis zum Exzeß" beim Lesen von Werken von Zola und Balzac.

Offen erzählt sie ihre Lebensgeschichte. Der Vater sei einfacher Herkunft, selten zu Hause gewesen, despotisch, die Mutter wesentlich jünger, hysterisch, dem Alkohol zugetan, habe gegen den eigenen Mann intrigiert und sei anderen Männern hinterhergelaufen. Sie selbst sei Einzelkind geblieben, auf einem Bauernhof ohne Spielgefährten, nur unter „alten Leuten" großgeworden, dicklich, von den Altersgenossen verspottet und abgelehnt, aggressiv gegenüber Schwächeren, jedoch Klassenbeste. Mit fünfzehn Jahren habe sie eine Lehre als Speditionskauffrau begonnen. Sie habe einen cholerischen Chef gehabt und eine muffige Chefin, eine halbe Flasche Wein am Abend und inzwischen Kleidergröße sechsundvierzig. Mit neunzehn Jahren sei sie von einem Gleichaltrigen „entjungfert" worden, der ihr von der Mutter als zukünftiger Ehemann „aufoktroyiert" worden sei. Wegen des Coitus interruptus habe sie keinen Orgasmus verspürt. Aus Angst vor einer Schwangerschaft habe man sich verlobt und „wegen der Leute" mit Heiratsvorbereitungen begonnen. Der doppelt so alte Chef habe sie vergewaltigt, als sie einmal wieder volltrunken gewesen sei. Er sei ihr aber sympathisch gewesen. Daher sei sie bei *ihm* geblieben und habe die Verlobung gelöst. Danach habe sie ein Verhältnis zu einem älteren, verheirateten Kollegen angefangen. Auch jetzt habe sie keinen Orgasmus bekommen, aber Hautkontakt und Verständnis. Sie sei schwanger geworden, habe abzutreiben versucht und schließlich im ersten Trimenon durch ständige starke Bewegungen, massives Onanieren und Hormontropfen einen Abort erzielt. Bei ständig wechselnden Männerbekanntschaften habe sie endlich einen ersten Orgasmus gehabt. Erneute Schwangerschaft, Familienschande! Auf Drängen der Mutter des Freundes habe eine alte Hebamme einen Abortversuch unternommen, der erfolglos geblieben sei. Im dritten Monat wurde in Schwarz geheiratet. Es kam zu der Geburt einer gesunden Tochter, die anfangs von ihrer Mutter aufgezogen wurde. Bei deren Einschulung habe sie das Kind in den eigenen Haushalt aufgenommen. Die Ehe sei ohne innere Beziehung gewesen, Langeweile, Fernsehen, Alkohol, unerfüllte sexuelle Phantasien seien die Regel geblieben. Es habe ständig Machtkämpfe mit dem Ehemann gegeben; unter Alkohol habe man sich heftig geprügelt. Daher habe sie Kontaktanzeigen aufgegeben und häufig kurze Bekanntschaften und neue Erlebnisse auch in Gruppen gesucht. Ständig habe sie experimentiert und viele Orgasmen an einem Tag gehabt. Das Resultat sei ein besserer Sex auch mit dem Ehemann gewesen.

Plötzlich hört sie überall Stimmen, Stimmen von Nachbarn, von Fremden. Das Telefon wird abgehört! Beim Telefonsex mit einem Bekannten denkt sie, er sei Jesus. Der Nervenarzt sagt, es sei eine Alkoholhalluzinose und verordnet Haloperidol. Sie kauft täglich die St.-Pauli-Nachrichten, macht neue Sexexperimente. Ein neuer Nervenarzt verordnet wieder ein Neuroleptikum. Sie „findet zum Glauben", sucht nach Gott und betet täglich. Mehrfach wird sie stationär psychiatrisch behandelt. Sie möchte sterben. Ihre Liebhaber sind für sie Jesus und Franz von Assisi. Ein sozialpsychiatrisch ausgerichteter Kollege ist für sie ein Verbrecher; er habe sie völlig kaputtgemacht. Neue Kontaktanzeigen folgen. Ein neuer Bekannter läßt sich ihretwegen scheiden. Zwei Jahre später gehen sie wieder auseinander. Es folgen neue Bekannte, darunter irgendwann ein Philosophieprofessor, der nur reden will, dann ein älterer Arzt, eine Vaterfigur für sie: ein Mischmasch von Bildung und „Liebe", Privatvorlesungen, „Pygmalion" oder „My Fair Lady". Der Kollege sei „unsauber, impotent, pervers", so erzählt sie, er habe sie mit Peitsche, Fesseln und Alkohol traktiert. Nach einem Jahr trennen sie sich im Zorn. Sie rächt sich durch neue Partner. Erneut Psychiatrie und Gottsuche. Sie will zum Islam konvertieren. Nach der Entlassung setzt sie selbständig die Medikamente ab, besucht häufig Kirchen, hört die Stimmen von Maria und Josef. Plötzlich hat sie wieder türkische Bekannte, einen Italiener, einen Libanesen. Der fordert Geld für eine Hypnose, ist ihr „Bettroboter" und bringt zum „flotten Dreier" einen Freund mit. Sie wirft diesen mit Hilfe eines Türken wieder hinaus.

Ein anderer türkischer Bekannter wird in einem „Deal" geheiratet: Aufenthaltserlaubnis für ihn, Sex für sie. Sie träumt davon, mit ihm in die Türkei zu gehen, offiziell den Islam anzunehmen und dort als türkische Mama bis zu ihrem Tode zu leben. Die Ehe hält natürlich nicht das, was sie sich versprochen hat. Er hält sich zumeist in der Spielhalle oder im türkischen Café auf. Es gibt Unstimmigkeiten, und drei Jahre später kommt es zur endgültigen Trennung. Das erste Mal wirft sie Haushaltsgegenstände aus dem Fenster und zertrümmert ihr Mobiliar. Wegen einer Leukopenie, einer Verminderung der weißen Blutkörperchen, muß sie wieder stationär behandelt werden. Die Umstellung der Medikamente bekommt ihr nicht gut. Sie ist unruhiger und verschwindet das erste Mal nach Bonn, weil sie meint, daß der Bundespräsident ihr Vater sei. Sie wird in der Bannmeile aufgegriffen und kommt nach einer längeren stationären Behandlung zurück. Zwei Jahre später ist sie plötzlich verschollen.

Dann kommt der Brief.

Mystifikation

Eine Patientin ist heute besonders unruhig. Kaum hat sie das Wartezimmer betreten, läuft sie wieder hinaus, scheint die Helferinnen nicht anblicken zu können, läuft im Gang auf und ab und verläßt die Praxis wieder. Dann kommt sie die Treppe wieder hoch, läßt sich durch nichts und keinen aufhalten und verschwindet durch den Nebeneingang. In der ganzen Zeit hat sie kein Wort geäußert. Sie wirkt äußerst erregt und gespannt. Da sie das Mal zuvor schon vage Andeutungen von Suizidphantasien gemacht hat, wende ich mich an die Polizei. Ich gebe eine Personenbeschreibung durch. Auffällig sei eine völlig durchnäßte Fuchsjacke.

Zwei Stunden später ruft die Polizei zurück. Die Beamten sitzen in der Wohnung der Patientin. Sie sei ruhig und geordnet und negiere, mich jemals gekannt, geschweige denn heute gesehen zu haben. Sie überlege, mich wegen übler Nachrede anzuzeigen. Übrigens, die nasse Fuchsjacke, die ich beschrieben hätte, sei nicht aufzufinden.

Da gerade der letzte Patient die Praxis verlassen hat, fahre ich zu ihr. Sie wohnt an der Stadtgrenze im tiefen Wald, in einem verlassenen Tal. Es ist finster. Es regnet Bindfäden. Die Frau und ihr Mann sitzen mit den Beamten um den Wohnzimmertisch und sehen mich fragend an. Die Beamten weisen auf eine Fuchsjacke und machen mich auf die möglichen juristischen Folgen einer Falschaussage aufmerksam. Diese Jacke ist tatsächlich *trocken*. Ich beginne, an mir zu zweifeln. Ich bitte den Ehemann, im Kleiderschrank nachsehen zu dürfen. Ich finde die Jacke. *Die* ist triefnaß.

Folie à trois

Sie kommt wie schon früher ihre Mutter wegen *psychosomatischer* Beschwerden. Einige Jahre zuvor ist in der Universitätsklinik in X. ein hyperkinetisches Herzsyndrom diagnostiziert worden. Sie hat anfangs verschiedene herzwirksame Medikamente eingenommen, daneben Tranquillantien. Sie leidet unter starker innerer Unruhe und Vibrieren, einem Frieren unter der Haut, vermehrtem Schwitzen, einem Kribbeln im Gesicht, einer Benommenheit und Angst vorm Autofahren. Nachts schläft sie schlecht. Die Beschwerden sollen im elften Lebensjahr nach einer Hormonspritze begonnen haben, verstärkt hätten sie sich nach einer Eierstocksentzündung.

Sie ist die erste von zwei Kindern; der Vater war Sozialarbeiter, die Mutter Lehrerin. Wegen einer Wehenschwäche der Mutter wurde eine Zangengeburt durchgeführt. Sie selbst soll dabei zyanotisch gewesen sein. Die Schulzeit war unproblematisch. Nach dem Hauptschulabschluß besuchte sie eine Schule für Fremdsprachenkorrespondentinnen. Diese Ausbildung schloß sie mit dem Fachabitur ab. Nun studierte sie Sozialarbeit. Sie bekam danach nie eine entsprechende Stelle. Eine Beschäftigung in einem Behindertenheim scheiterte, ohne daß sie hierfür ausreichende Gründe weiß. Ein Studium der Sprachwissenschaften brach sie ab. Ihre Gründe wirken diffus. Eine Umschulungsmaßnahme zur Industriekauffrau ist vor zehn Jahren aus völlig undurchsichtigen Gründen gescheitert, wie auch weitere Versuche einer Umschulung bzw. Tätigkeiten als Hotelkauffrau, Fremdsprachenkorrespondentin und Sozialarbeiterin.

Kurz nach unserem ersten Kontakt erzählt die Patientin eine fantastische Geschichte. Sie ist fest davon überzeugt. Sie ist von einem Geheimdienst eines Balkanlandes angeworben worden und wird seither verfolgt, weil sie sich geweigert hat mitzuarbeiten. Die hiesigen Behörden und Institutionen seien derart infiltriert, daß es bislang ein Leichtes gewesen sei, ihre berufliche Karriere völlig zu zerstören. Als während ihrer Umschulung Konflikte in der Wohnumgebung auftreten, ist dies Folge einer Verschwörung, bei der der Geheimdienst eine führende Rolle spielt. Sie bricht die Behandlung durch einen Nervenarzt an ihrem Ausbildungsort ab, weil sie sich sicher ist, daß er Dinge über sie gewußt habe, die er nicht hätte wissen können. Er habe sich seltsam verhalten. Sie ist davon überzeugt, daß auch ihre Schwester zu den Verschwörern gehöre. Diese habe versucht, ihren Vater an seinem Geburtstag durch vergiftete Speisen umzubringen. Patientin, Mutter und Vater brechen den Kontakt zu der Schwester ab.

Auch für die Mutter sind diese Geschichten unwiderlegbare Realität: Ihre Tochter *lügt* doch nicht. Alles spricht dafür, daß die Mutter selber an einer Psychose leidet. Auch der Vater bestätigt die Vorstellungen. Er kann sich ohne massiven Schaden für ihn selbst nicht mehr aus dem System herausbegeben. Eine Realitätskontrolle ist allen nicht mehr möglich. Der Wahn der Patientin wird in Gemeinschaftsarbeit fixiert. Ihr berufliches Scheitern wird dadurch unschädlich für ihr Selbstbild und auch für das familiäre System. Eine Familientherapie kommt für die drei nicht in Frage. Es ist der Geheimdienst. Wir sind *nicht verrückt*.

Eine ähnliche Reaktion hat sie schon einmal während ihrer Pubertät gezeigt, als ihre Gefühle für einen jungen Mann nicht erwidert wurden. Sie kam zu der Überzeugung, daß *dieser* psychisch krank sei und nachts die Familie mit anonymen Anrufen belästige.

Inzwischen ist sie über vierzig Jahre alt. Die Störungen haben sich therapeutisch nicht beeinflussen lassen. Eine neuroleptische Behandlung hat zwar die Unruhe und Getriebenheit gemindert. Sie hat aber nichts an dem Realitätsverlust geändert, zumal durch die „folie à trois" keine äußeren Korrektive bestehen. Ich fürchte, daß sie auch in Zukunft wegen der inzwischen chronifizierten Störung keinen qualifizierten Beruf ausüben kann, obwohl ihre lebenspraktischen Fähigkeiten nicht beeinträchtigt sind. Eine einfachere Beschäftigung entspricht aber weder den Erwartungen der Patientin noch jenen der Eltern. Ich bezweifele, daß sie auf irgend eine Weise beruflich Fuß fassen wird.

PS: Vor einigen Tagen war sie mit dem Vater in einer nahegelegenen Großstadt bei einem Schamanen, einem früheren Lehrer. Als der die Geister gerufen habe, erzählt sie, sei es ganz kalt im Zimmer geworden. Auch der Vater habe dies bemerkt. Drei Mal solle sie noch wiederkommen, hätten die Geister gesagt, dann sei sie geheilt. Sie benötige jetzt keine Psychopharmaka mehr. Ihr gehe es schon ganz gut. Auch Günter Strack sei von einem Schamanen wieder aus dem Koma geholt worden. Wer hilft, hat recht. Übrigens, sie benötige noch Thioridazin (ein Neuroleptikum).

Hier ist nur noch *Schadensbegrenzung* möglich.

Zeus

Zeus blickt mich huldvoll lächelnd an. „Könnten Sie bitte dies für mich zur Post bringen, Herr Doktor. Ich habe wieder einmal an meinen Diener Breschnew schreiben müssen; die Stahlwerke sind immer noch nicht in England angekommen. Elisabeth wartet schon zu lange darauf. Die russischen Werften haben längst ihre Lieferverpflichtungen gegenüber England erfüllt." Der Brief ist korrekt frankiert. Ich werfe ihn ein. Eine Antwort hat er auf seine bisherigen Direktiven nie erhalten. Auch diesmal läßt sie auf sich warten.

Zeus – oder Jehova, wie er sich als diviner Kosmopolit manchmal auch nennt, unterschreibt seine Briefe standesgemäß mittels Goldfolie.

Er ist ein bekannter Pianist gewesen, bevor er seine höhere Herkunft und seine Bestimmung entdeckte. Er lenkt jetzt die Weltgeschichte wieder direkt – auf dem Postweg.

Sein „Wotansrabe" ist eine schwarz gekleidete, junge, leicht geistig behinderte Frau, die ihn ständig begleitet und von ihm unterrichtet wird. Im Gegensatz zu ihm kann sie das Leid der Welt nicht tragen und springt eines Tages vom Dach eines Kaufhauses. Zeus konnte es vorhersehen und verstehen, doch nicht verhindern. Er lächelt melancholisch und *wissend*.

Parapsychologie

Herr P. hat „paranormale" Erlebnisse. Sie haben regelmäßig sexuellen Inhalt. Sie faszinieren ihn einerseits, andererseits ängstigen sie ihn zutiefst. Er war – wie sein Schwager, der wegen einer Psychose ebenfalls in meiner Behandlung ist – Angehöriger einer eschatologischen christlichen Sekte, hat sich aber davon zurückgezogen. Er hat eine Verbindung, auch eine sexuelle Beziehung zu einer Frau aufgenommen, die wahrsagt und Karten legt, bespricht und Kontakt zu den Geistern hat. Seither sieht er am Himmel Bilder, die eine Beziehung zu seinem Leben haben, Bilder, von denen keiner etwas wissen darf, weil sie seine tiefsten Gedanken und einsamsten Erlebnisse betreffen. Plötzlich überkommen ihn intensive Gefühle, vorwiegend im Rückenmark, im Unterleib und in den Genitalien, die er übermächtig erlebt, die einerseits beglückend, gleichzeitig aber bedrohlich sind.

Er hat völlig verschiedenartige, sogar widersprüchliche Erklärungen für seine Erlebnisse. Er hat eine schwierige Kindheit gehabt. Er sei in der Firma von allen „gemobbt" worden; sogar seine Erfindung habe man ihm gestohlen. Er sei empfindsam. Seine Chakren seien durch seine psychische Belastung erwacht. Es seien paranormale, nichtsdestoweniger reale Ereignisse.

Auch die bisherigen psychiatrischen Diagnosen liegen weit auseinander – von psychotischen Erlebnissen als auch von histrionischer Persönlichkeit ist die Rede. Alle Therapieversuche sind vergeblich.

Vor einigen Monaten wurde er berentet.

Nachtleben

„Jede Nacht kommt er zu mir, mein Achilles", sagt verschmitzt die alte Dame auf der Station für chronisch Kranke. Das erzählt sie bereitwillig jedem neuen Doktor seit vierzig Jahren. Sie hat ihn sich nicht nehmen lassen, und so läßt man ihn ihr.

Leibnahe Mißempfindungen

„Ich kann nicht mehr sitzen. Immer steckt er sein Ding herein. Es ist schon ganz wund dort unten. Keine Minute habe ich Ruhe vor ihm." Die junge, gut aussehende Frau ist ganz verzweifelt.

Zahlreiche Gynäkologen hat sie schon konsultiert. Keiner hat die Ursache für ihre Beschwerden gefunden. Nach der Scheidung hat sie allein gelebt.

Sie leidet an einer chronischen Schizophrenie.

Eines Tages ist sie verschwunden. Weder ihre Familie noch ihre Freunde kennen ihren Aufenthaltsort. Nach einiger Zeit teilt die Polizei mit, daß sie sich in einem entfernten psychiatrischen Krankenhaus befindet. Sie hat eine sexuelle Belästigung angezeigt und dabei verworrene Angaben gemacht, so daß man sie einem Psychiater vorstellte. Der diagnostizierte Zönästhesien, leibnahe Mißempfindungen, bei einer schizophrenen Psychose.

Bauchschmerzen

Seit einem Jahr ist der Mann zu seinem Hausarzt gelaufen. Es war keine Ursache für seine Bauchschmerzen zu finden. Magen- und Darmspiegelungen, Röntgenuntersuchungen bis zur Computertomographie waren ohne konkretes Ergebnis geblieben. Er war seit einem halben Jahr arbeitsunfähig, als er wegen „psychosomatischer" Beschwerden zu mir kam.

„Die" machen mir immer noch die Schmerzen, berichtete er mir. „Die"? Er wußte es nicht, war sich aber sicher, daß Personen im Spiel waren, die ihm übel wollten. Gerade in den letzten Wochen höre er sie manchmal über ihn flüstern.

Er ist mißtrauisch und will sich nicht behandeln lassen. Im Krankenhaus erlangt man auch keinen Zugang zu ihm. Jegliches verordnete Medikament lehnt er ab. Als eine Amtsärztin des Sozialpsychiatrischen Dienstes ihn besucht, reagiert sie für mich unbegreiflich kurzschlüssig und droht ihm mit der Straßenverkehrsbehörde, wenn er sich nicht behandeln lasse. Sie macht ihre Drohung wahr. Als die Beamten kommen, den Führerschein zu beschlagnahmen und den Wagen stillzulegen, gerät er außer sich und wirft sie hinaus. Sein Mißtrauen ist gerechtfertigt. Selbst seine Brüder erreichen ihn nicht mehr.

Seither sitzt er in seiner Wohnung, beobachtet seinen Bauch und den Fernsehschirm, geht kaum noch hinaus und wird von seinen beiden Brüdern betreut. Seine Sprache ist zunehmend mit Wortneubildungen, Neologismen, durchsetzt. Häufig erkennt man keinen Zusammenhang in dem, was er mitteilen will. Die Diagnose lautet: chronische paranoid-halluzinatorische Psychose mit vorwiegend abdominellen Zönästhesien.

Selbstidentität

A. bringt ein gefülltes Präservativ in einem Marmeladenglas zur „zytologischen Untersuchung" mit. Das nächste Mal solle ich das Blut untersuchen und vergleichen, ob eine Identität der Erbsubstanz bestehe.

Er ist völlig „aus dem Häuschen": Er werde beschattet und abgehört. Es sei die Detektei Müller; deren Standort sei eine bekannte Kneipe am Marktplatz. Er solle deportiert werden und höre schon die Martinshörner vor ihm warnen. Müller zeige ihn an. Das Ordnungsamt werde ihn mit Deportationsfahrzeugen der Feuerwehr holen. Man müsse eine lineare Regression durchlaufen – das sei ein komplexes System, das irgendwie mit den Nazis zusammenhänge, die damals schon Computer benutzt hätten, Juden zu fangen – eine Matrix, die dazu diene, daß dann die Krankenwagen kommen.

Er halluziniert Kinderwiegen. Es seien Hologramme, die ihm „nanosekundenweise" ins Zimmer gesendet würden, um ihm vorzuspiegeln, er habe Halluzinationen. Dieses hänge mit der Psychologischen Fakultät der Universität in W. zusammen. Schon wieder hat er sich für ein Psychologiestudium eingeschrieben und macht seine Dozenten verrückt. Schon wieder ruft ein völlig derangierter Psychologieprofessor bei mir an und bittet um Abhilfe. Er ist der dritte innerhalb kurzer Zeit.

Ich kenne A. schon seit fast fünfzehn Jahren. Er war damals mitten im Abitur. Sein Vater brachte ihn zu mir, weil er bemerkt hatte, daß sein Sohn „anders" geworden war. Er kannte dieses „Anderssein" von seiner Frau, die zwanzig Jahre zuvor im Wochenbett psychotisch geworden war, sich zwar stabilisiert hatte, jedoch nie wieder die Alte wurde.

A. hatte plötzlich begonnen, kleine teddyartige Figuren zu zeichnen. Dies seien jene Erscheinungen, die er seit kurzem habe, erzählte er mir damals „im Vertrauen". Sie wollten mit ihm Kontakt aufnehmen. Er sei sich aber nicht sicher, ob er nicht psychotisch sei – so wie seine Mutter. Die habe, wie bekannt, eine *Meise*. A. nahm seine Medikamente und schaffte sein Abitur. Er ist recht intelligent und konnte seine pathologischen Erlebnisse noch recht lange von der Realität trennen.

Ich hatte ihn für einige Zeit aus meinem Blickfeld verloren, als sein Vater mich erneut anrief und mir berichtete, daß sein Sohn gegen meinen Rat doch ein Psychologiestudium begonnen habe und während der Vorlesung mit den Dozenten zu diskutieren anfange, sehr erregt und völlig durcheinander sei und auch nachts in seinem Zimmer randaliere. Seine Frau und er hätten sich entschlossen, ihn nach Hause zu holen.

Krankenhausaufenthalte änderten nichts an dem Krankheitsbild. Medikamente nimmt er unzuverlässig ein, kommt auch zu Injektionsterminen nur sporadisch. Zu Hause ist er unruhig, schläft schlecht, ißt manchmal kaum etwas, stopft dann alles in sich hinein, wird dicker, fast unförmig. Er trifft sich mit Freunden, die arbeitslos und ohne Ausbildung sind. Als die Eltern für einige Tage verreist sind, veranstaltet er eine Fete, die mehr an Schaden hinterläßt, als die ganze Reise gekostet hat. Eine stationäre Rehabilitation lehnt er ab.

Als der Vater plötzlich verstirbt, bleibt ihm nur noch die Mutter als Bezugsperson.

Seine Mutter möchte, daß er etwas verdiene. Seltsamerweise fällt ihr dasselbe ein, was auch Burkhards Mutter (s. *Staatsgewalt*) im Sinn hatte: Taxi fahren. Natürlich würde er die Prüfung nicht bestehen, erkläre ich den beiden. Ganz sicher bin ich mir dabei allerdings nicht.

Dieses Bild bleibt in den nächsten Jahren stabil. Manchmal beklagt sich die Mutter, häufiger aber beschweren sich Nachbarn über sein Verhalten, vor allem über seine nächtliche Ruhestörung. Gelegentlich sitzt er in einem kleinen Park in der Stadt – auch Regen kann ihn nicht stören – und starrt vor sich hin. Dann wieder steht er auf der Straße und beschimpft mit unflätigen Worten die Vorbeigehenden, alle Ärzte, Psychologen, die Regierung. Dann kommt er in die Praxis und schildert mir seine Erlebnisse, bringt schematische Zeichnungen vorbei, anhand deren ich seine Beobachtungen verstehen soll. Dann wieder verlangt er Medikamente, die seine fiktiven Krankheiten kurieren sollen.

Eine Behandlung ist unter diesen Umständen nicht möglich. Er hat das Recht, unbehandelt und krank zu bleiben, auch wenn seine Einsicht durch die Krankheit schwer gelitten hat. Warum muß er denn mehr Einsichtsfähigkeit besitzen, als unser Recht unseren Entscheidungsträgern in diesen Fällen zugesteht? Das ist auch eine Form der Besitzstandswahrung.

Entwicklung

Ein Arbeitgeber ruft mich an. Herr B. ist schon seit einer Woche nicht mehr am Arbeitsplatz erschienen. Ich mache mich auf den Weg. Er öffnet nicht auf mein Klingeln. Ich frage bei Nachbarn nach, ob er denn zu Hause sei. Er sei es. Ich klopfe an sein Fenster. Erst nach mehrfachem Versuch läßt er sich sehen und öffnet.

Die Wohnung ist völlig verschmutzt. Der Staub liegt mehrere Zentimeter hoch auf Schränken, Kommoden, Tischen, auf dem Fußboden. Überall sind Fliegenleichen und große Schnaken verteilt. Überall sieht man Zigarettenkippen. Die Zimmerdecke ist fast schwarz vom jahrelangen Rauchen, die Tapeten und Gardinen sind gelb-grau. Das Bett ist nicht bezogen, lediglich eine vor Schmutz starrende Wolldecke sehe ich. Nahrungsmittel sind nicht im Haus bis auf wenige Konservendosen.

Er leidet seit vielen Jahren an einer Schizophrenie. Die Kontakte zu seiner Familie und seinen Freunden sind im Laufe der Zeit abgebrochen, allein sein Chef hält zu ihm. Die Wohnung wird von Grund auf renoviert. Nach dem stationären Aufenthalt wird er dort wieder leben, allerdings wird ein Betreuungsdienst ihm zur Seite gestellt werden.

Er hat Glück gehabt. Er versteht, worum es geht. Und er hat einen Menschen, der auf ihn achtet. Nur so konnte die institutionelle Hilfe in Gang gesetzt werden.

Elterliche Gewalt

Die junge Frau leidet an einer chronischen schizophrenen Psychose.

Die anfänglichen, wenn auch gedämpften Hoffnungen, durch die neuroleptische Medikation die Krankheit zu bessern, mußten bald fallengelassen werden. Die erheblichen Antriebsstörungen und die Denkzerfahrenheit änderten sich nicht. Sie hatte schwere „Basisstörungen".

Eine Vermittlung auf dem allgemeinen Arbeitsmarkt ist wegen der erheblichen Behinderung gescheitert. Sie ist erwerbsunfähig. Sie ist aber zwischen alle Stühle gefallen, weil sie wegen fehlender Versicherungsjahre weder einen Rentenanspruch besitzt noch rehabilitationsfähig ist.

Diese Prognose, die ich schon Jahre zuvor geäußert hatte, hat sich bestätigt. Zu der geplanten tagesklinischen Behandlung kam es nicht, weil die Zahl der Plätze gering war und die Familie nicht dahinterstand. Dasselbe betraf später die Werkstatt für psychisch Behinderte.

Sie war nicht in der Lage, morgens rechtzeitig aufzustehen, um noch von dem Bus der Rehabilitationseinrichtung abgeholt zu werden und benötigte eine geraume Zeit, um von dem Bus an den Arbeitsplatz zu gelangen. Dort leistete sie kaum etwas, hielt es nicht lange aus und drängte nach Hause. Eines Tages erklärte mir die Mutter, daß sie ihre Tochter wegen des geringen Entgelts aus der Werkstatt herausgenommen habe. Aufgrund dieser Tatsachen bestand für die Werkstatt keine andere Möglichkeit, als eine Kündigung auszusprechen.

Sie war vor acht Jahren das erste Mal – als Notfall – in meine Praxis gekommen. Ihr Bruder berichtete, daß sie in der letzten Zeit sehr unruhig sei und diffuse Verfolgungsideen äußere. Schon seit einem halben Jahr seien ihre Konzentrationsleistungen bei der Arbeit rückläufig. Sie habe sich seit dieser Zeit irgendwie absonderlich verhalten.

Bei dem Gespräch gab die Patientin an, daß sie sich durch Engländer bedroht fühle. Allerdings könne sie nicht sagen, was sie den wirklich zu befürchten habe. Kontakt habe sie mit Engländern nur ein einziges Mal gehabt, als von der hiesigen Garnison vor mehr als fünfzehn Jahren ein Kinderfest veranstaltet worden sei. Bei näherem Befragen berichtete sie auch über Stimmen, deren Worte sie nicht richtig habe verstehen können.

Sie war die zweitjüngste von sieben Geschwistern. Die Eltern sind sehr schlichte Leute und inzwischen berentet. Die Mutter ist anscheinend minderbegabt.

Die sechste Klasse der Hauptschule hat sie wegen guter Leistungen übersprungen, versagte aber im zehnten Schuljahr, das sie wiederholen mußte. Danach versuchte sie sich in zahlreichen verschiedenen Arbeitsverhältnissen, an die sie sich im Einzelnen nicht erinnert. Zum Teil waren es nur sehr kurze Beschäftigungen über Tage bis wenige Wochen.

Seit der Erstvorstellung bot sie auch unter der neuroleptischen Behandlung eine rasch wechselnde produktiv-psychotische Symptomatik. Ihr Antriebsdefizit nahm erheblich zu; ihre Persönlichkeit versandete.

Die Förderung im Elternhaus ist wegen der schwachen intellektuellen Fähigkeiten der Mutter, anscheinend auch wegen deren Eigeninteresse, gering. Sie ist dort als billige Putz- und Küchenfrau „angestellt". Solange sie dort bleibt, ist eine Förderung nicht möglich. Leider hat sich durch diese ungünstige Konstellation die Krankheit weiter stabilisiert.

Weichselzopf u. ä.

Wissen Sie, was ein Weichselzopf ist? Es handelt sich nicht um einen Butterzopf oder eine andere geflochtene Gebäcksorte, nicht um eine mit einer Füllung von Weichselkirschen, auch nicht um eine ethnische Haartracht. Ich hatte schon immer angenommen, es handele sich um einen chauvinistischen Ausdruck aus der Zeit, als man Osteuropäer für Untermenschen hielt, was er wohl auch ist. Der „Große Brockhaus" hat anscheinend dieselben Befürchtungen: Er erwähnt lediglich den *Weichselzopf des Pferdes.*

Als ich der Patientin in ihrer völlig abgedunkelten Wohnung gegenübertrete, weiß ich spontan, was damit gemeint ist, obwohl ich dergleichen noch nie gesehen habe. Die Haare sind mit einer betonartigen Masse verklebt. Steinhart ist der haubenförmige Gegenstand, der ihren Kopf bedeckt. Zerfallene Hautzellen sind der Kleber, die Haare die Verstärkung – eine Struktur ähnlich glasfiberverstärktem Kunststoff, auch ähnlich stabil.

Ein Mann mittleren Alters ist am Morgen aus der Psychiatrie entlassen worden. „Es juckt so, Herr Doktor", sagt er, „ich vertrage wohl die Medikamente nicht." Handgelenke und Ellenbeugen, auch der übrige Körper sind mit den typischen Doppelpunkten der Krätze übersät.

Eine Verlegung aus einem anderen Haus in das unsrige – es ist ein junger Mann, der einige Wochen in der Akutpsychiatrie zugebracht hat. Als ich ihn ansehe, weiche ich sofort zurück, komplimentiere ihn in das Badezimmer und bitte den Stationspfleger, ohne Verzug mit dem Rasiermesser zur Stelle zu sein und das Bad einzulassen. *Jedes einzelne Haar* ist von der Wurzel mit kleinen runden Formen besetzt – Nissen. Als er aus dem Bad wieder auftaucht, sauber, völlig haarlos, am ganzen Körper glattrasiert wie ein Kinderpopo, grinst er. So sauber war er noch nie.

Bad vibrations

Im Altersheim wird eine fünfundachtzigjährige Frau rebellisch, weil der Freund einer unter ihr wohnenden Heimbewohnerin ständig einen riesigen schwarzen Apparat in Bewegung setze. Ihr Fußboden vibriere so stark, daß sie nicht mehr stehen könne. Immer, wenn er zu Besuch sei, leide sie unter diesen entsetzlichen Erschütterungen.

Abgesehen davon, daß diese Vorstellungen uns verständnistief den analytisch geschulten Kopf nicken lassen, leidet diese alte Frau an einem Diabetes mellitus mit schweren Sensibilitätsstörungen mit Parästhesien unter den Füßen, die diese „Halluzinationen" erklärlich machen.

Eine Behandlung der Polyneuropathie und ein eingehendes Gespräch machen eine – kurzschlüssige – neuroleptische Therapie unnötig.

Die Zeit, die eilt im Sauseschritt ...

Wieder einmal ein Antrag auf Leistungen aus der Schwerpflegeversicherung. Es ist ein Verschlimmerungsantrag.

Der erste Antrag wurde vor einem Jahr nach der Begutachtung durch einen jungen, unerfahrenen Kollegen vom Medizinischen Dienst abgelehnt. Über den Widerspruch entschied man nach Aktenlage. Die Patientin ist seither nicht wieder untersucht worden, obwohl bei dem ersten Antrag eine rasche Verschlechterung angegeben worden war. Inzwischen läuft ein Verfahren vor dem Sozialgericht. Gottes Mühlen mahlen langsam, die der überlasteten Justiz noch wesentlich langsamer (über den Grad der Körnung läßt sich streiten).

Ich schreibe dem Sozialgericht, daß es sich bei der Einstufung um eine Fehlbeurteilung gehandelt habe. Der Gutachter hatte die alte Dame in einer Sondersituation angetroffen, in der sie, durch den Besuch Bekannter angeregt, sich in einem über die Maßen guten psychischen Zustand befand, der schon seinerzeit sehr selten war. Es sei allgemeiner Wissensstand, daß Befindlichkeit und geistiges Leistungsspektrum

Dementer sehr stark fluktuieren, wobei sowohl interne als auch exogene Faktoren eine Rolle spielten. Es widerspreche zudem neuropsychiatrischer Gutachterpraxis, eine Beurteilung ohne die in jedem Fall auch fremdanamnestisch zu erhebenden Längsschnittdaten abzugeben. Das anschließende Vorgehen, den Widerspruch allein aufgrund der fehlerhaften Aktenlage mit einer unzureichenden Datenbasis abzulehnen, sei sachlich und fachlich völlig unverständlich und in keinem Fall zu rechtfertigen.

Ich rate dem Sohn, zusätzlich einen Verschlimmerungsantrag zu stellen, weil die Mutter neu begutachtet werden muß. Die alte Einstufung ist heute völlig irrelevant. Die Zeit ist darüber hinweggegangen.

Merke: Akten sind realer als die Wirklichkeit. Sie sind bequem mit den Händen zu greifen.

Renitenz

Als er vor einigen Jahren erstmals zu mir kam, klagte er über Kopfschmerzen, Durchfälle, Brustschmerzen, Herzrasen, ein allgemeines Nachlassen seiner Leistungen. Ein psychosomatisches Heilverfahren mußte abgebrochen werden, weil er den Ärzte dort den Eindruck einer beginnenden Demenz hinterließ. Er wirkte in der Zeit darauf reizbar, affektsteif, träge, schwerbesinnlich, vergeßlich, gelegentlich paranoid verstimmt. Er nahm an Gewicht ab, pflegte sich nicht mehr und entwickelte Symptome eines Parkinsonismus.

Während eines Aufenthaltes auf den Balearen entwickelte er plötzlich eine Manie. Er war laut und aufgeregt, machte die Nacht zum Tage und pöbelte Passanten an. Nach einigen Tagen wurde er von der Polizei aufgegriffen und festgenommen. Er leistete massiv Widerstand gegen das Anlegen der Handschellen, wobei er sich an beiden Handgelenken erheblich verletzte und sich Schäden am Radialis- und Medianusnerven zuzog und eine Reflexdystrophie entwickelte. Er wurde nach Deutschland überstellt und hier ein Vierteljahr stationär psychiatrisch behandelt. Es handelt sich um eine organische Psychose ohne erkennbare Ursache.

Der Zustand hat sich deutlich gebessert. Allerdings ist seine geistige Leistungsfähigkeit nach wie vor schlecht und seine Stimmung instabil. Eine Hand bleibt eingeschränkt nutzbar. Ein Heilverfahren ändert nichts an der Situation. Trotzdem und trotz seiner fast sechzig Jahre lehnt die Rentenversicherung die Berentung ab.

Die Bonbonniere

„Ich habe schon ein Vermögen für Schlösser ausgegeben. (Dabei handelt es sich nicht um bayrische Königsschlösser, sondern um schlichte Türschlösser.) Immer wieder ist die Bonbonniere leer. Ich habe sie doch in die Vitrine gestellt", stöhnt die alte Frau. „Immer wieder muß ich den Schlüsseldienst bestellen. Der Türkenjunge schafft alle Schlösser."

Sie ist durch ihre häufigen Anzeigen der Polizei auf die Nerven gefallen, die von Amts wegen das Gesundheitsamt informiert hat. Dies wiederum hat mich gebeten, nach dem Rechten zu schauen.

Sie hat den fixen Wahn entwickelt, bestohlen zu werden. Es ist nie etwas anderes – immer sind es die Bonbons in der Bonbonniere.

Die alte Dame erhält von mir eine besondere Art von Likör. Vierzehn Tage später wagt sich der Türkenjunge nicht mehr an den Schrank. Die alte Dame kann sich die weiteren Ausgaben ersparen. Der Inhalt einer Bonbonniere ist ihr zwar genauso wichtig wie dem König *Ludwig* Wagners Musik, sie wird aber nicht wie Ludwig der Bayer wegen der Kosten der Schlösser entmündigt. Und ich als ihr Psychiater muß nicht zusammen mit ihr in einem See ertrinken.

Belogen und betrogen

Ein fünfundsiebzigjähriger Mann kommt zusammen mit seiner Frau in die Praxis. Er übernimmt die Rolle des Sprechers und erzählt langatmig und sprunghaft, daß seine Frau ihn betrogen habe.

Vor mehr als vierzig Jahren hätten sie abends in einer Landgaststätte weit entfernt von dem jetzigen Wohnort gesessen. Seine Frau habe einigen männlichen Gästen zugezwinkert und ihnen bedeutsame Gesten gemacht. Für die Stunden danach fehle ihm jede Erinnerung. Er sei sich sicher, daß sie ihn mit einem dem Bier beigemischten Schlafmittel bewußtlos gemacht habe, um mit den anderen Männern eine Sexorgie zu feiern. Er könne es immer noch nicht verwinden, daß sie ihm das angetan habe. Die ganzen Jahre über habe seine Frau verschwiegen, daß sie ihn hintergangen habe, bis daß er die Wahrheit entdeckt habe. Er habe sie in den letzten Monaten mehrfach zur Rede gestellt. Nach längerem Leugnen habe sie vor kurzem alles zugegeben, streite es jetzt aber wieder ab. Nicht die Tat, sondern ihr Leugnen verzeihe er ihr nicht. Ich solle sie dazu bringen, endlich zu gestehen.

Die Frau ist verzweifelt. Seit Jahren peinigt er sie mit seinem Eifersuchtswahn, den er immer subtiler ausgestaltet hat. Die Geschichte ist im Laufe der Zeit immer plastischer, seine subjektive Gewißheit immer stärker geworden. Auch für viele Außenstehende ist es schwer zu entscheiden, wer die Wahrheit sagt. Irgendwann hat sie, um endlich Ruhe zu haben, alle Vorwürfe zugegeben. Das bereut sie nun zutiefst.

Eine Konfrontation mit der Realität und andere Techniken aus der Verhaltenstherapie greifen nicht, weil die dementiellen Veränderungen zu weit fortgeschritten sind und er bei der Wiedervorstellung nicht mehr weiß, was zuvor thematisiert worden ist. Auch eine medikamentöse Behandlung mit Nootropika und niedrig dosierten Neuroleptika führt zu keiner Besserung.

Eines Tages ruft mich eine der Töchter an, eine Angestellte unserer Ortskrankenkasse, und klagt mich an, ihren Vater mit Pillen zu vergiften. Sie drängt auf eine Delegation zu einem Psychotherapeuten, der hier allein helfen könne. Ich versuche, der Tochter die Situation zu erklären, und biete ihr ein Gespräch in meiner Praxis an. Sie ist erregt, meiner ruhigen Argumentation nicht zugänglich und fordert eine Psychotherapie bei einem *richtigen* Psychotherapeuten ein. Zu dem angebotenen Gespräch erscheint sie nicht.

Ein Vierteljahr später erfahre ich von einem der mit mir zusammenarbeitenden Psychologen, daß der alte Mann durch eine Kliniksärztin an ihn delegiert worden ist. Der Wahn bestehe weiterhin, auch nach der Hälfte der genehmigten Sitzungen seien keine Fortschritte zu vermerken.

Verdacht

Die alte Dame ist wegen eines Verwirrtheitszustandes zwangseingewiesen worden. Die Kollegen empfehlen eine vorläufige Betreuung. Sie haben die Diagnose einer Demenz infolge einer Hirnarteriosklerose und eines wahrscheinlich langjährigen chronischen Alkoholabusus gestellt. Ich habe die Patientin im Rahmen eines Gutachtens zu untersuchen, finde aber keinen Anhalt für einen Alkoholismus.

Inzwischen ist die Demenz fortgeschritten, zudem bietet sie schleudernde Bewegungsstörungen. Es handelt sich um ein choreatisches Syndrom, möglicherweise sogar um eine Chorea Huntington. Der Vater ist aus ungeklärten Gründen früh gestorben; die anderen Verwandten sind gesund. Da sie zwar Kinder, aber keine Enkel hat, die Kinder auf eine Abklärung verzichten, lasse ich keine genetische Untersuchung durchführen.

Aloys Alzheimer

Eine gepflegte Frau im mittleren Lebensalter klagt über rasch zunehmende Konzentrationsstörungen, Gedächtnislücken, apraktische Störungen. Sie hat eine akademische Ausbildung und sitzt im Rat der Stadt. Sie versteht nicht mehr, was gerade verhandelt wird, weiß nicht, worüber sie abstimmen soll. Plötzlich fehlen ihr die Namen der Kollegen. Sie schaut verständnislos vor sich hin.

Ihr Mann fragt mich intensiv über die Krankheit und deren Behandlung aus, erkundigt sich nach Selbsthilfegruppen und fährt weit, um an deren Veranstaltungen teilzunehmen. Ein Jahr später schon muß er sich um alles kümmern. Sie kann sich nicht mehr allein waschen oder ankleiden. Das Essen muß ihr mundgerecht zubereitet werden, auch versteht sie bald nicht mehr, Messer und Gabel zu benutzen. Ihre Sprache verarmt. Es fehlen ihr die Wörter. Sie sagt zu allem ja und nickt schließlich nur mit undifferenzierten Lauten. Bald kann sie Urin und Stuhl nicht mehr kontrollieren, schlurft beim Gehen und muß gestützt werden.

Zwei Jahre lang wird sie von ihrem Mann versorgt und gepflegt, bis er es nicht mehr schafft. Im Pflegeheim geht der Verfall rasch weiter. Sie spricht nicht mehr, greift ungezielt nach allem, was sich in ihrer Nähe befindet, und läßt es nicht mehr los, schnappt mit dem Mund nach allem, was sich in ihrem Gesichtsfeld befindet, und beißt zu. Ständig liegt ein verständnisloses Lächeln auf ihrem Gesicht. Ihre Muskulatur versteift. Ich habe schon häufig gedacht, daß sie diese oder jene Lungenentzündung nicht überlebt, aber die vergangenen zehn Jahre hat sie recht gut überstanden.

Inzwischen lebt ihr Mann in einem anderen Heim. Auch er ist zunehmend vergeßlich. Er beklagt seine Schusseligkeit, unternimmt aber nichts dagegen. Das wäre der Beweis für *seine* Demenz.

Kränkung

Während ein Depressiver laut seine Konzentrationsstörungen beklagt, sich bei jedermann wegen seines schlechten Gedächtnisses entschuldigt und seine Ärzte flehentlich um Abhilfe bittet, wird ein Dementer von seinen Angehörigen vorgeführt.

Häufig geschieht das gegen seinen Willen, nicht selten ist er überlistet worden. Dann sitzt er – oder sie – vor mir, wirkt erstaunt, was ich denn wolle. Der eine spielt lächelnd alles herunter, was vorgebracht worden ist, findet eine situative Erklärung, eine Undisponiertheit oder eine falsche Sichtweise seiner Begleitung. Der andere sitzt mürrisch vor mir, schaut weg, antwortet nicht auf freundliche Zuwendung und blafft auf irgendwelche Fragen, daß das mich nichts angehe und alles, was gesagt wurde, nichts als Lüge sei.

Lange hat der alte Bundestagsabgeordnete mit allen Tricks versucht, seine Defizite vor seiner Umgebung zu verbergen, bis diese es nicht mehr aushielt. Er spielt das Spiel weiter, von dem er weiß, daß er es nicht verlieren darf. Es ist eine Sache, bei der es um Selbständigkeit geht und um Ehre.

Der ist nicht mehr zu helfen

Eine ältere Frau wird mir vom Pflegedienst vorgestellt. In den letzten Monaten sei sie zunehmend verwirrt, desorientiert und liege nur noch apathisch auf dem Bett. Seit einigen Tagen nässe sie ein. Der Hausarzt habe ohne nähere Untersuchung erklärt, es handele sich um *einen Alzheimer*, gegen den man sowieso nichts unternehmen könne. Die Schwester glaubt die Diagnose nicht. Es ist ihr alles zu schnell gegangen.

Die Frau sitzt regungslos vor mir und verzieht keine Miene. Die Antworten kommen sehr langsam, zumeist versteht sie nicht, worum es geht. Bei der Untersuchung finde ich leichte neurologische Defizite, vor allem aber eine Nackensteifigkeit. Die Computertomographie zeigt einen riesigen Frontalhirntumor, ein Meningeom. Der ist zwar prinzipiell gutartig, aber hat durch seinen Druck schon erheblichen Schaden angerichtet. Die Patientin stirbt im Krankenhaus noch vor der Operation.

Ohne meinen allgemeinärztlichen Kollegen zu nahe treten zu wollen: Wie könnten ähnliche Verläufe in einem Primärarztsystem ausreichend sicher verhindert werden?

Neurologisches Potpourri

Psychiatrie ohne neurologische Kenntnisse ist mir ebensowenig denkbar wie das umgekehrte, Neurologie ohne Seele und Geist. Die Psychiatrie einer *black box* ist heute in der Zeit einer differenzierten Psychopharmakologie kaum noch vorstellbar. Schon immer bestand die Gefahr, daß Hirnstörungen als psychoreaktive oder endogen psychotische Störungen verkannt wurden und somatoforme Störungen als neurologisches Symptom. Viele dieser Fehler wären heute aber zu vermeiden. Die Trennung beider Fächer ist allerdings im Trend der Zeit. Insofern bin ich ein Fossil.

Leider neigen nicht nur Psychotherapeuten und Psychiater dazu, das, was wir nicht prima vista als Körperkrankheit erkennen, als „psychogen", „funktionell" oder Ausdruck einer Depression, eines Somatisierungssyndroms oder einer Psychose aus dem klaren, weißen organmedizinischen Bereich hinwegzuerklären. Die einen, die *Körper*mediziner, hassen das diagnostische Vakuum (das können nur *Psych*ologen oder *Psych*iater füllen, zu denen sie zähneknirschend überweisen), die anderen schweben göttergleich über dem Soma und finden sicherlich eine „Genesis", eine *Pathogenese.*

Psychogen

Eine Frau im mittleren Alter kommt von einer Amerikareise zurück. Ihre Tochter bemerkt eine Rötung an ihrem Unterarm, die sie als Bagatelle ansieht und nicht weiter beachtet. Einige Monate darauf fühlt sie sich benommen, hat einen Druck auf den Ohren, ohne daß der Hals-Nasen-Ohren-Arzt die Ursache findet. Einige weitere Wochen später spürt sie ein Reißen in allen Gelenken. Die Rheumatests sind negativ. Eine Osteoporose besteht nicht. Der Hausarzt geht sicher und untersucht sie auf eine Borreliose, eine bakterielle Krankheit, die wir erst seit ungefähr zehn Jahren kennen, die durch Zecken übertragen wird. Einer der Werte ist positiv. Die Patientin erinnert sich auch wieder an die Rötung an ihrem Arm, die damals nach kurzer Zeit von innen her abblaßte und verschwand. Sie wird mit einem Antibiotikum behandelt. Die Gelenkschmerzen verschwinden nicht. Dafür wird sie depressiv und denkt daran, sich umzubringen.

In der Klinik findet man keine positiven Titer mehr, auch das Nervenwasser ist „sauber". Die Kernspintomographie des Hirns ergibt keine Erklärung. Sie wird einer Psychiaterin vorgestellt, die sie stöhnend empfängt: „Immer dann, wenn die nicht weiter wissen, ist es die *Psyche.*" Sie wird dermatologisch untersucht, ohne daß sich eine Erklärung findet.

Erst als sie einen Allgemeinmediziner in Bayern aufsucht, veranlaßt dieser eine Untersuchung des Urins auf Borrelien-DNA, die Erbsubstanz des Erregers, die positiv ausfällt. Die Patientin erhält darauf ein spezielles Antibiotikum, das die Symptomatik bald verschwinden läßt. Wäre die Behandlung später erfolgt, wären die Beschwerden chronisch geworden.

Es fängt im Kopf an

Eine Frau im mittleren Lebensalter kommt wegen therapieresistenter Kopfschmerzen auf meine Station. Sie halte es nicht mehr aus. Es habe schon vor einem Vierteljahr angefangen und sich stetig verschlimmert. Die Ursache ist schnell gefunden: Sie leidet an einem Schmetterlingsglioblastom, einem bösartigen hirneigenen Tumor in beiden Frontallappen. Ich verlege sie zur Operation in die Universität.

Da ich in dieser Zeit in die Neurochirurgische Universitätspoliklinik überwechsele, sehe ich sie in der Folgezeit noch häufiger. Sie hat sich völlig verändert. Die zuvor schmerzgequälte, ausgemergelte, irgendwie grau wirkende Frau ist fröhlich, etwas euphorisch, freut sich unbändig, mich wiederzusehen, und bedankt sich überschwenglich. Sie weiß, daß die Besserung ein Geschenk auf Zeit ist.

Ihre Geschichte reicht viel länger zurück. Vier Jahre zuvor war sie ihrer Familie durch Unruhe und Umtriebigkeit, durch unsinnige Handlungen und verrückte Ideen aufgefallen. Mehrmals war sie stationär in einem psychiatrischen Landeskrankenhaus behandelt worden, wo man sich nicht eindeutig zwischen einer Manie und einer schizoaffektiven Psychose hatte entscheiden können.

Es *war* in der Tat eine Psychose, aber eine *organische*.

Das richtige Gefühl

„Mein Freund spinnt doch nicht. Der ist kein hysterischer Typ." Die junge Frau wird von mir wegen einer Epilepsie behandelt. Jetzt bringt sie ihren Freund mit. Als ihm in seiner Firma eröffnet worden sei, man müsse ihm aus Arbeitsmangel kündigen, sei er plötzlich umgefallen und für längere Zeit nicht zu sich gekommen. Im Krankenhaus leitete man ein EKG ab, machte einige Laboruntersuchungen und fand bis auf niedrige Blutdruckwerte keine Besonderheiten. Man empfahl ihm eine Psychotherapie.

Wie das denn so gewesen sei, frage ich die Freundin, die als Arbeitskollegin zugegen war. „Zu Beginn hat er komische Töne von sich gegeben, ungezielt herumgezappelt und ist danach gestürzt."

Bei der körperlichen Untersuchung finde ich nur minimale Auffälligkeiten, der rechte Achillessehnenreflex ist etwas lebhafter. Das erste Elektroenzephalogramm ist unauffällig. Ich lasse ein zweites ableiten, lasse den Patienten dabei stärker hyperventilieren. Dabei zeigen sich leichte linkshirnige Veränderungen. Die Computertomographie ergibt einen großen Tumor im linken Scheitelhirn. Der ist aufgrund seiner Lage im Sprachzentrum und seiner Größe inoperabel.

Er nimmt es gefaßt. Die Freundin begleitet ihn bis zu seinem Tod ein halbes Jahr später.

Aus dem Takt

Eine junge Frau kommt in die Praxis, als ich zufällig gerade in der Anmeldung stehe. „Ich komme wegen einer Psychotherapie", sagt sie. Ich habe sie *gehen* sehen. „Seit wann laufen Sie so?" frage ich. Sie schlurft und stampft nämlich. „Das ist der Grund für die Therapie." antwortet sie. Sie wirkt gefaßt, etwas überkompensiert, macht mit mir Späßchen. Vielleicht hat das zu der Verdachtsdiagnose einer Konversionsneurose geführt. Ich bitte sie, mir noch einmal ihren Gang zu demonstrieren. „Nix Psyche", sage ich darauf etwas schnodderig, „Kommen Sie mit und legen Sie sich auf die Untersuchungsliege."

Während sie sich entkleidet, lese ich die mitgeführten Befunde durch. Der Kollege hat anfangs auch an eine organische Krankheit gedacht und kernspintomographische Aufnahmen von Hirn und Lendenwirbelsäule durchführen lassen, die aber unauffällig waren. Die Patientin hat aber wirklich einen neurologischen Befund. Es besteht eine spastische Paraplegie, eine Lähmung der Beine aufgrund einer Schädigung der langen motorischen Bahnen, und eine *Ataxie*, die durch die Entkopplung des Kleinhirns vom Rückenmark entsteht.

Das Weitere ist einfach. Es ist kein besonderes Verdienst. Eine Kernspintomographie der Halswirbelsäule zeigt einen großen Entzündungsherd. Es handelt sich um eine Multiple Sklerose. Eine Kortison-Stoßtherapie läßt die vermeintlich *psychogene* Symptomatik vorübergehend verschwinden.

Die Ungläubige

Eine junge Pastorenfrau kommt zur Einleitung einer psychotherapeutischen Behandlung. Ich sehe sie kurz an und frage nach dem Grund des Wunsches. Sie habe ein psychosomatisches Leiden – das habe auch ihr Mann festgestellt. Ihr rechter Arm gehorche ihr nicht mehr. Dahinter steckten sicher frühkindliche Traumatisierungen.

Ich habe sie während des Gesprächs beobachtet. Ich erkläre ihr, daß sie wegen ihres Armes keinerlei *Psycho*therapie, sondern eine medikamentöse und eine *physio*therapeutische Behandlung benötige. Trotz ihrer erst sechsunddreißig Jahre leide sie an einem Parkinson-Syndrom. Sie glaubt mir nicht, auch der für das nächste Mal einbestellte Mann ist ungläubig. Ich untersuche sie sorgfältig, führe alle notwendigen technischen Untersuchungen durch und komme zu demselben Schluß. Nach langem Reden läßt sie sich auf einen Behandlungsversuch mit einem Levodopa-Kombinationspräparat ein, bringt mir aber nach der Einnahme einer halben Tablette die angebrochene Schachtel zurück. Es habe nicht geholfen. Sie habe unter einer massiven Übelkeit gelitten. Es handele sich wohl um eine Fehldiagnose meinerseits. Nach drei Wochen erscheint sie etwas kleinlaut mit dem Bericht des Direktors einer neurologischen Universitätsklinik, der ihr meine Diagnose bestätigt. Er hat ihr empfohlen, die Behandlung zu akzeptieren. Die Störung bessert sich daraufhin.

Jeder Versuch aber, die Behandlung an den Therapiestandard anzupassen, ist durch ständige Klagen über Übelkeit erschwert. Noch sechs Jahre nach Beginn der Behandlung fährt die Patientin nach Wiesbaden, um sich in der Klinik für Diagnostik Sicherheit geben zu lassen. Sie erfährt dort, daß die Diagnose korrekt und sie optimal eingestellt sei. Erst danach faßt sie wirklich Vertrauen. Ich hatte schon daran gedacht, ihr wirklich eine Psychotherapie zu vermitteln.

Inzwischen ist das frühe Auftreten von Parkinson-Syndromen der Deutschen Parkinson-Gesellschaft Grund gewesen, die Gruppe U40 zu gründen – *unter vierzig*. Es sind Jugendliche unter *zwanzig* dabei.

Ungeklärt

Eine Frau im mittleren Alter kommt zur Begutachtung. Sie fühlt sich in ihrem Beruf überfordert und hat auf Anraten eines Fachkollegen ein psychosomatisches Heilverfahren beantragt. Ihr Bewegungsmuster fällt mir auf: kleine distale, schleudernde Hyperkinesen, Überbewegungen, und ein unsicherer Gang. Sie versteht nicht, was ich meine, als ich sie darauf anspreche. Als ich ihren Geburtsnamen erfahre, weiß ich, daß wieder ein Patient aus einem Chorea-Clan vor mir sitzt. Die Tante ist bereits meine Patientin. Die Erbkrankheit Chorea Huntington führt langsam aber sicher zur schweren motorischen Behinderung, in einen geistigen Abbau und schließlich zum Tod.

„Meine Mutter leidet an einer Chorea Huntington. Ich glaube, ich bin auch krank. Ich bin nervös, kann mich nicht mehr konzentrieren". Der fünfundfünfzigjährige Mann, der *Vetter* der ersten Patientin, ist klinisch gesund, die Testpsychologie unauffällig. Eine molekulargenetische Diagnostik steht noch nicht zur Verfügung. Ich beruhige ihn. Auch wenn ich mir über die Unsicherheit meiner Aussage klar bin.

Sechs Jahre später ist die Mutter verstorben, die Cousine ein Pflegefall. Er stellt sich erneut vor. „Er vergißt alles", sagt die Ehefrau. „Manchmal ist er ganz durcheinander." Da sind sie wieder: kleine schleudernde Bewegungen. Ist es etwa doch eine Chorea? Die Genetik sagt nein – nur fünf Triplets, fünf aufeinanderfolgende, gleichartige genetische Untereinheiten, keine Chorea Huntington. Die frühe Demenz und die Bewegungsstörungen haben eine andere Ursache.

Vaterschaftsnachweis

„Mein Vater ist nicht mein Vater. Meine Mutter hat mir gestanden, daß mein Onkel mein Vater ist." Die junge Frau ist verzweifelt. Nicht ob der verwandtschaftlichen Verwirrungen, nicht, weil sie über ihre Identität verunsichert ist – der Onkel hat an einer *Chorea Huntington* gelitten.

Ich hatte ihn kennengelernt, nachdem er seine Tätigkeit als Werkzeugmacher nicht mehr ausüben konnte. Er begriff einfach nichts mehr und vergaß rasch. Einige Monate später entwickelte er psychotische Symptome, Halluzinationen und einen

Wahn. Dann kamen schleudernde Bewegungen zuerst der Arme, des Kopfes und des Rumpfes und schließlich auch der Beine hinzu. Die Familienanamnese hatte schon zu Anfang ergeben, daß eine Schwester wegen einer frühen Demenz in einem Pflegeheim lebte. Leider hatte deren Hausarzt auf mein Schreiben nicht geantwortet. Jetzt sah ich mir systematisch die Brüder an. Zwei hatten leichte Bewegungsanomalien.

Inzwischen hat sich der erste Patient das Leben genommen, ist die Tante im Pflegeheim verstorben. Einer der Onkel hat eine Chorea entwickelt, ist schwer dement und in einem Heim aufgenommen worden.

Ich überweise die junge Frau an das Institut für Genetik einer nahegelegenen Universität.

Nur ein Tic(k)

Als ich sie wegen eines Sturzes vom Pferd untersuche, fallen mir rasche, kleine zuckende Bewegungen der Gesichtsmuskulatur auf, die von schnalzenden Lauten oder unterdrückten Flüchen begleitet werden. Ich vermerke als weitere Diagnose auf meiner Rechnung „Gilles-de-la-Tourette-Syndrom". Einige Wochen später ruft mich der Vater an, was denn das sei. Ich erkläre es ihm: eine körperlich begründbare extrapyramidale Störung mit unvermittelten motorischen und nicht steuerbaren verbalen Äußerungen.

„Ach so", meint der Vater, „wir dachten immer, daß sei eine Marotte, nur ein Tick." „Genauso nennt man es, einen *Tic*", antworte ich.

Zittern und Zappeln

Im Lauf der Zeit ist es für die Frau immer schlimmer geworden. Sechzig Jahre alt ist sie jetzt. Mit sechzehn fing es mit dem Zittern an, ganz allmählich. Anfangs trat es nur auf, wenn sie sich aufregte. Sie hielt das für normal – alle zittern bei Erregung. Mit den Jahren wurde es stärker. Sie versuchte, es zu unterdrücken oder einfach zu ignorieren. Als sie über fünfzig Jahre alt war, begann es, sie in ihren täglichen Verrichtungen zu behindern. Es war nicht nur da, wenn sie ruhig im Sessel saß, sondern auch, wenn sie etwas in der Hand hielt, wenn sie etwas abstellen, wenn sie den Schlüssel ins Schloß stecken wollte, wenn sie die Tasse zum Mund führte. So manchen Teller zerschlug sie im Spülbecken. Das Schlüsselloch fand sie nur mit der Führung der anderen Hand. Der Tassenrand schloß nicht mehr mit der Lippe ab, sondern schlug klappernd gegen die Zähne, so daß sie sich häufig bekleckerte. Wenn sie darüber ungeduldig wurde, war es noch schlimmer.

Nachdem sie anfing, die Augen zuzukneifen und mit dem Mund zu zucken, kam sie zu mir. Inzwischen hatte sich das Zucken und Zappeln auch auf den Rumpf ausgebreitet und verstärkte sich, wenn sie einfach nur ruhig stehen wollte. Der Mund spitzte sich rüsselförmig vor, dann wieder zogen sich die Lippen nach innen. Das Sprechen machte ihr dadurch Probleme. Immer häufiger kamen auch Töne und kurze Sprachfetzen hinzu, die sie nicht unter Kontrolle hatte. Immer war ihr schwindelig.

Die Untersuchungen ergaben keinen faßbaren körperlichen Befund, keine ursächliche Erklärung für diese komplexe Störung. Sie hatte zwar einige gefäßbedingte Veränderungen im Marklager der rechten Hirnhälfte, eine nachweisbare Durchblutungsstörung im linken Vorderhirn, eine Erweiterterung des Zentralkanals des Halsmarks, einige Schlingen in den Halsarterien, nichts jedoch, das mit dem Zittern und Zappeln in Zusammenhang stehen konnte. Sie hatte viermal eine Hepatitis gehabt. Die Gebärmutter war wegen Myomen entfernt worden und wir entdeckten hier eine Autoimmunthyreoiditis, eine chronisch-entzündliche Schilddrüsenerkrankung mit Überfunktion, alles ohne Zusammenhang. Der Kupfer- und der Eisenstoffwechsel im Hirn waren unauffällig, eine Fahr'sche Krankheit, die mit Kalkablagerungen in den Hirnkernen einhergeht, war sowieso auszuschließen. Sie hatte früher keine Neuroleptika erhalten, wie sie gelegentlich von Hausärzten zu Beruhigung gegeben werden, und die noch nach Jahren gelegentlich ähnliche Störungen als „Spätdyskinesien" verursachen können. Auch die Universitätsklinik konnte das Syndrom nur beschreiben und behandelt seither einen Teil der Störung, die Verkrampfungen des Gesichtes, das „Meige-Syndrom". Jedes Vierteljahr fährt sie einmal in die Universitätsstadt und erhält kleine Injektionen mit Botulinus-Toxoid in die Gesichtsmuskulatur. Danach hat sie eine gewisse Erleichterung.

Der Verdacht, daß es sich um eine psychische Störung handelt, steht bei derartigen Krankheiten immer im Raum. Über Jahrzehnte haben sich Psychiater und Psychoanalytiker mit den Neurologen darüber gestritten: Liegt die Ursache in der Soft- oder in der Hardware? Sind es abgewehrte und daher „unbewußte" Impulse, die sich hier ausdrücken, oder sind es einfach Defekte in den Schaltmustern der grauen Substanz? Derjenige, der den Patienten zuerst sah, behielt häufig die Therapie in seiner Hand. Psychomotorik ist ein komplexes Gebiet. Ausdruck ist sicher Folge innerpsychischer Vorgänge – Ausdrucksbewegungen andererseits können Befindlichkeiten hervorrufen oder ändern. Vor allem das extrapyramidalmotorische System, das bei dieser Patientin betroffen war, spielt hier eine Rolle. Auch fallen Depressive häufig durch ihre sparsame Mimik und ihre eingeschränkten Bewegungen auf, sind Parkinsonkranke nicht selten unabhängig von der Ausprägung oder von ihrer Akzeptanz der Krankheit depressiv, wirken organische Tics fast zwanghaft. Möglicherweise rührt das daher, daß unser Repertoire an motorischen Schablonen, auf die wir zurückgreifen können, doch recht klein ist, und so verschiedene Ursachen ähnliche Auswirkungen haben. Zudem sind die Zahl der Verschaltungen und die Überlappungen der Systeme unseres Zentralnervensystems groß. So wird diese Frage auf unterschiedlichen Kenntnisständen wohl auch in Zukunft diskutiert werden.

Auch diese Patientin hatte eine Vorgeschichte. Ihr Vater hatte sie von ihrem siebten Lebensjahr an bis zu ihrem frühen Erwachsenenalter mißbraucht. Erst dann wurde die Sache ruchbar. Sie hatte nie gewagt, sich zu offenbaren. Er befand sich deswegen einige Jahre in Haft. Sie ging schon früh aus dem Elternhaus und heiratete bald. In der Mutter hatte sie keine Unterstützung gehabt. Die glaubte es bis zum Lebensende nicht, was sie gehört hatte.

Der Mann war Alkoholiker und schlug sie recht bald und immer häufiger, wie es schon ihr Vater getan hatte, bis sie blutend zu Boden fiel. Er arbeitete wenig und machte Schulden, die sie ausglich. Als es ihr gelang, sich von ihm zu trennen, brachte er sich um. Noch heute macht sie sich Gewissensbisse. Ihr Ältester hat sich noch nie gern angestrengt und ist seit langem arbeitslos. Er lebt in einer Obdachloseneinrichtung und pumpt seine Mutter ständig an. Sie läßt sich das gefallen, obwohl sie selbst nur wenig zum Leben hat. Der jüngere Sohn, ihr Stolz, wohnt seit einigen Monaten bei ihr, nachdem seine Frau sich einen anderen Partner gesucht hat. Er ist seit einer Zeit arbeitsunfähig. Nun macht sie sich Sorgen um ihn und um die Enkel.

Sie *ist* in psychotherapeutischer Behandlung, sicherlich. Sie benötigt sie auch, diese alten und aktuellen Konflikte zu bewältigen. Doch sind die Grund für die Bewegungsstörungen? Die sind die gleichen geblieben.

Ein bißchen Hirn

Die Dame mittleren Alters, die vor kurzem aus Aachen übergesiedelt ist, hat etwas mehr als rheinisches Temperament. Sie ist richtig aufgedreht. Aber die rheinische Leichtigkeit fehlt, sie ist voller Zorn. „Hier, Herr Doktor, hier ist das Loch", sagt sie und führt meine Hand an ihren Hinterkopf. In der Tat ist dort ein Knochendefekt. „Und da ist das andere!" – und meine Hand ertastet eine weitere Schädellücke oberhalb der linken Schläfe. „Geholfen hat das alles nichts!"

Sie war wegen Schmerzen im Wangenbereich in eine Hals-Nasen-Ohren-Klinik gekommen. Unter der Diagnose einer beidseitigen Trigeminusneuralgie wurde dort eine Injektionsbehandlung durchgeführt. Der Schmerz war danach zwar anders, aber nicht geringer. Er war unangenehmer, brennender, ein Deafferenzierungsschmerz. Früher war er nur dumpf und drückend gewesen. Die Behandlung wurde wiederholt, auch jetzt ohne Erfolg. Schmerztabletten halfen nicht mehr. Sie konnte nicht mehr schlafen, wälzte sich nachts im Bett hin und her.

Als sie Verwandte im Heimatland ihres Mannes besuchte, riet man ihr, sich bei einem weltberühmten Neurochirurgen vorzustellen. Die Thermokoagulation war rasch getan – nur der Schmerz blieb, auch als die Wange taub war. Auch der Eingriff an der Trigeminuswurzel am Hirnstamm blieb erfolglos.

Am Tag nach der Operation wurde die Patientin delirant. Sie lief unbekleidet durch das Krankenhaus und griff das Personal an. Was danach geschah, beschrieb der Kollege so: „Nous avons fait une *petite leucotomie* ...", einen kleinen psychochirurgischen Eingriff, um das Schmerzerlebnis zu mildern. Den Knochendeckel hat sie sich nicht danach wieder einsetzen lassen. Sie verließ das Krankenhaus mit einem Fluch.

Gegen den Zorn der Frau hat die Leukotomie nicht geholfen.

Blinder Fleck

In den vergangenen Jahren sah ich mehrere Patienten, die durch einen Herzinfarkt einen längeren Atemstillstand erlitten. Die meisten hatten leitende Posten in der hiesigen Wirtschaft inne, einige waren Gymnasiallehrer. Bis auf einen sind sie alle wegen ihrer anoxischen Gehirnschädigungen erwerbsunfähig geworden.

Ein Mittfünfziger und seine Frau sitzen vor mir. Beide wirken gespannt und erregt. Seine Stelle ist in Gefahr. Seine beiden Kinder sind noch in der Ausbildung. Seitdem er seine Tätigkeit als Prokurist wieder begonnen habe, könne er dem Firmeninhaber nichts recht machen. Er unterstelle ihm Fehler, die er nicht zu verantworten habe. Auch er hat vor einigen Wochen einen Herzinfarkt gehabt und mußte über eine längere Zeit reanimiert werden.

Auf den ersten Blick bietet der Mann keine Auffälligkeiten. Sein psychisches Tempo ist rasch, er ist wendig, hat keine groben Erinnerungslücken. Er verlangt von mir, daß ich ihm attestiere, daß er seiner Tätigkeit ohne Probleme ausüben könne. Seine Frau sekundiert ihm heftig.

Die Testverfahren zeigen eindeutige Störungen der Merkfähigkeitsspanne, Konzentrationsschwierigkeiten und eine verminderte affektive Belastbarkeit. Von Mitarbeitern ist zu erfahren, daß er bereits einige Verträge unterschrieben hat, von denen er später nichts mehr wußte. Auch habe man ihn an seinem Schreibtisch schlafend vorgefunden. Er will es nicht wahrhaben.

Er muß in den sauren Apfel eines vorzeitigen Ruhestandes beißen. Die Firma baut ihm eine goldene Brücke. Er traut lange nicht ihrer Stabilität.

Einrenken

Sie kommt zur Nachkontrolle nach einer Hirnstammblutung. Vor einem Vierteljahr hat sie sich einer chiropraktischen Behandlung der Halswirbelsäule unterzogen. Einen Tag später kam es zu schweren neurologischen Ausfällen. Sie hatte eine Basilarisembolie durch einen Einriß einer der beiden Vertebralarterien. Ein Verschluß der Basilarisarterie führt nicht selten zum Tod, weil der Hirnstamm nicht mehr versorgt wird. Sie hatte Glück: Nach einer langen intensivmedizinischen Behandlung und einer anschließenden neurologischen Rehabilitation sind glücklicherweise nur noch leichte Ausfälle geblieben. Sie klagt noch über Schwindel und Konzentrationsstörungen.

Die Mutter ist ein halbes Jahr zuvor an einer Hirnblutung nach einem Einrenkmanöver gestorben.

Schwanenhals

„Nehmen Sie doch bitte die Halskrawatte ab", fordere ich die junge Frau auf, die mich wegen ihres Schwindels aufgesucht hat. „So einfach geht das nicht. Dazu muß ich mich hinlegen", erwidert sie.

Ich erblicke etwas, was ich bislang noch nie gesehen habe und wohl auch nie wieder sehen werde – eine Hals fast völlig ohne Muskulatur. Luftröhre und Wirbelsäule zeichnen sich unter der Haut ab, auch die Gefäße sind deutlich zu erkennen. Eine groteske Inaktivitätsatrophie der Halsmuskulatur, kein neurologisches Leiden. Sie hat seit ihrem „Halswirbelsäulenschleudertrauma" ihre Krawatte Tag und Nacht getragen. Muskulatur hat sie nicht mehr benötigt.

Sie wird sie wohl auf Dauer tragen müssen. Ich werde an ein südafrikanisches Volk oder Stämme der Thais erinnert, bei dem die Frauen Ringe um den Hals tragen. Sie abzunehmen, wäre ein Todesurteil.

Erfolgszwang

Diagnose: Skapulokostales Syndrom

Sehr geehrter Herr Kollege ...,

besten Dank für die Überweisung Ihrer Patientin.

Anamnese:

Die Patientin kommt wegen Schmerzen im Bereich des mittleren unteren Schulterblattes mit gelegentlicher Ausstrahlung in die Brustwand. Die bisherige Diagnostik läßt gravierende Probleme ausschließen. Selbst eine Skelettszintigraphie wurde veranlaßt. HWS-Syndrom, Tietze-Syndrom etc. wurden erwogen. Das Amalgam wurde komplett entfernt, eine langwierige Neuraltherapie durchgeführt und die Patientin um viel Geld erleichtert.

Beurteilung, Therapie:

Es handelt sich bei der Patientin um eine überlastungsbedingte Störung. Häufig sind kleine Myolysen ursächlich. Sie sollte vorübergehend das häufige Holzhacken lassen und dem Muskel ausreichend Zeit geben zu heilen. Wichtig scheint mir, daß man endlich eine therapeutische Zurückhaltung übt und die Patientin nicht weiter iatrogen neurotisiert.

Neurologischer Befund:

Halswirbelsäule normal geformt, frei beweglich. Kein Klopfschmerz über der BWS. Druckdolenz des angulus inferior scapulae und des angrenzenden M. rhomboideus minor. Keine scapula alata. Keine Zeichen einer Nervenkompression der oberen Extremitäten. Sensibilität ungestört. Keine Paresen, keine Atrophien. MER seitengleich mittellebhaft. Keine pathologischen Reflexe. Adson-Test negativ.

Mit freundlichem kollegialen Gruß

Merke: Kränkt ausbleibender Erfolg den Arzt, hat er zwei Möglichkeiten: dich als inkurabel abzulehnen oder dich weiter zu behandeln, gleich, ob du wirklich krank bist oder nicht. Denn entweder ist er sich seiner Sache nicht sicher, er bedauert dich oder er möchte an dir als einem langjährigen Kunden verdienen.

Wenn du dann selbst nicht weißt, ob du krank *bist*, wirst du erst krank. Der Kränkung des Therapeuten durch Mißerfolg folgt die iatrogene Neurotisierung – entweder als eine heimliche Rache, die er sich nicht selbst eingestehen kann, oder als eine Folie à deux.

Verdrängung

Frau K. hatte eine schreckliche Angst vor einem Morbus Parkinson, weil sie von dieser Krankheit nur schlimme Dinge gehört hatte. Der Sohn, ein Pädagogikstudent, bat mich, ich möge „ihre Verdrängung nicht aufheben". Die Problematik schien mir eher bei dem Sohn zu liegen, der einen aus dem Jahre 1983 datierenden Band eines Symposiums über den Morbus Parkinson besaß und daraus vermutlich die falsche Erkenntnis gezogen hatte, daß eine Therapie nach drei Jahren einen *weitgehenden Wirkungsverlust* zeige.

Ich erklärte beiden, daß ich eine Behandlung unbedingt für wichtig hielt. Die alte Dame zeigte schon damals ein deutliches, einseitig betontes Parkinson-Syndrom vom Äquivalenztyp: Sie war unbeweglich und zitterte. Die Diagnose allerdings umschrieb ich für sie. Eine Behandlung lehnte sie ab.

Es gingen drei Jahre ins Land, in denen die Schwägerin mir bei jedem Besuch haarklein berichtete, was die Patientin noch, beziehungsweise nicht mehr konnte. Es erfolgte in dieser Zeit keinerlei Therapie außer einer gewissen Durchbewegung durch einen Masseur.

Als der Sohn mich endlich wieder rief, bot die Patientin das Vollbild eines Parkinson-Syndroms. Sie lag still im Bett mit bajonettartig verformten Fingern und verkrümmten Gelenken, die sich nicht mehr aufbiegen ließen, das Gesicht war starr und verschwitzt, die Sprache leise und heiser. Sie zitterte an beiden Armen. Gehen konnte sie schon lange nicht mehr.

Es war klar, daß ein Großteil der Störungen sich nicht mehr beseitigen ließ. Auch mit einer optimalen medikamentösen Einstellung und intensiver Krankengymnastik war nur noch wenig zu erreichen.

Der Krankengymnast und ich gaben unser Bestes. Wir hatten keinen Erfolg. Ein gutes halbes Jahr später, fünf Tage vor Heiligabend, verstarb Frau K. an einer Lungenentzündung.

Die Kinder gehen vor

Um kurz vor neunzehn Uhr ruft die Frau eines Patienten an. „Er hat wieder einen Anfall", sagt sie. „Seit wann?" frage ich zurück. „Seit kurz nach sechs", erwidert sie. „Krampft er noch?" frage ich. „Ich schau mal nach ... nein", ist die Antwort. „Hat er noch Puls?" frage ich. „Ich schau mal nach ... nein." „Dann ist es wohl zu Ende. Ich bin sofort bei Ihnen."

Ich rufe den Notarztwagen, sage im Wartezimmer Bescheid und fahre los. Der Rettungswagen überholt mich erst auf der Hälfte der Strecke. Als ich ankomme, ist der Notarzt noch nicht da. Es gibt aber außer der Leichenschau nichts mehr zu tun. „Warum haben Sie so lange gezögert? Es war eine Dreiviertelstunde." frage ich. „Ich mußte die Kinder erst aus dem Zimmer bringen", sagt sie.

Diese Dreiviertelstunde hat die Kinder zu Halbwaisen gemacht.

Fromme Choräle und göttlicher Zorn

Ein Familienvater stürzt bei Reparaturarbeiten vom Dach seines Hauses und zieht sich eine Quetschung des Vorderhirns zu. Er kann nach einigen Wochen wieder aus dem Krankenhaus entlassen werden, ist aber nicht mehr erwerbsfähig. Auch sein kirchliches Amt als Diakon kann er nicht mehr ausüben. Er ist recht vergeßlich geworden und regt sich rasch auf. Wenige Jahre später kommt es zu epileptischen Anfällen, die sich nicht völlig unterdrücken lassen. In den darauffolgenden Monaten wird er lauter, unverträglicher, neigt rasch zum Zorn. Er schlägt auch zu. Seine Kinder haben Angst vor ihm. Eines Tages ist er völlig außer sich vor Wut, schreit, tobt und prügelt und wird mit richterlichem Beschluß in das zuständige Landeskrankenhaus eingewiesen. Als er wieder zu Hause ist, geschieht dasselbe. Nach mehreren gescheiterten Entlassungsversuchen bleibt er auf Dauer im Krankenhaus. Seine Frau weigert sich beharrlich, ihn zu Wochenendurlauben nach Hause zu nehmen.

Er wird auch mit den neueren Medikamenten nicht anfallsfrei. Wenn er längere Zeit keinen Anfall mehr gehabt hat, ist er verstimmt. Zumeist ist er gehobener Stimmung, zieht, laut Kirchenlieder singend und missionierend, durch das Gelände. Bremsen läßt er sich nicht. In unserem Land herrscht Religionsfreiheit. Widerspricht ihm jemand, hält er es wie einige der Kirchenväter: Er verteidigt seinen Glauben auch handgreiflich. Sein Zorn ist mächtig, grenzenlos, fast überirdisch. Wenn er abgeklungen ist, weint er wie ein kleines Kind.

Das rettende Ufer

Arno stammt vom flachen Lande, dorther, wo der Blick meilenweit in die Ferne schweifen kann und sich ihm nur vereinzelte Bäume in den Weg stellen, wo der nach Salz duftende Wind über die Koppeln fegt. Eines Tages fällt der Junge vom Traktor, den er für seinen Vater in die Scheune fahren sollte. Sein Kopf schlägt auf den Betonboden. Arno ist sofort bewußtlos und wird erst Wochen später im Krankenhaus wach. Später fehlt im in der Erinnerung ein volles Jahr. Er muß für viele Monate stationär behandelt werden, weil er neben leichten Lähmungserscheinungen schwere geistige und seelische Veränderungen davongetragen hat. Vieles muß er neu lernen. Er benötigt viel Zeit dazu und begreift häufig nicht. Er verhält sich wie ein kleines Kind, kann nicht allein sein und läuft hinter den Eltern her. Er verirrt sich in der bekannten Umgebung, muß beaufsichtigt werden, da er sich sonst ohne Zögern an den landwirtschaftlichen Geräten zu schaffen macht.

Man schickt ihn zur weiteren Rehabilitation an den Oberrhein, in eine Klinik für Jugendliche mit neurologischen Krankheiten. Sie liegt schön auf dem erhöhten deutschen Ufer des Rheins. Man sieht von dort hinüber in die Schweiz, nach Stein am Rhein, auf die Berge in der Ferne. Arno kennt eine solche Landschaft nicht. Sie macht ihm Angst. Er leidet unter Heimweh. Gegenüber den Tröstungen der Betreuer ist er taub.

Eines Tages bringt ihn die Polizei zurück ins Krankenhaus. Er ist in den Fluß gesprungen und auf die südliche, Schweizer Seite hinübergeschwommen, weil es dort flacher ist und er hoffte, daß dahinter Ostfriesland liegt mit seiner Weite und seinen in den Wind geduckten Gulfhäusern.

Dort, in Ostfriesland, lasse ich ihn.

Schädlingsbekämpfung

Ein rußlanddeutscher Patient kommt zu mir, um wegen seiner *Epilepsie* weiterbehandelt zu werden. Er sei nach seinem Unfall nie wieder anfallsfrei geworden. Er legt mir sein Medikament vor: *Hexamidin* steht in kyrillischen Buchstaben auf der Schachtel. Bei uns ist das ein *Lokalantiseptikum*. Ist das transuralischer Standard oder ein Irrtum des Patienten? Geschluckt hat er es jedenfalls. Es *war* der Standard.

Kleine Ursache

Ein Kollege klagt über einen Hexenschuß und ein taubes Gefühl in einem Bein. Der neurologische Befund ist unauffällig. Die Röntgenuntersuchung und die Computertomographie zeigen eine altersentsprechende Osteochondrose. Ein Diabetes besteht nicht. Auch andere Ursachen für eine Radikulopathie, eine Nervenwurzelschädigung, lassen sich nicht ausmachen.

Vor wenigen Wochen ist ein bakterieller Erreger dingfest gemacht worden, der Entzündungen des Nervensystems und des Bindegewebes verursacht, die man zuvor einem noch unbekannten Virus angelastet hat. Dieser Erreger, Borrelia, wird durch Zecken übertragen. „Haben Sie sich durch eine Zecke beißen lassen? Sie gehen doch häufig mit Ihrem Hund durch den Wald?" frage ich ihn. Er kann sich an keinen Zeckenbiß erinnern.

Einige Wochen später kommt er mit einer Fallhand. Eine mechanische Ursache läßt sich nicht eruieren. Eine „Parkbanklähmung" (die Franzosen sind da charmanter: *paralysie des amantes*) ist es nicht. Ich schlage eine stationäre neurologische Abklärung einschließlich einer Borreliose-Diagnostik aus dem Liquor vor. Als er wiederkommt, ist er komplett durchuntersucht. Nach einer Borreliose aber hat keiner geschaut. Aus alter Anhänglichkeit hat er sich in die Abteilung seines alten Chefs gelegt. Der ist Internist.

Als er mit einer peripheren Fazialislähmung nach drei Wochen wiedererscheint, hat er keine Einwände gegen die Neurologie. Es *ist* eine *Borreliose.*

Sehen können

Eine achtzehnjährige Zahnarzthelferin kann plötzlich schlecht sehen. Die Untersuchung zeigt eindeutig eine Optikusneuritis. Beim zweiten Krankheitsschub bestätigt sich der Verdacht. Es ist eine Encephalomyelitis disseminata, eine Multiple Sklerose. Ein Schub folgt dem anderen; ungefähr zehn sind es innerhalb einen Jahres. Keine der Therapien greift. Es sind auch verzweifelte darunter mit einem in der Krebstherapie eingesetzten Zytostatikum. Ihren Beruf kann sie nicht mehr ausüben.

Sie wird umgeschult. Auch ist eine Psychotherapie erforderlich, um sie zu stabilisieren.

Ursachenzuschreibung

Eine junge Frau kann plötzlich nur noch unsicher gehen. Sie und ihr Freund waren über lange Zeit keine Freunde von Traurigkeit. Eindeutig eine alkoholtoxische Polyneuropathie, sagt man. Als die Handmuskulatur immer geringer wird und feine Zuckungen unter der Haut sichtbar werden, ist die Diagnose klar. Es ist eine Amyotrophe Lateralsklerose oder Motoneuronkrankheit, eine letztendlich tödliche Krankheit, welche die Muskulatur lähmt und die sie stolpern und zunehmend schlechter sprechen läßt. Unter einem neuen Medikament lebt sie schon seit drei Jahren damit, weit länger als jeder meiner anderen ALS-Patienten. Ihr Schicksal trägt sie tapfer.

Ausblenden

Ein anderer an Amyotropher Lateralsklerose erkrankter Patient will noch kurz vor seinem absehbaren Lebensende sein Haus zu Lasten der Krankenkasse komplett behindertengerecht umbauen lassen. Er beantragt den Einbau eines größeren Badezimmers mit allen technischen Hilfsmöglichkeiten, einen Außenfahrstuhl bis in den ersten Stock, eine breitere Garage. Die Kasse wartet ein Vierteljahr mit ihrer Entscheidung. Der Umbau erübrigt sich.

Schicksal und Gerechtigkeit

Daß sich gute Taten lohnen, ist ein frommer Wunsch vieler Menschen. Wenn dieser Anspruch an das Schicksal, an das höchste Wesen, an die Gesellschaft, an die Menschheit *nicht* erfüllt wird, zieht sich so mancher in die Schmollecke zurück und negiert die Existenz oder die vermeintlichen Ansprüche dieser höheren Instanzen an sich. Den Hintergrund dieser Denkformen will ich hier nicht diskutieren.

Eine Frau hat lange und aufopfernd ihren Mann gepflegt, der an einem Morbus Alzheimer litt. Sie war Tag und Nacht für ihn da. Er war ständig erregt, voller Angst, rief laut nach ihr, so daß sie stets für ihn erreichbar sein mußte, tags wie nachts. Obwohl er gefüttert, gewaschen und gewindelt werden mußte, sich durch seine motorische Erregung selbst gefährdete, hatte der Medizinische Dienst ihn lediglich in die niedrigste Pflegestufe eingeordnet. Damit konnte sie sich keine Pflegekraft leisten, die ihr kurze Zeiten der Ruhe ermöglicht hätten.

Nach seinem Tod war sie erschöpft, völlig ausgelaugt. Weinen konnte sie nicht mehr. Schlafen konnte sie auch nicht. Zu lange hatte er ihr die Nacht zum Tage gemacht, zu lange hatte sie auf sein Rufen gelauscht, um rasch zur Stelle zu sein. Sie trauerte nicht um ihn; er hatte es besser. Sie verspürte wohl den Verlust, bedauerte sich aber nicht.

Ein halbes Jahr hatte sie Ruhe, Ruhe, die sie umtrieb. Dann erlitt sie einen Schlaganfall. Ein Vierteljahr Akutklinik und Rehabilitation. Eines Tages zeigte sie mir ihre Hände: „Ich habe keine Kraft mehr, Herr Doktor. Es fällt mir alles aus der Hand.” Die kleine Handmuskulatur war eingefallen. Sie hatte Schwierigkeiten, aus dem Sessel aufzustehen. Die Muskulatur des Unterarms und die anderer Körperregionen zeigte kleine, feine Zuckungen, Fibrillationen und Faszikulationen. Die stationäre Untersuchung bestätigte den Verdacht. Es handelt sich um eine Amyotrophe Lateralsklerose.

Ich besuche sie – das nächste Weihnachtsfest wird sie kaum noch erleben. Sie ist auf einer Pflegestation untergebracht. Sie kann die Finger nicht mehr strecken und kaum noch beugen. Das Schlucken fällt ihr schwer. Sie weiß Bescheid. Sie bedauert sich nicht. Im Traum erscheint ihr manchmal ihr Mann, der ihr die Hand reicht und ihr sagt: „Komm doch.”

Zwei Tage nach meinem Besuch hat sie sich still verabschiedet.

Eine Mark zum Leben

Vor zwei Jahren erlitt sie einen Hirninfarkt mit einer rechtsseitigen Lähmung. Ich wies sie ins Krankenhaus ein. Sie ging aber nicht, weil sie es für nicht so wichtig hielt. Die Sprache war nur geringfügig betroffen, auch die Lähmung besserte sich weitgehend. Was blieb, war eine allgemeine Schwäche und Erschöpflichkeit.

Schon lange hatte sie an ihren Bandscheibenvorfällen gelitten. Hinzu kam in den letzten Jahren eine Osteoporose. Sie wurde zusehends krummer. Nach einem Jahr wagte sie einen Arbeitsversuch. In dieser Zeit magerte sie ab und klagte über Schwindel, Rückenschmerzen und Kopfweh. Sie versuchte aber immer, lächelnd darüber hinweg zu gehen. Nach einem halben Jahr verließen sie ihre Kräfte. Sie hatte die schweren Töpfe und Pfannen in der Krankenhausküche nicht mehr halten können.

Einige Monate später stellte ich für sie einen Rentenantrag. Es dauerte nicht lange, bis er bewilligt wurde. Sie wußte schon zuvor, daß die Rente nicht zum Leben reichte. Daß es aber nur einunddreißig Mark und achtzehn Pfennige jeden Monat sein würden, eine Mark am Tag, hätte sie nicht vermutet. Sie hatte lange Jahre im Ausland gearbeitet, aber ihre Rentenansprüche waren noch nicht berechnet. Sicherlich würden sie unter dem Sozialsatz liegen.

Sie wandte sich mit einem Antrag auf Überbrückungshilfe an das städtische Sozialamt. Dort wies man sie ab, weil man Sorge hatte, daß sie die Zahlungen nicht rückführen könne, auch wenn sie ihre Auslandsrente erhielte. Daß sie *Anspruch* auf Sozialhilfe habe, erzählte ihr niemand.

Zwischenmenschliches

1975 – wir haben seit einigen Tagen Zugriff auf ein ganz neuartiges Gerät, einen Computertomographen. Ein Mann im mittleren Alter liegt auf meiner Station zur Abklärung von Kopfschmerzen. Die Untersuchung ergibt einen großen Tumor im Frontalhirn. Die Neurochirurgen bitten uns, ihn noch für einige Tage zu behalten. In dieser Zeit wird seine Lues (Syphilis) behandelt. Es geht ihm zunehmend besser, die Kopfschmerzen klingen ab, die Benommenheit verschwindet, schließlich ist kein Tumor mehr nachweisbar.

Da wird eine gleichaltrige Frau aufgenommen, die unter Brennschmerzen in den Beinen leidet. „Du bist auch hier?" begrüßt man sich: ein luetisches zerebrales Gumma und eine Neurolues mit Polyneuritis.

Krüppel und Blödsinnige

„Der Krüppel als solcher gehört in eine Anstalt" – so heißt es im preußischen Invalidengesetz von 1920. Zu dieser Einstellung, die man noch heute vielfach hört, fällt mir kein Kommentar ein. Der Behinderte gefährdet die Gesellschaft allein durch seine Existenz. Diese Vorstellung wurde dreizehn Jahre später *Handlungsgrundlage*.

Wie ist diese Existenz? Die sozialen Beziehungen Behinderter sind häufig gestört. Sie leben zumeist getrennt von der Außenwelt, haben nur wenige Kontaktpersonen und damit nur stark eingeschränkte Möglichkeiten, am Modell der anderen soziales Verhalten zu lernen. Viele der Lebensvollzüge sogenannter „Normaler" werden ihnen von der Gesellschaft nicht erlaubt; auch Sexualität wird zum Problembereich. Ein geistig Behinderter, der in unserem Verständnis im Stande eines Kindes ist, darf sie nicht haben, da er die Verantwortung nicht tragen könne. Ein Körperbehinderter handele „unverantwortlich", so er sie auslebt. Hormonelle Antikonzeption, Sterilisation, Wegsperren, um die anderen zu schützen: Ärzte helfen, die Ängste und Ressentiments der Bevölkerung zu beschwichtigen. Dies ist ein Gebiet, über das dringend nachgedacht werden muß.

Wir leben in einem Land, das Behinderte als unnütze Fresser und erbkranke Gefährdung zukünftiger Generationen mit allgemeiner Billigung zu Hunderttausenden auf barbarische Weise umgebracht hat. Ärzte, auch Nervenärzte, haben sich dem nicht entgegengestellt, sondern waren häufig intellektuelle Wegbereiter und Helfershelfer. Trotz einer vorsichtigen offiziellen Reue ist das Gedankengut in der Bevölkerung noch latent vorhanden.

In der Medizin wird der Begriff „Behinderung" im Gegensatz zu dem Begriff der Krankheit als *statisches* Phänomen gesehen, demgegenüber die Krankheit eher dynamisch und prozeßhaft ablaufen soll. Dieses hat vor allem praktische Gründe, da die eine Störung überwiegend *behandelt* wird, während bei der anderen die *Versorgung* im Vordergrund steht.

Es gibt jedoch viele Ausnahmen von dieser Regel: So entwickelt ein Spastiker Kontrakturen seiner Muskulatur, ein an einer Osteogenesis imperfecta (Glasknochenkrankheit) Leidender Deformationen seines Skeletts, ein Schizophrener mit häufigen akuten Schüben ein „Residualsyndrom".

Trotzdem hat diese Trennung von Krankheit und Behinderung unser Bild der Behinderten und auch deren Selbstverständnis geprägt. Dieses zeigt sich zum Beispiel darin, daß mehr Kranke als Behinderte Selbsthilfegruppen gründen – es gibt Selbsthilfegruppen für Multiple Sklerose, Morbus Bechterew, Skoliose, Epilepsie, Morbus Parkinson, Mukoviszidose, während es bei Behinderten – vielleicht abgesehen von der Sondergruppe der Kriegsversehrten – die Versorgung durch sogenannte „Einrichtungen" überwiegt.

Eine Krankheit ist ja etwas, gegen das man etwas unternehmen kann, trotz der man aktiv sein kann, während eine Behinderung eher dazu verleitet, sich versorgen zu lassen. Dieses Spiel spielt sicherlich auch die Gesellschaft. Um Konflikte zu bereinigen oder gar nicht erst entstehen zu lassen und um das soziale Gewissen zu beruhigen, hat sie Spezialisten herangebildet, die regulieren, managen und eben „versorgen". Das „kustodiale Prinzip" ist ein gravierender Faktor einer „Behindertenkarriere". Unter dem Deckmantel der Mitmenschlichkeit, des Beschützenwollens, führt es viel zu häufig zu sozialer Entmündigung und Ghettoisierung. Ein derart „Verwalteter" wird auch heute noch selten rehabilitiert, sondern gleichsam entmündigt. Über Jahrzehnte bestand die extreme Situation, daß körperlich Behinderte mit normalen intellektuellen Fähigkeiten zusammen mit Schwachsinnigen untergebracht wurden, nicht selten auch in Altenpflegeheimen, wo sie ohne Förderung dumpf in den Tag dahindämmerten. Dies war für eine längere Zeit selten geworden. Doch wehret der beginnenden Renaissance der Triage aus fiskalischen Gründen!

Der Sozialstatus spielt bei der Einstufung als „Behinderter" eine gravierende Rolle. Es mag noch verständlich sein, daß in der Unterschicht Behinderte doppelt so stark repräsentiert sind wie in der Mittelschicht. Mit der Behinderung ist ja ein sozialer Abstieg verbunden; die Lebensführung ist neben der Genetik ein wesentlicher Faktor einer Behinderung in der nächsten Generation. Daß aber andererseits aus der Oberschicht eine Relativzahl an Behinderten gemeldet wird, die nur *ein Zehntel* der Mittelschicht beträgt, hat sicherlich Ursachen in der geringeren Registrierung. Behinderung bedeutet Stigmatisation für die Familie. Geld hilft zu entkommen.

Das Versorgungsmodell leitet über in das Separationskonzept, in dem der Behinderte in einem von der übrigen Gesellschaft abgetrennten Raum lebt. Die Motive hierfür sind sehr unterschiedlicher Art. Einerseits will man die Umgebung von dem Anblick des Behinderten entheben, das Gefühl des Verpflichtetseins ersparen. Ein früheres Argument für die „Anstaltsverwahrung" war, daß der Eindruck auf Empfindsame und Schwangere höchst bedenklich sei. Eine Begründung der Separation mag auch in dem wohlgemeinten, aber fehlgeleiteten Wunsch bestehen, den Behinderten selbst vor Kränkungen durch die Umwelt zu schützen.

Eltern entziehen die behinderten Kinder dem Blick anderer, da sie eine Minderung ihres eigenen Selbstwertes empfinden. Dies nimmt manchmal extreme Formen an. Die Außenkontakte werden reduziert, man zieht aus der bisherigen Wohngegend fort, versteckt die behinderten Kinder in Verschlägen und Ställen. Ich habe solche Verhältnisse selbst feststellen können. Eine andere mögliche Folge besteht in Überbetreuung und Verhätschelung. Diese instabile emotionale Beziehung der Eltern führt zu einer gestörten Entwicklung des Kindes, das nicht selten die Situation ausnutzt, indem es die Familie tyrannisiert.

Das längere Zeit vertretene „Normalisationskonzept" war zu euphorisch, da eine Normalisation im eigentlichen Sinne in der Regel nicht möglich ist. Die Behinderung verschwindet nicht einfach. Eine Integration hingegen ist sinnvoll und notwendig.

Wir sprechen gern von *den* Behinderten, ohne dabei daran zu denken, daß eine solch strikte Abgrenzung gegenüber der „Normalbevölkerung" künstlich ist und daß es so viele Arten von Behinderungen als Lebensvollzüge gibt. Behinderungen stehen nicht absolut für sich, sondern erlangen erst im sozialen Kontext Bedeutung. Unter günstigen Umweltbedingungen mögen manche Auffälligkeiten völlig irrelevant sein, unter anderen führen sie zu erheblichen Beeinträchtigungen und zur Fremdbestimmung.

Unser technisch-wissenschaftlicher und gesellschaftlicher „Fortschritt" führt häufig erst dazu, daß minderbegabte bis leicht schwachsinnige Mitmenschen, die früher ihre Tätigkeit als landwirtschaftliche Arbeiter völlig unproblematisch verrichteten, zu unvermittelbaren Arbeitslosen werden oder von Behindertenwerkstätten betreut werden müssen. Andererseits erzeugt er zuvor unbekannte Hilfsmöglichkeiten, so daß körperlich Behinderte wieder oder erstmals einen Beruf ausüben können.

Rehabilitation – bei den meisten Behinderten handelt es sich eigentlich nicht um eine *Re*habilitation, sondern um eine *Habilitation*, eine völlig neue Befähigung; denn sie haben keine Fähigkeiten verloren, die sie wieder erwerben müßten. Es handelt sich um das Erlernen neuer, zuvor ungewohnter Fertigkeiten. Dieses erfordert eine andere Vorgehensweise, als wollte man jemand *wieder*eingliedern, der früher bereits soziale und berufliche Kompetenzen besaß.

Rehabilitation *wozu*? Arbeit heißt heute auch und insbesondere für Behinderte abhängige, fremdbestimmte, zumeist industrielle Tätigkeit ohne die Möglichkeit, den ganzen Produktionsprozeß und damit die Sinnhaftigkeit der eigenen Anteile daran zu erkennen. Viele disziplinarische Schwierigkeiten in den Werkstätten rühren daher. Diese bedürfen professioneller Vorbeugung und Intervention.

Als Sachverständiger wie auch als behandelnder Arzt sehe ich zahlreiche Menschen, deren Fähigkeiten nicht ausreichen, sich in unserer immer komplexer werdenden Gesellschaft zu orientieren und die für sie richtigen Entscheidungen zu treffen. Nicht immer kommt ein Auftrag vom Amtsgericht. Nicht selten fragen die Angehörigen, aber auch Freunde nach. Häufig sieht man als Behandelnder die Konflikte. Kein Fall gleicht dem anderen.

Betreuung als Kompensation für persönliche psychosoziale Defizite wird vielfach noch mit der älteren Vormundschaft oder Pflegschaft verwechselt. Der Unterschied aber liegt im Prinzip: Dort war der Zwang zum Sich-Fügen gegenüber der Gesellschaft, hier ist die Möglichkeit einer Hilfestellung im Problemfall. Dort war kustodiales Denken, hier ist Kompensation von Defiziten, die Freiheiten beläßt und ausbauen hilft. Die Aufgabe des Gutachters im Betreuungsverfahren ist, die Defizite wie auch die Kompetenzen und Entwicklungsmöglichkeiten zu erkennen und dem Gericht die Fakten als Entscheidungshilfe darzustellen.

Selbst- oder Fremdbestimmung

Ein breiter und kräftiger Mann lächelt mich an und schließt sofort Freundschaft mit mir. Er hat von seinen Eltern einen kleinen Hof geerbt. Im Normalfall reichte dieser Hof weder zum Leben noch zum Sterben. Für ihn ist es die allein denkbare Existenzmöglichkeit. Er ist geistig behindert.

Er hat die Sonderschule besucht und danach mit dem Vater auf dem Hof gearbeitet. Er hat gelernt, das Vieh zu versorgen, die Maschinen zu bedienen, die verschiedenen, jahreszeitlich bedingten Aufgaben auf einem Bauernhof zu planen und zu erledigen. Hätte er diese Aufgaben nicht, würde er in einer Werkstatt für Behinderte arbeiten müssen. Ich glaube nicht, daß er sich dort so frei und ausgeglichen fühlte.

Bei den finanziellen Belangen und den Behördengängen steht ihm seine ältere Schwester zur Seite. Eine Betreuung ist nicht nötig. Er ist sein eigener Herr. So antiquiert der Begriff scheint: Er lebt ein Leben in Würde.

Kompetenzgerangel

Kathy stammt aus einer „broken-home"-Situation. Beide Eltern waren Alkoholiker. Sie ist schon früh in ein Kinderheim gekommen, hat wegen ihrer ausgeprägten Verhaltensstörungen zahlreiche Kliniksaufenthalte hinter sich und hat ständig die Heime gewechselt. Keines hat sie wieder aufnehmen wollen.

Kathy ist grobknochig und dick, hat strackes schwarzes Haar, das ihr wild ins Gesicht hängt, ein breites, grobes Gesicht, kleine, im Wangenfett verschwindende Augen, eine flache, gebrochene Nase, eine Narbe auf der Oberlippe, spricht mit lauter, tiefer und wenig artikulierter Stimme, lispelt ein wenig. Sie sieht ihr Gegenüber mißtrauisch abschätzend, mit einem flackernden Blick an, provoziert sofort beim ersten Kontakt. Sie hält auch später bewußt Regeln und Absprachen nicht ein, um die Verläßlichkeit von Beziehungen zu prüfen, und überschreitet dabei die Grenzen der Toleranz der anderen. Dabei ist sie selbst rasch gekränkt, reagiert erregt und wird gewalttätig, trinkt und randaliert.

Kathy hat seit Jahren einen Vormund, einen Akademiker, der sie eine Zeitlang in seiner Familie aufgenommen hat, allerdings ihr Verhalten auch nicht länger aushalten konnte. Dieser Mann ist sicherlich engagiert. Er meint, vieles besser zu wissen als die Fachidioten, und stellt vieles in Frage, das nicht von ihm selbst kommt.

Kathy leidet unter einem hohen Blutdruck. Ihr Elektroenzephalogramm zeigt diffuse, allgemeine Hirnfunktionsstörungen. Sie hat eine Fettleber und ein Gallensteinleiden mit häufigen Koliken. Ich stelle die Indikation zu einer Gallenblasenoperation. Der Vormund verweigert die Behandlung. Ich weise sie zu einer Behandlung des Blutdrucks ein, der Vormund verhindert die Aufnahme. Kathy droht wegen ihres Verhaltens die Entlassung aus der Einrichtung – ein weiterer Mißerfolg, den sie zu verbuchen hätte, eine weitere Ablehnung ihrer Person, die sie in ihrem Konzept bestätigt: Man mag mich nicht. Ich nutze die Situation eines Trunkenheitsdelikts, sie zur stationären Behandlung auf eine Therapiestation für verhaltensgestörte geistig Behinderte einzuweisen, was Kathy akzeptiert, nicht aber der Vormund. Er reagiert einfach nicht, schickt aber sechs Wochen später einen ellenlangen Fragebogen. Inzwischen hat sie es sich anders überlegt.

Drei Monate später stelle ich fest, daß Kathy an einer Schlafapnoe leidet, die möglicherweise den Hochdruck mitbedingt hat. Ein weiteres Vierteljahr später stirbt sie während eines Krankenhausaufenthaltes im Alter von einunddreißig Jahren an einem Schlaganfall.

Erziehungsmaßnahmen

Ein junger Mann hat das Heim unerlaubterweise am Wochenende verlassen. Er hat Heimweh gehabt und seinen Heimatort aufgesucht, fünfzig Kilometer entfernt. Nach Jahren hat er seine Mutter wiedergesehen. Sie hat ihm sofort die Tür gewiesen: „Dich will ich nicht mehr sehen." Vor acht Jahren hat er tatsächlich als Herumtreiber und Zündler die Familie unmöglich gemacht. Sie kann ihm das nicht verzeihen.

Als er enttäuscht zurückkehrt, erhält er auch hier nur Standpauken. Am nächsten Montagmorgen soll er mir wegen seiner Disziplinlosigkeit „vorgeführt" werden. Als er sich weigert, wird ihm mit Sanktionen gedroht. Schließlich erklärt er sich bereit.

Wir unterhalten uns unter vier Augen und in Ruhe über seine Situation. Er möchte in ein Übergangswohnheim in seinem Ort ziehen. Er hat sich umgetan. Plätze sind vorhanden. Seit Jahren sieht er hier, wo er ist, kein Fortkommen. Seine Arbeit in der Werkstatt erkennt er nicht als Rehabilitation, sondern als Fortschreibung des Status quo. Ich bin mir nicht sicher, ob er nicht recht hat.

Als er in das Heim zurückkehren will, wird ihm am Telefon gesagt, daß er nicht abgeholt werde, auch wenn man ihn gebracht habe, auch wenn er kein Geld bei sich habe, auch wenn er acht Kilometer laufen müsse. Er habe die Situation selbst zu verantworten.

Festhalten

Viele Eltern haben Schwierigkeiten, ihre behinderten Kinder rechtzeitig abzugeben. Es ist erfahrungsgemäß besser, sie in der Zeit der Eingewöhnung zu begleiten, als sie in den letzten eigenen Jahren, in denen die Kraft nachläßt oder der Unmut steigt, als Notfall in ein beliebiges, gerade verfügbares Heim zu schicken, das den Erwartungen und Bedürfnissen beider Seiten nicht entsprechen kann. Man tut seinen behinderten Familienangehörigen keinen guten Dienst, indem man sie solange als irgend möglich bei sich hält. Sie können so nur schwer eine Gemeinschaftsfähigkeit entwickeln.

Anja ist schwer geistig behindert. Sie kann nur einzelne Wörter sprechen. Sie hat ausgeprägte autistische Züge. Ein emotionaler Kontakt ist kaum herzustellen Sie ist ständig unruhig, läuft umher und faßt alles und jeden an. Mehrmals ist sie wegen ihrer Umtriebigkeit im Krankenhaus gewesen. Ich spreche häufig mit der Mutter über dieses Thema. Ich biete ihr an, mit dem Leiter eines Heimes wegen einer Vorstellung zu sprechen. Ich arbeite mit ihm schon seit vielen Jahren zusammen. Die Mutter leidet an einer Herzinsuffizienz, bekommt nur schwer Luft und wird zunehmend hinfälliger. Trotzdem lehnt sie immer wieder alle Hilfen ab.

Eines Tages bittet sie mich dringend, mein Angebot zu realisieren. Anja erhält einen Aufnahmetermin in einem knappen halben Jahr.

Danach sehe ich sie für viele Monate nicht mehr. Da wird sie mir von einem anderen Heim vorgestellt. Die Mutter ist bald nach unserem letzten Termin gestorben. Das Heim, in dem sie angemeldet war, hat nicht sofort einen Platz zur Verfügung gehabt. Anjas Unruhe ist stärker denn je zuvor. Sie läuft die Treppen in der Einrichtung pausenlos hoch und wieder hinunter, schreit unvermittelt gellend auf, schläft kaum noch und nimmt erheblich an Gewicht ab. Eine medikamentöse Behandlung ist nicht zu umgehen. Ich komme mit dem Heimleiter überein, daß Anja hier nicht ausreichend versorgt werden kann, und nehme wieder Kontakt mit dem ersten Heim auf.

Die Art der Unterbringung ist dort völlig anders. Das Heim, in dem Anja jetzt lebt, hat, obwohl gerade umgebaut, den Charakter eines Krankenhauses. Es besteht aus großen, unpersönlich wirkenden Stationen mit langen Korridoren und Mehrbettzimmern. Die Bewohner werden von weiß gekleideten Pflegepersonen versorgt. Das Haus wirkt klinisch sauber, bietet dem Auge keine Ruhe und der Seele keinen Trost. Das zeigt sich auch im dem ständigen Umherwandern der Bewohner auf den Gängen und im Treppenhaus. Es ist von seiner ganzen Anmutung ein Zwischenaufenthalt. Das andere hat ein gänzlich anderes Konzept: Es soll den Bewohnern eine Heimat bieten und deren emotionalen Bedürfnissen entgegenkommen. Es besteht daher aus kleinen Wohngruppen. Es hat kleine, heimelige Einzelzimmer in warmen Farben und mit vorwiegend natürlichen Materialien, nur kurze Gänge, die optisch und funktionell immer wieder unterbrochen werden, schöne Aufenthaltsräume und viele Möglichkeiten, sich zu betätigen.

Es dauert einige Zeit, bis ein Platz für Anja frei geworden ist und sie verlegt werden kann. Inzwischen hat sie sich gut eingelebt. Medikamente sind nicht mehr nötig.

Vollkasko

„Herr Doktor, ich brauche eine Bescheinigung für das Gericht, daß ich geistig behindert bin", sagt der junge Mann, der sonst so stolz darauf ist, was er alles kann. „Was gibt's denn?" frage ich zurück. Mir schwant etwas, und ich habe wieder einmal recht. „Ich werde angeklagt wegen Geldfälschung", sagt er. Er besitzt einen Computer und einen guten Scanner. Den hat er einem Freund ausgeliehen. Der wieder besitzt einen guten Drucker und einen Tausendmarkschein. „Wir haben viel probiert, bis es geklappt hat. Zuletzt haben wir Vorder- und Rückseite getrennt gedruckt und dann zusammengeklebt. Ich habe einige Scheinchen bei meinem Freund mitgehen lassen. In ... hat die Bankangestellte das nicht gemerkt. Jetzt bestreitet sie das. Beim zweiten Mal in ... haben sie mich erwischt. Die waren schlauer."

Es ist ihm nicht begreiflich zu machen, daß verminderte Schuldfähigkeit durch eingeschränkte Einsichts- und Steuerungsfähigkeit zivilrechtliche Einschränkungen nach sich ziehen könnte: eine verminderte Geschäftsfähigkeit. Er weiß, was er tut. Juristisch ist er schuldfähig. Zu seinem Leidwesen.

Heiraten

„Ich will sie heiraten", sagt er. Seit Monaten bedrängt der behinderte Mann eine Mitbewohnerin des Behindertenwohnheims. Sie möchte nichts mit ihm zu tun haben, kann sich ihm gegenüber aber nicht durchsetzen. Er redet ständig auf sie ein. Sie ist verwirrt und verzweifelt.

Als die Mitarbeiter des Heims die Kontakte unterbinden, reagiert er unwirsch. Er ist sehr reizbar, wird unvermittelt zornig und spricht in der Stadt junge Frauen an. Er will sie heiraten. Als er vermahnt wird, wütet er in seinem Zimmer, tritt gegen die Schränke, zerstört Stühle und wirft seine Stereoanlage aus dem Fenster. Am nächsten Morgen geht er nicht mehr zu seiner Arbeit. Er bleibt lange im Bett und verschwindet am späten Nachmittag in der Kneipe. Von nun an weigert er sich, morgens das Bett zu verlassen, und trinkt sich jeden Abend etwas an. Der Arbeitgeber kündigt den Behindertenarbeitsplatz.

Als sich sein Zustand nach achtzehn Monaten immer noch nicht gebessert hat, wird er im Alter von zweiundvierzig Jahren berentet. Er hat mehr als fünfzehn Jahre außerhalb einer Einrichtung gearbeitet. Sein Wunsch nach mehr Normalität ist an eben dieser gescheitert.

Zähne zusammen und durch

Jutta ist so zornig, daß sie sich nicht mehr zu helfen weiß. Sie springt aus dem Besprechungsraum des Heims auf den Flur, nimmt einen kurzen heftigen Anlauf und zertritt gezielt die Türscheibe. Dann läuft sie aus dem Haus, nicht ohne gegen meinen Wagen zu treten, und verschwindet in der Dunkelheit.

Wenn Jutta meint, daß man ihr nicht gut gesonnen ist, sieht sie rot wie Charles Bronson. Häufig versteht sie einfach die Situation nicht oder deutet die Absichten der anderen falsch. Sie macht sich dann völlig zu, so daß keiner mehr zu ihr durchdringen und die Mißverständnisse beseitigen kann.

Sie hat nur kurz die Grundschule besucht. Nach einem Jahr wurde sie wegen einer geistigen Behinderung und schwerer Verhaltensstörungen ausgeschult. Mit zehn Jahren kam sie zusammen mit ihrer Schwester in ein Kinderheim und wurde zwei Jahre später auf eine Sonderschule für geistig Behinderte eingeschult. Mit sechzehn Jahren wurde sie aus der Schule entlassen, weil sie selber alles darauf anlegte.

Mit dreiundzwanzig Jahren wechselte sie in ein Wohnheim für Behinderte an meinem Praxisort. In die Werkstatt für Behinderte konnte sie sich nicht einfügen. Ständig hatte sie irgendwelche Händel, geriet sie in unmäßige Wut, zerschlug Gegenstände, lief weg. Nach drei Monaten wurde sie entlassen. Danach arbeitete sie als Küchenhilfe im Heim.

Plötzlich meldet sie sich in der Volkshochschule an, um ihren Hauptschulabschluß nachzuholen. Ihre Lernstörungen verhindern rasche Anfangserfolge. Sie registriert ihre Defizite als massive Kränkung. Darunter leiden Geschirr, Fenster, Türen und mein Auto. Die Lehrer rufen mich mehrmals an. Ich kann und will aber nicht verhindern, daß sie die Schule besucht. Das Wunder geschieht: Mit etwas Nachhilfe gelingt es ihr. Sie erreicht den Hauptschulabschluß. Bald darauf bekommt sie einen Praktikumsplatz als Stationshilfe in einem Altersheim und wird im Jahr darauf übernommen.

Als die Heimleitung der Meinung ist, daß ihre lebenspraktischen Fähigkeiten ausreichen, wird sie aus dem Heim ausgegliedert und erhält einen Platz in einer Wohngruppe. Sie sträubt sich dagegen, weil sie sich hinausgeworfen und alleingelassen fühlt. Bis heute opponiert sie gegen die Entlassung und versucht jetzt, in einem anderen Heim aufgenommen zu werden.

Auch ihre Betreuung will sie auf keinen Fall aufgeben, weil sie das Gefühl hat, sonst völlig verlassen zu sein, auch wenn sie versteht, daß ihr zahlreiche andere Hilfen zur Verfügung stehen.

Jutta ist emotional tief gestört. Sie besitzt wenig Autonomie und hat ein hohes, von ihrer Umwelt kaum zu befriedigendes Bedürfnis nach Zuwendung. Sie neigt dazu, sich an Personen zu klammern, die ihr emotionale Wärme geben. Schon wenn sie nur vermutet, daß man ihr die Zuwendung versagt, reagiert sie fast wahnhaft, erregt sich maßlos und reagiert völlig ungesteuert. Dann beschädigt sie Gegenstände, die den Personen gehören, von denen sie sich verlassen fühlt, gefährdet sich bewußt selber, indem sie Stoffe einnimmt, die ihrer Meinung nach giftig sind, im Straßenverkehr entgegen der Fahrtrichtung fährt und sich auf Brücken und Staumauerkronen stellt.

Als positive Seite ihrer Starrheit besitzt Jutta eine extreme Zähigkeit und Ausdauer, wenn sie ihre Ziele einmal erkannt hat.

Jutta betätigt sich als „Berufsbehinderte". Ich höre ihre Kommentare in Rundfunkreportagen. Kaum eine Fernsehshow, wo Jutta nicht irgendwann auf den vordersten Zuschauerbänken saß, kaum ein Moderator, mit dem sie nicht auf Großphotos zu sehen ist. Viele Stars ließen sich mit ihr ablichten. Ihr Zimmer ist Galerie und Personality-Show.

Sie gerät in ihrer Erregung auch in dissoziative („hysterische") Trancezustände. Sie nennt sie „Aussetzer". Es sind plötzliche anfallsartige Zustände, in denen sie nicht ansprechbar ist und ungezielte Bewegungen macht. Man könnte an eine psychomotorische Epilepsie denken, wären nicht bislang sämtliche EEGs – auch während mehrerer Anfälle – unauffällig gewesen. Sie ist deswegen verschiedentlich notfallmäßig im Krankenhaus aufgenommen und untersucht worden, ohne daß man schlauer geworden wäre. Schon vor Jahren hat sie von mir mehrfach versuchsweise Antiepileptika erhalten – erfolglos. Lange hat sie die Medikamente allerdings nie eingenommen. Ich wollte sie in einer Spezialklinik vorstellen, um die Frage zusätzlicher „echter" Anfälle zu klären. Bislang hat sie die Aufnahmetermine stets hintertrieben.

Eines Tages kommt sie völlig verzweifelt zu mir. Ihre Zähne sind kariös. Der Zahnarzt verlangt kategorisch, daß sie sich einem neurologischen Fachkollegen vorstellt, um ein Elektroenzephalogramm anfertigen zu lassen. Ohne EEG bei diesem Kollegen erfolge keine Zahnsanierung. Ich habe schon einige Monate zuvor mit dem Zahnarzt gesprochen und ihm die Situation erklärt, daß es sich vorwiegend um psychogene Anfälle handelt, eine Epilepsie sehr fraglich ist und daß sie die ihr verordneten Medikamente bisher nur selten genommen hat. Mir ist nicht klar, warum er diesen Weg wählt. Sie wird untersucht. Sie erhält wieder einmal ein Rezept, das sie zwar einlöst, nicht aber befolgt. Nun wird sie zahnärztlich behandelt. „Die Welt will betrogen sein", sagt sie.

Landleben

Ich soll mich kümmern. Der Chef der psychiatrischen Klinik unseres Krankenhauses bittet mich dringend darum. Ich sage ja, weil ich mich gern einmische. Vielleicht sage ich zu häufig ja. Eine ganze Familie muß dringend psychiatrisch betreut werden. Weit draußen auf dem Lande wohnen sie, am Rand des Dorfes, in einem alten Bauernhaus.

Es ist drei Uhr nachmittags. Ich klingele an der Wohnungstür. Ich bin angemeldet. Das Haus bleibt still. Kein Laut dringt heraus. Ich versuche mehrfach, mich bemerkbar zu machen. Nach zwanzig Minuten Klingeln, Klopfen, Rufen, Steinchenwerfen und Warten höre ich eine rauchtiefe, leicht verwaschene Männerstimme rufen, eine etwas meckernde Frauenstimme antworten. Dann ein lautes Poltern, und ein ungepflegter, stämmiger Dreißigjähriger steht in Unterhemd und ausgebeulter, schmutzstarrender Hose mit Hosenträgern vor mir. Hinter ihm schlurft eine ältere Frau, seine Mutter.

Ich werde hineingebeten. Das Haus ist dunkel, die Luft verräuchert, es riecht nach Schimmel, Essen, Zigaretten, Alkohol und Schweiß.

Die Fünfzigjährige leidet an einer schizophrenen Psychose. Sie ist gerade aus dem Krankenhaus entlassen worden. Sie ist klein, mager, ausgetrocknet, blaß. Ihr Gesicht ist zerfurcht, die Haare sind grau und verfilzt, die Finger vom Zigarettenteer dunkelbraun. Die Kleidung ist wie die ganze Frau braun-grau. Der Älteste, der flinkste der drei der Söhne, grenzbegabt und Alkoholiker, ist der rechte Arm der Mutter, der widerspruchslos alle Anordnungen ausführt und die beiden „Jungs" zur Disziplin anhält. Er ist seit Jahren arbeitslos. Die beiden anderen sind nie erwerbstätig gewesen. Dafür hat es nicht gereicht – beiden merkt man den Schwachsinn sofort an; Mimik und Gebärden zeigen ihn, bevor sie zu sprechen anfangen. Alle sitzen rauchend und Bier trinkend zumeist in einem abgedunkelten kleinen Raum um den Fernseher herum, wobei sie sich lautstark unterhalten und darüber kaum etwas anderes noch wahrnehmen. Der Blecheimer faßt die Zigarettenasche kaum noch. Wenn sie sich nicht hier aufhalten, liegen sie zu dritt oder viert in dem großen Bett der Mutter. Die von langen wasserlosen Zeiten ockerbraune Bettwäsche hat zahlreiche Brandlöcher wie auch der Bettvorleger, der von einer grauen Ascheschicht überpudert ist.

Ihr Mann ist vor Jahren auf irgendeine Weise einfach verschwunden. Die Umstände sind nicht bekannt. Er hatte häufig schwere Streitigkeiten mit seinem Vater gehabt, dem Eigentümer des Hofes. Dieser soll ein Sonderling gewesen sein, geizig und häufig übellaunig. Eines Tages fand man ihn tot auf; er hatte E 605, ein Insektengift, eingenommen. Die Familie besteht seither nur noch aus den Vieren. Kontakte zur Verwandtschaft oder zum Dorf bestehen nicht.

Die Frau läuft mit langen Stechschritten immer um den Küchentisch herum und läßt sich dabei nicht aufhalten: eine Tasikinese, eine Nebenwirkung der Neuroleptika. Nachdem ich die Zusammenstellung und die Dosis der Medikamente verändere, legt sich die Störung innerhalb einiger Tage.

Freudig erregt erzählt der Älteste, daß die Familie wieder zu etwas Geld gekommen sei. Man habe etwas Land im Dorf verkauft. Es sei sowieso nur eine feuchte Wiese an der Dorfstraße gewesen. Fünf Mark habe man für den Quadratmeter erhalten. Er ist ganz stolz ob seiner Verhandlungskünste. Ein Lehrer will dort sein Haus bauen. Der ortsübliche Preis für *unerschlossenes Bauland* liegt zwischen sechzig und achtzig Mark! Man hat die vier über den Tisch gezogen und ihnen den Preis für Ackerland bezahlt.

Ich nehme mit dem Jugendamt Kontakt auf. Für den zweiten Sohn besteht schon eine Vormundschaft. Der Vormund ist wie ich der Meinung, daß die anderen Familienmitglieder ebenfalls nicht geschäftsfähig sind. Ich bestätige dem Gericht, daß die Geschäftsunfähigkeit aller schon vor dem Verkauf bestanden habe. Trotzdem sieht das Amtsgericht das Geschäft für rechtsgültig an. Mir will dieses Recht nicht recht einleuchten.

Leimruten

Für unsere Vorfahren war der Begriff „Sucht" viel breiter als für uns. Er bedeutete Krankheit schlechthin. Heute erinnern uns daran noch deutsche Wörter wie Fallsucht, Wassersucht, „sick" im Englischen, „ziek" im Niederländischen und „sjuk" im Schwedischen. In der deutschen Sprache hat sich „Sucht" auf gewisse Störungen der Impulskontrolle und auf Substanzmißbrauch mit Abhängigkeit eingeengt.

Suchtverhalten ist etwas allgemein Menschliches. Im engeren, medizinischen Sinn handelt es sich um ein fortgesetztes schädliches Verhalten ohne Rücksicht auf gesundheitliche oder soziale Probleme, den Konsum von Rausch- oder Schmerzmitteln, abnormes Eßverhalten, exzessives Spielen oder andere exzessiv ausgeführte Handlungen und Aktivitäten, von denen man nicht mehr lassen kann und will.

Suchtbehandlung in der ärztlichen, auch der nervenärztlichen Praxis, ist nicht einfach. Abgesehen davon, daß es schwierig ist, zu Substanzabhängigen eine tragfähige Beziehung aufzubauen, daß Alkoholiker dem Augenblick leben und darüber alles vergessen, Raucher ein gewisses elitäres Bewußtsein haben und gut verdrängen können, Eßgestörte engmaschiger kontrolliert werden müßten, als dies machbar ist, fordert die Arbeit mit Abhängigen eine stabile Persönlichkeit, das richtige Verhältnis von Nähe und Distanz, Flexibilität und Stringenz. Sie bedeutet einen großen Aufwand, den nicht jeder zu erbringen bereit ist. Ein Arzt sollte sich darüber im Klaren sein, daß die eigene Praxis sich verändert, daß nun ein Klientel in größeren Zahlen kommt. Vor allem Drogenabhängige stellen ein Problem dar, da sie eine Praxis okkupieren und den gutwilligen Inhaber erpreßbar machen können.

Wichtig ist mir eine gute Zusammenarbeit mit Spezialambulanzen und Beratungsstellen. Sie sind keine Konkurrenz für die Niedergelassenen, sondern eine Entlastung.

Papa is leech

Nachts im Krankenhaus, innere Klinik. Ein Siebzigjähriger liegt in seinem Bett, breit, wie Gott ihn schuf – nein, er selbst sich umgestaltete. Er liegt auf einem Netz, das Netz liegt auf dem Laken; an dessen beiden Seiten sich Schlaufen befinden, durch die Aluminiumrohre laufen; diese sind mit vier Seilen an einem Bettgalgen aufgehängt. Nur so kann man ihn säubern.

Er liegt auf dem Bett dahingegossen, satte einhundertsiebzig Kilogramm, reglos, schweigsam, etwas bläulich. Er schnarcht, gelegentlich hört man ihn leise stöhnen. Er hat Hunger. Man gibt ihm nichts.

Vor einigen Monaten hat man ihn nach einer erfolgreichen Gewichtsreduktion nach Hause entlassen. Seine Herzinsuffizienz machte keine Schwierigkeiten mehr, als er nur noch einhundertzehn Kilogramm wog. Die Kinder schlugen die Hände über dem Kopf zusammen. „Wat is die Papa doch so leech", hieß es im Familienkreis; und man entschloß sich, Abhilfe zu schaffen. Die schmeckte!

Bald schlief er wieder, wo er saß und stand, bekam keine Luft mehr und fiel einfach um. Er kam das zweite Mal innerhalb kurzer Zeit ins Krankenhaus.

In dieser Nacht starb er. Kurze Zeit zuvor hatte ich ihn noch lebend gesehen. Er hatte einfach aufgehört zu atmen.

Strich in der Landschaft

Die junge Frau wird von ihrer Freundin gebracht. So ist von ihr überredet worden, doch endlich einen Arzt aufzusuchen. Sie sieht jammervoll aus. Das Gesicht ist eingefallen, die Haut trocken und schuppig, das Haar glanzlos, die Brust flach, der Bauch eingefallen. Die Ärmchen und die Beine sind dürr und ohne Muskulatur, die Oberschenkel stehen auseinander. Kaum daß der Schlotterpullover mit dem großen Rollkragen ihre Gestalt verdeckt. Sie ist mittelgroß, etwa einen Meter siebzig. Neunundzwanzig Kilogramm zeigt die Waage. Es besteht Lebensgefahr. Die Periode ist schon vor einem Jahr ausgeblieben. Die Schulleistungen sind rapide gesunken. Sie steht kurz vor ihrem Abitur. Sie schaut mich aus tief in ihren Höhlen liegenden, traurigen Augen an.

Sie hat keinen Willen mehr. Apathisch sitzt sie vor mir. Eins allerdings will sie auf keinen Fall: essen, um an Gewicht zuzunehmen. Mehr an Gewicht ist ihr ein Grauen.

Eine ambulante Behandlung wäre bei diesem Untergewicht ein Kunstfehler. Ich spreche eindringlich mit ihr über die Problematik. Sie wehrt ab. Ihr Gewicht und ihr Aussehen sind ihr normal. Ein Kliniksaufenthalt kommt für sie nicht in Betracht. Ich verabrede mit ihr einen kurzfristigen weiteren Vorstellungstermin.

Am Nachmittag versuche ich, die Eltern zu erreichen. Ich bin erstaunt, wie der Vater abwiegelt. Meine Diagnose einer Anorexia nervosa, einer Magersucht, hält der Grundschulrektor für abwegig. Ich höre seine Frau im Hintergrund lautstark kommentieren. Untergewichtig – ja, aber psychisch gestört? Es kann nicht sein, was nicht sein darf.

Als die junge Frau ihren Termin nicht einhält, informiere ich den Hausarzt, der sie schon lange nicht mehr gesehen hat. Einige Wochen darauf wird sie wegen eines Kollapszustandes stationär aufgenommen. Nach wenigen Tagen auf der Intensivstation veranlassen die Kollegen eine Zwangseinweisung in das zuständige psychiatrische Krankenhaus.

Erwischt werden wollen

Stehlen dient keineswegs immer der Bereicherung. Stehlen kann ein Sport sein. Für viele Jugendliche ist dies eine Geschicklichkeitsübung und keinesfalls Krankheit. Dennoch: es gibt pathologisches Stehlen wirklich.

Die siebzigjährige Frau druckst herum, es ist ihr offensichtlich peinlich: „Ich bin schon wieder erwischt worden, Herr Doktor." Sie hat inzwischen Hausverbot bei der Einzelhandelskette, deren Ladengeschäft in nächster Nähe liegt. Die Nachbarn tuscheln über sie, weil sie selbst zum Einkauf der einfachsten Dinge den Bus in dic Stadt nehmen muß. In einem Geschäft hat man sie eine illegale „Fangprämie" von zweihundert Mark zahlen lassen und ihr dafür zugesichert, von einer Anzeige abzusehen.

Sie weiß nicht, warum sie zugreift. Es sind Kleinigkeiten, die sie mitnimmt, Dinge, mit denen sie häufig nichts anfangen kann: Kaugummi (der würde ihre Prothese zusammenkleben), Zigarettenpackungen und Feuerzeuge (sie ist Nichtraucherin), Babyrasseln (sie hat weder Kinder noch Nichten und Neffen), Modeschmuck (sie trägt nie dergleichen).

Sie packt alles mechanisch, ohne Nachdenken, in ihre Handtasche, so scheint es ihr. Der Rauschzustand, über den andere Patienten berichten, fehlt ihr. An der Kasse „weiß" sie nicht mehr von den verborgenen Dingen. Die Kassiererin weiß aber schon lange, was die Tasche enthält. Die Bestrafung hat sie in die Handlung schon „eingebaut".

Ihr Leben ist seit vielen Jahren ohne jegliche Freude. Ihre Ehe steht nur noch auf dem Papier. Er geht seine eigenen Wege. In ihrem eigenen Hause ist sie Haushälterin und Putzfrau ohne einen Lohn, ohne ein „Danke".

Die Rache ist mein

Klein und schmächtig versinkt er förmlich vor den Gerichtsschranken, stottert und weiß so recht nichts zu sagen zu den Anschuldigungen. Er wirkt wie ein Sechzehnjähriger, obwohl er schon zwanzig Jahre alt ist.

Aller guten Dinge sind sieben; das letzte war die Dorfkapelle. Danach hatte man ihn. Die Karriere hatte einundzwanzig Monate gedauert. Zuerst brannte ein Kiosk, dann eine Gartenlaube, eine Baubude, ein Bauwagen, ein Radlader ... schließlich die Kapelle.

Der Vater war verschwunden, als er vier Jahre alt war. Der Stiefvater konnte mit ihm nichts anfangen, die Stiefgroßmutter lehnte ihn offen ab.

In der Pubertät wurde er schwierig. Seine Schulzeugnisse wurden immer schlechter, er verweigerte die Mitarbeit im Unterricht. Hier schoß er einmal eine Scheibe ein, dort stahl er dem Vater recht große Summen Geld, „baute" allerhand „Mist", so daß das Verhältnis zu seinem Stiefvater einer Eiszeit gleichkam. Die Mutter steckte ihm hier ein-, dort zweihundert Mark zu, um ihn zu beschwichtigen, obwohl sie als einfache Arbeiterin selbst nicht viel besaß. Nacheinander konnte er sich mehrere Fahrräder und fünf Mopeds leisten und besaß rasch ein Motorrad. Er rauchte früh und fing bald an zu trinken – wie die meisten seiner Clique, mit denen er über die Dörfer fuhr. Er trank schließlich im Betrieb und wurde „gefeuert". Er erhielt noch weitere Kündigungen und war schließlich arbeitslos. Er hatte Kneipenschulden, verlor seine Freundin und isolierte sich zunehmend auch innerhalb seiner Gruppe.

Das Urteil des Gerichts ist gnädig: eine Jugendstrafe wegen seines mangelnden geistigen und sittlichen Reifezustands zur Zeit der verschiedenen Taten. Er wird allerdings in seinem Leben nie mehr finanziell unabhängig sein. Die Schäden überschreiten die Millionengrenze.

Anfälle

Der junge Mann wird mit dem Verdacht auf ein Anfallsleiden geschickt. Er habe zuerst ein taubes Gefühl in den Händen gehabt, berichtet er, dann in den Füßen. Schließlich habe er nicht mehr sprechen können. Die Zunge habe sich verkrampft. Vor vier Wochen habe er einen ähnlichen Anfall und vor sechs Wochen Herzschmerzen gehabt.

Ich halte die Störung für eine Hyperventilationstetanie. „Haben Sie sich geärgert oder sonstwie aufgeregt?" frage ich ihn. Er meint, er habe sich nicht geärgert. Aber das Geld sei weg gewesen. Er habe vierhundert Mark in der Spielbank gelassen. Vor kurzem sei es eine ähnlich hohe Summe gewesen. Übrigens, nach einem Spaziergang sei die Verkrampfung verschwunden.

Er hat keinen Beruf. Er hat lediglich immer kurz in der Industrie gearbeitet und die Stellen rasch wieder verloren oder selbst aufgegeben. Der Vater, dem ich später begegne, meint, daß er immer sehr langsam und träge gewesen sei. Er gehört trotz seiner vierundzwanzig Lenze zu dem Heer der Langzeitarbeitslosen. Vor einem Jahr hat er eine Umschulung gemacht. Jetzt ist wieder Schluß damit.

Seine siebenhundert Mark Arbeitslosengeld läßt er größtenteils auf der Bank, der Spielbank.

Die rosa Pille – Einsichten

Vieles ist hier anders. Hier sind die Suchtstoffe Medikamente. Medikamente, auf die man nicht verzichten kann. Vor deren Ära hatten wir unter wenigem anderen Alkohol, Opiumtinktur, Stechapfelzubereitungen.

Noch etwas ist anders: Diese Stoffe werden verordnet, bis auf wenige Ausnahmen. Hier stellt sich die Frage nach der Ursache – nicht nur epidemiologisch, sondern sehr direkt an eine Berufsgruppe, die sich mit der Behandlung von Krankheiten befaßt, persönlich an jeden, der dazugehört. Es stellt sich die Frage nach Verstrickung, nach – Schuld.

Ich bin Arzt, ich gehöre dazu. Zu mir kommen Patienten, die Angst leiden, sie nicht nur „haben"; Menschen, die ich mit Worten häufig nicht mehr erreiche, bei denen ich nicht umhin kann, „Arznei" zu geben, Medikamente zu „verordnen", um Not zu lindern, Angst, die vielleicht die Seele, vielleicht auch die Existenz vernichtet. Es sind Menschen, die in sich gefangen sind. Die vieles an Fähigkeiten verloren haben. Die dabei sind, sich zu verlieren.

Mit der Droge können sie plötzlich, über ihre kreatürliche Angst hinweg sehen, ihre Schwierigkeiten erkennen, sich mitteilen. Sie sind plötzlich „psychotherapiefähig". Sie werden lernen, ihre innere, vielleicht auch ihre äußere Welt zu verändern, und dadurch frei sein.

Der falsche Weg?

Nicht alle gehen so weit. Viele fühlen sich erleichtert. Der Alptraum ist vorbei. Wozu etwas ändern? Sich verändern? Was bin ich danach, wer bin ich überhaupt? Die Schwelle ist hoch. Mut und Intelligenz sind gefordert. Nicht jeder wagt es; nicht jeder kann es.

Kaum jemand will den Weg ins Dunkel zurück.

Bin ich derjenige, der ihn zurückstößt? Ihm außer den Steinen der Vorhaltung nichts bietet?

Oder – hindere ich ihn, eigene Erfahrungen zu machen, indem ich ihn einneble, ihm die Sicht raube, weil ich ihm Weg stehe? Ihm in ärztlicher Selbstüberhebung zum Objekt meiner Ideologie der Machbarkeit degradiere?

Schuld. Schuld?

Typisches

Er nimmt seit fünfzehn Jahren vermehrt alkoholische Getränke zu sich. Anfangs waren es kleine, später größere Mengen. Er hatte damals einen Verkehrsunfall gehabt mit einer offenen Schädel-Hirn-Verletzung. Es war dabei zu Defekten der Schädelbasis und Verletzungen des Stirnhirns gekommen mit einer Liquorfistel, durch die Nervenwasser aus dem Schädelinneren abfloß. Im Laufe der nächsten Monate entwickelte er ein generalisiertes hirnorganisches Krampfleiden. Drei Jahre später ließ sich seine Frau wegen des Alkoholkonsums von ihm scheiden, den er stets bestritt. Danach steigerte er die Trinkmengen. Es gab nur noch seltene, unregelmäßige Zeiten, in denen er abstinent war. In seinem Beruf machte er zunehmend grobe Fehler. Sein Arbeitgeber sprach nach langem Zögern schließlich die Kündigung aus.

Vor vier Jahren kam es als Folge des Alkoholmißbrauchs zu einer Porphyria cutanea tarda mit einem Lyell-Syndrom, einer schweren Stoffwechselkrankheit mit großflächigen Hautablösungen, die nicht selten zum Tode führt. Ein Jahr darauf wurde eine Leberzirrhose mit Ösophagusvarizen, Krampfadern der Speiseröhre, festgestellt. Im nächsten Jahr hatte er eine Pankreatitis, eine Bauchspeicheldrüsenentzündung, und einen Aszites (Bauchwassersucht). Zudem entdeckte man einen Diabetes mellitus und Gicht. Im vergangenen Jahr mußte er auf der Suchtabteilung des zuständigen Landeskrankenhauses behandelt werden. Nach kurzer Abstinenz trinkt er wieder. Seine Lebensgefährtin hat sich von ihm getrennt. Er lebt allein.

Auch hat er noch eine Reihe weiterer Krankheiten: einen Hochdruck, eine Fettstoffwechselstörung, einen Kropf, Schwerhörigkeit, ein Halswirbelsäulenleiden, ein immer wieder ausgerenktes rechtes Schultergelenk. Er klagt über heftige Kopfschmerzen, ist geräuschempfindlich, leidet unter Platzangst, Kribbeln in den Armen und Beinen, Rückenschmerzen mit Ausstrahlung in beide Gesäßhälften, ein Kältegefühl vor allem im linken Bein, Schwindel, Magenschmerzen, Konzentrationsstörungen, Müdigkeit, Wortfindungsstörungen, Seh- und Hörstörungen. Er ist empfindlich, nervös, leicht verletzlich und hat tausend Ausreden für seinen Alkoholkonsum.

Zuletzt verläßt er das Haus nur noch, um Alkohol zu besorgen.

Treppen

Frau M. kommt wegen Kopfschmerzen. Sie sieht viel älter aus, als sie eigentlich ist, ist untergewichtig und hat zahlreiche Äderchen im Gesicht. Mir fällt sofort die eingefallene rechte Schläfe auf. Dort ist sie schon einmal operiert worden, ohne daß der Knochendeckel wieder eingefügt wurde. Vor Jahren hat man in einer Allgemeinchirurgischen Abteilung in einer Notoperation ein subdurales Hämatom entfernt. Danach hat man mangels Masse den knöchernen Defekt nicht mehr decken können. Frau M. war seinerzeit von der Treppe ihres Hauses gestürzt. Jetzt sei dasselbe geschehen. Obwohl keine Anzeichen für Hirndruck vorliegen, lasse ich eine Computertomographie durchführen, die meine Befürchtung bestätigt. Es besteht ein Hämatom auf der Gegenseite. Um einen „Korbhenkelschnitt" (eine in der Anatomie übliche Präparationsmethode des Schädels) zu vermeiden, schicke ich sie auf dem schnellsten Weg in die nächste Neurochirurgische Klinik.

Ein Jahr später sehe ich sie wieder. Kurze Zeit nach dem letzten Unfall hat die Treppe in Zusammenarbeit mit der Flasche wieder zugeschlagen. Sie hat sich das rechte Schlüsselbein gebrochen, jetzt hat sie Schmerzen im rechten Arm. Der Knochen hat Kallus gebildet, der auf den Nervenplexus drückt. Der Frakturbereich wird von den Chirurgen reseziert und mit einer Platte versorgt. Die Verplattung kann nach einigen Monaten wieder entfernt werden.

Einige Monate später ist die Treppe wieder einmal schuld. Das Schlüsselbein muß erneut operativ versorgt werden.

Heute, fast zehn Jahre nach diesen Ereignissen und ein Vierteljahr, nachdem ich die Geschehnisse aufgeschrieben habe, ist sie plötzlich wieder da. Sie ist so mager wie damals. Jetzt hat sie Brennschmerzen in den Füßen, eine alkoholtoxische Polyneuropathie.

Sie beichtet mir, daß sie vor acht Jahren bei einem Treppensturz einen Schädelbasisbruch hatte ...

Tödliche Treppen

Treppen sind eben gefährlich. Als ich eines Morgens auf dem Weg in meine Praxis an der Wohnung eines Patienten vorbeikomme, sehe ich die Feuerwehr vor dem Haus. Er liegt kopfüber in der Kellertreppe, tot.

Ich kannte ihn einige Jahre. Mehrere Langzeitentziehungen sind gescheitert; noch an demselben Tag ist er jeweils wieder zum ALDI gegangen und hat tief in das Regal gegriffen. Gelegentlich mußte ich ihn auch mit einer schweren Alkoholvergiftung stationär einweisen. Einmal war es dazu notwendig gewesen, die Wohnungstür aufbrechen zu lassen. Kriechend war er mir entgegengekommen, über und über mit Erbrochenem bedeckt. Verordnungen und Taxi-Transportscheine hatte er stets versucht zu Geld zu machen, worauf er alles nur noch in „Naturalien" erhalten hatte.

Ein Pärchen

Ein Arbeiter des Städtischen Gartenamtes fährt mit seinem Wagen nach einem Ampelstop an. Der Wagen fängt an zu ruckeln, als seine Kollegen sehen, daß er seine Hände am Steuer verkrampft, starr nach vorn blickt und auf Anrufe nicht reagiert. Sekunden danach ist er wieder bei sich. Als an der nächsten Ampel sich das Spiel wiederholt, bringt man ihn kurzerhand in das nahegelegene Kreiskrankenhaus. Dort erkennt man die Störung als Entzugsanfall bei einem alkoholischen Prädelir.

Dieser Mann hat vor wenigen Jahren eine unserer neurologischen Krankenschwestern kennengelernt. Die beiden haben nach kurzer Zeit geheiratet.

Die Schwester ist in der letzten Zeit recht unzuverlässig in ihrer Arbeit; sie vergißt vieles, kommt häufiger nicht pünktlich zum Dienst und ist zunehmend nachlässig gekleidet. Sie wird dicker und hat ein aufgedunsenes Gesicht und jetzt fast täglich eine „Fahne". Als der Oberarzt sie zur Rede stellen will, nimmt sie mit dem großen Essenswagen Anlauf, um ihn über den Haufen zu fahren. Er rettet sich mit einem Sprung in eine offene Zimmertür davor, zerquetscht zu werden. Der Krankenschwester wird fristlos gekündigt. Auf eine Anzeige verzichtet man.

Während ihr Mann noch mit einer Schädelverletzung durch einen Sturz auf der Chirurgie liegt, wird sie wegen unerträglicher Mißempfindungen und Schmerzen in den Füßen auf der Neurologie aufgenommen. Ständig riecht sie nach Alkohol; ständig findet man neue Verstecke, in denen sie ihre „Flachmänner" verborgen hält. Ihre Phantasie scheint keine Grenzen zu haben: Die Matratze ihres Bettes hat verborgene Höhlungen. Der Spülkasten der Toilette des Nachbarzimmers ist voll mit kleinen Flaschen. In einem Flurfenster ist ein Bindfaden befestigt, der an der Außenwand des Hauses an einigen Flaschen endet. Auf dem Medikamentenschrank des Stationszimmers liegen sie vereinzelt. Im Sockel des Kleiderschrankes, in der Erde der Blumentöpfe – wohin man auch schaut, findet man Flaschen. Sie wird aus disziplinarischen Gründen nach Hause entlassen.

Der Ehemann ist zum vierten Mal stationär aufgenommen worden, jetzt mit einer Ösophagusvarizenblutung durch seine Leberzirrhose. Er überlebt das nicht mehr.

Ein Vierteljahr danach versucht eine unserer Schwestern, die trotz allem den Kontakt gehalten und sie regelmäßig besucht haben, sie zu erreichen. Nach vergeblichen Anläufen mit Hausklingel und Telefon läßt sie die Wohnung von der Polizei öffnen. Die Frau ist tot. Der Schäferhund, der immer mit im Ehebett schlief, hat sie aus Hunger angefressen.

Problematischer Milieuwechsel

Eine meiner Helferinnen ruft mich ganz aufgeregt aus dem Sprechzimmer. Auf dem Fußboden des Warteraums liegt eine mir bislang unbekannte Patientin mit allen Zeichen eines großen epileptischen Krampfanfalls. Nachdem dieser schon etwas gedauert hat, injiziere ich ihr Valium. Nach wenigen Minuten ist sie wieder ansprechbar.

Später erfahre ich von ihr, daß sie seit mehr als zwanzig Jahren wegen Angst und Unruhe Beruhigungsmittel eingenommen hat. Damals habe sie den Belastungen ihres Scheidungsverfahrens kaum noch standhalten können. Tatsächlich handelt es sich um das gleiche Medikament, das ich ihr gerade gespritzt habe.

Sie berichtet mir, daß sich ihre Unruhe anfangs recht gut gebessert habe. Die gerichtlichen Auseinandersetzungen hätten sich aber sehr hingezogen, so daß sie in dieser Zeit immer häufiger zu diesem Präparat gegriffen habe. Schließlich habe sie bemerkt, daß sie ohne dies nicht mehr zurechtgekommen sei. Sie habe ihren Hausarzt immer wieder bedrängt, das Mittel zu verschreiben, und sich auch andere Quellen gesucht, als dieser immer zögerlicher reagierte. Während der Notdienste am Wochenende, während der Nacht und auch bei Vertretungsärzten habe sie wieder und wieder nach dem Stoff verlangt und zumeist auch das Gewünschte erhalten. Schließlich habe sie einen Apotheker in der Nähe entdeckt, der ihr manchmal etwas ohne Rezept über den Tresen gereicht habe.

Nachdem die Wirkung sich ganz allmählich verringert habe, sei sie auf ein ähnlich wirkendes Medikament, Lexotanil®, ausgewichen. Auch hieran habe sie sich im Laufe der Zeit gewöhnt, so daß es immer weniger wirksam war. Schließlich habe sie zwischen neun und zehn Tabletten pro Tag (bei einer Tablette als übliche Tagesdosis) einnehmen müssen, um einen Effekt zu spüren. Jetzt sei sie umgezogen; der neue Hausarzt habe nach der Erstverschreibung so rasch nicht wieder zum Rezeptblock greifen mögen und sie an mich als Psychiater verwiesen.

Ich muß die Patientin in das zuständige Krankenhaus einweisen, da die Gefahr eines erneuten Entzugsanfalls besteht. Der tritt auch prompt bei der Einlieferung in die Klinik auf. Im Entlassungsbericht teilen mir die Kollegen später mit, daß die Patientin keine Einsicht in ihre Abhängigkeitsproblematik habe und therapieunwillig sei. Ich habe sie nie wiedergesehen.

Markentreue

„Ruppis" (Rohypnol® der Firma Roche) will er haben, nur die. Keinesfalls das billige Zeug der Nachahmer, kein Flunitrazepam, von wem auch immer.

Das Markenbewußtsein macht Sinn, wenn man Zwischenhändler ist.

Verweigerte Hilfeleistung

Herr H. ruft mich an. Seine Stimme klingt verwaschen. Ich soll ihm ein Rezept über „Ruppis" und „Remmis" (Remedacen®, ein Codein-Präparat) ausstellen. Falls ich seinem Wunsch nicht nachkomme, müsse er in die nächste Großstadt fahren, um sich den Stoff auf der dortigen Szene zu besorgen. Wenn er unterwegs einen Unfall erleide, sei ich schuld. Er werde mich dann wegen verweigerter Hilfeleistung anzeigen.

Mundraub

Ein Apotheker ruft mich an. Ob ich neuerdings einen Assistenten in meiner Praxis beschäftige. Er habe da ein Rezept über Rohypnol erhalten, das nicht meine Unterschrift trage. Ich lasse mir das Rezept bringen. Weder Patientenname noch Unterschrift stimmen. Anscheinend haben die Helferinnen einige Rezeptformulare zu schlecht verborgen, so daß sie in einem unbeobachteten Augenblick entwendet werden konnten. Nur *ein* Patient konnte dafür in Frage kommen. Ich rufe bei ihm zu Hause an und erreiche den Bruder. Dem erkläre ich, daß ich die Polizei informieren müsse, wenn der Täter hier nicht unmittelbar mit den restlichen Rezepten erscheine. Knapp eine halbe Stunde später sitzt er zitternd vor mir.

Er hat wieder von sich reden gemacht. Ich lese morgens in der Zeitung, daß ein jüngerer Mann versucht habe, eine Kassiererin mit einer Wasserpistole zu „überreden", ihm Geld aus der Kasse zu geben. Sie reagiert geistesgegenwärtig, er flüchtet, wird festgenommen und verurteilt. Seine Bewährung geht verloren.

Er hat Hals über Kopf geheiratet. Er hat in der Zeit seiner stationären Therapie eine junge Frau aus seinem Ort kennengelernt, die zwar Haschisch, Marihuana und Tranquilizer konsumiert, bislang von harten Drogen noch Abstand genommen hat.

Sie ist nach wenigen Wochen schwanger. Die beiden beziehen ein eigene Wohnung. Als nach einem halben Jahr das Kind geboren wird, ist er stolzer Vater und versucht, beruflich Fuß zu fassen. Mehrere Anläufe scheitern durch seine Unzuverlässigkeit. Er wird wieder straffällig. Während er sich in der Vollzugsanstalt befindet, trennt sie sich von ihm. Er erhält kein Besuchsrecht.

Er hat sich selbst völlig aufgegeben. Er ist entweder betrunken oder „bekifft", hält sich zumeist auf der Straße oder bei seinen Szenebekanntschaften auf und kommt nur noch selten nach Hause zu seinen Eltern.

Resistent

Ich kenne ihn schon seit fünfzehn Jahren. Er kam damals in einem desolaten Gesundheitszustand zu mir. Er war gerade aus einem Berliner Krankenhaus entlassen worden und nach Hause zurückgekehrt. Er gehörte zu den Leuten der ersten Stunde. *Berliner Tinke*, ein Opium-Sud, war ihm noch bekannt. Er war aber rasch auf reinen Stoff umgestiegen und hatte fast alles getestet, was auf dem Markt war. Man hatte ihn aus einer beruflichen Rehabilitation in Berlin wegen eines Alkoholdelirs entlassen. Im Krankenhaus hatte man eine Hepatitis B und eine HIV-Infektion festgestellt. Früher hatte er schon einmal eine Hepatitis A gehabt, eine Lungentuberkulose und eine Lues. Ich stellte eine frische Lues-Infektion fest. Im Laufe einiger Wochen besserte sich sein Zustand. Die Lues wurde behandelt. Ein neuerlicher Antrag auf berufliche Rehabilitation wurde abschlägig beschieden.

Nach einigen Jahren stellte er sich wegen einer Polamidon-Substitution vor. Er erfüllte die Kriterien und wurde in das Programm aufgenommen. Allerdings betrieb er einen Beikonsum von Benzodiazepinen und Heroin. Er mußte aus dem Programm ausscheiden.

Er ist inzwischen berentet, hat seinen Führerschein trotz Trunkenheitsfahrten mit einigen Auflagen aber behalten dürfen. Er nimmt wieder an einem Substitutionsprogramm teil, das vom Gesundheitsamt organisiert wird, und betreibt regelmäßig Beikonsum. Seine Laborwerte sind immer noch fantastisch. Er wird wohl zu den Virusträgern gehören, die nie eine manifeste AIDS-Krankheit entwickeln.

Strukturen

So manches Mal gerate ich ins Grübeln, wenn wieder ein jugendlicher Drogenabhängiger oder ein erwachsener Alkoholiker mein Sprechzimmer verläßt. So mancher hat lange Therapieerfahrungen, ist Profi im Abwettern von Interventionen. Wir erleben so manchen als strukturlos, ohne Ecken und Kanten, ungreifbar, und ärgern uns darüber, wenn er sich uns entwindet.

Ich frage mich, wessen Strukturen größere Mängel aufweisen. Die Wünsche und Vorstellungen der Abhängigen scheinen mir eindeutiger als die der Gesellschaft.

Wie kann eine zunehmend strukturlose Gesellschaft Abhängigen Strukturiertheit abverlangen?

Ohrfeigen

Eines Morgens komme ich auf meine Station und rieche Zigarettenrauch. In dem Zimmer befindet sich jemand, der eine Woche zuvor einen Hinterwandinfarkt erlitten hat. Ich gehe hinein und meine, das sei wohl nicht im Sinne einer baldigen Wiederherstellung. Der Patient hebt kurz die Augenbrauen: „Das geht Sie nichts an. Aber, lieber Kollege, daß Sie noch etwas dazulernen: Nikotin verengt – Alkohol erweitert." Er zeigt neben das Bett – auf eine Flasche Cognac.

Links eine Ohrfeige, rechts eine Ohrfeige, der Kopf steht wieder in der Mitte, aber die Ohren tun weh.

Ich kann nicht

Frau N. raucht. Seit Jahren klagt sie über Schwindel. Ich habe ihr mehrfach geraten, ihren Nikotinkonsum zu mindern, besser noch, mit dem Rauchen ganz aufzuhören. Das könne sie nicht, sagte sie bislang.

Heute stelle ich eine beginnende Verengung der Karotisarterien fest. Sie kann *sofort* aufhören. Entzugserscheinungen hat sie nicht.

Die letzte Freude

Herr M. ist Ex-Alkoholiker. Von *einer* Sucht kann er nicht lassen: Er raucht massiv. Er hat schon einen Herzinfarkt erlitten. Man hat wegen einer „Schaufensterkrankheit" eine Sympathektomie des linken Beines durchgeführt. Er leidet unter Luftnot und neuerdings unter Schwindel. Ich stelle eine Verengung der Karotisarterien fest. Er wird wieder einmal operiert. Er hört dennoch nicht auf.

Inzwischen hat er eine Ypsilonprothese der Beckenarterien erhalten, auch ist eine Bypassoperation der Herzkranzgefäße durchgeführt worden, als seine Frau sich bei mir richtig Luft macht. Er sitze den ganzen Tag in der Wohnung, sei kaum noch zu etwas nutze. Die Gardinen könne er vollqualmen, so daß sie sie häufig waschen müsse. Die Wohnung stinke. Der Maler müsse jedes Jahr renovieren. Sie habe Brandlöcher im Teppich. Aber im Bett sei er eine absolute Niete. Sie ist *dreiundzwanzig* Jahre älter als er. Trotzdem ist sie jünger.

Ich kann mir ein Lächeln nicht verkneifen, als er vor der Operation der Halsarterien erneut meint, er könne auf das Rauchen nicht verzichten: „Meine letzte Freude dürfen Sie mir nicht nehmen". Die anderen Freuden hat er längst selbst dem Rauchen geopfert.

Achillesferse

Er ist Suchtberater. Er ist „trockener Alkoholiker" und hat sich, seitdem er abstinent ist, in der Alkoholikerarbeit verdient gemacht. Einige Zeit war er freier Mitarbeiter des Krankenhauses, ist aber inzwischen berentet. Wie so viele trockene Alkoholiker raucht er. Er raucht süchtig, wie er auch zugibt. Aufhören mag er nicht, diesen Gedanken schiebt er weit von sich, bagatellisiert die schon deutlichen Folgen. Er hat bereits einen Hinterwandinfarkt erlitten und leidet an einer chronischen Bronchitis. Wenn er mich zu Fallbesprechungen aufsucht, hat er eine starke Luftnot und benötigt einige Zeit, bis er wieder zur Ruhe kommt.

Eines Abends bin in zu einem Hausbesuch in einem Altersheim in seiner Nähe, als mich seine Frau telefonisch erreicht. Ich soll rasch kommen. Es gehe ihm schlecht. Ich beeile mich. Er sitzt auf einem Sofa seinem Arbeitszimmer, ist blitzblau angelaufen – und raucht. Er ist völlig verwirrt. Ich nehme ihm die Zigarette aus dem Mund, spritze ihm ein bronchienerweiterndes und ein herzstärkendes Mittel, schreibe die Krankenhauseinweisung aus und telefoniere mit der Notfallaufnahme. Inzwischen ist er wieder aufgeklart und fühlt sich wohler. Er verweigert die stationäre Behandlung. Ich stelle ihm die Dringlichkeit mehrfach dar – vergeblich. Ich bitte die Ehefrau, mich bei der geringsten Verschlechterung anzurufen, den Krankentransport oder den Notarztwagen zu bestellen.

Als ich morgens in der Praxis erscheine, erfahre ich, daß er in den frühen Morgenstunden verstorben ist.

Bauernopfer

Bundesgesundheitsminister Seehofer wollte gegen die Entscheidung der Europäischen Kommission klagen, die Zigarettenwerbung zu verbieten. Die Europäische Gemeinschaft subventioniert den Tabakanbau.

Sicherlich ist es jedermanns freie Entscheidung, ob er früher oder später die Folgen des Rauchens spüren will. Allerdings gibt die Versichertengemeinschaft und damit auch die Gruppe der Nichtraucher jedes Jahr Hunderte von Millionen für die Behandlung dieser Folgen aus. Die Subvention des Tabakanbaus ist vordergründig rational, da Arbeitsplätze erhalten werden. Es scheint keine Ideen für alternative Industriezweige zu geben.

Man darf ruhig etwas zynisch sein. Es ist nicht nur die Lobby der Tabakindustrie. Viele Raucher sprechen es – mit einem gewissen Sarkasmus – offen aus. Jemand muß ja für Beschäftigung und für die Sicherheit der Renten sorgen. Einige aus dem überfüllten Boot müssen sich für den Rest opfern. Die Sozial- und Gesundheitspolitik hat für *alle* zu planen.

In der Tat übersteigt die Einsparung auf dem Rentensektor bei weitem die Ausgaben für medizinische Maßnahmen, die in jedem Fall in den letzten Monaten des Lebens steil nach oben gehen. Also: warum kein Ende *während* des Erwerbslebens? Selbstaufopferung und Genuß gehen hier gut zusammen. Während Nichtraucher, Alkoholiker und Drogenabhängige der Gesellschaft nur Kosten verursachen, helfen Raucher durch Verkürzung ihrer Lebensdauer sparen und zahlen dafür noch großzügig (Tabak-) Steuern. Kein Grund also, sie zu gängeln oder gar zu kriminalisieren.

Herr Seehofer hat sich staatsmännisch für das große Ganze entschieden.

Übrigens ...

Private Lebensversicherungen in Großbritannien bieten spezielle Policen einer „Vorzugsrente" mit deutlich höheren Monatsauszahlungen an. Voraussetzung für eine *smoker annuity* ist der Nachweis eines Konsums von zumindest zehn Zigaretten täglich während der letzten zehn Jahre.

Geld und Genuß statt der langweiligen und beschwerdereichen letzten Jahre, in denen man sich selbst, den Nachkommen und der Gesellschaft nur unbequem ist.

Zwei - das normale verrückte Leben

Er verfolgte Napoleon bei Kaub über den Rhein, wobei es ihm auf einige Hundert Gefallene mehr oder weniger nicht ankam. Nach der Eroberung von Paris verspielte er in einer Nacht seine gesamte Kriegskontribution in einem Kasino – immerhin 500 000 Goldtaler. Auf der Rückkehr nach Preußen legte er den größten Teil des Wegs zu Fuß zurück, hinter der Kutsche gehend, damit das arme Pferd nicht soviel zu ziehen habe. Generalfeldmarschall Blücher litt an einer Zyklothymie.

Sex & Crime

Daß Sexualität vielschichtig ist, ist ein Allgemeinplatz – hier tobt das Leben, hier ist der Jahrmarkt der Eitelkeiten genauso angesiedelt wie der Sumpf, hier liegen Himmel und Hölle dicht beieinander. Hier ist der Psycho nicht erst seit Papa Freuds Zeiten zu Hause.

Partnerbeziehungen sind noch mehr als Familien Seismograph für individuelle und gesellschaftliche Konflikte. Schon eine Weile, bevor an der heranwachsenden jungen Generation die neue Beziehungsproblematik erkennbar wird, zeigt sie sich in den Ehen, auch wenn beide Teile dies regelmäßig zu verbergen suchen.

Daß es sich hier häufig um Geschichten von Frauen handelt, sagt nichts über die Ursache der Störungen, mehr aber über die Leidtragenden aus.

Entsorgung

Ich werde wieder in das Altenheim gerufen. Herr B., neunundachtzig Jahre alt, ist heute morgen auf einer Parkbank im Gelände des Heims völlig durchgefroren aufgefunden worden. Er hat fast die ganze Nacht im Freien zugebracht. Seine Frau erklärt kategorisch, sie werde ihn nicht mehr in dem gemeinsamen Appartement dulden. Er sei völlig dement und nerve sie ständig mit denselben, immer wiederkehrenden Fragen.

Er wird in einem Zimmer des Pflegeheims untergebracht. So habe sie aber nicht gewettet, meint die Frau. Sie weigert sich, die Kosten für eine derartige Unterbringung zu übernehmen.

Herr B., der sich aufgrund seines fortgeschrittenen geistigen Abbaus nicht mehr wehren kann und geschäftsunfähig ist, erhält einen Betreuer, der nun alles für ihn regeln muß.

Behinderung

Die Nachbarin klagt ständig darüber, daß ihr Leben sinnlos geworden sei. Ihr Mann leidet an einem mäßig ausgeprägten Parkinson-Syndrom, das ihn hindert, noch längere Spaziergänge zu machen. Er sitzt zumeist in seinem Schaukelstuhl. Die Frau jammert, sie werde sich und ihren Mann irgendwann vergiften, wenn es so weitergehe.

Einige Monate später untersuche ich den inzwischen recht schwer behinderten Mann und stelle an seinem Rücken zahlreiche Abschürfungen fest. Sie erklärt mir in aller Unschuld, daß sie ihren Mann an seinen Füßen aus dem Sessel am Wohnzimmerfenster über den Fußboden bis in das Bett im Schlafzimmer gezogen habe, nachdem er in einer Off-Phase diesen Weg nicht mehr auf den eigenen Beinen zurücklegen konnte. Obwohl sie strikt dagegen ist, weise ich ihn in eine geriatrische Klinik ein, um ihn wieder aufzutrainieren. Leider reagiert er hier mit Verkennungen und

Erregungszuständen, so daß man ihn in ein psychiatrisches Landeskrankenhaus einweist. Hier verstirbt er an einer Lungenentzündung.

Sein Tod erscheint ihr als das Ende eines von mir angestoßenen Dominospiels. Die Klagen der lieben Gattin folgen mir über Wochen und Monate, obwohl er als Behinderter und sie damit Behindernder eigentlich sterben sollte, allerdings in einem erweiterten Suizid. In welches Genre fiele dieses Spiel?

Meine Psychose, deine Psychose

Vier Jahre, bevor ich Herrn R. das erste Mal sah, traten immer häufiger ihm unerklärliche Unruhe- und Verwirrtheitszustände auf. Er mußte sich daher mehrfach in stationäre psychiatrische Behandlung begeben. Drei Jahre zuvor wurde pneumenzephalographisch eine Hirnatrophie diagnostiziert. Man nahm deswegen einen hirnatrophischen Prozeß an. Aufgrund dieser Diagnose wurde der Patient berentet, zudem wurde ihm der Führerschein entzogen.

Er berichtete mir, daß diese Erscheinungen eines Tages plötzlich nicht mehr aufgetreten seien. Die Tochter bestätigte mir, daß die Besserung mit dem Selbstmord ihrer Mutter zeitlich zusammenfiel. Die war früher Krankenschwester gewesen und hatte ihren Beruf wegen einer Psychose aufgeben müssen. Auch sie selbst habe in jenen Jahren mehrfach an seltsamen Schwächezuständen gelitten, die sich immer dann bemerkbar gemacht hätten, wenn sie sich nicht dem Willen ihrer Mutter gefügt habe. Nach dem Tod der Mutter seien an den verschiedensten Orten innerhalb der Wohnung große Mengen an Psychopharmaka gefunden worden, vorwiegend Neuroleptika – sie lagen in den Kleiderschränken, in Schubläden, waren in Töpfen versteckt oder in den Blumenkästen vergraben.

Der Mann fühlte sich jetzt seit Jahren völlig wohl. Er sah nicht ein, mit fünfzig Jahren vom Erwerbsleben ausgeschlossen zu sein und kein Kraftfahrzeug mehr führen zu dürfen.

Die Untersuchungen ergaben völlig unauffällige Befunde. Die Computertomographie des Schädels widerlegte die pneumenzephalographische Diagnose einer Hirnatrophie. Die psychometrischen Tests zeigten zwar eine geringfügig unterdurchschnittliche Intelligenz, aber kein *hirnorganisches Psychosyndrom*.

Beim intensiven Studium der Patientenakten aus den bislang behandelnden Krankenhäusern ließen sich jeweils charakteristische Störungsbilder festmachen. Sie waren für eine *Intoxikation* mit Neuroleptika typisch, nicht für eine Psychose: Sie sahen aus wie ein Parkinsonoid und waren mit Antriebsstörungen, Verlangsamung, Desorientiertheit und toxischen Blutbildveränderungen verbunden, die jedesmal nach einem kurzen stationären Aufenthalt wieder verschwanden.

Der Mann darf jetzt wieder Geschäfte abschließen, zur Wahl gehen, arbeiten und Auto fahren.

Wer zieht zuerst?

Frau G. leidet an einer ausgeprägten Dysthymie, einer lang anhaltenden emotionalen Störung. Sie ist zumeist mäßig gedrückter, häufig mürrischer Stimmung, nimmt alles übermäßig schwer, kann sich nicht freuen, auch wenn sie Grund dazu hätte. Selten quält sie sich ein schwaches Lächeln ab. Als sie mir von ihrer Ehe berichtet, von ihren langjährigen Auseinandersetzungen mit ihrem Mann, der sie jetzt verlassen habe, kann ich sie besser verstehen. Er ist schon seit längerer Zeit in psychiatrischer Behandlung. Er sei früher häufig depressiv gewesen, habe mehrfach versucht, sich umzubringen und habe sich in den vergangenen Jahren charakterlich völlig gewandelt. Er sei kalt und aggressiv geworden. Er weigere sich jetzt, ihr Unterhalt zu zahlen. Eher bringe er sie um. Er besitze sogar eine Schußwaffe.

Einige Wochen darauf erscheint eine mir schon lange bekannte Patientin und berichtet mir, daß die geschiedene Ehefrau ihres Bekannten nachts anrufe und Morddrohungen ausstoße. Sie habe eine Pistole unter der Matratze. Sie rufe auch anonym in der Nachbarschaft an und verbreite Lügen über sie und ihren Bekannten. Es handelt sich um Frau G.

Diese langjährige Patientin ist Alkoholikerin und hat selbst eine gescheiterte Ehe hinter sich. In der Zeit der Trennung war sie regelmäßiger Gast. Sie hat wegen ihres Unterhalts lange gegen ihren Ex-Ehemann prozessiert. Nun nimmt sie sich gescheiterter Ehemänner an. Dieser ist – soweit ich weiß – innerhalb der vergangenen acht Jahre der vierte.

In der Folgezeit spitzt sich der Konflikt zu. Inzwischen hat er sie mit insgesamt drei zusätzlichen Prozessen überhäuft. Nicht allein, daß Scheidungs- und Unterhaltsverfahren sich über Gebühr hinziehen. Er bezichtigt sie des Meineids, woraufhin ein Verfahren gegen sie eröffnet wird. Sie muß sich wegen Unterschlagung verantworten. Er zeigt sie wegen tätlicher Bedrohung an. Am Telefon droht er ihr, daß er es schon schaffen werde, sie fertigzumachen.

Die Tochter, die sich im dritten Abschnitt ihres medizinischen Staatsexamens befindet, hat ihren Unterhalt einklagen müssen. Nach drei sprachlosen Jahren sucht sie den Kontakt zu ihrem Vater. Er schlägt ihr eine Falschaussage gegen ihre Mutter vor, die er mit erheblichen finanziellen Zuwendungen belohnen werde. Sie schlägt das Angebot empört aus.

Durcheinander

Eine junge, etwas fremdländisch aussehende und fernöstlich gekleidete Frau kommt mit zwei unterschiedlichen Anliegen zu mir.

Sie habe vermutlich unter einer Borreliose (einer bakteriellen Krankheit, die unter anderem das Zentralnervensystem befällt) gelitten. Man sei allerdings nicht sicher, ob es sich nicht doch um eine Multiple Sklerose gehandelt habe. (Es ließ sich eine abgeheilte Borreliose bestätigen.)

Ihr zweites Problem sei psychologischer und geistlicher Natur. Sie sei mit neunzehn Jahren während eines Aufenthaltes in einer Psychotherapieklinik mißbraucht worden und leide seither unter Ängsten. Sie träume immer noch davon, daß der Klinikchef ihr in einem geheimen Raum eine riesige Eisenstange in den After eingeführt habe. Jahre später sei mit ihrem Mann einer Freikirche beigetreten. Aus dieser sei sie wegen *Besessenheit* ausgeschlossen worden. Man habe gegen sie vorgebracht, daß sie eine massive erotische Ausstrahlung habe, die nur teuflisch sein könne. Nach vergeblichen Versuchen, diese Besessenheit durch Gebetsgemeinschaften von sich nehmen zu lassen, sei sie aus ihrer Gemeinde verstoßen worden. Sie habe darunter sehr gelitten und sich in eine stationäre christliche Psychotherapie begeben. In dieser Zeit habe sich ihr Mann trotz seiner religiösen Haltung einer anderen Frau zugewandt, die gemeinsame Wohnung verlassen und wesentliche Teile des Hausrats mitgenommen. Als sie mit ihren drei kleinen Töchtern wieder nach Hause gekommen sei, habe sie weder Herd noch Waschmaschine vorgefunden.

Ihre histrionische Persönlichkeitsstruktur zeigte sich immer wieder in ihren Strategien zur Bewältigung ihres Ehekonflikts. Trotzdem war sie in der Lage, für sich und ihre drei Kinder zu sorgen. Sie war an einen Ort gezogen, an dem sie zahlreiche Bekannte und Freunde aus früheren Zeiten und damit einen starken Rückhalt besaß.

Mit dem Ehemann, der sich in der Folge von ihr scheiden ließ und wieder heiratete, traf sie realistische Vereinbarungen über das Besuchsrecht. Er konnte allerdings während dieser Zeiten häufig nicht selbst für die Kinder sorgen und gab sie entgegen seinen Beteuerungen bei seinen Eltern oder bei Bekannten ab.

Er wollte allerdings das alleinige Sorgerecht haben. Er konnte sogar den Gutachter, einen Pädagogen, Leiter eines Universitätsinstitutes für Forensische Psychologie, dahingehend beeinflussen, daß dieser eine unmittelbare Gefährdung der Kinder unterstellte und eine heimliche Fortnahme der Kinder während eines Aufenthalts beim Vater empfahl.

Das Gericht folgte dieser Empfehlung. An einem Sonntagabend kamen die Kinder nicht mehr zurück. Den Beschluß hatte man ihr vorenthalten. Sie empfand dieses als Rechtsbruch und reichte eine Beschwerde beim Landgericht ein.

Das Gutachten wurde abgelehnt.

Mrs. Kimble

Eine meiner Patientinnen kommt Mitte Februar – draußen ist es kalt und es schneit stark – mit ihrem Kleinkind und einem Neunjährigen in die Praxis, um hier zu übernachten. Die Kinder sind völlig verfroren, das Kleine weint. Frau H. ist wieder einmal von zu Hause ausgezogen.

Es ist ihre zweite Ehe; das Kleine ist von ihrem jetzigen Mann. Erst vor einem Monat ist sie wieder zurückgekehrt, nachdem das Frauenhaus sie wegen ihrer Unverträglichkeit hinausgeworfen hat. Das Gleiche ist ihr ein halbes Jahr zuvor schon bei ihrer besten Freundin passiert. In dieser Zeit ist der Teil ihres Hausrats, den sie einlagern lassen hatte, verschollen und nicht wieder aufgetaucht.

Den Ehemann kenne ich, er ist augenblicklich wegen einer Schlafapnoe in meiner Behandlung und ein recht friedlicher Mensch.

Ich benachrichtige das Jugendamt. Die zuständige Sozialarbeiterin nimmt mit dem Sozialamt Kontakt auf und vermittelt eine Bleibe. Wenige Tage später ist sie wieder in der ehelichen Wohnung, verschwindet aber in einer Nacht-und-Nebel-Aktion mit den Kindern ins Rheinland.

Die Patientin ist leicht geistig behindert, wohl aufgrund ihrer Hirnmißbildung. Sie hat eine Holenzephalie, nur eine einzige große Hirnkammer. Dabei ist sie emotional völlig instabil. Sie ist sicher nicht fähig, Kinder zu erziehen.

Mit den Waffen einer Frau

M. heiratet noch einmal. Für diese Frau ist es ebenfalls die zweite Ehe. Sie bringt eine zwölfjährige Tochter mit. Eines Tages berichtet er mir, diese Ehe sei nach zweijährigem Bestehen auch zerrüttet. Sie sei ausgezogen und versuche, Unterhalt von ihm zu bekommen, auch für die Stieftochter. Diese sei für ihre fünfzehn Jahre recht frühreif und habe schon seit zwei Jahren ein festes Verhältnis mit einem Zwanzigjährigen. Seitdem er nicht mehr zahle, sage sie gegen ihn aus, er habe sie, seitdem er ihre Mutter geheiratet habe, sexuell mißbraucht.

Der arme Junge

Die Patientin klagt über depressive Verstimmungen, Einschlafstörungen, nächtliches Aufschrecken und anschließendes ruheloses Grübeln, das Gefühl, als sei das Leben dahin und sie werde nie mehr glücklich sein. Ihr Mann hat sie nach fünfundzwanzigjähriger Ehe wegen einer sehr viel jüngeren Frau verlassen. Er habe zwar schon früher immer wieder ein Verhältnis gehabt, dieses habe allerdings nicht lange angehalten. Nachdem sie schon einige Zeit den Verdacht gehabt habe, daß da etwas sei, er es aber stets geleugnet habe, habe sie ihn observiert und die Wahrheit herausbekommen.

Jetzt sei sie unglücklicher als zuvor und wünsche sich ihn zurück. Sie habe ihm, der so unpraktisch sei, noch die Wohnung eingerichtet, die Möbel ausgesucht, für die Handwerker gesorgt und vor dem Umzug alles gereinigt. Auch jetzt sorge sie noch für ihn, wasche für ihn, bügele seine Hosen, sehe in der Wohnung nach dem Rechten.

In den Gesprächen wird das Erleben des Verlusts, aber auch ihre mangelnde Autonomie thematisiert. Sie kann allmählich nicht nur ihre Trauer, sondern auch ihren Zorn erleben und sich damit abgrenzen.

Eines Tages liegt der Mann mit dem Verdacht auf einen Herzinfarkt im Kranken haus. Sie besucht ihn, leidet mehr als er selbst an seinen gelegentlichen Mißempfindungen in der Brust und nimmt ihn nach seiner Entlassung wieder bei sich auf. Sie kann den armen Jungen doch nicht im Stich lassen.

Fünf Jahre später ist sie geschieden. Er hatte wieder eine andere.

Lesarten

Eines Tages erhalte ich einen Brief aus dem Bischöflichen Offizialat. Es hat sich die Frage gestellt, ob die Ehe einer früheren Patientin *vollzogen* worden sei.

Ungefähr drei Jahre zuvor hat das junge Paar geheiratet. Fünf Jahre hatten die beiden zusammengelebt und nun das Verhältnis legalisieren lassen wollen.

In der Hochzeitsnacht erlitt die junge Frau einen Vaginismus. Es kam nicht zum Immissio, zum Verkehr. In der folgenden Zeit hatte sie Angst, wenn ihr Mann sich ihr näherte, und verweigerte sich ihm. In der Psychotherapie zeigte sich eine schwerwiegende Kommunikationsstörung zwischen den beiden, die nicht aufzulösen war. Er reagierte hilflos, sie aggressiv.

Man trennte sich „auf Zeit", und so kam, was kommen mußte – sie ließen sich scheiden, nachdem beide neue Partner kennengelernt hatten.

In der Tat war die Ehe nach katholischer Moraltheologie nicht vollzogen worden. Die voreheliche Beziehung war schlicht „Unzucht".

Aller guten Dinge sind sieben – oder acht?

Heute ruft ein Mann an und bittet dringend um einen Termin für seine Frau. Sie sei völlig „daneben". Gestern hat sie mich nach einigen Monaten Pause telefonisch um Rat gebeten. Sie wolle wieder zu mir kommen.

Vor fünfzehn Jahren, während ihrer ersten Schwangerschaft, ist sie das erste Mal psychotisch geworden. Ich kenne sie seit ihrer Entlassung aus dem Krankenhaus. Es dauerte sehr lange, bis sie sich leidlich stabilisierte. Das Kind wurde von den Eltern des Ehemannes aufgezogen. Der Mann trennte sich von ihr und erhielt das Sorgerecht.

Nach der Scheidung lernte sie einen jüngeren, recht schlichten Mann kennen, den sie bald heiratete. Ich erklärte den beiden die möglichen Risiken: eine erneute akute psychotische Störung der Frau bei einer Schwangerschaft, ein chronischer Verlauf einer solchen Psychose mit den daraus resultierenden Problemen oder eine Psychose eines der Kinder. Beide nickten verstehend.

Von da an erreichte mich alle ein bis zwei Jahre die Nachricht: „Ich bin schwanger." Während der ersten Schwangerschaften kam es zu paranoid-halluzinatorischen, später mehr zu schweren ängstlich-depressiven Störungen. Während jeder Schwangerschaft rief mich der verzweifelte Gynäkologe an. Während jeder Schwangerschaft schworen sie und ihr Mann, nach der Entbindung eine Sterilisation durchführen zu lassen. Nach jeder Entbindung wurde diese Vorstellung wieder aufgegeben.

Den Kindersegen kann weder sie noch ihr Mann bewältigen. Sie wohnen in viel zu engen Wohnungen. Die erste liegt im Souterrain, eins der zwei Zimmer hat keine Fenster. Vier Kinder lärmen während eines Besuchs um mich herum, eines liegt noch in der Wiege, die zwölfjährige Tochter aus erster Ehe wohnt zur Zeit bei ihr; sie soll ihr behilflich sein. Die Patientin liegt auf dem Bett und starrt vor sich hin. Der Mann ist mit den Nerven herunter und schreit die Kinder an. Er ist wieder einmal arbeitslos. Da er keinen Beruf erlernt hat, ist er schwer vermittelbar.

Nachdem beide umgezogen sind, höre ich eine Weile nichts mehr von ihnen. Plötzlich ist sie wieder in der Praxis. Sie fühlt sich schlecht, kommt mit allem nicht mehr zurecht, möchte am liebsten ausbrechen. Sie hat sechs Kinder bei sich. Die Älteste ist wieder zu ihrem Vater gezogen. Sie hatten sich nur noch angeschrien. Der Mann hat eine berufsfördernde Maßnahme beantragt.

Dann ein Anruf: „Ich bin wieder schwanger, Herr Doktor! Was soll ich tun? Meinem Mann ist alles egal. Er ist kaum noch zu Hause." Es ist die achte Schwangerschaft. Wir sprechen lange über das Thema. Am nächsten Tag sagt sie den vereinbarten Termin ab; sie wolle einen anderen Arzt aufsuchen.

Einen Monat später sitzt sie wieder im Wartezimmer.

Second hand oder etikettierte Ware

Eine besondere Art der Trikolore – rot, blau, braungelb. Völlig verweint, mit „Veilchen" um die Augen, so sitzt die junge türkische Frau vor mir. Vor wenigen Tagen hat sie geheiratet. Nicht, daß es ein traditioneller Eheschluß durch Vermittlung der Eltern gewesen wäre. Nein, die beiden haben sich gesucht und gefunden.

Noch in der ersten Nacht hat er sie verprügelt. Zum Verkehr ist es erst gar nicht gekommen. Er denkt daran, die Ehe anullieren zu lassen. Eine Schande.

Warum dies? Sie hatte sich den Namen ihres ersten Liebsten ganz oben an die Innenseite ihres rechten Oberschenkels tätowieren lassen.

Das nächste Mal will sie das nicht erleben müssen. Das Signum des Erstbesitzers will sie nicht auf sich sitzen lassen. Jemand hat ihr gesagt, die Kasse übernehme die Kosten für die Entfernung, wenn sie darunter so sehr litte. Die Krankenkasse hat sie zu mir geschickt.

Geben und nehmen

Ich kenne sie seit Jahren. Immer wieder erscheint sie in Konfliktsituationen, immer wieder bleibt sie für längere Zeit fort. Das erste Mal erschien sie nach einem abgebrochenen psychosomatisches Heilverfahren, als sie auf massive Streitigkeiten mit ihrem Mann mit Kopf- und Bauchschmerzen reagierte.

Immer schon hatte sie unter Unruhezuständen, Angst, Herzrasen, wechselndem Durchfall und Verstopfung und Schlaflosigkeit gelitten oder war einfach umgekippt. Seit mehr als einem Vierteljahrhundert hatte sie immer häufiger Tranquilizer geschluckt. Der Hausarzt hatte ihr wegen des nie erhärteten Verdachts einer Epilepsie ein Benzodiazepin-Antiepileptikum verordnet. Sie ist an Magen, Gallenblase und Gebärmutter operiert worden. Danach waren die Bauchschmerzen um so heftiger. Als Dreingabe hatte sie nun Schmerzen im Rücken und in den Beinen. Vor einem Jahr hat sie deswegen einen Rentenantrag gestellt.

Sie sitzt vor mir und druckst vor sich hin, kommt mit der Sprache nicht heraus. Sie schämt sich, sagt sie. Sie habe gestohlen, sagt sie. Und sei erwischt worden. Und sie habe nichts genommen, was von irgendeinem Interesse für sie sei. Trachtenmoden habe sie noch nie gemocht, trotzdem habe sie nach einem Brustschild gegriffen. Kurz zuvor habe sie schon in einem anderen Laden einen Fisch gestohlen. Bei dem zweiten Zugreifen sei sie emotional völlig unbeteiligt gewesen. Alles egal, völlig kalt. Das habe sie tief erschreckt, sagt sie. Leichtsinnig, ohne um sich zu schauen, habe sie alles in ihre Tasche gepackt. Der Polizist auf der Wache sei sehr freundlich gewesen. Er habe sie beruhigt. Sie habe sich aber abgrundtief geschämt.

Der Vater war Alkoholiker. Alle neun Geschwister sind abstinent. Die ganze Familie habe sein häufiges Betrunkensein gedeckt. Alle hätten sich für ihn geschämt. Wenn er nicht getrunken habe, sei er der beste Vater der Welt gewesen. Sie habe sehr an ihm gehangen, habe zu ihm aufgeschaut. Lesen und schreiben könne sie nicht. Sie habe in der Schule häufig gefehlt und sei nicht mitgekommen. Mit neunzehn Jahren sei sie schwanger geworden und habe geheiratet. Mit einundzwanzig Jahren habe sie das zweite Kind bekommen, das an einer Epilepsie leide und, geistig behindert, in einem Heim lebe.

Ihr Mann hat stark getrunken. Nach langen Auseinandersetzungen haben sie sich getrennt, aber nicht scheiden lassen. Nachdem er in den Vorruhestand gegangen sei, zahle er weniger an Unterhaltsleistungen. Seit der Trennung habe sie vier Bekannte gehabt. Sie habe schon immer Angst vor dem Alleinsein gehabt. Jetzt habe sie den vierten Freund. Alle ihre Bekannten hätten getrunken. Der letzte habe mehr Schulden als Haare auf dem Kopf. Ich kenne ihn: Er ist fünfzehn Jahre jünger als sie, seit kurzem arbeitslos, ohne Lust, irgend etwas anzufangen. Er sitzt zu Hause herum, stiert auf den Fernseher, qualmt und „trinkt sich einen". Ihm hat sie mehr Geld geborgt, als daß sie selbst zur Verfügung hatte. Er kann nichts zurückzahlen. Sie hat ihre Miete schon eine Weile nicht mehr überwiesen und ist bereits zweimal gemahnt worden.

Alles, was sie bisher hatte, ist ihr zwischen den Fingern zerronnen. Alles, was sie gegeben hat, hat ihr nichts zurückgebracht. Nichts ist ihr geblieben außer Verpflichtungen.

Struggle for life

In der Praxis erzählt mir der fünfzigjährige Patient mit verhaltenem Lächeln und hinter vorgehaltener Hand, daß er eine Freundin habe, eine jüngere Frau aus dem Nachbarhaus. Mit ihr erlebe er alles Glück der Welt. Mit ihr habe er Sex wie noch nie. Seine Frau habe sich ihm seit Jahren verweigert.

Kurz darauf ruft er mich an. Am Telefon weint er. Er habe Angst, Scheiße zu machen. Er habe seine Frau auf Knien gebeten, ihn nicht zu verlassen. Sie sperre ihm jetzt aber das Telefon. Irgendwann werde er sich umbringen, denn er könne weder von seiner Frau noch von seiner Freundin lassen. Er habe heute morgen schon auf der Autobahnbrücke gestanden, um zu hinunterzuspringen Er werde von seiner Umgebung erst dann ernst genommen, wenn er in der Zeitung stehe. Er lacht leise: „Sie wissen, ganz hinten, mit einem dicken schwarzen Rand." Es ist erst wenige Monate her, daß er sich Mut angetrunken hat, um zu springen. Ich habe ihn damals eingewiesen.

In der Tat ist seine Frau recht prüde. Sie akzeptiert seine Unterhosen nicht. Allenfalls Interlock, gerippt, in weiß. Er hat sich Slips von Jockey gekauft. „Sie können sich nicht vorstellen, was er da trägt", schimpft sie. Da läßt er plötzlich die Hosen herunter: modisch, aber nicht übermäßig sexy.

Sie hat Schwierigkeiten mit ihrer Sexualität. Sicherlich ist sie nötig, um Kinder zu bekommen. Sicherlich kann sie schön sein. Sie konnte aber nicht empfangen. Wozu dann also? Sie ist recht einfach in ihrem Denken. Sie kommt zudem aus einem Elternhaus, wo man stets versuchte, *soli dei gloria* zu leben. Für ihre Schwester, die ich auch kenne, war es die Hölle.

Inzwischen ist er zu der Freundin gezogen, die sich eine Wohnung am Stadtrand genommen hat. Er läßt ihr allerdings die Hälfte seiner Rente. Sein Auto parkt er in der Garage des ehelichen Hauses. Seiner Frau macht das Mißbehagen. Sie opponiert, unternimmt aber nichts weiter. Am liebsten hätte sie ihm auch das Haus verboten. Sie hat es geerbt, aber mit seinem Geld ist es renoviert worden. Er geht ein und aus. Es ist *sein* Heim, sie ist *seine* Frau. *Er* kann sich nicht trennen. Sie *will* es, hat aber Gewissensbisse: „Was Gott zusammengefügt hat, soll der Mensch nicht scheiden."

Sie macht ihn in der Stadt schlecht. Alle Bekannten müssen ihre Kränkungen haarklein erfahren. Allmählich ist sie allein. Sie steht vor der Firma seiner Freundin und brüllt Obszönitäten, wenn er die Konkurrentin zur Arbeit bringt. Ihre eigene Arbeitsstelle hat sie wegen ihres unerträglichen Redeflusses schon verloren.

Zerstörtes Leben

Eine junge südländische Frau wird frühmorgens auf dem Weg zur Arbeit von einem jungen Mann deutscher Nationalität überfallen und grausam zugerichtet. Er ergreift sie von hinten, verschließt ihr den Mund, würgt sie und sticht, nachdem der Vergewaltigungsversuch scheitert, in eindeutiger Tötungsabsicht mit einem abgebrochenen Schirmstumpf auf sie ein – in den Hals, in die Brust und in die Scheide.

Er verletzt dabei die Halsvenen, die zum Teil während der Erstversorgung im Kreiskrankenhaus unterbunden werden müssen, perforiert die Luftröhre in Höhe der Schilddrüse. Auch Scheide und Muttermund werden bis in die Bauchhöhle durchdrungen. Es ist ein Wunder, daß sie überlebt. Nach chirurgischer und gynäkologischer Erstversorgung wird sie vierzehn Tage intensivmedizinisch betreut.

Die körperlichen Schäden lassen sich behandeln. Die Narben sehen nach plastischer Chirurgie viel besser aus. Die seelischen Folgen bleiben. Der Ehemann und ihre Freunde kümmern sich liebevoll um sie. Sie ist geschändet. Ihre Ehre ist zerstört. Sie wird nie mehr so sein wie früher. Als sie durch ihren eigenen Mann schwanger wird, wird sie schwer depressiv, reagiert hysterisch, so daß nach langen Überlegungen im Rahmen einer Notlagenindikation ein Abort durchgeführt wird. Sie entzieht sich danach ihrem Mann, obwohl sie selbst darunter leidet.

Trotz ihrer Angst versucht sie, ihre alte Arbeit wieder aufzunehmen. Nach einigen Monaten muß sie aufgeben. Der Strafprozeß wird für die Patientin zu einem Spießrutenlauf, als der Verteidiger des Täters ihr unterstellt, sie spiele ihren Zustand vor, um nicht mehr arbeiten zu müssen und Verletztengeld und Rente zu kassieren.

Sie hat sich nach dem Ereignis in ihrer äußeren Erscheinung erheblich verändert. Eine junge, vormals gut aussehende und aktive Frau wirkt nunmehr matronenhaft, vorgealtert, ist sehr dick geworden, ist blaß, langsam und zögernd in ihren Bewegungen, äußert auch in ihrer Psychomotorik ständig Angst und Depressivität. Sie reagiert phobisch und psychosomatisch, nicht selten auch demonstrativ, hat ihr Lebenskonzept von aktiver Gestaltung umgestellt auf das Versorgtwerden, ist trotz ständiger Hilfen nicht mehr in der Lage, sich hiervon zu lösen.

Sie ist in allen Lebensvollzügen erheblich behindert. Sie hat ständig Angst, wobei sich diese Angst erheblich ausgeweitet hat. Selbst beim Verlassen der Wohnung reagiert sie panisch. Sie ist innerlich unruhig, deprimiert, ist ihres Lebens überdrüssig, raucht und trinkt denkt an den Tod und manchmal sogar an Selbstmord. Sie kann sich nicht konzentrieren, vergißt rasch und kann kaum noch ihren Haushalt versorgen.

Die Bekannten haben sie als lebenspraktische, freundliche und fröhliche Person in Erinnerung. Sie ist mit siebzehn Jahren mit der Familie nach Deutschland übergesiedelt und hat hier einen Landsmann geheiratet. Die beiden haben drei minderjährige Kinder. Der Sohn des Ehepaars ist behindert; er hat einen Hydrozephalus und hat daher einen Ventrikelkatheter erhalten. Er benötigt eine ständige Betreuung. Eine Tochter zeigt seit den Ereignissen um ihre Mutter ausgeprägte Verhaltensstörungen, hat kurz darauf einen Suizidversuch gemacht, wird psychotherapeutisch behandelt und befindet sich zeitweise im Krankenhaus.

Ihr Mann klagt seit längerem über Schwindel und Druck über dem Herzen. Zuerst hält man die Störungen für psychosomatisch bedingt, bis er einen Herzinfarkt erleidet. Er kommt vor der Herzoperation zu mir. Die Untersuchung ergibt eine operationsbedürftige Verengung einer Halsschlagader. Bald nach der koronaren Bypassoperation muß er an der Karotisstenose operiert werden. Es stellt sich heraus, daß neben einer Fettstoffwechselstörung ein Diabetes mellitus und ein Hochdruck bestehen. Trotzdem hält ihn die Rentenversicherung für erwerbsfähig.

Ein Vetter des Mannes ist zu Besuch. Die Frau kann mit ihm reden. Sie ist ihm dankbar dafür. Sie verwechselt ihre Dankbarkeit mir Liebe. Er nutzt die Gelegenheit, reist aber nach einigen Monaten wieder ab.

Kürzlich ist der Mann nach seiner zweiten Karotisoperation aus dem Krankenhaus entlassen worden. Er ist jetzt ebenfalls berentet. Zu allem Überfluß finde ich eine ausgeprägte Schlafapnoe. Beide würden gern in ihr Heimatland zurückkehren. Wegen der Kinder ist das nicht möglich.

Die Tochter ist inzwischen verheiratet. Ein halbes Jahr nach dem Eheschluß sehe ich sie wieder. Sie hat Angst. Der Mann, ein muslimischer Albaner, betrachtet sie als sein Eigentum, verbietet ihr alles, ist eifersüchtig, schlägt sie und droht, sie zu töten, wenn sie ihn verlasse. Sie weiß nicht mehr, warum sie ihn geheiratet hat.

Heute steht in der Zeitung, daß der Vergewaltiger, der inzwischen aus der Haft entlassen worden war, ein weiteres Mal zugeschlagen hat. Diesmal war es schwerer Raub mit Körperverletzung.

Mißbraucht

Es gibt Situationen, in denen ich mich elend und zerrissen fühle. Unter anderem dann, wenn eine Frau angibt, mißbraucht worden zu sein. Dieses Gefühl, das mich dann überkommt, ist einerseits Mitleid, Zorn und Scham über meine Gruppenzugehörigkeit als Mann. Andererseits ist es ein gewisses Mißtrauen, ob es sich nicht doch um ein Artefakt einer Therapie oder eine Suggestion durch starke Beschäftigung mit dem Thema handelt, dann wieder die Sorge, daß die eigene Abwehr diese Gedanken provoziere.

Heute bin ich wieder in eine solche Lage gekommen. Eine junge Frau, etwa dreißig Jahre alt, will heiraten. Sie habe vor einigen Jahren einen lieben, ruhigen Mann kennengelernt, berichtet sie, der viel Verständnis für sie habe. Sie habe Angst vor Sex, auch wenn er ihr Spaß mache und sie ihn genieße.

Bevor sie mit fünfundzwanzig ihren ersten Freund gehabt habe, sei sie noch „Jungfrau" gewesen, obwohl sie schon seit ihrem achten Lebensjahr Erfahrungen gehabt habe – mit ihrem *leiblichen* Vater. Sie berühre es heute noch unangenehm, daß sie Orgasmen gehabt habe, wenn er sie gestreichelt habe. Dafür habe sie sich immer dankbar gezeigt, indem sie ihm „einen geblasen" habe. So sei es über Jahre gegangen. Sie glaube, daß ihre Mutter davon gewußt habe, auch wenn sie das nie zugegeben habe. Zwischen den beiden habe sich nichts mehr abgespielt. Der Vater habe getrunken. Er habe ganz unangenehm werden können, habe nachts randaliert, wenn er nach Hause gekommen sei. Jeder, der ihm im Weg gestanden habe, habe sich etwas „gefangen". Nach einer kurzen Trennung hätten die Eltern wieder unter einem Dach gelebt.

Sie habe immer wieder versucht, ihre Erlebnisse mit den Eltern zu diskutieren. Die Mutter erwidere nichts; der Vater verstehe sie nicht. Er habe ihr doch nichts getan, sage er. Sie sei doch sein Fleisch und Blut.

Liquidierte Seelen

„In unserer Stadt gibt es das nicht", meint so mancher. Heute spreche ich mit einem meiner Delegationspsychologen über ein Ehepaar, das seine drei Vorschulkinder in einer Reihe von Videos mit Gruppensex und Kindesmißbrauch benutzt hat. Der Mann ist flüchtig, die Frau geständig. Den Psychologen hat erschreckt, wie wenig Emotionen die Kinder zeigen, wenn sie über die Vorfälle sprechen.

Abzählvers

„Ich komme wegen einer Psychotherapie", sagt die junge Frau. „Ich bin als Kind von meinem Vater mißbraucht worden."

„Wann war das?" frage ich.

„Als ich drei bis vier Jahre alt war", antwortet sie.

„Woher wissen Sie das? Die meisten Menschen können sich an diese Zeit kaum noch erinnern?"

„*Man* hat mir das in meiner Psychotherapiegruppe gesagt. Zuerst konnte ich das selbst nicht glauben. Aber ich verhalte mich so wie mißbrauchte Frauen. Herr X. (Sozialarbeiter) hat da genug Erfahrung. Allmählich bin ich sicher, daß es so gewesen sein muß. Ich komme einfach nicht darüber hinweg."

Erinnerungen

In dieser Zeit kamen zahlreiche junge Frauen und auch einige Männer wegen eines früheren Mißbrauchs zu mir. Viele zeigten tiefgreifende Persönlichkeitsstörungen. Bei einigen von ihnen schienen mir die Angaben plausibel, bei anderen meinte ich Gruppenphänomene oder Indoktrinationen ihrer Therapeuten zu erkennen. Häufig fühlte ich mich an die unselige Theorie von der „schizophrenogenen Mutter" erinnert, die die Entstehung einer Schizophrenie dem Kommunikationsstil der Mutter des Kranken anlastete. Hierdurch war unsägliches Leid über die Familien gekommen. Jetzt schienen die Väter dran zu sein.

1988 war in den Vereinigten Staaten ein Buch von zwei psychologischen Laien erschienen, das einen riesigen Erfolg hatte: The Courage to Heal von Ellen Bass und Laura Davis. Obwohl es in der guten Absicht geschrieben war, denen zu helfen, die in der Kindheit mißbraucht worden waren, waren die Folgen der daraus entstehenden Bewegung geradezu monströs. Väter und Mütter, Großeltern, Brüder und Schwestern, Nachbarn, Pastoren und Lehrer und auch frühere Therapeuten gerieten in den Verdacht des Mißbrauchs und wurden angezeigt.

Dieser Trend schwappte schnell nach Europa herüber. Noch vor den Ärzten und Delegationspsychologen adaptierten Sozialarbeiter und -pädagogen und freie Psychotherapeuten diese Ideen und entwickelten ihre Verfahren. Eine Therapeutin in meinem Einzugsgebiet besaß als Spezialität einen großen Ordner mit Zeichnungen, die Mißbrauchs- und Vergewaltigungssituationen von Kindern überaus plastisch darstellten. Die legte sie ihren alten und jungen Klienten vor, um ihr Erinnerungsvermögen zu schärfen. Sie war psychologische Gutachterin für unser zuständiges Landgericht.

Einige Jahre später kam der Begriff des „False-Memory-Syndrome" auf. Die Therapeuten erinnerten sich wieder an die Manipulierbarkeit der Erinnerung. Auch dies kam über den großen Teich, wie das Mißbrauchssyndrom zuvor. Zahlreiche Familien waren inzwischen in diesen Sog geraten, der Ruf vieler Väter und auch Mütter zerstört, die Zukunft der Kinder deformiert, die Glaubwürdigkeit der Gutachter verloren.

Zahlreiche Studien zeigen, daß häufige Wiederholung und Suggestion in der Lage sind, Erinnerungen zu „implantieren", so daß sie von dem Betroffenen als eigen angesehen werden. Gerade Psycho-Gruppen, in denen das Thema Mißbrauch häufig besprochen wird, können durch die verschiedenen Techniken einen solchen Druck auf einzelne Mitglieder ausüben, daß sie diese Ereignisse regelrecht visualisieren. Falsche Erinnerungen werden durch die emotionalen Bindungen an den Behandler massiv verstärkt. Sie können auch dann überdauern, wenn in einer weiteren Therapie andere Interpretationen angeboten werden.

Natürlich bedeutet die Existenz der falschen Erinnerung nicht, daß es keine unterdrückte Erinnerung gebe. Aber es widerspricht schon dem gesunden Menschenverstand, wenn man wie verschiedene Vertreter der Memory-Recovery-Bewegung annimmt, daß *fünfzig* Prozent aller Frauen in ihrer Kindheit mißbraucht worden sind und sie dies nicht mehr wissen, während es – man entschuldige den Vergleich – wesentlich weniger Fälle von echter Amnesie auch jüngerer Folteropfer gibt?

Wer sich in Gefahr begibt

Eine Politesse sitzt weinend vor mir. Sie will den Dienst an den Nagel hängen. Sie ist in Ausübung ihres Dienstes vergewaltigt worden.

Ein Mann, dem sie gerade ein „Knöllchen" „verpaßt" hat, bittet sie, sofort bezahlen zu dürfen. Nur habe er sein Geld in der Wohnung. Er wohnt in dem Haus, vor dem er falsch geparkt hat. Sie folgt ihm. Als sie die Wohnung betreten, empfängt sie ein großes Hallo. Eine Party ist voll im Gang. Als er das Geld holt, packen sie einige der stark angetrunkenen Männern und vergewaltigen sie.

Partnerwahl

Wenn im psychiatrischen Krankenhaus ein Pärchen zusammenfand, sprach mein Oberarzt in seiner etwas zynischen Art von einer „biologischen Partnerwahl". Ich glaube *nicht*, daß er recht hatte. Die Partnerwahl ist hier eher aus soziologischen Gründen eingeengt.

Immer wieder erlebe ich in „freier Wildbahn" ein völlig gegensätzliches Verhalten. Vor allem Männer mittleren Alters, die allenfalls als Sonderlinge gelten können, nicht aber krank sind, wählen sich Partnerinnen, die krank, zum Teil schwer krank sind. Sie können in ihrer psychotischen Störung im eigentlichen Sinne nicht partnerschaftsfähig sein, so daß die Beziehung völlig inkongruent ist. Häufig sind es Männer aus unteren Schichten, Männer, die eine gleichwertige oder überlegene Frau nicht ertragen würden, Männer, die psychische Störungen aus ihrer Herkunftsfamilie oder früheren Beziehungen kennen, daran adaptiert sind oder sich Vorteile aus ihrer Überlegenheit erwarten (s. „Selbstzerstörung", „Jagdschein", „Mystifikation"). Frauen zeigen ein ähnliches Verhalten in Bezug auf suchtkranke Männer, die sie ändern und umformen wollen, daran aber zumeist scheitern.

Die junge Frau aus dem Kapitel „Weichselzopf" wird am Tag ihrer Entlassung von einem Mann abgeholt, der einige Zeit mit ihr im Krankenhaus verbracht hat. Er lag auf einer internistischen Station, sie in der Psychiatrie. Da sie weder unter einer Pflegschaft noch einer Vormundschaft stand, konnte nicht interveniert werden. Vielleicht stellten die Behandler sich auch vor, daß eine „Normalisierung" sie in ihren psychosozialen Bezügen stabilisiere. Wie auch immer, sie lebt bei dem Bekannten, der als Facharbeiter ausreichend Geld mit nach Hause bringt, um beide zu ernähren, denn das Sozialamt zahlt kaum noch für sie. Sie versucht – mehr schlecht als recht – den Haushalt zu versorgen. Immer wieder kommt es durch ihren Wahn zu Problemen in der Hausgemeinschaft. Sie macht die Nacht zum Tage, fühlt sich durch Wohnungsnachbarn manipuliert, beschimpft und bespuckt sie, versucht, in fremde Wohnungen einzudringen. Medikamente verweigert sie oder spuckt sie wieder aus. Schließlich springt sie aus dem Treppenhausfenster in die Tiefe. Sie bleibt in einem engen Kellerschacht hängen, bricht sich einen Arm und das Becken. Ihr Bekannter nimmt sie nach der Entlassung wieder auf. Bloßer Altruismus?

Eine Frau mittleren Alters kommt wegen einer Angststörung. Sie hat einen Bekannten, der seit langem Alkoholiker ist. Sie trägt sich mit dem Gedanken, sich von ihm zu trennen. Der Gedanke aber ist mit Angst belegt. Sie kann nicht allein sein. Ihr Großvater hat schon getrunken, der Vater ist an einer alkoholtoxischen Leberzirrhose verstorben, der Bruder hat Alkoholprobleme. Ihre drei Ehen scheiterten wegen des Alkohols. Ein Bekannter trank, so daß sie sich von ihm trennte. Der zweite Partner hat dieselben Probleme. Anfangs habe sie nie etwas bemerkt. Später habe sie aus Scham das Trinken gedeckt. Sie ist eine typische Co-Alkoholikerin.

Wo die Liebe hinfällt

Frau A. leidet an einer chronischen paranoid-halluzinatorischen Psychose, die in den letzten Jahren langsam ausbrennt; akute Störungen sind selten geworden. Frau A. ist inzwischen älter geworden, begreift, daß der aktive Teil ihres Lebens hinter ihr liegt und bedauert dies zunehmend, wenngleich sie immer wieder versucht, die gelegentlich auftretenden schwermütigen Gedanken nicht zu sehr zu kultivieren. Eins bedauert sie vor allem – nie einen richtigen Partner gehabt zu haben. Sie ist früh in psychiatrische Institutionen gekommen, zumeist kurze Zeit nach einer Entlassung wieder aufgenommen worden und lebt jetzt seit geraumer Zeit in einem Haus, das früher Sonderkrankenhaus unter privater Trägerschaft war und nun zu einem psychiatrischen Heim umgewidmet worden ist. Sie lebt hier relativ frei, besucht die Behindertenwerkstatt der Einrichtung, geht in der Stadt spazieren, kauft sich Kleidung, die ihrem etwas einfachen Geschmack entspricht und vor allem Parfüms. Düfte liebt sie über alles, vor allem Veilchengeruch. Wenn sie im Untersuchungszimmer sitzt, duftet es nach Veilchen, nach Wiese, nach Ambra ... Sie ist glücklich mit ihren Düften.

Sicherlich steckt auch eine Absicht dahinter. Sie ist rettungslos in ihren Doktor verliebt. Der brauchte nur mit dem Finger zu schnipsen, sie wäre zur Stelle. Gelegentlich versucht sie, ihren Rock etwas zu lupfen, läßt ihn aber wieder fallen. „Ich will Sie nicht verführen. Sie sind ja verheiratet. Und Ihre Frau habe ich auch gern", sagt sie in rührender Selbstüberschätzung.

Ich verliere mich

„Ich glaube, ich werde verrückt." Die Mittdreißigerin mir gegenüber ist völlig verzweifelt. Seit Wochen ist sie voller Angst, unruhig und schlaflos, grübelt, ohne daß sie zu einem Ergebnis gelangt. „Ich bin nicht mehr ich selbst, ich habe mein Gefühl für mich völlig verloren. Ich werde doch nicht schizophren?" Da diese Depersonalisationsgefühle innerhalb weniger Tage immer stärker werden und allmählich Suizidgedanken aufkommen, weise ich sie in das Krankenhaus ein.

Nach ihrer Rückkehr hat sie zwar keine Angst mehr, wirkt aber regrediert, infantil. Wie eine Fünfzehnjährige albert sie herum, kleidet sich sehr offenherzig, schwärmt mich an, greift ständig nach meiner Hand, um sie zu streicheln, möchte mir um den Hals fallen, gibt mir stets aufs Neue kleine Geschenke als Liebesbeweise, wird zudringlich, so daß ich sie ständig darauf hinweisen muß, daß ihre Wünsche unerfüllt bleiben werden.

Sie hat aber einen Verehrer, der *sie* verfolgt. Sie berichtet jedes Mal kichernd, daß er sie wieder angerufen und ein Treffen vorgeschlagen habe. Auch ihre Geheimnummern bei der Telekom finde er immer in kurzer Zeit heraus. Er müsse besondere Beziehungen zum Amt haben. Zuerst scheint mit diese Belästigung doch zu gut in das Gesamt zu passen. Aber die Tochter bestätigt mir die Anrufe.

Freudsche Zurückhaltung

Die junge blonde Grundschullehrerin kommt wegen diffuser Unlustgefühle. Um eine Depression oder eine Angststörung handelt es sich zweifellos nicht, allenfalls um das, was man nunmehr Dysthymie nennt und was früher neurotische Depression hieß.

Der Versuch einer Psychotherapie scheitert schon früh mangels ernsthafter Mitarbeit, auch wenn die Entwicklung der Störungen, die Bedingungen im Elternhaus, die Pubertät, die jetzige Partnerschaft und die berufliche Situation besprochen werden. Sie ist Pastorentochter, mit einem Realschullehrer verheiratet und hat einen achtjährigen Sohn, den sie vergöttert. Der Vater wird als sehr streng erinnert, das Elternhaus als freudlos und der Ehemann als schwach beschrieben. Sie träume von dem jungen Allgemeinmediziner, mit dem man häufiger in den Skiurlaub fahre, von seinen starken Armen, die sie festhielten. Aber das sei alles unmöglich, ein Hirngespinst.

Die Helferinnen bleiben an diesen Abenden freiwillig länger, um mich abzusichern. Sie haben selbst gemerkt, wohin die Reise gehen soll.

Sie erkennt die Sicherungsmechanismen. Sie hat es plötzlich eilig. Sie versucht ständig, das Gespräch zu dominieren, seine Richtung zu bestimmen, mich als Person zu analysieren. Schließlich platzt es aus ihr heraus: „Wann geben Sie endlich ihre vornehme Freudsche Zurückhaltung auf?”

Auto-Mobilität

Nach dem Sex kommt die Mobilität, bei den Jungen in dieser, bei den Älteren vielleicht in umgekehrter Reihenfolge. Sicherlich gibt es hier (noch) eine gewisse männliche Dominanz: den Jäger und Eroberer, der in der Gegend umherstreift und die Frauen aufreißt. Was könnte hierzu besser dienen als ein toller Schlitten oder eine edle Maschine?

Auf der anderen Seite hat unsere Gesellschaft sich so verändert, daß Mobilität fast unabdingbar geworden ist, wenn man am Leben teilnehmen will. Gleichzeitig hat sie die öffentlichen Transportmittel vor allem in den Flächenregionen so stark reduziert, daß man auf die Automobilität angewiesen ist. Grüne Politik durchzusetzen hieße, einen großartigen Umsiedlungsplan für Geringverdiener durchzuführen. Die Bildungsurlaube der neuen Klasse bei den aussterbenden Tupamaios im Mato grosso oder in den tibetanischen Klöstern wären nicht betroffen, weil dieser Sprit aus dem Ausland stammt. Wehe den Besiegten!

Besitzstandswahrung

Immer wieder kommen Leute in die Praxis, legen ihren Krankenschein oder ihre Krankenversicherungskarte auf den Tisch und verlangen ein Gutachten für das Straßenverkehrsamt. Sie wollen den Beweis ihrer Fähigkeit, ein Kraftfahrzeug zu führen. Sie sind entrüstet, wenn ich ihnen mitteile, daß dies keine Leistung der Solidargemeinschaft der Versicherten sei.

Überhaupt scheint in Deutschland die Meinung zu bestehen, daß auf eine einmal erworbene Fahrerlaubnis Eigentumsrechte auf Lebenszeit bestehen – ohne eine spätere Überprüfung: nicht Fähigkeit, sondern Rechtsanspruch. Nach erfolgreich bestandener Prüfung meint so mancher, nun gelte eine Beweisumkehr. Von Angehörigen anderer Nationalitäten ernte ich ein ungläubiges Lächeln, wenn ich davon erzähle.

Das geht so weit, daß viele annehmen, dem Gutachter stehe lediglich ein *Erfolgshonorar* nach einem positiven Bescheid zu, und den Aufwand für die Erstellung des Gutachtens einfach nicht bezahlen, wenn es ein negatives Ergebnis hat.

Leider ist es so, daß das Straßenverkehrsamt zwar formal als Auftraggeber der Begutachtung auftritt, jedoch den Bewerber als Verursacher das Honorar erstatten läßt. So entsteht für den Gutachter eine Geschäftsbeziehung zu dem Begutachteten, die seine Neutralität in Frage stellt.

Lebensinhalt

Nach seinem Krankenhausaufenthalt kommt ein neuer Patient zu mir, um sich weiterbehandeln zu lassen. Er habe einen Schlaganfall erlitten, habe aber keinen dauerhaften Schaden davongetragen. Man habe ihm lediglich gesagt, er solle vorerst sein neues Auto stehen lassen.

Im Entlassungsbericht lese ich, daß er seit einem Schlaganfall in beiden Okzipitallappen des Gehirns eine bitemporale Hemianopsie hat, die nur ein scheuklappenartiges Sehen ermöglicht. Er sei darauf hingewiesen worden, daß er auf Dauer fahruntüchtig sei. Ich erkläre ihm, weswegen die Kollegen ihm vom Fahren abgeraten haben. Er glaubt nicht, daß sein Sehvermögen nicht ausreicht. Ich überweise ihn daher zu einer Kollegin, die eine Gesichtsfeldprüfung durchführt und zu demselben Ergebnis kommt.

Er bleibt skeptisch und geht zu einer Untersuchung eines Automobilclubs, deren Ergebnis er mir siegessicher überreicht. Er hat augenscheinlich nicht das Zentrum des Untersuchungsfeldes fixiert, sondern den Blick frei schweifen lassen. Eine weitere Gesichtsfeldkontrolle zeigt wiederum einen Ausfall beider äußeren Gesichtsfelder.

Ich bestelle ihn zusammen mit seiner Familie wieder ein. „Eher bringe ich mich um, als daß ich meinen Führerschein abgebe", sagt er. Fährt er aber, bringt er sich und andere um.

Als ich dieses schreibe, läuft im Fernsehen gerade *Miß Daisy und ihr Chauffeur.*

Flagge zeigen

Ein Mann kommt in das Untersuchungszimmer; ihm weht eine kräftige Fahne voran. „Was führt Sie zu mir?" „Ich brauche ein Gutachten für das Straßenverkehrsamt." „Nein", sage ich. „Ich habe schon acht Fahrschulstunden hinter mir", sagt er. „Trotzdem", antworte ich. Da ich neugierig bin, frage ich ihn, wann er das erste Mal den Führerschein verloren habe. „1953", sagt er. „Wann das zweite Mal?" frage ich. „Vor zwanzig Jahren."

Er geht ohne Murren. Er hat es wenigstens versucht. Als er wegen einer anderen Angelegenheit mich einige Jahre später wieder aufsucht, ist er mir nicht böse wegen meiner Entscheidung.

Weihnachtsbescherung

Am letzten Adventssonntag ruft mich frühmorgens ein alter Patient an, ein langjähriger Bekannter meines Vaters. „Kannst du bitte deinen Wagen ansehen? Ich glaube, ich habe ihn gestreift." Ich schaue mein kleines Auto an. Auf der Beifahrerseite ist der Stoßfänger eingerissen, der Kotflügel eingedrückt und der Blinker zersplittert. Am Abend zuvor, in der Dunkelheit, habe ich das nicht gesehen.

Ich fahre zu ihm, um mich mit ihm über die Regulierung des Schadens zu unterhalten. Er kann sich beim Rückwärtsfahren nicht mehr umdrehen und hat sich von seinen Enkeln einwinken lassen. „Ich bezahle dir das", sagt er. Ich erkläre ihm, daß die Summe zu hoch sei, um so einfach aus dem Portemonnaie beglichen werden zu können. In der darauf folgenden Woche werde ich von seiner Versicherung angerufen. Das ist schon sein zweiter Unfall auf einem Parkplatz in diesem Monat, erfahre ich.

Wieder-Treffen

Ich stehe mit demselben Wagen im nächsten Jahr wenige hundert Meter von dieser Unfallstelle als dritter an einem Ampelhalt, als ich hinter mir ein anderes Auto mit unverminderter Geschwindigkeit auf mich zurollen sehe. Ich lockere etwas meine Bremse und verspüre einen Schlag, der mich auf den Vordermann schiebt. Ich steige aus und besehe den Schaden. Bei mir sind zwar Risse in beiden Stoßfängern entstanden, bei meinem Unfallgegner dampft es aus dem Kühler, die Motorhaube ist ziehharmonikaartig gestaucht. „Guten Tag, Herr Kollege", begrüße ich den alten Herrn, der dem Wagen entsteigt. Er hatte früher seine Praxis direkt an der Unfallstelle.

Es ist kein Privileg des Alters, auf meinen Wagen aufzufahren – auch einen ehemaligen Kommilitonen traf ich einige Jahre nach dem Studium auf dieselbe Weise wieder.

Automanie

Ein dreiundzwanzigjähriger Mann wird von mir wegen einer Manie aufgenommen. Er ist erregt, redet konfuses Zeug, nur eins kann man aus dem Durcheinander heraushören: Seine Wagen werden bald ausgeliefert. Er wird sich auch noch einen Rolls-Royce bestellen. Nachdem er in den folgenden Tagen unbeirrt von seinen Autos, einem Mercedes der S-Klasse, einem BMW 750, auch einem großen Opel Commodore spricht, schwant mir Böses. Ich rufe bei diesen Firmen an und stelle fest, daß die Lieferverträge existieren.

Er hat Glück. Die Wagen sind noch nicht auf dem Band. Die Firmen akzeptieren problemlos die ärztlichen Atteste über die krankheitsbedingte Geschäftsunfähigkeit und stornieren die Aufträge.

Glücksgefühl

Der Psychologiestudent ist einmal wieder aus dem Landeskrankenhaus entwichen. Als Anhalter fährt er ziellos durch die Gegend. Plötzlich zieht er die Handbremse, öffnet die Fahrertür, wirft den Fahrer hinaus und lenkt den Wagen in den Acker. Dort läßt er den Motor aufheulen, bis die Räder bis zu den Achsen im Boden versinken. Er springt heraus, schiebt und zieht an ihm herum, klettert auf das Dach und führt Freudentänze auf. Er verspürt, wie er es später berichtet, ein überirdisches Glücksgefühl, wie er es nie zuvor erlebt hat. Die Scheiben zersplittern vor so viel Glück, die Polster lösen sich wie von selbst auf, die Türen fallen aus den Angeln. Gleichermaßen Schlager wie Kirchenlieder schmetternd, stapft er durch den nassen Novemberacker, lachend und singend. Als er endlich in der Stadtmitte angelangt ist, über und über mit Ackerboden bedeckt, wird er von der Polizei aufgegriffen.

Mach mal Pause

Er steht mitten auf der Autobahn, beide Arme breit ausgestreckt und winkt die Wagen auf die Raststätte. Es dauert eine Weile, bis man seiner habhaft werden und ihn wieder in das Krankenhaus zurückbringen kann.

Ein spezielles Hobby

Heute war die Verhandlung. Der junge Grieche hat „den Paragraphen" erhalten. Der *Maßregelvollzug* ist angeordnet worden.

Ich habe ihn vor drei Jahren für das Arbeitsamt begutachtet. Er hatte verschiedene Beschäftigungsversuche hinter sich, sie aber immer wieder abgebrochen. Teils hatte man ihm wegen mangelnder Leistungen und Störungen des Arbeitsfriedens gekündigt, teils war er einfach nicht mehr am Arbeitsplatz erschienen.

Er war schon als Kind nach Deutschland gekommen. Seine Schulleistungen waren anfangs gut. Gegen Ende der Pubertät versagte er plötzlich. Er schwänzte den Unterricht, fiel durch dumme Streiche auf, blieb von zu Hause fort und trieb sich herum. Den Hauptschulabschluß schaffte er nicht mehr.

Er fiel dadurch auf, daß er Autos beschädigte, den Lack zerkratzte, Reifen zerstach und Scheiben zerschlug. Mehrere Male stand er wegen Sachbeschädigung vor Gericht. Er fing an, von Stimmen zu berichten, die ihn bedrohten, ihn aufforderten, die Autos zu vernichten. Er wurde mehrfach stationär behandelt. Kurz nach der Entlassung begann das Spiel von vorn. Er löste an einer abschüssigen Hauptverkehrsstraße an verschiedenen Wagen die Handbremsen und tanzte auf einem Hotelparkplatz auf den Dächern und Motorhauben zahlreicher Autos herum. Er war nicht aufzuhalten. Behandlungsversuchen entzog er sich. So geschah es denn im Namen des Volkes.

Wettfahrt

Ich erhalte einen Anruf aus einer entfernten psychiatrischen Privatklinik, daß die alte Dame dort gerade eingeliefert worden sei. Sie habe sich ein Wettrennen mit der Polizei geleistet.

Später berichtet sie mir lächelnd, daß sie aus einem alten aufgelassenen Stollen viele glänzende Steine gesammelt habe. Zuvor habe sie schon große Tontöpfe gekauft. Der Wagen ist völlig überladen. Als sie an der Spielbank vorbeifährt, glaubt sie, Ganoven herauskommen und in ihren Wagen springen zu sehen. Sie bekommt Angst und fährt los. Unterwegs hat sie das Gefühl, daß man ihr folgt. Sie schaltet trotz beginnender Dunkelheit das Licht aus und beschleunigt ihre Fahrt. Nach ziellosem Umherirren fährt sie in einen Waldweg und wartet mit laufendem Motor und abgeschalteten Scheinwerfern. Die Polizei ist bald zur Stelle.

Ich kann doch nicht laufen

Eine meiner älteren Patientinnen, fünfundsiebzig Jahre alt, Parkinson-Syndrom, kugelrund mit fünfundachtzig Kilogramm bei einhundertsechsundfünfzig Zentimetern, kommt nicht zum vereinbarten Untersuchungstermin in die Praxis. Ich höre von entfernten Bekannten, sie befinde sich nach einem Autounfall im Krankenhaus. „Autounfall?" frage ich. Ja, es war ein Autounfall. So ist sie wohl angefahren worden, als sie nicht rasch genug über die Straße kam? Nein, sie sei mit dem eigenen Wagen verunglückt.

Als die alte Dame nach drei Wochen wieder erscheint, ihre larmoyante Stimme wieder durch die Praxis tönt, sie sich vor den anderen Patienten wieder in das Sprechzimmer zu drängen versucht, bin ich erleichtert, da sie augenscheinlich weder an Leib noch Seele irgendeinen Schaden davongetragen hat. „Ich will meinen Führerschein wiederhaben!" ist ihr erster Satz. „Sie fahren selbst? Bislang hat Sie doch Ihr Mann immer hierher gebracht." „Sicher habe ich einen Führerschein. Den will ich wiederhaben; man hat ihn mir abgenommen. Sie müssen mir helfen."

Folgendes war geschehen: In der Tat fuhr sie selbst, denn sie hatte das Autofahren trotz ihrer zunehmenden Behinderung nie aufgegeben. Ihr Haus lag etwas am Rande der Siedlung, außerhalb der Stadt, und war sowohl zu Fuß, als auch mit öffentlichen Verkehrsmitteln schlecht zu erreichen. Von der Siedlung aus hätte sie durch den Garten gehen und über eine Treppe von etwa vier Metern steigen müssen, bevor sie in das Haus gelangt wäre. Hinter dem Haus allerdings führte ein unbefestigter Forstweg vorbei, der nach ungefähr drei Kilometern die Landstraße erreichte.

An jenem Tage, einem kühlen, regnerischen Septembertag fuhr sie gegen sechs Uhr abends auf diesem Weg auf ihr Haus zu, als sie plötzlich das Steuer verriß und nicht mehr rasch genug bremsen konnte. Der Wagen rollte den Abhang hinunter und wurde erst tief unten, nach mehreren hundert Metern, kurz vor der stark befahrenen Landstraße, von dichtem Buschwerk aufgefangen. Er verkeilte sich in den Büschen. Die Frontscheibe fiel heraus. Die alte Dame, unbeholfen wie sie war durch Übergewicht, Parkinson-Syndrom und Hüftgelenksleiden, konnte sich nicht selbst befreien. Kein Mensch hatte den Unfall beobachtet. Es regnete und wurde rasch dunkel. Am späten Vormittag kam der Schäfer vorbei und sah die Spuren im Unterholz. Nach vierzehn Stunden wurde die Frau aus ihrer mißlichen Lage befreit und ins Krankenhaus gebracht. Dort war man genauso verblüfft, wie ich es später war: Die Frau fährt Auto? Der Chefarzt stellte den Führerschein sicher und meldete sie dem Straßenverkehrsamt.

Jetzt sitzt sie bei mir und wedelt mit einem Gutachtenauftrag des Straßenverkehrsamts.

Ich erkläre Ihr, daß es sich um eine Begutachtung handele und nicht um eine Gefälligkeitsbescheinigung, daß ich keinesfalls Rücksicht darauf nehmen dürfe, daß sie meine Patientin ist, und daß sie nach dem ersten Augenschein wohl nicht mehr fahren könne. Es sei für sie letztendlich billiger, den Führerschein abzugeben. Starrsinnig beharrt sie darauf, untersucht zu werden, denn sie komme ohne Wagen nicht aus.

Bei der Untersuchung ist eine deutliche Verlangsamung der Motorik zu erkennen. Sie wird kaum noch mit aller Gewalt auf die Bremse treten oder das Steuer herumreißen können. Die augenärztliche Zusatzuntersuchung ergibt zudem eine Nachtblindheit.

In Abstimmung mit dem Straßenverkehrsamt entscheide ich mich für eine „Galgenfrist" zum Abgewöhnen von einem Jahr. Sie wird darauf hingewiesen, daß nach einem Jahr automatisch eine Kontrollbegutachtung erfolgen wird und es ratsam sei, die „Pappe" vorher abzugeben, da wohl kein Gutachter sie weiterhin ans Steuer ließe.

Nach einem Jahr hält sie mir erneut einen Gutachtenauftrag des Straßenverkehrsamts vor die Nase. „Ich kann doch nicht laufen", sagt sie. Von Neuem versuche ich ihr die Situation zu erklären, daß es billiger sei, die Fahrerlaubnis zurückzugeben, da ich mich nicht überreden lassen werde, eine Aussage in ihrem Sinn zu machen. Sie läßt sich auf nichts ein. „Ich will mein Gutachten. Ich habe ein neues Auto bestellt."

Es kommt, wie es kommen mußte. Die Fahrerlaubnis wird entzogen.

Wochen später mache ich meine Hausbesuchsrundreise durch ihren Ort und komme bei ihrem Tankwart vorbei, der wegen desselben Leidens auch mein Patient ist. „Frau M. hat einen Verkehrsunfall gehabt", weiß er zu berichten. „Ich weiß", sage ich. „Nein, nicht der, von dem Sie wissen, sondern einen neuen", sagt er. Ich stoße einen leisen Fluch aus und fahre zu ihr. „Ich kann doch nicht laufen", sagt sie.

Als ich von dem nächsten Unfall höre, breche ich meine Schweigepflicht, um ein höheres Rechtsgut zu schützen, nämlich Leib und Leben der anderen. Die Polizei will nicht tätig werden, bis ich sie etwas drängender auf ihre Pflichten hinweise. Beim nächsten Mal wird ihr Wagen beschlagnahmt.

Die alte Dame macht ihre Drohung wahr. Sie kommt nicht wieder zu mir.

Autonomie

Tu, was willst. Kein anderer darf dir dreinreden. Unabhängig sein, das ist das Lebenskonzept vieler.

Der junge Mann hat nach dem Abitur nichts Rechtes angefangen. Er sitzt in der Garage des Elternhauses, aus der er den Wagen des Vaters ausquartiert hat, und sortiert Steine, die er in der Umgebung sammelt. Außerdem hat er eine wichtige Erfindung gemacht, mit der er bald groß herauskommt. Nachts ist er unterwegs, manchmal ist er tagelang verschwunden. Er hat plötzliche Eingebungen, denen er folgen muß. Er reagiert zornig, wenn die Eltern versuchen, ihn zu etwas „Vernünftigem" zu überreden.

Ich sehe ihn einige Monate nicht. Es stellt sich heraus, daß er in Haft sitzt, weil er eine Geldstrafe für ein Verkehrsdelikt nicht bezahlen wollte. Er ist mit weit überhöhter Geschwindigkeit durch einen Ort gefahren. Die Mutter erzählt mir, daß er ständig Geschäfte mache. Erst vor kurzem habe er einen Schrottwagen gekauft, ausgeschlachtet, in der Landschaft stehen lassen und den Motor in seinen Wagen eingebaut, ohne das umgebaute Fahrzeug dem TÜV vorzuführen.

„Das ist mein Recht", meint der junge Mann später. Als die Psychose bald darauf voll ausbricht, verliert er den Führerschein.

Die Welt der Arbeit

„Wie es bei uns auf der Arbeit aussieht, Herr Doktor, das wissen Sie sicherlich nicht." Ich habe als Schüler und Student auf dem Bau, in einer Brauerei, in Altersheimen, in Fabriken und natürlich in Krankenhäusern gearbeitet. Ich habe Akkord und Überstunden „gekloppt". Ich habe mir Kot, Schweröl, Farben und Mörtel von den Fingern scheuern müssen. Ich habe später mehrfach Betriebsbegehungen mit dem Arbeitsmedizinischen Dienst durchgeführt. Auch sonst kenne ich Schraubenfabriken und Walzwerke, Spritzguß- und Blasautomaten, Gießereien und Schmieden, Steuerbüros und Großbaustellen, Chemiefabriken und Sägemühlen, kleine Eierfarmen und landwirtschaftliche Großbetriebe. Ich habe meine Kindheit auf dem Lande verbracht und so manchen von *wirklich* schwerer Arbeit gekrümmten Rücken gesehen.

„Arbeit macht frei", so stand es zynisch über den Toren von Konzentrationslagern. Arbeit macht frei? Viele empfinden das Gegenteil und versuchen, sich dem täglichen Trott, der Fron zu entziehen. Das mittelhochdeutsche *arebeit* ist über die slawischen Sprachen wieder als Lehnwort zu uns gekommen: *robot*, und damit der Roboter, das stumpfsinnige, sklavische Mechanowesen. Arbeits- und Dienstunfähigkeit, Berufs- und Erwerbsunfähigkeit, sogar Arbeitslosigkeit scheinen für viele erstrebenswerter als die Erwerbstätigkeit. *Weniger* Arbeit, *mehr* Freizeit ist das erstrebenswerte Ziel, auch wenn so mancher mit der neu erworbenen Freiheit nichts anfangen kann und dadurch erst krank wird.

Andere möchten arbeiten, aber können in dem vorhandenen System nicht oder nicht mehr konkurrieren. Es sind nicht nur die Kranken und Behinderten, die zunehmend herausfallen. Die Welt hat sich verändert, vor allem die Arbeitswelt. Viele haben dies nicht mitbekommen und sich nicht darauf eingestellt.

Wieder andere arbeiten immer *mehr*, weil die Last der Wertschöpfung auf immer *weniger* Schultern verteilt wird. Über ihre Steuern und Sozialabgaben werden Staat und *Work-nots* alimentiert. Problematisch ist das für diejenigen, die nicht in Tarifverträge eingebunden sind oder die ihr Arbeitsdeputat ohne definiertes Entgelt zugeteilt bekommen. Der ihnen verbleibende Einkommensrest schmilzt dahin. Selbständige kommen häufig erst dann in die Gewinnzone, wenn andere schon längst ihre Freizeit genießen. Diese Gruppen sind die neuen Plebejer, denen man das noch neidet, was ihnen übrigbleibt.

„Arbeit ist Scheiße", war dieser Tage auf einem Plakat zu lesen, das der rechten Szene entstammte und mit einer fiktiven „Partei der Sozialschmarotzer Deutschlands" unterschrieben war. Arbeit und Überarbeitung auf der einen, Arbeitslosigkeit und Ablehnung von Arbeit auf der anderen Seite spaltet die Bevölkerung zunehmend.

Die Realität der Arbeitswelt kollidiert so manches Mal mit den Bedürfnissen und Ansprüchen des Einzelnen, seien diese berechtigt oder nicht. Unsere Gesellschaft hat daher auf den verschiedenen Ebenen vielerlei Hilfen und Schutzmaßnahmen installiert, Anerkennung von Behinderungen mit Arbeitsplatzschutz, psychosoziale Fachdienste, Integrations- sowie medizinische und berufliche Rehabilitationsmaßnahmen.

Doch es reicht nicht, an den Folgen herumzureparieren.

Rhythmen, Riten und Regeln

Leben ist strukturierte Zeit. Es hat nicht allein Anfang und Ende. Es sind nicht nur Phasen, die in einer gewissen Regelhaftigkeit aufeinander folgen, sondern auch Rhythmen, die modifiziert immer von neuem auftreten. Sie sind tief in unserer Biologie verankert, zumeist autonom, laufen aber nicht selten gleichsinnig mit äußeren Zyklen ab. Das gehört zu dem eigentlichen „Unbewußten", dem Animalischen, „Triebhaften" in uns, das wir so gern verstecken, im Geheimen aber durchaus genießen. Letztendlich sind hier wesentliche Anteile unserer Persönlichkeit verankert. Unser Zwischenhirn ist der Ort des Geschehens. Hier finden wir das Objekt der Chronobiologie.

Unser inneres Milieu koppelt sich derart an die Außenwelt, daß wir gänzlich in sie eingebunden sind und fälschlich annehmen, *sie* sei der Zeitgeber. Im Gegensatz zu unseren kognitiven Funktionen erliegen wir hier selten der Vorstellung, wir seien Herr im eigenen Hause. Die in ihrer völligen Leibhaftigkeit erlebte Zeit mit ihren zahlreichen Verbindungen ist so Mittlerin zwischen unseren Körpern und unseren sozialen Funktionen. Auf sie bauen wir unsere Gesellschaften mit ihren Regeln und Riten auf. Wir wachen und schlafen, wir essen und trinken, wir wachsen und altern, wir werden gezeugt und zeugen, wir werden geboren und sterben. Unser Tag läuft so ab, wie er immer abgelaufen ist – morgens beginnt unsere Pflicht, abends ist Kür, wir arbeiten und wir feiern, essen mit Freunden, feiern Geburten, Initiationen wie Taufe, Kommunion, Konfirmationen und Ausbildungsabschlüsse, begehen Hochzeiten und deren Jahrestage, treffen uns sogar nach dem Lebensende uns Nahestehender. „Alles hat seine Zeit", sagte der Prediger Salomon.

Eine *spontane* Entkopplung der inneren und äußeren Rhythmen ist Zeichen einer Krankheit, eine gewaltsame Veränderung der zeitlichen Struktur der Außenwelt macht krank. Depressionen sind Krankheiten, bei denen die zeitliche Struktur zerfällt, in denen der Kranke nachts grübelnd wacht, morgens sich nicht aus dem Bett traut und abends tanzen geht. Auf der anderen Seite ist unsere Zivilisation durch ihre zahllosen Verstöße gegen die einfachsten Regeln der Biologe pathogen.

Daß wir der Vorteile, die wir uns durch unsere zivilisatorischen Leistungen verschafft haben, die uns Nahrung und Gesundheit gewährleisten, ab einem gewissen Einsatz wieder verlustig gehen, daß sie gar in ihr Gegenteil umschlagen, ist eine Binsenweisheit. Obwohl vieles von Naturaposteln übermäßig problematisiert wird und nicht jedermann gleichermaßen betroffen ist, entstehen auf diese Weise volkswirtschaftliche Kosten, die bislang von kaum jemand nachgerechnet worden sind.

Unter anderem stellt Schichtarbeit ein größeres Problem dar, als man gemeinhin annimmt. Vor allem sind rasche Umstellungen von Früh- auf Spät- und schließlich Nachtschicht sträflicher Unsinn, der auch nicht durch eine Woche Freizeit aufgefangen werden kann. Auf lange Sicht kann man kaum folgenlos immer wieder seine innere Uhr neu ein- und umstellen oder zur Gänze gegen sie leben. Viel wird vom Jet-Lag und dem Mikroschlaf des Flugpersonals geredet, kaum jemand spricht von den zahllosen Arbeitern bis hin zu den Mittfünfzigern, die in ständiger Folge wochenweise früh, spät und nachts arbeiten müssen und damit nie in einen normalen Tagesrhythmus hineinkommen. Die anderen äußeren Taktgeber sind zu stark, der Wechsel ist zu rasch, als daß man sich je daran gewöhnte. Andererseits sind Phasen auch von einer Woche zu lang. Daß Fehler zu bestimmten Nachtzeiten vorprogrammiert sind und Fehlbelastungen zu einem erhöhten Krankenstand führen, scheint sich noch nicht bis in die Führungsetagen herumgesprochen zu haben. Viele Erschöpfungszustände mit emotionalen Störungen, die sich sowohl auf die Arbeitsleistung als auch auf das Privatleben auswirken, haben hier ihren Ausgang. Eine entsprechende Disposition vorausgesetzt, können Depressionen und Psychosen ausgelöst werden. Häufig habe ich meinen Patienten Schichtarbeit *verbieten* müssen. Es erstaunt mich immer wieder, daß seitens der Betriebsräte und der Gewerkschaften diesen Menschen kaum Unterstützung zuteil wird. Auch und insbesondere Krankenhäuser gehen hier mit schlechtem Beispiel voran.

Der strukturell anderen, nicht immer schlechteren Arbeitsleistung Älterer wird nicht genug Rechnung getragen. Sie, die sich in einer anderen Lebensphase befinden, haben instabilere Rhythmen als junge Menschen und brauchen Schonung. Das neue Rentenrecht scheint Anlaß zu Hoffnung zu geben.

Vieles ist indessen noch zu tun. Insbesondere sind Änderungen des Arbeitsrechts unter einer intensiven medizinischen Begleitforschung unumgänglich.

Autokratie

Ein Beamter wird mir von einem Sozialberater einer Behörde wegen Leistungsmängeln gesandt. Grund dafür ist eine Depression. Als es ihm besser geht, versucht der Vorsteher dieser Behörde, der persönliche Probleme mit seinem Mitarbeiter hat, die Stufenrehabilitation zu hintertreiben. Er unternimmt immer neue, sinnlose Interventionen. Ich hatte vorgeschlagen, daß der inzwischen phobisch auf den Chef und die Räumlichkeiten reagierende Mann für wenige Tage nur kurz das Amt betritt und die Woche darauf eine längere Zeit präsent ist. Nachdem er von mir eine schriftliche *Garantie* mit *persönlicher* Haftung verlangt, daß der Untergebene *funktioniere* und keinen Schaden anrichte, platzt mir der Kragen.

Ich schreibe dem Patienten und seiner Krankenkasse.

Dem Schreiben des Arbeitgebers entnehme ich, daß er eine Einstiegsarbeitszeit von zwei Stunden vorwiegend aus dem Grunde nicht akzeptiert, weil einerseits keine Tätigkeit in kürzerer Zeit als vier Stunden sinnvoll ausgeführt werden könne und ein Versuch eine „Einschätzung, Beurteilung und Bewertung des Arbeitsergebnisses" (durch den Arbeitgeber) erfordere, „die unter halbschichtig nicht möglich" sei.

Ein Arbeitsversuch hat aus medizinischer Sicht nicht primär das Ziel, seitens des Arbeitgebers die Leistungsfähigkeit prüfen zu lassen, sondern zuvorderst die Belastungsfähigkeit zu steigern. Es handelt sich nicht um einen Schutz des Arbeitgebers vor unzureichender Leistung des Beschäftigten, sondern um dessen medizinische (und erst sekundär die berufliche) Rehabilitation. Diese Intention des Gesetzgebers zeigt sich ja unter anderem auch darin, daß der Versicherte in dieser gesamten Zeit bis zur Erlangung der vollen Arbeitsfähigkeit als arbeitsunfähig gilt und Bezüge aus der Krankenversicherung erhält.

Zuerst sollte daher eine Habituation an den Arbeitsplatz, die von dem Kranken und seinem Arzt beurteilt wird, und danach die Leistungserprobung erfolgen.

Ich bitte den Dienststellenleiter, die Situation in diesem Sinne neu zu überdenken.

Helfershelfer

Der Mohr hat seine Schuldigkeit getan – der Mohr kann gehn. Es scheint geradezu paradigmatisch: Am härtesten gehen unsere Großfirmen mit ihren Mitarbeitern um. Am stärksten tun sich frühere Staatsunternehmen und die mit ihnen verflochtenen Firmen hervor. Beamte und Angestellte im mittleren Lebensalter müssen entsorgt werden. Sie werden förmlich gezwungen, sich vorzeitig berenten oder pensionieren zu lassen oder irgendwie zu versuchen, eine Erwerbsunfähigkeitsrente zu beantragen. Für diejenigen, die nicht willig oder einfach zu ehrlich sind, gibt es die Konstruktion von Subunternehmen, in die diese Widerspenstigen bis zu deren Liquidation (bewußt doppeldeutig) versetzt werden.

Viele dieser Leute sind durch diese Prozeduren wirklich „fertig mit den Nerven". Der Arzt, der Psychiater als Erfüllungsgehilfe, als „Terminator" in einem gesellschaftlich tolerierten Mobbing?

Frisches Blut

„Ich kann nicht krank feiern", erklärt die Frau. Um *Feiern* geht es nicht. Sie ist wirklich krank und benötigt diese Aus-Zeit dringend. „Ich werde die Stelle verlieren, auch wenn ich bisher nicht krank war."

Ihr Mann ist seit Jahren arbeitslos und bezieht Arbeitslosenunterstützung. *Sie* verdient das Geld. Die beiden Kinder gehen noch zur Schule. „Sie stellen seit einiger Zeit wieder ein, aber nicht zum Tarif. Sie nennen diese jungen Polinnen „frisches Blut". Sie bekommen weniger Lohn und weniger Urlaub."

Stil des Hauses

Eine ältlich wirkende, sächsisch sprechende Frau klagt über Mobbing in ihrer Firma. Sie erhalte derartige Mengen an Arbeit zugeteilt, die sie nicht mehr erledigen könne, obwohl sie sich alle Mühe gebe. Die Kolleginnen grenzten sie aus und machten sich über ihren Dialekt lustig. Sie ist völlig erschöpft und kündigt selbst. Sie akzeptiert die Sperrfrist des Arbeitsamts. Sie will nur weg.

Ihre Nachfolgerin ist zufällig schon längere Zeit meine Patientin. Sie lächelt über ihre Vorgängerin, über die im Büro noch immer gespottet wird. Sie selbst erleidet durch einen Unfall eine Wirbelsäulenverletzung und benötigt einen speziellen Sitz. Der Arbeitgeber verändert seinen anfangs freundlichen Ton, stellt Bedingungen, läßt sie „auflaufen" und kündigt ihr schließlich. Sie ist schließlich froh, daß es zu Ende ist.

Kurz zuvor hatte schon ein schizophrener Patient nach einem mehrwöchigen Krankenstand die „rote Karte" erhalten. Er konnte sich nicht wehren.

Zwei Jahre später erkrankt ein minderbegabter, bislang geordneter Mann, der in dieser Firma arbeitet, an einer Psychose. Für den Versuch einer „Stufenrehabilitation" verlangt die Firma von mir eine Haftungserklärung: Falls der Mann einen Schaden anrichtet, soll ich dafür geradestehen. Trotzdem bleibt der Arbeitsplatz – für alle unfaßbar – ihm noch für lange Monate erhalten.

Ein wenig Menschlichkeit

Ein achtundfünfzigjähriger Mann ist tief depressiv verstimmt. Er hat sich jahrelang überfordert. Er hat seine Familie ernährt, die Kinder großgezogen, ein Haus gebaut, seine Frau verloren. In all den Jahren hat er gearbeitet, fast die ganze Zeit als Schichtarbeiter, hat kaum wegen Krankheit gefehlt. Auch jetzt kann ich ihn nur kurz von der Arbeit abhalten. Sie ist der einzig verbliebene Sinn in seinem Leben, die wichtigste Struktur.

In den letzten Jahren hat er eine Zuckerkrankheit und einen Bluthochdruck entwickelt. Er ist schneller erschöpft als früher. Die Nachtschichten fallen ihm schwerer. Die Firma wird reorganisiert. Ein Beratungsunternehmen ist durch den Betrieb gegangen und hat die überzähligen Arbeitsplätze zusammengezählt. Die werden abgebaut. Der Rest des Belegschaft teilt sich die Mehrarbeit.

Die Normen werden angehoben. Auch Westdeutschland hat seine Stachanow-Arbeit. Nur nennt man das hier Akkord. Der Mann muß mehr Maschinen bedienen. Er ist nach der Arbeit völlig erschöpft. Er kann sich nicht mehr erholen. Als einer seiner Kollegen erkrankt und ausfällt, wird die Arbeit auf die anderen verteilt. Der Mann erhält andere Maschinen, die er nicht kennt und auf die er erst eingearbeitet werden muß. Er ist verzweifelt.

Ich bitte die Firma in einem Attest, bei dem Einsatz des Patienten auf seinen Zustand Rücksicht zu nehmen und ihn von einer erneuten Umsetzung auszunehmen. Ein halbes Jahr wird er geschont. Als der Kollege wiederkommt, wird er wieder umgesetzt. Man läßt ihn kalt stehen, als er seine Vorgesetzten anspricht. Auch ich kann für ihn nichts erreichen.

Als er kurz darauf eine zusätzliche, ihm neue Maschine zu bedienen hat, erscheint er nicht mehr in der Praxis. Am Nachmittag bittet mich die Polizei um eine Stellungnahme. Er hat sich auf die Schienen der Bahn gelegt. Es ist immer wieder dasselbe Gleis.

Doppelter Rauswurf

Er hat „die Faxen dicke". Der Chef hat ihn mehrfach ermahnt, pünktlich und regelmäßig zur Arbeit zu erscheinen. Dabei ist er morgens so müde und schlapp. Die Arbeit geht ihm nicht von der Hand. Außerdem hat er sie nur angenommen, weil der Doktor das so wollte, der Reha-Berater ihm das dringend ans Herz gelegt hat, die Krankenkasse nicht mehr länger Krankengeld gezahlt, das Sozialamt sich das Geld von den Eltern zurückgeholt hätte, die Eltern moserten, kurzum, die ganze Welt sich gegen ihn verschworen hatte. Wenn er sich schon ihnen zuliebe aufopferte, sollten sie ihm wenigstens etwas an Freiheit lassen.

Er blieb weg – weg von der Arbeit, von zu Hause, von der Praxis. Bei den Freunden war es schöner. Da war high life, auch nachts. Da gab es auch Pot und Schorre.

Die Kündigung wurde per Einschreiben nach Hause gesandt. Der Vater nahm das Schreiben an. Wo sein Sohn sich befand, wußte er nicht. Er war inzwischen auch zu müde, sich noch darum zu kümmern. Mit der Kündigung wurde er von der Krankenversicherung abgemeldet.

Nach zwei Wochen taucht er wieder auf. Er ist wieder einmal akut psychotisch geworden, halluziniert und will sich umbringen. Er muß dringend stationär behandelt werden.

Einen Monat nach der Entlassung schickt das Krankenhaus den Eltern eine Rechnung für die Behandlung. Er war nicht versichert. Knapp sechzehntausend Deutsche Mark kostet das Vergnügen. Die Krankenkasse darf keine rückwirkende Bescheinigung der Arbeitsunfähigkeit akzeptieren und kann den Krankenhausaufenthalt nicht bezahlen, auch wenn der Rausschmiß letztlich durch Krankheit bedingt war. Der Vater ist zwar nicht reich, aber zu wohlhabend, als daß das Sozialamt für die Kosten eintritt.

Man wisse: a. Es gibt große Löcher im System der *Sozialen* Krankenversicherung. b. In Deutschland besteht soziale *Sippenhaft.*

Mobbing

Ich unterhielt mich unlängst mit einem frankophilen Lehrer. Wir kamen irgendwie auf das Thema Mobbing – ich weiß nicht mehr, wer es anschnitt. Er hatte einige Monate zuvor einige französische Kollegen zu Besuch gehabt, die das Wort nicht kannten, trotz der Zunahme von englischen Fremd- und Lehnwörtern auch in ihrer Sprache. Geht man dort miteinander anders um? Ich kann es kaum glauben. Vielleicht aber ist unsere Benennung eine Art der Verdrängung.

Mobbing muß heute für vielerlei herhalten: Herabwürdigung und Ausnutzung von Arbeitnehmern, sexuelle Belästigungen am Arbeitsplatz, einfache Konflikte, die der Klagende aus inneren Gründen nicht angehen will oder kann, in der Natur einer abhängigen Beschäftigung liegende Unannehmlichkeiten, Fehldeutungen, sogar psychotische Erlebnisse.

„Sie mobben mich wieder." Eine dreißigjährige Frau lächelt mich an. „Die schmieren mir wieder was aufs Brot und tun mir wieder was in den Kaffee. Nachts kommen sie zu mir ins Bett, die Schw ... Meine Blase brennt immer." Die immer wieder auftretenden Zönästhesien werden von ihr so gedeutet, auch wenn sie im Sinne einer doppelten Buchführung zu mir kommt und sich ihre Medikamente für diese Verschlechterung abholt. Sie hat wegen ihrer Psychose nur wenig Fehlzeiten in ihrer Firma. Sie ist beliebt. Ihre Kolleginnen achten auf sie und rufen mich an, wenn es nicht mehr weitergeht.

„Ich werde gemobbt", erklärt eine andere junge Frau. „Die wissen alle im Betrieb, daß ich den Griechen gehabt habe. Sie lesen meine Gedanken. Er hat das auch gekonnt. Deswegen habe ich mich von ihm getrennt." Seitdem sie von ihrem Urlaub auf Mallorca zurückgekommen ist, wo sie den Mann kennengelernt hat, ist sie eine andere. Sie leidet unter Halluzinationen und hat einen ausgeprägten Wahn entwickelt. Sie ist sich dessen völlig sicher: Ihre Gedanken werden gelesen, liegen offen zutage, werden ihr entzogen. Man hört sie ab. Die Kollegen haben heimlich ihre Wohnung aufgesucht und eine Abhöranlage installiert. Es bleibt mir nichts anderes übrig, als sie stationär einzuweisen.

Lebensperspektiven

Er hat dreißig Jahre bei demselben Konzern gearbeitet, hat sich hochgedient und war lange Zeit ein gefragter Spezialist. Nach der Umstrukturierung im Telekommunikationsbereich zieht sich die Firma hieraus teilweise zurück und verlagert diese Aktivitäten auf neugegründete Töchter, die dann aus dem Konzern ausgegliedert werden. Die langjährigen Mitarbeiter stehen vor der Alternative, die angebotenen Stellen in den neuen Firmen anzunehmen oder eine Kündigung zu akzeptieren. Mit siebenundvierzig Jahren sind die Aussichten auf eine neue Stelle nicht gut, insbesondere nicht auf eine derart gut bezahlte. Die Aufgaben werden nochmals an eine andere Firma übertragen. Dem Mann wird angst. Er weigert sich, erneut den Arbeitgeber zu wechseln, und klagt. Die zweite Firma zahlt ihm zwar das Gehalt weiter, stellt ihn aber außer Dienst.

Er hat früher schon mehr getrunken und geraucht, als ihm gut tat. Vor allem trinkt er seit seiner Scheidung. Jetzt sitzt er aber zu Hause, kriecht in sich hinein, bedauert sich, raucht und trinkt. Neue Vorstellungen entwickelt er nicht. Sein Psychotherapeut wirft nach fünfundzwanzig Sitzungen das Handtuch. Eine Verlängerung hält er mangels Erfolgsaussichten für nicht sinnvoll.

Er sitzt mit rotem Gesicht vor mir. Alkoholduft schwängert die Luft. „Wieviel haben Sie gestern getrunken?" frage ich. „Woher wissen Sie das?" fragt er zurück. „Ich werde nicht älter als mein Vater." sagt er. „Der ist mit einundfünfzig Jahren gestorben. Ich *will* nicht mehr."

Störe meine Kreise nicht

Der neununddreißigjährige Mann, „Langzeitarbeitsloser", Arbeiter ohne Berufsausbildung, geschieden, drei Kinder, „Lebensabschittsgefährtin", erhält das zweite Mal eine Berufsförderung. Nachdem er das erste Mal feilen, sägen, bohren und fräsen durfte, wird er jetzt in die elektronische Datenverarbeitung eingeführt. Zuhause hat er ja einen PC.

Der Hausarzt schickt ihn zu mir, nachdem er den Mann wieder einige Wochen krank geschrieben hat. Er konnte wegen seiner Rückenschmerzen nicht mehr so lange sitzen, der Orthopäde konnte nichts finden und er wirkte auf ihn depressiv. Zudem hat der Doktor eine Anfrage vom Arbeitsamt erhalten, weil die Maßnahme durch die Fehlzeiten zu scheitern droht.

Ich komme zu der gleichen Meinung wie der Orthopäde auch. Weitere Injektionen, Infusionen und Akupunkturbehandlungen zum Beweis seiner Krankheit kann ich dem Armen ersparen. Depressiv ist er auch nicht.

Mit dem Arbeitslosengeld kommt er ja hin, erklärt er mir und verweist mich auf meine Schweigepflicht. Wenn er eine Arbeit hätte, würde er Unterhalt bezahlen müssen und nicht über mehr verfügen. Seine Freundin verdient ja. Wenn er bloß nicht ständig vom Arbeitsamt belästigt würde. Leider kann ich ihm da nicht helfen.

Punkte sammeln

„Ich bin jetzt einundfünfzig, Herr Doktor. Wenn ich mir vorstelle, daß ich noch fünfzehn Jahre so weitermachen soll … Ich habe Rückenschmerzen und einen Bluthochdruck und mein Hausarzt hat mich wegen meines Schwindels geschickt. Können Sie mir helfen? Ich wollte einen Antrag beim Versorgungsamt stellen." Der übergewichtige Industriekaufmann blickt mich erwartungsvoll an.

Wie so viele seiner Altersgruppe hat er die Freude an seiner Tätigkeit verloren (wenn er sie denn früher hatte). Er phantasiert schon seit langem ein ruhiges Pensionärsdasein mit vollen Bezügen. Viele haben es ihm vorgemacht, und er hört es voller Neid, wenn er auf alte Kollegen trifft, die ihm von ihren weiten Urlaubsreisen erzählen.

Er weiß es genau, daß er trotz seiner Zipperlein noch keine Ansprüche auf eine vorzeitige Berentung hat. Aber man kann vorausplanen, Punkte sammeln. Wenn es heute nur ein „Grad der Behinderung von 30 vom Hundert" ist – morgen kommt eine Zuckerkrankheit hinzu, ein Verschleiß der Kniegelenke, eine Gicht, eine Herzkrankheit ... Irgendwann läuft das Faß über.

Sechs Jahre darauf: „Können Sie mich nicht krankschreiben? Ich bin fast achtundfünfzig. Die Firma baut Arbeitsplätze ab. Sie zahlt mir eine Entschädigung, wenn ich aufhöre. Achtzehn Monate kann ich ja krankgeschrieben werden. In der Zeit können die mir ja eine Kündigung aus Krankheitsgründen geben. Später erhalte ich ein Jahr Arbeitslosengeld. Mit sechzig kann ich dann in Rente gehen."

How to be an Alien

Das ist ein äußerst unerfreuliches Thema. Ihre Länder sind uns zwar als Urlaubsziele, als Öl-, Kaffee-, Bananen, Textil- und Lieferanten sonstiger Güter recht angenehm. Auch solange ihre Leute hier zur Maloche gingen, die Renten stützten und die Klappe hielten, war es ja gut. Aber jetzt? Wo sie uns auf der Tasche liegen und die Arbeit, Arbeitslosengeld, Renten und die Frauen stehlen?

Als Menschenexporteure neu hinzugekommen sind die Länder Osteuropas. Es kommen mehr Wirtschaftsflüchtlinge oder Glücksritter als Arbeitskräfte zu uns; einige haben viel Geld in der Tasche, einige sind Sozialfälle, andere beides. Mehrere *Millionen* belagern die Grenzen unserer Insel der Glückseligen, sagt uns der Bundesnachrichtendienst.

Opfer unserer ordnungspolitischen Sortiermaschinerie sind nicht die schwarzen Schafe, die Schlauen, die Flexiblen, die sich aus den Schlingen herauswinden oder dank ihrer Beziehungen nicht erst hineingeraten, sondern diejenigen, die wirklich Hilfe brauchen.

Humanitas

Abdelnasir ist Libyer. Vor Jahren, als es seinem Staat noch wirtschaftlich gutging, hat ihn Gaddafi wie verschiedene andere Kranke zur Behandlung nach Europa und Amerika geschickt. Bei Abdelnasir besteht ein DIDMOA-Syndrom, eine unheilbare genetisch bedingte Störung, die bei ihm typischerweise mit einem Diabetes insipidus, einem Diabetes mellitus, einer Sehnervenatrophie, grauem Star, Schwerhörigkeit, einer Epilepsie, einer Neuropathie, einer Lebervergrößerung, Aussackungen der Harnwege und Minderwuchs einhergeht. Das heißt, daß er ohne ein regelmäßig geschnupftes Medikament am Tag mehr als zwanzig Liter Urin ausscheidet, Insulin erhält, trotzdem unter- oder überzuckert ist, allmählich erblindet, schwerhörig ist, Krampfanfälle hat, derentwegen ebenfalls Medikamente genommen werden müssen, unter Gefühlsstörungen und Schmerzen vor allem in den Beinen leidet.

Abdelnasir lebt als Jugendlicher in einem Heim, das sich auf kranke Kinder spezialisiert hat. Er scheint sich wohlzufühlen. Als die regelmäßigen Überweisungen aus Libyen schon nach wenigen Monaten ausbleiben, teilen sich die Sozialbehörde und der Träger des Heims die Kosten.

Aber auch Abdelnasir wird volljährig. Das Ausländeramt bereitet die Abschiebung vor. Er wird in seiner Heimat sterben wie zuvor seine Schwester. Eine Behandlung ist dort nicht möglich. Massive Interventionen mit der Androhung eines Skandals lassen das Amt davor zurückschrecken. Es sind zu diesem Zeitpunkt noch nicht so viele Asylanten oder Kriegsflüchtlinge im Land.

Nur kurze Zeit kann Abdelnasir in einer eigenen Wohnung leben. Dann geht es ihm zusehends schlechter. Er verstirbt drei Jahre darauf, gerade dreißigjährig, in einem Pflegeheim.

Familienzusammenführung

Eine mit einem Deutschen verheiratete Rumänin kommt zu mir; sie ist völlig außer sich. Ihr Sohn aus erster Ehe wohnt bei seinem Vater in Südwestdeutschland, einem naturalisierten Rumänen, der nach der Scheidung ebenfalls wiederverheiratet ist. Der Sohn, der nicht die deutsche Staatsangehörigkeit besitzt, ist gerade volljährig geworden und soll abgeschoben werden. Der Einspruch und auch eine Klage seien erfolglos gewesen. Der Sohn spreche kaum ein Wort rumänisch, da er in Deutschland großgeworden sei und hier die Schule besucht habe. Er sei nervenkrank, habe sich deshalb schon in Behandlung befunden. Ein ärztliches Attest habe der Vater allerdings nicht eingereicht.

Da die Abschiebung schon Anfang der folgenden Woche ansteht, bitte ich darum, mir den Sohn rasch vorzustellen und setze ein entsprechendes Schreiben an die Ausländerbehörde auf, das unbeantwortet bleibt und nicht berücksichtigt wird. Der Sohn wird abgeschoben.

Er kommt bei seiner einzigen in Rumänien verbliebenen Verwandten, seiner fast achtzigjährigen Großmutter, unter. Die wirtschaftliche Situation, die Ernährungslage, der Gesundheitszustand sind schlecht. Der junge Mann wird überfallen, niedergeschlagen, bricht sich den Arm. Der Bruch infiziert sich und es kommt zu einer Osteomyelitis, einer Knochenmarksentzündung, die nicht mehr ausheilt. Bald darauf muß er wegen einer sich rasch chronifizierenden schizophrenen Psychose stationär aufgenommen werden.

Seit Monaten befindet er sich in einem psychiatrischen Krankenhaus in Rumänien.

Abkommen wider die Menschlichkeit?

Vor mir sitzt eine gutaussehende, gut gekleidete Afrikanerin. Sie ist augenscheinlich gebildet und gehörte einer gehobenen Gesellschaftsschicht an. Ihre Augen blicken leer an mir vorbei. Gelegentlich schaut sie zu ihren beiden lebhaften Jungen hinüber, ohne daß deren munteres Wesen ihr ein Lächeln entlockt.

Sie spricht fließend französisch und auch recht gut englisch. Wir verständigen uns abwechselnd in einer dieser Sprachen. Sie lebt seit zwei Monaten in einem Asylantenheim in einer Kreisstadt. Dort wohnen Libanesen, Iraner, Bosnier, Albaner, Westafrikaner, keiner jedoch aus ihrer Heimat. Der Zweijährige wirkt sehr unruhig, er kann nicht stillsitzen, muß alles anfassen, zerstört das, was er zum Spielen erhält. Der Ältere scheint verständiger; aber auch er ist gestört.

Die junge Frau ist eine Hutu. Vor acht Monaten ist sie mit ihren beiden Kindern aus Ruanda geflohen. Wo ihr Mann verblieben ist, ob er überhaupt noch lebt, weiß sie nicht. Es hatte alles schnell gehen müssen. Sie ist in Frankfurt gelandet und hat sich sofort zu ihrem Onkel nach Brüssel begeben. Er lebt dort seit langem. Hier hat sie mehrere Cousins und Cousinen, die sie in ihren Familien aufnehmen. Ihre Jungen, zwei und vier Jahre sind sie erst, haben neue Freunde und können die Ereignisse der letzten Monate, die ihr Land zerrissen, das Haus zerstört, ihre Familie und ihre Spielgefährten zerstreut und getötet haben, langsam vergessen.

Eines Tages erhält sie die Nachricht, daß sie nicht bleiben könne. Nicht, daß sie dem belgischen Staat auf der Tasche gelegen hätte. Die Großfamilie hat für sie gesorgt. Sie hat aber in Deutschland erstmals den Fuß auf europäischen Boden gesetzt. Die europäische Xenophobie greift unbarmherzig zu und zerreißt die Familie erneut.

Gesetz ist Gesetz, auch wenn es Unrecht ist. *Schengen* versus Menschenverstand und Menschlichkeit? *Hier* ist Europa einig.

Wie die Sache schließlich ausgehen wird, steht in den Sternen. Während ich dieses schreibe, höre ich, daß eine nigerianische Frau bei der Abschiebung aus Belgien durch eine Gehirnblutung ums Leben gekommen ist. Das Kissen, das ihr die Beamten vor das Gesicht gehalten haben, kann es wohl nicht gewesen sein.

Helfersyndrom

Ein Lehrer bringt mir zwei Asyl-suchende Iraner, einen Mann und eine Frau. Beide hätten erhebliche Probleme im Asylantenheim. Während der Mann, der ausreichend Englisch spricht und recht differenziert zu sein scheint, sich gut verständigen kann, so daß bald eine Lösung gefunden ist, spricht sie kein Wort. Der Lehrer erklärt mir die Sachlage, wobei er ebenso wie ich des Iranischen nicht mächtig ist. Er rät eher herum, als daß er genaueres weiß. Sie sitzt vor mir und schaut mich gleichermaßen mürrisch, ängstlich und sehr erwartend an.

Der Lehrer meint zuerst, sie benötige eine andere Unterkunft, am besten eine ruhige, kleine Wohnung in einer besseren Wohngegend, so daß sie sich von ihren Erfahrungen in dem iranischen Gefängnis (sie sei politisch verfolgt) distanzieren und erholen könne. Ich soll eine Bescheinigung über die Notwendigkeit einer besseren Unterbringung ausstellen.

Eine Woche später erklärt er, sie benötige wegen der von ihm vermuteten Vergewaltigungen während der Gefängniszeit eine Psychotherapie. Sie spricht außer Iranisch keine weitere Sprache. Ich weiß keinen iranisch sprechenden Psychotherapeuten im weiteren Umfeld.

Nach einem knappen halben Jahr, die Frau hat inzwischen kein einziges Wort Deutsch gelernt, ist er zu der Meinung gekommen, daß sie einer Geschlechtsumwandlung bedürfe, kann mir aber nicht erklären, woher er das nehme. Sie werde sich wohl danach besser fühlen, sagt er.

Ich bewundere seine Intuition und verabschiede ihn mit festem Händedruck. Er hat verstanden.

Weltniveau

Mein Freund P. kommt aus einem kleinen Land mit alter Kultur, viel älter als die unsrige. Er hat in einem größeren Nachbarland Medizin studiert. Als sein Vater todkrank wurde, unterbrach er sein Studium häufiger, um nach Hause zu fahren. Als der Vater starb, mußte er für die Mutter und die Schwester sorgen, denn das Vermögen der zuvor wohlhabenden Familie war aufgebraucht.

Er arbeitete in einer internationalen Einrichtung der Entwicklungshilfe. Dort lernte ich ihn kennen. Er war, kaum zwanzigjährig, „Mädchen für alles", die rechte Hand des Direktors. Er organisierte die Einsätze der jugendlichen Freiwilligen aus Europa, Australien, Japan, die hier zusammen mit den Einheimischen Leprakranken ein neues Heim, Schulen und Altersheime schufen, er sorgte für die Freiwilligen in deren Freizeit, betreute sie auf Fahrten ins Land, managte die neuen Einrichtungen bis zu deren Inbetriebnahme, schrieb Rundbriefe in die Förderländer. Sein Englisch war weit besser als meines; fast war ich neidisch auf die Leichtigkeit und Präzision, mit der er sich darin ausdrücken konnte.

Sein Wunsch war, das Medizinstudium wieder aufnehmen zu können. Das Land, in dem er es begonnen hatte, nahm ihn wegen des Abbruchs nicht wieder auf. Wir waren zwanzig Leute auf diesem Einsatz, jüngere Erwachsene, die voll im Leben standen und ihr Geld verdienten. Wir legten zusammen – es hätte gereicht, ihn in Deutschland studieren zu lassen. Dann begann das Nachfragen bei den Fakultäten. „Wir erkennen die Hochschulreife dieses Landes nicht an. Er könnte ein Postgraduiertenstudium hier machen, wenn er ein Staatsexamen nachweisen kann." Das war es doch nicht! Er hatte zuvor in einem Land studiert, das seine Hochschulreife anerkannt hatte, das zum Commonwealth gehört, dessen Examina britischen Standard haben und auch hier gelten.

Ein deutscher Kollege war zu dieser Zeit gerade dabei, in *diesem* Land den britischen Facharzttitel für Neurochirurgie zu erwerben, der auch in Deutschland gilt.

Wir bezahlten ihm das Studium in Bangkok.

Wer im Ausland sollte heute noch deutsche Medizingeräte kaufen, außer sie werden für einen amerikanischen Konzern hergestellt? Wenn wir schon weder international denken noch uns verständigen können, seien wir dann doch wenigsten borniert. Das ist das, was bleibt.

Qualifikation

Ein Endfünfziger kann wegen seiner Nacken- und Rückenschmerzen nicht schlafen. Wie er sich dreht und wendet – er kommt nicht zu Ruhe. Er wird an seinen Bandscheibenvorfällen operiert. Seinen neuen Beruf muß er aufgeben. Er wird berentet.

Er hat gerade zwei Jahre zuvor seine neue Stelle als Werkzeugmacher begonnen. Er mußte einige Jahre in die Umschulungsmaßnahme des Arbeitsamts investieren, denn in seinem früheren Beruf galt er als nicht vermittelbar. In Oberschlesien ist er Leiter eines technischen Betriebes mit fünfhundert Mitarbeitern gewesen.

Psychosomatik

Als sie vor fünf Jahren als Deutschstämmige aus Polen kam, dachte sie, daß ihr Beruf hier gefragt sei und sie nach einer beruflichen Förderungsmaßnahme wieder einsteigen könne. Sie war Gewerbelehrerin.

Das Arbeitsamt meinte aber, daß man mehr Verkäuferinnen benötige. Alle Vermittlungsversuche schlugen aber fehl. So wurde sie in den Schuldienst aufgenommen – als Putzfrau.

Zuerst war sie für die Turnhalle zuständig. Das erledigte sie zuverlässig über fünf Jahre. Jetzt kam sie in das Hauptgebäude – zum Toilettenputzen.

Sie reagiert „psychosomatisch": Ihr ist zum Kotzen.

Besinnung

Herr Mikes ist der Autor eines kleinen Büchleins, dessen Titel ich dem Kapitel widmete. Alien, alienus: der Andere. Er wurde als gebürtiger Ungar vor mehr als fünfzig Jahren in Großbritannien naturalisiert. Ich glaube, er hätte für unser Verhältnis zu unseren „ausländischen Mitbürgern" nur ein trauriges Lächeln über. *Ausländische Mitbürger* – kein Euphemismus, sondern ein Widerspruch in sich, eine Verschleierungstaktik, um *die Anderen* nicht Bürgerrechte einfordern zu lassen in unserem Land der Kleinbürger.

Was heißt denn Rasse, was Nationalität, was bedeutet es, wenn die eigenen Vorfahren einige Jahrhunderte früher das Land betreten haben als die der anderen? Römer, Illyrer, Griechen und Syrer an der Donau, Slawen in Norddeutschland und Bayern, Wikinger an Elbe und Weser, Schweden in Mecklenburg und Westfalen, Schweizer in Schlesien, französischsprachige Hugenotten im Westen wie im Osten Deutschlands, Flamen um Berlin, Polen dort wie im Ruhrgebiet, Italiener, Amerikaner um Frankfurt, Spanier, Portugiesen, Kroaten, Serben, Bosnier, Türken, Libanesen, Marokkaner, Filipinos, Vietnamesen ... In Europa, vor allem in unserem Durchgangsland, war es stets zugig. Viele sind geblieben.

Es ist offensichtlich, daß wir bei der Zuwanderung ethnische und sogar rassistische Vorbehalte machen, obwohl wir offiziell diese Geisteshaltung weit von uns weisen. Wir machen Unterschiede zwischen russischsprachigen Nachfahren von Menschen, die vor dreihundert Jahren hier auswanderten und deutschsprachigen Flüchtlingen, deren Angehörige in ihren eigenen Ländern ums Leben gebracht wurden. Der unselige

Nationalismus des neunzehnten Jahrhunderts, der von unseren Vätern dem ethnisch bunt gemischten Europa gepredigt wurde und außer Phrasen nur Leid brachte, ist immer noch nicht überwunden. Wir haben kein Recht, auf den Balkan herunterzublicken, dem wir aus Eigennutz diese Ideen vor einhundertzwanzig Jahren importierten. Wir ernten jetzt mit dessen Asylsuchenden die Früchte.

Natürlich kann unser Land, auch Europa als Ganzes, nicht das Sozialamt der Welt sein. Wir können nicht wie bisher Volksdeutsche in kurzer Zeit auf unseren sozialen Standard heben, Asylanten jahrelang hier auf den Ausgang ihres Verfahrens warten lassen und ohne Gegenleistung bei gleichzeitiger Beschränkung von allgemeinen Menschenrechten wie der Freizügigkeit alimentieren (Die DDR war in *einem* Bezug fortschrittlicher. Sie kannte ein Recht auf Arbeit). Wenn wir den bisherigen Weg weitergehen, schaffen wir eine massive Entsolidarisierung der Bevölkerung und eine Kriminalisierung der Zuwanderer.

Da wir uns der Zuwanderung dauerhaft nicht erwehren können, werden wir wohl aus den halb- und illegalen Bewohnern Bürger unseres Landes mit Rechten, aber auch mit Pflichten machen müssen. Andersartige Behauptungen sind Augenwischerei. Integration ist aber weit mehr als der Besitz eines Passes. Sowohl Alt- als auch Neubürger benötigen Hilfen. Konzeptloser Aktionismus ist aber die Regel, sowohl auf der Pro- als auf der Gegenseite. Die Folgen lassen sich nicht rückgängig machen.

Risiken und Nebenwirkungen

„Über Risiken und Nebenwirkungen fragen Sie Ihren Arzt oder Apotheker." Es vergeht keine Werbepause, in der dieser Spruch nicht fällt. Ich habe mir schon überlegt, ob ich nicht mein Geld mit Abmahnungen verdienen sollte. Dieser Spruch lädt zum Mißbrauch ärztlicher und pharmazeutischer Kompetenz ein, nur weil diese Firmen ihre Nebenwirkungen nicht in einer Werbung unterbringen können oder wollen. Lediglich die Zigarettenwerbung ist hierzu verpflichtet. So haben die Hersteller unentgeltliche Beratungsleistungen für ihre Kunden, denn das beworbene Produkt ist ja rezeptfrei. Ich träume von einer Abmahnfirma.

Seltsam ist, daß frei verkäuflichen Arzneimitteln von den meisten Menschen mehr Vertrauen entgegengebracht wird, als den vom Arzt für den jeweiligen Patienten maßgeschneiderten Verordnungen. Der alte Spruch des Paracelsus, daß allein die Dosis darüber entscheidet, ob etwas ein Gift oder ein Heilmittel ist, ist weithin unbekannt. Hier gilt: Viel hilft viel.

Nicht nur einmal hat ein völlig verunsicherter Patient mir das Buch „Bittere Pillen" auf den Tisch gelegt und mit dem Finger auf sein Medikament gezeigt. Viele waren der Meinung, daß mir dieses „Fachbuch" völlig unbekannt sei und waren erstaunt, daß es vor ihnen in meinem Bücherschrank stand. Verordnete Medikamente sind eine Attacke gegen die Gesundheit. Böse Chemie kann nur Nebenwirkungen haben. Die Langzeitfolgen sind unbekannt. Der Arzt weiß nicht, was er da verordnet. Er weiß nicht, wie ich als Patient reagieren werde. Der industriell-medizinische Komplex hat ihn hinters Licht geführt oder gar bestochen.

Je weiter die Entwicklung hochspezifischer Medikamente gediehen ist, je weniger „Nebenwirkungen" sie haben, um so größer ist die Angst vor ihnen. Je genauer die Meldesysteme sind, je sorgfältiger sie kalibriert sind, je breiter ihre Suchkriterien ausgelegt sind, desto mißtrauischer beäugt man die, die sich damit beschäftigen. Seltene Nebenwirkungen könnten doch – und gerade – bei mir auftreten, auch wenn selten als eins zu einhunderttausend und sehr selten als eins zu fünfhunderttausend definiert ist. Selbst das „Event-System", das der Arzneimittelsicherheit dienen soll, das alle Auffälligkeiten unter der Einnahme eines Medikaments festhält, gleich, ob ein Zusammenhang wahrscheinlich oder undenkbar ist, gilt als Beleg für die potentiellen Gefahren.

Brauche ich vielleicht Nebenwirkungen? Aus ärztlicher Sicht sind sie dann sinnvoll, wenn die Hauptwirkung nicht sofort spürbar ist und der Kranke sich dazu verführt fühlt, mehr einzunehmen, als ihm gut tut. In diesem Fall sind sie ein Warnsystem. Nebenwirkungen braucht allerdings auch jemand, der einen Vorwand vor sich und anderen sucht, auf die Arznei oder eine Behandlung überhaupt verzichten zu können. Der Ärger des Verordners ist nachvollziehbar: Er wird in seiner Person und in seiner Funktion als Arzt als nicht vertrauenswürdig angesehen.

Geschäft ist Geschäft

Chronisch Kranke sind die besten Geschäftspartner. Sie sind auf Dauer krank, leben noch lange genug und sind häufig voller Hoffnung, daß irgendwo noch Heilung zu finden ist.

Kurz nacheinander kommen mehrere Patienten aus der Selbsthilfegruppe für Multiple Sklerose und drängen auf eine Einweisung in eine bestimmte Klinik in Westfalen.

Diese Klinik bietet neben der Standardbehandlung eine zusätzliche Therapie an, einen Stoff, der den Stoffwechsel umstellen und den Verlauf der Krankheit entscheidend bessern soll. Diese Arznei werde man auch danach erhalten, allerdings *nur* über die Klinik. Man müsse sich später dort auch in regelmäßigen Abständen wieder vorstellen.

Sie ist nicht als Arzneimittel zugelassen. Möglicherweise gilt sie als Nahrungsergänzungsstoff, der nicht den strengen Bedingungen der Arzneimittel unterliegt.

Ich versuche mehrfach, die angebotenen Informationen zu erhalten. Vergeblich. Es scheint daran zu liegen, daß ich mein Praxisbriefpapier verwendet habe.

Placebo

Placebo: ich werde gefallen. Der Name für diese Gruppe von Medikamenten ist falsch gewählt. Medikamente ohne pharmakologisches und damit auch ohne biologisches Wirkprinzip *wirken*. Damit haben sie auch Wirkungen, die *nicht* erwünscht sind, eben Nebenwirkungen – psychogene nämlich.

Die Verträglichkeit eines Johanniskrautextrakts schnitt kürzlich bei einer klinischen Prüfung gegen ein modernes synthetisches Antidepressivum nicht deutlich besser ab: Der Begleitzettel des pflanzlichen Präparats war ausführlicher als üblich. Dafür war die Wirksamkeit fast gleich.

Witch medicine

In meiner Zeit in Afrika habe ich *witch medicine* erstanden. Unter anderem besitze ich mehrere mit buntem Sand und Gesteinsmehl gefüllte Glasfläschchen, die zuvor Antibiotika oder andere Injektions- und Infusionslösungen enthalten hatten und nun als Amulett dienen sollten. Ich habe auch den dazugehörigen *witch doctor*, eine Figur aus Holz und Stoff, die auf dem Marktstand über den ausgebreiteten Wundern thronte. Bei mir steht sie auf einem Schauglas mit vielfarbigen entleerten Medizinkapseln *westlicher* Herkunft.

In meiner Neugier lasse ich mir bei Hausbesuchen von meinen Patienten häufig ihren Medizinvorrat zeigen. Ich will doch wissen, wo das Füllhorn der zahllosen Pillen, Dragées, Tabletten, Kapseln, Tropfen, Säfte, Salben, Cremes, Pflaster und der sonstigen Hoffnungsträger verschwindet, das meine Profession über ihr Klientel ausschüttet. Unausgepackt, angerissen, kurz probiert stehen und liegen die Blister, Schachteln, Dosen, Töpfchen und Flaschen in Schränken, in Schubladen und auf Regalen. Vor einer Wohnungsauflösung fand ich einmal drei Kubikmeter Medikamente aus vierzig Jahren Sammlertätigkeit. Auch wenn sie nie genommen wurden, waren sie zu schade, sie zu entsorgen, denn sie hatten Geld gekostet. Es war zwar nicht das eigene. Der Handelswert machte sie jedoch wertvoll und damit zum *jahrzehntelang* wunderwirkenden Hausschatz. Wehe, ich hätte mich früher unterstanden, diesen Schatz zu entführen.

Machs doch lieber wie ich

Eine ältere Dame versucht mir verständlich zu machen, daß sie jetzt ein natürliches Schlafmittel benutze. Eine Freundin habe ihr dazu geraten. Die ganze Chemie sei doch nicht in der Lage, wirklich zu helfen.

Sie hatte eine Altersdepression, die wie so häufig mit erheblichen Schlafstörungen einherging. Ich hatte ihr ein Antidepressivum verordnet und vorsichtig die Schlafmittel entzogen, die sie über Jahre eingenommen hatte. Zuerst wollte sie nicht. Warum auch? Die Schlafmittel wirkten so zuverlässig. Erst die Mitteilung über die wesentlich erhöhte Rate an Oberschenkelhalsbrüchen unter Benzodiazepinen gab ihr zu denken. Allerdings – jetzt hatte sie häufig einen trockenen Mund und der Stuhlgang machte ihr Schwierigkeiten.

Das natürliche Mittel? Ein frommes Getränk aus Kräutern, das doch nicht schaden konnte: Melissengeist. Nie war er so wertvoll wie heute.

Doping

Der Mann ist den ganzen Tag schon wie aufgedreht. Er läuft auf der Station hin und her. Er kann keinen klaren Gedanken fassen. Beruhigende Worte helfen so wenig wie Medikamente. Plötzlich stürmt er in das Stationszimmer, greift sich eine Flasche mit zweihundert Millilitern Haloperidol forte (einem sehr starken Neuroleptikum), setzt sie an den Mund und trinkt sie in Sekundenschnelle aus. An seiner Unruhe ändert sich nichts. Auch wenn er das Deputat von zwei Monaten in sich hat.

„Giftige" Medikamente? Eine konzentrierte Kochsalzlösung hätte mehr Schaden angerichtet.

Blondie

Eines Tages stand die Mutter des jungen Mannes vor mir und musterte mich scharf: „Was haben Sie meinem Sohn angetan? Er ist völlig verändert. Er ist nicht mehr derselbe!" Sie hielt mir zwei Fotografien hin. In der Tat: früher eher dunkel- als mittelblond, hatte er jetzt goldblondes Haar mit einem leichten rötlichen Schimmer. Auch war er insgesamt runder geworden. Er hatte ein schon lange Zeit im Markt befindliches Neuroleptikum erhalten, von dem diese Nebenwirkung bis zu diesem Zeitpunkt nicht bekannt war.

Nein, so wollte sie ihn nicht. Lieber sollte er wieder unruhig auf dem Stuhl schaukeln und auf dem Daumen lutschen, durch die Gegend laufen, alles betasten, alles in den Mund stecken, die anderen jungen Leute beißen, ihnen den Finger in die Ohren stecken. Zwar waren die Lehrer auf der Schule für Geistig Behinderte mit ihm völlig überfordert gewesen und hatten eine Ausschulung gefordert. Zwar war auch die Werkstatt für Behinderte nicht in der Lage, ihn zu integrieren. Zwar waren sie und ihr Mann am Ende ihrer Kraft, so daß zeitweise ein Zivildienstleistender für ihn abgestellt wurde, der ihn zu Hause betreute. Zwar versuchten sie vergeblich, ihn zu schützen und zu fördern, wo sie konnten. Zwar wußten sie sich gegen seine Unruhe nicht zu helfen (Für alle Fälle hatte der Vater immer ein kleines Stöckchen dabei, denn davor hatte der Junge Angst.) Jedoch – er sollte derselbe bleiben, der er war. Er war ein Autist und *dunkelblond.*

Die Zusammenarbeit zwischen den Eltern und externen Bezugspersonen wie Lehrkräften, Sozialpädagogen und Ärzten war stets schwierig. Keiner konnte wirklich helfen. So griff die Mutter zur Selbsthilfe. Die Dosis der Medikamente bestimmte sie. Kein anderer kannte ihren Sohn so gut wie sie. Eine andere Haarfarbe konnte sie nicht dulden.

Ich habe Marco noch sechs weitere Jahre behandelt. Eines Tages klagte er über Bauchschmerzen. Der Chirurg holte zwei Schuhzungen und vier Schnallen aus dem Magen. Marco starb wenige Tage nach der Operation an einer Lungenembolie.

Nicht-konventionelle Medizin

Ich habe lange nach einem Namen für dieses Kapitel gesucht. Naturheilkunde als Sammelbezeichnung ist hier falsch, weil diese wie die „Schulmedizin" in der Realität steht, auf logischem Denken aufbaut und lange nicht alles, was sich als alternativ bezeichnet, *natürlich* ist. So manches aus dem „nicht-konventionellen" Bereich ist technisch, angewandte Psychologie oder bloßer Hokuspokus. Es handelt sich um ein heterogenes Sammelsurium, das jeweils nur durch diejenige Person zusammengefaßt wird, die diese „alternative" Polypragmasie betreibt. „Außenseitermethoden" scheint mir auch nicht richtig, denn die Außenseite ist „in", die Innenseite häufig „out".

Bei den esoterischen Verfahren handelt es sich um Weltanschauung, um *fundamental beliefs*, wie auch in der naturwissenschaftlichen Medizin auf der anderen Seite. Erstaunlich ist aber, wie gut hier spekulatives und deduktives Denken Hand in Hand gehen.

Ich bitte meine Kollegen Alternativmediziner, mich hier nicht falsch zu verstehen. Keineswegs möchte ich hier undifferenziert alternative Diagnose- und Heilmethoden abqualifizieren. Dagegen spricht mein familiärer Hintergrund. Von anatomischen Ordinarien bis zu Heilpraktikern bietet er das gesamte Spektrum der Heiler. Ich möchte einen kritischen und selbstkritischen Umgang mit *allen* Methoden einfordern, seien sie allgemein anerkannt oder „alternativ". Ich sehe auch eine zunehmende Gefahr darin, daß zunehmend bislang „konservative" Ärzte aus pekuniären Erwägungen „Alternatives" anbieten. Hierdurch erfahren diese Methoden in den Augen der Öffentlichkeit eine Wertigkeit, die ihnen nicht zusteht. Zunehmende Mißerfolge durch falsch angewandte Methoden oder Scharlatanerie werden der wirklichen Naturheilkunde angelastet.

Amalgam, Palladium & Co. KG

Eine meiner Patientinnen, eine sehr einfache, aber auch anhängliche Frau, die mit ihrem Sohn viel Kummer hat, sich um ihre Mutter sorgt und sich von ihrem etwas robusten Mann nicht ausreichend unterstützt fühlt, neigt dazu, sich an ihre Ärzte zu klammern. Sie kommt dadurch in die Zwickmühle, daß mein allgemeinmedizinischer Kollege wenig zu Selbstreflexion neigt und daher eine unglückliche Vaterrolle übernimmt. „Das kriegen wir schon hin", „laß mich das mal machen", „ich regele das für dich", sind seine Worte. Sie hat keinen Kreis außerhalb der Familie, in dem sie sich bewegen kann. Er nimmt sie mit in seine Kirche, obwohl sie zu einer anderen Konfession gehört, und versucht, sie dort einzubinden.

Zuerst ist alles psychosomatisch: ihr Übergewicht, ihr Diabetes, ihr Hypertonus, der nicht zufriedenstellend eingestellt wird, obwohl ich mehrfach in meinen Briefen darauf hinweise. Plötzlich entdeckt er das Amalgam und andere Spurengifte. Nicht Psychosomatik, sondern Intoxikation ist nun die Ursache aller Beschwerden. Pendeln, Elektroakupunktur, Bioresonanz und Auras-Diagnostik, kernspintomographische

Schwermetalldiagnostik, auswärtige Speziallabors etc. kosten viel Geld und besagen für ihn alle dasselbe: Das Gift muß raus! Die Krankenkasse weigert sich, wie es vorauszusehen war. „Ich kämpfe für dich", sagt der Doktor, der es ja besser wissen muß als die Kasse. Es hat ja auch schon Tausende gekostet, also muß es, wenn es denn Sinn gemacht haben soll, weitergeführt werden. Die Kasse wird gewechselt. Auch diese hört die Botschaft wohl, allein fehlt ihr der Glaube. Die Frau versteht die Welt nicht mehr. Gesundheit steht ihr doch zu! Sie soll klagen. Sie bittet mich um Mithilfe.

Leider kann ich für sie nur wenig tun, außer daß ich ihr die Situation der Kasse, die wissenschaftliche Wertigkeit der Methode und die Erfolgsaussichten in ihrer Sprache erkläre und ihr gesundes Mißtrauen wachhalte.

That´s my way

Ein ähnlich „alternativ" gesonnener Kollege hat mich vor einigen Jahren einmal angerufen. „Das ist wohl nicht *Ihr* Weg", hat er nach unserem Gespräch gemeint. Richtig.

Als ich ihn vor einigen Monaten wiedersehe (er hat inzwischen seine Kassenpraxis aufgegeben), erklärt er mir, daß er sich jetzt auf Psychotherapie konzentriere. Er hatte kurz nach mir seinen Zusatztitel erhalten. Er betreibe jetzt ganzheitliche Psychotherapie, erklärt er. Gespräche, Suggestion, Akupunktur, Irisdiagnostik, Homöopathie. Daß er pendelt, bespricht und zur Kirlian-Photographie und Auras-Diagnostik überweist, wußte ich bereits. Inzwischen hat er auch das Outfit eines grünen Gurus angenommen.

Eine ältere, recht fromme Dame wollte bei ihm naturheilkundliche Hilfe erfahren. Sie wirkte sehr verstört, als sie mir berichtete, daß er mit seiner Helferin hinter ihr gestanden, ein Fläschchen geschüttelt und vor sich hin gemurmelt habe. Sie fühlte sich okkulten Mächten ausgesetzt und geriet ins Grübeln über ihr Seelenheil.

Eine um ihren psychosekranken Sohn besorgte Mutter erzählte mir vor einigen Monaten, daß er bei ihm eine *Bach-Blütentherapie* durchgeführt habe. Diese privat zu liquidierende Behandlung sei unabdingbar, habe er erklärt. Sie habe ihn in ihrer Not wegen seines *Psychotherapie*-Zusatztitels aufgesucht. Heute sitzt ein junges Paar vor mir, das genauso abgezockt wurde, als es Psychotherapie verlangte.

Es handelt sich *nicht nur* um alternative Polypragmasie. Hier handelt es sich um Rund-um-Versorgung, lückenlos, ein schwarzes Loch mit verschiedenen Abteilungen, in dem zuerst diese Patienten verschwinden, dann ihr Geld, ihr Vertrauen in die „Schulmedizin" und schließlich ihr Glaube an die Menschheit.

Grundlagen

Wie auch in der „Schulmedizin" üblich, wechseln bei den „Alternativen" die Paradigmen. Allerdings ist der theoretische Hintergrund vielfältig, denn spekulatives Denken beherrscht die Szene. So mancher vertritt mehrere widersprüchliche Theorien gleichzeitig. Eine Einheitlichkeit ist nicht zu erkennen, außer in der Frontlinie gegen die Schulmedizin.

Problematisch scheinen mir die Grauzonen – nicht so sehr zu der Laienmedizin als vielmehr zu den von Medizinern angebotenen Behandlungen. Entweder sind sie einfach nur modisch oder entspringen dem gemeinsamen Wunschdenken des Hilfesuchenden und des Therapeuten oder werden ohne eigene Überzeugung, wider besseres Wissen des Behandlers von diesem durchgeführt und sind damit unfrommer Betrug. Er kann sich nicht auf eine bewußt therapeutisch eingesetzte Suggestion berufen. Interessant sind die Namensgebungen für viele Angebote. Natürlichkeit und Hochtechnologie der Behandlungsmethode werden häufig gleichermaßen offeriert, es wird für Knopflochblicke auf das Blut eines Leidenden das Adjektiv „holistisch", ganzheitlich, vergeben. Leider liest kaum jemand noch Eugen Bleulers „Das autistisch-undisziplinierte Denken in der Medizin *und seine Überwindung*". Otto Prokop mit seinem „Medizinischen Okkultismus" scheint obsolet. Der Ausspruch Konrad Lorenz': „Der Mensch ist das einzige Tier, das an allen Blödsinn glaubt", entspricht nicht der *political correctness*.

Kausalitätsbedürfnis

Basis vieler paramedizinischer Behandlungen ist das von schulmedizinischer Seite unbefriedigte Kausalitätsbedürfnis vieler, die sich krank fühlen oder krank sind. Gesundheitliche Aufklärung ist kein Schulfach. Kenntnisse in Biologie und Psychologie sind in der Bevölkerung nicht breit gestreut. Um die Patienten nicht zu verlieren, die mit paramedizinischen Vorstellungen erscheinen, flüchtet manch ein Kollege ins diplomatisch Nebulöse: „Eine interessante Vorstellung, die Sie da haben ...", „das kann man sich so vorstellen ...", „das ist durchaus möglich ..." und bestätigt die dumpfen Ahnungen.

Wir sind alle Geschädigte

Radon im Keller statt im Gasteiner Stollen oder in den Thermen von Ischia (wo es immer noch „gut" ist), Phosphat und Glutamat (früher von Alternativen zur „Nervenstärkung" verkauft), Holzschutzmittel, Nahrungsmittelfarben, Autoabgase oder Platin aus Katalysatoren, Blitzsuggestionen im Fernsehen, *bittere Pillen*, Mobilfunk, Hefepilzbelastung des Darms, Amalgam (in dritter Runde), Wasseradern und Erdstrahlen in wiederholter Auflage, Palladium, genetisch veränderte Nahrungsmittel – die Liste der Dinge ist endlos, die monoman als Erklärungen für alles Leid der Welt angeboten werden. Nicht etwa, daß einige dieser Faktoren nicht irgendwann irgend jemand geschadet hätten! Erstaunlich ist nur, daß es alternative Behandler gibt, seien es Ärzte, seien es Heilpraktiker oder andere Laienheiler, deren unausgesuchtes Klientel fast allein aus Pilzbefallenen, Verstrahlten, Holzschutzmittel- oder Quecksilbergeschädigten und sonstig Vergifteten und Verkrüppelten besteht. Jeder hat auch seine Devotionaliensammlung zum Beweis. Auf der Seite des Psychokults behandeln und behandelten psychiatrische und psychotherapeutische Autisten fließbandartig Opfer schizophrenogener Mütter, massenhaft Elterngeschädigte, Mißbrauchte, Gemobbte und andere an sich und der Welt Leidende und sehen, ohne daß es sie noch verwundert, die Menschheit nur noch aus diesen bestehen.

Anfrage

Diese Problematik zeigt sich schon bei der Umweltmedizin. Sie gehört zweifellos nicht zur Alternativmedizin, wird aber zunehmend von dieser für sich reklamiert.

Ich begebe mich hier in eine sehr anfechtbare Position: Umweltmedizin befindet sich auf dünnem Eis. Die Befriedigung des Kausalitätsbedürfnisses, sei es des der Patienten, der Gesellschaft oder des eigenen, und die Berücksichtigung wissenschaftlicher Kriterien stehen häufig gegeneinander. Ich habe aber nicht vor, das Kind mit dem Bade auszugießen.

In Nordrhein-Westfalen gibt es den Modellversuch Umweltmedizin. Diagnostik und Beratung finden nur innerhalb des Versuchs statt. Bald zwei Drittel der ersten eintausendvierhundert Verdachtsfälle sollen einen positiven Befund ergeben haben.

Befindlichkeitsstörungen, Psychosomatosen, psychische Fehlhaltungen und Krankheiten verschiedenster Art, chronische Krankheiten mit unklaren und recht unterschiedlichen Ursachen fallen unter die Klagen. Sind psychiatrische Untersuchungen integriert? Sind andere Menschen auch krank, die in derselben belasteten Umwelt leben? Wie verhält es sich mit der Anlage des Betroffenen, wie mit einer möglichen Reaktionsbereitschaft? Was bedeutet Krankheit für sein Lebenskonzept? Es besteht keine Möglichkeit eines Doppelblindversuchs.

Bei zwei Dritteln trat eine Besserung ihres Gesundheitszustandes ein. Befindlichkeit oder Gesundheit? Was zuvor nicht objektiviert werden konnte, ist auch später Verhandlungssache. Häufig reichte es zur Gesundung, in seinen Klagen ernstgenommen zu werden. Es ist äußerst schwierig, Zirkelschlüsse und Ergebnisse der Behandlung wirklicher Schäden gegeneinander abzugrenzen. Ober-Arzt Schorre vertritt allerdings hinsichtlich der Umweltmedizin die Meinung: „Der beste Gradmesser für die Qualität ist die Zufriedenheit der Patienten." Naja.

Markt

Ärzte dürfen nicht werben. Es gibt nur wenige Lockerungen dieses Werbeverbots. Heilpraktiker dürfen das. Das neiden ihnen manche Kollegen. Die Gebührenordnung, die sich die Heilpraktikerschaft gegeben hat, ist rechtlich nicht bindend, gibt aber einen gewissen Anhalt für die Abrechnung. Sie weist für gleiche oder ähnliche Leistungen weit höhere Summen aus als die amtliche Gebührenordnung für Ärzte. Kein Wunder, daß bei der augenblicklichen Misere im Gesundheitswesen zunehmend Kollegen ihre Ehefrauen auf Heilpraktikerschulen schicken!

Vor mir liegt der mehrseitige Hochglanzprospekt eines Heilpraktikers in der Nähe. Das Praxisgebäude liegt breit und dreistöckig an der Straße. Mehrere Fahnenmasten stehen davor. Ich sehe modernes Mobiliar, einen Springbrunnen und hohe Pflanzen in der Anmeldung. Ich lese über den Werdegang des Inhabers, die Historie, die Philosophie und das Leistungsspektrum der Praxis. Er hat das Studium der Tiermedizin abgebrochen wegen theoretischer Konflikte mit den Professoren, einige Semester Chemie belegt und danach die Heilpraktikerschule besucht. Er prangert die Inkompetenz der schulmedizinischen Ärzte an, bietet eine genaue Anamnese und körperliche Untersuchung, intensive Labormethoden und eine ausführliche Besprechung der Ergebnisse. Wie gern hätte man als Kassenarzt die Zeit (und das Geld) dafür!

Kassenknete für Hoffnungsanker

Wenn etwas hilft, muß „Kassenknete" her. Viele Kassen waren lange Zeit sehr freigiebig, auch wenn die jeweilige Methode von der Arzneimittelkommission der deutschen Ärzteschaft und dem Bundesausschuß der Ärzte und Krankenkassen nicht anerkannt war. Auch Behandlungen von Heilpraktikern wurden von Krankenkassen vereinzelt erstattet. Private Versicherungen waren hier besonders großzügig. Nicht selten haben auch Versicherte, die meinten, durch alternative Zuwendung Hilfe (welcher Art auch immer) erhalten zu haben, ihre Kassen auf Kostenerstattung verklagt. Häufig haben sie auch Recht erhalten. 1992 hat das Sozialgericht Freiburg eine Krankenkasse verurteilt, die Behandlung einer Leberzirrhose durch Akupunktur zu finanzieren. 1994 zwang dieses Gericht eine Kasse, die Kosten für eine *„Ganzkörperhyperthermie in Verbindung mit sog. ganzheitlicher Immuntherapie"* einer Krebskranken im Endstadium zu übernehmen, die erwartungsgemäß drei Wochen darauf an den Folgen ihres Leidens verstarb. Die Begründung lautete: Wenn der Patient in einer solchen Behandlung einen *Hoffnungsanker* sehe, müsse die Kasse leisten. Allein bei den jährlich 210.000 Krebstodesfällen würden derartige Anker 3,6 Milliarden DM teuer sein.

Allmählich scheint sich aber doch das Gebet eines Bekannten zu erfüllen: „O Herr, laß Hirn regnen." Zunehmend setzt sich bei den Richtern die Auffassung durch, daß eine eigenständige Beurteilung von Qualität und Wirksamkeit einer strittigen Methode die Gerichte überfordern würde.

Neue Wege?

Tai Chi, Reflexzonenmassagen, Kunsttherapie, Schattenboxen, Traditionelle Chinesische Medizin – demnächst wohl auch Heilpraktiker, Schamanen, philippinische Heiler, Auditing bei den Scientologen als Angebot der Krankenkassen zu Lasten der Solidargemeinschaft.

Der Wirksamkeitsnachweis ist bei vielen Behandlungsangeboten nicht erbracht. Der Placeboeffekt ist groß. Die Patientenzufriedenheit kann das nicht sein. Therapieforschung muß die Behandlung begleiten.

Den Krankenkassenmanagern ist sicherlich klar, daß dieser Markt wegen seiner Beliebigkeit die Tendenz zum Wuchern in sich hat. Angebot schafft Nachfrage. Bei gleichbleibenden Versichertenbeiträgen muß der Basismedizin Geld entzogen werden. Da deren Leistung festgeschrieben bleibt, wird sie zum Diskount gezwungen. Sind die Versicherten gefragt worden?

„Ohne erkennbare Unterschiede in Preis, Leistung und Inhalt müßten wir uns fragen, ob sich das deutsche Gesundheitssystem wirklich fünfhundert Krankenkassen leisten kann." Das scheint der Punkt, nicht der wirkliche Bedarf: Wettbewerb zum Erhalt des Status quo.

Gut und Böse

„Naturheilkunde" als Abgrenzung von der bösen Chemie und Physik wird häufig unehrlich benutzt. Was hat Ozontherapie, Sauerstoffüberdruckbehandlung in Taucherkammern (hier waren uns die Heilpraktiker um ein Vierteljahrhundert voraus!), was hat Stechen, Schneiden und Brennen mit „sanfter Naturmedizin" zu tun?

Als junger Assistent komme ich morgens auf meine Station. Die Schwestern und Kollegen sind in hektischer Betriebsamkeit. Überall stehen belegte Betten im Flur, eine Tür ist sperrangelweit offen, hinten im Gang steht der Leichentransport: Tod durch Caisson-Krankheit. Ein Heilpraktiker im Ort hatte sich eine Überdruckkammer zugelegt und Wunder versprochen für Koronar- und Schaufensterkranke, Asthmatiker, Migräniker und eben „für die Gesundheit". Um das Gerät betreiben zu dürfen, hatte er einen schon etwas senilen Arzt als medizinischen und technischen Leiter angestellt, der von allem keine Ahnung hatte. Wäre er doch nur bei den Gesunden geblieben! Einer der Asthmatiker bekam während der „Tauchfahrt" einen Anfall. In Panik wurde der Kammerdruck heruntergefahren. Der Stickstoff im Blut der Behandelten schäumte auf wie Kohlensäure im Sekt. Mehrere „Mitfahrer" überlebten die Folgen nicht.

Im Blut ist das Leben

Eine uralte religiöse und magische Denkfigur, die auch heute noch wirkt. Sie ist nicht nur in Metaphern zu finden, sondern auch in der konkreten Vorstellung vieler Menschen. Viele körperliche und psychische Mißbefindlichkeiten und Krankheiten werden auf eine schlechte Durchblutung zurückgeführt. Auch wir Ärzte fördern, vielfach aus Ungeduld, diese Denkweisen. Warum wundern wir uns, wenn Alternativ- wie Paramediziner den Gedanken aufnehmen und ihn in Münze umwandeln?

UV-Bestrahlung des Blutes mit und ohne Hämatogene Oxigenierung – es sind lebensbedrohliche Schockzustände beobachtet worden.

Intravenöse Chelattherapie mit EDTA zur „Entkalkung" der Gefäße („Rohrfrei"): Es sind massive Zwischenfälle zum Teil mit Todesfolge bekannt.

Ozontherapie – als Ozon-Eigenblutbehandlung noch tolerierbar, als direkt intravenöse Gabe wegen der Gefahr von Gasembolien durchaus nicht ungefährlich.

Für alle diese Methoden steht der Wirksamkeitsnachweis aus, auch wenn mancher sich anschließend besser fühlt. Der Wunsch hat noch manchem geholfen, sagt man.

Dem normalen Menschenverstand widerspricht es, Hunderte und Tausende von Mark auszugeben, um dafür eine ungesicherte und vergleichsweise gefährliche Behandlung zu erhalten. Es ist die Magie, in die sie eingepackt werden. Die Grenze zur Mogelei ist nur hauchdünn.

Künstlerpech

Eine Patientin, die an einer Hirnmetastase litt (s.u., Gesundbeten), wurde *nach Bekanntwerden der Diagnose* von ihrer in der Stadt wohl angesehenen sechsundsiebzigjährigen Heilpraktikerin (s.u., Achtundsechziger) dahingehend aufgeklärt, sie leide nur an einer Kopfgrippe. Die Ärzte seien völlig auf dem Holzweg. Mir platzte der Kragen. Ich rief sie an und fragte freundlich nach. Die alte Dame wirkte am Telefon etwas verwirrt. Das Gesundheitsamt konnte nichts gegen ihre Behandlung unternehmen.

Juristisch ist das eindeutig: *Wo keine Kunst, da kein Kunstfehler.* Dummes Geschwätz ist keine Gefahr für die Volksgesundheit.

Erfahrungen oder: Wer heilt, hat recht

Der Begriff „Erfahrungswissenschaft" wird von vielen Alternativen gern benutzt, um eine Anmutung von wissenschaftlicher Gleichwertigkeit ihrer Methoden mit denen der „Schulmedizin" zu erzeugen. Erfahrungen allein reichen nicht. Eine Ansammlung von Methoden ist keine *Methodik.* Eine Methodik erfordert einen theoretischen Hintergrund. Eine Wissenschaft, die einer sauberen Theoriebildung ohne spekulativen Charakter abhold ist, ist keine. Die Grenze zum Selbstbetrug ist weit offen. Wie wollen sie sich vom bewußten Betrug der Scharlatane abgrenzen?

Nicht immer ist Wissenschaftlichkeit vonnöten. Mir würde in vielen Fällen ein sauberes *Handwerk* reichen – es wäre zudem ehrlicher. Mit diesen Behandlern arbeitete ich gern zusammen.

Die Frage, wenn jemand sein Leben in alternativmedizinische Hände legt, ist stets: Cui bono, in wessen Interesse liegt das, daneben: Was ist das für ein Interesse? Wer profitiert dabei, was ist das für ein Profit, was wird dadurch vermieden?

Wie hältst Du's mit der Religion?

Die ethnische oder die soziale Herkunft, die Weltanschauung, die Religion, die Konfession formen die Person, so auch die Krankheit. Ein Deutscher, ein Spanier, ein Italiener oder ein Türke, ein Pfingstler, ein Lutheraner, ein Katholik oder ein Zeuge Jehovas, gar ein Angehöriger der Christlichen Wissenschafter (Christian Science) leidet anders, auch wenn sich die Klagen durch die langjährigen Kontakte allmählich angleichen. Auch Agnostiker und militante Atheisten unterscheiden sich voneinander.

Durch die zunehmende Säkularisierung unserer Welt und die leeren Klingelbeutel entfallen die „Tröstungen der Religion" zunehmend – auch für die Zahler von Kirchensteuer.

Interessant ist das sich rasch entwickelnde und zunehmend artikulierende „Neuheidentum", das die Leere und Banalität, die aus der Formalisierung und Organisierung der etablierten Religionen und Konfessionen entstanden ist, durch einen erlebnisorientierten Synkretismus zu füllen versucht. Daß es unterschwellig immer vorhanden war und weder durch Staatskirchen oder Aufklärung völlig unterdrückt werden konnte, wissen wir.

Interessant sind ebenfalls die verschiedenen persönlichen und gesellschaftlich akzeptierten (oder auch illegitimen) religiös motivierten Methoden, mit psychischer Gestörtheit umzugehen, die vom (fast) harmlosen Gesundbeten, Besprechen und Beschwören über den massiven Eingriff des Exorzismus bis hin zur völligen Ausgrenzung oder zur Tötung der betroffenen Person gehen.

Ein psychiatrisch und psychotherapeutisch Tätiger sollte mehr als nur oberflächliche Kenntnisse von kulturellen und religiösen Gepflogenheiten haben.

Seelsorge

Ich bin Neurologe und Psychiater sowie Psychotherapeut und habe damit zumeist die Scherben aufzulesen und wieder zusammenzuflicken, die andere im Laufe der Zeit hinterlassen. Ich habe damit sicherlich ähnliche Aufgaben wie ein Pastor. Hirten haben Schafe, Psychiater Patienten – geduldige Schafe.

Nervenärzte haben, ob sie es wollen oder nicht, vielerorts die Funktionen des Seelsorgers übernommen.

Dies mag einerseits die Folge einer zunehmenden Diesseitigkeit der Bevölkerung sein. Andererseits sind die Pflichten und Interessen der Geistlichen heute häufig anders gelagert. Die organisatorische Arbeit nimmt trotz vieler Hilfsmittel zu, so daß wenig Zeit für die ureigensten Aufgaben bleibt. Sie wirken auch vielfach als Sozialarbeiter, Sozial- und Lokalpolitiker, Entertainer, Animateure, Reisekaufleute, Kasualienredner, Religions- und Philosophielehrer, Verwaltungsangestellte. Dagegen ist nichts zu sagen. Damit kommt es aber zu einem numerischen Defizit in der Seelsorge.

Auch haben die Kirchen infolge der allgemeinen Säkularisierung und der daraus folgenden Kirchenaustritte ein geringeres Budget, so daß vielen der übernommenen Aufgaben nicht mehr nachgekommen werden kann. In den letzten Monaten wieder steigende Mitgliederzahlen verschlechtern die Situation zumindest mittelfristig.

Das qualitative und quantitative Defizit in der Seelsorge wird von Kirchenmitgliedern und Geistlichen gleichermaßen verspürt, so daß einige Pastoren inzwischen psychotherapeutische Qualifikationen erlangt haben. Einige waren so konsequent, daß sie sich daraufhin von ihrem Amt haben dispensieren lassen und nur noch psychotherapeutisch arbeiten.

Konkurrenz zwischen Psychiatrie und Seelsorge gibt es nur bei Grenzüberschreitungen. Diese gibt es von beiden Seiten. Ich bemerke aber in der letzten Zeit eine zunehmende Zahl von Patienten, die von ihren Pastoren – welcher Konfession auch immer – gesandt werden. Eins haben diese Pastoren gemeinsam: Sie leben in engem Kontakt zu ihrer Gemeinde.

Typologien

In den inneren Kreisen vieler Kirchen haben sich Gruppen mit einem besonderen Anspruch an die Ausübung eigener Frömmigkeit herausgebildet. Häufig handelt es sich um Menschen mit depressiven Strukturen, es gibt auch zwangsstrukturierte und typische Paranoiker unter ihnen. Man verstehe mich nicht falsch – ich bin nicht der Meinung, Religion sei Opium fürs Volk oder daß Religiosität ein Zeichen psychischer Gestörtheit sei. Jeder lebt seine Religiosität, so wie er *ist*. Auch Atheismus ist ein Bekenntnis.

Depressive suchen wie Luther nach einem gnädigen Gott und finden ihn nur unter Mühen. Sie fühlen sich stets schuldig oder verantwortlich und opfern sich für die Gemeinschaft und die Welt auf. Sie wollen alles und jeden verstehen. Sie erhalten die Gemeinschaft und neigen zu so manchen Kompromissen, die sie inhaltlich kaum ertragen.

Zwänglerischen Menschen sind Formen und Riten, Gesetze und kirchliche Regeln wichtiger als die Inhalte. Sie sind häufig der Schrecken ihrer Gemeinden. Sie sind das Material, aus dem man Inquisitoren macht. Sie können erhalten aber auch spalten, wenn sie sich als die einzig Rechtgläubigen empfinden.

Paranoiker schließlich wähnen sich in der Rolle der von der Welt Verfolgten. Sie neigen dazu, sich in schwierige Situationen zu manövrieren, denn sie meinen, dies sei die Bestätigung ihrer göttlichen Erwählung. Sie sind jene, die am ehesten aus der Gemeinschaft mit anderen aussteigen und einen Sonderweg für sich suchen.

Es gibt noch viele andere Möglichkeiten der Existenz. Gott sei Dank, es gibt auch harmonische Persönlichkeiten.

Ein Weg

Eine recht differenzierte junge Akademikerin hat sich einer Gruppe bekennender Christen angeschlossen. Sie fühlt sich nicht fertig, vor Gott zu bestehen, hat bei schon geringen Anlässen Schuldgefühle und neigt dazu, stets den *„unteren Weg"* zu gehen.

Die Mutter dominierte in ihrer eigenen Ehe; sie war äußerlich, betonte Formen und Normen und verhielt sich in ihrer Erziehung sehr restriktiv. Den Vater erlebte sie weicher und liebevoller. Zu ihm fühlte sie sich hingezogen.

Sie selbst war als Kind ängstlich und zurückhaltend, eine Einzelgängerin. Sie kaute auf ihren Nägeln herum und hatte Alpträume. Mit Beginn der Pubertät fing sie an zu lesen und saß, Gitarre spielend, in ihrem Zimmer.

Über den Konfirmandenunterricht erhielt sie Kontakt mit der Kirche. Sie fand hier Jugendliche, die ähnliche Anschauungen und Ideale hatten wie sie. Sie geriet dabei aber in Konflikte mit den Eltern, die, obwohl sie noch passive Kirchenmitglieder waren, ihre Aktivitäten unterbinden wollten.

Sie war kaum achtzehn Jahre alt, als sie während eines Aufenthaltes in London von einem afrikanischen Studenten auf dessen Zimmer vergewaltigt wurde. Sie hatte keine Vorstellung davon gehabt, was ein solcher Besuch ohne Begleitung bedeutete. Die Mutter merkte rasch, daß etwas nicht stimmte und bekam schließlich die Wahrheit heraus. Sie erzwang die Abtreibung auf geradezu erpresserische Weise: Sie drohte mit dem Abbruch aller Kontakte, sperrte sie aus dem gesamten familiären Bereich aus, stellte ihr das Essen aufs Zimmer. Für die junge Frau selbst war Abtreibung Mord. Als Christin mußte sie Vater und Mutter ehren und als gute Tochter fügte sie sich schließlich. Es zerriß sie innerlich. Nachdem sie aus Holland in den Schoß der Familie zurückkehrte, dachte sie daran, Schluß zu machen. Ihrem Pfarrer gelang es, sie aufzufangen.

Ein Jahr darauf machte sie ihr Abitur und verlobte sich noch in demselben Jahr. Nach fünfjähriger Verlobungszeit heiratete sie und floh damit von Zuhause. Nie zuvor hatte sie allein gelebt.

Sie idealisierte ihren Freund und späteren Ehemann. Seine Probleme übersah sie bewußt: Er trank schon mit achtzehn Jahren regelmäßig und betrieb bald ein „Quartalstrinken". Er hatte berufliche Probleme und versuchte, seinen Frust und seine Angst herunterzuspülen. Auch rauchte er massiv. Noch während des ersten Ehejahres trank er regelmäßig. In der letzten Zeit fing er schon morgens damit an. Seine Frau nahm er nicht mehr wahr. Immer öfter kam es zum Streit. Ihr Schwiegervater war Alkoholiker.

Sie sah sich selbst als die Stärkere in der Beziehung. Er konnte seine Gefühle nur unter großen Schwierigkeiten auszudrücken. Sie litt darunter. Sie war ihm aber unendlich dankbar dafür, daß er sie trotz ihrer Vorgeschichte genommen hatte. Auch war er für sie ein Schutzwall gegenüber ihren Eltern. Ihm erging es ähnlich. Er brauchte sie, um stabil zu bleiben. Die beiden Elternpaare mochten sich nicht und rivalisierten miteinander. Besonders die Mütter waren sich feind. Arbeiter und Angestellte passen doch nicht zusammen. So bildeten sie beide eine Notgemeinschaft, die auch trotz der Konflikte untereinander lange Zeit hielt.

Trotzdem hielt sie es eines Tages nicht mehr aus. Wieder war sie in eine sehr starke emotionale Ambivalenz geraten. Sie wünschte sich nichts mehr als Ruhe, ein „time out", um sich wieder zu finden. Er konnte und wollte ihren Wunsch nicht verstehen, auch wenn die Trennung nur vorübergehend sein sollte. Er reagierte trotzig und verweigerte alle weiteren Kontakte. So kam es letztlich doch zur Scheidung.

Wegbegleiter

Allein zu sein, allein mit ihren Gedanken, machte ihr angst, machte sie depressiv. Sie versuchte, ihre Angst mit vermehrter Selbstkontrolle in Schach zu halten. Jetzt hatte sie Angst, diese Kontrolle zu verlieren.

Sie suchte nach innerer Ruhe. Sie suchte nach Sicherheit und Geborgenheit, die sie in ihrer Ehe nicht fand. Sie suchte nach Stabilität. Sie suchte aber auch nach einer Lösung für ihre inneren Konflikte, in die sie durch ihr Handeln geraten war. Ihre Hände waren nicht mehr sauber.

Die Gruppe bot ihr eine Möglichkeit, mit sich ins Reine zu kommen. Jeder hatte in einem anderen seinen Seelsorger. Man versuchte, im Gespräch die Probleme auf der Basis biblischer Lehren zu lösen. Hier konnte sie sich sicher fühlen. Hier wurde sie bestätigt. Hier war sie ruhig.

Im Laufe der Zeit wurde sie kritischer. Ihre Versuche, durch eigenes Handeln Bestätigung zu finden, wurden von ihrer Seelsorgerin, die massiv intervenierte, mit Stolz gleichgesetzt. „Sei demütig, mache die anderen nicht platt, rechtfertige dich nicht", waren ihre Kommentare.

Sie fühlte sich in ihrer Würde verletzt. Sie fühlte sich unverstanden und geprügelt. Ihre Seelsorgerin hatte fertige Erklärungen und Rezepte, bevor sie alles gehört hatte. Sie fiel ihr ins Wort. Es war das, was man in einer Psychotherapie Übertragung nennen würde. Allerdings konnte es nicht fruchtbar werden. Noch während sie überlegte, die Beziehung abzubrechen, gab die Seelsorgerin auf.

Später beichtete die Seelsorgerin, sie sei immer so zupackend. *Sie* war die Dampfwalze. Freud hätte sich gefreut.

Imitatio dei

Ein Freund sagt immer, er habe einen Lebenslauf wie Jesus.

Sein Vater war Pastor. Er selbst hat wegen eines Studienverbots zu Zeiten der DDR eine Zimmermannslehre gemacht. Nach seiner Flucht in die Bundesrepublik hat er sein Abitur nachgeholt und – Theologie studiert. Er stellte fest, daß dies nicht das richtige für ihn sei, wechselte zur Medizin über und ist nun ärztlicher *Psychotherapeut*.

Ein anderer Bekannter hat als Pastorensohn ebenfalls nach einer Tischlerlehre Theologie und danach das Lehramt studiert. Er ist jetzt *Restaurator* antiker Möbel.

Ein weiterer Freund aus solchem Hause ist *Pilot*. Für seinen frühen Ruhestand baut er sich eine Kette von Altenheimen in den Staaten auf.

Deutungen

Eine neue Psychotherapeutin wird recht unterschiedlich aufgenommen. Mir fällt zuerst auf, daß sie nicht bereit ist, die Behandlung nach der anfänglichen Kurzzeittherapie als Langzeittherapie weiterzuführen. Eine mir verständliche Begründung kann sie nicht geben, den Klienten gegenüber erklärt sie, daß der Befundbericht von der Krankenkasse nicht erstattet werde, was objektiv nicht richtig ist.

Dann kommen Patienten zu mir, die ihre Therapie abbrechen wollen, weil sie das Gefühl haben, nicht weiterzukommen. Einige Patienten hingegen sind von ihr anfänglich begeistert. Bei letzteren handelt es sich zumeist um sehr religiöse Menschen, überwiegend Angehörige von Freikirchen. Nachfragen ergibt, daß die Psychotherapie häufig in Gebets- und Bibelstunden einmündet. Auch in der Klinik vermerkt man „religiöse Indoktrination".

Ein religiösen Gedanken offener Klient sagt ihr, daß es ihm so vorkomme, als habe der Teufel die Hände im Spiel. „Dessen bin ich mir sicher", erwidert sie. Der Klient ist irritiert, als seine Metapher zu handgreiflicher Wirklichkeit mutiert.

Ob ihre Schwierigkeiten, Befundberichte für die Therapieverlängerung zu erstellen, in ihrer spezifischen Deutung der Genese der Störung liegen?

Ekklesiogene Neurose

Eine Patientin kommt ganz entrüstet zu mir. Ihr bisheriger Nervenarzt habe ihr dringend geraten, seine Kirche zu verlassen. Er werde sie sonst nicht mehr behandeln. Sie gehört einer charismatisch orientierten Freien Gemeinde an.

Ich glaube, der (katholische) Kollege hatte ihre persönliche Ausgestaltung ihrer Störung mit der Kausalität verwechselt. Er kennt die spezifischen Denk- und Verhaltensweisen der Charismatiker nicht. Es gibt halt nicht nur ekklesiogene Neurosen.

Inzwischen gibt es auch *charismatische* Exerzitien, die von *indischen* Katholiken geleitet werden. Synkretismus auf der unteren Ebene?

Gesundbeten

Ich kannte die Frau schon viele Jahre. Anfangs kam sie wegen depressiver Verstimmungen. Sie fühlte sich von ihrem Mann vernachlässigt. Ihre Schwiegermutter, die ganz in der Nähe wohnte, meldete ständig Ansprüche auf den Sohn an, die er getreu erfüllte. Bevor er nach Hause kam, ging er bei seiner Mutter vorbei, wurde von ihr bewirtet und bekam seine Aufträge. Berufliche Probleme, auch eheliche Konflikte besprach er mit ihr. Seine Frau hatte mit dem Abendessen auf ihn gewartet. Er war schon satt und ging zu Bett.

Später hatte sie Halswirbelsäulenbeschwerden. Die wies schwere degenerative Veränderungen auf. Dann zeigte sich eine diabetische Polyneuropathie, die mit Infusionen behandelt werden mußte.

Im Spätsommer klagte sie ihrer Familie einen zunehmenden Kopfschmerz in der linken Schläfe. Als ich Ende Juli aus meinem Urlaub zurückkam, erzählte mir meine Frau, mit der sie sich angefreundet hatte, daß sie in der letzten Zeit etwas gedrückt und verwirrt gewirkt habe. Die Patientin selbst habe das auf einen Infekt zurückgeführt beziehungsweise als Depression gedeutet. Sie habe um eine Einweisung in eine psychosomatische Klinik gebeten. Ich ließ ihr ausrichten, daß ich zuvor mit ihr sprechen müsse, und besuchte sie zusammen mit meiner Frau, mit der sie sich an jenem Tage treffen wollte. Dabei fielen mir deutliche hirnorganische psychische Veränderungen auf, eine Verhangenheit, Auffassungs- und Konzentrationsstörungen und eine Dysphasie. Ich bat sie um Geduld für die psychosomatische Behandlung und überwies sie zur Computertomographie, die meine Befürchtung bestätigte. Es handelte sich um zwei große linksseitige Hirnmetastasen, die das Hirn zur Gegenseite drängten. Eine davon lag im Sprachzentrum.

Vor einer Einweisung in die Neurochirurgie war die Frage abzuklären, ob sie überhaupt operationsfähig war. Zur Diskussion standen eine Spätmetastasierung eines schon lange zurückliegenden Mammakarzinoms oder eines anderen Primärtumors. In der Klinik ging es ihr unter der anfangs hohen Kortison-Behandlung schnell besser. Sie ließ sich nach Hause entlassen, ohne daß die Diagnostik zu Ende geführt werden konnte. Ihre Tochter unterstützte sie darin. Danach habe ich sie nicht mehr gesehen.

Nachdem ich mit ihrem Mann gesprochen hatte, versuchte ich einige Wochen später, sie zu Hause besuchen. Es war naß und regnerisch. Die Tochter ließ mich vor der Tür stehen und komplimentierte mich hinweg: „Sie sind hier nicht erwünscht, Herr Doktor."

Von ihren Bekannten hörte ich, daß die Tochter Gebetsstunden einberufe, um für ihre Mutter zu bitten, und daß keinerlei Zweifel an ihrer Heilung bestehen dürfe, da die Gebete sonst nicht angenommen würden.

Irgendwie schaffte es der Hausarzt nach einiger Zeit, die Patientin wegen neu aufgetretener Brustschmerzen in ein anderes Krankenhaus einzuweisen, wo sich dann ein Bronchialkarzinom zeigte. Der Ehemann suchte ein halbes Jahr nach dem Tod der Patientin das Gespräch mit mir. Die Tochter hatte in seinem Leben die Funktion seiner Mutter übernommen. Gegen diese hatte er sich nie wehren können.

Gesundbeten spielt nicht nur in der Sekte der Christian Science eine Rolle, die jegliche ärztliche Behandlung als Unglauben ansieht und daher ablehnt. Beten um Gesundung wird von vielen religiösen Gruppen ausgeübt und kann durchaus einen positiven Faktor im Heilungsprozeß darstellen. Leider führt der Wunsch, die Genesung ganz allein auf übernatürliche Kräfte oder eine besondere Erwählung zurückführen zu können, rasch zu einer Ablehnung dringender medizinischer Maßnahmen.

Geist und Heilung

Geistheiler haben Hochkonjunktur. Nicht so sehr die philippinischen messerlosen Bauchaufschneider, die keine Narben hinterlassen, sondern handauflegende Landsleute, die auch bei differenzierten Menschen zunehmend Anklang finden. Auch kirchlich orientierte akzeptieren das Handauflegen, das auch bei biblischen Heilungen eine Rolle spielte.

Ob sie tatsächlich heilen, weiß man nicht. Die Erfahrungen einzelner sind so subjektiv wie die Erklärungen. Die heilende Wirkung eines fundamentalen Vertrauens sei es, die an die Stelle einer ebenso fundamentalen Angst trete, meint Eugen Drewermann, Theologe und Pychoanalytiker. Vorwiegend sind es chronisch Kranke, denen die Medizin nicht helfen konnte, Psychosomatiker und Angstkranke, die sich bei den Heilern einfinden.

Im Gegensatz zu den vielen modischen Versprechungen, „Ganzheitsmedizin" zu betreiben, wird hier das Primat des Geistes betont, der die Materie regiere. Diese Ideologie wird der Wechselseitigkeit und der unauflöslichen Durchdringung leiblicher und geistig seelischer Vorgänge nicht gerecht.

Psyche und Soma

Beide haben es nicht wahrhaben wollen, daß sie schon so früh an einem Parkinson-Syndrom litt. Eine hysterische Lähmung hätten sie sich noch vorstellen können. Auch nachdem sie überall bei den neurologischen Koryphäen nachgefragt haben, zweifeln sie. Wenn es denn schon eine organische Krankheit sei, so muß es doch dafür eine geistliche Begründung geben. Dafür ist er Fachmann.

Psychische Störungen haben mit Schuld zu tun. Das ist sein Konzept. Er ist ein starrer Mann, zwanghaft, in seinen Denkformen autoritär geprägt. Andere Meinungen zuzulassen, das fällt ihm schwer. Er hat schon früher die Vorstellung geäußert, daß er andere formen und prägen müsse. So mancher, der eine starke Persönlichkeit hat, wendet sich deswegen von ihm ab. Sie ist in ihrem Charakter wesentlich weicher, offener, wendet sich anderen zu, läßt sie die sein, die sie sind. Sie ist deswegen beliebt. Sie ist dadurch auch beeindruckbarer.

Lange Zeit hat sie unter der Beziehung gelitten. Sie möchte gern in den Arm genommen werden – er organisiert und diskutiert lieber, tröstet andere. Vieles ist ihm wichtiger als seine Frau. Als sie krank wird, bemerkt er endlich die Defizite in der Beziehung und versucht daran zu arbeiten.

Er weiß durchaus um seine Anteile an der Beziehungsstörung, kann sich aber nicht äußern. Er kann nicht damit umgehen. Er kann zwar fremde Hilfe für sie suchen, „mit sich selbst ins Gericht gehen", nicht aber sich ihr zuwenden. Er hat Bücher über Selbstanalyse gelesen und wendet diese bei sich an.

Beide gehen sie zu einer „Freisprechung", um ihre gemeinsame Schuld loszuwerden, daß sie wieder gesund wird. Auch eine Heilpraktikerin bestätigt sie in der Meinung, daß die Krankheit Folge persönlicher Schuld sei. Es ändert sich aber weder ihr Gesundheitszustand noch sein Verhalten.

Eines Tages geht sie von Zuhause fort. Eine Freundin hat sie besucht, der sie wieder einmal ihr Leid klagte. „Du arme, arme Seele. Du mußt diesen bösen Mann verlassen", sagt die Freundin und nimmt sie zu sich. Diese Freundin hat eigene Erfahrungen mit der Psychiatrie. Sie hat eine manisch-depressive Krankheit und fühlt sich durch Gottes Hilfe geheilt, was ihr Mann allerdings nicht so sieht. In ihrer Euphorie redet sie ihr ein, es so zu machen wie sie: die Medikamente einfach abzusetzen. Sie läßt sie keinen Augenblick aus den Augen, redet wie ein Wasserfall, betet mit ihr, drückt sie an sich, streichelt sie. Ihr Mann versucht alles, sie wieder nach Hause zu bekommen. Er schickt die Polizei, die unverrichteter Dinge wieder abrückt. Sie hatte erklärt, daß sie freiwillig bei ihrer Freundin geblieben sei.

Irgendwie war er an meine Privatnummer gekommen und so gelingt es ihm, mich in meinem Urlaub zu erreichen. Als ich eintreffe, sehen mich beide Frauen erstaunt an. Hektisch läuft die Bekannte durch den Raum, springt wieder auf ihren Schützling zu, der auf dem Boden auf einer Decke sitzt, sich kaum bewegen kann und zittert. „Sehen Sie doch, sie ist geheilt! Durch Gottes Gnade ist sie geheilt!" Beschwörend redet sie auf sie ein. „So ist es doch?" fragt sie. „Ja, ja, ja, ja!" ruft die Kranke mit heiserer Stimme. „Wir wollen jetzt beten. Sie (und damit meint sie mich) können hierbleiben", sagt die Bekannte. Und sie hält dem lieben Gott eine Predigt über sein Heilungswunder, die reine Seele der Patientin und den bösen Gatten, das Schwein, dem sie die Frau entrissen habe, dem sie beide gleichwohl vergäben. Dabei schüttelt sie sie und klatscht ihr heftig auf den Rücken, daß sie zusammenzuckt. „Ja, ja, ja, ja!" ruft die Kranke; „Wir vergeben ihm!" Es wirkt spukartig, wie bei einer Séance.

Erst langsam gelingt es mir, durch den Nebel der Euphorie hindurchzudringen und gehört zu werden. Durch geschicktes Taktieren gelingt es, die beiden zu überzeugen, daß die Patientin stationär behandelt werden müsse und daß es besser sei, wenn sie die Nacht bei einem Vetter verbrächte. Als ich sie aufzurichten versuche, ist sie nicht in der Lage, frei zu stehen, geschweige denn einen Fuß vor den anderen zu setzen. Sie ist völlig akinetisch.

Nachdem sie am nächsten Morgen früh aufgenommen wird, entwickelt sie ein schweres Medikamentenentzugssyndrom. Sie hat hohes Fieber und fällt in ein Koma. Zwei Tage liegt sie auf der Intensivstation. Dann kann langsam die Medikation wieder aufgebaut werden.

Transdermale Diffusion

Sie wird in der Verwandtschaft und Bekanntschaft als Fast-Heilige angesehen. Sie hat einen besonderen göttlichen Gnadenbeweis erhalten. Sie muß sich nicht diesen erniedrigenden fleischlichen Prozeduren der Nahrungsaufnahme und deren weiteren Folgen unterziehen. (Man sieht die G'schamigkeit der durch Pastoren-Elternhäuser und Pietismus geprägten deutschen Hochsprache. Im Lateinischen und der deutschen Vulgärsprache hat man einen eindeutigen Begriff für den Vorgang der Abgabe des Endprodukts. Auch im vorwiegend katholischen Bayern bestehen nicht diese Berührungsängste mit den Folgen.)

Sie hat eine besondere Art und Weise, sich neue Kraft zu holen und den Schmutz des Stoffwechsels loszuwerden. Sie badet. Jeden Tag eine Badewanne voll mit Kräuterextrakten aus der klinisch sauberen, protestantischen Schweiz, von sonnigen Matten, die natürlich gespeicherte Sonne der Gerechtigkeit, gelöst in dem Wasser einer täglichen Taufe. Sie ist erwählt. Sie erhält *mehr* als das tägliche Manna in der Wüste. Es spricht sich herum, das Wunder. Wer hat schon Konnersreuth vor der Haustür, dazu ein protestantisches?

Bis daß eines Tages ein neuer Pastor erscheint, jung und unvoreingenommen, der bei den Eltern übernachtet. Er sieht nachts Licht in der Küche. Mit diesem Licht erleuchtet er die Wundergemeinde. Danach ist der Ring frei für den Psychiater.

Sünder und Zöllner

Ein junger Mann hat über Klassenkameraden Zugang zur Drogenszene bekommen. Seine Eltern gehören einer stark eschatologisch ausgerichteten Religionsgemeinschaft an, die einen absoluten Anspruch an ihre Angehörigen geltend macht. Er ist von seiner Kirche mit *Gemeindezucht* belegt worden – „haltet sie wie Sünder und Zöllner" hat Jesus gesagt. Er hat nun alle alten Freunde verloren und fühlt sich völlig vereinsamt. Über diese Kontaktsperre kommt er nicht hinweg. Selbst seine Eltern grüßen ihn nicht mehr, wenn er ihnen auf den Straße begegnet. Sie wechseln die Straßenseite. Er ist auf diese Weise noch stärker an die Szene gebunden und konsumiert neben Drogen zunehmend Alkohol. Gelegentlich stiehlt er, um an Geld zu kommen.

Die Delikte sind noch nicht aufgeklärt worden. Er wird aber von seinem Schuldbewußtsein umgetrieben. Es läßt ihn nicht schlafen. Nach einigen Vorstellungen erscheint er nicht mehr. Einige Monate später erfahre ich, daß er sich aufgehängt hat.

Die Sünde wider den Heiligen Geist

Er wird mir von seiner Mutter vorgestellt. Er leidet an einer chronifizierten Psychose. Keine Behandlung hat ihm bisher helfen können. Er blickt finster vor sich hin: Jede Nacht werde er gequält. Er habe die „Sünde wider den Heiligen Geist" begangen. Er sei unrettbar verloren. Am Jüngsten Tag, wenn Jesus wiederkomme, werde er sich an ihm rächen. Er werde dann auf ein Lederbett gespannt und bis in alle Ewigkeit gequält.

Die *Sünde wider den Heiligen Geist* ist eine häufige Denkfigur bei Menschen, die an einer Psychose leiden. Zumeist habe ich die Vorstellung von Protestanten, seltener von Katholiken gehört. Es mag symptomatisch sein, daß es sich weniger um schwer depressiv, sondern um schizophren Gestörte handelt. Depressive mögen sich durchaus schuldig, unrettbar und in ihrer tiefen Verlassenheit von Gott verstoßen fühlen, sprechen aber dieses Thema praktisch nie an. Endogene Depressionen werden als quälend erlebt, aber psychotischen Depressionen scheint eine besondere Qualität absoluter, qualvoller Verlassenheit innezuwohnen, die sich so nur ausdrücken läßt.

Dämonologie

Ein Pastor schickt mir eine ältere Dame, die ihm immer wieder erklärt hatte, ihre Nachbarin sei vom Teufel besessen und halte nächtens Séancen ab, wolle sie beeinflussen oder vernichten. Sie höre nachts die beschwörenden Stimmen der Nachbarin und der Tochter. Auch rieche sie Weihrauch. Sie habe seither ein seltsames Gefühl im Körper, als wenn sie bestrahlt würde, als wenn etwas über ihr Gesicht wische; auch der Genitalbereich werde nicht ausgelassen.

Die Alterspsychose reagiert recht gut auf die neuroleptische Therapie. Die Dame erscheint noch häufiger, immer begleitet von ihrem Pastor. Sie fühlt sich entlastet und ist zufrieden. Die Beschwörungen haben abgenommen.

Eines Tages teilt mir ihr Begleiter mit, daß sie nicht mehr kommen wolle. Der Hausarzt habe ihr gesagt, daß sie „okkult belastet" sei. Sie habe ihm gesagt, das habe sie doch schon immer gewußt. Man müsse die Nachbarin unschädlich machen. Er habe erfolglos versucht zu intervenieren.

Häufiger als man annehmen möchte, spielen religiöse und weltanschauliche Faktoren in die Behandlung hinein. Nicht nur die Religion oder Konfession des Patienten, sondern auch die Vorstellungen der mitbehandelnden *Kollegen* sind zu berücksichtigen. Hier hatte die Denkfigur der *okkulten Belastung* als Ursache psychischer Störungen die Therapie konterkarriert, eine Theorie, die in evangelikalen und freikirchlichen Gruppen en vogue ist.

Scheitan

Die Braut wird von ihrem Ehemann noch in der Hochzeitsnacht verstoßen. Sie wird von ihren Eltern einem Imam in Hamburg vorgestellt. Der ist ein kluger Mann. Er führt zwar eine exorzistische Zeremonie durch, verpflichtet die Eltern aber, die Tochter psychiatrisch behandeln zu lassen. Sie sitzt verängstigt vor mir und wagt nur wenige Blicke durch ihren Schador.

Das geweihte Wasser, dem einige Tropfen Haloperidol zugefügt wurden, läßt in kurzer Zeit die lärmenden Dämonen nebst ihrem Herrn verschwinden.

Die Zahl des Tiers

„Herr Doktor, wissen Sie eigentlich, was unten auf Ihrem Rezept steht?" fragt mich ein junger türkischer Patient. Ich habe mich jahrelang gewundert, daß dies keinem deutschen Patienten aufgefallen ist. Weder ein bekennender Christ noch ein praktizierender Okkultist hat mich je darauf angesprochen.

Rechts unten ist die Zahl 666 eingedruckt – die Zahl des Tiers aus der Offenbarung, dem letzten Buch der Bibel. Kennen *Sie* etwa den Koran?

Tod

Mitten im Leben sind wir vom Tod umgeben, wußten unsere Vorfahren. *Mementum mori* war ein Lebenskonzept. „Auf daß wir klug werden", lautete die Begründung. In den Totentänzen des Mittelalters finden wir die Verbindung zwischen Eros und Thanatos, im „Jedermann" Streitgespräche zwischen Mensch und Tod. Der Tod ist zur Pestzeit des Mittelalters nicht der verklärte *Freund Hein*, der die Erlösung von der Mühsal des Lebens bringt, sondern der *Würger Tod.* Die Aufklärung erst brachte dieses Bewältigungsmodell des Todes als *Bruder des Schlafes* auf. Schopenhauer begriff den Tod als das wahre Ziel des Lebens. Martin Heidegger hat das Verhältnis des Daseins zu seiner Endlichkeit ein „Sein zum Tode" genannt.

Im weitgehend immanenten Weltbild unserer Gegenwart kommt der Tod noch als Betriebsunfall vor, den es zu vermeiden gilt. Individueller Tod und Sterben sind ein weithin tabuisiertes Thema. In aller Regel stirbt man allein, allenfalls versorgt von einem multiprofessionellen Team, dem für die Zeit vorher, während und danach die notwendigen Techniken zur Verfügung stehen und das für ein reibungsloses Ablaufen des Programms sorgt. Indem wir geflissentlich der Frage des Sinns des eigenen Todes und Sterbens aus dem Weg gehen, verlieren wir den Blick für eine Sinnhaftigkeit des Lebens.

Der Tod als Abstraktum oder als der Tod des anderen bleibt allerdings ein Faszinosum, handele es sich um Meldungen der Massenmedien über Kriege und Unglücksfälle oder um Berichte über angebliche Todeserlebnisse, Filme oder Computerspiele. Hier ist er weit entfernt von der eigenen Existenz. Andererseits läßt er sich hier lustvoll erleben und bietet ein Modell für eine Affektabspaltung und -verschiebung, sollte man selbst betroffen sein.

Die ars moriendi, die Kunst des Sterbens, ist weithin unbekannt, zumeist aber ungeübt. Die zunehmende Zahl der Hospize täuscht nicht darüber hinweg, daß es vielen schwer fällt, diese Welt mit Würde zu verlassen, im Frieden mit sich selbst und ihren Angehörigen.

Schweigen

Eines Tages sitzt ein Ehepaar vor mir und bittet mich um einen Hausbesuch bei ihrem Sohn. Er ist achtzehn Jahre alt. Er ist bereits zweimal an einem Glioblastom, einem bösartigen Hirntumor, operiert worden. Die Neurochirurgen hätten eine dritte Operation abgelehnt. Der Shunt zur Druckminderung funktioniere. Er leide unter unsäglichen Kopfschmerzen und sei in der letzten Zeit sehr müde und schlafe immer wieder ein. Er wisse zwar, daß er einen Tumor habe, nur habe man ihn nie über die Prognose aufgeklärt. Der Hausarzt habe sich in den letzten Monaten nicht mehr blicken lassen und verschreibe nur leichte Schmerzmittel wie Novaminsulfon.

Der junge Mann liegt im Bett. Er wirkt schläfrig, man kann allerdings mit ihm sprechen. Das Reden fällt ihm schwer. Die rechte Seite ist gelähmt. Die Kopfschmerzen quälen ihn sichtlich. Ich sehe, daß ihm nicht mehr zu helfen ist. Ein offenes Gespräch wage ich noch nicht. Ich kenne ihn nicht und möchte damit lieber abwarten. Es ist schon zu lange gezögert worden. Ich verordnete Opiate. Als ich ihn bald darauf wiedersehe, ist es für ein Gespräch zu spät. Es bleibt nichts anderes, als die Schmerzen zu lindern und die Eltern zu stützen. Ich komme regelmäßig. Er stirbt nach wenigen Wochen. Heute noch, zwölf Jahre später, sind die Eltern mir dankbar.

Ein Arzt hat auf seinen Eid genommen, Leben zu bewahren. Der Tod ist sein direkter Feind. Die Konfrontation mit ihm löst Gefühle aus, denen sich viele Mediziner nicht stellen mögen. Der Gedanke zu verlieren führt dazu, den Sterbenden als dem Tod Verfallenen anzusehen, als „infausten", unglücklichen Fall, der schon seine Persönlichkeit verloren hat und keiner ärztlichen Hilfe mehr bedarf. Sterbebegleitung ist die Aufgabe des Seelsorgers. Die Ausklammerung des Todes macht den Arzt zum Medizinaltechniker.

Trauern

Wie häufig habe ich auf Friedhöfen gestanden, weil irgend jemand aus meinem Verwandten- oder Bekanntenkreis gestorben war. Wie häufig überkam mich ein Drang, mich fortzustehlen, weil es mir unangenehm war, dabeizustehen und in small-talk zu machen, die Heucheleien oder späten Offenbarungen anzuhören.

Heute ist es anders. Ich stehe am Grab eines Patienten. Am frühen Morgen seines vierzigsten Geburtstags hat er sich nicht mehr aufwecken lassen. Er war geistig behindert und litt an epileptischen Anfällen. Vor dreißig Jahren waren seine Eltern bei dem Unfall ums Leben gekommen, bei dem er einen schweren Hirnschaden erlitt. Über zahlreiche Umwege war er zu uns gekommen. Hier, in der Wohngemeinschaft und in der Werkstatt, hatte er ein Zuhause und Freunde gefunden.

Sie alle waren um das offene Grab versammelt. Humpelnd, mit Gehrollatoren, im Rollstuhl waren sie dorthin gelangt. Sie waren betroffen, ihre Trauer war echt. Sie nahmen sich in den Arm, streichelten sich, wenn die Tränen sich nicht mehr halten ließen. Kein small-talk, kein falscher Trost.

Persönliches

„Jasmin hat in der letzten Zeit solch starke Kopfschmerzen. Sieh sie dir doch einmal an." Eine gute Bekannte, Nachtschwester in dem Krankenhaus, in dem ich als Neurologe gearbeitet habe, bittet mich, ihre Tochter zu untersuchen. Sie hat bei uns häufig als Babysitter gearbeitet. Ich bin inzwischen in die Neurochirurgie übergewechselt.

Jasmin hat einen bösartigen Hirntumor. Er liegt im Sprachzentrum und ist so groß, daß er nicht mehr operiert werden kann. Sie weiß, daß kein Arzt ihr mehr helfen kann. Sie leidet geduldig. Ihre letzten Wochen verbringt sie auf meiner Intensivstation.

Mut zum Sterben ist keine Frage des Alters.

Verlust

Der Hausarzt habe sie gedrängt, mich aufzusuchen, sagt sie. Eigentlich habe sie nicht gewollt. Ihr Mann ist vor mehr als einem Jahr gestorben. Seither ist sie allein. Sie lebt seit fünfzehn Jahren in derselben Stadt, derselben Straße, derselben Wohnung. Kontakte hat sie nicht. Sie seien sich selbst genug gewesen; anderer habe es nicht bedurft, sagt sie.

Sie verstehe einfach nicht, wie es dazu habe kommen können. Er habe unter seinem neuen Auto gelegen, um das Öl zu wechseln, als er seinen Herzinfarkt erlitt. Sie hätten beide seinen Ruhestand zum Reisen nutzen wollen. Jetzt sei alles verloren. Sie habe keine Zukunft. Einen Gott gebe es nicht, denn er würde sie nicht derart strafen. Sie gehe nicht mehr in die Kirche und bete auch nicht mehr.

Mit dem Neffen, dem sie das Auto geschenkt habe, habe sie sich überworfen. Der habe den Wagen nach einem Jahr wieder verkauft. Nach diesem Affront habe sie den Kontakt abgebrochen.

Bekannte habe sie hier nie gehabt. Sie sei nach dem Tod ihres Mannes mehrfach angesprochen worden. Sie habe die Menschen als aufdringlich empfunden. Jetzt sei es stiller geworden.

Der Tod als extremste Form des Verlusts paßt nicht zu persönlicher Abhängigkeit, paßt nicht in ein trotz vordergründigem Leid letztlich hedonistisches Lebenskonzept, das Annahme des Schicksals und Verzicht, echte Trauer und Angst vor Verlust auf Dauer ausklammern will.

Trotz

Er war immer schon sicher, daß er recht hatte. Sein Leben war klar durchstrukturiert. Arbeit und Beruf, Aufbau, Sparen, Hausbau, ausgewählte Bekannte, Kirche, Ehe und Familie. Sonst hätte er es nicht geschafft. Ein Kleinbürgerschicksal im Nachkriegsdeutschland.

In den letzten Jahren hatte er sich zunehmend zurückgezogen. Er verstand seine Umgebung nicht mehr. Die Jungen waren zu laut, zu egozentrisch, widersprachen den Älteren. Einer seiner Söhne, ein Pastor, ehrte Vater und Mutter auch nicht.

Ihn ereilte ein Schlaganfall. Kaum hatte er sich erholt, erlitt er einen zweiten. Er war plötzlich bettlägerig, konnte des Essen nicht mehr selbst zum Mund führen, mußte gefüttert werden, konnte seinen Urin nicht mehr halten, mußte sich in ein Steckbecken entleeren, wurde aufgesetzt, gewendet, gepudert und gewaschen. Er mußte sein Haus verlassen, das er sich mit Mühe gebaut hatte. Die Zehen waren plötzlich blau durch Arterienverschlüsse. Eine Amputation kam nicht mehr in Betracht. Sein

Allgemeinzustand war zu schlecht. Der Befund besserte sich wie durch ein Wunder. Dann schließlich mußte die Amputation doch durchgeführt werden. Er überlebte.

Er liegt im Bett. Die Wunder interessieren ihn nicht mehr. Den Kopf dreht er zur Wand. Er will nach all den Verlusten nichts mehr wissen von Gott und der Welt. Radio und Fernsehen, Frau und Familie, Bekannte und Kirche, alles ist ihm leid. Eins will er nur: nichts mehr sehen und hören, nichts mehr fühlen, nichts denken. Vor dem Tod aber hat er Angst.

Alter

„Kommen Sie mit Ihren Tagen erst einmal in meine Jahre", sagt mir eine Frau Anfang vierzig.

Ich kann mir das Lächeln kaum verkneifen. Fast wäre mir ein ähnlicher Spruch entwischt: Jeder ist so alt, wie er sich fühlt. Ich beiße mir im letzten Moment auf die Zunge. Sie weiß nicht, daß ich fünf Jahre älter bin als sie. Allerdings ist ihre Lebenseinstellung ein grauer Pessimismus, der schwer auf allem lastet, ihr keine Veränderungen ihrer Sichtweisen und ihres Handelns, sondern nur ein Erdulden erlaubt. Ihre Möglichkeiten nimmt sie nicht wahr. So sieht sie auch aus: grau, etwas dicklich, Falten im Gesicht, strähniges Haar, dunkle und langweilige Kleidung.

Tatsächlich sind ihre Tage gezählt, nur weiß sie das noch nicht. Vier Jahre später wird ein Bronchialkarzinom entdeckt, an dem sie nach einigen Monaten stirbt.

Kämpfen

Sie kann nicht sterben. Seit vier Jahren ist eine Pleurakarzinose bekannt, das ganze Brustfell ist mit Metastasen besiedelt. Nicht *sie* ist meine Patientin. Sie kommt mit ihrem Mann. Um ihn geht es.

Er ist depressiv, sitzt den ganzen Tag zu Hause und grübelt. Ein Psychiater würde ihn als asthenische Persönlichkeit mit Neigung zu depressiven Verstimmungen beschreiben. Seit dreißig Jahren ist er in derselben Firma, vom alten Chef angesehen, gut Freund mit allen Mitarbeitern. Immer hat er seine Pflicht getan, vielmals auch mehr als das. Vor einem halben Jahr hat der Alte die Firma an seinen Sohn übergeben. Der will die Strukturen ändern, um die Gewinnsituation zu verbessern, die Firma zukunftsfähig zu machen. Die Konkurrenz ist groß.

Alte Mitarbeiter können sich nicht so rasch umstellen, auch er nicht. Dieser Mann erleidet einen Arbeitsunfall. Ein kleiner, verzeihlicher Fehler in der Rehabilitationsphase reicht dem Chef, ihn zu maßregeln und auf einen Posten zu versetzen, der ihn nicht fordert. Er fühlt sich in seinem Selbstwertgefühl derart getroffen, daß er seine Tätigkeit nicht mehr ausüben kann, nur noch weinend und klagend zu Hause sitzt. Er schläft nicht mehr, macht sich unablässig Gedanken, die ziellos umherschweifen, zu nichts führen, ihn aber vor sich selbst als unfähig und schuldig dastehen lassen. Er weint rasch, zerfließt förmlich, wirft sich mir an die Schulter und klammert sich fest. In dieser Zeit wächst die Ehefrau über sich hinaus.

Sie ist Jahre zuvor an einem Mammakarzinom operiert worden. Man hat bald darauf metastatisch veränderte Lymphknoten aus der Achselhöhle entfernen müssen. Einige Monate später kam es zu einem Pleuraerguß, der abpunktiert wurde. Dabei stellte man in dieser Flüssigkeit Krebszellen fest. Die Patientin wurde chemotherapeutisch behandelt. Trotzdem wäre diese Krankheit ein sicheres Todesurteil gewesen, das innerhalb von zwei Jahren zum Ende geführt hätte. Das Wunder war, daß die Patientin einfach weiterlebte, wenngleich mehrfache Krankenhausaufenthalte notwendig waren. Der Allgemeinzustand war trotz dieser schweren Erkrankung immer recht gut.

Erst als in den letzten Monaten sich zunehmende Konflikte zwischen ihrem Mann, der zunehmend für sich selber sorgen und für sich einstehen kann, und ihrem Schwiegersohn entstehen, der den Schwiegervater bis dahin finanziell ausgenutzt hat, scheint es für sie so, daß er sie nicht mehr benötige. Ihr Mann verhält sich plötzlich konfrontativ, völlig entgegen ihren eigenen harmonisierenden Vorstellungen. In dieser Zeit geht es der Patientin rapide schlechter. Sie verstirbt innerhalb von drei Wochen an einem massiven Aufblühen der Pleurametastasen.

Auffällig ist hier, daß trotz des massiven Befundes die Patientin einfach weiterlebte. Sie stand unter dem inneren Druck, daß sie gebraucht wurde. Sie kämpfte für und sie kämpfte um ihren Mann, der zu dieser Zeit häufig äußerte, es sei das Beste, wenn er Schluß machte. Es mag also durchaus sein, daß ihre positive, lebenszugewandte und kämpferische Art ihre körpereigene Abwehr stimulierte. Diese brach dann zusammen, als ihr Mann sich zunehmend von ihr emanzipierte und gleichzeitig auch ein Konflikt entstanden war, den sie als äußerst bedauerlich ansah. Ist das eine Koinzidenz oder eine kausale Verknüpfung?

Hand an sich legen

Dreizehntausend Menschen in Deutschland sterben jeden Jahr von eigener Hand. In den deutschsprachigen Ländern sind es zwanzig von einhunderttausend, die so aus dem Leben scheiden. Mehr als zweihunderttausend jedes Jahr machen den Versuch, sich zu töten.

Kaum jemand, der sich suizidiert, hat zuvor nüchtern eine Lebensbilanz gezogen. In den meisten Fällen erkennt man eine Entwicklung, eine Einengung der Gedanken und der Gefühle, die mit einer inneren Konsequenz dahin geführt hat. Ist nach langem, qualvollem Hin und Her die Entscheidung getroffen, wirkt der Betroffene erleichtert, so daß kaum jemand noch eine Gefahr vermutet. Es ist die Ruhe vor dem Sturm.

Suizide kommen besonders häufig in der Jugend und im Alter, in der Ober- und in der Unterschicht vor. In der Mittelschicht sind Suizide seltener. Häufig sind sie aber bei Ärzten, insbesondere bei Psychiatern, und bei Geistlichen.

Vor einiger Zeit hat sich ein gleichaltriger Kollege in seiner Praxis aufgehangen. Er hat einen Strick an einem Haken in der Wand befestigt, sich hingekniet und nach vorn fallen lassen. Atypisches Erhängen ist ein langsamer, qualvoller Tod – durch Erdrosseln. Wir alle haben das im Studium gelernt. Seine dreizehnjährige Tochter hat ihn gefunden. Am Tag zuvor hat ihn einer unserer gemeinsamen Patienten sehr aufgewühlt und unkonzentriert erlebt. Was waren die Gründe, die Ursachen? Warum hat er *diese* Todesart gewählt? Warum hat er nicht reden können?

Psychodynamik

Gelungene Suizide von Patienten können Suizidimpulse bei dem Behandler auslösen.

Eines Tages erreicht unsere Chefsekretärin eine mit ihr befreundete Fachkollegin nicht, die früher in unserer Abteilung gearbeitet hat. Sie ist auch nicht in der Poliklinik erschienen. Am Folgetag versucht sie, sie in ihrer Wohnung zu erreichen, hat aber auch hier kein Glück. Sie wartet noch einen weiteren Tag, hat aber kein gutes Gefühl und läßt die Wohnung von der Polizei öffnen. Die Kollegin ist tot. Sie hat ihrem Leben ein Ende gesetzt.

Einer ihrer Patienten hat sich wenige Tage zuvor umgebracht. Ihre Therapie ist in der Fallbesprechungsgruppe kritisch „auseinandergenommen" worden. Keiner hat in ihr einen Menschen in seiner Not gesehen, sondern nur einen Gesundheitsfunktionär, der versagt hatte.

Du sollst nicht töten

Töten – seit Beginn der Menschheit tabuisiert und sanktioniert. Aber es gibt zahlreiche Ausnahmen von der Regel.

Töten – interessanter als das Ergehen des Opfers ist uns das Motiv und die Entschuldigung der anderen. Um es uns einfach zu machen, um uns zu rechtfertigen, daß wir es getan oder weggesehen haben oder um uns zu motivieren, es zu tun, haben wir den Begriff aufgelöst. Die Unterbegriffe, die wir so erzeugt haben, enthalten zahlreiche Implikationen, die den eigentlichen Vorgang mehr verdecken, als daß sie Klarheit schaffen. Nicht die gewaltsame Beendigung des Lebens durch fremde Hand steht im Vordergrund, nicht das Erschrecken über den totalen Verlust, den der andere erleidet, über die Endgültigkeit, die durch fremde Hand bestimmt wird, nicht die Anmaßung, die hierin zu erkennen ist. Viele dieser Begriffe lassen auf den ersten Blick nicht einmal mehr den Zusammenhang mit dem Töten erkennen – seien es brutale wie: umbringen, vernichten, beseitigen, abmurksen, abknallen, abstechen, ausmerzen oder verdeckende und besänftigende wie abtreiben, *unter*brechen, einschläfern ...

Um ihrer Aufgabe der Sanktion oder Exkulpation nachzukommen, müssen die Juristen den Akt des Tötens begrifflich fassen, beziehungsweise den Tatbestand, daß jemand um sein grundlegendes Recht gebracht worden ist: Das Recht zu leben. Auch wenn wir seit langem Resozialisation auf unsere Fahnen geschrieben haben mögen, ist uns Vergeltung und Kompensation des Verlusts wichtig.

Totschlag und Mord sind in unseren Moralvorstellungen im menschlichen Sumpf angesiedelt, in der Nähe von Roheit, Haß und Heimtücke. Die Personen allerdings, die vor dem Richter stehen, sind selten jene, die wir in unserer Phantasie damit verbinden. Weswegen Völkermord weniger läßlich sein soll als einfacher Mord, kann ich nicht verstehen. Dem Gemordeten ist das einerlei. Die Gesinnung des Mörders ist kaum weniger abartig als die des Völkermörders. Wenn wir denn schon die Gesinnung bestrafen, warum existiert die „Rechtsfigur" des *versuchten* Mordes? „Den hab ich kaputtgemacht", schrie ein deutscher Hooligan in Frankreich. Daß er und seine Spießgesellen sich täuschten und den Ärzten einen Funken Leben in dem zerstörten Körper hinterließen – ist das sein Verdienst?

Töten im Staatsauftrag – erweiterte Selbstverteidigung, Kriegs- oder Wehrdienst. Über diese Fragen habe ich mir schon als Jugendlicher den Kopf zerbrochen, als ich noch nichts in unserem Staat entscheiden, aber für ihn alles riskieren durfte. Ich habe mich damals gegen den Wehr- und für den Zivildienst entschieden, auch wenn ich dadurch Nachteile erfuhr. Ob ich mich heute genauso entscheiden würde? Ich bin mir nicht schlüssig. Ich bin nicht patriotischer als früher, aber weniger idealistisch. Ich beneide die heutigen Zivis nicht um die geringeren Widerstände, die sie erleben.

Es ist mir erstaunlich, daß ehemalige Kriegsdienstverweigerer als Staatslenker meinen, daß es einen gerechten Krieg gebe, wenn man ihn denn nicht erkläre, sondern *nur* als Strafmaßnahme durchführe. Eine so demonstrierte Humanität zerstört auf allen Seiten und schließlich sich selbst. Wenn sie ihr Ziel aus den Augen verliert, wird sie ihrem moralischen Anspruch nicht gerecht.

Ich bitte, das Folgende nicht als Frauenfeindlichkeit auszulegen. Ein solcher Anwurf würde mich zutiefst treffen. Ich habe häufig Frauen im „Schwangerschaftskonflikt" erlebt, die um Rat nachsuchten, aber eine Bescheinigung und damit eine Exkulpation meinten, das Wesen in ihnen loszuwerden. Nicht der organisierte Zellhaufen war das Problem, sondern, das, was er bald als voll entwickelter Mensch sein würde: ein Parasit an ihrem Leben. Die Beratung war zumeist schon längst geschehen, die Entscheidung getroffen. Meine Aufgabe war, als Verstärker und Verdeutlicher die Untragbarkeit dieser zukünftig fremdbestimmten Lebensart zu attestieren und eine *Unterbrechung* (!) zu befürworten. Eine Reihe dieser Vorentscheidungen konnte ich nicht mittragen. Ich war in sie nicht involviert. Als ich mich zunehmend benutzt fühlte, gab ich diese Beratung auf.

Euthanasie: dieses Wort vom schönen Tod bleibt ein Euphemismus, eine Schönfärberei, Lüge. Tötung auf Verlangen ist nicht schön, weder für den, der sie für sich wünscht, noch für den, der sie ausführt. Psychopathische Reisende in Sachen Tod, wie es sie zunehmend gibt, mag man hiervon ausschließen. Deutschland hat durch seine Geschichte ein besonderes Verhältnis zum Tod, zum *schönen* Tod, deutsche Psychiatrie allzumal. „Unwertes Leben" mußte entsorgt werden. Ich kenne die Akten, die den Abtransport dokumentierten. Paul Celan sprach vom Tod als einem Meister aus Deutschland. Allerdings stehen wir heute nicht mehr allein mit diesen Praktiken. In Holland ist Euthanasie häufig. Demente Alte und schwerst geistig Behinderte werden getötet – zunehmend *gegen* ihren Willen, für die Ökonomie der Mehrheit. Schöne Aussichten.

Gewalt

Fremde Gewalt macht Angst. Zumal wenn es sich um körperliche Gewalt handelt. Oder, wenn die Gewalt übergroß ist, nicht berechenbar. Selbst die Gewalt über eine Situation, eine Sache oder eine Person haben zu können, befriedigt oder beruhigt. *Sich selbst* Gewalt anzutun, um sich anzupassen, ist zumindest unbequem. Gewalt kann durch *Angst* provoziert werden. Angst vor dem Ungeborgensein, auch vor fremder Gewalt. Diese Art Gewalt richtet sich häufig gegen den Betreffenden selbst oder wird von ihm präventiv eingesetzt.

Die augenblickliche Diskussion über Gewalttaten psychisch Kranker läßt Angst erkennen. Es ist schwierig, nüchtern darüber zu reden, wenn der andere sich in Gefahr sieht.

Abendprogramm

Ich sitze mit den Kollegen gemütlich beim Kegeln. Ich bin wie so häufig zu spät gekommen, weil in der Praxis noch viel zu tun war. Die Kollegen registrieren dies wie immer mit einer Mischung von Bedauern und Schadenfreude.

Heute steht die Polizei vor der Tür und verlangt mich zu sprechen. Ein Mann, dessen Frau psychisch krank sei, bedrohe die Beamten des Ordnungsamtes, die Krankenwagenfahrer, die sie abholen sollten, und die hinzugezogenen Polizisten mit einem Schrotgewehr. Ich fahre etwas zitternd mit. Tatsächlich gelingt es mir, den Mann „herunterzureden" und die Situation zu entspannen. Was wäre gewesen, wenn ich es nicht geschafft hätte?

Ausgerastet

In meiner Krankenhauszeit hatte ich ein weit gefährlicheres Erlebnis.

Ich habe Nachtdienst. Nach Mitternacht werde ich von einem Telefonanruf geweckt. Die ängstlich-erregte Stimme des Oberpflegers teilt mir mit, daß ein Patient „ausgerastet" sei und auf der Station alles zerstöre, was er vorfinde.

Es handelt sich um einen wirklich bärenstarken jungen Mann von fast zwei Metern, der schwachsinnig ist und an einer epileptischen Psychose leidet. Ich kleide mich rasch an, bitte den Pförtner, die anderen Pfleger zu rufen, und eile nach vorn. Der Patient ist inzwischen aus seiner Station, die zweihundert Meter entfernt liegt, hinausgelangt und steht vor der Tür des Haupthauses. Währenddessen kommt ein neuer Anruf von der Station, wann ich mich blicken lasse. Die Tapferen haben sich im Pflegerzimmer verbarrikadiert und den Ausbruch nicht mitbekommen.

Der Mann tritt die schwere, mit Drahtglas armierte Tür mit wenigen, gezielten Tritten ein und steht vor mir. „Du bist mein Bruder. Du hast mich immer herumkommandiert. Jetzt mach ich *dich* kaputt", sagt er leise. Inzwischen haben sich einige Pfleger in der Vorhalle versammelt. Auf mein Kommando stürzen wir uns auf ihn. Es gelingt uns, ihn zu Boden zu reißen. Es sind große Dosen an Medikamenten nötig, um ihn zur Ruhe zu bringen.

Am nächsten Tag weiß er nichts mehr davon.

Gewalttätigkeit und psychische Krankheit

Psychisch Kranke üben Gewalt häufiger gegen sich als gegen andere aus, auch wenn es auf Grund von Pressemitteilungen anders erscheinen mag. Der Mord einer Dortmunder Arzthelferin Anfang der achtziger Jahre und die Mordversuche an La Fontaine und Schäuble durch schizophren Kranke sind spektakulär, doch Raritäten. Morde und Totschlagsdelikte sind vielmehr die Domäne „Normaler" im dritten Lebensjahrzehnt. Nur ein Teil psychisch Kranker, nämlich der an einer Schizophrenie erkrankten, kommt auf ähnliche Zahlen, erst danach folgen schwere Persönlichkeitsstörungen.

Bei einer genauen Betrachtung der Gewalttaten dieser Gruppe psychisch Kranker stellt man in aller Regel fest, daß diese vorhersehbar waren. Der Wahn, der letztlich zu der Handlung führt, wurde zumeist schon früher geäußert. Subjektiv fühlt sich der Kranke in einer Situation, in der er sich oder die Gruppe, Umgebung, die Welt gegen etwas oder jemanden verteidigen muß. Es erstaunt aber immer wieder, daß die Entscheidungsträger in diesen konkreten Fällen äußerst selten prophylaktisch handeln.

Selbsttötungen psychisch Kranker sind hingegen eine immer gegenwärtige Gefahr. Bis zu dreißig Prozent sterben keinen „natürlichen Tod". Ausgesprochen harte oder grausame Todesarten wie ein Sprung von einer Brücke oder einem Haus, vor einen LKW oder einen Zug, Selbstverbrennungen, Schnitte durch die eigene Kehle oder in den Bauch sowie Erschießen sind häufig. Im Laufe der Jahre habe ich derartiges vielfach erlebt.

Normalität

Psychisch Kranke passen nicht in das Bild von Normalität. Sie stören oder machen Angst. Gerade in der letzten Zeit geraten sie in die Schlagzeilen, wenn wieder jemand aus einer sozialtherapeutischen Einrichtung entwichen ist oder jemand, dessen geistige Gesundheit in Zweifel gezogen wird, gegen soziale oder rechtliche Normen verstoßen hat.

Nicht selten sind sie daher auch selbst *Objekt* von Gewalt. Psychisch Kranke erleiden Gewalt von ihrer unmittelbaren Umgebung, von ihrer Familie, von Menschen aus der Nachbarschaft. Sie werden vernachlässigt, aus- und eingesperrt, geschlagen, vergewaltigt, getötet. Ihnen wird von Gesetzes wegen Gewalt angetan, um die Umwelt oder sie selbst vor ihnen zu schützen.

Selbst-Amputation

Während meiner neurochirurgischen Assistentenzeit lerne ich einen jungen, großen und stabilen Mann kennen, der geduldig auf seine Untersuchung wartet und ausgesprochen freundlich und ausgeglichen wirkt. „Den hätten Sie mal früher kennenlernen müssen", meint sein Begleiter. „Der hätte Sie ganz schnell auseinandergenommen." Der Mann hat ein auffällig flaches Stirnprofil, ist blind, hat keinen Geruchssinn und trägt eine Oberkieferprothese.

Er hatte eine schizophrene Psychose und war durch seine immer wieder aufbrechende Gewalttätigkeit ein Problem für seine ganze Umgebung. Eines Tages reagierte er nicht auf das Klingeln seines Betreuers. Nur ein leises Stöhnen war zu hören. Als die Polizei die Wohnungstür aufbrach, fand man ihn blutüberströmt auf dem Boden liegend. Aus seiner Stirn quoll Blut und Hirnmasse. Die Wohnung war voller Blut: auf dem Boden, an den Wänden, den Türgriffen, den Schränken. Einige Stunden zuvor hatte er versucht, sich zu erschießen, den Pistolenlauf in den Mund gehalten und abgedrückt. Statt nach hinten hatte er aber nach oben gezielt und sich selbst leukotomiert.

Seitdem er seine Aggressivität erschossen hat, ist seine Persönlichkeit total verwandelt. Oder ist es umgekehrt? Sie fragen mich, was die Seele eines Menschen ist? Fragen Sie etwas leichteres.

Drei fromme Frauen

Manfred war schon als Junge der Schrecken seiner Umgebung. Wie viele Brände von Scheunen und Ställen auf sein Konto gingen, wird wohl immer unklar bleiben. Wie häufig er zugeschlagen, wie viele Tiere er bei lebendigem Leibe aufgeschnitten hat, ist nicht mehr festzustellen. Sein Vater erhielt Prügel, wenn er versuchte, ihn zur Ordnung zu rufen, und schwieg schließlich zu allem. Manfred pendelte lange Jahre zwischen zu Hause, Jugendhaft und Psychiatrie und blieb letzterer bis zu seinem Lebensende erhalten.

In dem Landeskrankenhaus einer Universitätsstadt streckte man die Waffen vor ihm und verlegte ihn in das „feste Haus". Aus seinem Zimmer mußten alle demontierbaren Gegenstände entfernt werden, da er sie intelligent zur Selbstschädigung nutzte. Unter anderem schluckte er Glas und Nägel, zog die Spiralfedern aus der Matratze, schob sie sich unter die Haut und schnitt sich mit ihnen die Unterarme bis zu den Knochen auf, nahm einen seiner Augäpfel aus der Höhle und wendete diesen dem Gegenüber zu.

Mit zunehmendem Alter wurde Manfred wie die meisten Menschen ruhiger. Ausserdem war Manfred irgendwann für die studentische Ausbildung nicht mehr so interessant und für das In-Szene-Setzen psychotherapeutischer wie sozialpsychiatrischer Allmachtsphantasien kontraproduktiv. Er kam daher zu uns in das peripher gelegene Landeskrankenhaus, in den geschlossenen Langzeitbereich ganz hinten im Gelände, kurz vor dem letzten Zaun vor dem angrenzenden Acker. Er integrierte sich, beugte sich der milden Gewalt und begann eine neue Ära seiner Anstaltssozialisation. Gelegentlich, aber immer seltener, schimmerte ein Rest des alten Manfred durch die zunehmend vergrauende Haut – Kraft und Durchsetzungskraft, sogar Dominanz. Er verhielt sich subaltern, etwas schmierig, setzte sich zumeist von der Gruppe ab, übernahm eine Kapo-Funktion auf der Station, wirkte unzufrieden und mürrisch, grinste dann und wann etwas vor sich hin, strahlte aber stets eine latente Gewaltbereitschaft aus. Die Mitbewohner und auch einige Pfleger hatten Angst vor ihm, wenn er mit Kordhütchen und -sakko und Karohemd über die Station schlurfte.

An einem Wochenende war ich zu einer Fortbildungsveranstaltung in eine entfernt gelegene Stadt gefahren. Wir hatten uns über neue Konzepte der Rehabilitation und Reintegration psychisch Kranker unterhalten. Als ich am Montag auf das Krankenhausgelände komme, flüstert mir Heiner hinter vorgehaltener Hand zu, „Weißt du schon das Neueste, der Manfred, der ist weg, einfach abgehauen. Er hat sich drei Flaschen von den frommen drei Frauen gekauft. Er wollte sich totsaufen." Auf seiner Station bestätigt man mir sein Verschwinden. Mit der Polizei hat man hat noch keinen Kontakt aufgenommen.

Ich bitte die Polizei wegen meines begründeten Verdachts auf eine Suizidhandlung um die Einleitung einer Fahndung, die mir mit der seltsamen Begründung verweigert wird, das Verschwinden liege noch nicht so lange zurück. Erst nach einer Woche durchkämmt eine kleine Gruppe von Polizisten und Hilfskräften das angrenzende Waldgelände, findet aber nichts.

Einen Monat später haben Spaziergänger eine Leiche entdeckt, die direkt oberhalb unseres Geländes unweit eines Weges im Gebüsch liegt. Sie hatten einen widerlichen Geruch wahrgenommen. Ich werde aufgefordert, sie zu identifizieren. Auf dem Boden liegt ein durchnäßtes, braunes Kleiderbündel; ein Kordhut, wie ihn Manfred immer trug, bedeckt den zum großen Teil skelettierten Kopf. Daneben liegen drei Flaschen klarer Korn (*„Klara Korn"*) und Mariacron („Maria Kron"). Der Gestank ist unerträglich. Vier Wochen hat es abwechselnd Regen und Sonnenschein gegeben. Als die Bestatter die Leiche in die Zinkwanne legen wollen, zerfällt sie vollends.

Endgültige Entscheidung

Für eine Woche bin ich als Altassistent turnusgemäß für eine ehemalige psychiatrische Rehabilitationseinrichtung zuständig, in der sich augenblicklich ältere und einige wenige junge Patienten befinden, die kaum noch weiter rehabilitiert werden können, der hoffnungslose Bodensatz solcher Einrichtungen, der dort eine Heimat gefunden hat. Ich darf zu diesem Haus aus versicherungsrechtlichen Gründen nur mit dem hauseigenen Transporter gefahren werden. Da ich es für unerträglich halte, daß die Patienten nicht konstant ärztlich betreut werden, melde ich mich freiwillig für ein halbes Jahr.

Ich werde eines Tages zu einer Pflichtveranstaltung in das Haupthaus gerufen, auf der ein bekannter Kollege über seine Erfahrungen mit der Rehabilitation chronisch psychisch Kranker spricht, ein Thema, das mich sehr interessiert.

Eine Frau, die in den letzten Tagen sehr unruhig ist und mir gefährdet erscheint, wird von mir einige Stunden vor meiner Abfahrt noch in ein Zimmer verlegt, das dem Pflegezimmer gegenüber liegt. Ich gebe ausdrücklich die Anordnung, alle gefährlichen, insbesondere scharfen Gegenstände aus dem Raum zu entfernen, die Patientin viertelstündlich aufzusuchen und mit ihr zu reden. Eine halbe Stunde nach Beginn der Veranstaltung werde ich ausgerufen. Man teilt mir mit, daß die Patientin sich suizidiert habe. Ich lasse die Polizei verständigen und fahre auf dem kürzesten Wege zurück.

Sie liegt auf dem Boden des Zimmers in einer riesigen Blutlache. Sie hat einen Spiegel zerschlagen und sich mit einer Scherbe den Hals durchgeschnitten. Sie muß ohne Zögern gehandelt haben. Ob die Aufsicht so gehandhabt wurde, wie ich es angeordnet habe, bleibt für mich fraglich. Ich dokumentiere den Vorgang, gehe aber auf die Frage der Verantwortung nicht weiter ein.

Einige Wochen darauf nimmt der sonst so subalterne Oberpfleger das Gesetz des Handelns in seine Hand und beschwert sich über meine fehlende ärztliche Präsenz – eine Präsenz, die vor meiner Zeit nicht bestanden hat und die ihm in mancher Beziehung hinderlich ist. Seine Angst, zur Verantwortung gezogen zu werden, und die Angst meines Chefs, hier hineingezogen zu werden, führen dazu, daß ich selber Gewalt verspüre – die Gewalt eines Verwaltungsapparates. Ich werde vor ein Tribunal von Nichtärzten, Verwaltungsangestellten und Oberpflegern, geladen – ein klarer Verstoß gegen das Arztrecht. Ich habe gute Argumente und genügend Zorn – und damit Glück. Danach ist für mich klar, daß das Krankenhaus für mich nicht die Zukunft sein kann.

Ausgekuppelt

Herr H. kommt mit den Klagen über eine anhaltende Erschöpfung zu mir. Sein Chef, der mir gut bekannt ist, schickt ihn zu mir. Er ist Berufskraftfahrer. Er fährt Schwerlaster. Er ist schon ein seltsamer Vogel – er liest den Siddharta wie eine Bibel, ist Vegetarier, Tierschützer, Pantheist, Yoga-Künstler. Es gelingt mir, ihn leidlich zu stabilisieren, doch ist er nicht mehr in der Lage, den beruflichen Anforderungen zu genügen.

Zwei Jahre später fällt er seiner Nachbarschaft durch sein seltsames Verhalten auf. Er führt mit den Kindern Tänze um ein Feuer auf. Er verwahrlost. Er soll geäußert haben, daß er sich verbrennen werde.

Als ich ihn aufsuche, hat er seine Wohnungstür ausgehängt, seine Fenster eingeschlagen und sitzt, das Buch Toth lesend, mit gekreuzten Beinen auf dem Fußboden. Seine Regale sind voll von esoterischen Werken. Er berichtet mir von seinen außersinnlichen Wahrnehmungen. Er sei gezwungen, diese Welt zu verlassen. Nur so könne man sie retten. Schon lange seien die Menschen zu einer Entscheidung aufgerufen, nur folgten sie der Aufforderung nicht. Er ist mit einer stationären Behandlung einverstanden. Irgendwie weiß er, daß er krank ist und behandelt werden muß.

Nach vierzehn Tagen befindet er sich wieder in seiner Wohnung. Die Kollegen im Krankenhaus haben einen weiteren stationären Aufenthalt nicht für erforderlich gehalten. Er erklärt mir allerdings, daß er seine Absicht, sich zu töten, nicht aufgegeben habe. Ich weise ihn nochmals ein. Am folgenden Wochenende entweicht er aus dem Krankenhaus und springt von einer Autobahnbrücke.

Gegenzug

Der junge Mann fühlt sich unwohl in seiner Haut. Er leidet seit der Pubertät unter zahlreichen psychosomatischen Beschwerden, die ständig ihren Ort wechseln, hat tief in sich drinnen eine bedrohliche, unnennbare Angst, fürchtet sich in vielen Situationen, zieht sich zurück, empfindet sich als minderwertig und kann sich nicht annehmen. Gelegentlich ist er in einer Wahnstimmung. Er ist er sexuell unreif und hat pädophile Tendenzen. Allein seine religiöse Bindung hat wesentliche Probleme verhindert. Häufig phantasiert er von Suizid und ritzt sich die Arme mit scharfen Gegenständen.

Als er nach der Hauptschule einen Lehrberuf in der Industrie beginnt, versagt er. Er ist unruhig und gespannt, schläft schlecht und grübelt über den Sinn des Lebens nach. Verschiedene stationäre Behandlungen ändern nichts an der Situation.

Körperlich wirkt er so zurückgeblieben wie seine Interessen. Er sieht trotz seiner vierundzwanzig Jahre wie ein Sechzehnjähriger aus. Er spielt mit Kindern im Alter von zwölf bis dreizehn Jahren, vor allem mit Mädchen, deren Eltern sie allerdings bald vor ihm fernhalten. Er verliebt sich in eine fünfzehnjährige geistig Behinderte, die er häufig besucht und mit deren Puppen er spielt. Vor einiger Zeit hat er noch versucht, sich in eine Gruppe rechtsradikaler Jugendlicher zu integrieren. Er hat mit ihnen im Wald Soldatenspiele gespielt, für sie Waffen versteckt und Flugblätter rechtsradikalen Inhalts verteilt, bis man ihn als „Weichei" „outete". Er hat lange unter dieser Zurückweisung gelitten.

Der Vater ist ein eigenbrötlerischer Sonderling, der allerdings sein Leben bislang gemeistert hat, die Mutter eine schwachbegabte, doch tüchtige, arbeitsame Frau, die die Familie zusammenhält, die jüngere Schwester ist minderbegabt und wird zweimal nacheinander von einem jungen Mann geschwängert, nur die beiden Jüngsten sind „normal".

Eine konstante, intensive emotionale Zuwendung, regelmäßige Gesprächstermine stabilisieren ihn vorübergehend. Während ich für kurze Zeit Urlaub mache, springt er vor den Zug, der hinter seinem Elternhaus vorbeifährt. Er ist auf der Stelle tot.

Ein einziges Gleis, ein einziger Übergang, fünf Züge am Tag, zwei Tote im Jahr. Auch gestern wieder war die Straße gesperrt.

Königskinder kommen nicht zusammen

„Das mache ich nie mehr, nie mehr!" Als ich morgens den Weg zum neurochirurgischen Operationssaal gehe, liegt ein sechzehnjähriges Mädchen auf einer Trage im Gang. Sie jammert, schreit und läßt sich von der Schwester nicht trösten.

Es ist nicht die Schläfenwunde, die sie erregt. Ihr Freund befindet sich auf dem Operationstisch. Es ist schlecht um ihn bestellt. Der Operateur kommt heraus: „Wir haben ihn nicht retten können." Sie schreit auf.

Den beiden war von ihren Eltern verboten worden, sich zu treffen. Ohne den anderen konnten sie nicht leben; lieber wollten sie gemeinsam sterben. Einer der Väter besaß eine Waffensammlung. Hier fanden sie zwei Pistolen. Sie küßten sich ein letztes Mal, setzten sich eng zusammen, umarmten sich und hielten sich dabei die Mündungen gegenseitig an die Schläfen. Sie war wohl etwas rascher. Er verriß die Waffe, als er getroffen wurde.

Forensische Psychiatrie

Ein Kollege aus der Nachbarschaft ruft mich an, daß der Bruder einer seiner Helferinnen suizidal sei. Er habe schon versucht, sich das Leben zu nehmen, indem er sich ein Elektrokabel vorn und hinten gegen die Brust gehalten habe. Irgendwie sei der Versuch gescheitert. Er habe nur Verbrennungen davongetragen. Danach habe er sich ein Messer in die Brust gerammt. Auch dieser Selbsttötungsversuch sei mißlungen. Er habe seinen Arbeitsplatz durch einen Konkurs verloren. Seine letzte Stelle habe er gekündigt, weil er sich „wie ein Rädchen im Getriebe" gefühlt habe.

Als der Mann sich bei mir vorstellt, fallen mir seine geminderte, fast steife Mimik, sein seltsamer, sehr distanzierter Affekt und sein häufiges, gelangweilt oder angeekelt wirkendes Grimassieren auf, als wenn er völlig über der Situation stehe. Als er mir seine Geschichte erzählt, wirkt er kaum engagiert, so, als gehe ihn das alles nichts mehr an. Nichts, keiner könne ihm helfen.

Er ist ein sehr gestörter Mensch, beziehungsunfähig, er versucht, sich durch Leistung zu beweisen, ist „tausendprozentig", scheitert aber immer wieder daran, daß er keine zwischenmenschlichen Kontakte halten kann. Er ist nicht „geisteskrank", aber seine Mutter leidet an einer schizophrenen Psychose.

Am Morgen vor der Aufnahme in die Klinik verschwindet er, steckt einen Schlauch auf den Auspuff und in das Wagenfenster, setzt sich hinein und vergiftet sich mit den Abgasen. In seinem Brief entschuldigt er sich bei seiner Familie für die Unannehmlichkeiten, die er ihnen mit seinem Tod bereite. Was mit seiner Leiche geschehe, sei ihm völlig gleichgültig.

Seine Lebensversicherung, die immer wieder mit ihrer Großzügigkeit im Schadensfall wirbt, will nicht zahlen. Sie unterstellt einen „Bilanzsuizid". Als ich versuche, die Behauptung in einem Attest zu widerlegen, und die Schwester als Begünstigte den Klageweg beschreitet, drohen mir die Anwälte der Versicherung in einem längeren Schreiben an, mich wegen Bruches meiner Schweigepflicht anzuzeigen. Die gelte auch über den Tod meines Patienten hinaus, auch wenn ich annähme, in seinem Interesse zu handeln.

Das Gericht verurteilt mich in einem abgetrennten Verfahren, dessen Kosten ich zu tragen habe, zu einer Aussage.

Im Hauptverfahren stützt sich die Versicherung auf einen sehr bekannten emeritierten forensisch-psychiatrischen Universitätslehrer, der die Meinung vertritt, daß allein für den Fall einer klassischen Psychose die Urteils- und Handlungsfähigkeit für wesentlich eingeschränkt oder aufgehoben sei. Eine schwere Persönlichkeitsstörung mit schwerer depressiver Entgleisung reiche hierfür nicht aus. Er argumentiert so, als wolle er bewußt die Konstellation in ihrer ganzen Ausweglosigkeit nicht sehen und als habe er die gesamte neuere Suizidforschung nicht wahrgenommen. Er vertritt völlig eigene Theorien. Ich werde nur „zur Sache" befragt und erhalte keine Möglichkeit, die Zusammenhänge darzustellen.

Weder durch Kenntnis der Materie noch des Falles, sondern durch seine geschulte Rabulistik gelingt es ihm, den Gegengutachter, einen jüngeren Oberarzt einer psychiatrischen Universitätsklinik, wie einen kleinen Jungen aussehen zu lassen. Mich beschleicht das ungute Gefühl, als habe der Kollege nicht im Interesse der Wahrheitsfindung argumentiert, sondern um sich für weitere Aufträge von Versicherungen zu empfehlen.

Überleitung

Ich hoffe, ich habe bislang die Grenzen nicht zu sehr verletzt. Damit meine ich die Grenzen *aller* hier Beteiligter: die meiner Patienten, deren Geschichten ich hier erzählt habe, Ihre, da Sie Dinge nachzuerleben hatten, von denen Sie bislang wenig wußten (sofern Sie nicht irgendwie mit der Psychiatrie verbunden waren), meine, der ich jedes Mal etwas von mir selbst – meinem Erleben, Fühlen und meinem Handeln – preisgegeben habe.

Ich denke allerdings, daß nur das Wissen um die Dinge zu einem Verständnis der Situation in der ambulanten psychiatrischen Versorgung, insbesondere in der Nervenarztpraxis führen kann und zu einem tieferen Verstehen der Personen, die damit zu tun haben.

Nachdem ich bislang über die ohne, in und unter Psychiatrie *Leidenden*, den „Fällen", berichtet habe, möchte ich im folgenden Band die *Handelnden* und ihre Bedingungen vorstellen.

Doctor medicinae Karl Hermann Amadeus Grebe, Nervenarzt

Anekdoten und Tragödien

Ein Versuch, das normal-verrückte Dasein eines Nervenarztes in Deutschland zu beschreiben

Band 2

LinguaMed Verlags-GmbH
Friedensallee 30
63263 Neu-Isenburg

ISBN 3-928610-34-1 LinguaMed Verlags-GmbH, Neu-Isenburg 2000

Die Deutsche Bibliothek – CIP-Einheitsaufnahme

Anekdoten und Tragödien
Grebe, Karl H.
Neu-Isenburg : LinguaMed-Verl.-GmbH, 2000

ISBN 3-928610-34-1

Impressum
Verlag:
LinguaMed Verlags-GmbH
Friedensallee 30
63263 Neu-Isenburg

Druck:
F. W. Wesel, Druckerei und Verlag GmbH & Co. KG
Baden-Baden

Inhalt

Ein Wort zuvor

Dies ist keine Dichtung. Es ist *meine* Wahrheit.

Ich bin kein Schreiberling. Es ist das erste Mal, daß ich mich in diese Gefilde begeben habe. Ich habe zwar gelegentlich kurze Artikel in Zeitschriften und Sachbüchern verfaßt, doch nie derartiges.

Es handelt sich um ein Büchlein, das nicht nur für das werte Fachpublikum gedacht ist. Es ist nicht für Ärzte allein bestimmt. Es soll an die Öffentlichkeit. Es soll zum Nachdenken wie zum Lachen Anlaß geben, einige bewußt ärgern, andere sich die Hände reiben lassen. Aber wehe, keine Häme, irgend etwas hiervon kann von Fall zu Fall auf Sie zutreffen. Ohne Betroffenheit wird sich nichts ändern. Veränderung aber ist unumgänglich.

Anekdoten und Tragödien – das normal-verrückte Dasein eines Nervenarztes in Deutschland: In diesem zweiten Teil handelt es sich nicht mehr um „Fälle", Krankheitsfälle, besser: um Menschen, die versuchen, mit ihrer Krankheit zu leben. Hier handelt es sich um *einen* Fall, an dem seit nunmehr einhundert Jahren herumkuriert wurde, ohne daß dabei etwas anderes herausgekommen ist als das pure Überleben des Systems. Sicherlich gab es glanzvolle Augenblicke. Häufig wurde aber die Grenze zu einem Kriminalfall überschritten: eine Aneinanderreihung von Unkenntnis, Unfähigkeit, Kunstfehlern (nicht nur ärztlichen) und bewußtem Betrug. Es handelt sich um die Gesundheits- und Sozialpolitik.

Die kommt *ohne dauerhafte Gebrauchsinformation:* ein heterogenes Gebräu aus verschiedenen ideologischen Töpfen, das immer wieder kräftig gerührt werden muß, auf daß die verschiedenen Bestandteile sich nicht voneinander absetzen. Auch ist es so häufig und so kräftig mit fremden Ingredienzen gewürzt worden, daß es kaum noch Eigengeschmack hat, im Preis aber gestiegen ist. Da es benebelt und abhängig machen kann, bemerken das nur wenige. Auszulöffeln hat es keiner der Braumeister – *Sie* als Endverbraucher sind das Versuchskaninchen. Hier gibt es nicht die Richtlinien der GMP, *Good Medical Practice*, sondern des PITALIG (*Put It Together And Let It Go)*. Wenn auf Druck eine *Nachbesserung* erfolgt (*das* Unwort des Jahres), können wir uns glücklich schätzen.

Ich habe versucht, mich langgespannter Tiraden und breiter Panoramen zu enthalten, sondern zahlreiche Momentaufnahmen mit Teleobjektiv und weiter Blende gemacht. Hier kommen die einzelnen „Fälle" wieder ins Bild, wie sie versuchen, mit dieser, teils gut geölten, teils knarrenden und stockenden, Maschine des Gesundheitswesens zurechtzukommen, die ihre Produkte und Prozeduren immer wieder modifiziert. Sie erkennen Laokoon und seine Söhne in ihrem „struggle for life". Diese Teilaspekte reihen sich so aneinander, daß Sie als Leser sie leicht zusammenfassen können. Nur so sind sie scharf und zeigen die Details. Leichte Überzeichnungen bieten Grund, noch besser hinzusehen und zu vergleichen.

Einer meiner Freunde, ein sogenannter „Fünf-Löcher-Doktor", der einige Zeit vor seiner Bescheidung auf diese Öffnungen des menschlichen Hauptes und ihre spärliche Neurologie seine früheren psychiatrischen Ambitionen sehr schnell zu den Akten legte, sprach von „seelischem Stuhlgang" – also Katharsis als Zweck dieser Veröffentlichung. Mag sein. Mein assoziatives Denken reicht noch etwas weiter. Es ist eine Angst-Diarrhoe. Zudem ist der Zyniker als bissiger Hund diesem wesensgleich und somit auch ein Koprosmatiker, der nicht nur genußvoll etwas von sich gibt, sondern immer wieder selbiges goutiert. Lassen Sie mir diese Freude an der Satire.

Die habe ich nicht allein für mich geschrieben. Hätte ich *mich* aber vergessen, wäre es alles trocken und langweilig geworden. Nur meine eigene Betroffenheit gibt mir den Schwung, *Sie* auf die Reise in *mein* Erleben einzuladen.

Auf denn.

Drei – Interaktionen

Der Mensch kann als einziges Säugetier lächeln.
(Ethologisches Allgemeinwissen)

Der Psychotherapeut macht's fein:
Erst fragt er viel in Dich hinein,
dann holt er, wie's der Zauberer tut
mit dem Kaninchen aus dem Hut,
die Fragen wieder aus Dir raus –
und dankt vergnügt für den Applaus.
(Eugen Roth)

In praxi

Aus dem kassenärztlichen Sicherstellungsauftrag resultieren die Residenzpflicht, die Präsenzpflicht und weitere verbindliche Auflagen für den Vertragsarzt. Seine Lebensqualität leidet darunter. Selbstverfügbarkeit, Mobilität und Flexibilität, wie sie vom „Normalbürger" als unmittelbares Recht in Anspruch genommen werden, konkrete Bedürfnisse wie eine ungestörte Nachtruhe und so weiter, sind für einen Arzt keine Selbstverständlichkeiten, sondern Ausnahmen. Ein Arzt verkauft keine *Sachwerte*, keine *Leistung*, keine persönliche *Zeit*, sondern *verschenkt* einen großen Teil seines *Lebens*. Wer will ihm verübeln, daß er gern etwas dafür an Werten und Wertschätzung zurückerhielte?

Als niedergelassener Arzt bin ich Unternehmer und Chef. Auch wenn keiner von uns Ärzten im Studium und in der Fortbildung darauf vorbereitet worden ist, und es mir wie so manchem anderen „Achtundsechziger" schwerfällt, direktiv zu sein, ist ein kleiner Betrieb zu leiten und Personal zu führen. Auch wenn man sozialistische Ideale gehabt haben sollte und daher wie einige Kollegen die betriebliche Mitbestimmung sehr weit ausgestaltet, ist die *Verantwortung* unteilbar.

Was bin ich aber ohne meine dienstbaren Geister? Sie haben Patienten zu empfangen, Termine zu vergeben, Rezepte zu erstellen, zu telefonieren, standhaft nein sagen zu können, Frieden im Wartezimmer zu stiften, Pharmareferenten freundlich zu begrüßen oder abzuwimmeln, nach Diktat zu schreiben, Bescheinigungen zu formulieren, Karteikarten zu suchen und abzulegen, Archiv und Lager zu verwalten, Ordnung zu halten, auf Sauberkeit zu achten, Patienten beim An- und Auskleiden zu helfen, technische Untersuchungen durchzuführen, den Chef wie den Praxiscomputer bei Laune zu halten, dem Doktor durch das Tagesprogramm zu helfen, ihm den Kaffee zu kochen und dabei noch freundlich zu lächeln. Praxisassistentinnen!

Dienstleistungsgesellschaft

Privatisierung und *outsourcing* bringen Effizienz, die Zukunftsberufe liegen im Dienstleistungssektor. Ständig höre ich dieses Getöne. Fragen Sie irgendeinen unserer Politiker aus einer beliebigen Partei. Er wird eben diese Meinung vertreten. Selbst sozialdemokratische Länderregierungen machen mit der Zahl von neuen Selbständigen und den von diesen geschaffenen Arbeitsplätzen für *sich* Werbung.

Im *Gesundheitswesen* der Bundesrepublik sind *vier Millionen* Menschen tätig. Der Jahresumsatz wird auf über fünfhundert Milliarden Mark geschätzt. Dennoch scheint es von unseren Politikern als ihre eigene Spielmasse betrachtet zu werden, über die sie nach Belieben verfügen können. Im Gegensatz zu dem übrigen Dienstleistungsbereich werden hier durch kurzsichtige *politische* Entscheidungen zunehmend Stellen wegrationalisiert. Der private Sektor, der ungefähr die Hälfte ausmacht, hängt durch das gewollte Wuchern der Pflichtversicherung am Tropf der Krankenkassen, die lediglich ihre Dominanz interessiert. Fast zehntausend Ärzte und mehr als vierzigtausend Praxisassistentinnen (Arzthelferinnen) sind inzwischen in Deutschland arbeitslos. Die Tendenz ist steigend. Innerhalb der letzten zwei Jahre ist die Zahl der Arzthelferinnen um 13 Prozent gesunken. 1998 wurden nur 44.000 Arzthelferinnen ausgebildet. 1996 waren es noch 51.000.

Nicht wirtschaftliche Dummheit der Ärzteschaft oder der anderen „Leistungserbringer", sondern die Gesundheitspolitik verursacht die massiven finanziellen Engpässe der Praxen, die den Abbau der Arbeitsplätze erzwingen. Da unsere neue Gesundheitsministerin Praxen zur Schließung aufkaufen lassen will, wird es in Zukunft für *alle* enger, Beschäftigte wie „Kunden". Weniger können nicht auf Dauer mehr erbringen. „Lean management" entspricht „lean office": „Lean" bedeutet im Englischen „mager", nicht schlank. Kann eine Magersüchtige hohe sportliche Leistungen erbringen? Eine „schlanke Praxis" heißt weniger Zuwendung, langsamere Praxisabläufe, schlechtere interne und externe Kommunikation, mehr Fehler, weniger Effizienz und schließlich eine schlechtere Versorgung. Sicherlich gibt es auf diese Weise auch Steigerungen: in der Inanspruchnahme von Ambulanzen und Polikliniken und in den Krankenhauseinweisungen. Ein auch hier schlankes Gesundheitssystem wird schließlich noch diese Löcher stopfen.

Übrigens – warum sind die Fallwerte der Krankenhausambulanzen doppelt so hoch als die der niedergelassenen Ärzte? Wenn wir, insbesondere wir Psychiater und Nervenärzte, unser nichtärztliches Personal durch entsprechendes Entgelt so aufstocken könnten, wären wir mit Sicherheit effizienter als Polikliniken und Ambulanzen. „Fee follows function", Honorar folgt der Leistung? Im ärztlichen Bereich gilt das nicht. Niedergelassene Ärzte scheinen für viele Planer im Gesundheitswesen der Klassenfeind zu sein.

Familienunternehmen

Viele, wenn nicht die meisten Praxen kommen heute aus finanziellen Gründen ohne mithelfende Ehefrauen oder Ehemänner nicht mehr aus. Die Partner sind für die Verwaltung, den Einkauf, die Abrechnung, den Kontakt mit Steuerberater und Banken zuständig und springen dann ein, wenn jemand vom Personal ausfällt – viele arbeiten auch regelmäßig in der Sprechstunde mit. Auch die Kinder haben immer häufiger ihre Posten in der Praxis. In jedem Fall aber leisten sie ihren Beitrag durch vielfachen Verzicht auf ihre Eltern.

Zunehmend werfen Praxen nicht mehr genügend ab, um einen typischen Mittelständlerhaushalt mit zwei oder mehr studierenden Kindern aufrechtzuerhalten. Doppelpraxen oder Zweitpraxen, die – insbesondere wenn sie klein sind – von der Kassenärztlichen Vereinigung gar noch subventioniert werden und steuerrechtliche Vorteile bieten, sind so gut wie ein beamteter Ehepartner. Da der Praxisinhaber wegen der drohenden Gewerbesteuer kein zusätzliches Gewerbe ausüben darf, eröffnet die Gemahlin oder der Gemahl einen Gesundheitsshop oder eine Boutique. Vereinzelt ist die Praxis dann nur noch Hobby. Wohl dem Doktor oder der Doktorin, dessen oder deren Ehegatte sich gegen Kinder entschieden und eine eigene Karriere gewählt hat.

Es ist noch nicht allzu lange her, daß es als etwas ehrenrührig galt, wenn „Frau Doktor" mitarbeitete. Inzwischen haben Arztpraxen den Status von italienischen Eisdielen und griechischen Tavernen. Trotzdem und gerade darum: danke den Familien.

Allzeit bereit

Silvestermorgen um viertel nach sieben: das Telefon klingelt. Die Assistentin sitzt schon seit zwanzig Minuten in der Praxis. „Herr Doktor, es hat schon begonnen. Zwei Leute sind schon im Wartezimmer, zwei haben angerufen; ein Hausbesuch ist angefordert worden. Sie müssen ins Altersheim in der ...straße. Dort ist jemand gestorben." Das Wetter ist kalt und feucht, die Straßen sind rutschig.

Als ich nach der Leichenschau um kurz vor acht Uhr in der Praxis angelangt bin, sitzen in beiden Sprechzimmern schon Notfälle. Im Wartezimmer befinden sich drei, am Tresen zwei Patienten.

Der juckende Fußpilz und der allergische Ausschlag sind rasch abgefertigt. Die Patienten gehen mit Rezepten nach Hause. Dann kommen drei Kleinkinder mit Fieber und einem Exanthem – Masern. Ein Hexenschuß ohne neurologische Ausfälle, eine Magenverstimmung, dann zweimal Kopfschmerzen, eine akute Rachenmandelentzündung und schließlich eine Gehörgangsentzündung mit Blutungen durch den verdammten Mißbrauch von Ohrenstäbchen.

„Herr Doktor, ich habe einen Tripper. Mein Hausarzt hat mir schon gestern Penizillin gespritzt. Heute und morgen brauche ich eine Spritze. Neujahr muß ich sehr früh aufbrechen. Ich muß ein Geschäft abschließen. Kann ich morgen früh wiederkommen?" Der elegant gekleidete Geschäftsmann erhält seine Spritze. Er darf früh wiederkommen.

Dann, ich habe es schon erwartet: „Herr Doktor, Schmerzen in der Brust und Atemnot in der ... straße. Es sei dringend." Ich setze mich in mein Auto, rase los und bin nach zehn Minuten am Bett der Patientin. „Gut, daß Sie so rasch gekommen sind. Meine Frau hat brennende Schmerzen in der Brust, vor allem beim Schlucken." Ich rieche Alkohol. Gestern abend hat sie mit ihrem Mann in einer Altstadtkneipe etwas lange gefeiert. Sie hat schon häufig eine Refluxösophagitis gehabt, wie nun zu erfahren ist. Eine Speiseröhrenentzündung, kein kardialer Notfall.

Als ich zurück in der Praxis bin: „Drei Kunden im Haus , Herr Doktor, zwei Anrufe, die besucht werden wollen." Ich beeile mich, die beiden triefnasigen und hustenden Kinder zu versorgen und der älteren Dame zu erklären, daß sie keine Thrombose im linken Unterschenkel, sondern nur einen schmerzenden Varizenknoten habe und ihre Befürchtung ins Krankenhaus zu müssen, unbegründet sei. Auch zwei weitere

Patienten, der eine mit einer verstopften Nase, der Nachschub für seinen Privinismus haben will, und eine Frau mit Bauchschmerzen und Durchfall sind rasch abgefertigt. Vier Rezepte von Patienten, die am Freitag den Hausarzt angeblich nicht aufsuchen konnten. Ich wähle bewußt die kleinste Packungsgröße, einerseits, um dem Hausarzt die Therapiekontrolle nicht zu vermasseln und andererseits die Leute zu disziplinieren. Das Wiederholungsrezept beim Hausarzt ist für die Kasse ohne Kosten, im Notdienst zwei Mark vierzig teuer. Man sollte die Inanspruchnahme des Notdienstes mit einer Gebühr versehen.

Ich bin gerade unterwegs zu den avisierten Hausbesuchen, als ich über mein Mobiltelefon höre, daß ich rasch einen Mann besuchen müsse, der drohe, seine Frau umzubringen. Als ich eintreffe, liegt er schnarchend auf dem Sofa. Die Familie und die Nachbarn stehen laut diskutierend im Schlafzimmer. Als er vom Frühschoppen wieder einmal etwas angetüttert nach Hause gekommen ist, hat er die Zeterei seiner Angetrauten nicht mehr anhören können und hat gedroht, ihr den Hals umzudrehen.

Meine Fahrten werden durch die intelligenten verkehrsberuhigenden Maßnahmen der Stadtverwaltung gefördert. Bei uns hat man es an verschiedenen Stellen geschafft, Umwege von bis zu sieben Kilometern zu konstruieren, die sich über mäandernde, schmale Sträßchen mit Inselchen, engen Kurvenradien und scharfen Bordsteinkanten führen. Man hat aus Verbindungsstraßen Sackgassen gemacht und hat Schranken eingebaut, die nur von den Bussen, Polizei und Feuerwehr geöffnet werden können. Warum sollte denn ein Notarzt seinen Patienten in zwei Minuten erreichen können, wenn es auch in einer Viertelstunde möglich ist? Leider hat sich bislang mein Wunschtraum nicht erfüllt, daß der Oberplaner oder der Bürgermeister mich dringend benötigt ...

Der zweite kardiale Notfall heute Morgen ist kein Infarkt, sondern eine Panikattacke. Die Frau liegt hyperventilierend auf dem Bett, der Mann tätschelt ihr die Wange. Sie schnappt nach Luft und sieht ihn klagend an. Der kleine Junge wirkt verängstigt. In der Ehe kriselt es schon länger.

Ich komme aus dem Haus, als mein Telefon klingelt – die Mobilbox: „Herr ... (provokant deutlich ohne Titel), ich habe seit fast einer Stunde gewartet. Ich habe es ihrer Helferin gesagt: Meine Frau ist ein *Notfall*. Sie hat immer noch Durchfall und erbricht. Sie hat Fieber, jetzt sind es nicht mehr achtunddreißig, sondern fast vierzig Grad. Sie brauchen nicht mehr zu kommen. Es ist erledigt." Ich rufe ihn wieder einmal an – wieder ist nur der Telefonrufbeantworter zu hören, diesmal mit der gar nicht so kranken Stimme der Ehefrau, daß man außer Haus sei. Vor zwanzig Minuten habe ich bereits vor dem Haus gestanden und den Namen nicht auf der Klingelleiste gefunden. Der Telefonrufbeantworter hat mir auch nicht sagen können, wo er den wirklich wohnt. Am übernächsten Morgen kommt er voller Zorn, um sich zu beschweren. Damit kann ich umgehen. Er wohnt übrigens seit einigen Monaten am anderen Ende der Straße.

Wieder ein Todesfall. Diesmal zu Hause. Der alte Herr ist auf der Toilette zusammengebrochen. Er hatte schon vor langem einen Herzinfarkt und litt an einer Herzinsuffizienz. Herzliches Beileid an die Tochter, die eher erleichtert als trauernd erscheint, und der Totenschein.

Es wird dunkel. Ich beginne, vor mich hin zu schimpfen, denn viele Patienten sind nur schwer zu erreichen. Viele Hausnummern sind nicht zu erkennen. Die Nummern sind klein, verschmutzt, ohne Kontrast zu der Hauswand, sind von Bäumen und Buschwerk überwuchert, fehlen auch gänzlich. Viele dieser Häuser liegen weit von der Straße, querab, auf einer Anhöhe, sind völlig unbeleuchtet. Eingänge sind nicht nur von vorn, sondern von der Seite, von hinten, über einen schmalen Gang zwischen den Häusern zu erreichen. So manches Mal ist ein einziges Haus in einer Reihe über einen Hinterhof vier Eingänge weiter zugänglich. Es bedarf häufig einer hohen Intelligenzleistung, an den Ort der Not zu geraten. Hier unternimmt die Stadtverwaltung nichts. Klingelleisten sind ohne Licht. Klingeln funktionieren nicht, Namen sind nicht erkennbar oder fehlen, sind nicht nach Stockwerken geordnet, so daß ich nach einer Weile in das Treppenhaus hineinbrülle: „Wo wohnen Sie?". Ich habe nicht vor, die Balkongänge auf zwei oder drei Seiten über sechs und mehr Stockwerke abzusuchen. Während der Zeit der mühevollen Suche klingelt das Handy: „Wo bleiben Sie denn?"

Es schneit. Die Straßen werden rasch sehr glatt. Plötzlich ist die Praxis leer. Dafür kommen viele Anrufe. Die Kinder mit Fieber dürfen doch nicht aus dem Haus! Ich rufe das Bereitschaftstaxi.

Als ich in die Wohnung eintrete, spielt die Kleine auf dem Fußboden. Die Luft ist zum Schneiden. Der Qualm ist dicht. Es ist heiß. Die Mutter sitzt mit ihren Freundinnen laut schwatzend in Wohnzimmer. Die Aschenbecher quellen über. Kein Wunder, die Bronchitis. Wadenwickel? „Haben wir schon versucht", höre ich. Ich lasse mir das vorführen. Wadenwickel? Es ist eine Schwitzpackung. Das Mädchen war zugedeckt bis obenhin. Die Mutter besitzt kein physikalisches Verständnis der notwendigen Verdunstungskälte, keine Kenntnis der Folgen des Passivrauchens von Kindern. Was folgt, ist ein Schulungsabend für die Mütter am Ort des Geschehens.

Wir fahren durch ein kleines, bewaldetes Tal in direkter Stadtnähe – die Straße ist völlig finster. Der Schnee hat den Boden noch nicht erreicht, nur die Flocken tanzen im Scheinwerferlicht. Vereinzelt sehe ich in der Ferne beleuchte Fenster. Es geht den Berg hinauf. Ein einsames Gehöft kommt in Sicht. Hunde bellen, eine Tür knarrt, eine Taschenlampe leuchtet mir entgegen. „Gut, daß Sie kommen. Er kann nicht mehr sprechen", sagt die Frau. Ihr Mann hat einen Schlaganfall erlitten und muß sofort ins Krankenhaus.

Inzwischen ist tiefe Nacht. Ich bin müde. Ich mache die weiteren Fahrten mit dem Taxi, auch wenn ich kräftig drauflege. Der Taxifahrer nimmt für die Stadtfahrten zwischen acht und fünfundzwanzig Mark für eine Strecke, doppelt soviel als ich an Wegegeld erhalte. Wir müssen eine steile Serpentine hinunter. Der Schnee ist so glatt, daß der Fahrer vom rechten auf den linken und vom linken auf den rechten Bordstein lenkt und wir so heil den Hang hinunterrutschen können.

Wieder weit draußen: Als wir den Privatweg zu dem alten, luxuriös modernisierten Hof einschlagen, leuchtet eine ganze Kette von Straßenlaternen auf. Dann ein großes Tor, eine Rufanlage, gleißendes Licht. Das Tor geht auf und schließt sich sofort wieder; zwei Doggen stürmen bellend auf das Fahrzeug zu. Sie sind mit ihren Leinen an Drähten fixiert, die quer über das Gelände gespannt sind. „Zurück", sagt eine Stimme zu den Hunden. Ein erkältetes Kind wird mir vorgestellt.

Ich schaffe es, zum Anstoßen um kurz vor zwölf zu Hause zu sein. Ich habe mittags eine Tafel Schokolade verzehrt und auf mein Abendessen verzichtet. Seit einer knappen Stunde ist es ruhig, wie immer, wenn etwas Besonderes ansteht. Auch Fußballspiele oder die Abendfilme reißen Lücken in den Zeitfluß der Behandlungsbedürftigkeit. Einige wenige Minuten bleiben mir für Familie und Freunde.

Ich werde zu einem Asthmaanfall gerufen. Typisch, es ist wieder nach Mitternacht. Der um diese Zeit niedrige Kortisonspiegel, die Angst, alleingelassen zu werden ... Der Mann sitzt pfeifend senkrecht im Bett, die Augen vor Panik weit offen, die Stirn voller Schweißperlen, die Nase blaß. Eine intravenöse Injektion läßt die Beschwerden rasch verschwinden. Dann geht es weiter durch die Nacht.

Es ist acht Uhr. Das neue Jahr wartet mit einer dichten Schneedecke auf. Ich warte in der Praxis auf den Mann mit der Penizillinspritze. Ich bin müde, verschwitzt und friere. Es waren mehr als vierzig Patienten. Ich will bald ins Bett. Der Privatpatient kommt. Als er zwei Monate später seine Rechnung erhält, zahlt er nicht. Er hat „zwei Finger gehoben".

Morgenstund – schon geht es rund

Ich fahre durch ein lautes Geräusch auf. Das Zimmer ist noch dunkel. Wieder das Geräusch. Es ist ein lautes Schellen und ein Klopfen gegen die Haustür. Unsere Jüngste ist auch wach geworden und schreit. Ich sehe auf die Uhr. Kurz vor vier. Ich habe keinen Notdienst. Ich springe auf, ziehe den Morgenmantel über und laufe die Treppe herunter. Draußen rüttelt jemand an der Tür. „Herr Doktor! Sind Sie da?" Vier Personen stehen vor dem Haus und reden laut miteinander. In den Fenstern der Nachbarhäuser brennt Licht. Einige blicken durch die Scheiben oder die geöffnete Haustür. Jemand murmelt etwas von „Ruhestörung" und „Unverschämtheit". Ich kann das gut nachempfinden, als der pater familiae den Mund öffnet: und meint: „Herr Doktor! Wir brauchen ein Rezept. Wir verreisen heute früh."

Ich bin müde

Ich bin müde. Heute reicht es mir. Mein ersehnter freier Nachmittag ist hin. In der letzten Nacht habe ich kaum schlafen können.

Am Montag vor etwas mehr als einer Woche hat ein Betreuer meinen Helferinnen erklärt, daß in wenigen Tagen der Unterbringungsbeschluß eines Patienten ablaufe, den ich vor langer Zeit einmal gesehen habe. Er müsse dann aus dem geschlossenen Pflegeheim entlassen werden. Das Amtsgericht benötige ein Gutachten. Ich lasse ihm ausrichten, daß ich ohne einen Auftrag des Gerichts kein Gutachten erstatten kann.

Der Auftrag liegt am Dienstagmittag als Fax vor. Jedoch geht nicht klar daraus hervor, ob es sich um ein Gutachten oder eine Bescheinigung handelt. Diese Frage kann erst am Mittwoch geklärt werden. Damit habe ich aber noch keine Gerichtsakte, kein Vorgutachten, keine Krankenhausentlassungsberichte. Eine Arbeitswoche ist bald abgelaufen.

Am nächsten Montag kommt wieder ein drängender Anruf des Betreuers. „Zeit ist eines der Güter, die nur verbraucht, nicht vermehrt werden können", sage ich beiläufig meinen Helferinnen. Ich habe noch verschiedene andere Terminsachen zu erledigen, auch Gutachten.

Der Führerschein eines Anfallskranken verfällt, wenn ich nicht ein positives Gutachten erstatte. Die Bescheinigung vom Vormonat hat nicht ausgereicht. Das Straßenverkehrsamt hat ihm nichts mitgegeben. Der Patient reagiert panisch. Er will das Gutachten umgehend. Ich zucke die Schultern. Abends schreibe ich es.

Am Mittwoch untersuche ich den Mann im Pflegeheim. Er leidet an einer Psychose. Es ist völlig unklar, wo die Ursache liegt. Gegen eine Schizophrenie spricht der späte Beginn bei einem männlichen Wesen, gegen eine organische Psychose die Symptomatik. Der kurze Entlassungsbrief der Klinik ist nichtssagend. Einen ausführlichen Bericht hat man wie so häufig nicht geschickt. Trotzdem ist klar, daß er nicht außerhalb einer geschlossenen Einrichtung existieren kann. Ich habe nachmittags und abends eine Reihe von Hausbesuchen in den umliegenden Orten durchzuführen.

Am Donnerstag ist der Tag besonders munter. Neue Patienten mit jahrelangen Beschwerden und Facharztkarrieren drängen sich unter falschen Angaben in die Praxis und verlassen das Wartezimmer nach einer knappen Stunde Wartezeit mit Gezetere wieder. Ich erhalte doch noch eine Gutachtenanforderung des Straßenverkehrsamts über den Anfallskranken. Die Fragestellung überschreitet das bislang übliche Maß. Mein Gutachten liegt noch im Postausgang. Ich schreibe es nach den abendlichen Psychotherapiesitzungen um und stecke es noch nach Praxisschluß in den Briefkasten. Weitere Terminsachen habe ich ebenfalls erledigen müssen.

Am Freitag beginnt eine Wochenendtagung. Ich komme nicht mehr rechtzeitig aus der Praxis fort und verpasse das Flugzeug. Ich fahre die sechshundert Kilometer zum Tagungsort mit dem Wagen. Das Intensivseminar macht mir trotz meiner Müdigkeit Spaß. Nach zwei Nächten Rückenschmerzen in zu softigen Hotelbetten geht es zurück.

Montags kommt noch einmal die Mahnung, daß das Gutachten im Unterbringungsfall am nächsten Tag morgens um neun Uhr im Amtsgericht der Nachbarstadt vorliegen müsse. Der Text ist schon fertig. Mittags erscheint der anfallskranke junge Mann und legt mit einen Fragebogen des Straßenverkehrsamts vor. Diesen habe ich zu beantworten. Das Gutachten reiche nicht aus. Ich schaue mir das Formular an. Diese Fragen habe ich in meinem Gutachten in freiem Text längst beantwortet. Können die nicht *lesen*? Warum haben die das idiotische Formular denn nicht dem Auftrag beigelegt? Zuerst vervollständige ich abends das Gutachten für das Amtsgericht, auch wenn die Klinik mir immer noch keinen Bericht gesandt hat. Das Gutachten wird gefaxt, das Original und die Rechnung laufen über die „gelbe Post". Der Anrufbeantworter des Betreuers erhält eine Mitteilung. Dann verfasse ich einen knappen Brief an das Straßenverkehrsamt und frage höflich nach, was dieser bürokratische Schwachsinn solle.

Als am Mittwoch darauf der Betreuer und das Amtsgericht sich nicht melden, bin ich sicher, daß das Gutachten sein Ziel erreicht hat. Ein Patient mit einer multiplen Sklerose hat von seiner Krankenkasse eine Ablehnung der als *Heilversuch* beantragten Interferontherapie erhalten, obwohl die in der letzten Zeit häufigeren Schübe langsam sein Sehvermögen völlig ruinieren. Der Medizinische Dienst hat es nicht für nötig erachtet, die Unterlagen genau zu lesen und korrekt zu deuten, die für einen Antrag auf Erweiterung der Zulassung des Medikaments begründeten (Drei Monate später ist die Zulassung erfolgt. Das Sehvermögen liegt jetzt bei *fünf* statt sieben Prozent auf dem sehenden Auge). Ignoranz als Entscheidungsgrundlage? Gutachterliche Falschaussage? Unterlassene Hilfeleistung?

Der Mann mit dem Gutachten für das Straßenverkehrsamt steht wieder in der Tür und fragt nach dem Formular. Ständig kommen heute Anrufe, daß das Medikament falsch sei, denn es sehe anders aus und auf dem Waschzettel stehe dieses und jenes. Bislang hatten dieselben Leute dasselbe Medikament eingenommen; nur hat der Hersteller innerhalb von drei Jahren das zweite Mal das Verpackungsdesign geändert. Gott strafe ihn! Oder ist wieder eine dieser unsäglichen Fernsehsendungen ausgestrahlt worden, in denen über die Gefährlichkeit von Medikamenten berichtet wurde, den Killer Arzt? Nach zahlreichen Telefonaten, endlosen Attesten über das Bestehen einer chronischen Krankheit zur Befreiung von der Rezeptgebühr erscheint die Nachmittagsbeschäftigung:

Die Tochter einer russischen Frau ist von einem Mitarbeiter eines Jugendamtes aus der Schule abgeholt und in ein Kinderheim gebracht worden. Das Amtsgericht hat erst zwei Tage später davon erfahren. Hat wirklich ein Handlungsbedarf ohne richterlichen Beschluß bestanden? Ohne Gefahr für Leib und Leben der Tochter? Ihr selbst ist von dem zuständigen Sozialarbeiter eine Psychose unterstellt worden, obgleich sie noch nie von einem Psychiater gesehen worden ist. Mehr als ein halbes Jahr zuvor hatte sie eine Sozialarbeiterin des Sozialpsychiatrischen Dienstes gesehen und einen Verfolgungswahn registriert. In der Tat hatte sie befürchtet, daß ihr rußlanddeutscher Mann, der sich vor der Ausreise von ihr getrennt hatte, ihr die Tochter nehmen könnte. Wie hat er sich mit ihr denn so intensiv unterhalten können, ohne daß er russisch oder sie mehr als einige Wörter stammelnd deutsch sprach? Was macht ihn ohne eine psychiatrische Ausbildung so sicher, zwischen reaktiven Wahnbildern und Psychosen unterscheiden zu können? Warum hat er nicht den Pastor der Kirchengemeinde befragt, in der sie seit einigen Monaten Kontakte gefunden hatte? Sie wirkt auf mich keinesfalls psychotisch. Die Kriterien sämtlicher Diagnosen-Kataloge einschließlich der ICD für eine Schizophrenie werden auch nicht ansatzweise erfüllt. Ich nehme Kontakt mit dem Amtsarzt des Gesundheitsamtes auf. Der Richter des Amtsgerichtes wird am morgigen Tag bestimmen, daß die Frau gutachterlich untersucht wird. Dies hätte vor dem einsamen Entschluß des Sozialarbeiters geschehen müssen.

Nach zwei Besuchen in zwei Altersheimen kann ich mich zu Hause auf das Sofa und vor die Röhre werfen, genauso wie ein Malocher. Es fehlen mir bloß seine röhrenden Hirsche an der Wand, die Pantoffeln und das Bier.

Selbstkritik

Nein, nicht (Kritik und) Selbstkritik im marxistisch-leninistischen Sinn. Keine Beichtstuhl-Heuchelei. Kein fishing for compliments. Kein verstecktes Selbstmitleid. Nichts dergleichen.

So manches Mal fällt es mir schwer, mich von meinen Patienten abzugrenzen und die nötige Distanz zu halten. *Eben noch schnell* ein Gespräch zu später Stunde, ein tröstendes Wort, das doch länger wird, als gedacht war, eine Beratung auf fachfremdem Gebiet, ein kostenloser Ratschlag für irritierte Angehörige, ein Attest, ein Telefonat mit Behörden, ein Besuch bei ratlos Trauernden nach dem gewaltsamen Tod von Angehörigen ... Sich dem zu verweigern, ist kaum möglich. Empathie als therapeutische Haltung und diagnostisches Mittel, einfache Sympathie und Mitempfinden dürften mir *eigentlich* nicht zu einer unreflektierten Übernahme ihrer Krankheitskonzepte und einer Fraternisierung und Identifizierung mit ihnen verkommen. Wie häufig sehe ich den Ast im Auge meiner willfährigen Kollegen und belächele sie, wie häufig übersehe ich den Balken in dem meinen?

Was, wenn andere Kollegen anrufen und *noch eben* um einen Vorstellungstermin für ihre Patienten nachfragen? Meine Eitelkeit, der Stolz auf die eigene Reputation, den Vorzug, den die Kollegen mir geben, lassen mich weich werden, auch wenn die Gründe für die Eile nur sehr vage erscheinen, auch wenn ich ahne, daß sie im Auftrag ihrer Patienten handeln oder sie einfach nur loswerden wollen.

Nach einer Zeit des Widerstands, dann der wissenden Akzeptanz und längerer Resignation etwas verändern zu wollen – es ist plötzlich wie als Jugendlicher, wenn man seine eigene Meinung durchsetzen wollte. „So kenne ich dich doch nicht?" So sagten die Eltern, wenn man sich in pubertierender Selbstfindung von ihnen abwandte. „Sie sind ja gar nicht so nett", sagen die Patienten, wenn ich mir etwas Luft zum Atmen verschaffe. Es überkommt mich eine Unruhe, ob ich denn richtig handele: Ist es Angst vor Liebesentzug, die fehlende Kraft, mich selbst und meine Grenzen zu definieren?

Zu helfen, nett zu sein, zu verzeihen trotz übler Anmache, für andere, nicht für sich da zu sein – das sind depressive Persönlichkeitszüge, die ich an mir genauso wie an vielen Fachkollegen entdecke. Vielleicht haben wir deshalb diesen Beruf gewählt? Die Folge ist für viele unserer Profession der Verzicht auf eigenes Leben, ein Leben aus zweiter Hand, einer der Gründe für das häufige Ausbrennen. Es ist auch ein Verzicht der eigenen Angehörigen auf den, der sich den anderen zur Verfügung stellt, sich *ihnen* aber häufig entzieht. Ich weiß nicht, womit ich verdiene, daß meine Familie intakt ist. Wo ist ihr, wo ist *mein* Teil an dieser Welt?

Die im Dunkeln sieht man nicht

Frau M. putzt die Praxis. Sie ist zwar nicht die Schnellste, jedoch bin ich im Großen und Ganzen mit ihr zufrieden. Die Helferinnen haben ständig etwas an ihr auszusetzen – allerdings vergessen sie dabei, daß sie selbst nicht immer ausreichend für Ordnung am Arbeitsplatz sorgen.

Einige Stunden nach einem Dienstgespräch mit meinen Helferinnen komme ich in die Praxis, die gerade gereinigt worden ist, und stelle fest, daß der Inhalt des Staubsaugerbeutels über dem Empfangstresen ausgeleert worden ist. Wer es gewesen ist, weiß angeblich keiner.

Eingriff

Seit Jahren gehört sie zur Praxis. Mit ihren Leistungen war ich stets zufrieden. Gelegentlich beschweren die Praxisassistentinnen sich, daß sie etwas vergessen habe. Dann fahre ich mit der Hand über den Tresen, für den sie selbst sorgen müssen, zeige die Staubflocken und frage nach der, die den ersten Stein werfen möchte.

Sie hat gearbeitet, weil sie das Geld benötigte. Es ist eine Nebentätigkeit. Tagsüber arbeitet sie in der Fabrik, wie auch ihr Mann. Vier Kinder sind teuer. Jetzt bleibt ihr nur noch etwas mehr als die Hälfte ihres Lohnes. Steuer und Versicherung kommen auf sie zu. Es lohnt sich nicht mehr. Jetzt jobben die *Kinder*. Taschengeld gibt es nicht mehr.

Mißverständnis

Bei meinem Eintreffen in der Praxis entdecke ich H. schlafend auf einer Untersuchungsliege. Sie hat sich in den vergangenen Tagen mehrfach wegen dringender Familienangelegenheiten vorzeitig entschuldigt und angeboten, die versäumte Zeit dadurch aufzuholen, daß sie für einige Tage morgens etwas früher komme und liegengebliebene Dinge erledige. Nur hat sie das *Liegenbleiben* auf *sich* bezogen, weil sie sich so *erledigt* fühlte.

Kontakte

Meine Helferin H. ist sehr kontaktfreudig. Die Patienten haben sie gern. Sie hat zahlreiche Freunde, die sie abends von der Arbeit abholen.

Patienten berichten mir, daß das Telefon ständig besetzt sei. Ich führe das auf die zahlreichen Patientenanrufe zurück.

Ein halbes Jahr, nachdem uns H. verlassen hat, stelle ich fest, daß die monatlichen Telefonrechnungen um mehr als zweihundert Mark gesunken sind.

Stellensuche

Nachdem L. zu meinem Nachbarn, einem Dermatologen, gewechselt ist, suche ich eine neue Helferin. Das Arbeitsamt schickt mir eine junge Frau, die mich melancholisch aus einem blauen und einem grünen Auge anlächelt und mich fragt: „Sie nehmen mich doch nicht etwa?"

Sie könnte auf das *Gehalt ohne Leistung* verzichten müssen.

Selbständigkeit

Nachdem das Arbeitsamt schon einige Arzthelferinnen zur Vorstellung geschickt hat, kommt eine Mittzwanzigerin, die hervorragende Zeugnisse vorlegt. Sie hat nach ihrer Ausbildung hier am Ort längere Zeit bei einem Allgemeinmediziner gearbeitet, war dann Zweitkraft bei einem Gynäkologen in einer großen süddeutschen Stadt und zuletzt in einem Gesundheitsamt in Norddeutschland beschäftigt. Hier soll sie weitgehend selbständig den Publikumsverkehr geregelt und die Befundberichte geschrieben haben.

Ich bemerke schon nach einigen Tagen, daß diese Zeugnisse nicht der Wirklichkeit entsprechen. Vielleicht habe ich auch die juristisch korrekte Formulierung fälschlich mit platter Wahrheit verwechselt. Ich kannte damals die entsprechende Codetabelle für Arbeitgeber noch nicht. Die neue Kraft ist langsam, mit den Gedanken stets woanders, erzählt gern und viel, so daß ich um die Wahrung der Schweigepflicht fürchte, und ist recht keck in ihrem Ton. Maschineschreiben ist nicht ihre Stärke (trotz der anderslautenden Zeugnisse), auch beherrscht sie die medizinische Fachterminologie nur unzureichend. Dafür belästigt sie mich mit Ratschlägen, wo man noch irgendwelche Poster aufhängen könne.

An einem Sonntagmorgen habe ich das Formular für eine anstehende „Zwangseinweisung" auf der Speicherschreibmaschine weitgehend fertiggestellt, will die Patientin aufsuchen und sage, bevor ich gehe, zu ihr: „Bitte rühren Sie die Maschine nicht an ..." Ich kehre wieder und stehe noch in der Tür, als ich sehe, daß sie dennoch an der Maschine sitzt. Ich rufe noch: „Bitte nichts tun!" und muß ansehen, wie sie das Gerät ausschaltet und meine Arbeit im elektronischen Orkus verschwindet.

Märchenhaft

Die Neue fragt mich um Rat. Ihr Vater, Prokurist eines größeren mittelständischen Unternehmens am Ort, der bereits mehrere Herzinfarkte erlitten habe, wolle sich einen langgehegten Wunsch erfüllen und eine Reise nach Südafrika unternehmen. Sie habe bislang vergeblich versucht, ihm den Plan auszureden. Ich erkläre ihr, daß sie ihr Möglichstes getan habe, daß ihr Vater erwachsen sei und die Erfüllung seines Wunsches ihm wohl alles bedeute.

Einige Tage später berichtet sie, daß er wirklich abgereist sei. Kurz darauf teilt sie mit, ihre Befürchtungen hätten sich bestätigt. Er liege in Kapstadt im Krankenhaus. Dann kommt es Schlag auf Schlag. Er wird mit der Flugrettungswacht nach Frankfurt überführt. Sie bittet mich um einen halben Tag Urlaub. Obwohl ich ihr auch noch für den nächsten Tag freigegeben habe, ist sie frühmorgens in der Praxis und berichtet über den schlechten Zustand des Vaters, der sich auf der kardiologischen Intensivstation befinde. Sie fährt noch mehrmals nach Frankfurt. Es kommt, wie sie befürchtet hat: Er stirbt. Sie erzählt uns mit traurigem Blick ihren Kummer. Nach vierzehn Tagen nimmt sie sich einen Tag für den endgültigen Abschied im Krematorium. Sie wirkt erschüttert.

Einige Tage später sitzen wir uns gegenüber, weil die Probezeit zu Ende geht. Sie nimmt mir das Wort aus dem Mund: „Sie behalten mich nicht, nicht wahr?" Ich bin erleichtert, daß sie es nicht als Lebenskatastrophe nimmt, den Verlust des Vaters, die Kündigung ...

Bald darauf ruft meine dienstälteste Helferin in der Firma des Vaters an, um die Adresse der Familie zu erfahren, da noch einige dienstliche Angelegenheiten zu klären waren: Der verstorbene Vater lebt und ist Fahrer und „Mädchen für alles", nur kein Prokurist.

Langfinger

Entrüstet sitzt das Ehepaar vor mir. „Ihre Helferin hat mich bestohlen. Ich habe im EEG die Handtasche direkt neben mir stehen gehabt. Als ich dabei die Augen schließen mußte, hat sie das Geld genommen. Ich habe hundert Mark im Portemonnaie gehabt. Mir ist das erst im Supermarkt aufgefallen, daß es leer war. Nur die da kann es gewesen sein. Die hat so falsche Augen."

Unbeirrt zeigt sie auf meine dienstälteste Mitarbeiterin. Nein, sie kann das Geld nicht an der Kasse verloren haben. Nein, sie hat es wirklich morgens noch in die Börse getan. Sie habe keinen Zweifel. Der Mann macht eine drohende Gebärde. Die beiden wollen das Geld wieder. Sofort.

Ich schlage vor, die Polizei zu informieren. Ich will anrufen. Das möchten sie nicht. Sie stehen plötzlich auf und gehen. „Diebesgesindel", knurrt er. „Wir gehen zur Polizei."

Auf die Anzeige warten wir schon fünfzehn Jahre.

Schwund

Schon wieder sind Seiten aus den Illustrierten herausgerissen worden. Die Kinderbücher sind weg. Katja vermißt einen Umschlag mit Geld aus ihrem Mantel. Der Sozialraum ist wie üblich offengeblieben. Schon wieder kein Toilettenpapier auf der Damentoilette, meldet eine Patientin. Vor wenigen Minuten hatte die Helferin es nachgefüllt. Da war doch die alte Dame mit ihren Einkaufsbeuteln ... Das Sparschwein mit den Telefongeldern ist schon wieder verschwunden. Ein Diktiergerät hat einen anderen Liebhaber gefunden. Gerade will eine Patientin ein Fachbuch in ihrer Tasche verschwinden lassen, als ich den Untersuchungsraum betrete.

Schwund.

Geschäftstüchtigkeit

Wieder ein neuer Azubi, wie das in Beamtenhirnen entstandene, diminutive Neusprechwort für Lehrling heißt. M. ist intelligent, anstellig, freundlich und sieht dabei noch gut aus – alles Eigenschaften, die eher selten zusammenkommen. Sie lebt sich rasch ein und kommt mit den Kolleginnen und den Patienten gut zurecht. Die Zensuren der Berufsschule sind gut.

Eines Tages erhalte ich einen Anruf der Direktorin der Berufsschule, ob ein gewisser Schüler zu einem bestimmten Datum in meiner Praxis gewesen sei und ob ich ihm diesen Arztbesuch attestiert habe. Er war nicht; ich kenne ihn überhaupt nicht. Der Direktorin liegt das Attest aber vor. Ich lasse es mir zufaxen. Es stammt tatsächlich aus meiner Praxis. Es trägt die Unterschrift einer Mitarbeiterin, die zu diesem Datum in Urlaub war, und ist in einer anderen Handschrift ausgestellt. Die Direktorin bemerkt, daß aus der letzten Zeit auch gehäuft Atteste aus einer bestimmten Zahnarztpraxis vorgelegt wurden. Der Vater meiner Schülerin ist, wie ich weiß, mit diesem Zahnarzt befreundet. Alle Bescheinigungen sind eindeutig von ihr ausgestellt: Es ist *ihre* Schrift.

Neben Vertrauensbruch handelt es sich um Diebstahl und Urkundenfälschung. Ihre Intelligenz ist wohl doch nicht so hoch. Sie hat sich ihr Taschengeld aufgebessert. Allerdings hat sie in ihrer Geschäftsbilanz die Kosten übersehen, die weit über dem Gewinn liegen. Sie hat den Verlust ihres Arbeitsplatzes nicht einkalkuliert.

Warten

Meine Helferinnen, die als Kinder von Lehrern meiner Generation erzogen worden sind, haben ein ausgeprägtes Gefühl für Gleichheit mitgebracht. *Gerechtigkeit* setzen sie mit *Egalität* gleich. Ein Privatpatient hat keinen Anspruch auf bevorzugte Behandlung, auch wenn er dafür mehr zahlt. *Wert* ist nicht gleich *Geld*. Und als Mensch ist er nicht mehr wert. Also wartet er genauso wie alle anderen. Auch wenn er sein Geld durch Tätigkeit und nicht durch Präsenz verdient.

Inzwischen wissen sie auch ohne mein Gerede, daß sozialistisches Verhalten unter kapitalistischen Bedingungen Arbeitsplätze kostet, und daß sie auch zu denen gehören könnten, die dann Zeit zum Warten haben. Sie haben begriffen, daß in unserem Gesundheitssystem der Kapitalismus nur in der Übernahme des wirtschaftlichen Risikos durch den ärztlichen Unternehmer besteht, der es dann an sie weitergibt.

Beschwerde

Eines Morgens, drei Tage vor meinem Urlaub, liegt ein Brief auf meinem Tisch. Ein Mann beschwert sich in einem unmäßigen Ton darüber, daß meine Helferinnen seiner Mutter keinen Termin für diese Woche genannt und den Hörer aufgelegt hätten. Ihr eine Vorstellung zu verweigern, sei nicht zu rechtfertigen, wenn ich die Praxis erst um halb zehn betrete. Er hält meine Praxisorganisation für katastrophal und bezweifelt meine moralischen Qualitäten.

In der Tat hatte die Frau um einen Termin nachgesucht. Meine Assistentinnen hatten ihr ausführlich unser Terminproblem erklärt und sie auf meine verschiedenen Vertreter hingewiesen. Sie argumentierte damit, daß sie ja sterben könne, und legte unvermittelt auf. Kurz darauf rief ihr Sohn an, um sich zu beschweren. Es war vor neun Uhr, und ich war noch unterwegs.

In der Tat ist der Kollege, den ich instinktiv als ersten an ihrem Wohnort anrufe, ihr Hausarzt. Er habe der Patientin schon seit Jahren geraten, mich aufzusuchen. Es sei eine chronische Krankheit, kein akuter Fall. Der Sohn sei schwierig.

Ich stelle mich vor meine Assistentinnen und weise die Beschwerde des Sohnes freundlich aber bestimmt zurück. Ich schlage ihm ein Gespräch ohne gegenseitige Vorwürfe vor. Bislang habe ich keine Antwort erhalten.

Orthogravieh

Rechtschreibung scheint ein Generationsproblem zu sein. Kaum eine neue Arzthelferin, die einen Satz fehlerfrei schreiben kann, der über Bildzeitungsniveau hinausgeht. Das mag zynisch klingen, ist aber die Wirklichkeit. Meine Dienstälteste war hier bis zur Rechtschreibreform die rühmliche Ausnahme. Jetzt wimmeln die Briefe und Gutachten von sinnentstellenden Getrenntschreibungen und Bindestrichen.

Dasselbe stelle ich bei jüngeren Kollegen fest. Gott-sei-Dank sind Altassistenten und Oberärzte noch relativ sicher. Auch in den Schreibdiensten und unter den dienstälteren Sekretärinnen finden sich noch alte Häsinnen.

Ach, was rede ich über Arzthelferinnen und jüngere Ärzte. Auch unter Lektoren gibt es Leidtragende der Bildungsreform. Mir fiel schon vor einigen Jahren das Werk eines verdienstvollen neurologischen Ordinarius in die Hand, das pro Seite bis zu fünfundzwanzig Kommafehler enthielt. Hier wurde mir die Reformbedürftigkeit der deutschen Relativsatzbildung erst klar. Was hatten wir noch kurz zuvor gerufen: „Macht kaputt, was euch kaputt macht!"

Anfragen

Die Kasse fragt wegen eines Zusammenhangs einer Verbrennung der Hand im Juni und einem Tumor in einem unteren Zwischenrippenraum an, der im November symptomatisch wurde.

Anfragen wie jene, ob die Arbeitsunfähigkeit wegen einer Blinddarmoperation mit der wegen einer akut aufgetretenen Schizo*phren*ie zusammenhänge, sind recht häufig. Mein Geistesblitz: Wenn die Appendizitis einen nach oben hochgeschlagenen Wurmfortsatz getroffen und einen sub*phren*ischen (unterhalb des Zwerchfells gelegenen) Abszeß verursacht hat! Meine Antwort: Man sende mir den Operationsbericht!

Billige Arbeitskräfte machen halt hohe Verwaltungskosten, auch wenn man ihre Zahl inzwischen verdreifacht und ihnen Computer zur Verfügung gestellt hat. Vielleicht liegt in der Verwaltung der Krankenkassen ein Betätigungsfeld für unsere arbeitslosen jungen Kollegen?

Nebentätigkeit

Meine wesentlichste Nebentätigkeit ist: *Praxisverwaltung*. Nicht allein, daß ich ständig mit Krankenkassen, Rentenversicherung, Berufsgenossenschaften, Lebens- und Unfallversicherungen korrespondiere, mit Kassenärztlicher Vereinigung, Privatärztlicher Verrechnungsstelle und anderen Kostenträgern abrechne, mit Bank und Steuerberater verhandle, das Finanzamt im Nacken habe, mit der Ärztekammer als berufsständische Vertretung und Kontrollorgan zu tun habe, sondern ich habe regelmäßige Kontrollen meines Betriebes zu akzeptieren, zu organisieren und zu finanzieren wie betriebsärztliche Begehungen, berufsgenossenschaftliche, apparatetechnische Auflagen und Überprüfungen.

Fortbildung

„Sie waren in der letzten Zeit nicht erreichbar. Ich habe den Termin erst sehr spät bekommen," meint ein Inhaber einer international agierenden Firma. Die Firma läßt in der dritten Welt produzieren und hat gute Umsätze. Der Mann ist *sozialversichert*.

„Ich habe mich auf einigen Fortbildungen befunden."

„Ja, ich weiß. Die Ärzte sind ständig auf Fortbildungen. Sie bilden sich immer fort, wie sie besser abrechnen und Steuern vermeiden können."

Er ist das erste Mal bei mir. Er hat bewiesen, daß er besser weiß als ich, wie er auf Kosten anderer *seine* Kosten sparen kann. Ich glaube nicht, daß ich ihn in Zukunft hier noch sehen möchte.

Apparatismus

Praxen und Kliniken haben lange darum gewetteifert, wer die Nase vorn hat. Nach langen Jahren, in denen die Krankenhäuser den Stand der Medizintechnik demonstrierten, ging es den Praxen in den Sechzigern und Siebzigern so gut, daß es sich einfach gehörte, seine Kompetenz in modernen Apparaten zu demonstrieren. Auch die Achtziger gehörten noch den weißen, beigefarbenen, blauen und chromblitzenden Maschinen, die helfen sollten, Krankheit zu erkennen und Gesundheit zu vermitteln. Allerdings mischte sich schon früh ein leiser Zweifel unter die Gedanken. Nicht nur Ivan Illich, ein laisierter Priester, verbreitete sein Unbehagen an dem kaum begrenzten Wachstum der technisch-wissenschaftlichen Medizin und deren „Nemesis".

Ich selbst war zwar das, was man heute einen „Technik-Freak" nennen würde, hatte aber eher an die medizinische als an eine abrechnungstechnische Notwendigkeit gedacht, als ich meine Geräte kaufte. Jüngere Kollegen machten mir bald nach meiner Niederlassung vor, wie man das so arrangierte. Ich mußte dazulernen. Trotzdem versuchte ich, dem zuwendungsintensiven Bereich der ärztlichen Versorgung Vorrang zu lassen.

Inzwischen fließen die Gelder in der ambulanten Medizin nicht mehr so reichlich. Während die Geräte früher kurz nach der Abschreibung ersetzt wurden, finden Sie heute in den Praxen so manch altes Schätzchen. Heute erhielt ich von einem süddeutschen Kollegen eine Anfrage, ob ich ihm mein sieben Jahre altes Ultraschallgerät überließe. Allein die Krankenhäuser haben noch etwas Luft, so daß sich die technische Kompetenz wieder auf sie verschiebt. Nicht Einsicht in die Notwendigkeit, sich zu bescheiden, sondern wirtschaftliche Not hat die Änderung herbeigeführt.

Elektronische Grabenkämpfe

Vor mehr als dreißig Jahren saß ich ehrfürchtig vor den *main-frames* von IBM, später vor den *clones* aus anderen Firmen. Ich saß an Terminals, die mich nach dem *time-sharing*-Verfahren mehr warten als arbeiten ließen. Ich führte in meiner wissenschaftlichen Arbeit Messungen an Menschen durch, für die mir ein wandfüllendes Gebilde zur Verfügung gestellt wurde, das eine Klimatisierung des Raumes erforderte. Vor zwanzig Jahren waren die „Minis" modern, jeder so groß wie eine Haushaltswaschmaschine, die Drucker im Format eines Kleinklaviers und laut wie ein Preßlufthammer. Als Anfang der achtziger Jahre die PCs erschienen, wurden sie belächelt und für Spielzeug erachtet. Vor fünfzehn Jahren waren sie Praxis-reif.

Ich war der dritte in meiner Stadt, der sich eine solche Maschine leistete. In jenem Jahr hatte man uns wieder einmal eine neue „*EBM-Reform*" übergestülpt, eine neue Abrechnungsmethode, die anfangs wieder nichts anderes bewirkte, als den Gierigeren und Unverschämteren Vorteile zu verschaffen. Den massiven Verlusten, die ich durch meine „kaptative Hemmung" erlitt, wollte ich durch mehr Transparenz entgegentreten.

Heute sind es fast siebzig Prozent der Kollegen, die einen Praxiscomputer ihr eigen nennen. Er speichert Untersuchungsdaten, führt die Kartei, hilft bei der Korrespondenz, erleichtert die Verwaltungsarbeit, beschleunigt die Praxisabläufe, dokumentiert alles auf kleinstem Raum und macht medizinische Hilfskräfte brotlos.

Die Patienten haben viel weniger Angst vor den Geräten als die Doktoren selbst. Nur gelegentliche Pressemeldungen geben Anlaß für Nachfragen über Vernetzung und Datenschutz.

In den ersten Jahren unterstellten die Kassenärztlichen Vereinigungen unisono mit den Kassen diesen Ärzten Betrugsabsichten. Wer Daten manipulieren und Abrechnungen „optimieren" kann, der wird es tun, war die Meinung. Jetzt ist man fast gezwungen, ein Gerät zu besitzen, um den fast monatlich neuen Manipulationen der anderen Seite zu begegnen und mit der KV abzurechnen, die vom Saulus zum Paulus geworden ist. Es ist ein gegenseitiges Hochrüsten mit hohen Kosten.

Die Ausgaben der Kriegskasse erstattet keiner.

Die lieben Kollegen

Dies ist kein selbstgerechter Lobgesang auf mich selbst. Es sind einige Erinnerungen an interessante Erlebnisse. Manche waren angenehm, manche waren es nicht, andere spaßig, wieder andere einfach nur *merkwürdig*.

Verstehen

Das Verstehen ist nach Dilthey die Methodik für den Umgang mit psychopathologischen Phänomenen im Gegensatz zum Erklären naturwissenschaftlicher Befunde. Bei Jaspers betrifft das Verstehen innerseelische Vorgänge. Aufgabe des Erklärens sei es, Kausalitäten aufzuzeigen.

Ein junger Kollege tritt seine Stelle im Landeskrankenhaus an. Er hat bereits eine psychotherapeutische Ausbildung begonnen. Am ersten Tag wird er durch das Haus geführt. Auf der geschlossenen Aufnahmestation geht er plötzlich auf den ersten Patienten zu, der ihm vorgestellt wird, ergreift dessen Hand und sieht ihm tief in die Augen: „Ich verstehe Sie", sagt er. „Sie werden hier nicht lange bleiben *müssen*."

Auch sonst scheint der junge Mann etwas auffällig. Unserem Chef ist er nicht geheuer. Der Dienstvertrag wird nach zwei Tagen ohne Angabe von Gründen gekündigt. Der Kollege hat nicht lange bleiben *dürfen*.

Tagwache

Die Doktorsfrau möchte ihren Mann sprechen. Sie steht vor dem Stationszimmer und fragt, wo der Kollege sich befinde. Er habe heute Dienst. Ich weiß es nicht, denn er hatte Urlaub beantragt.

Einige Tage später kommt er mit hochrotem Kopf zu mir. Sie hat die Scheidung eingereicht. *Beides* stimmte. Er hatte Urlaub eingereicht *und* hatte sich in der Klinik befunden – bei der netten Nachtschwester, tagsüber.

Aktenlage

Der Kollege fährt in Urlaub. Ich übernehme seine Station für drei Wochen. Ich bitte ihn, die Akten seiner Patienten auf den Schreibtisch zu legen.

Als ich am nächsten Tag meine Morgenvisite durchführen will, fehlen die Unterlagen. Keine Vorgeschichte, nur wenige Untersuchungsbefunde, nur wenige Elektroenzephalogramme und Röntgentüten. Nichts, mit dem ich arbeiten könnte.

Ich bin zornig. Ich rufe bei seinen Schwiegereltern an, wo er Zwischenstation machen wollte. „Ach, ich habe sie im Kofferraum. Ich habe vergessen, sie in der Klinik vorbeizubringen. Ich schicke sie sofort als Eilpost zu", verspricht er. Ich warte einige Tage. Das Päckchen kommt nicht. Über seine Schwiegereltern kenne ich sein Urlaubsdomizil. „Ach ja, die Akten. Schon unterwegs."

Als er aus dem Urlaub kommt, habe ich alle Patienten nachuntersucht, viele technische Untersuchungen wiederholt, so manchen entlassen und so manchen Brief geschrieben. „Ich habe die Akten zu Hause. Jetzt bin ich ja wieder da."

In der nächsten Woche habe ich Nachtdienst. Ich benötige eine der Akten und ziehe sie aus dem Visitenwagen. Meine Eintragungen von vier Wochen fehlen! Wo sind sie? Ich blättere die Akte durch. Ich schaue mir eine zweite, eine dritte und vierte an: Meine ausführlichen Daten fehlen völlig. Keine Notiz in *meiner* Schrift! Dafür mein Text in der *seinigen*.

Allahs Rache

„Allah wohnt nicht in Europa", so hört man von Kollegen, die ihre Korankenntnisse hier rasch vergaßen.

Eines Tages kam ein Kollege aus einem der fundamentalistischen arabischen Ölländer nicht zum Dienst. Am Nachmittag erschien er mit einer Augenklappe. Er hatte eine Bulbusprellung, auch war die Netzhaut beschädigt. Wir dachten, ein Freund einer seiner zahlreichen Bräute habe ihm heimleuchten wollen.

Es war aber kein Konkurrent, sondern der Korken einer Champagnerflasche gewesen, Allahs Rache. Auch in Europa.

Kochtopf

Ein afrikanischer Kollege besitzt einen großen Schrank in seinem Arztzimmer. Dieser Schrank ist voll: unerledigte Arztbriefe. Er sieht mich als *seinen* Medizinalassistenten erwartungsvoll an. Ich erledige das für ihn auch. Der Schrank ist bald leer.

Ein halbes Jahr, nachdem ich das Haus verlassen habe, geht auch er nach Hause zurück. Als der Chefarzt den Schrank öffnet, hat der sich – welches Mysterium! – wieder bis oben gefüllt. Vom Flughafen aus läßt der Kollege dem Chef bestellen, er solle nicht wagen, ihn in seiner Heimat zu besuchen.

Dort werde er im Kochtopf landen.

Blanke Wut

Die Kollegin steht wutentbrannt vor mir, Wangen und Stirn sind rot, die Augen flackern, die Stimme versagt ihr. „Das tut er mir kein zweites Mal an, das lasse ich mir nicht gefallen. Eine Frechheit." Sie zeigt mir zwei oder drei ihrer Arztbriefe, die aus dem Sekretariat zurückgekommen sind. Sie haben eins gemeinsam: Ein Riß durchzieht den oberen Rand. „Ich kündige fristlos. Morgen können Sie ja dem Alten meinen Brief geben." Damit wäre ich kein Postillon d'amour.

Ich kannte ihre Briefe. Wie ihre Diktate ein Graus für die Schreibkraft waren, so war ihr Inhalt unklar, verworren und nicht selten sachlich falsch. Sie wurden daher vom Oberarzt völlig neu diktiert. Um beim Verposten nicht den falschen für den Versand fertig zu machen, hat sie die Sekretärin etwas eingerissen. Daß der Text anders ist, hat die Kollegin nicht bemerkt.

Sie hat gerade ihre Probezeit hinter sich und den Vertrag verlängert. Ein Kollege hat uns vor einer Woche aus familiären Gründen verlassen. Auf den verbliebenen Kollegen und mich wartet ein Monat mit je fünfzehn Nachtdiensten, zusätzlich zu der täglichen Arbeit.

Akzeleration

Einer meiner zahlreichen „dysthymen" Patienten, die an nichts Freude, zu nichts Lust verspüren, die aber aus für ihre Umgebung unerfindlichen Gründen zäh am Leben hängen, kommt aus der Klinik zurück. Er war einfach umgefallen. Mediziner nennen das geheimnisvoll eine Synkope. Man hatte keinen Grund für den Sturz, aber zahlreiche Begleitkrankheiten gefunden. Er kommt, um von mir Munition für seine Diskussion mit seinem Hausarzt zu holen. Der soll ihm eine Bescheinigung schreiben, daß er von seinem Hausbesitzer nicht gestört wird.

Die letzte Diagnose des Stationsarztes der Inneren Abteilung läßt mich schmunzeln: *akzelerierte* Persönlichkeit. Er hat wohl *akzentuierte,* zugespitzte Persönlichkeit gemeint. Der Mann ist eher zwanghaft-zäh, haftend, umständlich, so daß ich so manches Mal froh war, wenn ich ihn wieder aus dem Zimmer heraus hatte. *Beschleunigte* Persönlichkeit?

War das ein Schreibfehler in der Hitze des Gefechts, ein *Joke* oder ein systematischer Fehler eines Kollegen ohne Latinum?

Interessant

Kollege H. vertritt mich in meiner Praxis. Er ist etwas älter als ich, ist Neurologe und Psychiater und Psychotherapeut. Er war lange Zeit Oberarzt in einer großen Landesklinik, war danach in der Gesundheitsverwaltung des Landes tätig, hatte kurzzeitig einen Chefposten in einer Klinik, ging dann wieder ins Amt zurück und verdiente sich jetzt mit Vertretungen etwas dazu. Zwei Kollegen, mit denen ich sprach, waren mit ihm zufrieden.

Ich verschwinde für vier Wochen zu einem Einsatz in einem Dritte-Welt-Land. Meine Frau und meine Helferinnen halten die Stellung. Der Kollege ist Profi.

Denkste. Nach einigen Tagen (bei einer Zeitverschiebung von ungefähr sieben Stunden) werde ich angerufen, er sei, ohne daß er das zuvor mitgeteilt habe, den ganzen Tag einfach nicht erschienen und habe erst am späten Nachmittag bestellen lassen, daß er es an diesem Tag nicht mehr schaffe. An weiteren Tagen erscheint er zwar, aber Stunden zu spät. Das Wartezimmer ist voll, die Patienten sind ungeduldig. Die Helferinnen bewähren sich glänzend. Er beginnt Händel mit ihnen, obwohl sie seine Fehler ausbügeln. Bei seinen neurologischen Untersuchungen liegen die Patienten angekleidet auf der Liege. Er hat den linken Arm auf dem Rücken, während er den Reflexhammer locker auf das Knie fallen läßt.

Als ich zurückkomme, klagt eine seiner Patientinnen über Kopfschmerzen. Seine Diagnose war „Heimweh". In der Tat will sie Ende des Jahres nach zwanzig Jahren als Gastarbeiterin zurück in ihr Heimatland, zu ihrer Familie. Sie wirkt wach und kritisch. Ich nehme den Augenspiegel zur Hand und bin entsetzt: Sie hat auf beiden Seiten eine massive Stauungspapille als Zeichen von Hirndruck. Ursache ist ein Meningeom, ein gutartiger Hirntumor. Dieses Heimweh spricht gut auf eine Operation an.

Ich erreiche den Kollegen im Amt, wo er sich wieder mit Organisation beschäftigt. Er ist von der Mitteilung völlig ungerührt, findet den Verlauf *interessant* und bittet um den Entlassungsbericht. Er ist haarscharf an einem Kunstfehler vorbeigeschrammt.

Hilfestellung

„Wenn ich den vielen jammernden Patienten kein Adumbran® und Lexotanil® verschriebe, könnten Sie sich vor Angstpatienten nicht mehr retten", sagt ein junger Allgemeinmediziner. Früher habe ich dasselbe schon von anderen über Alkoholiker im Entzug gehört, die recht freizügig mit dem Medikament Distraneurin® bedacht worden waren, wenn sie nur etwas zitterten. Die hatten schnell gelernt, daß sie bei gleichem Effekt auf Kassenkosten Stoff einsparen konnten, wenn sie die Kapseln als „lüttje Lage" zum Bier schluckten, auch wenn es nicht ungefährlich war.

Was steckt *hinter* dieser Helferhaltung, die häufig verhindert, daß Patienten in fachärztliche Betreuung kommen? Dem Patienten schnelle Hilfe zuteil werden zu lassen (auch wenn das Problem seit langem besteht), dem fachärztliche Kollegen zu helfen, nicht vor Überarbeitung umzufallen, der Krankenkasse Kosten sparen zu helfen? Vieles geschieht unreflektiert, in guter Absicht. Gibt es aber innere Gründe, die mit dem eigenen ärztlichen Selbstverständnis oder mit der eigenen Persönlichkeitsstruktur, mit den eigenen Handlungsmaximen zu tun haben? Gibt es kommerzielle Gründe?

Natürlich darf ich mir bei diesen Gedanken an die eigene Nase fassen.

Korrumpierung

Ich frage mich manches Mal, weswegen dieses oder jenes Medikament auf den langen Zetteln steht, die die Patienten mitbringen. Zehn, zwölf Medikamente, deren Wirkungen sich addieren, die sich antagonisieren, entgegengesetzt sind, im günstigsten Fall sich ergänzen, viele, die sofort als Modemedizin zu erkennen sind, und die von dem Haus- oder Facharzt eingefordert wurden. Zwei gegen den Hochdruck, ein oder zwei zur Stärkung des Herzens, so manches Mal ein Schleimlöser, drei „durchblutungsfördernde", davon ein pflanzliches, zwei beruhigende Präparate, ein Schlafmittel, ein Magensäurehemmer...

Heute ist das kein Fehlverhalten zu Werbezwecken mehr. Bei vielen geht es um die Existenz. So mancher Kollege fühlt sich von seinen Patienten unter Druck gesetzt, dieses oder jenes zu rezeptieren, bevor die einen Wunsch ausgesprochen haben. Die Angst, sie zu verlieren, macht ihn willfährig oder schlimmer: Es läßt ihn auch unausgesprochene oder vermeintliche Wünsche erfüllen. Angst korrumpiert.

Wenn diese Kollegen jemals mit ihren Patienten gesprochen haben, statt zu rezeptieren, so schnürt ihnen jetzt die Angst die Kehle zu.

Systemzwänge

Einige meiner Patienten bedürfen wegen schwieriger oder nebenwirkungsreicher medikamentöser Behandlungen, die gleichwohl unabdingbar sind, Kontrollen ihres Blutbilds und der Leberwerte. Für einige Medikamente besteht sogar eine klare Vorschrift. Sollte ich mich weigern, eine Verpflichtungserklärung regelmäßiger Untersuchungen zu unterzeichnen, dürfte ich diese Medikamente nicht verordnen. Diese Untersuchung kann an meiner statt auch der Hausarzt durchführen.

Der Patient wohnt in einer Nachbarstadt, etwa zwanzig Kilometer entfernt. Ich bin der nächste für ihn erreichbare Nervenarzt. Ich bitte den hausärztlichen Kollegen, einmal im Monat die Laborkontrollen zu übernehmen – und erhalte über seine Arzthelferin eine Absage. Sein Laborbudget sei voll. Wegen einer Mark und sechzig Laborkosten fährt er nun zu mir.

Der Patient darf jetzt den Weg zu mir vierteljährlich dreimal machen. Einmal hätte gereicht, wenn der Kollege kooperiert hätte. Ich halte ein System für pervers, das solche Folgen hat. Den Kollegen verstehe ich auch nicht, der sich von „Systemzwängen" korrumpieren läßt.

Übrigens – dieselben Kollegen überweisen zur Weiterverordnung von ihnen selbst indizierter Behandlungen wie Medikamente und Krankengymnastik: „Ich kann Ihnen das nicht mehr verschreiben, Frau Meyer. Ich überweise Sie jetzt zum Facharzt." Danke für die Kollegialität, Kollege.

Kooperation

In der überwiegenden Zahl der Fälle erhalte ich als Facharzt von Hausärzten Überweisungen ohne Fragestellung, ohne die Ergebnisse früherer Untersuchungen, ohne die Entlassungsberichte der Kliniken. Die Kassenärztliche Vereinigung gibt das vor, indem die neuen Formulare kaum noch Platz für Informationen vorhalten. So manches Mal ist meine Facharztbezeichnung „Arzt für Psychologie", auch wenn es sich weder um einen psychiatrischen noch einen Psychotherapie-Fall handelt.

Wenn ich in meinem Behandlungsbericht dringend um Unterlagen bitte, ist es leider fast die Regel, daß keine Reaktion erfolgt. Ich nehme zugunsten meiner Kollegen an, daß die Arzthelferinnen die Briefe einfach ungelesen wegsortieren.

Einige Kollegen raten ihren Patienten, einen Facharzt aufzusuchen, weigern sich aber, eine Überweisung auszustellen. Sie verweisen auf die Chipkarte und die freie Arztwahl. Sie mögen abrechnungstechnische Gründe haben. Abgesehen, daß sie mit ihrer Verschiebetechnik unkollegial handeln, erschweren sie die ärztliche Kommunikation.

Ich schaffe es in manchen Fällen nicht, rasch einen Bericht zu schreiben. In dringenden Fällen sollte ein Kurzbrief reichen. Warum einige Kollegen auch bei Routinefällen fast jedes Quartal unnötige Berichte haben wollen, ist mir unerfindlich. Zumeist sind es diejenigen, von denen ich nie Angaben zu Vorerkrankungen ihrer Patienten erhalte.

Auch bei der Mitbehandlung ist so manches verbesserungswürdig. Für meinen Teil wage ich nicht, an fachfremden Medikamenten zu rühren, sondern verständige den Kollegen, wenn ich Wechselwirkungen mit meiner Medikation sehe oder annehmen muß, daß die Probleme mit seiner bisherigen Behandlung zusammenhängen. Auf der anderen Seite sehe ich nicht selten, daß meine Behandlung umgestellt oder abgesetzt oder etwas hinzuverordnet wird, was nicht dazu paßt – auch derselbe Stoff mit einem anderen Handelsnamen. Vor wenigen Tagen verstarb eine Parkinson-Patientin im Entzugsdelir. Ohne Ahnung von den Folgen und ohne Rücksprache hatte der Hausarzt meine Medikamente übergangslos abgesetzt. Er *wußte* es nicht besser! Als ich kam, war nichts mehr zu retten. In den nächsten vier Wochen wiederholte sich das dreimal, Gott-sei-Dank ohne dieses Ergebnis. Es war das Glück der Unbedarften.

Mich ärgert zunehmend eine parallele Diagnostik wie unnötige teure Kernspintomographien oder Überweisungen in Fachambulanzen, ohne daß ich davon von dem hausärztlichen Überweiser erfahre. Ich hatte diese Untersuchungen schon selbst erwogen und verworfen. Was soll das? Ätsch, Sie haben das versäumt, das habe ich ja auch, vielleicht auch vorher gewußt?

Sollte das Hausarztmodell politisch durchgesetzt werden, müssen *zuvor* Fähigkeiten in Bezug auf Kompetenz und Kooperationsfähigkeit entwickelt werden. Ein Schiffsführer muß natürlich die Karten lesen können. Er muß auch nach ihnen navigieren. Ein Flottenverband bedarf eindeutiger Strukturen. Klare Richtlinien sind bislang nicht angedacht.

Übung macht den Meister

Als wieder einmal einem meiner steinalten, lebenssatten Patienten das Glück widerfahren ist, einem jungen, dynamischen Kliniker in die Hände zu fallen, der seine verengten Herzkranzgefäße mit einem Stent, einem starren Röhrchen zum Offenhalten, versorgt, versagt mir vor Mit-Freude die Stimme. Dement, depressiv, niereninsuffizient, arthritisch, kinderlos und verwitwet in einem Pflegeheim lebend, hat man ihn dazu verdammt, einige Monate oder Jahre zeit- und seelenlos weiterzuvegetieren. Einer muß sich ja zum Üben für die Youngsters zur Verfügung stellen.

Der Stationsleiter eines Altenpflegeheims erklärt mir gerade, er habe seine Kündigung als Intensivpfleger eingereicht, nachdem er die häufigen Reanimationen von Achtzigjährigen nicht mehr ertragen habe. Jetzt habe er die Möglichkeiten, den Alten bei einem würdigen Tod zur Seite zu stehen.

Bis zum bitteren Ende

Ich traf den Kollegen häufig bei Hausbesuchen. Abends spät machte er noch seine Runde durch die Heime. Er war immer freundlich, lächelte still, auch wenn man sah, daß es ihm zunehmend schwerfiel.

Vor dreißig Jahren hatte er wie so viele unseres Berufs eine subakute Hepatitis, die später als Hepatitis B klassifiziert wurde und einen chronisch-persistierenden Verlauf nahm. Vor zwanzig Jahren erlitt er einen Bandscheibenvorfall im Lendenwirbelsäulenbereich mit einer Fußheberlähmung. Auch die Halswirbelsäule machte ihm zunehmend Probleme. Bei einer infektiösen Mononukleose kam es vor zehn Jahren zu einer Polyradikuloneuritis mit Lähmungen im Schulter-Arm-Bereich, aber auch zu einer Zwerchfellähmung. Gleichzeitig wurde ein arterieller Hochdruck diagnostiziert, der sich nie gut einstellen ließ. Auch leidet er seit mehreren Jahren an hämorrhagischer Purpura an den Beinen, kleinen flohstichartigen Hautunterblutungen, die durch eine Immunvaskulitis bedingt sind, und an einer Urtikaria, einer Nesselsucht, im Bereich der oberen Körperhälfte. Einige Jahre darauf fand man eine Hepatitis C, dazu eine Leberzirrhose mit Ösophagusvarizen, Krampfadern in der Speiseröhre. Im nächsten Jahr fiel eine Polyneuropathie auf mit strumpfförmigen Gefühlsstörungen ab Unterschenkelmitte und gleichzeitiger Abnahme der groben Kraft in den Händen und den Beinen. Ihm entglitten Gegenstände aus den Händen, das Treppensteigen fiel ihm zunehmend schwerer. Er neigte zu Stürzen auf unebenem Boden. Im Jahr darauf hatte er eine periphere Fazialislähmung links. Er litt jetzt auch verstärkt unter Nebenhöhlenentzündungen. Seit drei Jahren hat er häufig Hexenschußbeschwerden. Es ließen sich frische Bandscheibenvorfälle im oberen Lumbalbereich nachweisen. Er klagt auch vermehrt über Störungen von Konzentration und Gedächtnisleistungen.

Nachdem er sich jetzt endlich entschlossen hat, die Praxis aufzugeben, kann er sie nicht mehr veräußern. Er findet keinen Nachfolger. Keiner wagt mehr eine Niederlassung. Er hat früher weder auf seine Zeit gesehen noch an Geld gedacht. Nun wird ihm beides knapp, nachdem er auch noch an Krebs ekrankt ist.

Krähenaugen

„Eine Krähe hackt der anderen kein Auge aus". „Ein Arzt wird dem anderen nichts zur Last legen – außer, er will einen lästigen Konkurrenten loswerden". „Leidet man an den Folgen eines *Kunstfehlers*, hat man keine Chance. Beweismittel werden zumeist unterschlagen." Das sind Meinungen aus dem Volke und der Presse.

Einfach durchgeschnitten

Herr B. klagt, er könne den rechten Arm nicht mehr anheben. Er ist ein muskelkräftiger Mann. Als Schmied ist er auf die volle Kraft seiner Arme angewiesen. Ich stelle fest, daß der Schultermuskel gelähmt ist und auch schon beginnt, an Masse zu verlieren. Er berichtet, daß ihm vor kurzem ein Nackenlymphknoten entfernt worden ist. Ein häufiger Grund für eine Akzessoriuslähmung. Der inzwischen aus Altersgründen ausgeschiedene Chefarzt, dem das Mißgeschick unterlaufen ist, ruft mich an – etwas anderes, als daß die Kausalität recht sicher ist, kann ich ihm nicht mitteilen. Der neue Leiter einer nahegelegenen Neurochirurgischen Klinik, der einen guten Ruf für diese Art von Eingriffen hat, führt eine Nerventransplantation durch. Der Patient hat Glück – es wird ein voller Erfolg.

Die Gutachterstelle für ärztliche Haftpflichtfragen fragt bei mir an. Der Schadensersatzanspruch wird im Interesse des Geschädigten geregelt.

Schuldzuweisung

Am ersten Arbeitstag nach meinen Sommerferien sitzt ein junger Mann vor mir und klagt über Schmerzen im ganzen Körper, Brennen in den Händen und Füßen. Er ist bislang immer gesund gewesen. Ich frage ihn nach besonderen Ereignissen in den letzten Wochen und Monaten, nach Auslandsreisen, Infektionen, Insektenstichen, insbesondere nach Zeckenbissen. Er kann sich bis auf eine kleine Rötung in der rechten Leiste an nichts erinnern. Ein roter, in der Mitte weißer Hof mit Ausbreitungstendenz wie bei einer Lyme-Krankheit ist ihm nicht aufgefallen. Der Hausarzt hat sicherlich schon daran gedacht, denn er hat, wie der Patient jetzt berichtet, Blut zum Ausschluß einer Borreliose abgenommen. Der Test sei allerdings negativ verlaufen. Allerdings habe der Hausarzt ihm vorher Antibiotika verordnet.

Die neurologische Untersuchung ergibt keinen Befund. Ich erkläre dem jungen Mann, daß es durchaus zu Beginn – und auch in späteren Stadien – falsch-negative serologische Befunde gibt, und daß wir daher die Untersuchung wiederholen sollten; auch müsse man bei einem erneut negativen Ergebnis eine Lumbalpunktion durchführen. Er scheint die Problematik zu verstehen, zumal er als Krankenpfleger medizinisch vorgeschult ist und ich ihm anhand einiger Beispiele aus der letzten Zeit die Situation ausführlich erklärt habe.

Drei Tage später ruft seine Freundin an. Ich teile ihr mit, daß die Befunde wiederum normal sind. Ich müsse ihn aber auf jeden Fall sehen, wenn die Beschwerden weiterbestehen. Drei Tage darauf erfahre ich, daß er sich notfallmäßig in eine neurologische Klinik begeben habe, wo die Lumbalpunktion durchgeführt worden sei.

Ein halbes Jahr später soll ich der Schiedsstelle gegenüber Stellung dazu nehmen, wieso ich keine korrekte Diagnostik und Therapie durchgeführt hätte. Ich hatte.

Abfindung

Einige Tage nach einer Gebärmutteroperation wird mir eine Patientin konsiliarisch vorgestellt, die Doppelbilder habe. Ich stelle eine supranukleäre Blickparese fest und führe anschließend sofort eine transkranielle Dopplersonographie durch, wobei die Strömung der Basilarisarterie sehr gering bzw. stark verwirbelt erscheint und in der Tiefe kein Impuls mehr zu erkennen ist. Mit dem Verdacht auf eine Basilaristhrombose weise ich die Patientin ein. Nach einem Vierteljahr erhalte ich den Entlassungsbericht, in dem ein Hirnstamminfarkt diagnostiziert wird, der am ehesten thrombembolisch perioperativ entstanden sei. Die zwei Tage nach der Einweisung durchgeführte Angiographie habe keine Basilaristhrombose gezeigt (die sich gleichwohl in dieser Zeit hat auflösen können).

Ein halbes Jahr später meldet sich die Schiedsstelle. Da ich die Patientin nach der Entlassung nicht mehr gesehen habe, kann ich nur die Kopie der Karteikarte mit einigen Kommentaren zusenden. Ein Kunstfehler der Kollegen schien mir nicht zu bestehen, da die Patientin postoperativ mit Heparin behandelt und mir umgehend vorgestellt worden ist.

Nach einigen Wochen erscheint die Patientin. Ich verstehe jetzt die Ansprüche. Sie hat zwar kaum noch Doppelbilder – nur noch beim Blick zu einer Seite hin – fühlt sich aber behindert, minderwertig und hat starke Zukunftsängste. Sie will sich mit dem von ihr erwarteten Schadensersatz für das erlittene Leid abfinden und für die Zukunft absichern lassen. Sie geht jetzt den Klageweg. Ein Loslassen und eine psychische Gesundung ist daher nicht möglich. Es ist ein Laufen im Kreis.

Konzertierte Aktion

Sie wird schon schwanger, wenn ihr Mann sie nur anschaut. Sie hat Kinder gern. Nach dem vierten Kind entschließt sie sich allerdings zur Sterilisation, weil sie immer häufiger Rückenschmerzen hat. Einige Wochen nach der letzten Entbindung hatte sie einen Bandscheibenvorfall und mußte stationär behandelt werden. Sie erhielt nichts zum Abstillen und hatte einen Milchstau. Sie mußte sich die Medikamente über ihren Hausarzt besorgen und verließ die Klinik recht bald. Damit stand ihr Entschluß fest.

Der Gynäkologe, der die Sterilisation durchführen soll, ist Oberarzt in einem kirchlichen Haus. Eine Sterilisation ohne vitale medizinische Indikation ist ihm untersagt. Dennoch führt er sie fließbandmäßig durch. Schon viele Frauen ihrer Bekanntschaft haben sich von ihm operieren lassen. Die Sprachregelung lautet, daß wegen ständiger Unterbauchbeschwerden eine Laparoskopie, eine Bauchspiegelung, erfolgen müsse. Damit ist die *Dokumentation* des Eingriffs verfälscht. Sie unterschreibt die Einwilligung.

Bei dem Eingriff schädigt er die rechte Iliaca, die Baucharterie, die schließlich in die Oberschenkelarterie einmündet. Später beichtet er ihr, er habe sie quer *durchstochen*. Seltsamerweise kommt er allein nicht mehr damit zurecht und holt den Gefäßchirurgen dazu, der die Arterie patchen, flicken muß. Später liest sie im Operationsbericht, es sei eine *Stanz*verletzung gewesen.

Postoperativ erhält sie Haloperidol. Ihre Unruhe wird ihrer Sensibilität zugeordnet. Erst ein konsiliarisch hinzugezogener Nervenarzt erkennt die zappligen Bewegungen als Akathisie und Folge der Behandlung mit einem Neuroleptikum.

Einige Tage darauf schmerzt das rechte Bein. Anfangs scheint ihr keiner zu glauben. Sie wird trotz der Beschwerden nach Hause entlassen. Bei einer Wiedervorstellung drückt der Assistenzarzt ihr Valium in die Hand und schickt sie nach Hause zurück. Erst als der Schmerz unerträglich wird und sie kaum noch gehen kann, führt man eine Angiographie, eine Röntgenuntersuchung der Gefäße, durch und stellt eine arterielle Thrombose fest.

Als der Bauch aufgemacht wird, ist er durch altes Blut und beginnende Verwachsungen völlig unübersichtlich. Der Gefäßchirurg ist nicht mehr in der Lage, das Gefäß wiederherzustellen und das Gerinnsel wie geplant zu entfernen. Er legt einen Bypass zwischen der linken und der rechten Seite an.

Nach der Operation ist die Oberschenkelinnenseite auf beiden Seiten taub. Es ist unangenehm, wenn ihr Mann sie hier streichelt. Ihre Frauenärztin erklärt ihr, es sei eine „*Reithose*". Ein Reithosensyndrom allerdings entsteht durch eine Schädigung der letzten Nervenwurzeln im Kreuz- und Steißbeinbereich. Sie nimmt diese Erklärung für sich an.

Ein Jahr später dreht sie sich morgens im Bett um und verspürt einen scharfen, stechenden Schmerz im Unterbauch, der bis in den rechten Oberschenkel einstrahlt. Dort, wo es bislang lediglich taub war, brennt es unaufhörlich. Medikamente helfen nicht. Kältepackungen sind unerträglich. Eine Lokalanästhesie lindert den Schmerz für gerade einmal drei Stunden. Tagelang schläft sie nicht. Als sie eines Abends vor Erschöpfung in tiefen Schlaf versinkt, wird dies den Rheumamitteln zugerechnet.

Sie sieht eine Kausalkette von der ersten Operation bis zu ihren heutigen Beschwerden. Hätte der Gynäkologe die Arterie nicht verletzt, wäre es zu keiner zweiten und dritten Operation, zu keiner Thrombose und keinen Verwachsungen und vor allem nicht zu ihren jetzigen Schmerzen gekommen. In Unkenntnis der Verfahrensweise wendet sie sich an die Krankenkasse und erhält einen abwiegelnden Brief, der sie tief kränkt, weil sie sich nicht ernst genommen fühlt. Es wird erklärt, sie könne aufgrund der vorliegenden Dokumentation keinen Zusammenhang *beweisen*.

Es ist wie ein Dominospiel von Fehlern, Unfähigkeiten, schlichtem Unglück und kriminellem Handeln. Inzwischen liegt die Tragödie der Gutachterkommission der Ärztekammer vor.

Mist

„Scheiße, da habe ich Mist gemacht!" ruft der Chefarzt in eloquenter Tautologie bei der ambulanten Nachuntersuchung.

Er hatte den Fehler eines Oberarztes korrigieren wollen, der eine gutartige Nervengeschwulst als entzündeten Lymphknoten angesehen und mit dem dazugehörigen Nerven entfernt hatte. „Das korrigiere ich Ihnen", hatte er dem Patienten gesagt, der seit der ersten Operation ständig Schmerzen und ein taubes Gefühl und eine Lähmung im Bein hatte.

Die konsiliarisch hinzugerufenen Neurologen und Neurochirurgen und auch der berühmte Spezialist in der Universität raten zum Abwarten. Ein „Nachschauen" würde alles nur „verschlimmbessern".

Die Aussage des Chefarztes könnte ihn seinen Versicherungsschutz kosten. Die Haftpflichtversicherung verbietet in ihrem Kleingedruckten jegliche persönliche Stellungnahme.

Staatsgewalt

Gewalt geht auch von der Gesellschaft und ihren Repräsentanten aus. Das ist ein Gemeinplatz. „Alle Gewalt geht vom Staate aus" – der Staat und die durch ihn repräsentierten Oligarchien beanspruchen nicht nur in der westlichen Staatenlandschaft das Gewaltmonopol.

Zum Schutz vor sich selbst oder zum Schutze anderer wird das Selbstbestimmungsrecht Kranker und Behinderter eingeschränkt, es wird ihnen sogar genommen. Ärzte, insbesondere Psychiater, sind hierbei Gehilfen der Staatsmacht und geben ihr Urteil zu Fragen der Zwangsbehandlung, der Betreuung (der etwas humaneren Form der früheren „Entmündigung"), der Geschäftsfähigkeit, der Schuldfähigkeit und zahlreicher anderer gesellschaftlich relevanter Fragen ab. Gelegentlich legen sie und ihre Mitarbeiter auch selbst „Hand an", geben Spritzen, fixieren, sperren ein.

Eine falsch verstandene Freizügigkeit bedeutet mangelnde Fürsorge und kann den Betroffenen gefährden. So manches Mal habe ich kopfschüttelnd richterliche Entscheidungen *gegen* eine Behandlung akzeptieren müssen.

Meines Bruders Hüter

Eine alkoholkranke Frau wird auf der Toilette tot aufgefunden. Um sie herum ist ein einziges Durcheinander. Sie hat ihre Wohnung schon lange nicht mehr verlassen. Ihren Nachbarn war die Ruhe in den letzten Tagen seltsam vorgekommen. Dem Reporter erklärt das Ordnungsamt, es habe keine Handhabe gehabt, weil kein Verstoß gegen das Gesetz über öffentliche Sicherheit und Ordnung vorgelegen habe. Vor acht Jahren ist die Frau mir einmal vorgestellt worden. Seither war sie dem sozialpsychiatrischen Dienst des Gesundheitsamtes bekannt. Der hatte sie auf Drängen der Nachbarn auch einige Male aufgesucht.

Sie sei *nur trunksüchtig* gewesen, erläutert ein Mitarbeiter der Stadtverwaltung ungefragt einer Suchthelferin. Die hatte in einem anderen Fall ihre Bedenken gegen die Entlassung einer Alkoholikerin in ihre Wohnung geäußert. Deren Betreuer wollte aber der Kranken dabei helfen, rasch aus der Einrichtung herauszukommen, obwohl ihr Haus nicht mehr bewohnbar war.

Nur trunksüchtig – was heißt „nur"? Gibt es zwei verschiedene Arten von Krankheit? Moralisieren wir wieder, um nicht eingreifen zu müssen? Wer sich in Gefahr begibt, kommt darin um? Betroffenheit steht einem Funktionär nicht an. Oder sollte diese Aussage das schlechte Gewissen beschwichtigen?

Es hat in den vergangenen Jahren einen Paradigmenwechsel im Betreuungsrecht gegeben, dem bis dahin das Vormundschaftsrecht entsprach. Nicht Bevormundung, sondern Kompensation mangelhafter oder fehlender eigener Fähigkeiten ist das erklärte Ziel. Während früher das „*wohlverstandene eigene Interesse*" des Mündels im Blickpunkt stand, wird heute häufig der *erklärte Wille* des Betroffenen zum Maßstab genommen, auch wenn dieser Wille durch die Krankheit oder Behinderung geformt und so manches Mal für ihn tödlich ist.

Die Ländergesetze über Hilfen für psychisch Kranke (PsychKG) werden nicht ausgeschöpft, da diese Hilfen Zwang sind. Häufig bestehen grundlose Befürchtungen, man überschreite Grenzen. Die Grenze, an die dabei nicht gedacht wird, ist die der verweigerten Hilfeleistung.

Eigenmächtig

Sehr geehrter Herr Kollege,

Hier meine Notizen über ein Gespräch mit der Patientin in Anwesenheit ihres Pastors und einer deutsch-russischen Bekannten, die als Übersetzerin fungierte.

Die Frau lebt seit November 1993 in Deutschland. Sie war zuvor in der Ukraine mit einem Rußlanddeutschen verheiratet. Das Ehepaar betrieb die Ausreise nach Deutschland. Da sie in dem Wohnort in der Ukraine noch nicht gemeldet war, fuhr sie nach Rußland zu ihrer Mutter, um ihre eigenen Papiere zu besorgen und die Ummeldung durchzuführen. Als sie nach einigen Monaten im August 1993 nach Hause zurückkehrte, war der Mann bereits nach Deutschland ausgereist.

Als sie selbst dann im November 1993 ausreiste, erfuhr sie im Lager, daß sie geschieden war. Sie hatte in der UdSSR keine Informationen hierüber erhalten. Der Mann besuchte sie auf ihr Betreiben im Lager einmal und erklärte, daß er wieder verheiratet sei. Sie kam nach A. zuerst in eine Übergangswohnung, dann in eine eigene Wohnung, aus der sie im November 1996 in die jetzige zog.

Die Tochter, die die ganze Zeit bei der Mutter verblieben und bei der Umsiedlung dreieinhalb Jahre alt war, hatte zuerst von der ersten Wohnung aus die Schule besucht, wurde dann allerdings mit Umzug in eine andere Grundschule umgeschult. Von April bis Oktober 1997 besuchte sie nach dem Unterricht eine Hortgruppe, die im alten Wohnumfeld, in etwa 40 Minuten von der neuen Wohnung und der neuen Schule aus lag. Dieses wurde von der Mutter damit motiviert, daß sie die Kontakte zu ihren alten Freunden behalten sollte. Die Mutter meldete ihre Tochter im Oktober 1997 aus der Hortgruppe ab, nachdem der Stundenplan der Schule sich verändert hatte und länger in den Mittag hinein dauerte. Die Tochter selbst hatte in der Zeit zuvor kein großes Interesse mehr am Hortbesuch gezeigt. Dieses wurde telefonisch geregelt.

Im Oktober 1997 wurde sie vom Jugendamt zu einem Gespräch eingeladen. Sie hatte zuvor mit diesen Personen keinen Kontakt gehabt, sondern gibt an, daß sie kurz nach dem Einzug in der ersten und in der Zeit des Umzugs in die zweite Wohnung mit einer Mitarbeiterin des Jugendamts gesprochen habe, die ihr Hilfe beim Umzug bzw. bei der Einrichtung der Wohnung in Aussicht gestellt haben soll. Diese habe sie aber nicht benötigt. Bei dem Gespräch im Jugendamt im Oktober 1997 ging es um die Vermittlung eines anderen Hortes, ein Gespräch der Beamten mit dem Kind hatte die Frau verweigert, da sie anwesend sein wollte. Es erfolgte noch ein Besuch zu Hause und am 12.01.98 ein Besuch des Kindes in der Schule, wobei der Sozialarbeiter X., die Mutter, die Lehrerin und die Tochter anwesend waren. Man einigte sich auf einen neuen Hort, eine kleinere Gruppe, wo das Kind in den nächsten Tagen vorgestellt werden sollte.

Am 13.01.98 wurde sie zu Hause von Mitarbeitern des Jugendamtes und des Sozialpsychiatrischen Dienstes aufgesucht, wobei ihr erklärt worden sei, daß das Kind in ein Kinderheim eingewiesen worden sei.

Die Frau sah das Kind danach nur noch einmal in der Schulklasse. Am Folgetag wurde ihr von dem Sozialarbeiter X. angedroht, daß, wenn sie die Tochter noch einmal in der Schule aufsuche, diese in eine andere Schule versetzt würde. In einem Schreiben, unterzeichnet von dem Sozialarbeiter und einer Kollegin, wird beschrieben, daß die Frau in Betreuung des Sozialpsychiatrischen Dienstes des Gesundheitsamtes der Stadt stehe. Diese Betreuung sei im Oktober 1997 eingestellt worden, da sie in keiner Weise krankheitseinsichtig gewesen sei und eine ärztliche Betreuung abgelehnt habe.

Die Frau gibt an, daß diese Angaben nicht der Tatsache entsprächen. Sie habe zu keiner Zeit Kontakt mit dem Sozialpsychiatrischen Dienst vor November 1997 gehabt. Seinerzeit sei sie einmal von dem spD angerufen und eingeladen worden. Sie sei einmal vor Weihnachten 1997 in den Räumen des Gesundheitsamtes gewesen und habe mit einer Frau Y. gesprochen. Ein zweiter Kontakt habe im Januar 1998 stattgefunden, nachdem ihr Kind schon einen Tag im Heim gewesen sei.

In dem Schreiben des Herrn X. an das Gericht zwei Tage nach den Vorgängen wird ebenfalls erwähnt, daß die Frau nach eigenen Angaben in der ersten Wohnung „von schädlichen Strahlen" bedroht und „von bösen Leuten" bedroht und verfolgt worden sei. Sie selbst gibt an, daß sie zwar Schäden in dem Mauerwerk dieser Wohnung bemerkt und diese ausgebessert habe. Sie habe sich auch Gedanken über die Art der Schäden gemacht. Allerdings habe sie in dieser Zeit keine Bedrohung empfunden.

In dem Schreiben wird ebenfalls eine von der Frau subjektiv empfundene Bedrohungssituation in der neuen Wohnung erwähnt. Sie habe berichtet, daß sie durch den Nachbarn ständig durch Videokameras durch die Zimmerdecke überwacht werde und dahinter ein Komplott ihres früheren Ehemannes vermute, daß sie versuche, mit einem Kompaß in der Wohnung schädliche Strahlen aufzuspüren und unter dem Eindruck stehe, daß Gase durch die Zimmerdecke in ihre Wohnung hinein geleitet werden. Sie hingegen gibt an, daß sie sich selbst durch Videokameras nie beobachtet gefühlt habe, sondern eher den Wunsch empfunden habe, sich eine Videokamera anzuschaffen, um ihr Leben mit dem Kind zu dokumentieren, um Vorwürfen über falsche Erziehung und Verwahrlosung des Kindes entgegenzuwirken. Die Benutzung eines Kompasses motiviert sie damit, daß sie mehrfach ein Stechen im Körper verspürt und an ein elektrisches Feld gedacht habe. Ein ihr bekannter rußlanddeutscher Ingenieur habe ihr geraten, einen Kompaß zu benutzen, um ein mögliches elektrisches Feld festzustellen. Hinsichtlich der Gase habe sie festgestellt, daß beim Einzug ihre Zimmerdecke weiß gewesen sei, sich aber in der letzten Zeit deutlich dunkel verfärbt habe. Eine Ofenheizung ist nicht vorhanden.

Die Beobachtung der Mutter über fast zwei Stunden in meiner Praxis ergab keine psychotischen Störungen. Sie war geordnet, natürlich bedingt durch die Ereignisse der letzten Tage aufgebracht und nervös, wirkte etwas fahrig, hatte Schwierigkeiten, die Geschehnisse in einen zeitlichen Ablauf zu bringen, war aber nicht assoziativ oder zerfahren. Die Stimmung war reaktiv bedingt gedrückt, nicht aber depressiv. Wahnvorstellungen klangen hier nicht an. Auch die Vorstellung, daß elektrische Felder körperliche Mißempfindungen verursachen könnten, ist kein Zeichen einer Psychose, da sie in der Bevölkerung weit verbreitet ist (Elektrosmog, Erdstrahlen etc.).

Aufgrund meiner Untersuchung kann ich die Deutung in dem Schreiben des Sozialarbeiters an das Familiengericht nicht nachvollziehen. Die sie begleitenden Personen konnten ebenfalls bei meiner intensiven Befragung keine psychotischen Erscheinungen berichten. Um die Geschehnisse zu klären, wären weitere Daten erforderlich, vor allem wäre eine Befragung der Mitarbeiter des spD erforderlich.

Ich denke, daß es ohne eindeutige fachärztliche Vorbefunde einem Sozialarbeiter nicht ansteht, medizinische Diagnosen, vor allem psychiatrischer Art, zu stellen. Es kann meines Erachtens auch nicht angehen, daß ein Sozialarbeiter, ohne vorherige fach- ärztliche Untersuchung (psychiatrische der Mutter, kinder- und jugendpsychiatrische der Tochter) veranlaßt, derartig weitgehende Entscheidungen treffen darf. Es ist unbekannt und erscheint mir nach dem ganzen Vorgang unwahrscheinlich, ob vor dem Ereignis eine richterliche Entscheidung eingeholt worden ist. Da keine unmittelbar gegebene Gefahr (Tötung des Kindes, Verschwinden der Mutter mit dem Kind aus Deutschland bzw. dem Einzugsbereich der hiesigen Behörden) bestand, ist m.E. dieses Vorgehen juristisch nicht zu rechtfertigen.

Mit freundlichen kollegialen Grüßen

Zerstörte Erwartungen

Burkhard, ein einundsechzigjähriger, freundlicher älterer Herr, wird seit längeren von mir wegen seiner schizophrenen Psychose behandelt. Er lebt, seitdem er krank geworden ist, im Haushalt seiner neunzigjährigen Mutter (die vor mehr als fünfzig Jahren schon von meinem Großvater behandelt worden ist). Die Mutter hofft immer noch, ihr Sohn könne wieder gesund werden. Sie hat mich sogar – in völliger Verkennung seiner Fähigkeiten und seines Alters – darum gebeten, für ihn eine Stelle als Taxifahrer zu besorgen.

B. vergißt in der letzten Zeit zunehmend, seine Arzttermine wahrzunehmen und erhält seine Medikamente zu unregelmäßig. Bei meinen Versuchen, ihn zu Hause zu erreichen, ist er häufig nicht anwesend. Wenn B. wieder schwerer krank ist, ist er keinesfalls gefährlich. Er ist schrulliger, als er sonst schon ist, distanzloser, achtet nicht auf seine Körperpflege, läuft mit einem völlig verkleckerten Anzug durch die Gegend und spricht mit einem jovialen Ton alle Leute auf der Straße an. Leider hat er mit einem einzigen Menschen erhebliche Probleme. In seinem Haus wohnt ein Amtsrichter, von dem er fürchtet, daß er ihn einsperren lassen könnte. Eingesperrt sein, das kennt er, das macht ihm Angst. Seine Angst brüllt er heraus; nachts steht er vor dem Haus und beschimpft den Richter. Der Richter holt, als er am Wochenende wieder durch seine Vorstellung belästigt wird, den diensthabenden Fachkollegen, der ihn stationär einweist. Die Erwartung hat sich erfüllt.

Seine Mutter steht am Montag weinend vor mir. „Er war doch nicht gefährlich", sagt sie. Sie hat recht. „Jetzt bin ich allein." Sechs Wochen später ist sie tot.

Sommerglück

Er kommt von einem Aufenthalt in der Türkei zurück. Er zeigt mir seine Unterarme. Ich sehe an den Handgelenken breite, tiefe, blutunterlaufene Einschnitte. Die Maus der rechten Hand ist kraftlos. Die Beugeseite von Daumen, Zeige- und Mittelfinger rechts ist taub. Handschellen hat er tragen müssen. Er hat sich dagegen gewehrt. Drei Tage hat er in der Haft gewartet, bis jemand aus dem Konsulat erschienen ist, drei Tage, bis ein Arzt geholt wurde und er nach Deutschland ausgeflogen wurde.

Die Psychose ist durch die übermäßigen nächtlichen Freizeitaktivitäten wieder einmal ausgebrochen. Er hatte die Medikamente fortgelassen, weil sie seinen Spaß minderten.

In demselben Sommer kommt ein anderer Patient wieder. Er hat drei Wochen „gesessen". Er hat eine gebrochene Nase und eine Naht am Schädel als Souvenir. Andere Länder, andere Sitten?

Präventivschlag – oder: Vorbeugen ist besser als Krankenstand

Spätabends werde ich zur Wache gerufen. Der Diensthabende bittet mich, mir eine Frau anzusehen, die in einem Haus gegenüber randaliert hat.

Ich bin gerade in einem Therapiegespräch. Die Patientin hat das Gespräch gehört und erzählt mir, daß sie am Vorabend von der Polizei aufgefordert worden sei, ihren Nachbarn nach Hause zu fahren, der sternhagelvoll auf dem Rücken in der Fußgängerzone gelegen und Engel halluziniert habe.

Es ist eine meiner Patientinnen, eine etwa vierzigjährige Frau, eine Krankenschwester, die wegen einer schizophrenen Psychose seit Jahren berentet ist. Schon in der Nacht zuvor sind die Beamten zu ihr gerufen worden, weil sie in ihrem Haus Krach gemacht und ihre Mitbewohner als Nutten und Zuhälter, Homos und Diebe beschimpft hatte. Jetzt habe sie versucht, ihre zehnjährige Tochter mit Gewalt den Pflegeeltern zu entziehen.

Sie ist erleichtert, als sie mich sieht. Sie hat spontan den Gedanken gehabt, mit der Tochter in Lugano Urlaub zu machen. Ihr war eingefallen, daß sie dort eine Wohnung besitze. Heute müsse sie noch abreisen, heute. Auch wenn es noch Nacht sei. Einen Zug finde sie schon. Das sei kein Problem. Sie läßt mit sich reden, diskutiert mit mir über die Möglichkeit oder Unmöglichkeit, heute noch zu fahren. Als ich ihr vorschlage, zuerst mit ihr das Krankenhaus aufzusuchen, ist sie skeptisch, willigt aber schließlich ein. Sie ist sogar bereit, sich eine Spritze mit einem Mittel gegen ihre Unruhe geben zu lassen, das sie als Profi kennt: Haloperidol. Anschließend wartet sie mit mir ruhig auf den Wagen, der uns zum Krankenhaus bringen soll.

Vor der Tür wird ihr mulmig, als sie den Krankenwagen auf den Hof der Polizeiwache einfahren sieht. „Der ist für Sie!" ruft sie und will in die Richtung des Parkplatzes laufen. Ich lege den Arm um sie und merke, daß sie allmählich ruhiger wird. Ich bin mir sicher, daß ich sie „herunterreden" kann.

Ein jüngerer Beamter, der uns vor die Tür des Reviers gefolgt ist, wird plötzlich aktiv. Er greift harsch nach ihrem rechten Arm: „Sie kommen jetzt endlich mit!" herrscht er sie an. Sie will den Arm wegziehen, denn er tut ihr offensichtlich weh. Er greift noch fester zu: „Wir haben noch ganz andere Mittel, Sie zu zwingen mitzukommen", stößt er hervor, zielt mit seinem Knie auf ihr Gesäß und gibt ihr einen „Kniekuß". Sie schreit auf und will sich ihm entwinden. Darauf verdreht er ihren Arm und schleudert sie auf das Pflaster. „Ich mußte mich doch wehren; sonst bin ich der Dumme, der verletzt wird", meint er lakonisch, als ich ihn darauf hinweise, daß sein Eingreifen weder notwendig noch adäquat gewesen sei. Rechtlich war das unsauber, was geschehen war – ein Zwang hätte richterlich genehmigt werden müssen.

Sie steigt mit mir in den Krankenwagen und reibt sich die aufgeschürften Knie, völlig verwundert, was ihr da geschehen ist.

Nachdem ich sie dem Kollegen im Krankenhaus übergeben und mich von ihr verabschiedet habe, fahre ich zur Wache zurück, um meinen eigenen Wagen abzuholen. Es läßt mir keine Ruhe: Ich gehe in den Wachraum und spreche den diensthabenden Beamten an, der die Ereignisse vor dem Haus nicht mitbekommen hat. Nein, den Umgang mit Psychisch Kranken und Alkoholikern habe man auf der Polizeischule nicht vermittelt. Nur das PsychKG, das Gesetz über Hilfen für Psychisch Kranke, sei bekannt. Was es mit Psychosen auf sich habe, wisse keiner so recht. Daß der Mann gestern Abend in der Gefahr stand, ein lebensgefährliches Delir zu entwickeln, sei keinem klar gewesen. Der Gedanke, einen Arzt zu rufen, sei keinem gekommen. Daß Angst ein schlechter Lehrmeister ist, vermeide ich zu sagen. Ich biete einen Nachholkursus an. Man dankt. Ich hoffe sehr, daß das Angebot angenommen wird.

Verkennung

D. leidet an einer schizoaffektiven Psychose. Er befindet sich aufgrund eines vormundschaftsgerichtlichen Beschlusses in einer „flankierenden Einrichtung". Er hat Widerspruch gegen den Beschluß eingelegt. Er ist in einem manischen Zustand. Der Amtsrichter findet Herrn D. in einer lockeren und fröhlichen Stimmung vor und sieht trotz meines Gutachtens zunächst keinen Anlaß, ihn in der Einrichtung zu belassen. Er verkennt die Situation, schreit plötzlich den Richter an und verfolgt ihn, seine Wasserpfeife schwingend, treppauf, treppab durch das ganze Haus. Der Richter flüchtet in Panik. D. behält jetzt seinen Beschluß. Er muß bleiben.

Richterliche Selbsterfahrung hat bewirkt, was Rechtstheorie verhinderte.

HOP(P)S

Hirnorganisches Psychosyndrom, was das denn immer auch sei. Allenfalls ist es eine Arbeitsdiagnose. Häufig ist es eine Ausrede für diejenigen, die sich nicht die Mühe geben, genauer hinzusehen. Die Bewohner eines Kinderheims gegenüber einem Altersheim fragten mich einmal, warum ich immer zu den „Hopsen" gehe. Die gingen doch sowieso bald *hopps*.

Die neunzigjährige Frau befindet sich seit einem Dreivierteljahr auf der Pflegestation eines Altersheims. Sie ist in einem verwirrten Zustand ins Krankenhaus eingeliefert worden. Man diagnostizierte ein „HOPS", ein hirnorganisches Psychosyndrom. An diese Zeit kann sie sich nur sehr schwach erinnern. Bis zu diesem Zeitpunkt hat sie allein gelebt und für sich gesorgt. Lediglich eine Putzfrau kam einige Male in der Woche.

Zum Jahresende und -anfang sind die Krankenhausbetten immer knapp. Wohin also mit der alten Dame, nachdem eine Gefährdung nicht mehr bestand? Kein

Zum Jahresende und -anfang sind die Krankenhausbetten immer knapp. Wohin also mit der alten Dame, nachdem eine Gefährdung nicht mehr bestand? Kein Mensch konnte sich um sie kümmern. Sie war ledig, alle Angehörigen und Freunde waren verstorben. Freiwillig wollte sie nicht ins Altersheim; sie hatte ja noch ihre Wohnung, die sie sich im Laufe ihres Lebens schön ausgestaltet hatte. Immerhin hatte sie als Bürovorsteherin ein gutes Einkommen gehabt.

Einen Ausweg sahen Ärzte, Sozialarbeiter und der Richter nur in einer Betreuung. Nachdem der Ehemann der Putzfrau die Betreuung hinsichtlich des Aufenthaltsbestimmungsrechts und der Vermögenssorge übernommen hatte, war es eine Frage von Tagen, bis sie das Krankenhaus verlassen konnte – nur nicht nach Hause.

Jedoch – das HOPS ist keine Demenz, wie man kurzschlüssig angenommen hatte. Dahinter steckte eine Exsikkose, eine Austrocknung, durch mangelndes Trinken bei einem Infekt. Die richterliche Entscheidung ist bislang nicht überprüft worden. Ein Dreivierteljahr hat die alte Dame ihre Wohnung nicht betreten. Sie hat sich damit abgefunden. Sie hoffe, daß sie von ihrer Putzfrau nicht enttäuscht worden sei, sagt sie. Sie habe sie ja kaum gekannt.

Der gnadenlose Charme der Bürokratie

Jedermann klagt heute über „die Kälte in der Gesellschaft". Gleichzeitig wird die Höflichkeit früherer Generationen als unnötiger Ballast, sogar als Unehrlichkeit empfunden. Vielleicht ist unsere Generation zu sehr dressiert worden, „nett" zu sein, drängelnden alten Damen den Sitz im Bus anzubieten, einen Diener oder einen Knicks zu machen, wenn uns absolut nicht danach zumute war, den unteren Weg zu gehen, eine gute Miene zum bösen Spiel zu machen. Unsere Kinder kennen diese Begriffe und Verhaltensnormen nur noch aus alten Geschichten und Filmen.

Wenn heute allerdings das Schmiermittel fehlt, sollten wir uns über kreischende Türangeln nicht beklagen. Mit der Form ist nicht selten der Inhalt verschwunden. Umgangsformen drücken auch Wertschätzung aus.

Angesichts der fordernden Haltung vieler Menschen ist es erstaunlich, daß sie sich vorstellen, daß man noch die Selbstdisziplin aufbringt, freundlich zu bleiben. Es sind nicht nur Privatpersonen, sondern gerade auch Behörden und zunehmend privatrechtliche Institutionen, die diese seltsame Erwartung pflegen. „Sie müssen noch ...", sagt man mir häufig. Kein Mensch *muß müssen*", sagte Nathan der Weise.

Vertrauensvolle Zusammenarbeit

Ich habe wieder einmal eine Mahnung des Versorgungsamtes erhalten, einen Befundbericht zu erstellen. Es ist die dritte Mahnung. Ich sende den Bericht nun das dritte Mal ab.

Es ist nichts Neues, daß Berichte auf dem Weg zum Versorgungsamt oder dort verlorengegangen sind. Ich schreibe einen Brief an den Leiter des Versorgungsamts, um ihm die zunehmenden Probleme in der Zusammenarbeit vorzustellen. Jede Mahnung geht nicht allein mit einer Rechtsbelehrung, sondern auch mit der Warnung einher, die mangelnde Mitarbeit der Ärztekammer zwecks berufsgerichtlicher Aburteilung mitzuteilen, was mich von Mal zu Mal mehr ärgert.

In völliger Verkennung von Inhalt und Absicht meines Briefes sendet er mir ein Schreiben, in dem er mich in ziemlich rüdem Ton auf meine Pflichten hinweist, die ich wohl kenne und denen ich bislang bereitwillig nachgekommen bin. In der Beilage findet sich die Kopie eines Gerichtsurteils gegen einen Hamburger Kollegen, der systematisch die Anforderungen hat liegen lassen. Ich empfinde dies als maßlose Drohung, nicht als ein Angebot für vertrauensvolle Zusammenarbeit.

Später erfahre ich, daß diese Knüppel-aus-dem-Sack-Politik eine Zeitlang Stil jenes Hauses gewesen sein muß, denn dergleichen Nettigkeiten haben sich auch andere Kollegen ansehen müssen.

Gott-sei-Dank sind Kontakte dieser Art nicht mehr so häufig. Sie sollten aber eine ausgesprochene Rarität werden.

Umgangsformen

Ich vertrete kurz vor meiner Niederlassung einen Klinikchef auf der von ihm selbst geführten Station. Ein junger Richter kommt zur Überprüfung der Unterbringung eines Patienten in mein Zimmer. Er wirkt erregt, sehr unfreundlich, und kaum daß er „'n Tag" gemurmelt hat, fährt ich mich an, warum ich mich unterstehe, den Patienten weiter im Hause festzuhalten; die schriftliche Begründung sei ihm zu dünn.

Es handelt sich bei diesem Patienten um einen Mann mittleren Alters mit einer schizoaffektiven Psychose. Er mußte schon häufiger stationär behandelt werden und war jetzt im tiefen Schnee nur mit einer Unterhose bekleidet, ohne Schuhe durch die Straßen gelaufen.

Ich gerate in Zorn. Ich erkläre dem Richter, daß der Patient weder durch mich aufgenommen noch begutachtet worden sei. Ich werde, wenn er sich nicht mäßige, in dieser affektiv aufgeladenen Situation im Interesse des Patienten keinen Kommentar abgeben. Er setze mich unter einen Rechtfertigungszwang, der weder der Sache noch dem Patienten dienlich sei. Er schafft es tatsächlich, seinen Ton zu mäßigen, so daß wir miteinander reden können.

Der Ton macht die Musik

Sehr geehrter Herr Richter ...,

Danke für Ihr Schreiben. Ich möchte mich hier privat, außerhalb von dienstlichen Angelegenheiten mit Ihnen unterhalten und hoffe, daß ich mich offen äußern kann, ohne eine mich erneut unangenehm berührende formale Antwort zu erhalten. Ich glaube nämlich, daß unsere Verständigungsschwierigkeiten geradezu paradigmatischen Charakter haben.

Seien Sie bitte versichert, daß dieser Brief keinerlei Angriff auf Ihre Person oder Ihre Funktion darstellen soll. Auch möchte ich keinesfalls irgendwelche Beschwerden oder unpassende Ratschläge über oder an irgend jemand loswerden.

Ich stelle fest, daß von Seiten vieler staatlicher Behörden, statt mögliche Irrtümer der mit ihnen verkehrenden Bürger in korrektem, aber freundlichen Ton aufzuklären, zunehmend häufiger der Knüppel der Androhung rechtlicher Sanktionen aus dem Sack gezogen wird.

Auch ohne von seligen 68'ger Zeiten zu schwärmen, als nicht nur Linksradikale sich gegen vermeintlich repressive Strukturen eines sich kustodial gebärdenden Staates wehrten, halte ich dieses Behördenverhalten für einen Rückfall in hoffentlich längst vergangene Zeiten.

Ich denke, daß man, wird nicht von vornherein böser Wille vorausgesetzt, sich vernünftig und ohne Drohgebärden unterhalten kann. Nur auf diese Weise ist eine gute Kooperation zu erreichen, wie wir sie beide anstreben. Angst oder Zorn, wie man sie anders nur erzeugt, schaden hier nur und hinterlassen negative Assoziationen für zukünftige Kontakte.

Darf ich auf mein Problem mit Ihrem Hause zurückkommen, das ich letztlich schon versucht hatte, Ihnen darzustellen?

Es ist mir irrtümlich - mea culpa - entgangen, daß es sich um zwei verschiedene Verfahren gehandelt hat, die seitens des Herrn K. innert eines halben Jahres bei demselben Gericht angestrengt worden waren. Daher hatte ich auf meinem Bericht vom ... das falsche Aktenzeichen vermerkt, so daß mir der Grund späterer Anfragen, die ich mit einer Kopie beantwortete, unklar blieb. Der Vorladungstermin war nicht etwa damit begründet worden, daß ein Befundbericht fehlte, diese Tatsache war auch nicht während eines Telefonates mit der Geschäftsstelle zu erfahren gewesen, bei dem lediglich mitgeteilt wurde, daß der Vorladungstermin aufgehoben sei; auch wurde ich erst später darauf hingewiesen, daß ich die Zielfragen nicht beantwortet hätte.

Fehler wurden hier durch mechanisches Verhalten auf beiden Seiten gemacht. Man sollte sie aber nicht einer Seite allein anlasten und den eigenen längeren Hebel benutzen.

Ich denke, daß neben dem besseren Gefühl, das man zu einer freundlichen Behörde entwickelt, auch der Zeitvorteil einer gezielten Anfrage eine Rolle spielen sollte. Trotz der (überalterten, aber vielleicht sichereren) Methode, sich Briefe zu senden, ist ein kurzer Anruf der Geschäftsstelle der bessere Weg, Irrtümer aus dem Weg zu räumen. Ich meinesteils halte es lieber so.

Mit dem Wunsch für eine gute Zusammenarbeit

und freundlichem Gruß

Anmaßung

Sehr geehrter Herr ...,

... nach unserem Telefonat am ... war ich davon ausgegangen, daß mein persönliches Erscheinen am ... nicht mehr nötig sei. Ich verstehe daher nicht, daß Sie mir unentschuldigtes Fehlen unterstellen.

Da es sich zudem um eine Ladung zu voller Praxiszeit an einen über einhundertzwanzig Kilometer entfernten Ort handelte (wie Sie wissen, bin ich selbständig und kein beamteter Arzt), wäre es bei der Kürze der Terminsetzung für mich äußerst schwierig und sowohl für mich als auch für meine Patienten mit erheblichen Umständen als auch Kosten verbunden gewesen, diesen Termin einzuhalten.

Ich habe des weiteren noch zwei Fragen an Sie, die Sie mir bitte in der nächsten Zeit beantworten möchten. Die erste betrifft die Entschädigung für den erheblichen Umsatzausfall, der mit dem gerichtlichen Tagessatz nach dem Gesetz über Zeugen und Sachverständige absolut nicht ausgeglichen werden kann. Da Sie mich nach ... geladen haben, ist dies für mich eine äußerst relevante Frage, die eigentlich, wie bei öffentlichen Anfragern üblich, vorher hätte geklärt werden müssen.

Die zweite Frage betrifft eine Rechtsauskunft, nämlich, ob die ... AG als nunmehr zumindest nach außen privatrechtliche Institution überhaupt Ordnungsstrafen gegen Außenstehende verhängen kann.

Mit freundlichem Gruß

Betrüger

Kurz nach Jahresbeginn erhalte ich eine Vorladung der Polizei. Ich soll Stellung zu einem Betrugsvorwurf nehmen. Ein Amtsrichter, für den ich in der letzten Zeit mehrfach Gutachten in Betreuungsfällen erstellt habe, hat eine Anzeige gegen mich wegen Betrugs gestellt.

Der Hintergrund war folgender: Kurz vor meinen Sommerferien im Vorjahr wurde dringend ein Gutachten für eine Patientin angefordert, die ich kurz zuvor untersucht hatte. Da die Kollegin, die mit mir zusammenarbeitete, das betreffende Heim besuchen wollte, bat ich sie, sich dabei auch diese Patientin anzusehen. Sie kam zu der gleichen Ansicht. Ich erstellte daraufhin rasch das Gutachten, das inzwischen zur Terminsache erklärt worden war. Die EDV-Technik machte mir hierbei einen dummen Streich: Im Titelblatt zog sich das Datum des letzten Besuchs (der Kollegin) ein, ferner korrigierte ich beim Überfliegen nicht einen alternativen Passus „in der Praxis/an ihrem Wohnort untersucht".

Nachdem mir dies vierzehn Tage später auffiel, übersandte ich dem Gericht die korrekte Version des Titelblatts mit einem entsprechenden Anschreiben, in dem ich auf mein Versehen hinwies. Vergeblich. Der Richter erkannte trotzdem das Gutachten nicht an und verweigerte das Honorar. Ich winkte still für mich ab, da ich genügend andere Probleme hatte, und legte keinen Widerspruch ein. Ein taktischer Fehler – er zeigte mich ein Vierteljahr später wegen versuchten Betrugs an.

Die zuständige Staatsanwaltschaft stellte das Verfahren ein, nachdem schon der aufnehmende Kommissar mich etwas verwundert, fast belustigt befragt hatte, da die Fakten klar dokumentiert waren. Die Gutachtenrechnung ist bis heute nicht bezahlt, das Gutachten nicht im Original zurückgesandt.

Ein halbes Jahr später läßt derselbe Richter anfragen, ob er mich wieder mit Begutachtungen beauftragen könne. Das Problem sei ja nun geklärt. Ich habe ein sehr widersprüchliches Gefühl.

Hab dich nicht so

Eine Lehrerin, fünfzig Jahre alt, recht füllig, hochdruckkrank, ängstlich und depressiv, hatte vor einigen Jahren nach langer Pause wieder ihren Dienst begonnen. Man hatte ihr eine Dienststelle in einer Gesamtschule gegeben, die fünfundzwanzig Kilometer entfernt lag und nur über Landstraßen durch das Mittelgebirge zu erreichen war. Das hieß für sie – je nach Wetterlage – eine Fahrt von einer Dreiviertelstunde bis über eine Stunde über Hügelkuppen, durch Täler, über Serpentinen, durch enge Waldstraßen und durch einsame Gehöfte, bei Regen, Schnee, Nebel und Dunkelheit, frühmorgens wie nachmittags, ein- bis zweimal in der Woche auch abends. Sie war nie eine gute Fahrerin gewesen. Ihre Unsicherheit machte ihr angst. Die Angst trieb den Hochdruck an. Der Hochdruck verstärkte den Schwindel, all das mehrte die Angst, ließ sie nachts unruhig schlafen, verursachte Alpträume und eine bleierne Erschöpfung, wenn sie durchgeschwitzt aufwachte. Sie aß aus Verzweiflung und zunehmender Depression noch mehr als je zuvor, wurde noch unförmiger und schaffte ihr Pensum nicht mehr.

An der Schule ihres Mannes wurde eine Stelle frei. Sie bat, sie dorthin zu versetzen. Ihr Antrag wurde trotz ihrer ausführlichen Begründung und meines Attestes abschlägig beschieden. Ich rief in der Schulverwaltung an und ließ mich mit dem Dezernenten verbinden. Er hatte eine junge, forsche Stimme. Er verstand nicht, worum es der Lehrerin ging. Da könne ja jeder kommen. Das gäbe einen Präzedenzfall. Außerdem, *er* sei die Strecke auch schon mehrfach gefahren. Er habe darin nie ein Problem gesehen. Ihm sei völlig unerfindlich, warum sie das nicht auch könne.

Die Lehrerin ist inzwischen pensioniert worden. Vielleicht hätte sie noch einige Jahre länger arbeiten können.

Wehrhaft und demokratisch

Es ist ein Irrtum anzunehmen, daß sich Gewalt auf *aktive* Einflußnahme beschränkt. Der Ausspruch Stalins „Vertrauen ist gut, Kontrolle ist besser" wird von unserem Staat zunehmend beherzigt. Diese Art Gewalt ist durchaus nicht nur subtil. Kontrollmechanismen werden mit der Begründung, eine *wehrhafte Demokratie* schaffen zu müssen, derart verfeinert, daß *Big Brother* nicht länger vor der Tür steht, sondern seine Epiphanie schon stattgefunden hat. Der Begriff des „Lausch*angriffs*" bezeichnet genau das, was er ist: ein Angriff auf die verfassungsmäßigen Rechte. Lange vor dieser Diskussion hat der Staat sich schon in aller Stille umfassend bedient.

Die Verhältnismäßigkeit scheint absolut nicht gewahrt. Die Gefährdung der Gesellschaft besteht primär nicht in der Groß- und Bandenkriminalität, sondern in der zunehmenden *Korruption von Leitfiguren* und dem *Verlust von Sinn.*

Übrigens scheint mir eine gewaltige Diskrepanz zwischen dem Einsatz massiver Mittel bei der „Großkriminalität" und Verkehrsdelikten einerseits und der vernachlässigten Ermittlungstätigkeit bei Eigentumsdelikten bis hin zum Einbruch und Raub sowie der auffälligen Milde der Gerichte bei Totschlag und Mord andererseits zu bestehen. Es schafft mehr Befriedigung, sich gegen einen „größeren" Gegner zu beweisen. Über das „Berufsrisiko" der Urteile wird in „Fachkreisen" nur gelacht. Als Zugabe dieser Aktion erhält man einen besseren Zugriff auf die Daten aller Bürger, außer denen der Nomenklatura.

Hier werden unmerklich Normen verschoben. Leider klagt man über die Folgen, nicht über die Ursachen.

Gutachterei

Der ärztliche Gutachter hat eine Aufgabe, die ihn außerhalb des üblichen ärztlichen Auftrags des Helfens und Behandelns stellt. Er hat unbefangen und unparteiisch Tatsachen und Zusammenhänge festzustellen. Eine Vermischung beider Funktionen dient weder den Interessen des Auftraggebers noch des Begutachteten und führt häufig zu einer Verlängerung der Auseinandersetzung.

Nicht selten erhält der Neurologe und Psychiater den Auftrag zuletzt – entweder weil von den Vorgutachtern neuropsychiatrische Störungen vermutet werden oder der Betreffende einen Widerspruch gegen eine vorherige Entscheidung eingelegt hat.

In diesen Fällen hat er sich mit dem Inhalt der bereits vorliegenden Befunde und Gutachten auseinanderzusetzen, im Rahmen der eigenen Kompetenz die erhobenen Fakten und die daraus abgeleiteten Schlußfolgerungen ohne Beckmesserei nachzuprüfen.

Knopflochdenken

Ihre erste Erinnerung ist ein Zeitpunkt vier Wochen, nachdem sie von der Intensivstation auf eine Hals-Nasen-Ohren-ärztliche Station verlegt wurde.

Sie hat ein schweres Schädelhirntrauma mit einer Einblutung in das Frontalhirn und Mittelgesichtsfrakturen erlitten. Es ist zu einer Fraktur der linken Orbita, der Wand der Augenhöhle, und einer Nasenbeintrümmerfraktur gekommen. Sie hat die vier oberen Schneidezähne verloren, sich das linke Schlüsselbein und den rechten Oberarm gebrochen, die Lunge gequetscht, einen Leber- und Milzriß sowie Darmverletzungen zugezogen.

Seit diesem Ereignis sind ihre geistigen Leistungen erheblich beeinträchtigt. In der ersten Zeit erkannte sie selbst ihre Familie nicht, hatte Schwierigkeiten, sich etwas zu merken, vergaß rasch alles wieder und war psychisch äußerst instabil. Sie regte sich rasch auf und weinte viel. Auch jetzt noch ist sie sehr gestört.

Während der gesamten Zeit auf der Station wurde sie nicht einmal neuropsychiatrisch untersucht oder betreut. Eine Anschlußheilbehandlung wurde nicht beantragt. Man entließ sie nach acht Wochen mit einem Untergewicht von zweiundvierzig Kilogramm bei einhundertsechsundsiebzig Zentimetern nach Hause.

Auch zu Hause wurde sie nicht neurologisch nachuntersucht. Sie mußte sich lediglich immer wieder in der Hals-Nasen-Ohren- und in der Augenklinik vorstellen. Durch ihre Konzentrationsstörungen und die Sehminderung konnte sie keine Tätigkeit ausüben.

Erst nach einem Jahr fing sie auf Drängen ihres Chefs wieder vorsichtig an zu arbeiten, obwohl ihre Leistungen nicht einen Bruchteil der vorherigen ausmachten. Ihr Chef motiviert sie allerdings ständig damit, daß sie nicht einfach nur zu Hause herumsitzen könne. Sie konnte aber kaum noch mikroskopieren. Schon nach wenigen Präparaten bekam sie Kopfschmerzen. Ihre Fehlerquote stieg. Auch bei einfachen Buchführungstätigkeiten versagte sie. Sie führte lediglich noch Sortierungsaufgaben durch, versorgte die Ablage und ordnete Zettel weg. Selbst dies überforderte sie.

Auch als sie in die Nähe ihrer Eltern zog, erhielt sie keine spezifische Behandlung. Erst in dieser Zeit wurde das Gutachterverfahren der Berufsgenossenschaft abgeschlosssen, so daß sie rückwirkend eine Unfallrente erhielt. Erst bei einer Untersuchung während der *zweiten* Begutachtung fand man einen Schlüsselbeinbruch, obwohl der Schulterhochstand hätte ins Auge fallen müssen. Sie hat dadurch Beschwerden, ohne daß eine Korrektur noch möglich ist. Ihre Nasenatmung war stark eingeschränkt. Auf ihr massives Drängen wurde schließlich eine plastische Korrektur des Nasenbeins durchgeführt.

Gutachterlich stelle ich abschließend fest, daß die junge Frau nicht allein durch den Unfall, sondern durch die mangelhafte Untersuchung und Versorgung erhebliche Dauerschäden erlitten hat. Sekundärfolge ist eine schwere depressive Verarbeitung der Ausfallserscheinungen und der unfallbedingten Entstellungen, die das Äußere der Untersuchten völlig veränderten.

Sie ist nach alledem nicht mehr in der Lage, einer geregelten Erwerbstätigkeit nachzugehen. In dem erlernten Beruf als Zytologie-Assistentin kann sie allein infolge der Sehstörungen nicht mehr tätig sein. Daneben stellen sowohl die Störungen der Konzentrationsfähigkeit, der Gedächtnisleistungen und auch der Affektivität eine erhebliches Handicap bei der Aufnahme irgendeiner Tätigkeit auf dem allgemeinen Arbeitsmarkt dar.

Ob eine rechtzeitig eingeleitete Rehabilitation die Situation grundlegend geändert hätte, ist sehr fraglich. Die Versäumnisse von Klinik und Unfallversicherung, die zu weiteren Schäden geführt haben, sind allerdings nicht zu entschuldigen.

Scheuklappen, innenliegend

M. ist nach seinen Berichten vor zehn Jahren von der Treppe gestürzt und mit dem Hinterkopf aufgeschlagen. Er kann keine Erinnerungslücken vor oder nach dem Geschehnis berichten, war demnach auch nicht längere Zeit bewußtlos. Kurz darauf sei ihm aber übel geworden. Er habe auch erbrochen. Bei dem Sturz brach er sich das Schlüsselbein.

Mehr als ein halbes Jahr darauf habe er doppelt gesehen, auch habe das Sehvermögen auf der *nasalen* Gesichtshälfte beider Augen nachgelassen. Die augenärztliche, die stationäre neurologische und die computertomographische Untersuchung ergaben keinen Hinweis für die Entstehung dieser Sehstörungen. Die Art der Sehstörungen war einerseits eine Rarität, andererseits völlig untypisch für eine traumatische Ursache. Ein beidseitiges chronisches subdurales Hämatom ließ sich ausschließen. Die elektrophysiologische Untersuchung der Sehbahn durch die visuell evozierten Hirnpotentiale zeigte schließlich bei mehrfacher Kontrolle einen Normalbefund.

M. klagte ebenfalls über Mißempfindungen und Schmerzen in der rechten Körperhälfte. Diese konnte man teilweise durch eine leichte Nervenirritation durch den Schlüsselbeinbruch und eine Lumbago erklären, beides ohne eine manifeste Schädigung der Nervenfasern.

Die bisherigen Gutachter, ein Orthopäde und ein Nervenarzt, hielten Herrn M. daher nach einem Jahr Arbeitsunfähigkeit für in der Lage, in seinem bisherigen Beruf als Verwaltungsangestellter leichte bis mittelschwere Arbeiten zu verrichten. Er blieb arbeitslos.

Sechs Jahre später kam er zu einer beruflichen Rehabilitation über das Arbeitsamt in eine entsprechende Einrichtung. Hier vermerkte als erster der Arbeitstrainer, ein Pädagoge, daß die intellektuelle Leistung zwar recht gut, die Umsetzung in konkrete Arbeitsergebnisse aber durch Schmerzen und die Sehstörung stärkstens behindert sei. Auch der anschließend untersuchende Psychologe übernahm diese Beurteilung – er kam sogar zu dem Schluß, daß die Konzentration durch die Schmerzen behindert sei. Die Arbeitsmedizinerin, die den körperlichen Befund nicht beschrieb, möglicherweise ihn auch nicht untersucht hatte, faßte die Vorbeurteilungen zusammen und teilte der Rentenversicherung mit, daß sie M. für erwerbsunfähig halte. Er erhielt endlich die erwünschte Erwerbsunfähigkeitsrente.

M. soll von mir nachbegutachtet werden. Er kommt mit lockerem Schritt in das Sprechzimmer, kann sich völlig frei bewegen. Er dreht seinen Kopf frei, hat volle Kraft und ein normales Gefühl in beiden Armen, beugt sich, bis er mit den Fingerspitzen den Boden berührt, sitzt über eine Stunde ruhig auf seinem Stuhl, ohne eine andere Position einzunehmen oder aufzustehen, wie es Rückenleidende zu tun pflegen. Er kann seine Fragebögen problemlos ausfüllen. Auch diesmal sind die elektrophysiologischen Untersuchungen der Sehbahn regelrecht.

Ich halte den Mann für einen Simulanten und verstehe die Kollegin nicht, die ohne eigene Urteilsfindung ihn wegen vorgeblich unfallbedingter Schäden erwerbsunfähig geschrieben hat. Ich stelle mir die Frage, wer von den vier Beteiligten eine Gesichtsfeldeinschränkung gehabt hat.

Kausalität

Vor ungefähr acht Jahren sei das Geschäft ihres Bruders, in dem sie angestellt gewesen sei, in Konkurs gegangen. In dieser Zeit sei sie nervlich völlig durcheinander gewesen und habe vermehrt Alkohol getrunken, wenn sie sich aufgeregt habe.

Nach zwei Gläsern Bier und einem Glas Weinbrand habe sie sich für einige Zeit etwas ruhiger gefühlt. In der Zeit danach habe sie häufiger, zumeist am Wochenende, ein Glas Wein zum Mittagessen und ein bis zwei Gläser Bier zum Abendbrot zu sich genommen. Sie habe nie Entzugserscheinungen gehabt. Als sie einmal in der Firma zum Mittagessen eine Flasche Bier getrunken habe, habe man ihre Gangstörungen auf Alkoholgenuß zurückgeführt.

Vor fünf Jahren habe man sie daraufhin zu einem Neurologen geschickt, der ein Heilverfahren in einer Suchtklinik empfohlen habe. Sie selber habe ein allgemeines Heilverfahren gewollt. Es sei daraufhin nichts in dieser Richtung geschehen.

Jetzt habe sie der Arbeitgeber aufgrund der Beurteilung des Betriebsarztes dazu gedrängt, einen Rentenantrag zu stellen. Die Anlage zum Antrag mit den persönlichen Angaben sei sogar von einer Verwaltungsangestellten des Betriebs ausgefüllt worden. Sie selber würde lieber weiterarbeiten, sehe auch gar keine Schwierigkeiten darin. Sie könne sich nicht vorstellen, daß ihre Leistungsfähigkeit im Betrieb abgenommen habe, daß sie ihre Tätigkeit nicht mehr ausrichten könne.

Auffällig war die Diskrepanz zwischen ihren Angaben einer relativ mäßigen Trinkmenge, die von den Angehörigen bestätigt wurden, und den neurologischen Erscheinungen.

Der einmal aufgesuchte Nervenarzt hatte, seinem Bericht zufolge, nur eine „orientierende neurologische Untersuchung" durchgeführt und ein „vegetatives Entgleisungssyndrom" und eine alkoholtoxische Polyneuropathie angenommen. Erst später wurde sie in einer neurologischen Klinik untersucht, wo man unter anderem eine „Dysmetrie und eine Dysdiadochokinese beidseits" sowie einen „deutlich ataktischen Gang mit positivem Romberg" sah. Die Computertomographie des Hirns ergab eine das altersübliche Maß deutlich überschreitende, mehr kortikale als subkortikale Hirnatrophie. Eine Kernspintomographie oder eine Untersuchung des zerebrospinalen Liquors unterblieb. Eine endgültige Diagnose wurde nicht gestellt. Hinsichtlich des zuvor vermuteten Alkoholmißbrauchs kam man allerdings zu dem Schluß: „Eine manifeste Alkoholabhängigkeit konnte von uns zur Zeit nicht nachvollzogen werden. Die Patientin bot keine Entzugssymptomatik ..."

Die Untersuchte hatte auf Drängen ihres Arbeitgebers, der wohl deutliche Mängel in ihrer Arbeitsleistung sah, die ihr selbst nicht bewußt geworden waren, einen Rentenantrag gestellt. Als allseits, nicht aber von Frau A. akzeptiertes Erklärungsmodell für die Ausfälle war ein Alkoholmißbrauch angenommen worden; auch die bisherigen Untersuchungen waren mit dieser vorgefaßten Meinung unternommen worden.

In der Tat hatte Frau A. auch längere Zeit heftig getrunken, was sie auch durchaus zugab. Ausgesprochen leichtgradige Veränderungen der Leberenzyme während einer erst kurz zuvor durchgeführten stationären internistischen Behandlung konnten darauf zurückgeführt werden, wie vielleicht auch die vegetativen Störungen bei der früheren neurologisch-psychiatrischen Untersuchung. Eine andere Ursache wie eine ängstliche Erwartungshaltung bei einer Frau, die erstmals einem Nervenarzt vorgestellt („vorgeführt") wird, war ebenfalls denkbar. Die Überforderung im Betrieb bei einer krankheitsbedingt eingeschränkten Leistungsbreite konnte ein Motiv zu einem Erleichterungstrinken sein.

Die gutachterliche Untersuchung ergab eine deutliche hirnorganisch vermittelte psychische und intellektuelle Einbuße sowie eindeutige neurologische Störungen. Hierbei handelte es nicht allein um motorische Ausfälle wie eine Ataxie, sondern auch um Störungen des Pyramidenbahn-, des Gleichgewichts- und des optischen Systems.

Dieser Befund paßte nicht zu dem früheren Diagnosekonzept. Zu denken war unter anderem an eine fortschreitende demyelinisierende Krankheit wie eine Multiple Sklerose.

Obwohl eine weitere diagnostische Abklärung durch Kernspintomographie und Liquordiagnostik unbedingt geboten war, hätten diese Ergebnisse keinen Einfluß auf die Beurteilung der Erwerbsfähigkeit mehr gehabt, da eine Wiederherstellung nicht zu erwarten war. Die weitere, ätiologische Abklärung verblieb den Kollegen.

Die Suchende

Auch sie kommt wegen eines abgelehnten Rentenantrages.

Sie sei innerlich unruhig und unausgeglichen, errege sich rasch und leide dann vermehrt an ihrem Tinnitus, sagt sie.

Sie berichtet, daß sie als Kind sehr ruhig, zurückgezogen und verschlossen gewesen sei und unter nächtlicher Angst gelitten habe. Im Elternhaus habe ihr die Anerkennung und Liebe gefehlt. Sie habe sich reglementiert gefühlt. Sie sei der Meinung, daß die Mutter sie nicht gewollt habe. Im Rahmen ihrer jetzigen psychotherapeutischen Gruppensitzungen sei sie immer mehr zu dieser Auffassung gekommen und lerne allmählich, diese Haltung der Mutter nachträglich zu verstehen. Im Kreis von Altersgenossen hingegen habe sie durch ihre erbrachten Leistungen durchaus eine anerkannte Stellung gehabt.

Schon in der Schule habe sie immer unter den Besten sein wollen; auch später in ihrem Berufsleben habe sie sich abgemüht. Es sei für sie leichter gewesen, die Arbeit als das Leben zu genießen. Auch heute habe sie noch Schwierigkeiten, etwas für sich selbst herauszunehmen, während ihrem Mann dieses sehr viel leichter falle. Wenn dieser sich selbst einen Urlaub nehme, fahre sie weniger aus Freude über den Urlaub mit, als vielmehr, um ihren Mann zu begleiten.

Die Untersuchung ergibt eine Hörminderung mit Tinnitus auf dem rechten Ohr als Folge eines Hörsturzes. Zuvor war bereits eine Tympanoplastik, eine Mittelohroperation, durchgeführt worden. Sonst ist sie körperlich gesund. Die Behinderung durch die Hörstörung wurde von der Untersuchten mit einer depressiven Reaktion beantwortet, zumal sie überaus leistungsorientiert war.

Sie hatte zahlreiche Sitzungen in verschiedenen Psychotherapieverfahren hinter sich, ohne daß sich irgend etwas geändert hatte. Sie hatte an Psychotherapie- und Selbsthilfegruppen teilgenommen, an Kursen für Reki, für Rebirthing, hatte daneben auch mit erheblichen finanziellen Anstrengungen Versuche mit paramedizinischen Therapien wie Osteopathie, Chinaakupunktur und Ozontherapie unternommen.

Im wesentlichen zeigt sie ein hoch neurotisches Agieren bei ausgeprägter Persönlichkeitsproblematik mit mangelnder Genußfähigkeit und Schwierigkeiten der Selbst- und Sinnfindung. Sie hat ein negatives Selbstbild, ist selbstunsicher, unsicher auch hinsichtlich der Dauer und Konstanz der Zuwendung der Bezugspersonen und versuchte daher ständig, sich der Umwelt und sich selbst gegenüber als kompetent und wertvoll zu beweisen. Auch diese Versuche sind in der Selbstschau frustran und unterlagen daher einem Wiederholungszwang. Watzlawik bezeichnet das als „Mehr desselben", ein wiederholtes gleichartiges Handeln ohne letztliche Aussicht auf Erfolg. Somit überforderte sie sich auch hier ständig selbst, nachdem sie Gleiches zuvor im Beruf, in der Ehe und privaten Beziehungen, und durch die Übernahme von Verantwortlichkeiten im sozialen Leben wie Damenklubs und Schulförderverein getan hatte.

Sie war ständig auf der Suche nach effizienten Methoden der Selbstfindung- und -erklärung. Ihr Leben konnte sie dadurch nicht besser bewältigen. Sie fand für alles eine Erklärung, was sie als Ablehnung erlebte, und meinte, es verstehen und entschuldigen zu müssen. Letztendlich zog sie sich damit aus der Realität zurück.

Ich sehe keine psychische Störung, die sie in ihrer Erwerbsfähigkeit beeinträchtigt hätte. Trotzdem empfehle ich dringend eine sachgerechte psychotherapeutische Behandlung, da sie die Tendenz hat, sich medizinischem und psychologischem Kurpfuschertum auszuliefern. Aus neuropsychiatrischer Sicht halte ich sie in ihrem bisherigen Beruf als Buchhalterin für vollschichtig belastbar. Alle weiteren Tätigkeiten, die keine besonderen Anforderungen an das Hörvermögen stellen, sind ebenfalls zuzumuten.

Der Zweck heiligt die Mittel

Ich habe die Vorgeschichte schon im ersten Band (*Durcheinander*) erzählt.

Im Auftrag der Kindesmutter sollte ich das Sachverständigengutachten durchsehen und bewerten.

In diesem Gutachten ließen sich aufgrund erheblicher Unterschiede in Länge und Abstraktionsgrad der Einzelabschnitte Mängel in der Ausgewogenheit unterstellen. Es fehlten eindeutige Abgrenzungen zwischen Beobachtung und Bewertung, Kalenderdaten und Beschreibungen des Settings, Quellenangaben für Einzelbefunde, so daß die Datenbasis nicht nachkontrollierbar war. Die formalen Kriterien eines wissenschaftlich begründeten Gutachtens wurden nicht erfüllt.

Daneben wurden nicht sachdienliche, das Persönlichkeitsprofil verzerrende biographische Einzeldaten der Kindesmutter breit dargestellt, während entsprechende Daten für den Vater völlig fehlten.

Die für die Kinder kritische Zeit nach der Trennung des Paars, in der der Vater seine Unterhaltspflichten verletzte, wurde ausgelassen.

Die konkrete Erziehungssituation bei der Mutter wurde auffällig problematisiert und verzerrt, wobei offen blieb, woher der Gutachter seine Kenntnisse bezogen hatte, während die Angaben über den Vater wie seine Zitate, unkritisch, fast euphemistisch wirken. Trotzdem wurde beiden Elternteilen die Erziehungsfähigkeit (für die Mutter sogar „ohne Wenn und Aber") zugesprochen.

Die Frage nach der Motivation des Kindesvaters, das alleinige Sorgerecht anzustreben, wurde nicht gestellt. Neben der Sorge um das Kindeswohl ist in jedem Fall der wirtschaftliche Aspekt durch Entlastung von Transferleistungen an die hauptsächlich die Kinder versorgende Person (hier die Mutter) zu bedenken. In derartigen Fällen wird das Sorgerecht häufig als Kampfmittel instrumentalisiert.

Der Kindeswille wurde völlig außer acht gelassen. In den Empfehlungen wurde ohne nähere Begründung gesagt, daß „aus den Artikulationen der Kinder als Ausdruck des Kindeswillens ... keine relevanten Hinweise für eine zukünftige Sorgerechtsregelung abgeleitet werden" könnten.

Aus der Situation eines neutralen Gutachters nicht erklärlich war das dem Gutachten beigelegte Schreiben des Hauptgutachters. Hier wurde der Kindesmutter ohne nähere Begründung unterstellt, sie werde die Übergabe ihrer Kinder vereiteln, wobei sie ihre (vereinzelten) internationalen Bekanntschaften nützen könnte, mit ihnen „unterzutauchen". Der Gutachter empfahl sogar anzuordnen, die Kinder nach einem Besuchskontakt mit dem Vater nicht mehr zurückkehren zu lassen, damit eine rechtliche Basis für einen förmlichen Betrug sowohl der Mutter als auch der Kinder zu schaffen. Damit verließ er seine Position vollends und wurde zur Partei in der Auseinandersetzung.

Ausgeblendet hatte er völlig, daß der Vater mit den Kindern Deutschland kurz zuvor verlassen hatte.

Dem Anwalt der Mutter riet ich, das Gutachten wegen mangelnder Wissenschaftlichkeit und des Verdachts der Parteilichkeit des Gutachters abzulehnen und gegen den Bescheid, der *nach* der erfolgten Hinterziehung der Kinder zugestellt wurde, Beschwerde beim zuständigen Landgericht einzulegen.

Denken ist Glücksache

Mit Gutachten ist es wie mit der Liebe: Die Bezahlung verändert die Sicht. Diese Volksweisheit mag der Anwalt im Sinn gehabt haben, der seinen Klienten zur Begutachtung schickte. Der aber dachte daran, Geld zu sparen, und legte seine Versicherungskarte vor, um begutachtet zu werden. Er dachte, daß der Staat dafür zahlen müsse, wenn er ihm den Führerschein abnehme. Beide dachten, daß der Zweck der Begutachtung der sei, daß er sich wieder ans Steuer setze.

Er war morgens auf einem kurzen geraden Abschnitt einer im Übrigen kurvigen Landstraße auf eine gegenüberliegende Felswand geprallt. Nachdem die Polizisten ihn hatten pusten lassen, war die „Pappe" nicht mehr in seinem Besitz.

Er schaute mich mürrisch an, als ich ihm erklärte, daß ich ohne die Akte des Straßenverkehrsamtes nichts tun könne.

Die Akte kam und damit der Unfallbericht. Er war auf völlig freier Straße in einem Winkel von siebzig Grad gegen den Felsen gefahren. An dem Wagen war ein Totalschaden entstanden. *Einskommasechs* Promille hatte er um halb neun Uhr morgens gehabt. Nur ein bis zwei Gläser Bier habe er abends getrunken, hatte er mir gegenüber behauptet.

Als er wieder kam und begutachtet werden wollte, gab ich den Auftrag zurück. Es sei billiger für ihn, wenn ich das Gutachten nicht erstatte. Es spräche *gegen* ihn, erklärte ich ihm. Die leichte Fahne am Vormittag, das Gesicht und die Wesensart sagten alles: Zwei bis drei Bier *morgens*, das könnte stimmen – im Tagesverlauf waren es sicher mehr.

Der Anwalt rief am nächsten Tag an und wollte mir klar machen, daß ich verpflichtet sei, das Gutachten zu erstatten, da sein Klient seinem Beruf nicht mehr nachgehen könne. Der Spruch Nathans des Weisen ging mir durch den Kopf, als ich ablehnte: „Kein Mensch muss müssen".

Anfall

Er hatte einen Verkehrsunfall gehabt, bei dem er mit seinem Wagen in den Graben gefahren war. Er hatte sich Prellungen im Mittelgesicht zugezogen. Bei der Vernehmung wirkte er auf die Polizeibeamten verstört und konnte keine klaren Auskünfte über den Hergang geben. Man durchsuchte ihn und fand in seinen Taschen eine Schachtel mit Antiepileptika. Als die Beamten ihn unter dem Verdacht eines Anfalls ins Krankenhaus bringen lassen wollten, widersetzte er sich.

Er war wegen hirnorganischer Anfälle in meiner Behandlung. Er wurde seither regelmäßig elektroenzephalographisch untersucht und erhielt vorbeugend krampfhemmende Medikamente. Er war bislang laborchemisch nachweisbar korrekt mit der Medikation umgegangen und hatte keine pathologischen EEG-Befunde gehabt.

Ich hatte keinen Anhalt für einen sogenannten psychomotorischen Anfall. Die Meinung des Beamten, die er in der Verkehrsunfallanzeige vertrat, hielt ich für nicht stichhaltig. Das alleinige Auffinden der antikonvulsiven Medikamente bewies keinen Anfall. So wie sich das Ereignis in dem Schreiben des Straßenverkehrsamts darstellte, könnte es sich aber durchaus um eine Affektsynkope in einer emotional höchst aufgeladenen Situation gehandelt haben. Ein Krampfanfall schien nach dem Ablauf eher unwahrscheinlich. Auch enthielt die Aufnahmeakte des Krankenhauses den Vermerk „kein sicherer Anhalt für Ereignis". Der Befund hatte weder neurologische Auffälligkeiten noch Zungenbiß oder Einnässen erkennen lassen, auch war die Bewußtseinseinschränkung nur von sehr kurzer Dauer.

Die Verstörtheit konnte durchaus eine psychische Reaktion auf den Unfall mit Gesichtsprellung sein. Was das Schwanken betraf, nahm ich vegetative Kreislaufmechanismen an. Auch darin, daß der Verunfallte sich einem Transport ins Krankenhaus anfangs widersetzte, konnte ich kein krampfspezifisches Phänomen erkennen. Die psychogene Reaktion war Folge und nicht Ursache des Unfalls. Zudem hat er in der gesamten Zeit der Behandlung vor und nach dem Unfall keine weiteren „Anfälle" mehr erlitten. Die Medikamente stellten keine Behinderung der geistigen Leistungsfähigkeit dar.

Durch das Anfallsleiden und seine Behandlung war seine Fähigkeit zum Führen eines Kraftfahrzeugs nicht eingeschränkt, wohl aber durch seinen *Alkoholmißbrauch*, von dem ich erst spät erfahren hatte. Leider hatte man den Blutalkohol nicht bestimmt. Wahrscheinlich hatte er vor der Fahrt auch nicht getrunken. Rechtlich war ihm so nichts anzuhaben. Ich hatte keinen Grund, meine Schweigepflicht zu durchbrechen, denn die Frage nach Alkoholmißbrauch wurde nicht gestellt. Seine Mutter nahm daher den Führerschein in Gewahrsam. Für einen neuen Wagen hatte er kein Geld.

Vorder-Gründliches

Seit zwei Jahren tritt immer wieder eine Abduzensparese auf, eine Lähmung des äußeren Augenmuskels mit Doppelbildern. Sie ist die Folge eines Stammhirninfarkts auf der rechten Seite. Er hat eine Lärmschwerhörigkeit links, das rechte Mittelohr ist nicht entwickelt, er hat Wirbelsäulenbeschwerden und er ist immer schon ein Sonderling gewesen.

Die Gesundheitsstörungen sind mäßig – die Hörstörung stellte bislang keine erkennbare Behinderung dar, die Lärmschwerhörigkeit links ist auch bei weiterem Fortschreiten sicherlich durch entsprechende Geräte zu korrigieren, das Wirbelsäulensyndrom ist ebenfalls nicht schwerwiegend und kann durch entsprechende Schutzbedingungen aufgefangen werden. Für die Abduzensparese dürfte Ähnliches gelten. Die Persönlichkeitsproblematik hat im Privatleben zu einem Rückzug, jedoch zu keiner geminderten Leistung im Erwerbsleben geführt. Sie wäre durchaus ambulant behandlungsfähig.

Wie schon der Vorgutachter feststellte, ist der Mann durchaus in der Lage, mittelschwere Arbeiten unter gewissen Schutzbedingungen (Vermeidung von Lärm, schwerem Heben und Tragen, Bücken oder Zwangshaltungen) vollschichtig zu verrichten. Ich halte besondere berufsfördernde Maßnahmen nicht für erforderlich, wohl aber eine ambulante Psychotherapie.

Der Bock als Gärtner

Ein junger Mann wird mir zur Begutachtung vorgestellt. Es soll eine Betreuung nach dem Betreuungsgesetz eingeleitet werden. Er ist schwachsinnig, sehr vertrauensselig, kann weder lesen noch schreiben, hat kein Zahlenverständnis, kann Mengen nicht einschätzen, kennt Münzen und Geldscheine nicht und ist somit auch in den einfachsten Belangen des Alltags auf die Gutwilligkeit anderer angewiesen.

Ich bin darüber äußerst erstaunt, daß das Gericht die Mutter zum vorläufigen Betreuer eingesetzt hat. Die Mutter ist selbst minderbegabt, an der Grenze zum Schwachsinn. Ich habe sie vor einer Reihe von Jahren untersucht, als es sich um das Sorgerecht für die Kinder handelte. Hat das Gericht bei der Anhörung das nicht gemerkt? War das Jugendamt nicht schon vorher informiert?

Ich teile dem Gericht mit, daß er infolge seiner Behinderung jetzt und in Zukunft eine Betreuung benötige. Er könne weder den Bereich der Gesundheitsfürsorge, noch den der Bestimmung des Aufenthalts oder der Wohnungs- oder Vermögensangelegenheiten für sich regeln. Die Förderungsmöglichkeiten seien ausgeschöpft, andere Hilfen würden eine Betreuung nicht entbehrlich machen. Ich weise darauf hin, daß die Mutter als Betreuerin nur eingeschränkt in Frage kommen dürfte, da sie selbst leicht geistig behindert sei. Falls sich das Gericht dennoch im Sinne des Antrags entscheiden möchte, müßte dafür gesorgt werden, daß die Defizite der Mutter im intellektuellen, kulturtechnischen und sozialen Bereich durch zusätzliche Maßnahmen ausgeglichen würden.

Recht und Ansprüche

Das Leben ist ungerecht. Im Gegensatz zu den lauten Proklamationen Interessierter sind wir nicht gleich. Wir werden es nie sein. Auch nicht vor dem Gesetz, was man uns immer glauben machen will. Auch hier gilt die Aussage von Radio Eriwan: *im Prinzip* ja. Es gibt allerdings mehr Ausnahmen als Regeln. Von dem Wissen um die Ausnahmen lebt ein ganzer Berufsstand.

Eigentlich wollen wir ja nicht gleich sein. Jeder hält Gleichheit im Sein und Haben lediglich für seinen Mindestanspruch. Mehr wäre besser. Viele wünschen sich einen dauerhaften *Rechtsanspruch auf mehr*. Manche meinen, *nichts* sei besser als *weniger*: Sie zögen lieber einen Schlußstrich, als das nicht zu erhalten, was sie beanspruchen. Sie sind da radikal.

Wenn uns unsere Umgebung keine Befriedigung gibt, ist die Gesellschaft zuständig. Sie hat mit uns solidarisch zu sein, wir nicht unbedingt mit den anderen. Wenn unsere Ansprüche nicht erfüllt werden, ist das unbillig. Es ist Lebensunbill. Dafür steht uns eine Entschädigung zu.

Immer häufiger tritt ein bestimmter Typ von Patient in den nervenärztlichen Praxen auf: Er fordert eine rasche Terminvergabe ohne Wartezeit, hält seine Termine nicht ein, drängelt sich ohne Not dazwischen, mischt das Wartezimmer mit seinen Bemerkungen über die Praxisführung auf, diskutiert endlos über häufig selbst verursachte Wartezeiten, beschimpft das Praxispersonal, zeigt eine massive Anspruchshaltung hinsichtlich der ihm gewidmeten Zeit und der verordneten Medikamente und ist davon überzeugt, daß ihm Atteste, Telefonate, eine gesundheitliche und soziale Reparaturwerkstatt sofort und zum Nulltarif zustünden. Deutsche Mitbürger und Gäste in unserem Land unterscheiden sich hierin inzwischen kaum mehr.

Dagegen steht eine fehlende Mitarbeit (*Compliance*) bei der Behandlung, gesundheitliches und soziales Risikoverhalten und das offensichtliche Streben nach einer sozialen Freistellung („Null-Bock-Mentalität") durch eine rasche Berentung.

Auf der anderen Seite sind viele Menschen nicht fähig, ihre berechtigten Anliegen durchzusetzen, haben Angst vor Behörden, vor den lauten anderen, die ihr vermeintliches Recht einfordern. Sie benötigen meine Hilfe. Viele nehmen sich zurück: „Die anderen sind noch kränker als ich." Manche trösten gar den Doktor.

Forderungen

„DGB fordert Gesundheit für alle" ein. Donnerstag, 3. April 1997, Bonn (dpa). „Er plädiert u. a. für die Fortsetzung und konsequente Erweiterung der gesetzlichen Ausgabenbeschränkung, den Ausschluß unnötiger Doppeluntersuchungen, Verhinderung bei der Verschwendung von Arzneimitteln und mehr Verhandlungsmacht für die Krankenkassen ..." Heute ist nicht mehr der *erste* April.

„Gesundheit für alle" fordert der Deutsche Gewerkschaftsbund. Was meint er damit? Wirklich Gesundheit im Sinne eines körperlichen und geistig-seelischen, gar sozialen Wohlbefindens als gesellschaftlichen Anspruch? Wie die Weltgesundheitsorganisation es sich so denkt, ohne wirklich *nach*gedacht zu haben? Ohne eigenes Dazutun durch gesundheitsbewußtes Verhalten? Oder maximale medizinische Versorgung ohne Rücksicht auf die gesamtgesellschaftlichen Kosten? Oder maximale medizinische Versorgung, ohne dafür als Einzelner oder Gesellschaft zahlen zu müssen? Oder auf Kosten der „Leistungserbringer", die ja mit der Erbringung dieser Leistungen bisher die Gesellschaft erpreßt hätten und jetzt dafür als Gesellschaftssklaven dienen müßten?

Fiction-Sellers

Illusionskunst ist en vogue. Künstler wie David Copperfield finden ein begeistertes Publikum, Illusionisten der Gesundheit ebenfalls. Ein Unterschied besteht jedoch. Bei David Copperfield weiß jedermann um den Betrug der Sinne und macht sich einen Sport daraus, dahinterzusehen. Was die Gesundheit betrifft, so möchte man nur allzu gern dem Scharlatan aufsitzen, sei er ein Künstler der Propaganda, der Methode oder der Organisation. Deren Botschaft ist: *Die Gesundheit ist das Normale*. Sie steht dir zu! Du aber bist zu nichts verpflichtet.

Krankheit macht angst, denn sie bedeutet, daß ich nicht über mich verfügen kann. Selbstverfügbarkeit ist für viele der Kern ihrer Existenz. Glaube aber versetzt Berge. Er saugt begierig Nachrichten auf, die das Unglaubliche scheinbar bestätigen, Wirklichkeit und Schein, Wahres und Versprechungen, Wissen und Meinungen. Im Gegensatz zu unserer sonstigen Wahrnehmung, in der wir Negatives selektieren (Schlagen Sie nur eine Zeitung auf), um Gefahren zu entgehen, engen wir uns hier auf die Hoffnung ein, auch wenn sie unbegründet ist. Ohne Hoffnung, so haben wir uns entschieden, ist kein Sinn. So wird Illusionismus zum Sinnstifter. Manche lehrt er den Weg, den Sinn in der Krankheit zu finden und macht sie zu einer dauerhaften Institution. Diese Erkenntnis kommt häufig nie oder zu spät.

Das haben die Illusionisten erkannt. Sie leben nicht schlecht damit.

Ratio

Rationierung kommt von *ratio* – Verstand. Das Solidarsystem der Gesetzlichen Krankenversicherung ist bei steigenden Anforderungen nicht mehr zu finanzieren. Auch wenn anders behauptet wird, unser *Verstand* sagt uns, daß es nicht so weitergeht.

Rationierung ist längst Realität. Der Übergang vom Überfluß zu der Rationalisierung war anfangs schleichend, kaum merklich. Inzwischen sind wir in der Rationierung. Die Reserven dieses Systems sind aufgebraucht. Die Politik hält irrational am Verleugnen des Problems fest und sucht Schuldige, die sich aber wie die Räumkommandos von Tschernobyl als Nothelfer opfern sollen.

Der ethische Konsens, daß wir alle, unabhängig von Herkunft, Besitz und Alter, in unseren gesundheitlichen Bedürfnissen gleich sind und jedem *optimale* Versorgung zusteht, war zu keiner Zeit gesetzlich festgeschrieben. Das Gegenteil war der Fall. Trotzdem merken wir erst jetzt, wo Alten und Behinderten, Schwerst- und Bagatellkranken eine Behandlung verweigert oder eine schlechtere zuteil wird, wohin der Zug fährt.

Wo gespart werden muß, muß entschieden werden, wer etwas, wer weniger und wer nichts erhält. Die Katastrophenmedizin kennt diese Auswahl, diese Triage, schon immer. Wer kann von den Möglichkeiten, die zur Verfügung stehen, am ehesten profitieren? Die Humanität steht in der Zerreißprobe.

Wo gespart werden muß, ist Eigenvorsorge erforderlich. Die allumfassende Staatsfürsorge reicht nicht. Sie war der falsche Weg, auch wenn es anfangs nicht so schien. Sie verhinderte gesundheitliche Eigenverantwortung und die eigene soziale Absicherung. Sie förderte die Vollkasko-Mentalität, nicht die Moral.

Vergleich

In einem Vergleich der Gesundheitskosten der entwickelten Staaten steht Deutschland hoch oben in der Statistik an vierter Stelle in der Welt und an dritter in Europa, nach Frankreich und der Schweiz. Von Jahr zu Jahr ändert sich das Ranking ein wenig. England und Schweden werden uns immer wieder als Musterländer vorgeführt. Klar: Dort gibt es nach fünfundsechzig Lebensjahren keine Hüftgelenksendoprothesen mehr, und an Psychotherapie bei Demenzen auf Kosten der Gemeinschaft ist im öffentlichen Gesundheitssystem nicht zu denken. Ich persönlich habe in Schweden schwere diabetische Folgezustände durch monatelange Wartefristen in den Ambulanzen erlebt.

In Schweden gibt es übrigens ein kräftiges (kapitalistisches) Eintrittsgeld für den Arztbesuch und eine (sozialistische) Triage der Fälle für den Weißkittel durch die Distriktskrankenschwester. In Dänemark gehört die Psychotherapie nicht zu den Leistungen des Gesundheitssystems. In Holland müßten Sie bis zum nächsten Krankenhaus fahren, um fachärztliche Hilfe zu bekommen. In Italiens Krankenhäusern fehlt der Hotelservice, so daß Sie auf Ihre Familie angewiesen wären.

Auch in der Schweiz gibt es Rationierung: Vor kurzem wurde einem Fünfundachtzigjährigen ein sechshundertausend Franken teures blutstillendes Präparat verweigert. Ein Skandal wurde die Sparmaßnahme erst, als sich herausstellte, daß der Mann ein beliebter Politiker war.

Nur in Deutschland finden Sie eine flächendeckende ambulante Versorgung in allen Fachgebieten, und das durch die gesetzliche Krankenversicherung für Lohnnebenkosten von nur sechs Prozent.

Psychiatrieboom

Die ambulante Psychiatrie boomt, mehr noch als die Medizin allgemein.

Einerseits mag das daran liegen, daß psychisch Kranke rascher aus stationärer Behandlung entlassen werden und eine deutlich geringere Zahl als früher dauerhaft in Großkrankenhäusern kaserniert ist. Die Scheu vor dem Psychiater ist geringer geworden. Auch machen die sich immer rascher ändernden gesellschaftlichen Bedingungen wirklich krank. Auch das neurologische Fach hat einen gewaltigen Aufschwung genommen. Viele Krankheiten, die man früher nur hinnehmen und erdulden konnte, wie Parkinson-Syndrom und Multiple Sklerose, sind heute gut zu behandeln.

Andererseits kommen zunehmend Patienten, die uns Nervenärzte als private Sozialarbeiter in Anspruch nehmen. Der Doktor wird's schon richten (s. a. *„Ethik und Monetik"*). Ein nicht unerheblicher Teil ist nicht eigentlich behandlungsbedürftig, sondern kommt wegen sozialer Vorteile durch reale, vermeintliche oder vorgespiegelte Krankheiten. Zunehmend erhalte ich die Befundanforderungen des Versorgungsamtes schon, bevor ich die Patienten kennengelernt habe. Sie verlangen faktisch eine Untersuchung und eine Stellungnahme für ihre privaten Belange auf Kosten der Krankenkassen. Ich wundere mich schon eine ganze Weile, daß dies seitens der Kostenträger hingenommen wird. Hier besteht ein dringender Regelungsbedarf.

Sicherlich hat das mit den künstlich angeheizten Ansprüchen in einem vorgeblichen Rund-um-Versorgungssystem auf höchstem Niveau zu tun. Je öfter die Leute hören, daß so etwas wirklich existiere, um so fester glauben sie daran. Die Fama von dem Land der Daunenbetten und Schlaraffia-Matratzen läuft inzwischen um die Welt und treibt die Kosten des Systems und des Doktors hoch.

Machbarkeit

Vieles ist prinzipiell technisch machbar und wird von „Experten" vordergründig wohlmeinend, aber kurzschlüssig empfohlen. Gesundheitserziehung ist weniger interessant als Hochtechnologie. Sie ist auch aufwendiger für beide Seiten. Fernsehen und Presse verbreiten die neuesten Möglichkeiten. Man erlangt durch diese Art Reklame sogar das Bundesverdienstkreuz.

Immer wieder sitzen Patienten vor mir mit Zeitungsausschnitten oder erzählen von der letzten Gesundheitssendung. Die Spanne der Einstiege reicht von: „Wissen Sie schon, daß ...", bis zu: „In Deutschland ist das noch gar nicht bekannt; Sie sollten sich die Literatur kommen lassen ..." Enttäuscht sind viele, wenn ich den zumeist kalten Kaffee nicht schlucke oder die „Nebenwirkungen" der angeblich glanzvollen Novitäten aufzähle. Allerdings sind unsere Youngsters inzwischen Internet-gebildet und bringen den Doktor zum Stottern.

Mein alter Chef sagte seinen Patienten immer, die übermäßig hohe Ansprüche an die Machbarkeit im Rahmen der somatischen Medizin hegten, ob sie sich auf die Stufe eines Automobils stellten, das man immer wieder reparieren und mit Ersatzteilen versehen, aus- und umbauen könne.

Es ist ein Allgemeinplatz, daß nicht alles, was machbar ist, auch erstrebt werden sollte, und daß nicht alles, was vordergründig erstrebenswert erscheint, für den Betreffenden und sein Umfeld gut und schließlich auch finanzierbar ist.

Medizinische Eingriffe ohne sorgfältige Prüfung – sowohl der Motivation des Patienten als auch der eigenen – sind kurzschlüssiger Aktionismus. Das ist nicht anders als im dem zuvor geschilderten Fall der Iranerin („How To Be An Alien"), den man vielleicht belächeln mag, der aber die Tragik des Helfers deutlich werden läßt.

Wieviel Doktor braucht der Mensch

Je nachdem. Jener Autohersteller, der diese Textschablone entwerfen ließ, war sicher, daß kein Mensch mehr an Auto brauchte, als er anbot. Die Ansprüche sind aber unterschiedlich – auch an die medizinische Versorgung.

Diese Frage stellt sich immer dringender. Bislang war der Anspruch hoch und wurde zu einem wesentlichen Teil befriedigt. Notwendig war alles, was man dafür hielt. Die Frage der Wirtschaftlichkeit stellte sich bislang nur, wenn die Kosten vom System selbst übernommen werden mußten und nicht auf die Leistungserbringer zurückverlagert werden konnten.

Nachdem über Jahre die Forderungen stetig stiegen und technischer Fortschritt, vermehrter persönlicher Einsatz und Rationalisierung die Problematik verdeckten, stehen wir Ärzte heute an der Wand.

Seit langem besteht der Sicherstellungsauftrag für die medizinische Versorgung. Jetzt soll die Qualität der Versorgung noch besser werden. Qualitätssicherung, Zertifizierung, Approbationen und Spezialisierungen mit begrenzter Gültigkeit sollen der Pflicht zur Fortbildung massiven Nachdruck verleihen.

Wir kennen die Folgen auf der anderen Seite des Atlantiks. Spätestens in künftigen Haftungsprozessen wird sich der erhöhte Qualitätsstandard bemerkbar machen. Damit fällt der Leistungsstandard. Mehr Forderung nach Qualität bedeutet weniger Leistung. Wieviel Medizin braucht der Mensch?

Wer diese Musik bestellt hat, weigert sich, sie zu bezahlen. Diejenigen, die sie spielen sollen, sind am Ende. Sie sind in der Zange der Beschuldigungen von *mismanagement* und *malpractice*. Ihre Aufgaben werden Kliniken und Polikliniken übernehmen. Sie sind selten besser. Sie stellen aber für jeden einzelnen Fall ein Mehrfaches in Rechnung. Weniger kostet dann mehr. Wieviel Doktor braucht der Mensch dann?

Halbgott auf Abruf

„Wie können Sie als Arzt krank werden?" – eine häufig geäußerte Frage, zum Teil in ehrlicher Unschuld, zum Teil als Ausdruck des Anspruchs auf dauerhafte Versorgung.

Als ich nach fünfzehnjähriger Niederlassung das erste Mal vierzehn Tage lang wegen einer schweren Krankheit ausfalle, reagieren einige Patienten vorwurfsvoll. „Die Helferin hat mir gesagt, daß ich Sie nicht sprechen könne. Sie hat mich am Telefon warten lassen und dann erklärt, daß ich mich an einen Kollegen wenden solle. Das habe ich dann aber nicht getan. Danach waren Sie im Urlaub," meint einer. Irgendwie kann er meine Erklärung nicht verstehen:

Die Helferin hatte mich zu Hause angerufen und um Rat gefragt, weil der Patient plötzlich bewußtlos geworden war. Ich hatte eine Abklärung für dringend notwendig gehalten und daher darum gebeten, sich an meinen Vertreter zu wenden. Vierzehn Tage nach Praxisbeginn hatten wir Ostern. Erst danach war ihm die Abklärung wieder wichtig geworden.

Funktionieren

„Welchen Arzt können Sie mir jetzt empfehlen?" Nach dem Tod eines Kollegen höre ich diese Frage häufiger als einen Ausdruck der Betroffenheit. Funktionäre müssen funktionieren oder ersetzt werden.

Parat stehen

Dringender Notfall: Ein Kind erstickt! Wenige Minuten später stehe ich vor dem Haus. Ein neu gebautes Einzelhaus in guter Lage. Der Garten ist verwildert. Bauschutt liegt auf dem Grundstück.

„Kommense ma rein", werde ich begrüßt. Das Licht im Flur läßt mich die Person nur in Umrissen erkennen. Als die Tür zum Wohnzimmer aufgeht, dringt ein seltsamer Mischgeruch von Kohl, Schweißfüßen, Alkohol und Zigarettenrauch in meine Nase. Es ist ein Nebel im Zimmer, der London im letzten Jahrhundert zur Ehre gereicht hätte. Die Tapeten sind in Kopfhöhe fettig und schwarz oder nicht mehr vorhanden; kurz über der Fußbodenleiste hat sich das Kaninchen schon damit beschäftigt. Zwei große Hunde liegen auf dem Fußboden, drei Erwachsene und vier Halbwüchsige sitzen mit einem größeren Biervorrat rauchend vor dem überdimensionierten Fernseher und schauen sich ein Video an. Die anderen haben die Stereoanlage angestellt. „Mach ma leise, Ernst, der Dokter is da."

„Kuckense, das is die Kleine. Der Hausarzt wollte nich kommen." Die Frau weist auf eins der zahlreichen verschnupften kleineren Kinder und schaltet gleichzeitig den Telefonanrufbeantworter (damals ein Luxusgegenstand) auf Wiedergabe. Ich höre die Diskussion zwischen der Frau des Kollegen und der Mutter. Da es sich um eine Strecke von lediglich einem Kilometer handelt und der Arzt am Mittwochvormittag eine volle Praxis hatte, schlug sie der Mutter vor, das Kind in eine Wolldecke einzupacken und mit dem Taxi zu fahren – eine vernünftige Lösung. „Den zeige ich bei der Ärztekammer an, den Betrüger. Der soll mich ma kennenlernen." Die Kleine, die Ursache des Geschehens, hat einen banalen Schnupfen.

Woher kamen das Haus und die teuren Gegenstände? Es war eine pressewirksame Gabe des Sozialministers an eine sozial schwache, kinderreiche Familie. Der Herr des Hauses hat zwar immer schon das Geld gehabt zum Trinken und zum Qualmen, ist jetzt aber übergewichtig, leidet an Bronchitis und an einer Fettleber, hat Magengeschwüre und ist deshalb lange schon arbeitslos. Das Arbeitsamt hat ihm keinen entsprechenden Job nachweisen können.

Vorfahrt für mich

Er steht kaum in der Praxistür, als er meinen Assistentinnen zuruft: „Ich kann nicht warten. Ich bin ein *Notfall*. Mein Hausarzt hat schon angerufen."

Es ist Montag, ein normaler Chaos-Montag. Das Wartezimmer ist proppenvoll. Dreizehn Patienten, ob lange angemeldet oder nicht, sitzen schon auf allen Sesseln und Stühlen. Jeder sieht seinen Fall als dringend an. Ich habe alle Hände voll zu tun. Eine junge Frau hat gestern versucht, sich den Hals aufzuschneiden, und sich, als dies mißlang, die Pulsadern links geöffnet. Ein Mann hat einen Schlaganfall erlitten. Ein anderer hat eine Gesichtslähmung. Ein Mädchen wird mir wegen starker Kopfschmerzen von der Kinderärztin geschickt; sie ist aus der Schule nach Hause gesandt worden. Eine Frau mittleren Alters ist beim Ladendiebstahl erwischt worden und soll dem Geschäft eine „Fangprämie" zahlen. Eine alte Dame ist gestürzt.

Ein normaler Chaos-Montag, wie gesagt. Der Neue macht durch seine Reden das Wartezimmer verrückt. Immer wieder blickt er durch die Tür: „Wann bin ich endlich dran? Es ist eilig. Es duldet keinen Aufschub", und er droht mit dem Rechtsanwalt. Überweisung oder Chipkarte hat er nicht dabei. Der Hausarzt hat hier nicht angerufen.

Als ich eine Patientin aus dem Sprechzimmer begleitete, stürzt er auf mich zu. „Es ist dringend, Herr Doktor. Ich habe eine Impotenz. Sie sind doch Urologe, nicht wahr?"

Ich erkläre ihm, daß ich kein Urologe sei. Mein Fachgebiet ist ihm nicht interessant. Vielleicht ist es ihm auch zu dicht an der Wahrheit. Ich zeige ihm den Weg zu dem Kollegen, von dem mich nur das „*Ne*" trennt.

Atteste

„Herr Doktor, ich brauche ein Attest." Ein Attest für das Ordnungsamt wegen des Parkens, weil vom Versorgungsamt keine außergewöhnliche Gehbehinderung anerkannt wurde; ein Attest für den Arbeitgeber, weil er an seinem Arbeitsplatz nicht zurechtkommt, sich mit seinen Kollegen nicht versteht, vom Vorarbeiter drangsaliert wird; ein Attest für das Arbeitsamt, daß er keine Sperrfrist erhält, da die vorherige Stelle nicht zumutbar gewesen sei, so daß er gezwungen gewesen sei zu kündigen; für die Polizei, daß sie psychisch krank und der Ladendiebstahl daher eine Fehlleistung und kein kriminelles Delikt sei; für das Sozialamt, daß die Wohnung unbewohnbar sei; ein Schreiben an das Versorgungsamt, die Rentenversicherung, das Sozialgericht; für die Schule, daß das Kind ... Eine schier endlose Liste von Adressaten, Forderungen und Begründungen.

Alles zum Sozialpreis – kostenlos. Die Kasse bezahlt das doch?! Die hustet mir was!

Mißbrauch

Ich werde zu einem dringenden Hausbesuch gebeten. Der Termin ist mit meinen Helferinnen vereinbart worden. Die alte Dame ist im Krankenhaus gewesen und soll transportunfähig sein. Ich habe die Patientin seit einem Dreivierteljahr nicht mehr gesehen.

Als ich in dem Haus erscheine, werde ich von der Nichte kurz zu ihr hereingebeten. Unterstützt von ihrem Mann erklärt sie mir, daß ihre Tante nicht mehr in der Wohnung verbleiben könne, da sie nun inkontinent sei und gewindelt werden müsse. Sie könne sich nicht ausreichend um sie kümmern. Zudem sei die Tante gelegentlich verwirrt, wenngleich seltener als früher, und recht starrsinnig. Erst kürzlich habe man sie aus einem Altersheim wieder zurückholen müssen, wo sie zur Kurzzeitpflege gewohnt habe. Sie habe sich mit Händen und Füßen gegen einen dauerhaften Aufenthalt gewehrt. Der Medizinische Dienst habe die Schwerpflegebedürftigkeit aberkannt, da sie gut gehen könne. Man habe dagegen Widerspruch eingelegt. Das Gutachten hat sie in der Hand, ich soll dazu Stellung nehmen. Der Hausarzt benötige einen Brief, in dem ich das Gutachten widerlege.

In der Tat geht es der Tante wesentlich besser als noch im vergangenen Jahr. Sie steht plötzlich im Wohnzimmer der Nichte, weil sie mich gehört hatte. Sie ist relativ leichtfüßig aus ihrer Wohnung im ersten Stock heruntergekommen. Sie wird wieder nach oben geschickt, da man noch etwas zu bereden habe, und steigt rasch und ohne Hilfe wieder hinauf. In meinem weiteren Gespräch erfahre ich, daß sie sogar gelegentlich mit dem Gehstock das Haus verläßt und im Garten und vor dem Haus umherspaziert. Sie ist zeitlich zwar nicht sehr gut orientiert, weiß aber ungefähr Bescheid, erkennt mich wieder und weiß meinen Beruf.

Gehunfähig? Transportunfähig? Unfähig, über sich selbst und ihren Verbleib zu bestimmen? Vor diesen Karren lasse ich mich nicht spannen.

Dringender Hausbesuch? Ein Mißbrauch des Systems, der einfach toleriert wird. Wie sagte mir jemand am Mittwochnachmittag: „Gut, daß Sie kommen. Dann brauche ich morgen nicht zum Hausarzt."

Endgültige Lösung

„Ich habe einen Antrag beim Versorgungsamt gestellt ..."
?
„Ich glaube, es geht mit mir dem Ende zu ..."
?
„Nein, was das Erwerbsleben betrifft."
?
„*Man* hat bei mir eine Impotenz festgestellt."

(Ein Beamter Ende Fünfzig in der mittleren Laufbahn bei einer Verwaltungsbehörde)

Gott und der Behindertenausweis

„Ich wünschte, der liebe Gott machte, daß ich gesund werde, aber ich brauche einen Behindertenausweis. Der Hans-Heinrich hat ja mit seinem Rauchen schuld daran; er hat's nicht geglaubt, jetzt ist es passiert."

Wettbewerb

Seitdem der Ehemann wegen eines Tinnitus hier in Behandlung war, kann ich mich des Eindrucks nicht erwehren, daß es sich um einen ehelichen Wettbewerb handelt, wer denn kränker sei. Das schlägt sich auch in den Befundanforderungen des Versorgungsamts nieder. Über sie habe ich *in fünf Jahren sechzehn Schriftstücke* verfassen müssen. Drei Berichte wurden von der Rentenversicherung angefordert, vier vom Versorgungsamt. Über ihn durfte ich im Abstand von einem halben Jahr nur zweimal schreiben.

Sie hat jetzt für sich ein neues Beschwerdefeld entdeckt.

Mithalten

Schlafstörungen sind eine Volkskrankheit. Können Sie denn gut schlafen? Der nach Ausschluß organischer Ursachen übrigbleibende, riesige Rest von Ruhelosen würde die deutschen Nervenärzte über Jahre überfordern. Die Hausärzte wissen das und verteilen die kleinen Tabletten und Kapseln, die den alten Schlafgott Morpheus herbeizwingen.

Neuerdings dürfen diese nur noch vierzehn Tage lang ohne eine ausführlich dokumentierte Begründung verschrieben werden. Der Doktor hat die Wahl: Entweder macht er sich unbezahlte Arbeit, indem er dem Problem nachgeht und seiner Patientin erklärt, warum er nicht dauerhaft verordnen kann, oder er schreibt eine Begründung für die Verordnung oder er dealt, indem er die billigen Pillen privatärztlich rezeptiert.

Als Fachärzte versuchen wir, der Ursache beizukommen, arbeiten psychoedukativ, tiefenpsychologisch, verhaltenstherapeutisch, verordnen Antidepressiva, schicken die Leute zur Kur und erwarten ihr Scheitern.

Neben psychiatrischen Krankheiten und beruflichen Gründen für chronisch gestörte Tagesrhythmen ist es vor allem der Fun-Bereich – Fernsehen, Video, Computing, Internet-Surfen, Diskobesuch, der die Leute vierundzwanzig Stunden lang auf der Lauer liegen läßt, um keines der vielen schönen Dinge des neuen life-styles im globalen Dorf zu verpassen. Let's have a party!

Versautes Leben

Er antwortet auf die Frage, warum er komme, in einem vorwurfsvoll-demonstrativen Tonfall, er könne kaum noch sehen, die Beine kaum noch bewegen, und er fügt hinzu, dies sei „im Krankenhaus versaut" worden.

Im November ist er ins Krankenhaus gekommen, auf einer neuro-psychiatrischen Abteilung behandelt worden und nach vierzehn Tagen auf eigenen Wunsch (ein Euphemismus für: „gegen ärztlichen Rat") gegangen. Bis Oktober hat er keine Beschwerden verspürt. Im Dezember traten Schmerzen und ein taubes Gefühl in den Beinen auf, das allmählich immer höher aufstieg bis zur Rumpfmitte. Daraufhin wurde er sofort ins Krankenhaus eingewiesen. Innerhalb von zwei Tagen konnte er nicht mehr sehen. Inzwischen besteht links eine Blindheit und rechts eine Sehstärke von nur zehn Prozent.

Auch ein weniger aufmerksamer Beobachter sieht ihm sofort an, daß er seit Jahren heftig trinkt. Umständlich erklärt er, daß er zwar regelmäßig, aber mäßig und „über den Tag verteilt" getrunken habe. Es seien „nur" zwanzig Biere („Herr Doktor, nicht etwa 0,3-Liter-Flaschen, sondern 0,2-Liter Gläser") und ein halber Liter Schnaps („kein Doppelkorn, sondern nur Zweiunddreißigprozentiger") pro Tag gewesen. Seit dem Krankenhausaufenthalt trinke er nun gar nicht mehr. Entzugserscheinungen meint er nicht gehabt zu haben, lediglich Gleichgewichtsstörungen. Wieviel er denn rauche, frage ich. „Nur fünfzehn am Tag", antwortet er. Früher? „Zwei bis *vielleicht* drei Schachteln. Das ist doch nicht viel." Ich darf wie üblich zu diesen Angaben mindestens ein Drittel hinzurechnen. Es bestehen eine alkoholische Polyneuropathie und eine Tabak-Alkohol-Amblyopie.

Schon eine gute Woche nach seiner ersten Vorstellung erhalte ich eine Anfrage des Versorgungsamts. Ich bin mir sicher, daß er nur zu Dokumentationszwecken bei mir erschienen ist. Bei seiner Wiedervorstellung in der darauffolgenden Woche berichtet der Neunundzwanzigjährige, er habe jetzt auch einen Antrag auf eine Erwerbsunfähigkeitsrente eingereicht. Angeblich zahlt keine Krankenkasse seine Behandlung, was ich ihm nicht glaube, denn er ist „sozialversichert".

Er hat sich selbst „versaut" und sucht die Verantwortung hierfür zu sozialisieren und sogar noch Kapital daraus zu schlagen. Ich kann kein Mitleid empfinden. Sein Lebenskonzept ist asozial. Die Problematik wäre bei echtem Suchtverhalten differenzierter zu sehen. Trotz alledem werde ich versuchen, ihm bei seinen gesundheitlichen Schwierigkeiten zu helfen. Die Krankenkasse – so er wirklich versichert ist – zahlt (leider) den ganzen selbst verursachten Medizinkram, Gott-sei-Dank aber nicht auch noch seinen Unterhalt. Dafür ist ja das Sozialamt da.

Mich ärgert immer wieder, daß sozial engagierte und sozialistische Gruppen wie Organisationen immer noch die Ansicht vertreten, soziale und gesundheitliche Verantwortung sei vornehmlich von der Gruppe und nicht von dem Einzelnen einzufordern. *Gerechtigkeit* ist nicht allein eine Verpflichtung der Gesellschaft zur Verteilung von Gütern, sondern auch des Einzelnen, diese nicht zu vergeuden.

Umwelt

Die einundsechzigjährige Patientin kommt mit einer Überweisung zur Psychotherapie, will aber eigentlich nur Hilfe bei der Durchsetzung ihrer Ansprüche gegen die Wohnungsgesellschaft. Der Teppichfußboden habe sie krank gemacht. Er sei mit einem Kleber verlegt worden, der so stark ausgedünstet sei, daß ihre Beine völlig gefühllos geworden seien.

Vor zehn Jahren habe sie schon einmal ein derart starkes taubes Gefühl in ihren Beinen gehabt. Die Klimaanlage in ihrem Kassenraum sei schuld daran gewesen. Man habe ihr in der psychosomatischen Klinik, in der sie daraufhin behandelt worden sei, eine Erwerbsunfähigkeit attestiert. Seither sei sie Rentnerin. In der ersten Zeit danach seien die Beschwerden langsam verschwunden. Jetzt aber hätten sie stark zugenommen. Sie fühle sich krank.

Sie habe auf eigene Kosten den Fußboden herausreißen und einen neuen verlegen lassen. Der Geruch sei aber schon in die Wände eingezogen. Sie habe daher alle Wände in der Wohnung mit einer Latexfarbe überstreichen lassen. Die Wohnungsgesellschaft habe sich allerdings geweigert, irgend etwas zu den Kosten beizusteuern. Der Verwalter habe nach einer Begehung der Wohnung erklärt, daß der Geruch nach wenigen Tagen verschwinden werde. Sie habe allerdings festgestellt, daß das nicht stimmen könne.

Als sie nach einigen Monaten die Wände mit einem chlorhaltigen Reinigungsmittel abgewaschen habe (sie sei sehr reinlich), sei dadurch die Geruchssperre zerstört worden. Alles habe wieder nach dem Kleber gerochen. Ihre Beine hätten sich wieder kalt angefühlt. In ihrer Verzweiflung sei sie zu einer Heilpraktikerin gegangen. Die habe ihr vorübergehend helfen können, indem sie in langen Strichen mit den Handflächen über ihre Oberschenkel gegangen sei. Die Behandlung habe sie mehr als tausend Mark gekostet. Jetzt sei kein Geld für weitere Anwendungen da.

Ihr Hausarzt sei der Meinung, ihr Kältegefühl komme *von der Psyche*, und habe sie zu mir gesandt.

Sie war dickleibig, vor allem um die Leibesmitte herum, während die Beine vergleichsweise dünn erschienen. Das Mittelgesicht war fein geädert, die Handinnenflächen vor allem über dem Daumen- und Kleinfingerballen gerötet. Der rechte Oberbauch war druckschmerzhaft. Sie hustete ständig, hatte trockene Rasselgeräusche über beiden Lungenflügeln, ein starkes Gefäßgeräusch über den Leistenarterien, fehlende Fußpulse, weiße Zehennägel, Krampfadern, geschwollene Unterschenkel, eine dunkle Pigmentierung der Fesseln. Das Gefühl vor allem für Vibration war in den Unterschenkeln und Füßen fast aufgehoben, der Achillessehnenreflex erloschen.

Sie fragte mich ganz verwundert, woher ich denn wüßte, daß sie eine Fettleber und eine Nervenentzündung sowie eine Gefäßkrankheit habe, zuviel trinke und massiv rauche (zumal sie nicht danach roch). Sie trinke doch nicht den ganzen Tag über, allerdings fast jeden Abend. Es sei aber nur eine Flasche Rotwein. Auch rauche sie durchaus die von mir vermuteten zwanzig bis dreißig Zigaretten, huste aber erst seit wenigen Tagen. Sie habe ein schweres Leben hinter sich und benötige ihren Wein und ihre Zigaretten, um innerlich zur Ruhe zu kommen, vor allem, seitdem ihre Wohnung so stark rieche.

Ich besprach mit der Frau die Problematik. Sie kannte sie.

Niemand kann mir noch helfen

Er klagt seit zwanzig Jahren über Schmerzen im Bereich der Wirbelsäule und des rechten Beines. Er komme vorwiegend, um eine Spritze gegen die Schmerzen zu erhalten, obwohl ... Im gleichen Atemzug berichtet er, bisher habe ihm weder eine Injektion noch eine sonstige Therapiemaßnahme helfen können. Es sei schon so vieles ambulant und stationär versucht worden bis zur Kortisonbehandlung und einer Periduralanalgesie.

Eigentlich wollte er einen Orthopäden aufsuchen. Da der einen ähnlichen Namen hat, ist er bei mir gelandet. Allerdings hatte der Hausarzt ihm eine nervenärztliche Behandlung angeraten. Das geniale Unbewußte!

Ich untersuche ihn und komme zu der Auffassung, daß seine Klagen den objektiven Befund bei weitem übersteigen. Sicherlich aggraviert er. Natürlich ist seine Wirbelsäule verschlissen. Er ist aber auch massiv übergewichtig. Seine Fettsucht läßt ihn schon bei leichter Belastung keuchen. Der Leidensdruck kann meines Erachtens nicht so hoch sein. Sonst hätte er längst etwas dagegen unternommen. Den Orthopäden hat er nur in großen zeitlichen Abständen aufgesucht. Auch seine Psoriasis (Schuppenflechte) läßt er nicht behandeln, obwohl sie fast die gesamte Kopfhaut befällt und ihm dies von dermatologischer Seite mehrfach nahegelegt wurde.

Man könnte bei alledem fast den Verdacht haben, daß die Selbstfürsorge nach einer Berentung wieder zunehmen würde.

Identität

Eine junge, mit einem Deutschen verheiratete Rumänin will bei der Krankenkasse eine Geschlechtsumwandlung beantragen. Sie hat, noch in Rumänien lebend und in erster Ehe verheiratet, ihren jetzigen Mann kennengelernt, der sich dort im Urlaub befand. Sie hat sich rasch scheiden lassen, ist mit ihm bei einer seiner nächsten Reisen eine neue Ehe eingegangen und ist ein Jahr später nach Deutschland ausgereist. Schon nach einigen Wochen hat sie sich von ihm getrennt. Es war anscheinend ein langfristig angelegter Plan.

Ich gebe ihr die Adresse eines anderen Kollegen, der sich hier gutachtlich äußern soll, weil ich mich hierzu nicht frei fühle. Vielleicht solidarisiere ich mich zu sehr mit dem Genasführten?

Ein Jahr später sehe ich sie noch einmal. Sie heißt jetzt David.

Schöne Nase ...

Ein gutaussehendes neunzehnjähriges Mädchen stellt sich wegen ihrer etwas großen Nase mit einem hohen Nasenrücken bei mir vor. Sie fragt um eine Bescheinigung nach, daß ihre psychische Beeinträchtigung hierdurch allein schon Krankheitswert habe. Nur so würde die Krankenkasse die Operationskosten übernehmen.

Auf den Rat einer türkischen Freundin hat sie sich schon vor einem Jahr in der Türkei operieren lassen, weil es dort billiger war. Das Resultat war negativ. Die Nase ist jetzt eher nach seitlich geknickt, weil der Knorpel zu stark bearbeitet wurde. Sie ist völlig fixiert auf diese Nachoperation. Da ich sehe, daß sie sich nicht auf ein tiefergehendes Gespräch einlassen will, in dem sie sich ihrer eigentlichen Motive klar wird, und die Nase wirklich unserem Schönheitsideal nicht (mehr) entspricht, und sie dadurch (weiter) kränkt, händige ich ihr das Gewünschte aus.

Ein knappes Jahr später stellt sie sich erneut vor, diesmal zur Einleitung eines Psychotherapieverfahrens.

... und schöne Ohren

Die siebenunddreißigjährige Frau macht ihre gesamte Lebensproblematik an ihren geringfügig abstehenden und vom Haar gut verdeckten Ohren fest. Sie hat mehrere Partnerwechsel hinter sich gebracht, hat Schwierigkeiten, ihren Verpflichtungen als alleinerziehende Mutter nachzukommen, hatte häufige Konflikte am Arbeitsplatz, den sie schließlich verlor. Auch, daß man ihr und nicht ihrem Vorgesetzten gekündigt habe, dessen Unterschlagungen sie aufgedeckt habe, seine Protektion seitens seiner Vorgesetzten, ihre finanziellen Schwierigkeiten durch das Abrutschen in die Arbeitslosenhilfe, den langwierigen Prozeß mit dem Arbeitgeber etc. – all das steht für sie in einem linearen Zusammenhang mit ihren Segelohren.

Die Eltern hätten eine Korrektur der Ohren nicht gestattet (sie hat bis zum achtzehnten Lebensjahr zu Hause gelebt). Zwar habe sie schon zweimal einen Anlauf zu einer Korrektur genommen, diese aber nicht durchgesetzt. Die Gutachterin des Medizinischen Dienstes habe eine Operation abgelehnt, eine Mitarbeiterin der Krankenkasse habe ihr aber zugesichert, daß man sie bezahle, wenn sie ein entsprechendes psychiatrisches Attest vorlege.

Dies hieße, ich müßte wider besseres Wissen den Leidensdruck der Patientin durch ihre Deformitäten übertrieben und die Genese der Störung bewußt falsch darstellen. Eine solche Argumentation würde mich unglaubwürdig machen.

Kinderwunsch

Mir scheint, als hängten die Jugendämter die Latte für eine Adoption sehr, wenn nicht zu hoch. Auch bleibt manchen erziehungsunfähigen und -unwilligen Eltern das Sorgerecht erhalten, so daß ihre Kinder in Heimen und Pflegefamilien verbleiben. Viele junge Paare sehnen sich nach einem Kind, sehen aber wegen der praktischen Unmöglichkeit einer Adoption nur noch den Weg über medizinische Eingriffe, sich diesen Wunsch zu erfüllen.

Da auch die generativen Funktionen zum Gesundheitskonzept unserer Gesellschaft gehören, ist die Krankenkasse gehalten, diesem Wunsch nachzukommen, spätestens, wenn die betreffende Frau (warum nicht der Partner?) einen drohenden psychischen Schaden geltend machen kann, wenn sie nicht schwanger wird. Mir fällt hier immer wieder der Film „Alfredo, Alfredo" mit Dustin Hoffman ein.

Dieses Konzept ist äußerst fragwürdig. Ich frage mich bei einer derart fragilen psychischen Stabilität, wie es denn später um die Erziehungsfähigkeit bestellt ist. Dieser Lebensplan scheint doch sehr eingeengt und bedroht die freie Entwicklung des Kindes.

Übrig bleiben denn auch häufig Frauen, die nach zahlreichen frustranen Hormonbehandlungen und operativen Eingriffen wie Refertilisationsoperationen oder homologen/heterologen Inseminationen völlig verzweifelt zu mir kommen und um eine Bescheinigung über die Notwendigkeit der Behandlung nachfragen. Der normale Kindeswunsch hat sich hier nicht selten zu einem Automatismus im Sinne von „mehr desselben" (Watzlawik) entwickelt oder ist zu einer Sucht pervertiert, weil zuvor die Motive nicht bearbeitet wurden.

Kinder sollen Beziehungen stabilisieren. Eine Patientin, die nach drei Kindern zweimal abgetrieben und sich sterilisieren lassen hatte, verlangte im Alter von neununddreißig Jahren nach einem (dritten) Versuch einer Refertilisationsoperation. Sie hatte sich von ihrem ersten Mann getrennt und lebte in einer neuen Partnerschaft. Die beiden ersten Versuche hatte sie selbst finanziert.

Impotenz

Herr G., dreiundsiebzig Jahre alt, hat einen Blick, der mich unangenehm berührt. Es ist eine seltsame Mischung von Mürrisch- und Freudlosigkeit, ungerichteter Verachtung, auch etwas Lauerndes ist dabei. Sein Körper ist mager und schlaff, Haut und Haar sind grau. Zu allem Überfluß trägt er graue Kleidung. Er habe Depressionen, alles sei ihm zuwider, schon lange habe er sich nicht mehr freuen können. Alle, die mit ihm psychotherapeutisch zu arbeiten versucht hätten, seien gescheitert. Man habe ihm daher vorgeschlagen, es mit einer medikamentösen Behandlung mit Antidepressiva zu versuchen.

Ich gebe dem Wunsch nach, merke aber, daß der alte Mann ein erneutes Scheitern erwartet. Ich bin übrigens auch davon überzeugt. Er depotenziert mich von vornherein. Es ändert sich nichts.

Nach ungefähr einem Vierteljahr beklagt er sich telefonisch in seiner umständlichen Weise über seine Impotenz. Er sei nur noch zweimal in der Woche in der Lage, Verkehr zu haben. Er führt dieses auf das zuletzt verordnete Medikament zurück, das diesbezüglich viel unproblematischer ist als die vorherigen.

Sozialisierter Genuß?

Viagra als Pflichtleistung der Krankenkassen. Es geht mir nicht um die dadurch entstehenden immensen *Kosten*. Männer, die an einer Impotenz *leiden*, aus welchem Grund auch immer, leiden sicherlich. Aber es stellt sich hier besonders deutlich die Frage, wie weit die Gesellschaft verpflichtet ist, solche Defizite zu kompensieren.

Was ist Gesundheit? Ist gestörte Genußfähigkeit oder ein Mangel an Genußmöglichkeiten schon Krankheit? Wenn man der Definition der Weltgesundheitsorganisation folgt, daß Gesundheit „*völliges* körperliches, geistiges, seelisches und soziales Wohlbefinden" sei, sind wir alle krank. Dieses Ideal ist selbst mit maximalem Einsatz aller Mittel nie zu erreichen. Wohnung, Fernseher, Video und Auto gehören für die meisten Bundesbürger dazu. Die *deutsche* Rechtsprechung definiert Krankheit als regelwidrigen Körper- oder Geisteszustand, der Behandlungsbedürftigkeit oder Arbeitsunfähigkeit nach sich zieht, außerhalb einer durchschnittlichen Schwankungsbreite liegt und objektiv faßbar ist. Das sind intelligente Zirkelschlüsse. Was ist *normal*? *Wer* definiert die Normen?

So lange unsere Kostenträger Kranken dringend notwendige Hilfsmittel verweigern dürfen und die vorhandenen Gelder für Pflegeleistungen an wirklich Bedürftigen gespart werden, sind panem et circenses, Brot und Spiele, unmoralisch.

A propos Viagra: Zwei Kinokarten und eine Tüte Popcorn kosten genausoviel. So kann sich jedermann aussuchen, wie er den Abend gestaltet und steht nicht unter dem inneren Zwang, das zu nehmen, was durch Subvention der Gemeinschaft billiger ist.

Pillendeal

Um achtzehn Uhr dreißig im Notdienst der Anruf: „Meine Freundin braucht dringend die „Pille danach", mir ist das Kondom geplatzt."
„Wann?"
„Heute nacht um dreiundzwanzig Uhr."
„Warum melden Sie sich so spät?"
„Wir haben heute morgen so lange geschlafen."

Ich bin schon seit einiger Zeit nicht mehr in der Praxis, sondern zu verschiedenen Hausbesuchen unterwegs. Das Medikament (Tetragynon) wird dem ruhigen Schläfer zwischen zwei Besuchen um zwanzig Uhr vor einem Autohaus übergeben. Ich komme mir wie ein Dealer vor. Ich bin es wohl auch.

Christenverfolgung

Ein kräftiger junger Mann soll als Erntehelfer auf die Spargelfelder gehen, hat ihm das Arbeitsamt mitgeteilt. Er ist seit Jahren arbeitslos. Das sei unzumutbar, meint er. Ihm stehe das Arbeitslosengeld als Versicherungsleistung zu. Er nutze die Zeit für karitative Tätigkeiten. Diese Zumutung sei der erste Schritt auf dem Weg zur Christenverfolgung. Er sei sehr deprimiert.

Resignation

„Ich möchte gern etwas, das auf Depressionen so wirkt wie Aspirin auf Kopfschmerzen. Meine sozialen Umstände können Sie sowieso nicht ändern."

Vier – der Rand frißt die Mitte

Wir treten ein in eine Zeit vollkommener Mittel und verworrener Ziele.
(Einstein)

Wir sind etwas freigebiger, wenn es auf Kosten der Gesamtheit geht, als wir aus eigener Tasche zu sein pflegen.
(Bismarck)

Der Kranke traut nur widerwillig
dem Arzt, der's schmerzlos macht und billig.
Laßt nie den alten Grundsatz rosten:
Es muß a) wehtun, b) was kosten.
(Eugen Roth)

Ziel von Veränderungen ist es, bei einfältigen Arbeitnehmern den Irrglauben zu erzeugen, die Veränderungen seien gut für sie, indem man an ihren Abenteuergeist und Forscherdrang appelliert. Das ist so, als überrede man eine Forelle dazu, aus dem Bach zu springen, um das Abenteuer der Entgrätung zu erleben.
(Scott Adams)

Verschiebung und Verdrängung

Verschiebung und Verdrängung sind in der analytischen Fachterminologie zwei wesentliche Faktoren einer Neurose. Genau dieses – Verschiebung und Verdrängung im *konkreten* Sinn – erfolgt in unserer Sozial- und Gesundheitspolitik. Die ist zwar planwirtschaftlich orientiert, eine langfristig stabile Zielvorstellung ist jedoch schwerlich auszumachen. Richtungen und Ziele sind die Domäne von Tagespolitik. Je nach ideologischer Ausrichtung werden Fakten verdrängt, Statistiken gefälscht, falsche Ursachen benannt und unsinnige Rezepte zusammengebraut. Die staatlichen Planer als Privatpersonen sind schon in das Geschäft der Beratung von gesellschaftlichen Gruppen und Wirtschaftsverbänden eingebrochen und verkaufen als lukrative Nebentätigkeit ihre Träume, ihre Diagnosen und Pläne.

Jedes Schulkind kennt die Binsenweisheiten: Jeder Eingriff hat einen Effekt. Häufig hat er deren mehrere. Die andere Seite reagiert darauf mit Gegenaktionen. Das System gerät ins Schwingen. Es verliert die Mitte. Lange Zyklen reagieren unvorhersehbar auf kurze Eingriffe. Vernetzungen führen wie beim Dominospiel zu unvermuteten Reaktionen weitab des Sichtfeldes. Pufferzonen sind nicht eingeplant. Dieses Spiel mit Versuch und Irrtum ist bar jeder Kenntnis der Chaostheorie. Irgendwann fällt irgend jemand von der Schaukel und schlägt sich die Nase blutig.

Sicher ist vieles gut *gemeint*. Doch erscheinen manche sozial- und gesundheitspolitischen Ziele einem kritischen Betrachter nach einer Zeit nur vorgeblich. Häufiger, als man glauben mag, sind sie lediglich Blendgranaten für diejenigen, die sowieso nicht dahintersehen. Es wirkt verdienstvoll, wenn ein hehres Ziel angestrebt wird, auch wenn *andere* dafür herhalten müssen. Gelegentlich trifft man sogar unter den Opfern auf Idealisten, die diesen Mythen Glauben schenken.

Wie lautet es bei der Pharmaindustrie? Zu Risiken und Nebenwirkungen fragen Sie Ihren Arzt oder Apotheker? Das darf hier nicht geschehen, weil das den Blick auf das vorgebliche Endziel verstellen könnte. Das wirkliche Ziel aber liegt im Nimmerland. Ketzerischen Ansichten ist man immer noch durch größere Lautstärke und gezielten Schlammbewurf beigekommen. Es ist hier wie in anderen Glaubenskriegen, bei denen die Anstifter Agnostiker sind.

Maulkorb

Der Reformentwurf der Bundesregierung steht fest. Korrekturen sind nicht zu erwarten. Da startet die Kassenärztliche Bundesvereinigung eine Informationskampagne. Als Medium ist das Fernsehen ausgeschaut.

Pech gehabt. Öffent-rechtlich heißt: Ausgewogenheit. Politische Werbung ist das, und die sei verboten, befindet die innere Zensur plötzlich, nachdem die Spots bereits freigegeben sind. Die Privaten schließen sich nach einem Patzer von RTL an.

Zugegeben, die Spots sind nicht sehr klug gemacht und mehr Meinungsmache als Information. Aber kann man von jemandem Gelassenheit und Objektivität fordern, der sich an der Wand stehen sieht? Die politische Gegenseite informierte bislang ebensowenig korrekt. Schlecht gemachte Arztserien eben jener öffentlich-rechtlichen Fernsehanstalten, fern jeder Realität, sind ebenfalls meinungsbildend. Ausgewogen?

Frau Christiansen lädt den Vorsitzenden der Kassenärztlichen Bundesvereinigung drei Tage vor ihrer Talkshow aus. Nur ein Kandidat für das Präsidentenamt der Bundesärztekammer bleibt, ein SPD-Mitglied.

Die Meinungsfreiheit, deren dieses Land sich rühmt, hat es im Spiel der Meinungsmacher und -verwalter schon längst verloren.

Märchen

Jede neue Intervention im Gesundheitswesen wird mit der bekannten *Kostenexplosion* begründet. Sie hat es *zu keiner Zeit* gegeben. Der Anteil der gesetzlichen Krankenversicherung am Bruttosozialprodukt ist zwanzig Jahre lang schon derselbe: sechs Prozent. Die Kostenschere entsteht weniger durch die Unmäßigkeit der Leistungserbringer, sondern durch die gesetzliche Ausweitung des Leistungsspektrums der gesetzlichen Krankenversicherung und jetzt vor allem durch das Sinken der Lohnquote und Dauerarbeitslosigkeit. Hier macht sich die Bindung der Krankenversicherung an die Lohnquote negativ bemerkbar. Sowohl dieser grundsätzliche Strickfehler als auch die Auslöser für die Bredouille sind an anderer Stelle zu reklamieren.

Fortschritt

Die Medizin nimmt ihren Fortschritt. Als ich vor meinem Studium als Krankenpfleger arbeitete, sah ich Menschen an der Urämie sterben, weil in unserem Bundesland nur zwei künstliche Nieren standen. Bei Hirngefäßprozessen habe ich meinem Oberarzt und späteren Chef noch bei direkte Karotisangiographien assistiert, bei denen das Kontrastmittel über direkt in die Halsschlagadern gestochene Nadeln verabreicht wurde. Es gab nur eine knappe Handvoll von Antiepileptika. Die Epilepsiechirurgie war ein zu grobes Werkzeug, als daß man sie in Erwägung zog. Ich kenne aus meiner Studienzeit Ärzte, die sich das Leben nahmen, als ihnen gesagt worden war, daß sie an einem Parkinson-Syndrom litten. Gegen die Multiple Sklerose, die Amyotrophe Lateralsklerose, an der man langsam erstickt, und andere schreckliche und widerliche Krankheiten hatte man nichts in der Hand. Kernspintomographie- oder gar Kernspinangiographieanlagen wurden installiert, nachdem ich schon lange niedergelassen war. Die ersten Computertomographien habe ich 1976 veranlaßt. Ein einziges Gerät stand in unserer großen Universitätsstadt. Das erste Dopplersonographiegerät in unserer Klinik habe ich – voller Ehrfurcht – 1977 anfassen dürfen.

Als ich mich vor sechzehn Jahren niederließ, hatten niedergelassene Neurologen erst seit wenigen Jahren ein EEG-Gerät, nur wenige konnten ambulant eine Elektroneurographie oder eine Elektromyographie durchführen. Die Schmerzbehandlung befand sich in den Kinderschuhen. Ich durfte an einem Zentrum arbeiten, das Elektroden auf das Rückenmark schob, um durch Stimulation den Schmerz zu lindern. Implantierte Dosierpumpen zur Verabreichung von Morphin existierten wohl in unserer Phantasie, aber noch nicht in der Wirklichkeit.

Es ist nicht nur die Hygiene, die die Lebenserwartung steigen ließ. Der Komfort und die Qualität der Medizin, auch die Lebensqualität haben sicherlich mit der besseren Technik zu tun. Ein Mensch, dem man die Hüftgelenksendoprothese vorenthält, stirbt nicht daran. Die Technik ist nicht daran schuld, wenn wir das Erreichte auf der anderen Seite durch eigene Dummheit wieder vergeuden. Es ist Zechprellerei, wenn wir für erhaltene Leistung nicht zahlen wollen, und Scheinheiligkeit, wenn wir, Meister im Weltreisen, dies mit der Naturfeindlichkeit der Technik begründen.

Zusammenhänge

„Unserer Gesellschaft geht die Arbeit aus." Jeder, der hinsieht, bemerkt einen sich immer mehr beschleunigenden Umstrukturierungsvorgang. Lohnabhängige Arbeit, vor allem Industriearbeit, wird immer weniger. Immer mehr Industriearbeiter und zunehmend Angestellte werden „freigesetzt". Personalengpässe werden durch Überstunden ausgeglichen. Seit langem weiß man, daß nicht der fehlende Besitz von Kapital unser Problem darstellt, sondern der fehlende Besitz von Arbeit.

Viele, die keine Arbeit mehr besitzen, leiden darunter. Sie sind deprimiert, gar depressiv, werden ihren Partnern, ihrer Familie und ihren Freunden unleidlich und ziehen sich in ihr Schneckenhaus zurück, um nicht wieder daraus aufzutauchen. Einige sind gute Kunden der Nervenärzte und der Pharmazie. Viele streben diesen Zustand aber an. Die letzten drei oder vier Jahre vor der Altersrente sind der Austragungsort einer besonderen Olympiade. Wer es mit systematischer Vorarbeit, zum Beispiel durch einen häufigen längeren Krankenstand, erreicht, eine Abmahnung zu erhalten, ist gut dran. Ermahnungen, Abmahnungen, Schwierigkeiten mit den Mitarbeitern, die die ungetane Arbeit übernehmen müssen, Versetzungen auf eine für den Arbeitgeber unkritische Stelle sind ein Beweis für ein schlechtes Betriebsklima, gar für Mobbing. Mobbing macht krank. Ein etwas mehr an Fehltagen bringt die ersehnte Freiheit. Nach spätestens achtzehn Monaten ist Schluß mit dem Krankengeld und die Arbeitslosigkeit beginnt. Mit achtundfünfzig ist man nicht vermittelbar. Da muß die Stimmung sinken. Die Rente fest im Blick, das Entgelt des Nebenjobs in der Tasche, ist dieser Zustand für manchen gut erträglich. Auch für diese Jobs verlangen einige jetzt keck „Arbeitsunfähigkeitsbescheinigungen". Der Schritt ist draußen auf der Straße viel beschwingter als eben noch in der Praxis. Ein guter Doktor hält sein Klientel bei Laune.

Um eine Umverteilung komme man nicht herum, sagt der Autokanzler. Er meint Einkommen und Besitz (Andere vor ihm hatten das auf Arbeit bezogen). Das ist aus seiner Sicht verständlich. Wenn ich das Geld schon nicht von den Multis bekomme, die sich ihrer minimalen Steuerlast rühmen und ihre Produktion ins Ausland verlegen, auch nicht von der Oberschicht, die ihren Hauptwohnsitz und ihre Konten im Steuerausland besitzt, auch nicht von den Geringverdienern, hole ich es mir aus der Mitte des Sacks, in die ich am besten hinein sehen und greifen kann. Hier habe ich die Mittel, die Rente mit sechzig, die Fünfunddreißig-Stunden-Woche und andere Segnungen zu finanzieren. Hier wird aber Arbeit hergestellt – entweder die eigene oder die der Mitarbeiter. Verfüttere ich die Saatkartoffeln, habe ich das nächste Jahr keine Ernte, Herr Kanzler.

Gleicher Lohn für gleiche Arbeit ist eine alte Parole. Sie mag für abhängige Arbeit gelten, die zwei Jahrhunderte unsere Gesellschaften dominierte. Wer mißt aber den Wert selbständiger Arbeit? Für einen Handwerker geht das noch an. Wer setzt das Entgelt für geistige Arbeit fest? Ist sie in Stückkosten, in Zeiteinheiten, in Mehrertrag des Kunden zu messen? Ärztliche Leistung zum Beispiel wird in Stückkosten gemessen, denen Zeiteinheiten zugrunde gelegt werden, über deren Maß für den Leistungserbringer eine Informationssperre besteht. Das Entgelt für die einzelne Leistung variiert vierteljährlich in der Höhe einer zehnjährigen Inflationsrate oder wird ab einer gewissen Anzahl verweigert. Der Schnitt findet somit auf verschiedenen Ebenen statt. Das wirtschaftliche Risiko bleibt dem ärztlichen „Unternehmer". Der Mehrertrag des Kunden, die Gesundheit, ist anscheinend kein Wert.

Selbständige fahren große Autos, lautet die Neidparole, sie haben große Häuser und jetten in der Welt umher. Die Stunden, die sie mit ihrer Tätigkeit zubringen, dienen dazu, Geld zusammenzuraffen. Sie sind selber schuld. Daß ein wesentlicher Teil der Arbeitsstunden eines Selbständigen zur Sicherung seines Arbeitsplatzes dient, Angestellte, Lieferanten, Vermieter, Versorgungsunternehmen, Berater, Fortbilder, Banken, Versicherungen und Steuer befriedigt, ist vielen unklar. Erst nach sechs Stunden Arbeit beginne ich, mein Unternehmergehalt zu verdienen.

Die jetzige Regierungspartei rekrutiert ihre Mitglieder und Wähler hauptsächlich aus Menschen, die in abhängiger Stellung tätig sind: Arbeiter, Angestellte und Beamte. Diese Partei ist davon geprägt. Sie sieht nach wie vor eine Kluft zwischen Arbeitnehmern und Selbständigen, die sie nicht überbrücken kann oder will. Etwas anderes stellen für sie Großunternehmen dar, denen sich viele ihrer Repräsentanten distanzlos anbiedern. Ihnen verkaufen sie ihre Landeskinder, wie sie weiland der Hessenfürst an England verscherbelte. Das Konstrukt einer Scheinselbständigkeit ist eine der Möglichkeiten, die Renegaten wieder in den Kreis der Abhängigen heimzuholen. Die meisten wären dann allerdings nicht wieder in einem Beschäftigungsverhältnis, sondern ohne Ansprüche an die Arbeitslosenversicherung arbeitslos, denn einige Jahre Versicherungsbeiträge nachzuzahlen, das können sich wenige Firmen leisten. Staatliche Fürsorge hilft in die Sozialfürsorge. Das ist soziale Gerechtigkeit.

Übrigens: Als Kassenarzt bin ich zu einundneunzig Prozent für den Auftraggeber Gesetzliche Krankenversicherung tätig. Vielleicht zahlt die meine Versicherungsbeiträge, wenn ich meine letzten Helferinnen entlassen habe und als Scheinselbständiger nur noch zusammen mit meiner Frau die Praxis führe? Sie darf dann gern auch ein entsprechendes BAT-Gehalt mit Überstunden übernehmen und meine Kredite für Investitionen ablösen.

Vielleicht erinnert sich aber jemand an das Kartellrecht und zerschlägt das Monopol GKV. In den USA, in denen schon Standard Oil und AT&T daran glauben mußten und das Microsoft-Imperium sein letztes Gefecht führt, wäre dies schon längst geschehen. Bei uns sind allerdings die Interessen der Politik auf der Seite der Monopolisten.

Die Arbeit geht aus? Unser politisches System vernichtet Arbeit, selbständige Arbeit. Es maßt sich die Definitionsmacht an, was Arbeit ist und wie sie ausgeübt werden soll, und stemmt sich dabei gegen die Zeit. Es wird dabei irgendwann überrollt werden. Doch dann hat unser Land den Anschluß verloren

Abhängigkeiten

„Die Ärzteschaft betreibt die Sache der Pharmaindustrie. Kleine Geschenke erhalten die Freundschaft wie auch Theaterbesuche, gute Essen, schöne Reisen und Studienhonorare. Eine hübsche Pharmaberaterin mit gekonntem Augenaufschlag tut das Übrige." Wenn es denn so einfach wäre mit den „bitteren Pillen". Die Arzneimittelkosten werden in diesem Zeitalter der Angst dadurch kaum beeinflußt.

Unsere Patienten sind die Ursache. Wenn ich sie am Leben erhalte, indem ich Zuckerkrankheit, Hochdruck, und Fettstoffwechselstörungen behandle, muß ich später etwas gegen die Krankheiten der Doctores Parkinson und Alzheimer unternehmen. Investitionen in die Behandlung verteuern die Versorgung. Es ist der Gesellschaft gleichgültig, wenn jeder selbst dafür sorgt. Wenn sie aber Lebensglück verheißt, stiehlt sie sich gern fort, wenn es um die Kosten geht. Haltet den Dieb!

Einflüsterungen

Der AOK-Bundesverband teilt schon im ersten Vierteljahr 1999 mit: „Ärzte mißbrauchen den Rezeptblock, um gegen die Reformen zu protestieren". Das sei daraus zu ersehen, daß die Ausgaben für Krankenhausbehandlungen und Medikamente *explosionsartig* gestiegen seien. Wenige Tage darauf benützt die Bundesgesundheitsministerin dieselben Worte während einer ihrer Ärzteschelten. *Die* Ärzte handelten *zielgerecht*, um die Reformen, gar das ganze System zu kippen. Wem sie wohl Glauben schenkt? Sind es Mitarbeiter, die früher in leitenden Stellungen dieser Kasse saßen?

Ich wäre unter den gegebenen Umständen dumm, bewußt mitzuhelfen unser Budget nach einem Dreivierteljahr auszuschöpfen. *Ich* müßte dafür zahlen. Interessant ist, daß sie mit Regierungsantritt die Verpflichtung der Kassen aufgehoben hatte, der Ärzteschaft die Verordnungsdaten mitzuteilen.

Die Ministerin war so tapfer, ihre Aussage später zu relativieren. Den Ärzten aber bleibt der Zugang zu den Daten verschlossen.

Was war geschehen? Ursache der sicherlich hohen Antibiotikaverordnung in jenem Zeitraum war eine Grippewelle. Der ministerielle Fachverstand sagte, daß Antibiotika gegen Viren nicht hülfen und daher unwirtschaftlich seien. Entweder seien Ärzte daher dumm oder bösartig – oder beides. Ich selbst war krank gewesen und hatte eine *bakterielle Superinfektion*, die mich zwang, Antibiotika zu nehmen. War ich damit Kamikazeflieger?

Weiteres kommt hinzu:

Schon für 1998 bestand eine Kostensteigerung von 4,8 Prozent gegenüber dem Vorjahr.

Im Gegensatz zu vielen Ländern, die im Sinne der Volksgesundheit nur geringe oder keine Steuern auf Arzneimittel erheben, behandelt die Bundesrepublik sie wie Luxusartikel: Sie unterliegen dem vollen Mehrwertsteuersatz. 1998 wurde die Mehrwertsteuer um einen Prozentpunkt angehoben, ein gutes Sechstel mehr an Steuerbelastung.

1999 hat die neue Bundesregierung beschlossen, die Zuzahlung der Patienten für Arzneimittel abzusenken und chronisch Kranke völlig davon auszunehmen. Dieses Wahlgeschenk bedeutet für die Krankenkassen einen Anstieg der Ausgaben für Medikamente um drei Prozent.

Der erwartete Spareffekt von 1,5 Milliarden durch die neuen Festbetragsregelungen und Arzneimittelrichtlinien ist bislang eine Luftbuchung geblieben. Ihre Umsetzung scheitert an Rechtsfragen. Insgesamt ist hier nach Meinung der Experten ein Ausgabenschub von einem Prozent zu erwarten.

Die Steigerung der Arzneimittelausgaben ist zu einem wesentlichen Teil Folge staatlicher Eingriffe, nicht ärztlicher Verordnungen.

Zudem waren die Preise der Medikamente gestiegen und wichtige Innovationen auf dem Markt erschienen. Erstmals waren Medikamente gegen Multiple Sklerose erhältlich, neue, nebenwirkungsarme Präparate gegen Schizophrenie und Parkinson-Krankheit, und es setzten sich die neuen Antidepressiva durch.

„Experten" behaupten, daß noch ein großes Sparpotential von zwanzig Prozent der Ausgaben bestehe, ohne daß die Qualität leide. Allgemein liegt die Quote der Generika schon bei der Hälfte der Verordnungen. Da es sich zumeist um ältere Präparate handelt, ist der Einspareffekt durch generelle Verordnung dieser Präparate nicht groß. „Nachahmer" gibt es gerade für die neuen, teuren Stoffe nicht. *Mehrkosten* entstehen durch *größere* Packungen kaum, außer die Patienten würfen sie in konzertierter Aktion auf den Müll. Bislang wurden wir wegen des Rabatteffekts und der geringeren Behandlungskosten durch seltenere Kontakte gerade zur Verordnung von Großpackungen aufgerufen.

Ich wäre dankbar, wenn Frau Fischer meiner Einladung folgte, in meiner Praxis oder der eines anderen Kollegen zu hospitieren. *Wissen* ist Macht, Ideologie Abhängigkeit.

Medizinsozialismus

Schon Julius Hackethal hatte erkannt, daß die GKV, die gesetzliche Krankenversicherung keine *Versicherung* sei, sondern nur so heiße. Sie leiste keinen Kostenersatz, sondern habe den Charakter eines Staatsunternehmens für die Sach- und Dienstleistung Gesundheitshilfe. Er vergleicht sie mit „einem Staatsunternehmen Bundesbahn, das Freifahrtscheine gegen eine Monatsgebühr anbietet, allerdings nur dritter Klasse, mit den zweifelhaften Qualitätsmerkmalen „ausreichend, zweckmäßig, wirtschaftlich", begrenzt auf das „Maß des Notwendigen" und beschränkt auf gewisse Personenzüge – all das zu unterschiedlichen Pflichtfahrpreisen für die gleiche Einheitsleistung." Kassenmedizin sei Medizinsozialismus. Dieser Paradiesvogel sei im Gegensatz zum Sozialismus des Ostblocks nur dadurch noch am Leben, daß er sein Lied: „Kranksein kostet nichts – Bedient euch – Gesundheitsfleiß ist Schwachsinn" im goldenen Käfig der Freien Marktwirtschaft zwitschere. Er sei das soziale Alibi sonst marktwirtschaftlich orientierter Politiker.

Labskaus

Ein wesentliches Problem ist zudem, daß Gesundheits- und Sozialpolitik nicht sauber voneinander abgegrenzt werden. Der begriffliche Labskaus einer *sozialen* Krankenversicherung zeigt sich auch in der konkreten Situation. Eine Krankenversicherung kann aber keine Sozialversicherung sein. Sie dient nicht dazu, soziale Ungleichheiten einzuebnen, sondern Lebenserhaltung zu finanzieren.

Wenn, wie es inzwischen eingerissen ist, Sozialpolitik mit Versichertengeldern betrieben wird, ist das eine Grenzüberschreitung. Es werden so Kosten der Medizin angerechnet, die durch demographische oder volkswirtschaftliche Veränderungen entstanden oder politisch gewollt sind.

Rangierbahnhöfe

Statistiken lügen, sagt eine Volksweisheit. Zumindest kann man sie in den Dienst der Lüge stellen. Am sichersten sind Halbwahrheiten, denn so kann man immer noch einen Irrtumsvorbehalt geltend machen. Man vergleiche am besten Statistiken aus Zeiten unterschiedlicher Bedingungen, ohne die Veränderungen zu erwähnen. Ein Vergleich von Äpfeln und Birnen.

Beim Überfliegen eines Schaubildes über das Sozialbudget aus den Jahren 1960, 1980 und 1997 in der ZEIT werde ich ärgerlich. Der Kommentar erscheint blauäugig und geht nicht auf Veränderung der politischen und demographischen Bedingungen sowie die massiven Manipulationen an diesem System ein, mit den bekannten Verschiebungen der Gelder von der einen in die andere Tasche und wieder zurück. Zudem: Wie wurde gerechnet? Gehen die Rehabilitationsausgaben der Rentenversicherungen in die Sparte Alter und Hinterbliebene oder in die Sparte Gesundheit ein? Ist die Minderung der Ausgaben für die Rehabilitation Grund für das relative Abschmelzen der Spalte für die Rentenversicherung?

Die vordergründig erschreckende Steigerung der Sozialausgaben zwischen 1980 und 1997 von 474 auf 1.256 Mia. DM ist eine Steigerung um das 2,7-fache und damit nur etwas höher als die Steigerung des Bruttosozialprodukts in der gleichen Zeit. Sie beinhaltet aber eine Vergrößerung der Population durch die Wiedervereinigung und die anderen hierdurch bedingten Kosten in der Sozialversicherung. Dreißig Prozent der Ausgaben der Rentenversicherung sind so entstanden.

Eins kann der Lieferant der Daten, das Bundesarbeitsministerium, nicht verbergen: Staat und Unternehmen ziehen sich aus ihren bisherigen Pflichten zurück und belasten zunehmend die privaten Haushalte. Man darf nur an die Pflegeversicherung erinnern, die als Wohltat für die Träger der Sozialhilfe konzipiert erscheint und deren betrügerisch erwirtschafteten Überschüsse schon rasch die Begehrlichkeit unserer Planer geweckt haben, die andere Löcher stopfen wollen.

Wenn man die Steigerung der Sozialausgaben um die massive Mehrbelastung der privaten Quellen minderte, fragt man sich, weswegen der Staat über die soziale Belastung lamentiert und wo das Geld geblieben ist, dessen Fehlen seinen Schuldenberg vermehrt. *Hier* wohl kaum.

Vertragspartner

Ich behandele Menschen, keine Krankheiten. Sie schauen erstaunt auf? Sicher, zu mir kommen Menschen, die sich unwohl oder krank fühlen, die mit ihrer Umwelt nicht zurechtkommen, die nicht „funktionieren". Es gibt viele Gründe, weswegen sie mich aufsuchen. Indem sie zu mir kommen, schließen sie mit mir einen Behandlungsvertrag. Rechtlich ist dies ein „Werkvertrag". Dies bedeutet, daß ich mich zu gewissen Leistungen verpflichte, nicht zu einem Erfolg. Ein „Privatpatient" schuldet mir dafür ein Honorar.

Ist der Patient „sozialversichert", entsteht ein Vertragssplitting. Ich schulde ihm auch hier meine Leistung. Deren Honorierung aber obliegt seiner Krankenkasse, denn es besteht ein „Sachleistungsprinzip". Ich habe mich vertraglich an das Kassenarztsystem gebunden, da mir bei über neunzig Prozent Sozialversicherter nichts anderes übrig bliebt. Deutschland ist ein Land der Bedürftigen.

Die Definitionsmacht unseres Staates hat zudem die Sorge für Volksgesundheit in den ärztlichen Auftrag eingebunden. Hier bin ich nicht für Menschen, sondern für Krankheit und Gesundheit zuständig. Diese Verpflichtung wird nicht honoriert.

Rund-um-Paket?

Wir sichern alles ab. Alle Unwägbarkeiten des Lebens übernimmt die staatliche Fürsorge: Gesetzliche Krankenversicherung, Rentenversicherung, Arbeitslosenversicherung, Berufsunfähigkeitsversicherung, Sozialhilfe, Wohn- und Kindergeld, Pflegeversicherung. Im Gegensatz zum schwedischen Modell des „folkshem", das sich als staatliches System verstand, haben wir hier großenteils Versicherungen etabliert.

Es sind Versicherungen, die allerdings zwei Besonderheiten aufweisen: Sie haben zuwenig Kapital und ihr Kleingedrucktes gilt nicht bis übermorgen. Man hatte das nicht für nötig erachtet, die Ressourcen verbraucht und das Generationenprinzip weit überstrapaziert. Für den Versicherten ist der Aufwand anfangs gleich. Nur hat er damit keinen dauerhaften Rechtsanspruch auf eine bestimmte Höhe der Zahlungen und der Versicherungsleistungen. Das Bundesaufsichtsamt für das Versicherungswesen würde einer solchen Versicherung sofort die rote Karte zeigen, wenn sie denn kommerziell wäre.

Diese schwächliche Konstruktion bedarf ständig weiterer staatlicher Einflußnahme, die auch bereitwillig gewährt wird. Von einer Tasche wird in die andere umsortiert. Staatliche Leistungsverpflichtungen werden auf neugegründete Versicherungen übertragen. Ein süchtiges Verhalten beiderseits. Irgendwie erinnert mich das Ganze an das Schneeballprinzip. Das gilt bei uns als kriminell.

Die unzureichenden Zuflüsse durch eine ungünstige Wirtschaftslage lassen für das System eine schlechte Prognose stellen. Neben Zwangsabgaben fordern die Verursacher jetzt zusätzliche private Vorsorge. *Unsolide* Finanzierung führt zum Verfall der *Solidarität*. Die Versicherten beginnen allmählich, die Probleme zu ahnen, die auf sie zukommen.

Natürlich kann eine weitere Steigerung der Leistungen nicht mehr von der Allgemeinheit getragen werden, zumal der Einzelne systembedingt nicht erkennen kann, was für Kosten er verursacht. Er hat allenfalls vage Vorstellungen davon. Daß er viel von dem wieder heraushaben möchte, was er hineingezahlt hat, ist ihm nicht zu verdenken. Daher sind neue Modelle zu fordern, die zu mehr *Kostentransparenz* führen.

Die Vorstellung, daß die Arbeitgeberanteile der Sozialbeiträge dem Einkommen zugerechnet werden sollten, scheint mir so abwegig nicht. Kein noch so kleiner Selbständiger kommt in den Genuß dieses Splittings der Sozialabgaben. Im Rahmen der europäischen Integration ist dieser Zopf aus Bismarcks und Wilhelms Zeiten auch wohl endlich fällig. Das Nettoeinkommen wird dadurch nicht geschmälert, die Transparenz jedoch gefördert.

Mut zur Lücke

Ein Onkel pflegte zu sagen: „Kinder, die was wollen, kriegen was auf die Bollen". Mein Vater spottete: „Gutes Kind sagt nix, gutes Kind kriegt nix." Ergo: Gute Mädchen kommen in den Himmel, böse überall hin. Das betrifft auch die Jungen.

Kranke „Kinder" können zumeist nichts sagen. Sie können häufig nicht *reden*. Oder sie können nicht *fordern*. In unserem psychiatrischen Fachchinesisch nennt man das eine „kaptative Hemmung". Wenn sie es dennoch tun, stören sie nur die Kreise der Planer und Macher.

Der Gilde der Knüpfer ist scheinbar entgangen, daß ihr Netz sehr ungleichmäßig ist: Neben sehr engen Maschen hat es große Teile voller Lücken und Löcher. Die Hersteller wissen angeblich nichts davon, können oder wollen es auch nicht ändern. Die Akrobaten aber haben keine Wahl; sie haben nichts anderes.

Während publikumswirksam und unaufgefordert die Pille für junge Frauen auf Rezept zu erhalten ist, kosmetische Operationen unter bestimmten Bedingungen bezahlt und selbstverschuldete Gesundheitsschäden mit Geldern der Versichertengemeinschaft kuriert werden, Eigenleistungen wieder eingezogen werden, fällt jemand hart auf den Boden zwischen den Stühlen, der im System fehlerhaft agiert. Zum Beispiel gibt keine es Chance für den, der durch eine Psychose seine Pflichtversicherung verliert, eine fehlende Krankschreibung nachzureichen und in den vorherigen Stand zurückversetzt zu werden. Auch wird eine Zeitrente erst ein halbes Jahr nach dem Bescheid gezahlt, auch wenn der Betroffene kein Krankengeld mehr erhält, keinen Anspruch auf Übergangsgeld hat und das Arbeitslosengeld gerade in diesem Augenblick entfällt, weil er dem Arbeitsmarkt nicht mehr zur Verfügung steht. Chronisch Kranke werden für die Anzahl ihrer einzelnen Verordnungen bestraft, nachdem Kombinationspräparate (aus pharmakologischen Gründen häufig zu Recht) fast völlig aus dem Markt verschwunden sind. Nur für Geringverdienende gibt es neuerdings eine Ausnahme – sie zahlen garnichts mehr und glauben, es stehe ihnen alles zu. Übrigens – die Bezeichnung Rezeptgebühr ist falsch. Es ist eine Einzelverordnungsgebühr. All diese Laufmaschen aufzuzählen, ist müßig.

Merke: Regelungen sind lückenhaft, Überregulationen auch. Starrsinniges Verharren an solchen immer engeren Spiralen ist unethisch. Wie wäre es mit Flexibilität, Sachbezogenheit, Differenziertheit? Wie wäre es mit – Deregulation?

Gefahrenhalse?

Seglern ist der Begriff der *Halse* als Gegensatz zur *Wende* bekannt. Ändern der Richtung bei achterlichem Wind ist gefährlich. Wenn das Segel nicht dicht beigeholt wird, schlägt der Baum um und fegt dich von Bord.

Das *folkshem* der Schweden, das ich bereits erwähnte, ist gescheitert und wird demontiert, obwohl es schon zu Zeiten des Überflusses mehr Aushängeschild als Realität war.

Unsere medizinische Versorgung hatte nach den gesetzlichen Vorgaben noch zu keiner Zeit optimal, sondern „ausreichend, zweckmäßig und wirtschaftlich sowie das Maß des Notwendigen nicht überschreitend" zu sein. Das entspräche einer „Vier", die ein Schüler mit minimalem Aufwand gerade noch erreicht. Nur galt das früher als „Staatsgeheimnis". Der Kassenarzt geriet in vertragsrechtliche Schwierigkeiten, wenn er das deutlich sagte; die Kassen negierten es gegenüber ihren Versicherten bei Nachfragen: „Sie erhalten *alles*, was Sie für den Erhalt Ihrer Gesundheit benötigen." Diese begrenzte Versorgung ließ einen Markt entstehen, in dem Ärzte und Kassen unter- und miteinander konkurrierten, so daß sogar in einigen Bereichen – unentgeltlich – eine Überversorgung entstand. Im Gegensatz zu den Kassen allerdings brachten die Ärzte die Mittel nur durch Selbstausbeutung auf. Durch die Verknappung der Honorare sind sie an ihre Schmerzgrenze gelangt. Eine Reihe von Leistungen kann nicht mehr erbracht werden. Schneiden tut weh.

Managed care ist das *neue* Schlagwort. Jedermann redet davon, viele aber wissen nicht, was es bedeutet. Auf unsere Weise haben wir ähnliches schon früher betrieben: *managed costs* bei *full care*. Aber den letzten Rest aus dem Topf zu kratzen, ist mühsamer, als sich den ersten Schlag zu nehmen. Das Heil kommt aus der neuen Welt, der man vor wenigen Jahren noch unser System empfohlen hatte. Es ist nur eine andere Art von Bürokratie. Wir schaffen es in unserer deutschen Effizienz mit Sicherheit, diese ebenfalls wuchern zu lassen.

Leistungskontrolle und -verweigerung, um die letzten Rationalisierungsreserven zu nutzen, sind nicht umsonst zu haben. Auf ärztlicher Seite zahlen wir selbst für unsere eigene Beschränkung. Für die Kostenträger kommt es einem Nullsummenspiel nahe.

Kurzatmig

Vor einigen Monaten ist das Gesetz zur Stärkung der Solidarität in der gesetzlichen Krankenversicherung verabschiedet worden. Es ist, als habe diese Regierung Rekorde brechen wollen. Es ist das erste Mal, daß bei einem Gesetz von derartiger Tragweite ein solches Tempo vorgelegt wurde. Es ist das erste Mal, daß man über so viele Änderungen in so kurzer Zeit beriet und abstimmte. Es ist das erste Mal, daß den Betroffenen derart die Türe vor der Nase zugeschlagen wurde, weil man glaubte, auf ihre Sachkompetenz verzichten zu können. Vielleicht hielt man sie für Lobbyismus.

Dreißig Minuten hat sich der gesundheitspolitische Ausschuß des Bundestages dem Bereich der ambulanten Versorgung gewidmet, um die zweite und dritte Lesung für das Retro-Design vorzubereiten. Zwanzigmal mehr Zeit nahm man sich für das Krankenhaus.

Es sollte die *Solidarität in der gesetzlichen Krankenversicherung* fördern? Wessen Solidarität und – mit wem? Das Gegenteil ist geschehen. Es findet eine *Entsolidarisierung* statt. Der Gesetzgeber ist parteilich, die Kostenträger solidarisieren sich *gegen* die Leistungsträger. Diese können sich nicht mehr mit ihren Patienten solidarisieren, denn das könnte ihren Kopf kosten. Untereinander sind sie auch nicht mehr solidarisch, denn der Verlust des einen ist des anderen Gewinn.

Gewonnen haben gesellschaftliche Pressure-groups, die lauthals Klassenkampfparolen von sich geben, die nur gewohnt sind, in ihren eigenen Kategorien zu denken, deren Rigorismus durch keine Rationalität, keine demokratischen Anwandlungen getrübt wird. Ideologisierung, Solidarisierung der Gruppe und Ausgrenzung sind Methoden partikularistischen Machtgewinns und der Machterhaltung. Wahrhaftigkeit bleibt auf der Strecke.

Die Spaltung der Gesellschaft und die Ausgliederung ihres innovativen und produktiven Teiles ist, wie das Beispiel der DDR zeigt, nicht zukunftsträchtig – vor allem, wenn man auf ihn nicht verzichten kann. Gesellschaftliche Prozesse mag man wie Brecht als Wasserräder ansehen, in denen oben und unten abwechseln. Der aber das Wehr weit öffnet, schreibt damit das Prinzip von Herrschaft und Unterdrückung fort – nur wechseln die Rollen schneller.

Der frühere Präsident der Bundesärztekammer, Herr Vilmar, hat mit seinem Wort vom sozialverträglichen Ableben Solidarität mit den wirklich Kranken eingefordert. Vilmar hat eine Wahrheit ausgesprochen, für die man ihn gern gekreuzigt hätte – Überbringer schlechter Nachrichten pflegte man im Altertum umzubringen. Vielleicht hat er zu derb formuliert. Karikatur als Verdeutlichung von Problemen wird in deutschem Bierernst nicht mehr verstanden. Oder *darf* sie nicht mehr verstanden werden? Die probate Methode der Abwehr ist, sich in der Form zu verlieren, Inhalte nicht zur Kenntnis zu nehmen, Aussagen zu verdrehen, Konsequenzen dieser eigenen Interpretationen zu phantasieren, Vorteilsnahme und Böswilligkeit zu unterstellen – und

Rufmord. Vor allem öffentlich-rechtliche Nachrichtenvermittler tun sich hier hervor in klarer Mißachtung ihres gesellschaftlichen Auftrags. Dieses Land allerdings braucht keine Demagogen, sondern Wahrhaftigkeit.

Das „Gesetz zur Stärkung der Solidarität in der gesetzlichen Krankenversicherung" führt zurück in die Vergangenheit. In der Versorgung wird weiterhin Wichtiges nicht von weniger Wichtigem getrennt. Vage Ansätze einer Besserung aber werden zugunsten eines stimmenfangenden Populismus zunichte gemacht. Dabei sind Korrekturen dringend erforderlich.

Prozeß- und Ergebnisqualität

Qualitätssicherungsmaßnahmen sind in Wirtschaft, Verwaltung und jetzt zunehmend in der Medizin zur Pflicht geworden. In der Politik, die diese Maßnahmen fordert, scheint die Qualität der Gesetze und Verordnungen seltener zu werden. Nicht nur unter der neuen Koalition, die in ihrer Gesetzgebung nach dem Prinzip von Trial And Error handelt, auf daß es ständig etwas „nachzubessern" gilt.

Die „Packungsgrößenverordnung" fällt noch unter Seehofers Regentschaft. Plötzlich gab es für einige Dauerbehandlungen nur noch kleinere Packungen. Die manisch-depressiven Patienten, in aller Regel nicht mit Reichtum gesegnet, zahlten plötzlich für ihr Lithium das Doppelte an Rezeptgebühr. Nicht so die Epileptiker und andere chronisch Kranke, eine völlig unmotivierte Entscheidung.

Wie es das Glück so wollte, erwischte ich einen der Staatsekretäre im Gesundheitsministerium am Telefon. Anfangs versuchte er mir weiszumachen, daß es sich um ein vom Bundestag verabschiedetes *Gesetz* handele, so als sei dies von Gottvater dem Ministerium ohne dessen Zutun übergestülpt worden, und nicht eine hausgemachte *Verordnung*. Als er erklärte, daß er mir diese spezielle Frage nicht beantworten könne, da er von der Materie nicht genügend verstehe, beendete ich das Gespräch.

Die Schlußabstimmung des Bundestags über das Gesundheitsreformgesetz der rotgrünen Koalition endet in einem Debakel. Eine alte Textvorlage war ausgeteilt worden. In den Ausschußberatungen hatten SPD und Grüne noch Änderungen einfügen wollen. Weil die Gegenseite protestierte und eine öffentliche Anhörung verlangte, war der Terminplan gefährdet. Die Koalition zog daher die Ergänzungswünsche zurück. In der Druckvorlage tauchten diese Passagen merkwürdigerweise wieder auf. Ist es einfach nur handwerkliches Ungeschick dieser Regierung oder ist es Manipulation?

Das Gesetz ist „out". War das gewollt – aus Angst vor der eigenen Courage?

Versorgung

Das Versorgungsproblem in den Heimen ist seit diesem Schreiben (es wurde 1994 verfaßt) eher größer geworden. Die große sozialpolitische Wohltat der letzten Dekade unseres Jahrhunderts, das Denkmal Norbert Blüms, das Schwerpflegegesetz, hat im Gegensatz zu den vollmundigen Vorankündigungen zur Folge, daß ein großer Teil der Pflegebedürftigen herabgestuft wurde und jetzt aus der eigenen Versicherung *weniger* Leistungen empfängt als früher von der staatlichen Sozialhilfe.

Das Altenpflegepersonal, das seit wenigen Jahren endlich dem Krankenpflegepersonal gleichgestellt ist und seine Ausbildung nicht mehr selbst bezahlen muß, wird reduziert und ist daher teils überlastet und teils arbeitslos. In den Heimen geht der böse Spruch um, daß unter den gegebenen Umständen mehr als „satt und trocken" nicht zu erreichen ist.

Das Gesetz hat zudem zu einer massiven Schlechterstellung der *psychisch* Kranken gegenüber den *körperlich* Kranken geführt, da diese die gesetzlichen Bedingungen zumeist nicht erfüllen, obgleich sie viel mehr als jene einer Beaufsichtigung und Kontrolle bedürfen.

Die Einstufung der Pflegebedürftigen durch den Medizinischen Dienst der Krankenkassen, einer seit einiger Zeit neu bestehenden eigenständigen Organisation, beruht auf Kriterien, die zu einem wesentlichen Teil kritisch zu hinterfragen wären. Es erstaunt zudem, daß bei gleicher Gesetzeslage und identischem Kriterienkatalog die Beurteilungen nicht nur in verschiedenen Bundesländern, sondern auch in zwei Regionen desselben Bundeslandes mit ähnlicher Bevölkerungsstruktur massiv differieren.

Sowohl das Gesetz als auch diese Kriterien hinterlassen den Eindruck, daß es primär zur Entlastung der Sozialhilfe und Rückverlagerung der Pflegekosten auf den Bürger, nicht aber zu dessen Absicherung bei einer möglichen Pflegebedürftigkeit dienen soll. Die mit der Triage beauftragte Institution wendet die Kriterien äußerst streng an. Freiberuflich für den Medizinischen Dienst der Krankenkassen tätige Kollegen haben mir berichtet, daß ihre Güte als Gutachter am Erfolg gemessen wurde: Wer zuviel an hohen Pflegestufen erzielte, habe keine Verlängerung seines Vertrags erhalten.

Ich bemerke häufiger, daß Leistungen, die eindeutig in den Bereich des Schwerpflegegesetz fallen, von den Kassen in die sowieso defizitäre Krankenversicherung verlagert werden. Der Arzt wird moralisch zu einer Verordnung gezwungen, sonst erhält der Patient nichts. Nicht jeder widersteht diesem Druck. Es scheint hier so etwas wie ein „Zwei-Konten-Modell" zu geben.

Mich überkommt, wie auch andere, der Verdacht einer Verschwörung zu einer betrügerischen Manipulation. Offen und völlig schamlos wurde schon darüber diskutiert, die Überschüsse der Versicherung anderen Sparten der Sozialversicherung oder dem leeren Staatssäckel zuzuschlagen. Die sind dadurch erst entstanden, daß den Versicherten durch krude Ausführungsbestimmungen Leistungen vorenthalten wurden. Das nennt man Unterschlagung.

Ähnlich durchschaubare Manöver, damals zu Gunsten der Sozial*hilfe* und zu Lasten der Sozial*versicherung,* hat es bereits früher gegeben. Unter anderem wurde früher die medizinische Versorgung von Schwerbehinderten von der Sozialhilfe gewährleistet. Das betraf auch jene, die in Behindertenwerkstätten beschäftigt waren. Die Anwesenheit in einer Werkstatt wurde sozial*versicherungs*pflichtig, auch wenn es sich nur um eine besondere Art von *Tagesbetreuung* in Schwerstbehindertengruppen handelte. Viele dieser dadurch Pflichtversicherten sind für die Krankenkassen „schlechte Risiken", da sie in der Regel den niedrigsten Satz einzahlen und aufgrund ihrer Morbidität relativ hohe Versicherungsleistungen erhalten. Übrigens werden viele dieser Werkstätten zur Zeit umstrukturiert – „rationalisiert", erklären mir die Einrichtungen und die Behinderten plappern es nach. Sie meinen damit eigentlich, die *Zuwendung* werde *rationiert.*

Diese Verschiebebahnhöfe nahmen in den letzten dreißig Jahren aus zumeist selbstverschuldet knapper Kasse des Staates und der von ihm abhängigen Institutionen zu. Die Zeiten eines vollen „Juliusturms" sind lange dahin; dieser Begriff ist den Jüngeren völlig unbekannt. Die für zehn Beitragsmonate reichende Kapitaldecke der Rentenversicherung um 1970 wurde bewußt fast auf Null heruntergeführt. In diesen Tagen reicht sie trotz Überschüssen *keinen Monat* mehr. Das Sprichwort: Spare in der Zeit, so hast du in der Not, schien unseren Volksvertretern lächerlich. Populistische Entscheidungen und mangelnde Kontrolle der Verteilungsmechanismen sind die Ursachen der augenblicklichen Misere. Die Schuld dafür wird den Erbringern der Leistungen gegeben: Haltet den Dieb! Ein unseliges Schwarzer-Peter-Spiel.

Kriechtiere sind nicht behindert

Herr M. leidet an einer Multiplen Sklerose. Er hat eine eigene kleine Wohnung und wird von einer Bekannten, die in der weiteren Umgebung wohnt und berufstätig ist, morgens und abends besucht und versorgt. Der alte Vater lebt in Österreich. In Deutschland hat er keine Verwandten.

Bei meinem routinemäßigen Hausbesuch erzählt mir der Patient, er sei wegen seines Antrags auf Höherstufung von Pflegestufe 1 auf Pflegestufe 2 vom Medizinischen Dienst der Krankenkassen untersucht worden und habe daraufhin einen abschlägigen Bescheid erhalten. Bis vor einem Jahr war er noch in der Lage, sich an der Wand entlangzuhangeln, wobei er häufig stürzte. Seit zumindest einem halben Jahr ist auch dies nicht mehr möglich. Weil seine Wohnung sehr klein ist, so daß der Rollstuhl nicht durch die Engen paßt, hat er sich in der letzten Zeit auf allen Vieren kriechend bewegt. Er berichtet, und seine Bekannte bestätigt es, er sei vom Medizinischen Dienst aufgefordert worden, dies zu demonstrieren. Er habe die ganze Strecke von fünf Metern auf Händen und Knien in das andere Zimmer robben müssen. Er kann sein Wasser nicht halten und muß gewindelt werden.

All das ist in dem Gutachten festgehalten worden. Auch daß man ihn hat kriechen lassen, ist hier zu lesen. Unverständlich ist aber der Schluß, er benötige weder bei der Bewegung innerhalb der Wohnung noch bei deren Verlassen eine Hilfestellung, für die Körperpflege seien täglich nur zehn Minuten erforderlich.

Den Mitarbeitern der Pflegekasse scheint die Menschenunwürdigkeit dieses Vorgehens nicht primär einzugehen. Die Bearbeitung des Widerspruchs verzögert sich.

Da die Situation zu Hause nicht mehr tragbar erscheint, spreche ich mit dem Leiter des Altenheims, in dem seine Bekannte arbeitet. Er sichert für die nächste Gelegenheit einen Platz zu.

Ein Vierteljahr später befindet sich der Mann auf der Pflegestation eines anderen Altersheims. Er kann kaum noch sitzen, denn er hat einen Dekubitus am Gesäß, hat sich „durchgesessen", und ist kaum in der Lage, die Arme in die Waagrechte zu bringen, um Nahrung zu sich zu nehmen. Die Bekannte befindet sich zur Operation ihres Bronchialkrebses im Krankenhaus. Das Altersheim kann ihn der Kosten wegen nicht länger behalten. Er sei schon zwei Wochen länger da, als die Pflegeversicherung erstatte, wird mir lapidar mitgeteilt. Man will ihn nach Hause entlassen.

Ich versuche, für ihn einen Platz in dem Heim zu bekommen, das mir zuvor die Zusicherung gegeben hat. Der Platz ist vergeben: Ich rufe im Krankenhaus an, in der vagen Hoffnung, man würde ihn für einige Tage aufnehmen. Man hat kein Bett für ihn, vermittelt aber eine Aufnahme im Krankenhaus der Nachbarstadt, das von demselben Sozialarbeiter betreut wird. Als ich ihn nach einer Woche dort wieder besuche, stelle ich fest, daß der Sozialarbeiter ihn gerade besucht hat, um eine Unterschrift für den Aufnahmeantrag zu bekommen. Er hat diese Unterschrift verweigert, weil er den Mann verkannte, bedauert es aber jetzt. Weitere Hindernisse stellen sich in den Weg. Da die Rente und das Pflegegeld der Pflegekasse nicht ausreichen, ist die Sozialhilfe gefragt. Er hat allerdings Schulden, die durch den ersten Heimaufenthalt zustande gekommen sind. Das Sozialamt übernimmt keine Schulden (seltsamerweise auch dann nicht, wenn sie durch eigene Untätigkeit zustande gekommen sind) und verweigert die Hilfe. Ich komme mit dem Stationsarzt überein, daß er mich informiert, wenn der Mann entlassen werden sollte.

Anfang der folgenden Woche ist die Bekannte wieder zu Hause. Noch im Krankenhaus hat man sie mehrfach angerufen und befragt. Am Mittwoch wird Herr M. entlassen. Ich bin *nicht* informiert worden. Die Bekannte steht am Donnerstag in der Praxis. Sie kollabiert hier vor meinen Augen. Sie ist völlig erschöpft.

Er kann durch den fortschreitenden Abbau seiner geistigen Fähigkeiten seine finanziellen Angelegenheiten nicht mehr überblicken, geschweige die notwendigen Behördenkontakte aufrechterhalten. Die einzige Person, der er noch vertraut, ist dazu auch nicht mehr in der Lage. Der Amtsrichter sieht keine Notwendigkeit für eine Betreuung.

Die Krankenkasse hat gerade die Bestätigung geschickt, daß er weiterhin in die Pflegestufe 1 eingestuft sei. Man bezahlt die wöchentlich zweimalige Betreuung durch den ambulanten Pflegedienst. Herr M. kann selbst nichts dagegen unternehmen. Einen Bevollmächtigten oder Betreuer, der sich für ihn einsetzt, hat er nicht.

Einen Monat nach diesen Ereignissen wird er dauerhaft auf einer Pflegestation als Schwerstpflegebedürftiger aufgenommen. Es ist höchste Zeit. Er wird nun plötzlich in die Pflegestufe 2 aufgenommen. Dafür wird gezahlt.

Thaumaturgie als medizinisches Fach

Als die junge Kollegin vom Medizinischen Dienst den alten Herrn aufsucht, der schon seit einem Jahr nicht mehr frei stehen kann und seither im Rollstuhl sitzt, legt sie ihm zart lächelnd die Hand auf die Schulter und sagt: „Jetzt versuchen wir einmal zu gehen". Und es ist wie bei Jesus, der sagt, „Stehe auf, nimm dein Bett und gehe heim". Armer alter Mann, dein Hormonschub hat dir Schaden getan.

Hallelujah, es gibt doch noch Wunderheilungen. Es sollte Thaumaturgie (Wunderheilung) als medizinisches Fach etabliert werden.

Nicht anrüchig

Eine meiner an einer Demenz erkrankten Patientinnen lebt seit einigen Monaten im Pflegeheim. Der Medizinische Dienst hat sie vor längerer Zeit schon einmal besucht und keine Schwerpflegebedürftigkeit erkennen können. In den vergangenen Wochen rief mich die Heimleitung häufig an, daß es mit ihr nicht so weitergehen könne.

Die Bewohnerin erhält einen weiteren Besuch vom Medizinischen Dienst. Die Frau öffnet der Ärztin zwar freundlich das Zimmer, diese ist von dem massiven fäkalen Geruch angewidert und verläßt es rasch wieder, zumal ihr eine körperliche Untersuchung verweigert wird. Die Patientin hat sich seit ihrer Ankunft vom Pflegepersonal nicht anfassen lassen, sich geweigert, ihre Kleidung in die Wäscherei zu geben und sie nach kurzer „Katzenwäsche" wieder angezogen. Sie ist dazu inkontinent. Ihr allgemeiner körperlicher Zustand ist noch sehr gut, sie ist hellwach, noch relativ gut orientiert, hat ihren eigenen Kopf, ist antriebsstark und durchsetzungsfähig, dabei freundlich, manchmal geradezu charmant, redet flüssig und kann ihre Defizite gut verschleiern. So manches Mal verschwindet sie aus dem Haus und läuft durch die Stadt.

Der vom Medizinischen Dienst anerkannte *Hilfebedarf* ist sehr gering. Die Frau sei nicht schwerpflegebedürftig, da sie noch gehen könne und in der Lage sei, für ihre Körperpflege zu sorgen.

Fiktionen scheinen für die Beurteilung wichtiger als die Realität. Die Zeit, in der das Wünschen noch geholfen hat, scheint wiedergekommen.

Versorgungsqualität

Fünf Minuten Hilfebedarf beim Duschen, drei- oder gar nur zweimal in der Woche. Die Patientin leidet an einer Multiplen Sklerose und kann nicht mehr gehen, allenfalls kurz stehen. Haben Sie einmal Ihre Duschzeit genommen? Als Gesunder benötigen Sie gute fünf Minuten, wenn Sie schnell sind. Ohne Auskleiden, ohne Abtrocknen, Haare trocknen, Ankleiden, Dusche sauber machen. Bindende Beurteilungskriterien des Medizinischen Dienstes, die aus einer anderen Welt zu stammen scheinen. Sie sind aber selbst erarbeitet.

Ein für den MDK tätiger niedergelassener Kollege meinte, man könne sich gegen diese Gesetze und Verordnungen nicht wehren, sondern allenfalls ihre Folgen mildern. So sind wir nützliche Idioten.

Nach der Fünf-Minuten-Terrine jetzt die Fünf-Minuten-Dusche, die Fünf-Minuten-Pflege, die Fünf-Minuten-Zuwendung, die Fünf-Minuten-Medizin. Ach ja, von der hat schon Michael Balint gesprochen, wenn er es auch anders meinte.

Demenz und Soziale Pflegeversicherung

Wenn auch die Begutachtungsrichtlinien des Medizinischen Dienstes der Krankenkassen ausdrücklich auf die Besonderheiten bei der Ermittlungen des Hilfebedarfs bei Personen mit psychischen Erkrankungen oder geistigen Behinderungen eingehen, bemerke ich, daß sie einfach von vielen Gutachtern nicht angewandt werden. Häufig werden dementielle oder psychiatrisch auffällige Patienten von fachlich nicht kompetenten Fachleuten begutachtet, von Internisten, Urologen, Allgemeinmedizinern, Ärzten im Praktikum, berenteten Kollegen usw. Auch wenn gefordert wird, daß zur ganzheitlichen Beurteilung der Pflegesituation Dementer Pflegefachkräfte aus dem Bereich der Psychiatrie in die Begutachtung einbezogen werden, ist dies eher selten der Fall.

Die Richtlinien, so man sie wirklich fachlich korrekt auslegt, lassen durchaus Demente auch in höhere Pflegestufen einordnen. Häufig wird fälschlich angenommen, daß nur Anleitung, Beaufsichtigung oder teilweise oder komplette Übernahme der Pflegefunktionen für die Verrichtungen des täglichen Lebens berücksichtigt werden können. Die praktische Erfahrung zeigt aber, daß Demente im Stadium der mittelschweren bis schweren Demenz nicht mehr in der Lage sind, den Aufforderungen zu folgen und daher ständig angeleitet und beaufsichtigt werden müssen. Das kann keinesfalls als „psychosoziale Betreuung" angesehen werden, die in den Leistungen der Pflegeversicherung nicht enthalten ist.

Vorfahrt für Dienstwagen

Im Altersheim sitzt eine ältere Frau in einem Faltrollstuhl. Plötzlich schießt sie mit ihrem ganzen Körper nach oben und nach hinten. Der Rollstuhl kippelt bedenklich. Faltrollstühle dienen der Mobilität, nicht dem längerem Sitzen. Sie haben einen weit hinten liegenden Schwerpunkt, unterhalb des Gesäßes. Der Antrag auf einen persönlichen Pflegerollstuhl wird von der Pflegekasse abgelehnt. Das Heim müsse dieses Hilfsmittel selbst stellen. Das Heim kann sich das nicht leisten. Die Frau bleibt im Bett. Als sie sich nach einiger Zeit durchgelegen hat, muß sie ins Krankenhaus. Diese Behandlung ist teurer. Sie wird aber aus einem anderen Topf bezahlt.

Zehn bis zwanzig Rollstühle machen einen Dienstwagen.

Warum einfach, wenn es doch kompliziert geht

Verordnung eines Rollstuhls bei Multipler Sklerose

Sehr geehrte Damen und Herren,

Ihr Schreiben vom 22.08.xx mit der Anforderung eines „ausführlichen Befundberichtes" empfinde ich als ungewöhnlich. Es handelt sich um die erste solcher Anfragen hinsichtlich einer relativ einfachen Hilfsmittelverordnung in meiner gesamten ärztlichen Tätigkeit sowohl als angestellter Arzt in einer Poliklinik, während einer späteren Beteiligung, als auch nach der Niederlassung vor 12 Jahren. Bislang reichte stets ein kurzer Rückruf der Kasse zur Klärung aus.

Solcherart Anforderungen, auch wenn sie vom MDK angeregt wurden, dienen weder der vertrauensvollen Zusammenarbeit von behandelnden Ärzten und Kassen noch einer Entbürokratisierung.

Ich darf Sie schließlich darauf hinweisen, daß diese Anfrage außerhalb der Verträge mit den Kassenärztlichen Vereinigungen erfolgt ist und bitte Sie um eine Klärung der Honorierung des „ausführlichen Befundberichtes".

Mit freundlichem Gruß

Lässig – fahrlässig

Ein psychiatrischer Pflegedienst teilt mir mit, daß die Krankenkasse meine Verordnung einer häuslichen Krankenpflege nicht mehr anerkenne.

Der junge Mann leidet an einer Schizophrenie. Er war deswegen mehrfach im Krankenhaus. Seitdem er auf Clozapin eingestellt ist, hat er keine Rückfälle mehr. Er nimmt das Medikament regelmäßig, seitdem der Pflegedienst ihn dazu anhält. Clozapin darf nur dann verordnet werden, wenn eine regelmäßige monatliche Blutbildkontrolle gewährleistet ist. Auch dies funktioniert nach Jahren endlich, seitdem er täglich aufgesucht wird.

Der örtliche Medizinische Dienst hat die Verordnung mit den Pflegeberichten seiner Landeszentrale zur Entscheidung vorgelegt. Ich bin davon weder informiert worden, noch haben Kasse oder MDK einen ärztlichen Bericht angefordert. Die Kollegin in der Zentrale schreibt sinngemäß, daß sie keine Daten habe, die eine Pflegebedürftigkeit begründeten. Der Pflegebericht sei ihr einfach zu dürftig. Sie sei daher der Meinung, daß eine Pflegebedürftigkeit nicht anzunehmen sei. Sie hätte es erfahren, hätte sie gefragt!

Unserer Schreibtischtäterin ist einiges vorzuhalten: mangelnde Erfüllung ihrer Sorgfaltspflichten, Fahrlässigkeit (Ahnungslosigkeit als Entscheidungsgrundlage), billigende Inkaufnahme einer Gefährdung eines Kranken, Nichtbeachtung ihrer gesetzlichen Pflicht zur Kooperation mit den behandelnden Ärzten.

Als schlichter Mensch denke ich mir, daß es ganz unabhängig davon wohl kaum im Interesse der Krankenkasse liegt, wenn der Patient bald wieder ins Krankenhaus käme. Dieser Tagessatz beträgt das Mehrfache der ambulanten Ausgaben der Pflegekasse. Schließlich entstünde dem Patienten neben einer Gefährdung von Leib und Leben ein weiterer rechtlicher Nachteil durch die Freiheitsberaubung einer stationären Einweisung.

Mehr als vier Monate nach meiner Intervention hat die Krankenkasse den Vorgang noch nicht bearbeitet.

Schutzbedürfnis

Er bringt mir den Bescheid des Versorgungsamts. Dreißig Prozent hat er erhalten wegen „psychovegetativer Störungen". Dabei habe ich jetzt den zweiten Befundbericht abgegeben, in dem ich die Schwierigkeiten ausführlich über zwei Schreibmaschinenseiten dargestellt habe. Er benötigt dringend einen Kündigungsschutz.

Ich kenne den Mann nun seit dreizehn Jahren. Er leidet an einer schizoaffektiven Psychose. Als ich ihn im Notdienst das erste Mal sehe, ist er erregt, redet verworren, hat seine Frau gewürgt und spricht ständig davon, sich das Leben zu nehmen. Ich muß ihn ins Krankenhaus einweisen. Danach sehe ich ihn für eine Weile nicht mehr.

Als ihn zwei Jahre später seine Frau hier herschleppt, ist er wieder völlig psychotisch. Erneut muß er ins Krankenhaus.

Als er nach zwei Monaten entlassen wird, hat seine Frau ihm die rote Karte gegeben. Noch einmal will sie das nicht mitmachen. Er zieht zu seinen Eltern. Nach einem Vierteljahr bietet ihm ein Bekannter, der sich inzwischen selbständig gemacht hat, einen Arbeitsplatz. Schritt für Schritt geht es ihm besser. Bald kann er sich ein Auto leisten und nicht viel später eine Mietwohnung. Zwei Jahre darauf stellt er mir seine Freundin vor. Sein Leben verläuft in normalen Bahnen.

Eines Tages bitte er mich, die Medikamente absetzen zu dürfen. Ich rate dringend davon ab. Es ist bekannt, daß zwar, wie es ihm das erste Mal geschehen ist, viele in den ersten ein bis eineinhalb Jahren nach einem ersten Krankheitsschub wieder erkranken, doch er war bereits zweimal krank. Das Risiko ist danach erheblich höher. Ich kann ihn überreden, doch er bittet mich immer von Neuem. Nach drei Jahren reduziere ich die Dosis.

Es dauert keine zwei Monate, als er ein drittes Mal krank wird. Dieses Mal dauert es fast ein halbes Jahr. Seine Freundin steht zu ihm. Sein Chef hält die Stelle für ihn frei. Als er entlassen wird, geht es ihm gut. Nach einem Jahr heiraten die beiden. Auf Kinder wollen sie verzichten.

Als er nach eineinhalb Jahren die Medikamente unregelmäßig nimmt, stürzt er wieder ab. Diesmal ist das Krankheitsbild anders. Er ist zwar unruhig, aber tief depressiv und suizidal. Wieder ist ein Krankenhausaufenthalt notwendig. Nachdem noch nach mehreren Monaten keine Änderung zu erkennen ist, führen die Kollegen eine Elektrokrampftherapie durch. Er ist danach geordneter, aber weiterhin depressiv. Nach vierzehn Monaten entläßt man ihn in einem jämmerlichen Zustand. Nach sechs Wochen versucht er, sich umzubringen und kommt wieder ins Krankenhaus. Mehr als ein halbes Jahr verbringt er auf der Station und anschließend in der Tagesklinik. Danach dauert es ein volles Jahr, bis er wieder anfängt zu arbeiten. Die Geduld seines Arbeitgebers ist aber erschöpft.

Das alles hatte ich dem Versorgungsamt mitgeteilt. Ein GdB (Grad der Behinderung) von *dreißig* von Hundert? Unvorstellbar.

Nach einem massiv begründeten Widerspruch und meinem Hinweis auf den Sinn und Zweck der Gesetzgebung erhält er einen Satz von siebzig Prozent. Als er bald darauf wieder schwer erkrankt, hilft alles nicht mehr. Der Arbeitsplatz geht verloren. Jetzt aber wird er berentet. Ein Vorteil ist das nicht. Er hat nun Zeit zum Grübeln.

Eine Patientin leidet an einer SAD, einer saisonabhängigen Depression. Sie fällt seit fünf Jahren regelmäßig im Winter für zwei bis drei Monate an ihrem Arbeitsplatz aus. Da sie eine gute Fachkraft und im öffentlichen Dienst ist, ist sie noch nicht abgemahnt worden.

Das Versorgungsamt sieht keinen Grund für die Annahme eines höheren GdB als dreißig Prozent, weil sie nicht die Hälfte der Zeit krank sei, und setzt damit die Zeit der Arbeitsunfähigkeit mit der Zeit der Krankheit gleich. Damit kommt aber ein völlig subjektives Element in die Beurteilung: Jemand, der sich zusammenreißt – und gerade dazu neigen Depressive – ist trotz Krankheit seltener arbeitsunfähig. Die Konsequenz ist, daß jemand, der nicht wagt, sich das zu nehmen, was ihm zusteht, dafür bestraft wird.

Das System der Triage in unserem Versorgungsrecht ist grundlegend falsch. Eine Beurteilung allein aufgrund der Aktenlage ist zu unsicher. Viel zu häufig erhält der nichts, dem etwas zusteht, noch häufiger, so scheint mir, profitieren die Gierigen und Querulanten.

In aller Unschuld und Inkompetenz mein Vorschlag an den Gesetzgeber: Führt Gebühren ein! Unsere kommunalen Ämter zum Beispiel verlangen für vieles Gebühren, das uns als Bürgern zusteht: Personalausweise, Pässe, Auszüge aus dem Kataster ... Eine regelmäßig bei jeder Antragstellung erhobene Gebühr (in der Höhe einer Tankfüllung eines Kleinwagens) deckt die Kosten einer genauso regelmäßigen gutachterlichen Untersuchung, mindert die Zahl der Anfragen, indem es Leichtsinnige abschreckt, und reduziert den Aufwand von Ämtern und Ärzten.

Kohlhaas & Don Quijote

Die örtliche Ärztekammer bittet mich, als Vertreter der Ärzteschaft in den entsprechenden Gremien des Kreises tätig zu werden. Die endlosen Diskussionen in verschiedenen Ausschüssen sprechen weniger für den Sachverstand als vielmehr für die ideologische Ausrichtung und die Partikularinteressen vieler Teilnehmer. Daneben haben die Angestellten und Beamten in diesen Ausschüssen größtes Interesse, die Sitzungen in ihre Dienstzeit zu legen. Dann habe ich meine Patienten zu versorgen und verdiene meinen Unterhalt. Hier bin ich ehrenamtlich und kann wenig bewegen. Wenn ich abends nach Hause komme, ärgere ich mich über die vertane Zeit.

Meine mangelnde politische Befähigung mag man aus meinem Schreiben an den ärztlichen Leiter einer Landesinstitution der überörtlichen Sozialhilfe ersehen.

Psychiatrische Versorgung

Sehr geehrter Herr Kollege ...,

... ich muß zunehmend feststellen, daß die allgemeine Psychiatriepolitik sowohl an den Bedürfnissen der eigentlich zu Versorgenden vorbeigeht, als auch für die, die an der untersten Basis, außerhalb der öffentlichen Einrichtungen, arbeiten, eine immer unerträglichere Überforderung darstellt. Ich habe, seitdem ich mich ... als Nervenarzt niedergelassen habe, eine durch politische Entscheidungen bedingte Erschwernis meiner Arbeit erlebt, die ich in diesem Maße kaum noch zu tragen bereit bin.

Die planerischen Gremien stützen sich zunehmend nur auf den Sachverstand der stationär psychiatrisch Tätigen, von denen nur wenige eine Kenntnis der „Situation vor Ort" haben, die durch diese Entscheidungen mitgeformt wird, geschweige denn jemals eine psychiatrische oder Nervenarztpraxis von innen gesehen haben. Theoretisches Wissen und persönliche Integrität können diese Erfahrung nicht ersetzen

Die Regionalisierung der Psychiatrie war für mich als junger Assistenzarzt ein erstrebenswertes Ziel; ich konnte oder wollte die älteren Kollegen nicht verstehen, die damals auf mögliche Probleme hinwiesen.

Heute erlebe ich einen progredienten, sich progressiv gebärdenden Egozentrismus der Kliniken, die sich abschotten und nicht mehr kooperieren, wenn es sich um Patienten handelt, die nicht oder nicht mehr aus dem eigenen Versorgungsbereich stammen. Seltsam ist hingegen das umgekehrte Verfahren, daß Kliniken gern das trojanische Pferd fern gelegener Heime und anderer nichtstaatlicher Versorgungseinrichtungen dazu benutzen, um Patienten in fremde Bereiche zu schleusen, um sie dann nicht wieder aufzunehmen, weil irgendwelche fiktiven Fristen abgelaufen seien, in denen man sie wieder aufgenommen hätte.

Diese „Entsorgung" von Problemfällen finde ich ausgesprochen widerlich. Auch eindeutige, durch Verwaltungsentscheidungen bedingte Versorgungsmängel im vollstationären Bereich lassen häufig keinen Raum zur kollegialen Diskussion.

Die positiven Ergebnisse der allgemeinen Umbesinnung nach der Psychiatrie-Enquête haben sich inzwischen nicht nur weitgehend im Nichts verloren, sondern werden im Rahmen der Politik der leeren Kassen pervertiert. Ähnlich der Orwell'schen Neusprache werden die seinerzeitigen Forderungen mit neuen Inhalten gefüllt, die mit den alten kaum noch etwas gemein haben. Nicht die Versorgung der real existierenden Patienten scheint das Ziel, sondern die zwanghafte und/oder ängstliche Einhaltung von zuvor extern formulierten und motivierten Zielvorgaben. Autismus ist daher die auf allen Ebenen am häufigsten zu beobachtende Verhaltensweise.

Schönfärberei ist es, psychiatrische Klinikbetten zu vermindern, um somit eine höhere Effizienz der (sozialpsychiatrischen) Behandlung zu demonstrieren, wobei in der Bundesrepublik der Basaglia-Effekt zum Teil durch Heime der Wohlfahrtsverbände oder anderer, mehr oder minder privatwirtschaftlicher Träger kaschiert wird. Die geringeren Kosten für die öffentliche Hand kommen, wie Sie wohl wissen, nicht durch die geringere Betreuungsbedürftigkeit dieser Menschen zustande, sondern durch deren schlechtere oder unter größerem persönlichen Einsatz des Pflegepersonals dieser Einrichtungen erbrachte Versorgung und der Übernahme der nun ambulanten medizinischen Kosten durch die Krankenkassen.

Eine „Entleerung" der Kliniken um sogenannte „casus curandi", deren stationäre Behandlung nicht mehr durch Krankenkassen bezahlt wird, in

Heime, die vordergründig preisgünstiger arbeiten, hat keine humanitären, sondern wie bei anderen sozialpolitischen Wohltaten der letzten Jahre vornehmlich pekuniär-kameralistische Gründe.

Das Ziel eines umfassenden und vernetzten Versorgungsangebotes, von dem im politischen Raum immer wieder die Rede ist, kann ohne die niedergelassene Ärzteschaft, die einen wesentlichen Teil gerade dieser Arbeit leistet, kaum erreicht werden. Ich muß leider feststellen, da ich zur Zeit als „Alibidoktor" in die entsprechenden Ausschüsse gewählt wurde, daß die Bereitschaft der Behörden zur Kommunikation gering ist.

Ich hoffe, daß Sie mit uns niedergelassenen Kollegen im Sinne einer humanen Psychiatrie zusammenarbeiten und die offen zutagetretenden Defizite nicht nur in der konkreten Versorgungssituation, sondern auch im konzeptionellen Bereich zu vermindern sowie unerträgliche Mißstände abzustellen helfen.

Mit freundlichem kollegialen Gruß

Normalisierung und Entinstitutionalisierung

Vordergründig scheint es um die Psychiatriepolitik inzwischen besser bestellt zu sein. In den sechziger Jahren entstand ein rasch kanonisierter Denkansatz in der Psychiatrie: das *Normalisierungskonzept*. Hierzu gehörte die Gemeindenähe der psychiatrischen Kompetenz und die Entinstitutionalisierung. Das hieß: Kliniken und Ambulanzen an die Heimatfront, die Kranken raus aus den Anstalten.

Der Sprung von einem Reparatur- zu einem Präventionsschema hat die Aufgabengebiete der Psychiatrie verschoben. Während es zuvor um die Heilung und Betreuung eines begrenzten Klientels schwerst Geschädigter und des Schutzes der Gesellschaft vor ihnen ging, versuchte man nun, in die krankheitsverursachenden und -erhaltenden Bedingungen einzugreifen. Damit trat die Psychiatrie vollends in den sozialen Raum und expandierte massiv.

So endete die Hegemonie dessen, was man das „medizinische Modell" nannte. Es ging nicht mehr darum, daß Ratsuchende mit der Hilfe des Behandlers ein im Konsens als pathologisch erkanntes Verhalten veränderten. Es ging jetzt darum, die gesellschaftlichen Normen verstärkt in den therapeutischen Prozeß einzubeziehen und Abweichungen hiervon zu korrigieren. Es ging um die allgemeine Akzeptanz der Ideologien und Techniken der Spezialisten, um die aktive Teilnahme der Psychiatrie an der politischen Gestaltung.

Das Ziel ist nicht mehr die *Heilung*, sondern die Maximierung der *Funktionstüchtigkeit* des Individuums im Sinne der WHO-Definition der Gesundheit. Der ideologische Hintergrund ist der der Machbarkeit, des Ingenieurtums der psychischen und sozialen Zustände eines Subjekts und damit des Funktionierens im sozialen Verband. Wie verräterisch ist doch Sprache!

Diese Techniken stehen aber auch dem zur Verfügung, der sich für „normal" hält oder von seiner Umgebung dafür gehalten wird. Die „Therapie für Normale" unterwirft alle Dimensionen menschlicher Erfahrung technischer Manipulation. Es birgt nicht allein die Gefahr, das Erlebnis der eigenen Einmaligkeit zu verlieren, sondern führt auch zu süchtigem Verhalten.

Das Konzept beinhaltete auch die Integration und Reintegration der ehemals in Krankenanstalten auf der grünen Wiese Untergebrachten, gemeindenahe Unterbringung und Versorgung, multiprofessionale Teams, die Vernetzung der beteiligten Personen und Institutionen. Es brachte auch die *Sektorisierung* der Zuständigkeiten. So entstanden auch hier im Laufe der Zeit neue Zuständigkeiten und Aufgabengebiete sowie neue Techniken, Spezialisierungen, Professionalisierungen und Institutionen. Es entstanden aber auch neue Möglichkeiten der Kontrolle und Manipulation, neue Unfreiheiten und Abhängigkeiten.

Häufig wurde gehandelt, ohne daß die substantiellen Voraussetzungen hierfür bestanden, nicht selten zu Lasten der *Patienten*, die ihre Rolle als Dulder hier wirklich erfüllten. Nachdem eine Umbestimmung und Neuwidmung erfolgt war, wurden aus dem alten Zufluchtsort der psychiatrischen Großkrankenhäuser, in dem sich undifferenziert chronisch psychisch Kranke, Alte, Arme und Mittellose befanden, diejenigen ausgeschlossen, die nicht in das Konzept paßten. Nicht die individuelle Not, sondern das technologische Angebot bestimmte das Konzept der Institutionen und damit das Schicksal dieser Menschen. Die Chronifizierung findet jetzt nicht mehr in einem *Hospitalismus*, sondern in einem *Asylismus* oder gar einer Verwahrlosung ihren Endpunkt. Diese Dauerregression der Kranken ist nicht deswegen besser, weil sie den Fachleuten nicht mehr vor Augen ist, so daß sie ihre Hände in Unschuld waschen können. Anti-sozialpsychiatrisch Eingestellte nannten dies kurzerhand nach jenem bekannten italienischen Psychiater den *Basaglia-Effekt*.

Die *Drehtürpsychiatrie*, die hieraus resultiert, das Hinaus und wieder Hinein der Patienten, ist kein Zeichen gut geregelter Krisenintervention, sondern einer insuffizienten ambulanten psychosozialen Versorgung in einer zunehmend komplexen und damit für Kranke und Ärzte komplizierten Umwelt.

Gleichzeitig entwickelten sich neue Ideologien, die den alten und neuen Professionellen davonliefen. Das Resultat sind jetzt Ängste der Professionellen vor politischem Mobbing und der Ersatz von fachlicher Kompetenz durch politisches Lavieren.

In diesem auf unterschiedlichen Ebenen vernetzten System sind freiberuflich in eigener Praxis tätige Ärzte, die allein in einer zweiseitigen Vertragsbeziehung zu ihren Patienten stehen, ein Fremdkörper. Viele unserer augenblicklichen Probleme als Niedergelassene in der Kommunikation sowohl mit Kliniken und anderen Institutionen als auch mit den Kostenträgern und die Schwierigkeiten, in der Politik Gehör zu finden, rühren hierher.

Nach fast dreißig Jahren mutet das System an wie eine gigantische Baustelle mit offenen Kalkgruben, fehlenden Wänden, losen Planken und großen Löchern, durch die man rasch ins Bodenlose fällt. Baumaterial und Werkzeug wurden entwendet. Pläne wurden geändert. Neue Entwürfe haben keinen Bezug zu der vorhandenen Bausubstanz. Architekten und Bauleiter kennen ihre Pläne nicht und hindern sich gegenseitig. Den Bauherren ist das Geld ausgegangen. Der Konkurs droht.

Die Hartnäckigkeit, mit der an dem verfallenden System festgehalten wird, und die zunehmende Ausgliederung störender Elemente läßt den Verdacht aufkommen, daß mit ihm lediglich noch eine umfassende soziale Kontrolle angestrebt wird.

Viele Versprechungen der Sozialpsychiatrie muten einem unvoreingenommenen Beobachter heute an wie des Kaisers neue Kleider.

Kein Raum in der Herberge

Ich habe den jungen Mann stationär eingewiesen. Er ist zu Hause wieder einmal psychotisch entgleist. Seine Eltern sitzen mit ihm vor mir. Sie sind völlig ratlos und können sich sein Verhalten nicht erklären. Er hatte sich seit Tagen in seinem Zimmer verbarrikadiert. Jetzt scheint er eine gewisse Einsicht darin zu haben, daß es nicht mehr so weitergeht. Er ist bereit, freiwillig ins Krankenhaus zu gehen. Ich melde ihn an. Er könne kommen, sagt mir der Kollege.

Am nächsten Tag rufen die Eltern mich verzweifelt an. Er sei nicht aufgenommen worden. Auf der Aufnahmestation seien keine Plätze mehr vorhanden gewesen. Auch habe er sich sehr ruhig verhalten. Jetzt aber sei es schlimmer mit ihm als zuvor. Er drohe mit Selbstmord. Ich besuche ihn zu Hause und finde die Angaben bestätigt. Er ist in der Tat suizidgefährdet. Ich weise ihn erneut ein.

Eine Woche später ist er wieder zu Hause. Das Spiel beginnt von neuem, nachdem er sich den Arm tief aufgeschnitten hat.

Die Überlastung psychiatrischer Akutstationen führt nicht selten zu einer verzögerten Aufnahme und noch häufiger zu einer verfrühten Entlassung, die beide eine Gefährdung des Patienten darstellen können. Die früheren „chronischen" Stationen werden zunehmend verkleinert und aufgelöst. Neben der Gefahr für Leib und Leben entsteht so aber eine soziale Gefährdung, die nicht ernst genug genommen werden kann. Das soziale Umfeld, der familiäre Zusammenhalt, der bis dahin den Kranken noch aufgefangen hatte, zerbricht unter der erneuten Belastung, die unter den jetzigen Versorgungsbedingungen ambulant nicht aufgefangen werden kann.

In den Großstädten nimmt die Zahl der psychisch kranken Wohnungslosen zu. Wenn ich durch unsere Fußgängerzone gehe, winken mir einige zu: „Hallo, Doc!" Mangelhaft ärztlich versorgte Obdachlosenheime sind ebenfalls der Ort, wo man seine chronischen Patienten wiederfindet. Inzwischen sind sie vom Alkohol verändert und gelten für Sozialarbeiter und Diakone nur noch als „Alkies". Das Grundproblem bleibt ihnen verborgen. Eine Behandlung unterbleibt. Die Lebenserwartung ist kurz. Das ist die biologische Lösung der Psychiatrie.

Psychiatriepolitik

Anfang der achtziger Jahre übernehme ich eine neue Station. Eine Frau mittleren Alters liegt seit fünf Jahren nur noch im Bett. Sie ist schizophren. Sie befindet sich in einem katatonen Zustand.

Mit den herkömmlichen Methoden war ihr nicht zu helfen. Sie hat fast alles an Medikamenten erhalten. Alle blieben wirkungslos. Die Frau tut mit leid. Sie wirkt von ihren Wahnwahrnehmungen sichtlich gequält. Sie ist bis zum Äußersten gespannt, starrt an die Decke, knirscht mit den Zähnen, schlägt um sich, wenn man sich ihr nähert, beißt sich, zerreißt ihre Kleidung, liegt daher nackt im Bett, springt unvermittelt vor das Fenster und schreit die Vorbeigehenden an. Sie ist felsenfest davon überzeugt, daß ihre Kinder auf die abscheulichste Weise gefoltert werden. Ihre Fantasie ist unglaublich produktiv.

Nach mehreren vergeblichen Versuchen, unseren Chef im Gespräch zu einer klaren Stellungnahme zu einer Elektrokonvulsionsbehandlung zu bringen, schreibe ich ihm:

Sehr geehrter Herr Prof. ...,

verabredungsgemäß erhalten Sie einen tabellarisch zusammengefaßten Krankheitsverlauf unserer Patientin, Frau X. Y.

Angesichts der evidenten Erfolglosigkeit der bisherigen medikamentösen Therapie würde ich die Indikation zu einer Elektrokonvulsionsbehandlung stellen, zumal diese in der Vergangenheit bei der Patientin mehrfach mit gutem Erfolg durchgeführt worden ist. Da der Zustand der Patientin unerträglich erscheint, hoffe ich, daß Sie mir in dieser Beurteilung zustimmen und eine Behandlung ermöglichen werden.

Mit freundlichem Gruß

Zunächst reagiert mein Chef ablehnend. Ein Kolumnist eines örtlichen Anzeigenblättchens bereitet ihm durch seine üblen Vorwürfe gegen die psychiatrische Klinik zunehmend Sorgen. Da der Vorgänger unseres ärztlichen Direktors wegen parteipolitischer Querelen mit später nicht mehr zu haltenden Vorwürfen in einer Nacht-und-Nebel-Aktion aus dem Amt enthoben wurde, ist es natürlich unklug, sich zu weit aus dem Fenster zu lehnen. Er hat verständlicherweise Angst vor dem Populismus unserer Politiker. Stromlinie fördert die Karriere. Das einfachste ist die Verlagerung vor Problemen oder das Aussitzen.

Unser Chef legt meinen Brief dem nachfolgenden Anschreiben an seinen früheren Ordinarius bei:

Lieber Herr ...,

ich wende mich mit der Bitte an Sie, ob Sie die Möglichkeit einer EK-Behandlung in ... sehen. Sie kennen meine Einstellung als ehemaliger ...er zur Elektrokonvulsivtherapie: sehr strenge Indikation, aber keine grundsätzliche Ablehnung.

Aus „psychiatriepolitischen" Gründen führen wir zur Zeit an unserer Klinik keine Elektrokonvulsivbehandlung durch. Ich habe den vorliegenden Fall der Patientin Frau X. Y., die an einer chronischen Schizophrenie leidet, mit den behandelnden Ärzten durchgesprochen. Wir kamen zu der Ansicht, daß hier eine erneute EK-Behandlung zu diskutieren ist, obwohl in den zurückliegenden Jahren bereits wiederholt elektrische Durchflutungen angewandt wurden.

Bitte teilen Sie mir mit, ob gegebenenfalls eine Verlegung nach ... und eine Behandlung bei Ihnen möglich sind ...

Mit besten Grüßen

Ein Kommentar scheint mir überflüssig.

Informelle Selbstbestimmung

Ich bin immer wieder erstaunt, wenn ich die Gutachten des Medizinischen Dienstes der Krankenkassen erhalte. Ausführlichst, über vier bis fünf Seiten, wird das Leben des Untersuchten ausgebreitet. Nicht nur die augenblicklichen Krankheiten, nicht nur frühere Erkrankungen und Unfälle, auch die der Blutsverwandtschaft, sein beruflicher Werdegang, seine augenblickliche Beschäftigung, seine familiären Verhältnisse, häufig auch seine Vermögenssituation. Kurzum, er steht nackt da. Die meisten wissen nicht um ihre Rechte, sind eingeschüchtert und geben alles von sich preis.

Den vollständigen Bericht erhalten nicht nur der behandelnde Arzt, nicht nur alle beteiligten Fachärzte, sondern vor allem der Auftraggeber, die Krankenkasse. Die Verwaltungsangestellten halten das ganze Leben ihres Versicherten in ihren Händen. Gelegentlich geht auch eine Kopie an die Rentenversicherung. Nur *er* sieht davon keinen Durchschlag und kann sich nicht wehren.

Es ist der Lebensroman der Versicherten, nicht nur eine Zusammenfassung mit einer begründeten Beurteilung, den die Kollegen des MDK aus den Daten weben. Es kann nicht Formulierungsschwäche, sondern nur System sein.

Kein Datenschützer hat sich bislang um diesen Skandal gekümmert.

Datenschnüffler

Das Orwell-Jahr 1984 ging vorbei, ohne daß jemand den „Großen Bruder" sah. Zwar hatte es in den Jahren zuvor schon gelegentlich Proteste gegeben, wenn der Staat zum Schutz seiner selbst Gesetze erließ, die seinen Schutzbeauftragten das Spitzeln erleichterten. Doch zwölf Jahre später gingen Bürger wie Politiker auf die Barrikaden, als der „Lausch*angriff*" Gesetzeskraft erlangen sollte, um die organisierte Kriminalität einzudämmen.

Eine Gruppe der Protestanten – die Grünen – ist jetzt auf der anderen Seite der Barriere der Macht. Machterhalt erfordert Kontrolle. Kontrolle erfordert Daten.

Ohne Rücksprache mit dem Datenschutzbeauftragten des Bundes hat ein Gesetzentwurf das Parlament passiert, der 1984 auf das Jahr 2000 verschiebt. Jeder Arzt, jeder Physiotherapeut, jeder Psychologe, jeder Angehörige von Pflegediensten, jede Krankenhausabteilung ist vom Beginn des Jahres 2000 zur Datenakqisition gezwungen, zur Spitzelei für den Staat. Diffizil verschlüsselte Diagnosen geben dem Medizinischen Dienst der Krankenkassen intime Patientendaten in die Hand, die seine Kranken- und damit Lebensgeschichte von der Wiege bis zur Bahre verfolgen lassen. Das Arztgeheimnis und die Schweigepflicht entfallen dem Medizinischen Dienst, den Krankenkassen und dem Staat gegenüber. Eine riesige Datenbank entsteht, damit bisher unvorstellbare Kontrollmöglichkeiten über Patienten und Behandelnde – und Machtzuwuchs für Kassen und Staat.

Hilfestellung hat hierbei der Bundesvorstand der AOK gegeben, aus dessen Feder große Teile des Gesetzestextes stammen. Auch wenn der Zugriff zu den Daten und deren Verwertung noch geregelt werden sollte, droht eine Risikoselektion: Ausschluß von Behandlungen, ein Ausschluß von Antragstellern von einem Versichertenverhältnis und ein Ausschluß von Behandlern aus dem System. Es ist das Gegenteil der regierungsamtlich verkündeten Stärkung des Patientenschutzes.

Das bedeutet es, wenn Ihr Arzt von der ICD spricht, der Internationalen Klassifikation der Krankheiten, die er anzuwenden hat.

Mündige Bürger?

Das bürgerliche Recht kennt diese Begriffe nicht mehr. Dennoch – die *Entmündigung* und die *Pflegschaft* dienten dem Schutz Behinderter oder geistig Kranker.

Heute werden *gesunde* Staatsbürger bevormundet, ohne sachliche Gründe in ihrer Handlungsfähigkeit eingeschränkt. Aus staatsideologischen Gründen werden ihnen verfassungsmäßig garantierte bürgerliche Freiheiten genommen.

Die deutsche *Sozial*versicherung (Kranken- und Rentenversicherung), ist ein solches *kustodiales* System. Es ist unter obrigkeitsstaatlichen Bedingungen entstanden. Demokratische Strukturen sind trotz seines hundertjährigen Bestehens nur in Ansätzen zu erkennen.

Seiner Pflichtmitgliedschaft kann man sich kaum entziehen. Sicherlich dient dies dem Schutz der Minderverdienenden. Um es aber finanziell zu stützen, bauten unsere Volksvertreter zunehmend eine Volksversicherung auf, indem sie auch Wohlhabende als Geiseln nahmen und damit enteigneten. Um deren höheren Ansprüchen zu begegnen, holen sie jetzt die Leine noch kürzer und heben die freie (Fach-)Arztwahl der Kassenpatienten auf. Nur Hochverdiener dürfen dem System entkommen, in der Hoffnung, daß diese auch später genug Einkommen haben werden, um nicht der Gesellschaft zur Last zu fallen. Es erinnert ein wenig an das alte ständische Wahlrecht, das auch an die Vermögensverhältnisse gekoppelt war. Eine Versicherung im eigentlichen Sinne war es noch nie, sondern ein Zwangs-Fonds, aus dem unabhängig von der Einzahlung die Risiken seiner Mitglieder abgedeckt werden sollen.

Am Rande vermerkt: Leitende Angestellte der AOK sind in einem hauseigenen Versicherungsverein *privatversichert* – praktizierte Zwei-Klassen-Medizin bei dem lautesten Gegner einer Trennung von Basis- und Luxusmedizin.

Als *Patient* habe ich nur die Möglichkeit, diese Vollkaskoversicherung zu akzeptieren und Bereiche abzusichern, die für das Solidarprinzip der Versicherung unerheblich sind und die ich ohne Zwang, sie zu versichern, nie in Anspruch nehmen würde. Es bedeutet in einem solchen System schon eine gehörige Portion Selbstverleugnung, sich seiner Nachfrage zu enthalten.

Als *Ärzte* haben wir die Therapiefreiheit verloren. Niedrigster Standard ist angesagt, auch wenn die Werbesendungen einer Gesundheitskasse anderes vorgaukeln. *Heilversuche* werden nicht mehr genehmigt, auch wenn diese Therapieformen längst international anerkannter Standard sind. Was *prinzipiell* auf Kassenkosten verordnet werden kann, aber in dem konkreten Fall unwirtschaftlich ist, darf Kassenpatienten auch nicht privat verschrieben werden. Kassen, Medizinische Dienste, Prüfgremien unter Beteiligung der Kassenärztlichen Vereinigungen und Sozialgerichte arbeiten Hand in Hand und entscheiden Widersprüchliches.

Als *Fach*ärzte verlieren wir trotz Freiberuflichkeit auf kaltem Wege die Niederlassungsfreiheit. Nur auf Überweisung tätig zu sein, die Triage bei den Hausärzten zu belassen, hieße auf die hausärztlich-psychiatrische Betreuung der Patienten zu verzichten. Abgesehen von einem massiven Qualitätsverlust in der Versorgung würden

Kümmerpraxen entstehen. An das Krankenhaus führt für einen niedergelassenen Arzt selten ein Weg zurück.

Übergriffe

Ich erhalte von einer Krankenkasse die Aufforderung, jetzt doch endlich eine psychotherapeutische Behandlung eines Patienten einzuleiten. Diesem Schreiben liegt der letzte Bericht des Medizinischen Dienstes bei, in dem eine Psychotherapie angeregt wird.

Dieser Patient leidet seit dreißig Jahren an einer Dysthymie, einer chronischen depressiven Verstimmung. Die berufliche Überlastung hat ihn wieder einmal dekompensieren lassen. Bevor er vor zwei Monaten das erste Mal zu mir kam, hat er sich mehrere Wochen lang im Krankenhaus behandeln lassen, ohne daß er sich besser gefühlt hat. Jetzt fühlt er sich kräftiger. In den vergangenen vierzehn Tagen hat er schon wieder stundenweise gearbeitet. Das Ende der Arbeitsunfähigkeit. Eine Psychotherapie ist bei diesem Verlauf kaum angezeigt. Er kann ihr auch nichts abgewinnen.

Der gedankliche Kurzschluß: *Neurotische* Depression erfordert *Psychotherapie* zeigt den Grad der Weiterbildung des MDK-Kollegen. Die Aufforderung, nun endlich entsprechend (*weisungs*gemäß?) tätig zu werden, zeigt die profunde Kenntnis des Vertragsrechts des Versicherungsfachangestellten. Hier bin ich Gott-sei-Dank noch freiberuflich. *Wer kontrolliert die Kontrolleure?*

Machtdemonstration

Ein Kollege aus der Nachbarschaft, der Pflegegutachten erstellt, erhält einen Brief des Medizinischen Dienstes der Krankenkassen: Es sei zu prüfen, inwieweit seine Tätigkeit als freier Gutachter nicht als „Scheinselbständigkeit" im Sinne des neuen Gesetzes anzusehen sei. Er müsse in diesem Fall der Gesetzlichen Krankenversicherung beitreten. Zudem müsse dann noch einmal über die Höhe des Gutachtenhonorars verhandelt werden.

Nepotismus

Eines Tages kommt ein Schreiben einer Gesundheitskasse. Unterzeichner sind der Direktor dieser Kasse und der Bezirksstellenleiter unserer Kassenärztlichen Vereinigung, die beide miteinander gut befreundet sind. Wir werden aufgefordert, Heil- und Hilfsmittel bei einer bestimmten Firma anzufordern, da man vorteilhafte Rabatte ausgehandelt habe.

Da ich weiß, daß der Schwiegersohn des Herrn Direktors Teilhaber dieser Firma ist, lege ich das Schreiben zu den Akten. Zu mehr war ich leider zu feige.

Pflicht

Ich bin krank und liege seit einigen Tagen zu Hause im Bett. Meine Assistentinnen befinden sich in der Praxis und nutzen die Gelegenheit, alles zu ordnen und zu putzen. Eine neue Patientin will mich sprechen und glaubt einfach nicht, daß ich nicht da bin. Sie ignoriert völlig, daß ich von meinen Kollegen am Ort vertreten werde.

Eine halbe Stunde später ruft eine Mitarbeiterin der Gesundheitskasse an und weist meine Frau in unwirschem Ton darauf hin, daß es meine Pflicht sei, meine Praxis zu führen und Patienten zu behandeln. Auch sie kann nicht zuhören.

Halbgott in Weiß

Kennen Sie noch einen dieser Autokraten? Ich kenne keinen. Als ich noch studierte, gab es sie zweifellos. Sie sind längst tot, im Ruhestand oder entmachtet. Heute wird dieser Titel den Leuten mit Rückgrat verliehen.

Neulich hörte ich im Vorübergehen einen leitenden Angestellten einer Krankenkasse davon reden, daß man „diesen Herrgott in Weiß zuletzt doch noch klein bekommen" habe. Kooperation oder sinnlose, ideologisch verrannte Konfrontation oder Kampf um die Futtertröge? Die Instrumentalisation von Behörden und öffentlich-rechtlichen Einrichtungen zu einem Pseudoklassenkampf ist *Mißbrauch* dieser gesellschaftlichen Institutionen für Partikularinteressen.

Kompetenz und Kompetenzen

Kompetenz kommt, so habe ich es als Lateiner einmal gelernt, von *competere*, vom ehrlichen Wettbewerb, der zeigt, wer fähig ist.

Leider scheint in der Gesundheitspolitik nicht mehr Kompetenz gefragt zu sein, sondern Lobbyismus. Vom Wettbewerb schweigen wir – nicht erst seit Gelsenkirchen. Ich habe nichts gegen Sozialarbeiter/innen, Krankenpfleger/innen, Pädagogen/innen und Verwaltungsangestellte – aber warum sollen sie Krankenhäuser, vor allem aber Gesundheitsämter leiten? Warum hat man in langen Studiengängen Mediziner ausgebildet und einige nach der Facharztausbildung noch eine Weiterbildung zum Amtsarzt machen lassen, wenn die Kenntnisse eines Sozialarbeiters ausreichen? Könnte es sein, daß weitergehende Kompetenz auch zum politischen Ungehorsam verführen könnte? So daß Kompetenz*en* verwehrt werden *müssen*?

Die Zerschlagung der unteren Gesundheitsbehörden in einigen Bundesländern mag zwar irgendwie kameralistisch zu begründen sein, jedoch habe ich berechtigte Sorgen, daß deren Kompetenz dadurch nicht wächst.

Im Krankenhaus stellt sich dasselbe Problem. Hier haben Ärzte keinerlei Weisungsrecht gegenüber den anderen medizinischen Berufsgruppen. Der Pflegedienstleiter ist dem leitenden Arzt gleichgestellt. Der Stationsarzt gar kann sich gegenüber der Stationsschwester nicht durchsetzen, wenn sie nicht will, auch wenn er medizinische Gründe aufführt.

Auch in der Gesundheitspolitik scheinen Ärzte unerwünscht. Die psychiatrische Versorgung wird zunehmend von nichtärztlichen Gruppen besetzt. Zu derselben Zeit, in der übertriebenes Qualitätsmanagement den Fachleuten die Lust am Beruf verdirbt, ist Qualität und Kompetenz für die nachrückenden Akteure nicht mehr notwendig. Allenfalls besorgt man sich lediglich in Institutionen erfahrene Alibimediziner. Nun kann Medizin ohne Arzt, ohne *iatros* erfolgen, eine Spielwiese für jedermann, ganz demokratisch.

Vielleicht sollten wir dazu übergehen, auch andere öffentliche Ämter wie Ministerpräsidenten, Finanz-, Arbeits- und Gesundheitsminister generell mit Laienspielern zu besetzen. Zum größten Teil trifft das schon zu.

Milchmädchenrechnungen

„Sie sind zu teuer", sagt man in Deutschland uns Ärzten. „In anderen Ländern können sie das billiger. *Sie* tragen die Verantwortung für die Kosten. Sie haften uns dafür mit Ihrer Existenz."

Ob Sie es mir glauben oder nicht – in Deutschland steht ein niedergelassener Arzt zwischen Kunstfehlerprozeß und Schuldturm. Er haftet für das, was Sie an Behandlung erhalten: entweder für die Behandlungs*qualität* Ihnen gegenüber oder für die Behandlungs*kosten* gegenüber Ihrer Krankenkasse. So manches Mal habe ich von Kollegen den Spruch gehört: „Wie ich's mache, mache ich's verkehrt."

Nicht allein für seine Rechnung, auch für die *verursachten* Behandlungskosten durch andere Anbieter wie Krankengymnasten, Masseure, Pflegedienste, Apotheker und Pharmafirmen steht Ihr Doktor gerade. *Im Prinzip* ist dies auch richtig. Nur sind wir Deutschen weltweit als Prinzipienreiter bekannt.

Eines der Hauptprobleme für die allseits mangelnde Verantwortung für die Kosten scheint mir die *Sektorisierung* zu sein. Die Kostenstrukturen der gesetzlichen Krankenversicherung werden in Leistungsbereiche aufgeteilt; sie sind „sektorisiert": Einsparungen im stationären Bereich oder bei den Verordnungen kommen nicht dem budgetierten ambulanten Sektor zugute und umgekehrt. Einsparungen interessieren keinen – auch die Kostenträger, die Kassen, nicht. Nur beim Überschreiten von Höchstgrenzen tut es dem Doktor weh. Wenn ein niedergelassener Arzt mehr *leistet* und dadurch für das Gesamtsystem Verordnungen und damit Kosten spart, schneidet er sich in den eigenen Finger. Dies ist nur für ihn relevant: als *eigene* Kosten, für die sonst niemand aufkommt. Hier stellt sich für sie nicht mehr die Frage der Motivation, sondern die des Überlebens.

Ob wir wirklich teurer sind als anderswo? Andere Systeme, andere Kostenstrukturen, andere Zuordnungen. Äpfel und Birnen? Man kann vieles passend rechnen.

Kunst, Wissen und Gewissen

Als ich mich vor fünfundzwanzig Jahren endgültig für die Neurologie entschied, galt vom Nervenarzt immer noch der Spruch, daß er im Gegensatz zu dem Chirurgen viel wisse, aber nichts könne. Der Zweig der Nervenheilkunde, in dem man *hantieren* konnte, die Neuro*chirurgie*, hatte sich längst von dem Hauptstamm entfernt und war längst nicht mehr allein angewandte Neurologie. Sie hatte ihre eigenen Fragestellungen und Antworten, und ein Großteil der Nervenärzte, die ja auch die Psychiatrie, gelegentlich schon die Psychotherapie abdecken mußten, hatte kaum noch einen Einblick in dieses Fach. So bestand die Nervenheilkunde aus Diagnostik, die vorwiegend auf Erfahrung und detektivischem Spürsinn beruhte und erst allmählich durch Apparate unterstützt wurde, und aus nur geringen therapeutischen Möglichkeiten. Über vieles, was wir damals „ut aliquid fiat" unternahmen, um *etwas* zu tun, lächeln wir heute.

Auch wenn es nur ein Anfang ist, etwas mehr als ein Silberstreif am Horizont, sind wir in den beiden Richtungen unseres Fachs viel weiter. Wir haben nicht nur neue Methoden in Diagnostik und Therapie, sondern es ist plötzlich *Bewegung* zu erkennen. Das Beschreiben und Klassifizieren von Krankheiten, das teils spekulative Denken, in dem wir so groß waren, ohne daß wir den Ursachen viel näher kamen, ist einer Haltung gewichen, die sich ihrem Objekt mit einem experimentellem Ansatz nähert. Wir mögen dies als Verlust von Humanität empfinden, doch hat dies uns weiter gebracht, als uns vor kurzem noch vorstellbar erschien. Die Neunziger Jahre, als „Dekade des Gehirns" deklariert, haben Früchte getragen.

Die Psychowissenschaften und die Neurologie haben ihre Erkenntnisse über die Entstehung von Krankheiten und ihre differentialdiagnostische Trennung erheblich erweitert. Das gab einen Ausblick auf neue Therapien.

Die Psychotherapie hat unter Einbeziehung der Verhaltenstherapie neue Konzepte entwickelt, Ängste, Zwänge und Depressionen erfolgreich zu behandeln.

Neue Neuroleptika mit geringem Nebenwirkungsspektrum lassen Menschen, die an einer Psychose leiden, ihren Arbeitsplatz behalten oder einen neuen erlangen. Psychoedukative Verfahren, und psychiatrische Pflege und sozialpsychiatrische Unterstützung helfen, einen neuerlichen Krankenhausaufenthalt zu vermeiden.

Für Menschen, die unter Depressionen leiden, haben wir Medikamente zur Verfügung, die, nebenwirkungsärmer als die bisherigen, die Fähigkeiten des Kranken nicht noch weiter einschränken, die kaum noch müde machen, die Reaktionsgeschwindigkeit, die Blasenfunktion und Herzleistung nicht beeinträchtigen und keine zusätzliche Behandlung der Therapiefolgen erforderlich machen. Letztendlich ist die teurere Behandlung volkswirtschaftlich billiger, auch wenn es den spitzen Rechnern nicht so scheint.

Wir haben die Möglichkeit, den Verlauf der Multiplen Sklerose entscheidend zu beeinflussen. Während wir früher Quecksilber-Schmierkuren verordneten, später etwas erfolgreicher mit Kortison und Immunsuppressiva waren, haben wir heute wirksame Immunmodulatoren – Interferone. Andere Therapieverfahren sind in der Entwicklung. Damit besteht für diese Kranken erstmals Hoffnung, in Würde ein (fast) normales Alter zu erreichen.

Die Parkinsonsche Krankheit ist zwar schon seit fünfunddreißig Jahren behandelbar, doch sind in den letzten Jahren neue Medikamente und Therapiekonzepte hinzugekommen, die nicht nur vorübergehend die Symptome mindern, sondern die Lebenserwartung nahezu normalisieren. Die schärfere diagnostische Abtrennung von klinisch ähnlichen Syndromen führt nicht allein zu einer Verbesserung der Erfolge, sondern auch zu einem neuen Verständnis dieser anderen Krankheiten und damit zu weiteren Überlegungen.

Die Vorbeugung von Schlaganfällen ist durch neue Stoffe wirksamer und weniger risikoreich. Eine weniger nihilistische Betrachtungsweise, eine bessere Aufteilung der Kompetenzen, eine bessere Verzahnung von ambulant und stationär und vor allem ein konkretes Handlungskonzept führt in dem Fall der Fälle zu rascherer Hilfe und besseren Ergebnissen.

Von den dreißig bis vierzig Prozent, bundesweit, der Epilepsiekranken, denen mit den Standardmedikamenten nicht geholfen werden kann, reagieren eine Reihe endlich auf die neuen Präparate und erhalten sich ihren Arbeitsplatz. Die Epilepsiechirurgie fokaler Anfallsleiden hat ihre Standards verfeinert und ist in der Lage, vielen zu helfen, die sonst als therapieresistent galten.

Erstmals sind Medikamente zu erhalten, die den Verlauf der Alzheimer-Krankheit deutlich verlangsamen, die die Persönlichkeit zerstört und Ehen und Familien an die Grenze ihrer Belastbarkeit führt. Neue Möglichkeiten, die ein früheres Erkennen und einen früheren Eingriff in das Krankheitsgeschehen ermöglichen, sind in der Entwicklung.

Neue Migränemedikamente, die Triptane, sind wirksamer und nebenwirkungsärmer als alles, was bisher zur Verfügung stand, und helfen nicht nur, das Wohlbefinden zu steigern, sondern auch, die zuvor häufigen Arbeitsausfälle erheblich zu vermindern.

Für eine Krankheit, die Amyotrophe Lateralsklerose, bei der langsam alle Muskeln des Körpers versagen und die durch Ersticken zum Tode führt, haben wir seit kurzem ein Medikament, das den Verlauf deutlich verzögert.

All dies kostet. Gelegentlich rechnet es sich. Vor allem, wenn es sich um *humane* Mathematik handelt.

Lange nicht alle, die von einer Behandlung profitieren würden, erhalten sie auch. Sie ist der Gesundheitspolitik *zu teuer*. Die neuen Medikamente für die Multiple Sklerose kosten rund 30.000 Mark im Jahr, die für die Epilepsie etwa 6.000, die für ein Parkinson-Syndrom vielfach mehr als 8.000, für die Alzheimer-Demenz 3.000 bis 5.000, die Depressionsbehandlung 2.000 bis hin zum Doppelten... Ich liege mit meinem Verordnungsschnitt auf dem Doppelten meiner Fachgruppe. Das Damoklesschwert hängt über mir. Irgendwann fällt es herunter.

Wenn alle diese Kranken nach den Methoden behandelt würden, die inzwischen einklagbarer Therapiestandard sind, gäbe das einen Kostenschub, der weit jenseits dessen läge, was heute beklagt wird. Eine Optimierung allein der Diabetes-Therapie würde einen Kostenanstieg des Arzneimittelbudgets um ein Viertel bedeuten, der „Aufholbedarf" bei der Behandlung der Multiplen Sklerose beträgt bundesweit eine Milliarde DM.

Das Eigentliche

Fast regelhaft vergessen die Strategen des Gesundheitssystems über ihrem spitzen Rechnen dessen eigentlichen Zweck: Leiden zu mindern. Es handelt sich nicht nur um abstrakte Funktionsstörungen, um Verlust an Lebensqualität, um Ausfälle von Produktivität und bei der Zahlung von Versicherungsbeiträgen, sondern um schwere seelische Belastungen der Betroffenen und ihrer Angehörigen, um Krankheit, Qual und Tod.

Lassen Sie sie ruhig in ihren einfältigen Denkschemata der Kosten-/Nutzenrechnung bleiben. Die verschiedenen Budgets sind nur scheinbar unabhängig. Nach wie vor gilt: Mindere ich Leiden, fällt *cost effectiveness* wie von selbst ab: Arbeitsfähigkeit und damit Nettogewinne der Krankenversicherung, geringere Belastungen der Rentenversicherung, geringere soziale Kosten in zahlreichen anderen Bereichen, weniger sekundäre Schädigungen der Kranken und von Personen aus deren Umfeld. Viele wären noch im „Arbeitsprozeß" und würden nicht am Rande des Existenzminimums dahinvegetieren und von der „Stütze" leben müssen. Viele lebten noch, die an den Folgen ihrer Krankheit verstorben sind oder die vor Verzweiflung keinen anderen Ausweg mehr sahen. Manche Familie zerfiele nicht und würde nicht unsere Hilfsinstitutionen beschäftigen müssen, Jugend- und Sozialämter, Gerichte, Polizei und Vollzugsanstalten. So mancher Ehepartner und so manches Kind müßte nicht in Beratungsstellen, Praxen und Kliniken, Frauenhäusern und Heimen behandelt oder betreut werden.

Das Teil und das Ganze

Was kostet Krankheit? Die Summe der *Behandlungskosten*, meinen Sie. Es scheint mir, daß auch unsere Gesundheitspolitiker dieser Meinung sind. Kosten gilt es zu vermeiden, wenn diesen nichts gegenübersteht. Eine zynische Ansicht. Gesundheit ist ein Un-Wert.

Ich höre kaum jemanden darüber reden, daß Behandlungskosten *Investitionen* sind, die vielfach *Gewinn* abwerfen. Man weiß es. Aber man sagt es nicht. Die Frage ist, wie habe ich bei dem geringsten Einsatz den größtmöglichen Effekt?

Verschiedene Behandler und Behandlungsmethoden verursachen unterschiedliche Kosten – auch bei demselben Krankheitsbild. Ein schizophrener Patient, der in einer Institutsambulanz betreut wird, verursacht nachweisbar höhere Kosten als derjenige, der in einer Nervenarztpraxis behandelt wird. Die Medikamentenkosten sind in der Ambulanz doppelt so hoch. Ein Ambulanzpatient wird häufiger stationär eingewiesen. Eine Krankenhausbehandlung gar ist über das Jahr gesehen mehr als zehnmal so teuer als eine nervenärztliche Versorgung – auch wenn in diese Rechnung zwischenzeitliche stationäre Behandlungskosten eingehen. Sicher sind stationäre Patienten häufig schwerer krank. Das bedeutet aber nichts weniger, als daß alle Anstrengungen zu unternehmen sind, sie ambulant so zu betreuen, daß eine stationäre Aufnahme vermieden werden kann. Das macht zwar die ambulante Behandlung noch teurer als bisher, doch ist sie allzumal billiger als das Krankenhaus.

Hält man einen jüngeren Kranken durch eine intensive ambulante Betreuung im Arbeitsprozeß, bedeutet dies einen Nettogewinn für die Krankenversicherung, da die Behandlungskosten in aller Regel weitaus geringer sind als die Versicherungsbeiträge. Nur einige Krankheiten wie AIDS und Krebs entsprechen mit ihren extrem hohen Kosten nicht dieser Regel. Es herrscht gesundheitspolitischer Konsens, daß hier die Schere nicht anzusetzen sei. Dann darf aber nicht sein, daß die Kosten öffentlich demonstrierter Moralität den ärztlich Handelnden angelastet werden.

Folgekosten

Ich habe mich eine Zeitlang gewundert, daß aus Großbritannien immer wieder Studien über die positiven Effekte älterer Antidepressiva kamen. Einige Firmen versuchten hier mit diesen Präparaten auch in den Markt zu kommen, obwohl sie effektiv keine Vorteile gegenüber unseren eigenen alten Schätzchen hatten. Sie hatten dieselben Nebenwirkungen und dieselbe höhere Toxizität. Nur der Preis war höher.

Sie wurden dort vom staatlichen Gesundheitssystem bevorzugt. Sie waren billiger als die Neuentwicklungen.

Ambulante Behandlungen haben ihre Besonderheiten. Während im Krankenhaus die Medikamente mit einem gelinden Druck „verabreicht" werden, bin ich in der Praxis auf Mitarbeit angewiesen. Und die ist bei Trizyklika, den älteren antidepressiven Medikamenten, schlecht, dreimal schlechter als bei den neuen Präparaten. Die Patienten nehmen sie unterdosiert oder spucken sie in die Toilette. Der Krankenstand ist größer und stationäre Behandlungen sind häufiger.

Ein weiteres kommt hinzu: Durch ihre höhere Toxizität verursachen Trizyklika selbst häufiger Gesundheitsstörungen und Arbeitsunfähigkeit, also Folgekosten.

Entwicklungsland

Ein weiteres Beispiel: Neuroleptika sind Medikamente, mit denen man Psychosen behandelt. Ältere Neuroleptika, zum Teil seit fast vierzig Jahren im Handel, sind zwar wirksam, doch nebenwirkungsreich. Sie wirken entweder *sedierend*, machen müde, oder verursachen sogenannte *extrapyramidale* Störungen, zumeist ein Parkinsonoid. Diese Patienten schlurfen mit gebundener, ausdrucksarmer Mimik und steifem, roboterhaftem Gang durch die Welt. Auch ist ihr Antrieb gemindert und ihr Interesse an der Umwelt erlahmt. Sie sind dadurch stigmatisiert.

Natürlich gibt es Neuentwicklungen, *atypische* Neuroleptika, die diese Probleme nicht haben. Sicher sind sie besser. Aber sie sind bis zu zwanzigmal *teurer*.

Inzwischen zeigt sich immer deutlicher, daß eine Behandlung mit diesen neuen Präparaten geringere Krankheitsfolgekosten mit sich bringt. Sie haben auch wesentliche Vorteile für die Prognose. Die älteren Medikamente schränken nicht nur durch ihre Stigmatisierung die sozialen Kontakte ein, sondern auch die geistigen Leistungen, das psychische Tempo, die Aufmerksamkeit, die Lernfähigkeit, die Fähigkeit, Gefühle zu äußern. Für diese Menschen ist es schwieriger, ihre in der Psychose gelernten, unrealistischen Gedankenverknüpfungen zu korrigieren. Obwohl sie in einigen Fällen noch unverzichtbar sind, können diese Präparate schaden, indem sie einer *Chronifizierung* des Leidens Vorschub leisten. Die Daten zeigen immer klarer die Vorteile der neuen Medikamente.

Im kniepigen Schweden haben sie fünfundvierzig Prozent Marktanteil. In Deutschland sind es keine zwanzig. Fragen Sie als Patient einen *niedergelassenen deutschen* Psychiater, so erhalten Sie zur Antwort, daß die alten Medikamente *auch* wirken. Sicherlich, sie wirken. Sie sind in Akutfällen rasch wirksam, manches Mal rascher als die neuen Präparate. Der Grund für die Zurückhaltung liegt aber nicht in der Wissenschaft, dem therapeutischen Können der Kollegen, nicht in *deren* Ethik. Der Grund ist *Angst*, Angst, den starren, vorgegebenen *finanziellen* Rahmen zu sprengen. Angst, durch einen von den Kassen beantragten Medikamentenregreß *plattgemacht* zu werden.

Solange Patienten nicht wissen, daß es Besseres gibt, können sie sich gegen zwar Bewährtes, doch vielfach Überholtes nicht wehren. Wenn die neuen Präparate im Einzelfall besser sind, stehen sie ihnen zu. Das ist zwar kein *Kassenrecht* – hier kommt es lediglich darauf an, daß die Behandlung ausreichend, zweckmäßig und wirtschaftlich ist und *das Maß des Notwendigen nicht überschreitet.* Doch es ist *Menschenrecht*, daß sie an ihrer körperlichen und geistigen Integrität keinen vermeidbaren Schaden erleiden. Deutschland, das Entwicklungs-Land, aus dem als „Apotheke der Welt" die neuesten Entwicklungen kamen, ist so selbstverschuldet ein Entwicklungsland geworden, sowohl therapeutisch als auch moralisch.

Die Schweden wissen: Gut behandelte Patienten sind seltener arbeitsunfähig. Ethisches Verhalten in der Medizin rechnet sich manchmal doch.

Übrigens gibt es in den Vereinigten Staaten schon die ersten Klagen auf Behandlung mit den neuen Präparaten.

Vergleiche

Im Herbst 1999 erhalte ich eine Anfrage wegen meiner Verordnungen von Heilmitteln – vorwiegend physiotherapeutischen Leistungen – im ersten Quartal 1997. Das liegt zweieinhalb Jahre zurück. Dreizehntausend Mark beträgt die Höhe der Fremdleistungen, fünfundsechzig Prozent habe ich über dem Schnitt der Kollegen gelegen. Dabei habe ich nicht mehr verordnet als in den Vorquartalen. Wenige Wochen später erfahre ich, daß ich bei dem gleichen Verordnungsvolumen *neunundachtzig* Prozent höher gelegen habe.

Der Grund für meinen Ausreißer war, daß die anderen weniger verordnet hatten als zuvor. Aus Angst vor einem angedrohten Regreß hatten sie sich verweigert. In diesem Jahr mußten Krankengymnasten ihre Praxen aufgeben, weil sie kaum noch Verordnungen erhielten. Als die Verordnungen wieder anstiegen, war die Landschaft verändert.

Ich versorge überdurchschnittlich viele Patienten, die auf eine regelmäßige Behandlung angewiesen sind. Ich konnte sie nicht im Stich lassen. Für die Angst der anderen soll ich heute zahlen.

Abstrafen oder Kooperieren

Verordne ich mehr als der Durchschnitt meiner Fachkollegen, erhalte ich keinerlei rechtzeitigen Hinweis, um mein Verhalten anpassen zu können. Mehr als zwei, manchmal zweieinhalb Jahre danach teilt mir der Prüfungsausschuß der Kassenärztlichen Vereinigung mit, daß die Arbeitsgemeinschaft der Krankenkassen einen Prüfungsantrag wegen Unwirtschaftlichkeit gestellt habe, da keine Praxisbesonderheiten zu erkennen gewesen seien. In der Regel hat man sich keine Mühe gemacht, nach diesen zu schauen. Es ist auch einerlei, wenn die Verfahrensvorschriften besagen, daß die Prüfungsanträge spätestens ein Jahr nach dem Zeitraum zu stellen seien, in dem der Arzt auffällig geworden sei. Es ist müßig, darauf hinzuweisen. Das Verfahren nimmt seinen Lauf.

Ich schließe die Praxis, fahre in die Landeshauptstadt zur Kassenärztlichen Vereinigung und blicke mit meinen Helferinnen meine Verordnungen durch. Ich verfasse ein Schreiben, in dem ich meine Verordnungen rechtfertige und weise ein weiteres Mal auf meine Praxisbesonderheiten hin. Der Vergleich meiner Praxis mit anderen meiner Fachgruppe ist schwierig – *Psychiater* und *Psychotherapeuten* verordnen kaum, insbesondere keine *Physiotherapie,* auch habe ich als *Nervenarzt* einen überaus hohen Anteil an Rentnern zu versorgen, die an Morbus Parkinson und Alzheimer leiden; auch meine vielen Fälle von Multiple-Sklerose-Kranken machen mir zu schaffen. So manches Mal denke ich an Vilmars Spruch von dem „sozialverträglichen Ableben“.

In vielen Fällen dringe ich mit meinen Argumenten bei der ersten Instanz des Prüfungsausschusses nicht durch. Es kommt mir vor, als wolle man die Probleme nicht sehen. Vielleicht verschließt man die Augen davor, weil man die finanzielle Seite, das Budget, für wichtiger hält als das Recht des Patienten und die Therapiefreiheit des Arztes. Erst beim Beschwerdeausschuß, zu dem ich tunlichst erscheine, habe ich Glück. Ich schließe wiederum die Praxis für einen halben Tag und nehme mir einen Anwalt, dessen Honorar sich nach dem Streitwert errechnet.

Schaffe ich es nicht, jetzt durchzudringen, bleibt nur das Sozialgericht. Das prüft lediglich, ob das Verfahren korrekt abgewickelt wurde, nicht die strittigen medizinischen Probleme. Geld kostet es immer.

Töpfe

Als ich als Kassenarzt noch jung und unerfahren war und an eine innere Logik des Systems glaubte, verordnete ich eine Reihe von immer wieder notwendigen Dingen wie Infusionslösungen und Ampullen als Praxisbedarf. Auch hier gibt es gute Rabatte zugunsten der Kostenträger.

Nach fast zwei Jahren erhielt ich einen Regreß von *einhunderttausend Mark*. Die Ausschüsse gingen auf meine Begründung nicht ein, ich hätte zwanzigtausend Mark Kosten *eingespart*. Inzwischen war das Folgejahr fast vorbei und der nächste Regreß war sicher.

Erst im Beschwerdeausschuß kam man mir – Gnade vor Recht – entgegen. Der Vorsitzende des Ausschusses, ein alter AOK-Direktor, klopfte mir im Weggehen auf die Schulter. „Junger Mann," sagte er, „wir wissen, daß es für die Kassen billiger gewesen wäre, wenn Sie weiter so verordnet hätten. Bitte halten Sie sich in Zukunft im eigenen Interesse an unsere Regeln, auch wenn sie Ihnen zu Recht unsinnig erscheinen." Der Anwalt hatte mich ein Zehntel der Summe gekostet. Der nächste Regreß kam. Im zweiten Ausschuß verstand man, daß ich das Ruder nicht herumwerfen konnte, bevor ich den neuen Kurs kannte. Man verschonte mich.

Ich bin jetzt so vernünftig, daß ich mich unvernünftig verhalte. Ich habe mein Lehrgeld dafür bezahlt.

Ethik und Monetik – Arzt, Geld, Schicksal

„Was mich um den Verstand bringt, ist die Wirklichkeit", läßt Jostein Gaarder den Kritiker sagen. „Wie ist es möglich, dieses Wort in den Mund zu nehmen, ohne um Atem ringen zu müssen?" Die Wirklichkeit, um die es *hier* geht, ist in der Tat atemberaubend, denn sie ist die Parodie ihrer selbst. Sie ist im eigentlichen Wortsinn verrückter, als man es von der subjektiven Realität unserer psychiatrischen Patienten annimmt.

Je länger ich mich mit gesundheitspolitischen Themen beschäftige, desto verwirrter bin ich hinsichtlich der angestrebten *Ziele*. Hier ist seit Jahren vieles verworren und unklar. Gibt es überhaupt langfristige Konzepte? Die *Folgen* dieser Situation liegen auf der Hand: Aufgabe der Eigenverantwortung, Entsolidarisierung, Vorteilsnahme. Die Politik scheint sich heute *langfristiger Konsequenzen* des eigenen Handelns nicht mehr bewußt zu sein. Aktionismus als Programm und kurzsichtiges Herumlavieren statt sinnvoller Abstinenz – ist diese Politik noch Staatskunst?

Ärzte und andere „Leistungserbringer" sind Gladiatoren in diesem Spiel. Mir scheint, die bislang freiberuflich Tätigen unter ihnen sollen geopfert werden, damit der Zorn nicht die Richtigen erreicht. Was aber, wenn dann diese Pufferzone fehlt?

Dieses Thema ist für Ärzte mit Angst besetzt. Viele ihrer Reaktionen muten panisch an. Sie entstanden aber durch langjährige Erfahrungen und führten bei den meisten zu einem gänzlichen Vertrauensverlust gegenüber den gesellschaftlichen Institutionen, einschließlich der eigenen berufspolitischen Vertreter. Angst aber bedeutet Verlust der Lebensqualität und führt zu Arbeitshemmung.

Erstaunlicherweise haben sich Teile unserer Medien, vor allem aber unsere öffentlich-rechtlichen Nachrichtenverbreiter, auf diesen Zug aufgeschwungen. So manche dieser Verlautbarungen entspricht den alten Agitprop-Maschen. Wo liegt das *Ziel*?

Hier folgen einige Gedankensplitter zu Themen, die man früher nur im engen Kollegenkreis besprach – nicht, weil man das erste (Arzt) war, von dem zweiten (Geld) mehr als genug hatte und letzteres (Schicksal) bis zum Lebensende gesichert erschien, wie bösartige Zungen kolportierten, sondern weil es als *standesunwürdig* galt (das Werbeverbot bezieht sich noch auf diese Standesmoral, die sich allmählich auflöst). Diese krampfhafte Moral wirkt heute operettenhaft selbstmitleidvoll: „ ... und wenn uns Chinesen das Herz auch bricht, wir zeigen es nicht." Wir können sie uns nicht mehr leisten.

Verdienst(e)

Ich verdiene gern. Wer tut das nicht? Ich freue mich, wenn ich für gute Leistung gutes Geld erhalte. Ich fühle mich beschämt, wenn ich für etwas, mit dem ich selbst nicht zufrieden bin, eine Belohnung irgendwelcher Art erhalte. Gelegentlich erhalte ich auch für eine gute Leistung nichts – dann trägt, wie meine Großmutter rezitierte, die gute Tat ihren Lohn in sich. Es ärgert mich aber, daß ich immer häufiger aufgefordert und zunehmend auch gesetzlich gezwungen werde, noch mehr und das unentgeltlich zu leisten, zumal dies zumeist von denjenigen kommt, die sich selbst gern eine gute Portion vom sozialen Kuchen genehmigen. Da die liquidierbaren Leistungen immer schlechter honoriert werden, kann ich meine freiwillig erbrachten Leistungen nicht mehr kompensieren.

Massenhaft billig erbrachte Leistung verliert ihren Wert und auch ihre Qualität, der Erbringer seine Wertschätzung und damit eine wesentliche Quelle seiner Motivation. Fordert man das von ihm, schneidet man ihm die Ehre ab. Ich will diesem Gedanken nicht weiter tiefenpsychologisch, soziologisch, historisch oder religionsphilosophisch nachgehen, sondern lediglich Ursachen und Folgen anleuchten.

Ich ochse

In der Bibel schon heißt es: „Du sollst dem Ochsen, der da drischt, das Maul nicht verbinden" und „Ein jeglicher Arbeiter ist seines Lohnes wert". Sicherlich ist die negative Spiegelung dieser Aussagen, die der alte Paulus vertrat („Wer nicht arbeitet, soll auch nicht essen"), heute aufgrund unserer anderen religiösen und sozialen Überzeugungen nicht mehr opportun. Historische Untersuchungen zeigen, daß diese vor dem Hintergrund einer Überflußgesellschaft entstanden sind, die mehr an unproduktiven Verbrauchern tolerieren kann.

Spiegelbildlich zu diesem neuen Pseudoaltruismus (er trifft ja keinen *persönlich*, sondern *nur die Gesellschaft*) hat sich ein Lebenskonzept breitgemacht, das soziales und ökologisches Engagement von anderen einfordert, sich selbst aber kapitalistisches Verhalten, gar Plünderung gesamtgesellschaftlicher Ressourcen vorbehält. Dieses Denken wird kaum noch durch Weltanschauung oder Religion gebremst: Hedonismus für mich, Verpflichtung den anderen.

Problematisch wird es, wenn gesellschaftlich einflußreiche Gruppen oder der Staat selbst diese Denkweisen unterstützen, die dadurch quasi normativen Charakter erhalten. Helmut Schmidts wertefreier Staat (er scheint sich inzwischen mehr Gedanken über die Folgen zu machen) schafft neue, minimalistische Wertvorstellungen, da andere sinn- und normvermittelnde Institutionen sich aus diesem Geschäft zunehmend zurückgezogen haben. Werte kommen dann, wer hätte es gedacht, durch die Hintertür wieder hinein: als fehlende Wertvorstellung *des anderen*. Entspricht der nicht meinen Wünschen, ist er böse.

Noch seltsamer mutet es an, wenn in diesem kapitalistischen System die freiberuflichen Erbringer von sozialer und medizinischer Leistung in einen Sonderwirtschaftsbereich verbannt werden, der schlimmster sozialistischer Planwirtschaft entspricht. In diesem Reagenzglas dürfen sie wieder sich gegenseitig zerfleischende Kapitalisten sein. Es erinnert mich an die russischen Babuschka-Püppchen. Nur unter existentieller Gefahr können sich einzelne daraus befreien.

Wenn den so entstandenen Ansprüchen nur dadurch genügt werden kann, daß die Leistungsträger ausgebeutet werden, fällt es auf die Anfragenden zurück. Qualität ist unter diesen Bedingungen unmöglich. Schließlich schmilzt ihre Zahl dahin wie Butter an der Sonne. Leistung für Gegenleistung – dieses alte Prinzip zu kriminalisieren, heißt eine neue Sklavenkaste zu fordern. Die Kölner Heinzelmännchen kamen *freiwillig*. Sie gibt es nicht mehr. Es war die *Gier* einer Einzelnen, die sie verschwinden ließ. Hier ist es die Gier einer Gesellschaft und ihrer Vertreter.

Hochverdiener

„Herr Doktor, Sie verdienen doch sowieso an uns genug (dann können Sie mir kostenlos ...). Sie haben so viele Patienten, das Wartezimmer ist immer so voll." Diese kleine Unverschämtheit hört man so oft, daß man sie nur noch selten registriert. Vor kurzem mußte ich zwei meiner Helferinnen kündigen, weil die Praxis sie nicht mehr trug. In dieser Zeit habe ich mehrfach nicht mehr die Contenance bewahren können.

Hausbesuche kosten mich mehr, als sie einbringen. Der Schlüsseldienst hat ein mehrfaches an Umsatz für seinen Einsatz. Mein Umsatz bei einer Hausbesuchsfahrt ist geringer als der meines Taxifahrers; ich fahre also Verluste ein. Das Budget setzt allem den Deckel auf.

Wer hat das Recht, mich wegen meines vermeintlichen Reichtums benutzen und ausbeuten zu können, Selbstlosigkeit einzufordern? Wer, der sechsunddreißig Stunden in der Woche arbeitet (statt doppelt so viel wie ich und viele andere Kollegen), wer, der alles in trockenen Tüchern und mehr übrig hat als ich, auch wer, der zwar ein kleines Auskommen hat aber auch kaum Verpflichtungen, wer hat das Recht, mich so anzugehen?

Chip – chip, chimney

Wanderer zwischen den Ärzten, kommst du in meine Praxis ... Die Chipkarte sollte elektronisch gelocht werden können wie früher die alten Bahnfahrkarten. Umsteigen gegen Aufschlag – zu *eigenen* Lasten. Sonst muß ich noch mehr von meinem Honorar in den Schornstein schreiben.

Warum wird die Bezahlung einer Leistung kontingentiert und nicht die Leistung selbst? Warum sind drei Millionen überflüssige Chipkarten in Umlauf, die die erbrachten Leistungen durch Betrug inflationieren, ohne daß die Kassen hierfür mit einem Pfennig haften? Warum dürfen Krankenkassen wider besseres Wissen erzählen, daß Ärzte ihre Versicherten ausnähmen, wenn gerade sie die Ärzteschaft durch gedeckelte Vergütungen ausbeuten?

Verhältnismäßigkeit

Auch auf die Gefahr hin, daß ich ins Schwadronieren gerate und mir nachgesagt wird, daß ich in Stammtischmanier Unqualifiziertes von mir gebe: Es ist schier unglaublich, was auf dem „Medizinmarkt" geschieht.

Unser ambulantes Gesundheitssystem schien eine Reihe von Jahren recht gut zu funktionieren, so daß unsere Sozialpolitiker es als Modell schon mehrfach anderen Ländern andienen wollten, die entweder mit einer Staatsmedizin oder einem freien Medizinmarkt in Schwierigkeiten gekommen waren. Jetzt scheint es angesichts leerer Kassen plötzlich zu versagen. Es verhält sich gegenüber den Leistungsanforderern zunehmend im konkreten Fall verweigernd, während es früher fast promiskuitiv war, was es verbal noch vorgibt zu sein.

Schlimmer ist es noch für die „Leistungserbringer". In der Öffentlichkeit werden sie seit Jahren (der Stern zeigte schon vor fünfundzwanzig Jahren auf seinem Titelblatt Chirurgen, die aus dem offenen Bauch ihres Patienten bündelweise Tausender zogen) als üble Abkassierer und potentielle Betrüger dargestellt, ihre Umsätze bewußt mit Einkommen gleichgesetzt, in der Hoffnung, daß diese Desinformation geschluckt und daß Wiederholung mit Wahrheit verwechselt wird.

Dabei wird bewußt übersehen, daß die meisten Praxisinhaber weniger *Gesamtumsatz* haben als ein Direktor einer Kasse *Einkommen*. Ein Arzt aber finanziert davon die gesamte Praxis und zahlt die Regresse für sein Verordnungsverhalten, während letzter noch die Arbeitgeberanteile der Renten- und Krankenversicherung seinem Arbeitgeber überlassen kann und zahlreiche andere Vergünstigungen hat. Die Diskussion über ruinöse Rückzahlungen für Verordnungen in einigen „Neuen Bundesländern" ist noch nicht vergessen, als ich von einem mit mir verwandten Versichertenältesten höre, daß gerade dort unverständlich hohe Gratifikationen an leitende Angestellte und riesige Vermittlungsprämien bei erfolgreicher Mitgliederwerbung gezahlt werden.

Übrigens: Der Stundensatz, den mein Elektriker (nichts gegen Handwerker) für seinen Gesellen auf die Rechnung schreibt, ist eineinhalbmal so hoch wie das, was man einer gesamten Arztpraxis mit allen Angestellten rechnerisch zuteilt und dreimal so hoch wie das, was einem akademischen Gutachter von den Gerichten zuerkannt wird. Eine Gebärmutteroperation hat den Erlös einer Dauerwelle und eine komplette neurologische Untersuchung entspricht einem Kinobesuch für zwei, der Hausbesuch dem Knöllchen einer Politesse für das Überschreiten der Parkzeit vor der Tür des Patienten.

Vergleich

Ein Patient ist wütend. Er hat im Urlaub einen Hausbesuch angefordert, weil er wegen eines Hexenschusses sich nicht rühren konnte. Die von dem spanischen Kollegen liquidierte Summe von *einhundertsechzig* Mark für den Besuch, die „symptombezogene Untersuchung" und die Spritzen hat er sofort bezahlt. Die Summe ist ihm völlig normal vorgekommen. Er ist Handwerker und kann rechnen. Als er zu Hause die Rechnung bei seiner Krankenkasse einreicht, wundert er sich. *Achtunddreißig* Mark und achtundvierzig Pfennige erhält er als Erstattungsbetrag. Das sei die Summe, sagt man ihm, die ein Arzt in Deutschland dafür erhalten hätte. Eine Wegegebühr und den Besuch einschließlich der Untersuchung. Die Injektionen sind hier im Preis enthalten, einschließlich Material. Er hat in Spanien das *Vierfache* bezahlt.

Kein Wunder, daß ein deutscher Kassenarzt „in die Masse gehen" muß. Seine Amortisationsgrenze für seine Praxis liegt bei einer Arbeitszeit, in der die meisten Arbeitnehmer schon an den Feierabend denken, und er hat den Lebensunterhalt für seine Familie dann verdient, wenn andere schon in der Hängematte liegen oder vor dem Fernseher sitzen. Bei fünfundsechzig Wochenstunden hat er das Gehalt eines Studienrates verdient, manchmal auch später. Bei eine höheren Stundenzahl kommt die Schere der Budgetierung und des Honorarverteilungsmaßstabs. Verluste aus früheren Vierteljahren lassen sich so nicht mehr einarbeiten.

Freier Beruf?

Zeit haben

So manches Mal höre ich: „Ich habe so lange gewartet. Jetzt müssen Sie sich aber Zeit für mich nehmen." Das Wartezimmmer ist so voll, daß ich weiß, daß das nicht möglich ist.

Die Realität ist Fließbandarbeit. In den alten Bundesländern hat ein Arzt 9,3 Minuten Zeit für einen Patienten. In der Schweiz sind es sechzehn Minuten, in England dreizehn, nur in Italien wird unser Standard mit 7,2 Minuten noch unterschritten. Wer dort mehr haben will, verzichtet auf die Staatsmedizin. Auf die „Fünf-Minuten-Medizin" sind wir glücklicherweise auch dort noch nicht gekommen.

1988 beklagte das Ambulatorium der Berliner Ortskrankenkasse einen Verlust von 3,5 Millionen DM – wohlgemerkt: in einem einzigen Jahr! Die roten Zahlen waren nicht durch geringen Zuspruch entstanden. *Sechzigtausend* Patienten hatte man gezählt, fünfzehntausend im Quartal. Wie war es zu dem Defizit gekommen? Die dort fest angestellten Ärzte hatten kein eigenes Interesse an einer Überversorgung. Sie brauchten nicht wie die Niedergelassenen „in die Masse" zu gehen. Die zu geringe Bewertung der eigentlichen ärztlichen Leistung war der Grund.

Nicht die Flucht der Niedergelassenen in massenhafte Einzelleistungen ist beschämend, sondern, daß dies zum Überleben notwendig ist.

Medizin auf Karten

Es ist jetzt gut fünfzig Jahre her. 1948 war Währungsreform. Zwei Jahre später wurden die letzten Lebensmittelkarten ausgegeben. Ein halbes Jahrhundert später werden Karten als Instrumente benutzt, einem neuen, leichtfertig herbeigeführten Notstand zu steuern. Man hat die Art und die Zahl der Leistungen ausgeweitet. Folglich muß auf andere Weise kontingentiert und rationiert werden. Da aber die Bevölkerung angesichts ihrer Aufwendungen die Ausrufung des Notstands nicht akzeptieren und die Verursacher zum Teufel jagen würde, verteilt man nicht etwa abknipsbare Karten, beschneidet nicht die Leistungsmenge, sondern deren Bezahlung. Es ist wie beim Schwarzer-Peter-Spiel. Die Hoffnung der Verursacher ist, daß die *Leistungserbringer* sich unbeliebt machen, indem sie für weniger Geld auch weniger leisten.

Discount

Seien Sie ehrlich: Gehen Sie *nur* zum Discounter, wo Sie ein No-Name-Produkt erhalten?

Können Sie sich vorstellen, daß ein Gesetz *Ihnen* das vorschriebe? Daß es dem Discounter verböte, ab einer gewissen Kundenzahl überhaupt noch die Kasse zu besetzen? Daß diesem Discounter verwehrt wäre, *Ihnen* bessere Waren gegen Mehrpreis zu verkaufen? Daß er diese nur anderen verkaufen darf?

Wäre Ihnen wohl, wenn ein Staat einen Vertrag mit einer Mafia von Banken abschlösse, die allein das Recht erhielten, Kreditkarten für mehr als neunzig Prozent der Bevölkerung auszustellen, die nur von dieser Discount-Kette angenommen würden? Was würden Sie sagen, wenn Sie allein durch die Höhe Ihres Einkommens Ihre Wahlfreiheit verlören und unter diese neunzig Prozent fielen?

Keinesfalls möchte ich die Notwendigkeit einer gesetzlichen Krankenversicherung bezweifeln. Bei den inflationären Gesetzesänderungen der letzten Zeit ist aber anscheinend über diese Fragen nicht mehr nachgedacht worden.

Staatskunst oder Regelungswut

Ausgaben setzen Einnahmen voraus, wenn ich keinen Bankrott erleben möchte. So mancher meint, daß ein Staat nicht bankrott gehen könne. Die Erfahrungen unserer Eltern- und Großelterngeneration mit ihren Selbstrettungsversuchen liegen so lange nicht zurück: Er betrügt, wenn er Zusicherungen gibt, die von vornherein nicht einzuhalten sind, stiehlt sich das Geld bei Bürgern durch unzumutbare Besteuerung, *Kostenverschiebung*, Inflation und bei Nachbarn durch Veränderung der Währungsparitäten, erpresserische Verträge oder – wie vor sechzig Jahren – im Krieg durch Diebstahl bei anderen Volkswirtschaften.

Ein Solidarprinzip wie das der Sozialversicherung funktioniert nur bei echter Solidarität und Solidität. Unverständliche Regelungen, die einzelnen Gruppen Vorteile zu verschaffen scheinen, führen zu einer nachhaltigen Entsolidarisierung. Gesetzliche Regelungen stehen den Folgen schlechten Wirtschaftens nur kurzfristig entgegen und bewirken letztlich eine weitere Entfernung von dem Prinzip und eine Auflösung des Systems.

Die Gesellschaft hat gegenüber den staatlichen Organisationen die größere Manpower, das größere Eigeninteresse und den größeren Erfindungsreichtum, um sich dem Griff der Politik zu entwinden. Unmittelbare eigene Vorteile, so lehrt uns die Verhaltenspsychologie, formen unser Verhalten stärker als langfristige Ziele. Was kümmert uns also, was in zehn oder zwanzig Jahren geschieht. „Meine Rente *vor* meinem Ende oder meiner Altersdemenz ist mir wichtiger." Eigenverantwortung kann auf diesem Boden nicht wachsen.

Seit Ehrenbergs Zeiten (wer erinnert sich noch des Namens des SPD-Ministers mit dem harten ostpreußischen Akzent?) versuchten die Zuständigen, dem verludernden System mit gesetzlicher Hilfe Herr zu werden. Anfangserfolge schienen das Konzept von Regulationen und Sanktionen jeweils zu bestätigen – wie das eines Flickschneiders, der einen festen Lappen auf dünnes Tuch näht. Letztendlich entstanden Milliardenverluste, die den eigentlichen Aufgaben entzogen wurden. Als Würze fügte man Fremdleistungen hinzu, die nicht Krankheit absicherten, sondern Verantwortung abnahmen und Begehrlichkeit weckten. Ein *Drittel* der Ausgaben der Gesetzlichen Krankenversicherung verschwindet heute in diesen Kanälen.

Hier sei nur ein geringer Teil der Flut aufgelistet:

- Krankenversicherungsänderungsgesetz (KVÄG)
- Krankenversicherungsweiterentwicklungsgesetz (KVWG)
- Krankenversicherungskostendämpfungsgesetz (KVKG)
- Kostendämpfungsergänzungsgesetz (KVEG)
- Gesundheitsreformgesetz (GRG)
- Gesundheitsstrukturgesetz (GSG)
- Beitragsentlastungsgesetz (BeitrEntlG)
- Gesetzliche-Krankenversicherung-Finanzstärkungsgesetz (GKVFG)
- 1. GKV-Neuordnungsgesetz
- 2. GKV-Neuordnungsgesetz

Dies sind die zungenbrecherischen Namen für ein halsbrecherisches Vorgehen, dem sicherlich weitere Abenteuer folgen werden. Sofort nach dem Regierungswechsel kam ein neues Gesetz, das

· Gesetz zur Stärkung der Solidarität in der gesetzlichen Krankenversicherung (GKV-SolG)

als sogenanntes „Vorschaltgesetz", mit der Rücknahme vieler erst kürzlich verkündeter Regelungen. Die Ankündigung einer weiteren Umstrukturierung der entsetzlichen Krankenversicherung zeigt in die sattsam bekannte Richtung des alten Sachleistungsprinzips und der Rücknahme von Eigenleistung. Es ist ein neuer Aufguß des ausgelaugten Tees, der uns immer aufs neue unter verschiedenen Farben angeboten worden ist. Jetzt soll der Sud grün sein.

Die

- Gesundheitsreform 2000,

das Gesundheitsreformgesetz ist gescheitert, da es die Hürde des Bundesrates nicht nehmen wird. Dafür erhalten wir einen Torso aus Einzelgesetzen

Wir leben in einem Dauer-Reformhaus. Die gebotene Diät ist fett-, eiweiß- und kohlehydratarm und garantiert vitaminfrei.

Hinzu kommen die sogenannten Honorarverteilungsmaßstäbe der Kassenärztlichen Regionalkörperschaften. Diese dienen dazu, mit den knappen Geldern hauszuhalten, indem man die Bezahlung erbrachter Leistungen begrenzt, sprich verweigert. Sie wurden zum Teil rückwirkend in Kraft gesetzt oder wieder aufgehoben. Daneben gibt es veröffentlichte, unveröffentlichte (oder sogar von einer kassenärztlichen Vereinigung geheimgehaltene) Regelungen über Stützungs- und Sicherstellungsmaßnahmen, die vierteljährlich wechseln. Die Komplexität dieser Steuerungen und ihre Folgen sind durch ihr Ineinandergreifen auf verschiedenen Ebenen nicht mehr durchschaubar, häufig auch für ihre Autoren nicht. Zeitliche Schwankungen durch verzögerte Reaktionen, Nachbesserungen, Überlagerungs- und Rückkopplungseffekte sind nicht mehr kontrollierbar, geschweige vorhersehbar. Auch wenn er spezielle Kenntnisse und sehr viel Zeit hätte, ist kein Arzt mehr in der Lage, seine finanzielle Situation durchzurechnen, gar zu planen.

Es hat nicht nur den Anschein, daß unser Staat bewußt versucht, große Gruppen von Ärzten in den wirtschaftlichen Ruin zu treiben. Er will durch Bauernopfer die Beitragsstabilität halten, die er selbst gefährdet hat. Vielfach ist das gelungen, wie die Berliner Verhältnisse zeigen. Hier lagen die *Konkurse* von Arztpraxen schon Mitte 1998 bei zehn Prozent. Erst vor einigen Tagen lauschte ich den eloquenten Ausführungen des Kollegen Staatssekretärs im Bundesgesundheitsministerium, Dr. Schulte-Sasse, dessen Kernbotschaft lautete: „Mehr gibt es nicht, liebe Kollegen – ihr seid zu viele. Ihr erbringt zuviel an Leistungen. Die Verteilung des Budgets ist *euer* Problem." Seine Regierung hatte gerade den Krankenhäusern 2,4 Milliarden und den ambulant tätigen Ärzten 100 Millionen DM zukommen lassen. Das häufig gehörte Argument, es gebe keinen Schonraum für Ärzte, ihre Einkommen glichen sich nur der allgemeinen gesellschaftlichen Entwicklung an, ist in diesem Zusammenhang zynisch. Dieser Zustand *wirkt* nur chaotisch; er ist *geplant*. Das ist *grundgesetzwidrig*.

Am Trog

Der „Focus" hat zugeschlagen, leider im Sommerloch. Die Wellen sind nicht hochgegangen. Sie haben sich rasch verlaufen.

Die Vorstände und Geschäftsführer von Krankenkassenverbänden genehmigen sich Bezüge, die zum Teil weit über denen der aufsichtsführenden Minister liegen und höher sind als die durchschnittlichen Praxis*umsätze*. Während sie der Ärzteschaft immer wieder Abzockerei und Betrug unterstellen und stets aufs neue die Presse damit füttern, beuten sie ihre Versicherten aus, indem sie sich sechsstellige Gehälter und Dienstwagen der Luxusklasse gestatten und in immer neuen Palästen residieren.

Die niedergelassene Ärzteschaft hat bei doppelter Zahl, gegenüber der Zeit meiner eigenen Niederlassung vor fünfzehn Jahren, nur etwas mehr als die Hälfte (17 Prozent) ihres früheren Anteils (23 Prozent) an den Gesundheitsausgaben – eine völlig ungesunde Entwicklung. Demgegenüber nehmen sich die Krankenkassen eine Summe heraus (fünf bis neun Prozent gegenüber früher drei Prozent), die diesem Verlust entspricht. Dafür kontrollieren sie penibel die Korrektheit der ärztlichen Abrechnung nach, stocken ihr Personal dazu überproportional auf (1980 versorgten 46 Krankenkassenangestellte 100.000 Versicherte, 1998 waren es nahezu 200), verschleudern Unsummen durch die Installation immer wieder neuer EDV-Programme, bauen exklusiv und renovieren unverdrossen, machen durch ihre Programme den Volkshochschulen Konkurrenz, werben sich mit Fernsehspots, die Millionen kosten, gegenseitig die Mitglieder ab, finanzieren als dermatologische Kuren deklarierte verdeckte Urlaubsreisen nach Israel und das Pausenfrühstück von Schulkindern, verschenken Schulranzen, zahlen Höchstgehälter für ihr Leitungspersonal und unglaubliche Werbeprämien an Mitarbeiter.

Der von der Politik stets beklagte „*ineffiziente Ressourcenverbrauch*" ist hier noch eher zu finden als in der Behandlung, für die die Versicherung eigentlich gedacht ist. Der Bereich für „sonstige Leistungen" hat sich sogar von 246 Millionen 1990 auf 250 Milliarden 1998 inklusive des „Risikostrukturausgleichs" gesteigert, 13 Milliarden Verwaltungskosten kamen dazu, während der Anteil der Ausgaben für ärztliche Leistungen und auch der für Arzneimittel sowie Hilfs- und Heilmittel rückläufig waren. 40 Milliarden erhielten die Arztpraxen für ihre Dienste. Das Unternehmergehalt der niedergelassenen Ärzte, das über die Krankenkassen transportiert wird (sechs Prozent), ist geringer als deren Verwaltungskostenanteil!

Ich rede nicht über nachgewiesene Betrügereien der Krankenkassen wie die Rentengeldüberweisungen der AOK, die Fehlberechnungen des Ersatzkassen-Strukturausgleichs, das Verschwinden der Kosten des Psychotherapie-Erstattungsverfahrens, die fehlende Rückführung von zig Millionen rückerstatteter Fremdleistungen anderer Kostenträger ins ärztliche Budget usw.

Es ist unerträglich, daß die Aufsichtsbehörden des Bundes, und mehr noch der Länder, ihrer Verantwortung nicht nachkommen.

Leistung oder Kontrolle

„Wer den Pfennig nicht ehrt, ist des Talers nicht wert", hieß es zur Zeit unserer Großeltern. Man hat ihn pervertiert. Die Kontrolleure und ihre Auftraggeber haben den Spruch so verinnerlicht, daß ihnen entgangen ist, daß ihre Tätigkeit Millionen kostet, die dem Leistungsbereich entzogen werden. Schon Charles Babbage, der Erfinder der programmgesteuerten Rechenmaschine, hat 1832 erkannt, „daß *die Kosten für die Überprüfung eines jeden Artikels ein Element des Preises darstellen*". Er war sogar der

Meinung, daß „bei Vorliegen eines absoluten Monopols ... der Monopolist im wohlverstandenen Eigeninteresse den von ihm hergestellten Artikel zu exakt demselben Preis verkaufen (werde), den der freieste Wettbewerb hervorbrächte".

Übrigens – der Etat des Medizinischen Dienstes der Krankenkassen hat sich innerhalb von fünfzehn Jahren, von 1983 bis 1998, von 275 Millionen DM auf knapp eine Milliarde erhöht. Dessen Pflegegutachten sind nur ein Teil der Kosten des Kostencontrolling. Die Kosten durch die Befragung der niedergelassenen Ärzte werden durch die Budgetierung abrasiert und belasten die Befragten.

Brauchen wir die überteuerten und mehrfachen Kontrollinstanzen wirklich? Viel Geld bleibt in den Netzen der öffentlichen Verwaltung hängen, das eigentlich den Kranken und Leistungsträgern gehört. Verteilungsgerechtigkeit wird vielfach durch eine scheinbare Präzision nur vorgetäuscht.

Gleicher als gleich

Ein Pflegegutachten des Medizinischen Dienstes der Krankenkassen ist durchschnittlich *vierzig Prozent* teurer als das vom Medic Proof, dem Gutachterdienst der privaten Krankenversicherung. Die Bundesgesundheitsministerin teilte dazu mit, daß die Kostenrechnungen nicht vergleichbar seien, da der MDK überwiegend mit teuren Festangestellten arbeite, Medic Proof dagegen nur mit Honorarkräften. Daneben beschäftige der MDK 650 Pflegekräfte; Medic Proof hingegen habe nichts Vergleichbares. Medic Proof schreibe „verkürzte" Gutachten. Daneben berate der MDK die Pflegekassen und wirke bei Vertragsverhandlungen mit.

Bürokratie lohnt sich.

Deckel ...

Den *gedeckelten* Topf der „Leistungen" der Krankenkassen zu akzeptieren, war der erste schwere Sündenfall der Kassenärzteschaft. Ursprünglich als Notmaßnahme gegen Leistungsausweitungen und den Verfall der Honorare gedacht, hat er sich wie alle Übergangslösungen über Jahre stabil gezeigt. Alle Ankündigungen, daß in Zukunft sich Leistung wieder lohne, sind Wind geblieben. Inzwischen hat die Deckelung den Charakter eines Prinzips erlangt, an dem in den Honorarverhandlungen mit den Krankenkassen nicht mehr gerüttelt werden darf.

Es bedeutet schlichtweg, daß nicht die erbrachten ärztlichen Leistungen honoriert werden, sondern daß der Kassenärzteschaft insgesamt ein vorherbestimmter Anteil aus der Gulaschkanone der Versichertenbeiträge zugeteilt wird, den sie wieder unter ihren Mitgliedern aufteilt. Für die Krankenkassen ist das eine klare Rechnung. Für die betroffenen Ärzte stellt das eine Katastrophe dar – das Morbiditätsrisiko, die Kosten neuer Technologien, die Verbesserung der Zuwendung, der Zuwachs an Ärzten, damit auch an Qualität und Quantität der Leistungen – all das ist zum Nulltarif zu haben. *Vor* dem Budget hieß das für den Einzelnen, für weniger Honorar zunehmend mehr zu tun.

Das Budget läßt nun die Patienten durch Leistungsverweigerung an der Misere teilnehmen.

... und Budget

Unsere Leistungen sind seit 1997 budgetiert. Nein, falsch: nicht unsere Leistungen, sondern in der KV-Neusprache unsere „Leistungsanforderungen". Korrekt: das *Entgelt für erbrachte Leistungen* (Das sind bei uns Nervenärzten durchschnittlich stolze sechsunddreißig Deutsche Mark im Monat pro Patient). Weder Kassen noch Kassenärztliche Vereinigungen *leisten* irgend etwas; sie sind lediglich Clearinginstitutionen und *Treuhänder* für die Gelder der Versicherten und Ärzte. Wir leisten sie uns, diese Organisationen. Erstaunlich: Aus einem Untersystem unserer Wirtschaft wird ein Segment willkürlich herausgeschnitten und sozialisiert: das der *Bezahlung* von ambulanten Gesundheitsleistungen. Den Anforderungen unserer Patienten haben wir im Rahmen des *Sicherstellungsauftrags* unter Androhung von Sanktionen nachzukommen, allerdings nur soweit, als die Richtlinien es uns erlauben. Die wirtschaftlichen und juristischen Risiken dieses Spagats tragen wir Ärzte allein.

Konkret: Wenn ich mich nach dem Bedarf an medizinischen Leistungen richte und dabei über eine gewisse Grenze gerate, erhalte ich nichts dafür und schädige mich noch durch erhöhte Gestehungskosten selbst. Von der einen Seite werde ich als Beutelschneider angeprangert, von der anderen als wirtschaftlicher Dummkopf angesehen. Lehne ich Patienten ab oder enge die Behandlung ein, werde ich beschimpft und gerate möglicherweise in juristische Schwierigkeiten. Führe ich aber nach meinem Verständnis überflüssige Untersuchungen und Behandlungen durch, deren Entgelt *nicht* budgetiert ist oder deren Budgetgrenzen ich nicht erreiche, werde ich dafür bezahlt.

Wenn ich also überleben will, muß ich das tun, was in den Budgetgrenzen liegt – nicht das Notwendige, erst recht nicht das Wirtschaftliche, sondern das, was *mir* noch etwas nützt. Halten Sie das für sinnvoll? Ehrlich währt am längsten?

Meine Meinung: Ich halte es für unzumutbar, *alimentiert* und nicht für meine sinnvoll erbrachte Leistung *honoriert* zu werden.

Geplatzter Scheck

Das Psychotherapeutengesetz, das 1999 rechtswirksam wurde, ist ein voller Erfolg. Nachdem sie jahrelang darauf drängten, werden Psychologen in großer Zahl zur Kassenpsychotherapie zugelassen, die bislang entweder unter den Regulationen des Delegationsverfahrens an der psychotherapeutischen Versorgung teilnahmen oder die Therapien im Erstattungsverfahren durchführten.

Die Psychotherapie ist nun auch budgetiert. Ärztliche und psychologische Psychotherapeuten sitzen in einem Boot. Das wird, sollte das Budget nicht aufgestockt werden, wegen Überfüllung sinken. Ein Umsatz von fünfundfünfzig Mark pro Stunde deckt gerade die Kosten. Für die Krankenkassen gibt es die früheren Millionen an Erstattungspychotherapie nicht, um die Summe dem neu entstandenen Bedarf anzupassen. Die sind einfach nicht auffindbar, denn sie sind unter „Verschiedenes" verbucht. Für 1996 besteht keinerlei Klarheit. Erst für 1997 bestand eine gesetzliche Verpflichtung, eine Statistik zu führen. Die ist durch Fehlbuchungen unbrauchbar, wenn nicht gar manipuliert. Das finanzielle Defizit wollen die Kassen nicht ausgleichen – sie geht es nichts an, wenn die Psychotherapie verelendet. Der Staat hat seine Hausaufgaben nicht gemacht und die Kassen nicht kontrolliert. Es stellt sich nicht mehr allein die Frage der Qualität der Psychotherapie, sondern ob eine Versorgung überhaupt noch möglich ist.

Herumlaborieren

Eine interessant gestaltete Broschüre im DIN A4-Format liegt vor mir. Ich blättere sie durch, zuerst von vorn nach hinten, dann von hinten nach vorn, blicke in die Mitte, sehe mir den Anfang an und bin zuletzt so verständnislos wie zuvor. Die neue Laborordnung der Kassenärztlichen Bundesvereinigung. Zwei Prozent der ärztlichen Tätigkeit (auf Umsatz bezogen) und ein Prozent meiner Aktivitäten harrten so dringend auf eine Neuregelung, daß ich zehn Prozent meines Geistes dafür regelmäßig nutzen muß, dieses Elaborat zu verstehen und anzuwenden, um weniger als Null-komma-zwei-fünf Prozent meiner Kosten einzusparen.

Wenn ich mich systemgerecht verhalte und *keine* Laborleistungen veranlasse, erhalte ich einen recht erklecklichen *„Wirtschaftlichkeitsbonus"*, habe ich mehr Patienten, die regelmäßig untersucht werden müssen, verbrauche ich diesen Bonus zu meinen Ungunsten und werde durch Wirtschaftlichkeitsprüfungen bedroht. Zuckerbrot und Peitsche.

Eigentlich bin ich rechtlich verpflichtet, einem Verdacht auf eine Krankheit nachzugehen, schwere Nebenwirkungen meiner Behandlungen so weit als möglich zu verhindern, den juristischen Auflagen einer Reihe von Therapien nachzukommen. Sicher gibt es unnötige Untersuchungen. Aber wenn ich meine Untersuchungen wesentlich vermindere, mache ich mich blind. Wenn auch die anderen blind bleiben, habe ich keine *juristischen* Probleme mit Kunstfehlern. *Ethische* bei diesem russischen Roulette um so mehr.

Außerhalb des Systems der Gesetzlichen Krankenversicherung darf ich meinen Patienten diese Leistungen nicht anbieten, auch wenn sie mich dazu drängten. Das wäre vertragswidrig und schließlich das Ende meiner Praxis.

Die Moral: Korruption durch unnötige Leistungsausweitung ist gesellschaftlich teuer, Korruption durch Leistungsverweigerung ist individuell tödlich – für Patient und Arzt.

Leistung und Gerechtigkeit

Die Kassenärztliche Bundesvereinigung will Gerechtigkeit. Alle Ärzte sind gleich. Also steht ihnen Gleiches zum Lebensunterhalt zu. Man hat sich eine Summe als fiktives Unternehmergehalt vorgestellt, die dem Gehalt eines leitenden Angestellten eines mittelständischen Industrieunternehmens entspräche.

Wenn man denn *rechnen könnte*. Kostenstrukturanalysen des bundesdeutschen Zentralinstituts für die kassenärztliche Versorgung, das jährlich Befragungen von Vertragsarztpraxen durchführt, berücksichtigen lediglich die steuerlich wirksamen Ausgaben. Die für Selbständige voll zu leistenden Renten-, Invaliditäts- und Krankenversicherungen (er hat keinen Arbeitgeber) überschreiten die Sonderausgaben schon lange, weil die durch die Absicherung der Investitionen längst aufgezehrt sind. Rücklagen für Neuinvestitionen fehlen in der Aufstellung völlig. Milchmädchenrechnungen! Sie werden allerdings unkommentiert veröffentlicht und führen zu völlig falschen Vorstellungen. Eine Basis zur Berechnung eines Arztgehaltes sind sie nicht.

Die Folge dieses Strebens nach *sozialer* Gerechtigkeit ist, daß die Praxisumsätze nivelliert werden, ein sozialistisches Verfahren. Leistung entspricht nun nicht mehr Gegenleistung. Die *juristische* und *ökonomische* Gerechtigkeit ist gestört. Viele bekommen ein wenig mehr, einige bekommen viel weniger an Erlösen aus ihrer kassenärztlichen Tätigkeit zugeteilt. Nur wenige sind zufrieden

Wie jeder weiß, ist Einkommen das, was nach Abzug der Kosten und der Steuern übrigbleibt. Bei einem Selbständigen kommt noch die Rückführung des Kapitals *nach* Steuern hinzu. Ein *sozialisierter Umsatz* schafft neue Ungerechtigkeiten. Die *effektiven* Kosten kann und will unser Verteilungsinstitut nicht wissen; es nimmt sie pauschal für eine Gruppe an. Eine Modernisierung kann ich mir nur noch unter steuerlichen Gesichtspunkten, nicht mehr zur Leistungssteigerung leisten. Vortritt den Gammelpraxen und den stromlinienförmig gewinnoptimierten!

Honorarverteilungsmaßstäbe sollen mehr Gerechtigkeit bei der Verteilung der knappen Mittel unter den Ärzten bringen. Hierbei wird völlig außer acht gelassen, daß es Praxen gibt, die von den Inhabern aus unterschiedlichen Gründen *bewußt* klein gehalten werden. Diese Praxen bekommen genau wie jene einen Zuschlag, die aus anderen Gründen einen geringen Umsatz haben und daher Not leiden. Daß auf der anderen Seite die großen Praxen mehr Arbeit leisten, auf unnötige Leistungen verzichten, preiswerter arbeiten, aber patientenbezogen mehr Kosten haben und durch diese Maßnahmen ihrerseits in Not geraten, scheint noch nicht in die Köpfe der Verteilungsmaschinerie durchgeleuchtet zu sein. Gemeinschaftspraxen von Ehegatten erhalten ungerechtfertigte Vorteile durch doppelte Patientenzahlen, auch wenn ein Partner nur einen geringen Anteil der effektiven Leistung erbringt. Praxen mit gleicher Patientenzahl, in denen ein nichtärztlicher Ehepartner mitarbeitet, haben von vornherein schlechtere Karten. Umstrukturierung von Praxen auf sozialistisches

Gleichmaß dauert Zeit, kostet Geld, setzt Arbeitskräfte frei und verschlechtert die Versorgung.

Kleine Praxen leisten für das wenig mehr nicht mehr. Große Praxen können sich das viel mehr an Leistung nicht mehr leisten und schrumpfen. Leistungswilliges Personal empfängt jetzt Leistungen des Arbeitsamtes. Ärzte verlagern ihre Tätigkeit auf andere Leistungsbereiche. Sozialismus war noch nie effizient. Gerecht war auch er nicht. Habe ich jemand in diesem Einheitsbrei von Freiheit reden gehört? Schon unseren alten Goethe war klar: „Wer Freiheit und Gleichheit zugleich verspricht, ist entweder ein Phantast oder ein Scharlatan".

Leistungsschnitt

Einige der demoralisierten Kollegen scheinen ihre Rettung aus der Budgetfalle in *Leistungsverweigerung* zu sehen. Sie fühlen sich durch den früheren Vorsitzenden der Kassenärztlichen Bundesvereinigung Dr. Oesingmann gestützt, der allen Ernstes empfahl: „Reduzieren Sie Ihre Arbeitsleistung um dreißig Prozent, dann kommen Sie mit den Praxisbudgets zurecht."

Schlichte Geister machen die Praxis einfach zu, wenn dadurch nichts mehr ins Säckel kommt. Laß doch andere Kollegen arbeiten, auch wenn *deren* Kosten steigen. Der Sicherstellungsauftrag gilt der Gruppe, nicht mir als einzelnem. Ein unsolidarisches, fast asoziales Denken, das zunehmend Schule macht. Als vor kurzem wieder ein Patient eines anderen Kollegen erschien, der trotz mehrerer in der Nacht aufgetretener epileptischer Anfälle dort nicht angenommen werden sollte, habe ich mit rechtlichen Konsequenzen gedroht.

Etwas Differenziertere weisen vermehrt ins Krankenhaus ein oder überweisen an Ambulanzen. Sie meinen, daß sie damit den Kostenträgern und über diese den Kassenärztlichen Vereinigungen einen Denkzettel verpassen, indem die Krankenhauskosten steigen. „Ik bün alwedder dor", sagte der Igel zum Hasen, als dieser keuchend vor ihm stand. Auch Krankenhäuser haben ihr Budget, verlieren damit genauso wie der niedergelassene Arzt, haben aber eine weit bessere Lobby. Das zeigte sich sofort nach dem letzten Regierungswechsel. Sah keiner eine andere Aufteilung des Kuchens voraus, die für die Freiberufler noch ungünstiger ist?

Den letzten beißen die Hunde. Das ist schließlich der, der Hilfe braucht. Der aber kann sich kaum wehren; er ist ja *patiens* – geduldig eben.

Die Farm der Tiere

Da die Nordrhein-Westfalen in sozialistischer Manier stets das Gemeinwohl im Sinn haben, hat das Düsseldorfer Verwaltungsgericht kürzlich *gegen* die Kassenärztliche Vereinigung Nordrhein und *für* die Leibeigenschaft entschieden. Einige sind *gleicher* als andere – im negativen Sinn die Kassenärzte, die nach dem Richterspruch generell auch dann Leistungen erbringen müssen, wenn sie sich dadurch selbst schaden. Das ist Pseudoklassenkampf im Gerichtssaal.

Leider ist Rechtsbeugung bei uns selten einmal bestraft worden. Von Verfassungskonformität reden wir nicht.

Leichenfledderei

In der neuen gesetzlichen Forderung an die Kassenärzteschaft und Krankenkassen, über Leistungskomplexe abzurechnen, zeigt sich eine sublime Methode der Politik, neue Herrschaftsstrukturen aufzubauen. Leistungskomplexe erfordern Beschränkungen, Spezialisierungen und Subspezialisierungen. Damit entstehen neue Gruppierungen und neue Partikularinteressen.

Hausärzte gegen Fachärzte, Röntgenologen gegen fachradiologisch tätige Fachärzte, Neurologen gegen Nervenärzte, diese gegen die hauptamtlichen Psychotherapeuten – indem neue Pfründen geschaffen werden, wuchert der Spaltpilz.

Weil der Einzelne in typisch deutscher Hilflosigkeit meint, das Rad der Geschichte nicht anhalten zu können, macht er gute Miene zum bösen Spiel, schickt sich in sein Los, erfüllt den Auftrag, die notwendigen Strukturen aufzubauen, und baut damit seinen eigenen Galgen. Die in grauer Vorzeit aus Gründen der innerärztlichen Solidarität konstituierte kassenärztliche Vereinigung wird zum Exekutor fremder Interessen. Die andere Seite hat ihren Cäsar und ihren Machiavelli gut studiert: Divide et impera.

Vertrauensschutz

Flexibilität wird in diesem Fall empfohlen, Nachgiebigkeit zur Selbstrettung, Änderung von liebgewordenen Gewohnheiten, Aufgabe von Bequemlichkeit, aber auch Mißachtung des konkreten Versorgungsbedarfs, auch von Pflichten als Arbeitgeber.

Die geforderte Flexibilität besteht in endlosen Kniefällen vor ständig wechselnden aber starren Regelwerken und ihren Auguren, nicht in der Ausrichtung an medizinischen und sozialen Notwendigkeiten. Das ist so, als wäre man gezwungen, heute gut katholisch zu sein, morgen reformiert, übermorgen Mormone, dann Hindu, russisch orthodox, Bahai, Adventist, Jude, Sikh, Shintoist, Sunnit, Kommunist – aber alles perfekt. Auch das Bundessozialgericht hält dies in fortlaufender Rechtsprechung für rechtens. Mein Rücken schmerzte mir von dieser kriecherischen Flexibilitas cereae.

Ärztliche Tätigkeit hat sich zu einer Spekulation mit und über die neuesten Änderungen auf der Verwaltungs- und Verteilungsebene entwickelt. Darüber sind unsere Einkommen zu *Junk-Bonds* verkommen mit der Gefahr des Totalverlustes. Fünfzig Prozent der Ärzte sind – juristisch betrachtet – *zahlungsunfähig*.

Vertrauensschutz? Bestandswahrung? *Life is a cabaret, my friend!*

KV-Wippe

Mene mene tekel u-pharsin – gezählt, gewogen, zerteilt. So lautete die Schrift an der Wand, die Belsazar nicht lesen konnte, Sie erinnern sich? Wer kann heute nicht lesen?

Im Augenblick scheinen es die Kassenärzte zu sein, die von dem scheuenden Roß der Punktwerte und wechselnden Honorarverteilungsmaßstäben abgeworfen werden oder heruntergestürzt werden sollen. Die Verhaltensforschung zeigt, daß auf zu engem Raum eingesperrte Ratten zum Kannibalismus neigen. Der Vorsitzende der Kassenärzteschaft hat die Dummheit der Ratten wohl erkannt und erklärt, aufs neue antidemokratische Experimente ohne Netz und doppelten Boden wagen zu wollen. Man sollte eher die Experimentatoren in die Finger beißen.

„Ist dies schon Tollheit, so hat es doch Methode", sagt Hamlet. Sollte Darwins *survival of the fittest* als Regulativ gelten? Schlachten wir doch einige von den überflüssigen Kassenärzten, scheint das Verhalten der Kassenärztlichen Vereinigungen zu bedeuten, dann ist mehr Platz im Boot. – „Warum schlachten wir nicht diese?" murren die Betroffenen, „Sie sorgen nicht für größere Boote."

Freiheit oder Staatskommissar

Böse Zungen unter den ärztlichen Kollegen behaupten schon seit langem, daß die Kassenärztlichen Vereinigungen unsere Interessen nicht vertreten können und es auch eigentlich, aus strukturimmanenten Gründen, nicht wollen *können*. Wenn sie wirklich die Interessen der niedergelassenen Ärzte verträten, säße schon seit langem der Staatskommissar in den Räumen der Körperschaft des Öffentlichen Rechts und erteilte seine Weisungen.

Hier ist ein klassisches Symptom für die Fesseln, den sie hindern, im eigenen Interesse zu handeln: Die Kassenärztlichen Vereinigungen haben keine rechtliche Möglichkeit, den *Sicherstellungsauftrag* zurückzugeben, der die *kassen*ärztliche Versorgung der in den Krankenkassen *Pflicht*versicherten absichert. Falls dennoch die Mehrzahl der Kassenärzte, sämtlich *Pflicht*mitglieder der Kassenärztlichen Vereinigungen, die vertragsärztliche Versorgung verweigert, geht dieser Sicherstellungsauftrag auf die Krankenkassen über. Die sichere Folge für diese Ärzte ist ein faktisches Berufsverbot, der gesetzlich verordnete wirtschaftliche Ruin. Ihnen ist es für sechs Jahre verboten, Einzelverträge mit den Krankenkassen abzuschließen. Der größte Teil der Bevölkerung ist pflichtversichert. Wie haben die Winkeladvokaten des Gesundheitsministeriums den Gesetzgebern eine Verfassungskonformität einreden können?

Auf diese Weise ist die Zwitterkonstruktion unserer Kassenärztlichen Vereinigungen kontraproduktiv geworden. Sie sind weder Gewerkschaften noch Inkassoinstitute, sondern staatlich reglementierte Geldverteilungs- und Disziplinierungsmaschinen eines nur scheinbar freien Berufsstandes. Um frei zu bleiben, hat man sich gehorsamst anzupassen. Freiherr vom Stein? Aufhebung der Leibeigenschaft? Streikrecht? Menschenrechte? Das muß wohl im vergangenen Jahrhundert gewesen sein. Wir leben unter Kriegsrecht.

Von einem kämpferischen Impetus der Kassenärztlichen Vereinigungen, von irgendwelchen dringlichen Anmeldungen eines höheren Bedarfs als jenen jämmerlichen sechzehn bis siebzehn Prozent des Gesamtetats der Gesundheitskassen habe ich jahrelang nichts gehört (vielleicht flüsterte man darüber hinter vorgehaltener Hand, weil über Geld zu reden so unanständig ist). Erst jetzt, wo der Druck im Kessel derart angewachsen ist, daß er bald zerbirst, stellen sich unsere Vertreter in die erste Reihe, weil ihre *eigene* Existenz bedroht wird.

Es wäre interessant, verfassungsgerichtlich zu klären, ob diese sich überstürzenden, massiven Manipulationen eines freien Berufs statthaft sind. Möglicherweise kommt es erst dann zu einer Entscheidung, wenn die Fakten ihn schon in den Orkus geworfen haben.

Zwingburgen

Wollte er seinen Erwerb sichern und auch in Zukunft Nutzen daraus ziehen, baute der Sieger in dem besiegten Land Zwingburgen. Wie sicher ihr die Niederlage der Ärzteschaft ist, zeigt die Bundesgesundheitsministerin darin, daß sie ein Gesetz plant, daß ein Arzt seine Kassenpraxis nicht an einen frei gewählten Nachfolger, sondern nur an die Kassenärztliche Vereinigung veräußern darf, wenn er in den Ruhestand geht. Bislang schon war der Abgabepreis der Kassenpraxis reguliert. Der Preis für den privaten Anteil der Praxis ist dank der Gesundheitspolitik *peanuts*.

Der Arzt hat den Erlös als Teil seiner Altersversorgung fest eingeplant. Er steht jetzt einem Monopol gegenüber, das die Preisfindung allein in der Hand hat. Der Vorgang kommt einer Enteignung nahe. Wohlgemerkt, diese Praxis ist sein Eigentum, *er* hat sie auf- und ausgebaut, weder die Kassenärztliche Vereinigung noch eine Krankenkasse und erst recht nicht das Gesundheitsministerium.

Die Organisation, die er bis dahin trotz mancher Querelen noch als die seine angesehen haben mag, ist dann sein Feind.

Zwischen den Mühlsteinen

Nachdem abzusehen ist, daß die gesetzlich fixierten Budgets für Arznei- und Heilmittel für das letzte Vierteljahr nicht mehr reichen und ein massiver Regreß droht, entwirft die Kassenärztliche Bundesvereinigung ein Notprogramm. Sie droht mit Wartelisten für gewisse Verordnungen, Verschiebung innovativer Therapien in das nächste Jahr, Verordnung von billigsten Generika, vorherige Beurteilung hochpreisiger Therapien durch den Medizinischen Dienst der Krankenkassen, „Notrezepte" und dergleichen mehr.

Ein Niedergelassener Arzt fühlt sich nicht nur in seiner Therapiefreiheit eingeschränkt, sondern sieht sich in seiner ethischen Haltung korrumpiert. Der Druck des Gesetzgebers und der Kostenträger wird über die Kassenärztliche Vereinigung an ihn weitergegeben: Geld oder Leben – Existenz oder Ethos.

Nachdem das Gesundheitsministerium dies anfangs als Rechtsbruch deklariert hat, kommt sie mit der Kassenärztlichen Bundesvereinigung zu einer Übereinkunft, die genau dieses fixiert: rationierte Versorgung. Der Regreß ist damit nicht vom Tisch.

M. Guillot

Docteur en médicine M. Guillot – der Name dieses Menschenfreundes ist den meisten unbekannt. Sein Töchterlein, die Guillotine, allerdings, nahm aktiv an der politischen Umgestaltung Europas teil. Kopf ab, rasche Bereinigung der Situation, keine Nachsorge.

Wer Kosten produziert, wenn die Kassen leer sind, ist fehl am Platz. Wer heilt, hat recht. Wer nicht heilt, sondern lediglich *erhält*, ist zu teuer.

Es gilt, Produktivität zu erhalten. Humanität und deren Propheten kann man sich nicht mehr leisten.

Es gibt zwei Methoden, sich ihrer zu entledigen: langsam und unsicher, indem man ihnen durch Kürzung und Verweigerung der Honorare die wirtschaftliche Basis entzieht, oder rasch und effizient, indem sie die Fremdleistungen bezahlen müssen, die sie veranlaßt haben. Beides zusammen ist absolut tödlich – für lebensunwerte Patienten und humanitätsdusselige Ärzte.

Zusatzeinkommen

Manche Kollegen, die tiefer in der Bredouille oder einfach geschäftstüchtiger sind als ich, machen aus der Not eine Tugend, indem sie zahlreiche Dinge anbieten, die nicht zum kassenärztlichen Leistungskatalog gehören: Akupunktur, Diätberatung, Gewichtsreduktion mit Nahrungsmittelzusätzen, Empfehlungen an von Familienangehörigen betriebene Gesundheitsshops, Umweltmedizin im negativen Sinn („Amalgamphobie"), nicht allgemein anerkannte naturheilkundliche Verfahren, medizinischer Okkultismus und so weiter. Einige vermitteln Versicherungen (über ihre Ehefrauen), halten Vorträge, sind Gesundheitsberater in Firmen, machen Reisebegleitungen oder haben eine mehr oder minder lukrative Auslandspraxis.

Finanzberater – auch die der Standesorganisationen – teilen regelmäßig mit, daß dies der Weg in die Zukunft sei. Wirklich?

Stacheltiere

Sehr geehrter Herr ...,

ich darf Ihnen einen offenen Brief zu Ihrem Artikel schreiben.

Vorab: C'est le ton que fait la musique. Der reißerische Titel, aber auch die unsachliche Darstellung, beides nicht so recht zum allgemeinen Stil der ... passend, erwecken Neugier. Was steckt eigentlich dahinter? Ich möchte Ihnen das Angebot machen, in meiner Praxis zu hospitieren, um Ihr Faktenwissen etwas aufzubessern, bevor Sie sich vor einen fremden Karren spannen lassen.

Aber zur Sache: Ich bin kein Freund von IGEL, daß wir uns recht verstehen. IGEL ist ein Notprogramm. Sie wissen als verantwortungsvoller Journalist, daß es vielen Ärzten schlecht geht. Sogar ein anderes Hamburger Wochenmagazin hat das inzwischen entdeckt. Ärzte reden nicht gern über Geld (nicht weil man es hätte), andere aber um so mehr über das Geld der Ärzte. Nicht um Besitzstandsmehrung geht es, sondern um eine Flucht in die Rettungsboote. Sie verschweigen nicht nur den Hintergrund, Sie verdrehen die Tatsachen.

Die Kontrollitis der Kassen hat dazu geführt, daß deren Verwaltungskostenanteil von 1978 bis 1996 auf das 3,3-fache gestiegen ist und inzwischen das Gesamteinkommen der niedergelassenen Ärzte aus Kassenumsätzen übersteigt. „Genügend Geld" für Bürokratie, nicht für Leistung. Die gedeckelte Gesamtvergütung der Ärzteschaft erfuhr im gleichen Zeitraum eine Steigerung auf knapp das 2,4-fache und blieb unter der Beitragssteigerung. Dies bei einer allgemein gewollten Verdoppelung der Zahl der Ärzte! Der gewaltige Einkommensschnitt ist für die Hälfte der Praxen existenzbedrohend. Für die Kassen entstanden trotz Verbesserung der Leistung hier keine Mehrkosten. Auch jetzt nicht, wo viele Ärzte infolge der als „Notverordnung" gedachten Praxisbudgets spätestens im dritten Monat eines Quartals Kassenpatienten unentgeltlich behandeln. Diese Knebelung führt natürlich für viele Praxen zu einem Mehrbedarf an Mitteln von außerhalb des Systems, um überhaupt weiter existieren zu können.

Bei den IGEL handelt es sich um Medizin, nicht um Scharlatanerie. Nur ist sie mehr als nur „notwendig, ausreichend und wirtschaftlich". Durch IGEL wird keiner geschädigt. Sie treten aber mit den Kassen als Anbietern von gebührenpflichtigen Leistungen direkt in Konkurrenz und widerlegen deren vollmundige, aber unrechtmäßige und falsche Behauptung, sie finanzierten alles. Wenn die Kassen gegen diese Möglichkeit

Front machen, entmündigen sie ihre Versicherten, vernichten sie Praxen, damit Versorgungsstrukturen und Arbeitsplätze.

Mit freundlichem Gruß

Konkurrenz

Der Katalog „individueller Gesundheitsleistungen" (IGEL), die von der Kassenärztlichen Bundesvereinigung aus der Taufe gehoben wurden, stellt keine Neuerung, allenfalls eine Klärung der Situation dar. Er enthält für ein geringes Honorar medizinisch sinnvolle Leistungen.

Die IGEL-Leistungen stehen in direkter Konkurrenz zu den werbenden Zusatzleistungen der Krankenkassen. Eine hat sich, trotz des auch hier geltenden Wirtschaftlichkeitsgebots bislang noch unangefochten, ob ihres Angebots „Gesundheitskasse" genannt. Kein Wunder, daß deren Spitzenverbände massiv dagegen Stimmung machen. Jedoch – inhaltliche Begründungen können sie dafür nicht liefern.

Warum werden die „sonstigen Kosten" der Krankenkassen nicht strenger überprüft? Obwohl sie mit immerhin *einem Drittel* der Gesamtausgaben doppelt so hoch sind wie die Kosten der ambulanten ärztlichen Tätigkeit mit sechzehn bis siebzehn Prozent?

Mein Neidkomplex

Ich gebe offen zu, daß ich neidisch bin. Ich habe einiges an Aus-, Weiter- und Fortbildung absolviert, bevor ich mich als Kassenarzt niedergelassen habe.

Einige gute Bekannte und auch Verwandte, die zuvor einen Beruf erlernt oder etwas studiert hatten – einige waren Krankenpfleger, andere Bademeister, Masseure, Pharmareferenten, Kunstmaler, Lehrer, Fleischermeister, Juristen – haben sich danach in drei Jahren nebenberuflich zum Heilpraktiker ausbilden lassen. Die dürfen nun weit mehr als die IGEL-Leistungen erbringen, nicht nur mehr dafür fordern und weniger an Qualität und Sicherheit dafür bieten. Sie benötigen keine endlosen Rechtfertigungen und Dokumentationen für ihre Aktivitäten, die nach wie vor widerrechtlich von einigen Krankenkassen und von mehreren Privatversicherungen erstattet werden. Auch gibt es keine rechnerische Obergrenze für ihre Nettoeinkommen wie bei Kassenärzten. Sie sind frei, wir *fiktive* Freiberufler. Zu ihnen geht der Zug der kassenärztlich unbefriedigten Seelen.

Sie sollen noch dort Wunder vollbringen, wo die dummen Ärzte versagen. Richtig: Nur nicht auf dem Gebiet, auf dem es allgemein vermutet wird.

Manus manum lavat oder: Was sind schon Gesetze

1997 atmeten alle Kollegen auf: Endlich gibt es die Möglichkeit der Kostenerstattung im Rahmen der gesetzlichen Krankenversicherung.

Mehr als ein Jahr, nachdem das Gesetz in Kraft getreten war, war ein wesentlicher Teil der Krankenkassen noch nicht in der Lage, dieses Gesetz umzusetzen.

Die Kassenärztlichen Vereinigungen reagierten zumeist ablehnend, weil sie hierbei überflüssig waren. Recht hatten sie natürlich mit ihrer Aussage, daß die Auswirkungen auf das KV-Honorar unabsehbar waren (die Gelder sollten zuvor aus dem Topf entnommen werden) und sie keine Fürsorge für den so abrechnenden Arzt ausüben konnten.

Die Krankenkassen nahmen ihnen aus eigenem Interesse gern diese Sorge ab: Ein Patient, der privat bezahlen *wollte*, *konnte* dies zumeist *nicht*. Er mußte zuvor erklärt haben, daß er für *jede Inanspruchnahme von medizinischen Leistungen während eines Kalenderjahres* das Erstattungsverfahren wähle. Wer wagte das schon? Gegen diese Methoden, geltendes Recht auszuhebeln, liefen einige Verfahren.

Inzwischen ist das schon wieder Schnee von gestern. Nach dem Regierungswechsel finden sich AOK-Direktoren mit sozialistischer Vergangenheit als Staatssekretäre im Gesundheitsministerium. Es gibt für Pflichtversicherte keine Kostenerstattung mehr. Aussitzen und Lobbyismus hat sich für die andere Seite wieder einmal gelohnt.

Kriminelle Vereinigung

Ärzte sind Betrüger. Die Innungskrankenkasse Westfalen teilt in der Lokalzeitung mit, daß in ihrem Gebiet die Staatsanwaltschaft wegen Falschabrechungen ermittelt. Es sollen zahlreiche Fälle sein. Einige Tage später veröffentlicht die AOK Niedersachsen, sie habe eine spezielle Untersuchungsgruppe gebildet, die „betrügerische Vertragspartner" überführen soll. Die AOK Bayern behauptet schon seit Jahren ohne Abmahnung, daß die Weißkittel betrügen. Die AOK Niedersachsen ermittelt mit ihrer „Task-Force" in einhundertfünfzig Fällen, ein Drittel davon Ärzte. Ein ZEIT-Redakteur hält das Vergütungssystem für kriminogen und berichtet dann über die (zu) *hohe* Zahl an ärztlichen Leistungen. Hierin widerspricht er sich allerdings: „Die Opfer des *Spar*kurses waren bisher die Kranken". Welch ein Unsinn: Wenn bei zu vielen Leistungen am Ende das Gesamt-Entgelt für die Gruppe gleich bleibt, *wer* ist das Opfer?

Solcherart Meldungen hat man schon früher gelesen. „Ärzte betrügen – wir zahlen", lautet die Kurzformel im Stil einer Zeitung, von der man munkelt, daß sie selbst mit Toten gesprochen hat. Andere sind etwas dezenter in ihrem Ton. Bislang waren die Erfolge der Ermittler äußerst mager. Auch wenn die ersten Ankündigungen einen spannenden Kriminalfall erwarten lassen, bleibt der Leser nach kurzer Zeit enttäuscht zurück.

Krankenkassen haben keinerlei unmittelbar finanziellen Vorteil durch eine Aufdeckung. Sie zahlen ja einen fest vereinbarten Betrag an die Kassenärztlichen Vereinigungen, der sich dadurch nicht mindern läßt. Die Frage ist, welches Interesse hat eine Kasse an *innerärztlichen* Verteilungskämpfen? Wollen die Krankenkassen Partnerschaft im Gesundheitswesen oder Machtkämpfe mit schmutzigen Methoden, um nach dem Endsieg Ärzte und deren Leistungen billig einkaufen zu gehen?

Ärzte sind keine Heilige. Sicher gibt es betrügerische Ärzte. Von einem Prüfarzt höre ich, daß in diesem Vierteljahr allein in unserer recht kleinen Fachgruppe drei Kollegen aus der Kassenärztlichen Vereinigung ausgeschlossen worden sind. Gleichzeitig sei eine Anzeige wegen Betrugs an die zuständige Staatsanwaltschaft ergangen.

Kriminalität darf keinesfalls als statistische quantité négligeable abgetan werden. Trotzdem sind bei *vierzig Millionen* abgerechneten Arzt-Patienten-Kontakten im Jahr allein in meiner Kassenärztlichen Vereinigung weniger als dreihundert Implausibilitäten festgestellt worden; sechzigmal wurde der Disziplinarausschuß belangt, in sechzehn Fällen wurde Strafanzeige erstattet.

Ohne irgendeine Rechtfertigung für Betrug zu versuchen: Ist jemals nach den Gründen gefragt worden, bevor man die Maßstäbe von Moral und Recht anlegte und die Justiz in Anspruch nahm? Wer ist derjenige, der den ersten Stein wirft? Übrigens ist Transparenz der beste Schutz vor Betrug.

Mich ekelt sie an, diese Instrumentalisierung des Fehlverhaltens einzelner für sozialpolitische Machtkämpfe.

Kompensationsgeschäfte

Sehr geehrte Kolleginnen und Kollegen,

aufgrund der Schnellinformation, die die Kassenärztliche Vereinigung ... von der Firma ... und von den Apotheken-Rechenzentren bezieht, können wir Sie über den Trend der Ausgabenentwicklung im Arzneimittelbereich informieren, ohne auf Datenbestände der Krankenkassen zurückgreifen zu müssen, die immer noch unvollständig, fehlerhaft und viel zu spät zur Verfügung stehen ...

Die Analyse der ersten 6 Monate verdeutlicht, dass sich die Arzneikosten unterschiedlich entwickelt haben, sich jedoch im Rahmen des Vorjahres bewegen. Hierbei ist allerdings zu berücksichtigen, dass sich wegen der Erhöhung der Zuzahlungen zum 1.7.1997 der Verordnungsspielraum um 5 bis 6Prozent reduziert hat. Unter Berücksichtigung dieser Tatsache und der unklaren Datenlage bei den Heilmitteln ist eine Überschreitung des Arznei- und Heilmittelbudgets 1998 nicht ausgeschlossen.

Bedingt durch die zähen Verhandlungen mit den Krankenkassen, konnten für 1998 noch keine budgetablösenden Richtgrößen vereinbart werden. Nach dem Gesetz gilt daher das Arzneimittelbudget weiter. Die bisherigen Regelungen sehen vor, dass bei einer möglichen Überschreitung zunächst die Ärzte zur Rückzahlung herangezogen werden, die einer im HVM festgesetzten Grenzwerte überschritten haben.

... Ihr Verordnungsvolumen betrug in 1/98 353.647,15 DM. Bei einer rentnergewichteten Abweichung zum Fallwert Ihrer Fachgruppe von 88,6 Prozent ergibt sich eine rentnergewichtete Überschreitung von 166.098,50 DM ... Ihr Verordnungsvolumen aus 1/98 hochgerechnet auf das ganze Jahr 1998 ergäbe eine rückzahlungsbedrohte Summe bis zu 476.808,85 DM.

Mit freundlichem kollegialen Gruß

Das ist ein Originaltext, Realität, keine Erfindung eines kranken Gehirns. Politiker, Kassen und betriebsblinde Ärztefunktionäre halten das für rechtens. Ich halte dieses System für einen Verstoß gegen die Menschenwürde und den freiheitlich-demokratischen Rechtsstaat. Bei den Health Maintenance Organizations (HMO) der USA gibt es wenigstens noch eine Gewinnbeteiligung bei möglichen Überschüssen der Beitragseinnahmen, um die daraus entstehenden Löcher zu stopfen.

Wenn das so durchkommt, wäre ich *pleite*, wie viele Kollegen auch. Von fünfzig-, hundert-, siebenhundertfünfzigtausend Mark voraussichtlichem Regreß für Verordnungen für dieses Jahr höre ich in diesen Tagen. Das ist die Quittung für eine Siebzig-Stunden-Woche.

Billigere und weniger Medikamente zu verschreiben, bringt dem Arzt keinerlei persönlichen Vorteil, eine Überschreitung eines zuvor unbekannten Mittelwertes kostet gelegentlich die Existenz. Dieser Mittelwert allerdings entsteht durch das Zusammenrechnen der Kosten völlig unterschiedlicher Praxisstrukturen, ein Jahr nach der letzten Verordnung.

Ein Vergleich: In unserem Staat steht Recht noch eine Stufe höher als Gesundheit. Warum gibt es hier keine solch massive Verschiebung des finanziellen Risikos auf die Rechtsvertreter, die in diesem System eine vergleichbare Funktion haben? Unschuldig in Haft zu sitzen oder wirtschaftlich ruiniert zu werden, weil Rechts- und Wirtschaftsberater nicht funktionieren, ist gesundheitlichen Schäden durch mangelhafte medizinische Versorgung durchaus vergleichbar.

Ich will hier raus. Ich weiß nicht, wie lange ich diesem Terror noch standhalten kann. Hätte ich nicht für meine Kinder zu sorgen, könnte ich mich in die *soziale Hängematte* begeben und mich von denen versorgen lassen, die mich jetzt tagtäglich bedrohen.

Freier Beruf?

An die Ärztekammer in ...

Weiterbildungsbefugnis

Sehr geehrte Kollegen,

in bezug auf den mir zugesandten Fragebogen muß ich meinem Befremden Ausdruck geben, daß dieser völlig auf die Weiterbildungsbefugnis eines Kliniksarztes mit vollstationärer oder/und tagesklinischer Tätigkeit zugeschnitten ist.

Ich hoffe, daß die Ärztekammer Wert auf die Mitarbeit selbständiger Kollegen legt und möchte hiermit die Umstrukturierung des Fragebogens empfehlen.

Leider bin ich nicht in der Lage, auf den vorliegenden Fragenkatalog sinnvolle Antworten zu geben.

Mit freundlichem kollegialen Gruß

Die Antwort lautet, daß ich den Fragebogen auszufüllen habe, so wie er mir vorliegt. Eine Kommission von Fachleuten habe ihn erarbeitet, und es habe damit seine Richtigkeit. Ich habe mich also unterstanden, die Beschlüsse von Konzilien zu bekritteln. Weil dieses Konzil zur Zeit von Krankenhausärzten dominiert wird, habe ich keine Chance. Da ich nicht Martin Luther heiße, gebe ich nach. Ich kann anders. Ich halte die Klappe und tue, wie mir gesagt wird.

Diesen Vorgang könnte man belächeln, sollte er auf einige wenige Fälle beschränkt sein. Der Freie Beruf, der ja auch im kassenärztlichen Bereich gilt, wurde immer mehr ausgehöhlt und ist nichts mehr als ein nichtssagendes Schlagwort, das allenfalls noch die Funktion des Appeasement hat.

Die Ärztekammern verlieren den niedergelassenen Arzt weitgehend aus dem Blick, auch wenn er wesentlicher Teil ihrer Organisation ist. Er, der selten wissenschaftliche Meriten aufweist, ist aber derjenige, der die tägliche Kärrnerarbeit erledigt und sie finanziert. Die Kassenärztlichen Vereinigungen, die seine wirtschaftlichen Interessen wahrnehmen sollten, sehen nur Land unter, verteilen kärgliche Notrationen und untergraben seine materielle Existenz.

Soziale Verantwortung

Meine Praxis läuft gut. Eines Tages ruft mich der Leiter einer Klinik an, ob ich bereit sei, eine kompetente Kollegin einzustellen, die lange Zeit in der Psychiatrie und auch in der Inneren Medizin tätig gewesen sei, aber ihren Facharzttitel nicht erhalte, weil sie keine Tätigkeit in der Neurologie nachweisen könne.

Ich rechne nach, ob ein Gehalt nach dem Bundesangestelltentarif sich ermöglichen läßt, nehme Kontakt mit der Kassenärztlichen Vereinigung auf und sage ihr zu. Ich erhalte als Facharzt zwar nicht – wie meine Kollegen Allgemeinmediziner – einen Zuschuß für einen *Weiterbildungsassistenten*, auch keine Erweiterung meiner maximalen Patientenzahl nach dem *Honorarverteilungsmaßstab*, glaube aber, keine Einbußen zu erleiden.

Nachdem sie ein Vierteljahr fleißig gearbeitet hat, ist inzwischen wieder einmal eine neue Gebührenordnung in Kraft getreten. Was zu erwarten war, ist eingetreten. Die *Leistungsanforderungen* (ein verfälschender Begriff für *Honoraranspruch für erbrachte Leistung*) sind gestiegen, da jeder aus Angst, er werde benachteiligt, mehr getan hat. Kassenärzte nennen das „Hamsterrad". *Nachträglich* wird ein Budget eingeführt, um die Katastrophe einzudämmen. Die Rechtslage hierfür ist völlig unsicher. Für mich – wie für zahlreiche Kollegen auch – ist gerade dies eine Katastrophe. Ich erhalte trotz Mehrleistung weniger als in den Jahren zuvor und trage allein die Kosten für die Kollegin, immerhin ein Gehalt nach dem Bundesangestelltentarif, mit Nebenkosten eine für mich zu hohe Summe.

Der Lerneffekt: Soziale Verantwortung ist Dummheit.

Qualitätsmanagement

Nach einer Zusatzausbildung in Schlafdiagnostik stelle ich den Antrag, die Schlafapnoediagnostik im kassenärztlichen Rahmen durchführen zu können. Nach über Gebühr langer Zeit erhalte ich einen ablehnenden Bescheid. Obwohl ich alle notwendigen Bescheinigungen sowohl über die abgelegten Testate im Rahmen dieser Zusatzausbildung als auch über meine bisherige stationäre und ambulante Tätigkeit und die dabei erlangten Qualifikationen eingereicht habe, hält man mich für nicht kompetent, die Blutgase zu beurteilen (was habe ich während meiner jahrelangen intensivmedizinischen Tätigkeit anderes getan?) und Polygraphien zu interpretieren (Was mache ich nicht jeden Tag zigmal?)

Als man mich auf meinen ausführlich begründeten Widerspruch hin auffordert, an einem Rigorosum teilzunehmen (seinerzeit sonst völlig unüblich), ziehe ich meinen Antrag zurück. Die Kollegen Pulmonologen hätten mich vorgeführt und über die Austauschfläche der Lungenbläschen und ähnliches befragt. Zudem „rechnete" sich die Methode damals absolut nicht. Hohe Qualität *unter* dem Einkaufspreis? Nicht mit mir.

Krieg mit Kochbüchern

Überall werden auf Konsensus-Konferenzen Leitlinien aufgestellt, um Diagnostik und Therapie auf einen überprüfbaren Qualitätsstandard zu heben. Grundsätzlich finde ich es wichtig, daß man seine Kenntnisse und Handlungsmaximen vergleicht und verbessert. Ich stelle aber für mich fest, daß ich die Standards meines Fachs nicht nur kenne, sondern daß mein Wissen sie zu allermeist weit überschreitet, da es *frischer* ist. Auch mein Können ist häufig besser. Ich komme mir nicht nur gelegentlich vor, als würde ich mit Berufsanfängern gleichgesetzt.

Leitlinien zu erstellen, hat seinen Preis – ungefähr eine halbe Million je Krankheitsbild. Sie sollen durch verbesserte Kontrollen der Leistungserbringer sparen helfen. Doch Vorsicht: Sklavische Befolgung verteuert die Abläufe, erschöpft die Ressourcen des Systems und läßt Innovationen auf der Strecke bleiben. Blindheit oder Handlungsunfähigkeit lassen sich nicht durch Faktenwissen ausgleichen. *Fachkompetenz* ist besser als ein Kochbuch voller Leitlinien. Die Patienten wissen das.

Leitlinien sind das Gegenstück einer „Entspezialisierung" der ambulanten Medizin.

Leitlinien dienen nicht allein der Selbstkontrolle von Generalisten. Sie sind Bewertungsmaßstäbe für die Kostenträger. Hier sind sie eine gefährliche *Waffe*. Ihre Anwendung durch deren Kontrollinstanzen bedarf einer Kompetenz, die kaum vorhanden ist. Man wird sich die Bücher um die Ohren schlagen. Eine neue Ära dogmatischer Medizin droht anzubrechen. Die Erde ist wieder eine Scheibe.

Guten Morgen, Hoheit

Der Bundesausschuß der Ärzte und Krankenkassen hat die Arzneimittelrichtlinien neu gefaßt. Medikamente dürfen danach nicht mehr zu Lasten der Gesetzlichen Krankenkassen verschrieben werden, wenn sie für diese Indikation nicht zugelassen sind. Dieser Ausschuß hat *hoheitliche* Aufgaben. „Was geht mich das an?" möchten Sie fragen.

Wenn einem Siebzehnjährigen ein Neuroleptikum vorenthalten wird, das bei Erwachsenen wegen seiner Effizienz und geringer Nebenwirkungen Standard ist, weil es erst für diese zugelassen ist, wenn ein Maniker ein Antiepileptikum erhält, das zwar in den USA, aber nicht bei uns dafür zugelassen ist, wenn sich ein altes Medikament, das längst aus dem Patentschutz entlassen worden ist, bei einem anderen Krankheitsbild wirksam zeigt, aber die Kosten für die klinischen Prüfungen nicht übernommen werden – überall hier entstehen durch die Richtlinien unlösbare Konflikte.

Wenn diese Richtlinien unverändert in Kraft treten sollten, sind viele Therapiestrategien, die bald oder schon jetzt internationaler Standard sind, ausgehebelt. Allenfalls bestünde die Möglichkeit, nach Position 4.1 bei der Kasse einen *Heilversuch* zu beantragen. Die Krankenkassen und der Medizinische Dienst (MDK) etablieren sich auf diese Weise als zweite Zulassungsinstanz neben das Bundesinstitut für Arzneimittel und Medizinprodukte. Man wird dem MDK noch eine pharmakologische Abteilung angliedern müssen. Nicht die ärztliche Kunst, nicht wissenschaftlicher Fortschritt, sondern bürokratische Sparmaßnahmen sind das Ziel dieser Regelungen.

Ähnliches ist von einer Positivliste zu erwarten, die vom Gesundheitsministerium vorbereitet wird: Medizin zweiter Klasse. Medizin nach Kochbüchern. Hoheitliche Kochbücher.

TÜV für Ärzte

Habe ich richtig verstanden? *Patientenaussagen* sollen die Qualität der Praxen messen helfen? Um der Kasse zu helfen, sich nur die Besten zum Vertragsschluß auszusuchen? Meine Fans würden das schon richten, aber: Eher läßt das Schlüsse auf die Qualität der Denker der Gesundheitskasse zu, die diese Idee ausgebrütet haben.

Das dahinterstehende *Einkaufsmodell* der AOK hat mit Macht und Geld, nicht mit Qualität zu tun. Wer zahlt, bestimmt. Weniger Behandler können weniger leisten. Wenige können weniger fordern, zumal in abhängiger Position nach dem Hire-and-fire-System. Die „modernsten wissenschaftlichen Erkenntnisse", die die Planer im Blick haben, sind nicht die der Heilkunst, sondern die der Ökonomie. *Heilerfolg* im eigentlichen Sinn wird immer seltener, denn Leben zu retten heißt vielfach, chronische Krankheitsverläufe zu erzeugen. Tote hülfen natürlich, Kosten zu sparen.

Die ökonomische Triage ließe den Funktionären der Verwaltung und der Behandlung genügend Geld für die eigenen Taschen. Der Kassenvertreter hat ja erklärt, man könne *diesen* Ärzten etwas mehr Honorar zahlen.

Besonnte Vergangenheit

Als ich noch studierte, schien die Zahl der Mediziner in Ausbildung und die Zahl derer, die praktizierten, ausgeglichen. Schließlich gab es unterversorgte Gebiete im Land, gab es Fächer und Krankenhäuser, die für viele deutsche Mediziner nicht attraktiv waren, wo immer noch Plätze frei waren für ausländische Kollegen, aber auch Bodenständige, Idealisten, Träumer und weniger Befähigte. Daneben gab es schon damals Gebiete, wo man sich drängelte, wo aber Lebensqualität, familiäre und sonstige Bindungen oder auch einfach die genußvoll ausgelebte mangelnde Flexibilität das geringere Einkommen aufwogen.

Wer nicht hören will

Als ich als Assistenzarzt in meiner alten Universität arbeitete, war dort die Zahl der Studenten durch die Bildungsreform sprunghaft auf das mehr als Dreifache der ursprünglichen Planung angewachsen und wuchs noch weiter. Andere, schon länger etablierte medizinische Fakultäten hatten ebenfalls erhebliche, wenn auch nicht derartig massive Zuwächse zu verzeichnen. Jeder Abiturient, der einen guten oder sehr guten Notendurchschnitt hatte, so schien es, mußte Mediziner werden. Bewerber, die aus irgendwelchen Gründen abgelehnt wurden, kamen auf dem Klageweg als „Gerichtsmediziner" von der Seite herein. Ein wahrer Lemmingszug, der von uns Älteren auch so erkannt und benannt wurde. Die Folgen waren uns schon damals klar. Inzwischen hat er uns erreicht.

Die Zahl der Ärzte hat sich in den letzten fünfzehn Jahren mehr als verdoppelt.– einerseits weil ein höherer Bedarf immer schon da war und endlich auch zu einem wesentlichen Teil gedeckt wurde, andererseits weil über Jahre entgegen allen Mahnungen von kompetenten Leuten doppelt so viele Mediziner ausgebildet wurden, als man in der Zukunft zu bezahlen bereit war. Es schien schon damals so, als sei es der politische Wille, einen Berufsstand zu inflationieren, um ihn dann in den Griff zu bekommen.

Die rechtzeitigen Warnungen der Ärzteschaft über die Zahl der nachwachsenden Ärzte an die maßgeblichen politischen Institutionen wurden in den Wind geschlagen. Sie wurden als Interessenwahrung eines Berufsstandes angesehen, der seine Pfründe wahren wollte und sowieso zuviel verdiente. Ich erinnere mich noch allzugut an die exemplarische Verurteilung durch die Links-Mitte-Presse, die heute, Krokodilstränen weinend, über die Folgen berichtet.

Jetzt scheint sich allerdings eine Trendwende abzuzeichnen: Die Zahl der Medizinstudenten geht an einigen Universitäten massiv zurück, zum Teil auf weniger als die Hälfte des Vorjahres. Sollte dies anhalten, haben wir in zehn, zwanzig Jahren ein *Versorgungsdefizit*. Ach, hätten unsere Bildungsplaner und Sozialpolitiker nur etwas von Norbert Wieners Kybernetik im Hinterkopf. Neuere Erkenntnisse verlangen wir nicht.

In einem anderen europäischen Land hat diese Trendwende vor längerer Zeit eingesetzt. In Großbritannien registrierte der General Medical Council 9.458 neue Allgemein- und Fachärzte – nur waren von diesen lediglich 3.920 auf der Insel ausgebildet worden. Man hatte HiWis aus aller Welt importieren müssen. Die British Medical Association macht für diese Situation die schlechten Arbeits- und Verdienstmöglichkeiten im Nationalen Gesundheitsdienst verantwortlich. Der Aderlaß an eigenen jungen Leuten geht nach Australien, Neuseeland und in die Vereinigten Staaten. 65 Milliarden Mark will jetzt der Gesundheitsminister in den nächsten drei Jahren einsetzen, um 7.000 neue Ärzte anzuwerben. Es wird ihm nichts anderes übrig bleiben, als sich auf anderen Märkten umzusehen. Schon vor Jahren haben Dänemark und Norwegen entdeckt, daß es weitaus ökonomischer ist, *andere* Volkswirtschaften mit der Ausbildung von Fachkräften zu belasten.

Vergeudung

1996 wurden in den Krankenhäusern 11.000 Stellen abgebaut. 9.400 Ärzte sind arbeitslos, 5.000 mehr als zehn Jahre zuvor. Es gibt inzwischen in einigen bekannten Universitätskliniken Fortbildungsassistenten, die kostenlos ihre Dienste zur Verfügung stellen. Da dies nicht rechtens ist, wird Ihnen eine unmoralische, ja kriminelle Hilfskonstruktion angeboten: Sie dürfen ein Jahresgehalt einschließlich der Sozialausgaben auf ein Sonderkonto *einzahlen*. Das sind nahezu einhunderttausend Deutsche Mark im Jahr. Aus diesem eigenen Fonds erhalten sie dann das Gehalt, das Ihre Anstellung juristisch absichert. Keiner wagt, gegen das Verfahren aufzumucken, da er sonst nicht die begehrte Qualifikation erhielte. In einigen Kliniken gehen die Assistenzärzte aus Angst oder Desinteresse nicht mehr zu den Betriebsratswahlen.

So sitzen nun teuer ausgebildete Fachkräfte ohne Chance einer Berufstätigkeit und ohne Ansprüche an die Arbeitslosen- oder Rentenversicherung als Ausschuß dieser Gesellschaft auf der Straße; einige werden nie arbeiten, andere werden um ihr Gehalt betrogen. Noch tragischer ist die Lage der jungen selbständigen Ärzte, die nach knapp fünf Jahren Niederlassung unter Bankaufsicht standen und mit hohen Schulden ihren Betrieb aufgeben mußten oder demnächst schließen werden.

Hunderttausende an privatem und öffentlichem Kapital für die Aus- und Weiterbildung eines einzigen Arztes, ein halbes Leben an Fleiß und Konsumverzicht werden auf den Müll geworfen, weil diese Gesellschaft es so will: Leistungsverbot und Alimentierung über die Sozialhilfe auf der einen Seite, auf der anderen Ausbeutung ärztlicher Leistung. Im Krankenhaus widerrechtlich erzwungene Arbeit bis zum Doppelten der tariflichen Arbeitszeit ohne finanziellen Ausgleich, im niedergelassenen Bereich wirtschaftlicher Niedergang bis zum Ruin, ständige existentielle Sorge und unqualifiziertes bis bösartig-lügnerisches Geschwätz von Interessierten in den Ohren – von Krankenkassenchefs, Politkern und Journalisten, die es eigentlich besser wissen.

Lebensarbeitszeit

Ich habe als Student nicht hungern müssen. Ich habe nicht gefroren. Ich habe zwar kein Auto besessen, es aber auch nicht vermißt. Ich habe nie irgend jemand auf der Tasche gelegen. Ich habe den größten Teil meiner Ausgaben selber bestritten, indem ich gearbeitet habe. Ich habe noch Geld zurückgelegt. Ein kleines Studiendarlehen habe ich später zurückgezahlt.

Allerdings habe ich erst mit ungefähr dreißig Jahren, nach Abitur, Wartezeit, Bundeswehr, Studium und Medizinalassistenz (heute „Arzt im Praktikum") meine erste Stelle als Arzt angetreten. Meine zu erwartende *Lebensarbeitszeit* ist daher recht kurz, gerade fünfunddreißig Jahre. Hätte ich einen qualifizierten Lehrberuf ergriffen, hätte ich acht Jahre früher eine voll bezahlte Stelle annehmen können. Ich hätte acht Jahre nicht von der Hand in den Mund oder auf Pump gelebt, sondern Ansparzeit für den eigenen Hausstand gehabt.

So wie wir jüngeren jetzt von unserer Gesellschaft entgolten werden, haben wir ein geringeres *Lebensarbeitsentgelt* als mancher Industriemeister. Einer meiner Bekannten meinte dazu – ich hoffe, es war nicht so zynisch gemeint, wie es herauskam – ich hätte doch eine schöne Studienzeit gehabt, die ihm nicht vergönnt gewesen sei.

Achtundsechziger

Ich bin ein „Achtundsechziger" dem Alter nach. Ich habe zu jener Zeit in Berlin studiert. Benno Ohnesorg war der Neffe unseres Gemüsehändlers auf der anderen Straßenseite in meiner Heimatstadt. Als er wegen der Trauerfeier seinen Laden schloß, waren meine Eltern äußerst besorgt.

Es gibt unter Ärzten seit 1999 andere „Achtundsechziger". Sie haben die Kassenzulassung zurückzugeben. Die Zwangspensionierung trotz Freiberuflichkeit ist durch die Verfassungsrichter bestätigt worden. Es handelt sich um ganze 3,1 Prozent der Kassenärzte. Sie müssen ihre Kassenpraxis aufgeben, auch wenn eine Tätigkeit als Privatarzt angesichts der überwiegend Pflichtversicherten in unserem Land wohl eine Fiktion ist.

Ich sehe das mit gespaltenem Herzen. Sicherlich – ein fast Siebzigjähriger hat nicht mehr die körperliche Konstitution wie jüngere. Auch lassen manche mit ihrer geistigen Leistung nach. Wieder andere waren einfach nachlässig mit ihrer Fortbildung. Andererseits sind die meisten Menschen in diesem Alter noch rüstig und regsam und haben ihr Wissen und Können auf dem Stand der Zeit gehalten. Der Vergleich der Richter mit Piloten hinkt. Ein Internist, ein praktischer Arzt oder ein anderer Arzt in den nichtoperativen Fächern wird kaum diesen anhaltenden konzentrativen und körperlichen Belastungen unterworfen sein. Er hat nicht mit dem „time-lag" zu kämpfen, da er kaum täglich einen Interkontinentalflug unternimmt. Falls er in der Praxis einen Herzinfarkt erleidet, wird dies zwar seinen Patienten erschrecken, ihm aber kaum schaden. Wenn ein älterer Arzt eine Gefahr für die Volksgesundheit darstellt – warum aber hat man dann die Weiterführung einer privatärztlichen Tätigkeit gestattet?

Auf der anderen Seite sehe ich natürlich die hohe Zahl der arbeitslosen hochqualifizierten, geistig und körperlich fitten jungen Ärzten, die nach ihrer Weiterbildung völlig chancenlos sind. Das faktische Berufsverbot für die älteren Kollegen bringt aber nur drei Prozent mehr Plätze für die Nachfolger.

Ich denke trotzdem, daß ein älterer Kollege aus Solidarität seine Praxis abgeben sollte. Wer hindert ihn, als Vertreter oder Entlastungsassistent seines Nachfolgers tätig zu sein? Was spricht, wenn er gesund ist, dagegen, einige Auslandsjahre in einer ärztlichen Tätigkeit zu verbringen? Wer seinen Lebenssinn einzig und allein im Kassenarztdasein sieht, ist innerlich verarmt.

Ich habe gerade im Auto diese Nachricht gehört, als mir gleich nach der Begrüßung meine Mutter eine Zeitung unter die Nase hält: Der Hausarzt meiner Kinderzeit hat sich zu Ruhe gesetzt. Eine halbe Seite mit seinen Meriten in einer Großstadtzeitung. Er war *sechsundsiebzig* Jahre alt. Ich erinnere mich: Sein Vater saß mit einundachtzig Jahren noch tageweise in der Praxis.

Es ist interessant, daß viele unserer Politiker weit jenseits dieses Alters sind. Herr Helmut Kohl wurde im Jahr seiner Wahlschlappe 1998 achtundsechzig Jahre alt. Ein greiser, kranker, wenn auch verdienstvoller Herr Johannes Rau ist mit achtundsechzig Jahren zum Bundespräsidenten gewählt worden. Politiker entscheiden über die Zukunft der jetzigen und der kommenden Generationen, nicht nur für einzelne Menschen. Gibt es *hier* eine Art Führerschein, eine Altersbegrenzung? Senat und Senilität entspringen demselben Wortstamm. Haben sie, die sie selbst nur noch eine kurze Zukunft haben, wirklich Interesse an der Zukunft der anderen? Wo sie wie Konrad Adenauer in ihrer tagespolitischen Raffinesse schon ihr „dummes Geschwätz von gestern" nicht mehr interessiert? Wenn ich die entschlafenen, desinteressierten Gesichter (auch kalendarisch jüngerer) in unseren Parlamenten sehe, habe ich große Sorge.

Übrigens: Ich werde mit sechzig meine Koffer packen, wenn Herr Gerhard Schröder mir das ermöglichen sollte. Er hat es versprochen! Nicht von meinem Beruf, sondern von den Umständen habe ich die Nase voll.

Fangnetze

Ärztenetze sind unter den Kollegen im Gespräch. Sie sollen nicht als Instrumentarien zum besseren Marketing ärztlicher Leistung gedacht sein, als Spinnennetze, in denen sich arme Patienten verfangen sollen, um dann ausgesaugt werden zu können. Sie sollen eigene Sicherungsnetze für Akrobaten sein, die man unter die Kuppel geschickt hat, denen man aber inzwischen sämtlichen Schutz verweigert. Sie sollen Kommunikationsnetze sein, in denen Informationen rasch weitergeleitet werden können, um die Effizienz der ärztlichen Arbeit zu verbessern.

Die spezifisch deutsche sektorale Gliederung der medizinischen Versorgung in ambulant und stationär ist ein Hinderungsgrund für solche Weiterentwicklungen, obwohl eine effiziente Organisation des ambulanten Sektors im Bereich der stationären Medizin sparen ließe. Durch die weitere Festschreibung der einzelnen Budgets würde sich kaum etwas ändern. Deshalb gibt es kaum schon Verträge der Netze mit den Krankenkassen. Letztendlich hätten die Kostenträger keine Vorteile von Verbesserungen der ambulanten Medizin. Wozu also eine Anschubfinanzierung für freie Vertragsärzte? Warum sich um eine Änderung der Gewichtung der Budgets einsetzen und sich mit den mächtigen Interessenvertretern der zumeist kommunalen Krankenhäuser auseinandersetzen? Viel Entwicklungsarbeit wurde als Vorleistung erbracht, die keine Früchte trägt.

Etwas allerdings läßt die Kassen und die Regierung auf die Netz-Karte setzen: Die Netze sind kleinteiliger als die Kassenärztlichen Vereinigungen. Gelingt es den Kassen, mit den Netzen Einzelverträge zu schließen, bleibt die KV draußen. Der einzelne Arzt ist in diesem Netz gefangen und damit bald nicht mehr freiberuflich. Wieder heißt es: Teile und herrsche. Die Aktivitäten der Kassenärztlichen Vereinigungen, die Netze unter *ihr* Dach zu bringen, nachdem sie sie zuerst als Konkurrenten ansah, sind der Versuch einer Selbstrettung.

Also doch Spinnennetze. Wer soll hier von wem gefangen werden? Wem nützen diese Machtkämpfe?

Partikularismus

Vor einigen Monaten hat ein berufspolitisch engagierter Kollege mir gegenüber den Hartmannbund als den potentiellen Feind der niedergelassenen Kollegen bezeichnet. Dieser müsse mit allen Mitteln bekämpft werden, weil er mit dem Marburger Bund gemeinsame Sache mache. Eine knappe Stunde später hörte ich im Rundfunk den Vorsitzenden des Marburger Bundes ähnlichen Unsinn verbreiten. Er beklagte sich lautstark darüber, daß niedergelassene Ärzte sich auf dem originären Gebiet der Krankenhäuser tummeln wollten und sah darin einen Affront gegen die Krankenhaus*ärzte*.

Krankenhaus*träger* drängen ja schon länger in den ambulanten Sektor und versuchen mit allen Mitteln, dort Fuß zu fassen. Der Verwaltungsratsvorsitzende unseres Kreiskrankenhauses vertrat öffentlich die Meinung, daß sein Haus problemlos die gesamte ambulante medizinische Versorgung der Region übernehmen könne. Er scheint sich etwas vergallopiert zu haben, denn mit einem Drittel der Ärzte, zudem Berufsanfängern, ist dies wohl ein Wunschtraum. Warum dürfen Niedergelassene nicht einen wesentlichen Teil der jetzt stationär erbrachten Leistungen ambulant oder halbstationär anbieten? Sie wären genauso gut und preiswerter.

Ob die angestellten Kollegen begreifen, wer sie wider alles Recht durch unbezahlte Überstunden ausbeutet und nach kurzer Zeit auf den Müll der Arbeitslosigkeit entsorgt? Viele jüngere Chefärzte haben schon bei ihrer Bewerbung um einen Posten wegen des Linsengerichts eines fünfjährigen *Zeit*vertrags ihr Erstgeburtsrecht verkauft. Was kommt danach?

Ob die Krankenkassen nach einiger Zeit von Versuch und Irrtum erkennen, wer der günstigere Leistungserbringer ist? Ich zweifele daran. Verwaltungen lieben Verwaltungen wegen ihrer scheinbaren Berechenbarkeit.

Wir Erfahrenen müssen mit den Kollegen im Krankenhaus mehr reden. Wir kennen die Wirklichkeit jenseits und diesseits der Krankenhausmauern. Unsere Zukunft ist die ihre und umgekehrt.

Macht und Geld

Nach den Aussagen der neuen Gesundheitsministerin muß die Marktmacht der Ärzte gebrochen werden. Sie besteht daher auf einer klaren Unterscheidung zwischen Haus- und Fachärzten. Ein Gesetz hierzu hat sie schon in der Schublade. Besitzt man keine Hintergrundinformationen, klingt es gut, wenn Hausärzte als Lotsen ihre Patienten zu den verschiedenen Fachleuten dirigieren, um unnötige Untersuchungen und Kosten zu vermeiden.

Der Vertreter der Hausärzte und verschiedene andere Möchtegern-Kriegsgewinnler gehen als nützliche Idioten bei ihr ein und aus. Den Vorsitzenden der Kassenärztlichen Bundesvereinigung hat sie bislang nur antechambrieren lassen. Die Kassenärztlichen Vereinigungen sollen gespalten werden, die Hausarztfraktion soll ihre eigenen Vertretungen bekommen. Die Hausärzte sollen Koordinatoren sein, ohne deren Überweisung kein Patient Zugang zum Facharzt erhält.

Abgesehen von der unerträglichen Entmündigung der Patienten, indem das Recht auf freie Arztwahl aufgehoben wird, haben Allgemeinärzte häufig nicht die Kenntnisse, die sie ihre eigenen Grenzen erkennen lassen und zur Überweisung veranlassen, entstehen unnötige controlling-Kosten, werden die Fachärzte finanziell ausgetrocknet und wird die Versorgung verschlechtert. Allein dadurch, daß sich die Behandlungsübernahme verzögert, entsteht Schaden. Kooperation kommt so nicht zustande.

Gott-sei-Dank sind jüngere Patienten zunehmend durch das Internet medizinisch vorgebildet und haken nach. Die neue Mode des Gesetzgebers ist in dieser Hinsicht ein totgeborenes Kind. Vielleicht hat sie ein ganz anderes Ziel? Der unvermeidliche innerärztliche Konflikt kommt den Kostenträgern und Kontrolleuren zugute.

Splitter statt Facetten

Erst nachdem ich mich schon längere Zeit als Facharzt für Neurologie in der Klinik getummelt und auch unsere Nachbar- und Grenzgebiete beschaut hatte, habe ich mich in der Psychiatrie umgetan, um mich anschließend als Arzt für beides niederzulassen. Zu jener Zeit war es schwierig, sich auf eines der Fächer zu begrenzen, denn die Patienten des jeweils anderen Faches kamen einfach. Auch heute noch ist es in ländlichen Gebieten so.

Die Geschichte unseres Fachs zeigte immer die gegensätzlichen Tendenzen, die Fächer zu vereinigen und zu trennen. Eine Zeitlang schien die Neurologie von der Inneren Medizin aufgesogen zu werden. Ich kannte noch viele ältere Internisten, die meinten, dieses Fach in ihrem riesigen Spektrum zusätzlich, „mit links" anbieten zu können. Einige Allgemeinärzte behaupten dies jetzt von der Psychiatrie.

Lange Zeit war es friedlich unter den neuropsychiatrischen Kollegen. Nur die Kliniker machten sich gegenseitig Ärger. Hier, im Krankenhaus und in der Universität, konnte Fachkompetenz und Herrschaft nur in eigenen Revieren auf einen Nenner gebracht werden. Es gab Häuser, in denen Psychiater und Neurologen sich so spinnefeind waren, daß sie selbst das Grüßen einstellten. Die Kooperation der Fächer zur Aus- beziehungsweise Weiterbildung von Nervenärzten wurde auch deswegen zunehmend schlechter.

Inzwischen haben sich Kollegen zunehmend in den Einzelfächern niedergelassen, sind entweder Neurologen oder Psychiater. Nach der neuen Berufsordnung, die den Nervenarzt nur als Relikt längst verflossener Zeiten noch kennt, hatten lediglich einzelne sich Gedanken über eine Spaltung des Berufsverbandes gemacht. Nach der letzten Gebührenordnung sind es jetzt handfeste finanzielle Interessen, die einen Keil zwischen die Kollegen treiben. Wissen um die dahinterliegenden Mechanismen hat noch nie einem zünftigen Krach geschadet, wie die Geschichte der Psycho-Gesellschaften zeigt.

Die Position unserer führenden Vertreter ist unsicher, unklar bis widersprüchlich. Die Konfusion steigert sich bis zu dem Kalauer: „Der Nervenarzt ist tot, es lebe der Doppelfacharzt (der für Neurologie und *für* Psychiatrie)."

Durch Spaltung vermeinen kleine Gruppen wie die unsrige neuerdings, stärker zu werden: Divide *te ipsum* et impera? Das Mehr an Gruppen ließe die gesamte Schar durch auseinandergezogene, weniger feste Reihen besser erkennen? Nun ja. Man kann auch besser zwischen ihnen hindurch. Zuerst aber wird der organisatorische Aufwand gesteigert, da es nun mehr Imperatoren gibt.

Zwar wird nicht die interne Kommunikation gesteigert, aber durchaus die Zahl der Verlautbarungen – bis es vielen einfach zu laut wird und sie nicht mehr hinhören, wie die eigentlichen Adressaten auch.

Einigkeit um Recht und Freiheit?

Der Deutsche Ärztetag 1998 ist zu Ende gegangen. Er wurde abgebrochen, weil die Zahl der Delegierten für eine Abstimmung nicht mehr ausreichte. Diese Tagung hatte wieder einmal gezeigt, daß Einigkeit nicht zu erzielen ist.

Zu Anfang schien es noch so, als sollte das Gesundheitssystem umgekrempelt werden. Die Sozialversicherung sollte allein den sozial Schwachen belassen bleiben und die Versicherten sollten ein Mehr an Verantwortung erhalten, um die „Selbstbedienung" der Anbieter und der Konsumenten zu bremsen, die die Zahler ausplündert und die unser Entgelt zu Spielgeld werden läßt.

Schließlich sind die ängstlichen Pseudoaltruisten wieder nach oben gekommen. Sie wollen die Versicherten nicht noch mehr belasten. Sie scheinen allerdings völlig ahnungslos zu sein, wo die Gelder wirklich verbleiben.

Ich glaube, daß Sicherheitsdenken den Ausschlag gegeben hat: *Eigene* Sicherheit, die sie in der Zuteilung von Alimenten eher zu finden glauben als in ihrer Leistung. Von einem Verbleib in diesem Abrechnungssystem profitieren diejenigen, die sich „im Schnitt" der Masse halten, den Sicherstellungsauftrag (Versorgungsauftrag) auf die verschieben, die sich ein Gewissen machen, die mehr Leistung erbringen, die man gern als Beutelschneider apostrophiert.

Ein sozialistisches System, in dem man sich als *Medizinverwalter* gut einrichten könnte, wenn es dauerhaft wäre. Sind wir dann aber noch Ärzte?

Projektionen

Ich lerne Dr. M. kennen. Er lebt in einem Nachbarort, ist ein halbes Jahr jünger als ich, fast ebenso lange niedergelassen wie ich. Seine Herkunft und seine Lebensgeschichte, seine verwandtschaftlichen Beziehungen und vieles andere mehr hat Parallelen zu meiner eigenen Biographie. Er teilt mit mir eine Reihe meiner Interessen und – meine Ängste.

Er ist zwar nicht so wie ich als Nervenarzt und Psychotherapeut ein „Fast-Generalist", der von vielem wenigstens etwas wissen, wenngleich nicht viel können muß, sondern das, was viele meiner Fachkollegen etwas spöttisch als „Fünf-Löcher-Doktor" bezeichnen. Er ist ein ernsthafter Mann, der sich über seinen Beruf, Ethik, seine Patienten, seine Familie, Politik, kurz über Gott und die Welt ernsthafte Gedanken macht.

Er leidet unter Angstattacken, die sowohl nachts als auch tags auftreten, Grübelzwängen, Selbstzweifeln. Er holt „alte Kamellen" wieder hervor, die er längst für sich geklärt zu haben wähnte. Gelegentlich überfällt ihn der Gedanke, daß es besser sei, wenn er aus dem Leben scheide. Er ist in wirtschaftliche Schwierigkeiten geraten, weil seine Planungen durch das Abrechnungschaos völlig über den Haufen geworfen wurden. Der Gedanke, mit dem Leben Schluß machen zu können, tröstet und ängstigt ihn gleichermaßen. Er hätte dann seine Ruhe, Frau und Kinder wären versorgt, aber er kann es mit seinem Glauben nicht in Einklang bringen, auch wenn er sich von vielem distanziert hat, was er als seinen Kinderglauben ansieht. Die dünnere Luft des Erwachsenseins läßt ihn in dieser Lage aber frieren.

Aufgegeben

Dr. A. ruft mich an, weil er sich verabschieden will. Er schließt seine Praxis mit Quartalsablauf, einen Nachfolger hat er nicht. Er ist etwas über vierzig Jahre alt. Er war schon vor einigen Jahren wegen seiner depressiven Struktur bei mir vorstellig geworden. Wir hatten einige Sitzungen, bevor er von mir an einen psychologischen Kollegen delegiert wurde. Es ging ihm danach deutlich besser. Er eröffnete kurz darauf seine Allgemeinpraxis, die gut anlief. Er konsultierte mich häufig bei Problempatienten und überwies mir einige von ihnen.

Die Bank machte ihm Probleme und drohte, ihm den Kredithahn zuzudrehen. Er hatte genauso viel gearbeitet wie früher, eher mehr, seine Leistungen korrekt in Rechnung gestellt, hatte mehr von diesen unsäglichen „Punkten" abgerechnet und dennoch verloren.

Phantasiereisen

Maliziös lächelnd sitzt sie vor mir. „Ihnen geht es doch besser als vielen anderen Ihrer Kollegen", sagt sie. Was will ich denn von ihr, denke ich mir. Ich habe das zweite Mal die Möglichkeit wahrgenommen, mit einer Mitarbeiterin der Kassenärztlichen Vereinigung zu sprechen. Sie ist Betriebswirtin und Leiterin der Abteilung, in der meine Abrechnungen bearbeitet werden. Meine Umsätze mit den Krankenkassen sind durch die politischen Manipulationen in eineinhalb Jahren um *fünfunddreißig* Prozent gesunken. Jemand, der betriebswirtschaftlich denken kann, weiß, daß dies eine Katastrophe ist, wenn diese Einbrüche nicht irgendwie zu kompensieren sind.

Es ist offen erklärtes Ziel der Kassenärztlichen Vereinigungen, den Gewinn der Praxen auf einhundertfünfzigtausend Mark herunterzusetzen, um das System zu erhalten. Daß Gewinn nicht Einkommen und erst recht nicht mit Beamtengehältern, Abgeordnetenapanagen und gar dem Entgelt von Gewerkschaftsbossen zu vergleichen ist, weil nach Steuern zahlreiche Kosten hiervon abgehen, weiß nur ein ähnlich Selbständiger. Der aber kann besser vorausplanen und ist in der Regel nicht dermaßen von ständig wechselhafter, ja willkürlicher Gesundheits- und Standespolitik abhängig. Die Frau ärgert mich. Eins scheint ihr nicht klar zu sein: Ihr eigener Arbeitsplatz ist gefährdet. Oder hat sie einen anderen bei der Konkurrenz in Aussicht?

Ich kann einige Mark mehr machen, indem ich die Basisversorgung reduziere und mehr Unsinniges verzapfe: unnötige Besuche mache, noch häufiger mit dem Pflegepersonal rede und die Zahl meiner Ultraschalluntersuchungen verdoppele, einer Helferin kündige und meine Apparate nutze, bis sie vollends auseinanderfallen oder der Zulassungsausschuß mir die Benutzung wegen des Papierformats verbietet (obwohl sie überall in Europa noch erlaubt sind). Hätte ich gar das Glück, in einem noch nicht für weitere Zulassungen gesperrten Bezirk zu sitzen, könnte ich einen Kollegen oder eine Kollegin einstellen, der oder die zwar die Zulassung besitzt, nicht aber arbeitet. Er oder sie erhielte eine Entlohnung für dieses Aussitzen und ich hätte meine Eingrenzung weitgehend beseitigt. Eine Ehe unter Kollegen wäre ein Geschäft: Wäre meine Frau Ärztin, könnte sie zu Hause bleiben – und mir trotzdem einen höheren Umsatz bescheren.

Einige Tage später besuche ich einen Freund. Wir haben schon lange über unsere Optionen diskutiert. Er fotografiert gerade sein Haus und sein Grundstück. Über Jahre hat er viele freie Tage eingesetzt, um es zu gestalten – hier einen Baum, dort einen Busch eingesetzt, hier einen Teich gegraben, dort einen Hügel aufgeschüttet. Der Makler hat sich schon alles angesehen. „Ich lasse mich nicht korrumpieren", sagt er. Ich weiß, daß er gehen wird, auch wenn er erhebliche Anstrengungen unternehmen und für längere Zeit wirtschaftliche Unsicherheit in dem fremden Land auf sich nehmen muß.

Er versteht sich als Arzt und nicht als Medizinversorger, der sich unsinnigen Richtlinien und Budgets unterwerfen mag.

„Du är galen – forükt, det tror jag inte – das glaube ich nicht," sagte kürzlich ein jüngerer schwedischer Freund bei unserem gemeinsamen Seminar. „Komm doch zu uns, du hast weniger Arbeit und verdienst fast das Gleiche bei fehlendem Risiko als Unternehmer, meinte eine Kollegin in unserem internationalen Kreis. Wozu bleibe ich?

Festgenagelt

Die Zukunft gehört den größeren Strukturen. Als Einzelkämpfer ist man ein Fossil. Gemeinschaftspraxen, Praxisgemeinschaften, vernetzte Praxen, Praxiskliniken, Assoziationen mit Krankenhäusern – unter diesen Stichworten wird versucht, uns den Zwang zu vermeintlich ökonomischerem Wirtschaften schmackhaft zu machen.

Ich überlege mit einem Freund, der in einer Nachbarstadt lebt, wie wir unsere Praxen zusammenlegen könnten, um effizienter zu sein. Einer von uns beiden muß seine Praxis veräußern, denn die Einzugsgebiete decken sich nicht. Nur wenige seiner Patienten würden die Fahrt auf sich nehmen – umgekehrt ist es genauso. Wir würden zusammen weniger Umsatz haben, als wir jetzt durch die beiden Einzelpraxen erwirtschaften.

Ich habe es für mich einmal durchgedacht. Ich würde seine bisherige Einrichtung mitbenutzen. Diesen Anteil müßte ich ihm ablösen. Ich habe zudem noch Bankverbindlichkeiten aus meiner bisherigen Praxis. Ergo: ich kann meine Praxis nicht einfach schließen, denn ich benötige Kapital! Zudem habe ich Jahre gebraucht, die Praxis aufzubauen. Ich muß sie *verkaufen.*

Wir haben aber ein für nervenärztliche Neuniederlassungen gesperrtes Gebiet, zu dem auch die Nachbarstadt gehört. Wer soll kaufen, wenn nichts zu verkaufen ist? Praxiseinrichtung und Patientenstamm sind ohne Praxis nichts wert! Wenn ich umziehe, habe ich nur den Erlös einiger gebrauchter Geräte übrig.

Allerdings, wenn ich mich einfach absetzte, entstünde ein riesiges Versorgungsloch. Irgend jemand würde sich schon mit den Kassen und der Kassenärztlichen Vereinigung verständigen und sich in das gemachte Nest hineinsetzen. Ich sähe dabei in die Röhre und ganz schön alt aus. Also müßte ich schon im eigenen Interesse mich um einen Nachfolger bemühen. Aber – siehe oben. Jeder würde lächeln und abwarten.

Ein Zweites kommt hinzu: unsere Steuergesetzgebung. Ab 1999 ist es Essig mit dem reduzierten Steuersatz bei Praxisveräußerungen. Nur noch die Hälfte bliebe mir übrig. Das wäre die Summe, die ich meinem Freund geben müßte. Die Bankschulden behielte ich.

Sicherlich kann ich den „Einstand" steuerlich geltend machen. Das dauerte aber fünf Jahre, in denen mein Gewinn durch die geringeren Patientenzahlen geringer wäre. Die Steuerersparnis würde somit geringer sein als meine vorherigen Steuerverluste. Zudem entstünde durch diese Zeit ein Zinsverlust. Der Staat gewinnt halt immer, wenn man so gläsern ist.

Was ich jetzt benötige, ist ein mit allen Wassern gewaschener, völlig ausgekochter Berater.

Auf den Punkt gebracht

Parabel

Im Restaurant sitzt ein dicker, allem Anschein nach wohlhabender Mann. Als der Kellner ihn fragt, was er denn zu speisen gedenke, antwortet er: „Das Beste, was Küche und Keller bieten." Als er zahlen soll, zieht er seine Hosentaschen nach außen, es fällt Kleingeld klimpernd zu Boden, und er sagt: „Mehr habe ich nicht. Sie müssen schon damit vorlieb nehmen." Jeder weiß, daß er in der Brieftasche noch eine Reihe von Scheinen hat, nicht sehr viel zwar, aber genug, um die Rechnung zu begleichen. „Diesen Edelfraß habe ich auch nicht bestellt", spricht er und geht.

Es ist noch komplexer. Es gibt hier eine Feinschmeckerorganisation, die Verträge mit den Restaurants abgeschlossen hat, wohl wissend, daß die Konjunktur schlecht ist. Die Restaurants erhalten ein pauschales Entgelt, mit dem alles abgedeckt sein soll, was an Kosten entsteht. Diese Pauschale wird von Saison zu Saison neu bestimmt und in eigenen Rechnungseinheiten abgerechnet, die sich auf die Finanzkraft der gesamten Touristikbranche stützen. Fast jeder, der kommt, legt die Karte auf den Tisch. Er hat sie mit der Zusicherung erworben, daß er alles erhält, was Küche und Keller bieten. Falls der Pazifiklachs ausgegangen sein sollte, würde man ihn auch nach Vancouver in Kanada fliegen.

Eine Zeitlang geht das gut. Auch Neuverträge mit weiteren Restaurants können finanziert werden, weil die Zahl der Mitglieder des Vereins wächst. Die Wirtschaft des Landes boomt – über Geld redet man nicht. Alle sind zufrieden. Die Speisekarten sind voll der feinsten Gerichte. Allmählich gibt es immer weniger Gäste außerhalb der Organisation. Anfangs feiert man das als Erfolgsmodell, das alle Konkurrenz besiegt hat.

Da geschieht auf beiden Seiten Unerwartetes. Es war zwar denkbar gewesen und einige hatten es auch prophezeit, doch hatte man sie als Schwarzseher verlacht.

Vielleicht sind es die Pachtzinsen, die allmählich gestiegen sind. Wer viel umsetzt, wird als wohlhabend angesehen und entsprechend abkassiert. Vielleicht sind es die teureren Küchenausstattungen, die zur Abfertigung der größeren Gästezahlen ohne Qualitätsverlust erforderlich wurden, oder die Tarifverträge in der Gastronomie, die den Kostenanteil immer höher werden ließen. Vielleicht war es auch der geringere Umsatz je Kunde. Solange der absolute Gewinn noch stimmte, war das aber noch zu vernachlässigen. Der Fachverband hat keinen Grund zur Besorgnis gesehen.

Der Feinschmeckerverein hat seinen Erfolg genossen. Er hat sich umorganisiert. Aus Ehrenämtern mit Aufwandsentschädigungen sind gut dotierte Posten mit Gewinnanteilen geworden, ganz so wie in der richtigen Wirtschaft. Ansteigende Mitgliederzahlen haben den Gewinn in die Höhe schnellen lassen. Er vergab daher Sonderkonditionen für Gäste von Mitgliedern, stellte Altmitglieder nach einer Reihe von Jahren beitragsfrei und ließ sich von dem mächtigen Touristikverband des Landes dazu überreden, günstige Angebote für Reisende aus dem Ausland zu bieten. Der höhere Umsatz würde diese Kosten schon auffangen. Die Vorstände des Touristikverbandes waren zufrieden.

Keiner hat mehr den Überblick, als das Unglück hereinbricht. Die Gelder des Feinschmeckerverbandes reichen nicht aus, die Verbindlichkeiten gegenüber den Vertragspartnern abzudecken. Er hat zwar in den letzten Monaten seine Rücklagen angegriffen, in der Hoffnung, es handele sich um eine vorübergehende Flaute. Er ist aber erfolglos geblieben. Es kommt zu Verhandlungen mit dem Fachverband der Gastronomen.

Der sieht das Problem sofort: Viele der Mitgliedsunternehmen würden in Konkurs gehen, sollte das System scheitern. Er erklärt sich bereit, seine Forderungen an das Kartengeschäft des Feinschmeckerverbandes zu binden, das inzwischen stark schwankt. Der Qualität darf das keinen Abbruch tun. Daran wird vertraglich festgehalten. Er, nicht mehr die Feinschmecker tragen das Risiko. Der Wert der Rechnungseinheiten fällt, bis er weit unter der Hälfte der Erwartung aufgefangen wird.

Allmählich gibt es landesweit keine ernstzunehmende Konkurrenz mehr für den Feinschmeckerverein. Er ist eine Institution geworden, die Edelrestaurants und Werkskantinen gebunden hat, ohne die nichts mehr läuft. Schlechte Geschäfte allerdings führen dazu, daß er nun Gelder aus seinem Reisebüro in sein Kartengeschäft stecken muß. Er gründet sogar einen Bücherclub, dessen Überschüsse er in das Restaurantkartengeschäft verschiebt. Im Buchgeschäft vertreibt er zunehmend minderwertige, aber überteuerte Ware, die er in fernöstlichen Billigländern drucken läßt.

Da greift der Touristikverband ein. Er kann sich nicht erlauben, daß das System scheitert, denn es hängt viel daran: die Beschäftigung der zahlreichen Angestellten, die eigene Reputation, vor allem aber viel Geld. Geschäftsanteile und auch Kapital von Vorstandsmitgliedern wären verloren. Und wie sollte man noch essen gehen, ohne zu bezahlen? Die schon geleisteten Beiträge wären verloren. Der Touristikverband hat einen neuen Vorstand erhalten. Der stellt wieder neue Regeln auf. Es ist ein sehr kompliziertes Unterfangen. Einerseits sind die Rechte der sehr unterschiedlich strukturierten Gaststätten, Restaurants und Hotels zu berücksichtigen, andererseits die Bedürfnisse des monolithischen Feinschmeckervereins. Der Touristikverband hat schon längst festgestellt, daß es einfacher ist, sich auf die Seite der Organisation zu stellen. Es heißt: Kommando zurück – die zuletzt Kostensteigerungen für die Mitglieder werden zurückgenommen.

Den Vertragsunternehmen wird allmählich die Luft zu knapp. Sie können seit langem nicht mehr ihre Umsätze zeitnah errechnen. Erst nach einem halben Jahr erhalten sie unter Vorbehalt einen Abschlag, der nur sehr vage mit der Zahl der Gäste und den Kosten korreliert. Es wird ihnen unterstellt, ihre Rationalisierungsreserven nicht zu nutzen. Sie müssen Renovierungsarbeiten verschieben, die Geräte später ersetzen, ihr Personal noch mehr ausnutzen, Abstriche an ihren Gewinnen hinnehmen, ihre Kreditaufnahme steigern. Einige wandern ab, andere schließen rechtzeitig, zunehmend kommt es zu Konkursen. Der Fachverband der Gastronomen ist ratlos und löst sich auf.

Die Kunden müssen wieder „plaziert" werden, denn die Zahl der Tische nimmt ab. Sie werden zwar unruhig, weil auch die Qualität abnimmt, aber der Touristikverband hat die Kontrolle übernommen. Der ist die Summe seiner zahllosen Einzelverbände und (fast) allmächtig. Er übergibt die Lizenz an einen Hotelkonzern, an dem er die Majorität besitzt. Freie Restaurants gibt es nicht mehr. Der Feinschmeckerclub geht im Touristikverband auf.

Es wird nun gegessen, was auf den Tisch kommt. Der Seniorenteller wird Pflicht, ab achtzig gibt es Wassersuppe. Bald kennt man es nicht mehr anders.

Es ist *noch* komplexer ...

Die Zehn Gebote des Kassenarztes

1. Ich bin der Herr, deine gesetzliche Krankenversicherung, der ich dich aus der Fron der Einzelabrechnung mit Kassen und Patienten geführt habe. Du sollst keine anderen Einkünfte wie durch eine privatärztliche Tätigkeit neben mir haben.

2. Du sollst dir kein anderes Abrechnungssystem schaffen, weder eins, das dir zusätzliche Einkünfte verschafft, noch eins, das als Alternative gelten könnte; weder eins, durch das du mit Pflichtversicherten, noch eins, durch das du mit freiwillig Versicherten abrechnen kannst. Denke nie daran und plane solches nicht. Denn ich, der Herr, dein Sozialversicherungssystem, bin ein eifersüchtiges Konstrukt, das da heimsucht der Väter Abweichung an den Kindern bis ins dritte und vierte Glied, die mich anzweifeln, und tue Barmherzigkeit an vielen Tausenden, die meine Bedingungen akzeptieren und in Kadavergehorsam nicht abweichen.

3. Du sollst kein anderes System sozial nennen, denn dein Herr wird den nicht ungestraft lassen, der diesen seinen Anspruch mißbräuchlich überträgt.

4. Gedenke des Budgets, daß du ihm stets Rechnung trägst. Sechs Wochen sollst du arbeiten und deine Dinge beschicken, aber die restlichen sieben Wochen eines Quartals sind Sabbat und gehören deinem Herrn, dem Sozialversicherungssystem. Da darfst du frei und unentgeltlich arbeiten, auch deine Ehefrau, deine Helferinnen, auch deine Putzfrau; auch darfst du Verbrauchsmaterial, Miete, Licht, Gas und Wasser bezahlen und deine Abgaben an Bank, Kassenärztliche Vereinigung und das Finanzamt erledigen. Denn seit seiner Verkündigung durch Bismarck hat sich das Sozialsystem stetig weiterentwickelt und alles, was dazugehört. Darum ist es unwiderruflich und schuf Gesamtvergütung und Budgetierung.

5. Du sollst deine Kassenärztliche Vereinigung ehren, auf daß du lange existierst in der Pfründe, die sie dir zugeteilt hat.

6. Du sollst nicht deine Patienten so behandeln, daß sie im Laufe ihres Lebens mehr Kosten verursachen, als sie an Beiträgen eingezahlt haben.

7. Du sollst nicht mit Sozialversicherten irgend etwas privat abrechnen, wenn du als Kassenarzt zugelassen bist.

8. Du sollst nicht das voll abrechnen, was du geleistet hast.

9. Du sollst nicht deine Patienten aufklären über die Realität des Systems.

10. Du sollst nicht begehren andere Arten und Weisen, mit deinen Patienten umzugehen und deine Leistungen abzurechnen. Begehre nicht, wirklich freiberuflich tätig zu sein, noch irgendwann angestellt, noch beamtet zu werden, um aus diesem Zirkus ausbrechen zu können, noch irgendwelche anderen Zugeständnisse der Gesellschaft, die deiner Ausbildung oder gar deiner Leistung entsprächen.

Fazit: Wenn dich jemand auf deine rechte Backe schlägt, dem biete auch die andere dar. Einen *Exodus* gibt es nicht.

Würde

Der Bundesgerichtshof sprach, Geschäfte mit Telefonsex seien *sittenwidrig*. Die „Servicemädchen" würden zum Objekt herabgewürdigt. Die Anbieterin habe sich dem Zweck des Geschäfts, nämlich der Befriedigung des Kunden, unterzuordnen. Der Gesprächsinhalt unterliege nicht ihrer freien Willensbestimmung ... Im Übrigen könne sie das Gespräch „bei Nichtgefallen" nicht einfach abbrechen.

Die Argumentationslinie hat offensichtlich nichts zu tun mit einer verquasten Sexualmoral. Es handelt sich hier um sittenwidrige *Geschäftsbeziehungen*.

Ich habe für mein ärztliches Handeln dieselben Bedingungen festgestellt. Zudem: Ich werde zur Prostitution *gezwungen*. Es handelt sich um Nötigung, Erpressung und darüber hinaus um Beischlafbetrug! Wann urteilt der Bundesgerichtshof über *diese* Sklavennahme?

Zufriedenheit

Eine Umfrage des Sozialwissenschaftlichen Forschungszentrums der Universität Erlangen-Nürnberg unter Kassenärzten 1998 ergab erschreckende Daten.

Deutlich über einem Dreiviertel der Befragten äußerten sich resignativ oder unzufrieden über ihre Tätigkeit. 37,1 Prozent hätten unter den heutigen Umständen eine ganz andere Berufsentscheidung getroffen. 35,5 Prozent hatten mit dem Gedanken gespielt, die eigene Praxis aufzugeben, 12,9 Prozent hatten sich schon dafür entschieden. 27,7 Prozent der befragten Ärzte waren höchst Burnout-gefährdet oder bereits ausgebrannt.

Auf einer Bewertungsskala der allgemeinen Arbeitszufriedenheit von +1 bis –1 lag der Durchschnitt der Ärzte bei +0,329, der der Hausärzte bei +0,738, der der Neurologen und Psychiater bei +0,200. Extreme Unzufriedenheit fand man bei Orthopäden und Urologen, sehr hohe Zufriedenheit bei Hals-Nasen-Ohren- und Kinderärzten.

Die Gründe für diese massive Unzufriedenheit bestanden in der zunehmenden Kompliziertheit und Undurchsichtigkeit des Kassenarztsystems, dem ständigen Wechsel der Paradigmen und die massiven Beschränkungen der ärztlichen Selbstentfaltung. Hinzu kamen Existenzängste durch die Schere zwischen den Praxisumsätzen und den finanziellen Belastungen.

Die Empfehlungen der Experten beschränken sich auf die Aus- und Weiterbildung, das Erlernen von Streßmanagement-Techniken, den Aufbau von sozialen Stützsystemen und die Umgestaltung und Optimierung des eigenen Arbeitsstils. Veränderung durch Anpassung.

Ausgebrannte, sich selbst entwertende Menschen sind billig zu haben. Sklaven sind aber schlechte Arbeiter.

Denkfallen

Es handelt sich um viele Fallen. Viele Ärzte kamen aus Altruismus zu ihrer Berufswahl, andere aus wissenschaftlicher Neigung, aus Tradition, wegen eines Bildes im Kopf, oder um gut verdienen zu können.

Der *Altruismus* verflüchtigt sich rasch. Schon ein Medizinstudent merkt rasch, daß man damit nicht sehr weit kommt: Albert Schweitzer, der Oganga von Lambarene? Von seinen Patienten angesehen oder gar geliebt? Beruf und Familie vereinbaren können? Als patriarchalischer Landarzt oder landärztlicher Patriarch beim Abendessen mit der Familie und Freunden sitzend, ein, zwei Hausbesuche bei älteren Patienten erledigen und vielleicht noch einige Male angerufen werden? Für einen zunehmenden Anteil unserer Patienten sind wir ein *Dienstleistungsunternehmen in Sachen Heilung und Zuwendung*, das reibungslos zu funktionieren hat und das man mit der Karte bezahlt. Es trifft einen immer wieder, wenn gerade die Patienten, für die man sich besonders eingesetzt hat, von ihrem Recht der freien Arztwahl Gebrauch machen, weil sie möglicherweise von der Konkurrenz noch besser verwöhnt werden.

Wissenschaft? Eine eigene wissenschaftliche Tätigkeit, so viele Anstöße die täglichen Praxis auch gibt, ist nur wenigen vergönnt. Ohne entsprechenden Hintergrund – Vermögen, Doppelverdiener, ein zweites Einkommen – ist das kaum noch möglich.

Familie? Zeit? Die meisten von uns Nervenärzten waren zu Beginn ihrer Karriere der Meinung, daß sie im späteren Beruf ausreichend Zeit für sich und ihre Familie haben würden. Alle sind inzwischen desillusioniert worden. Ärzten geht es hier schlechter als anderen Selbständigen, insbesondere anderen Freiberuflern. Der Abend im Familienkreis wird gerade von Psychiatern Therapiegesprächen, den Patientengruppen, eigener Fortbildung oder der Fortbildung von Kollegen geopfert. Die schriftlichen Arbeiten, die einen weit überdurchschnittlichen Umfang haben, können zumeist nicht während der Sprechstundenzeit erledigt werden. Ärzte stehen deswegen mit ihren Scheidungsraten schon immer allen voran, insbesondere Psychiater.

Gesundheit? „Arzt hilf dir selber." „Wie können Sie als Arzt krank werden?" Das ärztliche Engagement wird mit der höchsten Alkohol√, Drogen√ und Suizidquote der Gesamtbevölkerung bezahlt, die Lebenserwartung ist trotz medizinischer Professionalität geringer als die des Durchschnitts. Die ständige Verfügbarkeit hat ihren Preis.

Wohlstand wie bei Professor Brinkmann oder anderen Serienhelden? Liebling schöner Frauen, die sich darum reißen, in seiner Gesellschaft gesehen zu werden?

Mietwohnungen und Gebrauchtwagen entsprechen weniger der Volksmeinung als Weltreisen und Yachten. Mein Sohn antwortete als Dreijähriger auf die Frage, was er denn werden wolle: „Arzt!" Warum er denn gerade diesen Beruf ausüben wolle? „Weil ich dann Porsche fahren kann", meinte er ganz pragmatisch. Heute, fünfzehn Jahre später, tippt er sich gegen die Stirn: „Bin ich denn schwachsinnig? Ich lasse mich doch nicht ausbeuten!" Meine Tradition wird sich nicht aufrechterhalten lassen.

Wirtschaftliche Zwänge beeinflussen Diagnostik und Therapie erheblich. Bis vor wenigen Jahren drohten die Krankenkassen Sanktionen demjenigen an, der seine Patienten über das erlaubte Leistungsspektrum aufklärte. Daß therapeutische Maßnahmen gesetzlich auf das „Notwendige, Zweckmäßige und Wirtschaftliche" beschränkt sind, sollte ärztlicherseits zwar stets berücksichtigt werden, galt aber faktisch als „Staatsgeheimnis". Die Kassen durften hingegen verbreiten, sie benötigten nur die ärztliche Verordnung (was auch noch heute geschieht). Sanktionen erfolgten, wenn man diesen Rahmen mehr ausschöpfte als der Durchschnitt der Fachkollegen, die sich zumeist systemkonform verhielten. Indem man zwar verordnungsfähige, jedoch den finanziellen Rahmen überschreitende Maßnahmen oder Medikamente verschrieb, schädigte man sich in diesem System selbst. Eine Privatverordnung solcher Leistungen war und ist nicht erlaubt, da sie prinzipiell eine Kassenleistung dargestellt hätten (man schweigt also besser darüber und bietet unbeschadet „alternative" Leistungen an). Im Augenblick haftet zwar die Gesamtärzteschaft für das Verordnungsvolumen; dies wird allerdings nicht von langer Dauer sein. Dann wird gespart.

Bei einem Anteil von Kassenpatienten von über neunzig Prozent kann so von der Ausübung eines freien Berufs im Sinne des Grundgesetzes keine Rede mehr sein.

Moralisches Ansehen? Sicherlich haben Ärzte bei Umfragen bis vor kurzem noch Werte erreicht, die weit über denen anderer Berufsgruppen lagen. Die ehrabschneiderischen Parolen in Presse und Fernsehen, die nicht selten in einer konzertierten Aktion von interessierten Gruppen wie Krankenkassenvertretern lanciert wurden, scheinen allmählich ihre Wirkung zu zeigen. Irgend etwas bleibt immer hängen, sagt man.

Bei Weinhändlern, Versicherungsvertretern, Telefonbrokern oder anderen Störenfrieden mag noch ein gewisses *gesellschaftliches* Ansehen bestehen. Auch glaubt ein großer Teil der Bevölkerung noch die Mär vom wirtschaftlichen Erfolg der Ärzte. Einige versuchen durch Kontakte etwas von dem vermeintlichen Glanz abzubekommen. Die Banken wissen es inzwischen besser. Für eigenes gesellschaftliches Engagement ist wenig Zeit. Trifft man sich in irgend welchen Kreisen, so ist man zumeist nur kostenloser medizinischer Ratgeber: „Was ich da noch fragen wollte, Doktor ..."

Nachdem vor nicht allzu langen Jahren Kommunen noch händeringend Ärzte für Neubaugebiete suchten und eine Niederlassung schmackhaft machten, Geldinstitute das Geld nur so hinterherwarfen, wird heute ärztlichen Neukunden die Tür vor der Nase zugeschlagen und gebärden sich Bankangestellte wie Vormünder.

So mancher Arzt phantasiert jetzt ein anderes berufliches Standbein, auch wenn ihn seine Berufswahl nicht dauert. Aus dem System können die wenigsten wieder hinaus. Zusätzliche Einkünfte kommen aus berufsrechtlichen oder steuerlichen Gründen kaum in Betracht. So bleibt es beim Träumen.

Desinteresse, Lobby und Kontrolle – Deutschland einig Vaterland

Zu häufig beobachtet man in Deutschland eine bewußte Ablehnung von Leistung und Leistungswilligen. Die schleichende Entwertung unserer Hochschulreife ist lediglich *ein* Symptom. Sie scheint politisch gewollt zu sein. Der brain-drain in vielen Bereichen läßt sich nicht stoppen, trotz vieler Versuche, den Trend umzukehren. Immer mehr wache Geister kehren Deutschland den Rücken. Innovative amerikanische Firmen haben zwar deutsches Management, deutsche Wissenschaftler dominieren Forschungsgebiete aber nicht zu Hause, sondern im Ausland. Der Nobelpreis 1999 für Medizin ging zwar an den Deutschen Günter Blobel – doch nicht für eine Forschungstätigkeit in Deutschland, sondern an der Rockefeller-Universität in New York. Versuche, in das Heimatland zurückzukommen, scheitern an den hiesigen Strukturen, an Regelungswut, Entscheidungsschwäche, Neid, Karrierismus, Lobbyismus, Korruption, Inkompetenz, Bequemlichkeit und schlichter Dummheit in unseliger Maximalkoaliton, an Untertanengeist, Politikverdrossenheit, machtversessenem Bürokratismus und am Paternalismus einer abgehobenen Politikerkaste. Deutsche Firmen verlagern nach der Produktion nun die *Forschung und Entwicklung* ins Ausland. Nur wenige kommen zurück. Die gelten als Beweis dafür, daß alles nicht so schlimm sei.

Außerhalb des Sports und des Show-Biz, wo Initiative und Leistung übermäßig honoriert werden, gerät man in unserem Land rasch in den Geruch des Strebertums, der ungerechtfertigten Bereicherung, als wolle man sich aus der Volksgemeinschaft ausgliedern. Der gesellschaftliche Konsens scheint die alleinseligmachende Gemeinschaft der heckenmäßig frisierten Gleichstrebenden zu sein. Das betrifft nicht nur bekennende Rechtsradikale. Dumpf-brauner Geist, auch mit rotem oder grünem Umhang, der sich als Elite sieht, unterstellt *anderen* Elitarismus, um sie besser ausbeuten zu können.Egalitarismus gepaart mit Unwissenheit führt nicht allein zum wirtschaftlichen Niedergang eines Landes, sondern ist der Nährboden für Diktaturen. Was soll ich meinen Kindern sagen, wenn sie mich fragen, ob sie *hier* bleiben sollen?

Ratschläge an Nachfahren

Du willst Arzt werden. Du hast gut gewählt, denn es ist ein schöner Beruf, der Freude und Erfüllung schenken kann.

Bedenke aber, daß er viel Kraft und Zeit kostet. Auf viele andere schöne Dinge des Lebens wirst du verzichten müssen.

Bist du Arzt und lebst du in Deutschland, unterliegst du Kammergesetzen, die du noch gut erfüllen kannst. Bist du aber deutscher Kassenarzt, so bist du, sollte sich nichts ändern, eine der bedauernswertesten Figuren dieser Gesellschaft.

Nachdem allmählich auch hier amerikanische Gepflogenheiten um sich greifen, haftest du mit allem, was du bist und was du hast, für deine Taten und Untaten sowie für alles, was du unterlassen hast, so man dich dafür schuldig findet. Kaum jemand sieht sich aber in deiner Schuld, solltest du mehr getan haben, als den Vorschriften entsprach. Denn bedenke, du lebst in Deutschland, wo der Gotteslohn noch gilt und die Pflicht.

Auch wisse, daß zu dir als privatärztlich Tätigem in Zukunft kaum noch Patienten kommen, weil der Staat seine Bürger entmündigt hat. Zwar hast du als Kassenarzt deren eine Menge, aber weder *Ein-* noch *Aus*kommen. Denn du stehst in der Pflicht der Helfer, unter dem Eid der Ärzte und der Aufsicht des Staates. Ein *Ent*kommen aus diesen Zwängen ist nicht in Sicht.

Es wird in Zukunft in Deutschland wohl wieder so werden wie es schon früher war: Willst du Arzt werden, mußt du uneigennützig und selbstlos sein und Geld mitbringen (das aber als andere Anlage sich besser verzinst), dich als Mode- oder Prominentenarzt verkaufen oder dich gut verheiraten. Deine Behandlung wird in Ratschlägen bestehen (außer du bist gut versichert), denn Hand anzulegen, wird man als Ein- oder gar Angriff ansehen und dir den Lohn dafür schuldig bleiben.

Erwarte aber nicht, daß man dich für deine Leistungen oder für deine Selbstlosigkeit schätzt, dir die zustehende Ehre erweist oder deinen Mahnungen Glauben schenkt. Erwarte eher, für einen Scharlatan, einen Beutelschneider und falschen Propheten gehalten zu werden, während man solche als Menschheitsbeglücker öffentlich hofiert.

Wenn du diese Bedingungen akzeptierst, gesund bist und starke Nerven hast, dann magst du diesen Weg gehen. Sonst rate ich dir hier unerwünschtem menschlichen Überschuß: Young man, *go west.* Auf jener Insel am Ende Europas wirst du mit offenen Armen empfangen. Oder: *Go north!* Woanders ist es besser als zu Hause.

Fünf – noch zu retten?

Ich will nichts anderes tun als das hier, und zwar in Bestform/Und erfüll dabei mal wieder mit links die Testnorm (Rappgruppe Eins, Zwo)

Trägheit macht traurig (Thomas von Aquin)

Auch wenn mir im vorherigen Kapitel der Zorn die Feder führte: Mein Beruf als Arzt, insbesondere als Nervenarzt, hat mir bislang stets Freude bereitet. Stünde ich heute wieder vor der Wahl, würde ich mich kaum anders entscheiden – trotz meines jetzigen Wissens, daß dieser Beruf und gerade dieses Fach mit viel Arbeit und zahlreichen Widrigkeiten verbunden ist.

Ein Nervenarzt steht mitten im Leben. Wenn ein Nervenarzt wirklich so weltfremd und versponnen wäre, wie der Volksmund meint, hätte er keine Chancen – weder im Erkennen von Störungen und Krankheiten, noch im Umgang mit ihnen und den real existierenden Patienten. Auch das soziale Umfeld, Personen und Institutionen, verlangen eine spezielle Intelligenz. Nur wenn es um sie *selbst* geht, mag diese allgemein bei Ärzten nicht besonders ausgeprägt sein, wie unsere Bredouille zeigt.

Mein Beruf ist interessant. Jeder kann seinen detektivischen Spürsinn einsetzen, heilen, wissenschaftlich arbeiten, über Sein, Dasein und So-Sein philosophieren, seine Fähigkeiten zu verhandeln nutzen, seinen sozialen Impetus ausleben, sich sogar als Kleinunternehmer betätigen. Ich selbst habe den Weg von der Neurologie über die Neurochirurgie hin zur Psychiatrie und Psychotherapie genommen, weil ich *neugierig* war.

Abstraktion und analytisches Denken, so wie man es als Nervenarzt gelernt hat, haben mir aber nicht das einfache Staunen über das Faktische überdeckt. Hier ist mir Oliver Sacks immer wieder ein Vorbild gewesen. Erst aus dem Sich-Wundern über das, was man erlebt, erwächst der Wunsch, mehr darüber zu erfahren und die Hintergründe zu erkennen. Der Weg geht vom scheinbaren Paradoxon zum Paradigma. Gerade in der Psychiatrie und Psychotherapie ist dies wichtig zu wissen, um nicht den Lockungen scholastischen Denkens zu erliegen.

Die große Zahl von Menschen, die man in einer Nervenarztpraxis sieht, die Hausbesuche, die Kontakte mit Angehörigen lassen die praktischen Kenntnisse rasch zunehmen, auch über die sozialen Bedingungen und Randbedingungen, unter denen Kranke leben, die Ursache, Mitbedingungen und Folgen der Krankheit sind. Dieses Wissen und diese Fähigkeiten sind in keiner klinischen Ausbildung zu erhalten.

Die Tätigkeit in eigener Praxis (ich bin jetzt mehr als sechzehn Jahre „niedergelassen"), hat ihre Besonderheiten, zumal im deutschen Kassenarztsystem. Das „aristokratische Privileg" der Freiheit zur Entscheidung, das mein Kollege aus der Schweiz zu haben meint, sehe ich in unserem Land nicht mehr. Unsere Gesellschaft will sich Spezialisten im ambulanten medizinischen Bereich nicht mehr leisten. Eine planwirtschaftliche Verirrung unseres Staates, ein pervertiertes, für alle Seiten undurchsichtiges kassenärztliches Abrechnungssystem, unsinnige Heilsversprechen im besten sozialistischen Sinn, die Verlagerung von sachfremden Kosten in das Gesundheitssystem, eine ruinöse Verlagerung von Behandlungskosten auf die angeblichen „Verursacher", unredliche Schuldzuweisungen für Folgen vorherzusehender demographischer Entwicklungen, ständige Vorhaltungen über die Vergeudung von Ressourcen bei fortschreitender Verbürokratisierung des Versicherungsapparats, überzogene Forderungen nach Qualitätssicherung bei gleichzeitiger Verhinderung moderner Diagnostik und Therapie durch finanzielle und strukturelle Barrieren, eine Politik nach *trial and error* und zu unguter Letzt eine Kriminalisierung der „Leistungserbringer" – all das hat diese Spielwiese zertreten und ein schmieriges Kopfsteinpflaster hinterlassen. Zwar stehen Patientensicherheit und Ökonomie zu Recht vor der individuellen Kunst des Arztes und dessen wirtschaftlichen Belangen, doch ihn zu zwingen, ängstlich starre Richtlinien zu befolgen, und ihn mit wirtschaftlichem Ruin zu bedrohen, ist sowohl für seine Patienten als auch für ihn gesundheitsgefährdend und gesamtgesellschaftlich unökonomisch. Die zunehmende Freudlosigkeit vieler Ärzte bei ihrer Berufsausübung ist kontraproduktiv. Der Rand hat die Mitte gefressen.

Die Eigenverantwortlichkeit, die eine wirklich „freie" Praxis in Zusammenarbeit mit selbstverantwortlichen Patienten bietet, birgt nicht mehr, sondern weniger wirtschaftliche Risiken für den Kostenträger als eine institutionalisierte medizinische Versorgung mit ihren eigenen Gesetzen, ihrer Wirtschaftsmacht und ihrer Lobby. Freiheit und Eigenverantwortlichkeit führen zu mehr persönlichem Einsatz, zu mehr Dynamik und Flexibilität. Der politische Wille, konkret: der Wille unserer Politiker, scheint aber die Institutionen zu bevorzugen. Sie sind unseren Entscheidungsträgern, die überwiegend der Bürokratie entstammen, seelenverwandt.

Leider ist es nicht so, daß der Großteil der Bevölkerung dem Ärztestand eine Träne nachweinen würde, wenn er noch tiefer in die Abhängigkeit vom Staat und dessen Organisationen geriete und schließlich als freier Beruf von der Bildfläche verschwände. Wer letztendlich die Versorgung durchführt, ist ihr gleich. Vielleicht würden einige noch eine Weile an ihren früheren Hausarzt denken. Allenfalls würde man seine freiwillig und kostenlos erbrachten Leistungen vermissen. Der fünfzig Jahre lang währende besondere Status deutscher Ärzte scheint Vergangenheit.

Den meisten Menschen kommt nicht in den Sinn, daß es sich bei dem Vergang des Ärztestandes um ein Lehrstück staatlicher Entwicklung handelt. Leider sitzen zu viele in dieser von beiden Seiten gewollten, zumindest akzeptierten Abhängigkeitsfalle, die mit natürlichen Interdependenzen nichts gemein hat. Wenn dieses Modell Schule macht, gehen wir alle unserer Freiheit verlustig.

Um so beängstigender scheint mir die Zensur ärztlicher Verlautbarungen durch die öffentlich-rechtlichen Medien, die in ihrer „Ausgewogenheit" ihrer staatstragenden Funktion gegenüber der staatsbürgerlichen Libertas den Vorzug geben.

Sind wir wirklich noch zu retten?

Wir können nur *hoffen*. Zu hoffen ist auf mehr Klugheit und Einsicht der Entscheidungsträger in Staat und Gesellschaft. Sie sollten bedenken, daß sie auch im Gesundheitswesen in dynamische Prozesse eingreifen, die nicht etwa ihrem Wunschdenken gehorchen, sondern diese Aktivitäten antagonisieren oder gar überkompensieren können. Es ist an der Zeit, daß der Staat seine Ordnung und Überfluß verheißende Einflußnahme zurücknimmt. Sie unterscheidet sich nicht mehr von *sozialistischer* Planwirtschaft und erzeugt, systemfremd wie sie ist, nur noch mehr Undurchsichtigkeit, Unordnung, Mangel und Kosten, je mehr nachgebessert wird.

Der Staat hat auch als Gesetzgeber nicht das Recht, eine Gruppe seiner Bürger, die sich freiwillig bereit erklärt hat, einen sozialen Versorgungsauftrag zu übernehmen, zu unsinnigen Mehrleistungen zu verpflichten, diese nicht mehr zu honorieren und gleichzeitig deren andere Betätigungsfelder durch eigene Institutionen zu besetzen, so daß ihr keine Luft zum Atmen bleibt. Damit wäre zumindest der Tatbestand eines Knebelungsvertrags erfüllt.

Es ist Etikettenschwindel, eine krebsartig gewucherte Volks-Pflichtversicherung Sozialversicherung zu nennen, obgleich Gelder zweckentfremdet verwandt, ihre Ressourcen im System selbst verschwendet und zunehmend soziale Elemente ausgegliedert werden. Auch kann in einer Zeit, in der die Industriearbeit ausgeht, ein Versicherungssystem nicht mehr funktionieren, das auf Lohnquoten beruht.

So kann auf allen Seiten nur Unzufriedenheit mit dem System entstehen. Es ist nicht mehr die Zeit für Wahlgeschenke auf Kosten *anderer*. Der Staat hat sich aus der Vertragsgestaltung im Gesundheitswesen zurückzuziehen und das zu tun, was er am besten kann: den rechtlichen Rahmen abstecken, Standards definieren, die Sozialverträglichkeit und die Einhaltung der Vertragsbedingungen kontrollieren.

Das vorhandene Wissen um die geringere Effizienz einer quasi-Staatsmedizin, die entweder höhere Kosten oder schlechtere Leistungen mit sich bringt, sollte endlich Folgen haben.

Den Patienten sollte ehrlich gesagt werden, daß nichts auf dieser Welt umsonst ist und daß aus irgendeiner Tasche gezahlt werden muß, die schließlich doch die eigene ist. Die meisten wissen dies, Gott sei Dank. Die notwendige Kostentransparenz wird durch das uns erneut aufgezwungene Sachleistungsprinzip verhindert, das einfachen Geistern das Schlaraffenland suggeriert, das es für rasche Abkassierer denn wirklich ist.

Auch darf ein sich entwickelnder Markt, nämlich der der flankierenden Gesundheitsleistungen, nicht zerstört werden, um zu verhindern, daß der hypertrophe Anspruch der bankrotten staatlichen Gesundheitsfürsorge vorgeführt wird. Die Grenzen zu den Leistungen der sozialen Krankenversicherung dürfen nicht ständig aus ideologischen Gründen verwischt werden. Die Unterstellung eines unredlichen Gewinnstrebens ist selbst unredlich. Es handelt sich um einen Wachstumsmarkt, der Hunderttausenden Arbeit geben würde. Dieser Bereich darf aus Gründen der Volksgesundheit nicht den Paramedizinern überlassen werden. In einem freien Land darf es kein de-facto-Verbot geben, seinen Beruf lege artis auch dort auszuüben, wo es sich um die Befriedigung berechtigter Wünsche handelt, aber staatlich reglementierte Zahlungssysteme nicht greifen.

Das alte Wort, daß Vorbeugen besser sei als Heilen, muß mehr beherzigt werden. Es ist auch preiswerter. Gesundheitsvorsorge bedeutet, die Bevölkerung einzubeziehen. Mündigkeit setzt aber Information voraus. Eine allein angebotsorientierte Gesundheitspolitik ist insuffizient. Das Wissen über den Wert von Gesundheit und ihren Erhalt sollte vermittelt werden, bevor krankmachende Verhaltensweisen eingeübt sind, die sich kaum noch löschen lassen und das Interesse verdrängen. Die Verweigerung der Politik, sich im staatlich dominierten Bildungsbereich für Gesundheit zu engagieren, halte ich für skandalös. Ärzte sollten mehr Kompetenzen im Bereich der Gesundheitserziehung erlangen und mit den Schulen kooperieren.

Den Kostenträgern, den hinter ihnen stehenden gesellschaftlichen Interessengruppen und den Politikern, die von dem jetzigen Gesundheitssystem nicht abgehen mögen, sollte klar sein, daß der mündige Patient, und nicht irgendwelche Richtgrößen, die beste Kontrolle über die erbrachte Leistung darstellt, daß ein Mehr an Kontrollmechanismen die ihnen treuhänderisch übergebenen Mittel nicht sparen hilft, sondern sie für Verwaltungsakte vergeudet; daß es nicht Ziel einer Sozialversicherung sein kann, Luxusbehandlungen und Paramedizin zu finanzieren, damit um Mitglieder zu buhlen und die Lasten hierfür Versicherten und Leistungserbringern gleichermaßen aufzuhalsen. Derjenige, der Gelder seiner Mitglieder *zwangseinzieht*, um damit deren Gesundheitsrisiken abzusichern, kann nicht mit „unwirtschaftlichen Leistungen" der Vertragspartner für sich werben und anschließend die Zeche prellen. Wer, um sich aus dem Blickfeld zu stehlen, die Ärzteschaft schlechtmacht, hat schließlich nur noch miserable Ärzte.

Zu wünschen wäre auch ein mehr an Zukunftsperspektive und dynamischem Handeln in die Gesellschaft hinein bei den ärztlichen Standesvertretern und den Berufsverbänden. Sie sollten weniger taktieren, weniger Notstandsverwaltung betreiben oder an die *Verteilung* immer geringer werdender finanzieller Ressourcen denken, als vielmehr durch Forderungen nach Deregulation und leistungsgerechtem Honorar und eigenes Bescheiden das Prokrustesbett der Ärzteschaft endlich dem Feuer überantworten. Dann würden Manipulationen der einen nicht mehr mit Manipulationen der anderen Seite beantwortet werden müssen und nicht gegenseitige Vorwürfe von vergewaltigender Überverwaltung und Betrug in einem ewigen Teufelskreis laufen. Nicht ängstliche Reaktion auf scheinbar Unvermeidliches, vor feindlicher Übernahme oder Verlust der eigenen Versorgtheit, nicht Zersplitterung in Interessengruppen, sondern gemeinschaftliche aktive *Gestaltung* der Zukunft ist das Gebot der Stunde.

Dies bestünde notfalls auch in einer sozial abgefederten Rückgabe des „Sicherstellungsauftrags" (der Krankenversorgung) durch die Ärzteschaft. Dagegen steht zur Zeit nur die Existenzangst eines Großteils der Ärzte. Es stellt sich die Frage, ob er sich nicht überlebt hat. Die *medizinische Versorgung* würde hierdurch nicht gefährdet. Die Existenz einer freien Ärzteschaft hat er nicht absichern sollen, noch wird er dieses je können.

Wichtig ist vor allem, daß wir Ärzte selbst nicht in gut freudianischer Weise bei der Analyse stehen bleiben, in der Hoffnung, daß die Erkenntnis der Ursachen schon die Konflikte löse. Wir wissen aus der täglichen Praxis, daß Menschen sich so viele Gedanken um das „Warum" ihrer Probleme machen, daß sie noch nicht einmal den Versuch unternehmen, sie anzugehen. Die Gefahr zu erkennen, heißt nicht, daß sie damit schon gebannt sei. Es ist die Zeit, wieder *aktive Verantwortung* zu übernehmen.

Ärztliches Handeln würde dadurch an Effizienz gewinnen, den Kranken gerechter werden und uns Ärzten die Freude am Beruf wiedergeben.

Glossar

Abusus	Lat.: Mißbrauch.
Achilles	Griechischer Sagenheld, der bei dem Kampf um Troja durch eine Verletzung seiner Ferse ums Leben kam.
Achillessehnenreflex	Zuckungen des großen Wadenmuskels bei Beklopfen der Achillessehne.
Adams, Scott	Verfasser des Bestsellers → „Das Dilbert-Prinzip", einer Kult-Bibel für Angestellte mit der endgültigen Wahrheit über Chefs, Konferenzen, Manager und andere Martyrien.
Adonai	Hebräisch für „mein Herr". Anrufung und Umschreibung des Namens Gottes (Jahweh), der nicht genannt werden durfte.
Agnostizismus	Die Überzeugung, daß Sinnfragen (des Daseins, der Geschichte etc.) prinzipiell unlösbar seien.
Äquivalenztyp	Typ, bei dem alle Symptome gleich stark in den Vordergrund treten. Hier beim Parkinson-Syndrom Hypokinese, Rigor und Tremor.
Affekt	Heftige Gefühlsäußerung wie Freude, Trauer, Zorn ...
Affektpsychose	Älterer Begriff für endogene Depressionen und später auch Manien.
Aggravation	Bewußte Betonung und Verstärkung von Krankheitssymptomen.
Alfredo, Alfredo	Das Thema dieses Films aus den Siebzigern ist eine Ehe, in der ein junger mittelloser Mann, der zwecks Zeugung eines Kindes geheiratet worden war, sich zu den fruchtbaren Zeiten seiner Frau intensiv ins Zeug legte und nach der Schwängerung aus dem Schlafzimmer ausgesperrt wurde. Er fand wieder zu sich und aus dem Ehegefängnis heraus, als die Scheinschwangerschaft sich in einem langen Furz gelöst hatte.
Alimentierung	A./Honorierung: Beamte werden „alimentiert", um dem Staat ohne wirtschaftliche Sorgen ihre gesamte Leistung zu Verfügung zu stellen. Angehöriger Freier Berufe erhalten üblicherweise ein der erbrachten Leistung angemessenes *Honorar.*
Alternativmedizin	Die Methoden, die außerhalb der Schulmedizin stehen, definitionsgemäß kein festumrissener Begriff.
Alzheimer, Aloys	1864-1915, Prof. Dr. med., Pathologe, Erstbeschreiber der nach ihm benannten degenerativen Hirnkrankheit.
Alzheimer, Morbus	Alzheimersche Krankheit. Typ I, früh beginnend, im vierten bis sechsten Lebensjahrzehnt, häufig rascher Verlauf, familiär gehäuft. Typ II, Alterstyp, sehr häufig. 60 % der dementiellen Prozesse. Pathogenese trotz zahlreicher Hinweise noch nicht geklärt. Besserung der Verläufe durch Medikamente (Cholinesterasehemmer) und Ergotherapie möglich.
ALS	Amyotrophe Lateralsklerose. Degenerative Nervenkrankheit, die mit Lähmungen, Muskelschwund und Zuckungen der Muskulatur einhergeht. In wenigen Monaten bis Jahren unweigerlich zum Tode führend. Erst in den letzten Jahren medikamentöse Hinauszögerung des Verlaufs möglich.
Amblyopie	Schwachsichtigkeit
Amnesie, retrograde	Erinnerungsstörung für die Zeit vor dem Ereignis.
Amyotrophe Lateralsklerose	s. ALS
Anamnese	Eigen- und Fremdanamnese. Erhebung von Daten aus der Krankheitsvorgeschichte und der Biographie von dem Betroffenen bzw. einer Bezugsperson.
Angiographie	Gefäßdarstellung mittels Kontrastmitteln – röntgenologisch, Fluoreszenzangiographie, Kernspinangiographie.
Antidepressivum	Medikament gegen Depressionen. Es gibt hier vorwiegend zwei Wirkprinzipien: 1. die Hemmung der Wiederaufnahme der Nervenüberträgersubstanzen (Neurotransmitter wie Serotonin und Noradrenalin) aus dem synaptischen Spalt in die ausschüttende Zelle und 2. Die Blockierung der Abbauenzyme (vorwiegend die Monoaminooxidase). Die neueren Medika-

	mente der 1. Gruppe sind vorwiegend die Serotonin-Wiederaufnahmehemmer (SSRI). Daneben gibt es einige Noradrenalin-Wiederaufnahmehemmer. Zu der 2. Gruppe gehören die MAOI Tranylcypromin und Moclobemid. Neuere Wirkprinzipien wurden inzwischen gefunden, die inzwischen auch im Markt sind (NASSA etc.). Daneben haben für die Behandlung leichter Depressionen insbesondere in Deutschland hochdosierte Johanniskraut-Extrakte weite Verbreitung gefunden.
Antipsychiatrie	1. Ca. 1960 durch die Psychiater R. Laing und D. Cooper begründete Bewegung, die sich in erster Linie gegen die somatische Ursachentheorie der Schizophrenie in der klassischen Psychiatrie wandte. 2. Der sich gegen die vorhandenen psychiatrischen Krankenhäuser wendende Antiinstitutionalismus → Basaglio.
Aphasie, aphasisch	Sprachstörung durch Schädigung eines der Sprachzentren in der Hirnrinde.
Appeasement	Beschwichtigungspolitik.
Apollos	Griechischer Gott der Wissenschaft und Künste wie auch der Heilkunde.
Arc de cercle	Bogenartig gekrümmte Körperhaltung bei → hysterischen Anfällen.
Arteriosklerose	Arterien„verkalkung".
Asklepios	Griechischer Gott der Heilkunde.
Asthenisch	Schwach, kraftlos, rasch ermüdbar.
Aszites	Bauchwassersucht z.B. bei Leberzirrhose.
Atrophie, atrophisch	Schwund, Abbau, z.B. als Hirnatrophie: Abbau der Hirnmasse.
Aufoktroyieren	Aufzwingen.
Augiasstall	Ein riesiger, verschmutzter Pferdestall des Königs Augias, zu dessen Reinigung Herakles zwei Flüsse umleitete.
Aurasdiagnostik	Paramedizinisches in-vitro-diagnostisches Verfahren, das nach der Laboreigentümerin benannt ist.
Autismus, autistisch	1. Rückzug aus der Gemeinschaft in selbstgewählte Einsamkeit. „Glaswand-Anmutung" Symptom kommt sowohl bei schweren Neurosen und Schizophrenien, aber auch bei hirnorganisch Kranken vor. 2. Frühkindlicher A., Kanner-Sydrom. Von der frühesten Kindheit an zeitlebens bestehende autistische Einsamkeit. Schon im Säuglingsalter fehlende Kontaktsuche. Zwanghafte Spielgewohnheiten, Spracheigentümlichkeiten. Ein Drittel Sprachgehemmte mit schlechter Prognose, die andern gelangen zu bescheidener sozialer Anpassung. 3. Asperger-Syndrom: autistische Psychopathie. Stille, schweigsame, in einer einsamen Gedankenwelt verfangene Persönlichkeiten.
Autonomie	Selbständigkeit, Unabhängigkeit.
Babylon	Antike Großmacht. Nach der Bibel die erste Stadt der Welt, die gegründet wurde, daß die Menschheit sich nach der Sintflut nicht verstreute.
Balearen	Gruppe spanischer Mittelmeerinseln (Mallorca, Menorca, Ibiza, Formentera).
Balint, Michael	1896-1970. Ungarischer Psychiater, zuletzt in London. → Balint-Gruppen.
Balint-Gruppe	Gruppenarbeit von Psychotherapeuten, in der durch die Revision der Therapien die Beziehung des einzelnen Behandlers zu seinem Patienten/Klienten aufgearbeitet und für den therapeutischen Prozeß fruchtbar gemacht wird
Balzac	Honoré de, 1799-1850, frz. Schriftsteller, begründete den soziologischen Realismus im zeitgenössischen Roman.
Basaglio, Franco	1924-1980. Italienischer Psychiater, der in den siebziger Jahren des letzten Jahrhunderts in Norditalien (Görtz und Triest) die Anstaltspsychiatrie reformierte. Seine radikalen Veränderungen riefen heftigen Widerspruch hervor. → Antipsychiatrie
Basedow, Morbus	Schilddrüsenüberfunktion mit entsprechenden körperlichen Symptomen im Rahmen einer Immunhyperthyreose.

Basilaris	Arteria basilaris: Arterie, die das verlängerte Mark, den Hirnstamm und das Kleinhirn versorgt.
Beikonsum	Zusätzliche Zufuhr von Drogen während einer Substitution. Regelverstoß, der den Abbruch der Behandlung zur Folge hat.
Belsazar	S.a. Menetekel. Enkel des Nebukadnezar. Die biblische Geschichte wurde von Heinrich Heine in ein Gedicht („Belsazars Nachtmahl") gefaßt.
Benzodiazepine	Gruppe von Tranquilizern, u.a. Diazepam (Valium®), Bromazepam (Lexotanil®), Oxazepam (Adumbran®) etc.
Berliner Tinke	Opiumhaltiger Sud zur Zeit der ersten Drogenerfahrungen der Studentenszene im Ausgang der sechziger Jahre.
Besessenheit	Von einem (bösen) Geist befallen und in Besitz genommen. Von vielen Religionen akzeptiertes Erklärungsmodell für normabweichendes Verhalten.
Big Brother	Figur des Staatsoberhauptes in „1984" von George Orwell: Big Brother Is Watching You. Der Roman beschreibt den Versuch seines Helden, in einem totalitären Überwachungsstaat zu überleben.
Bischöfliches Offizialat	Bischöfliches Kirchenamt.
Bitemporal	Im Bereich beider Schläfen oder beider Schläfenlappen des Großhirns.
Borderline-Syndrom	Borderline: Grenzlinie. Grenzgebiet zwischen psychischer Gesundheit, Persönlichkeitsstörung und schizophrener Psychose. Das DMS III kennt zwei Borderline-Bereiche: 1. Bordeline-Persönlichkeitsstörung, 2. Schizotypische Persönlichkeitsstörung. Insgesamt eine etwas schillernde Diagnose, die von älteren Psychiatern auch heute noch als wenig systematisch und modisch abgelehnt wird.
Budget	Punktekontingent aufgrund der in einem willkürlich festgelegten Abrechnungszeitraum (Quartal) erwirtschafteten Abrechnungs-„Punkte". Die abrechnenden Ärzte können auf diese Weise ihren Umsatz trotz höherer Zahl an Abrechnungspunkten nur geringfügig steigern.
Budgets der Ambulanzen	Trotz Ähnlichkeiten in der Versorgung der Versicherten wesentlich höheres Budget als das von Facharztpraxen. Dadurch die Möglichkeit verstärkter Einstellung medizinischer Hilfskräfte.
Bypass	Künstlicher Umgehungskreislauf z.B. durch ein Venentransplantat oder eine Prothese aus einem Kunstmaterial.
Bypassoperation	Koronare: Ersatz verengter oder verschlossener Herzkranzgefäße durch Transplantate, zumeist Venen.
Caisson-Krankheit	Dekompressionskrankheit. Tritt bei Tauchern auf, die sich aus großen Tiefen rasch wieder an die Oberfläche begeben. Früher bei Arbeitern in Arbeitsstellen unter Wasser (Caissons). Ausperlen des unter hohem Druck vermehrt gelösten Stickstoffs mit massiven Mikroembolien. Ohne Behandlung häufig tödlich.
Camouflage	„Tarnung, Täuschung" – hier Verbergen von körperlichen Auffälligkeiten mittels kosmetischer Verfahren.
Cerumen obturans	Das Ohr verstopfendes Ohrenschmalz.
Charismatische Bewegung	Neuere interdenominationale christliche Bewegung, die ähnlich der Pfingstbewegung die Gaben des Heiligen Geistes betont. Rasch wachsende Anhängerschaft.
Chauvinismus	Übersteigerter und blinder Patriotismus. Benannt nach der Lustspielfigur Chauvin, einem prahlerischen Rekruten.
Chelattherapie	Behandlung mit komplexbildenden Stoffen zur Entgiftung, z.B. mit EDTA zur Bindung von Schwermetallen. Nebenwirkungsreiches, nicht unumstrittenes Verfahren, das fälschlicherweise zur Alternativmedizin gezählt wird.
Chip - chip, chimney	Alliteration zu dem Song in Walt Disney's Mary Poppins: Chim, chim, chimney. Chipkarten umgangssprachlich für Krankenversicherungskarte.
Chiropraktik	Manuelles Einrenken u.a. von verschobenen Wirbelkörpern.

Chorea, choreatisch	Neurologische Störung mit unwillkürlichen schleudernden Bewegungen.
Chorea Huntington	Erbkrankheit mit unwillkürlichen schleudernden Bewegungen, die zumeist nach dem Reproduktionsalter auftritt. Seit einigen Jahren Veranlagung durch molekulargenetische Methoden zu diagnostizieren.
Cloaca maxima	Von Tarquinius Priscus (röm. König) erbauter zentraler Abwasserkanal Roms.
Clomipramin	Medikament gegen Depressionen und Zwangskrankheit, das i.W. auf den Stoffwechsel der Nervenüberträgersubstanz Serotonin wirkt. Anafranil® der Fa. Novartis.
Clozapin	Handelsname Leponex® der Firma Wander (jetzt Novartis) Sog. atypisches Neuroleptikum mit geringerer extrapyramidaler Wirkung (medikamentöser Parkinsonismus). Wirkt häufig noch dort, wo andere Neuroleptika erfolglos waren.
Clones	Computer einer bestimmten Bauart, die von anderen Herstellern stammen und mit dem Original kompatibel sind.
Computertomographie	Computergesteuerte Röntgenuntersuchung, bei der die untersuchten Körperteile in parallelen Schichten dargestellt werden.
Cui bono	Lat.: zu wessen Gunsten.
Deafferenzierungsschmerzen	Durch Ausschaltung sensibler (afferenter), also in das Zentralnervensystem hinein gerichteter Impulse entstehender zentraler Schmerz, z.B. als Phantomschmerz nach Verlust eines Gliedes. Auch gefürchtete Komplikation nach schmerzchirurgischer Behandlung der Trigeminusneuralgie (Anästhesia dolorosa).
Debil	Schwachsinnig.
Deckelung	→ Gesamtvergütung.
Delegation	Delegationspsychotherapie: Psychotherapie durch einen von der Ärztekammer zur Psychotherapie zugelassenen Diplompsychologen.
Demenz	Sekundärer Abbau der geistigen Fähigkeiten.
Depersonalisation	Entfremdungserscheinung. Gefühl, dem eigenen Ich fremd gegenüberzustehen. Auch einzelne Körperteile können als fremd, nicht zum Ich gehörig empfunden werden. Tritt bei verschiedenen psychischen Störungen, von der Erlebnisreaktion, über neurotische Syndrome, endogene Depressionen und Zwangsstörungen bis hin zur Psychose auf.
Derealisation	S.a. Depersonalisation. Das Gefühl der Fremdheit und Unwirklichkeit der Außenwelt.
Devotionalien	Gegenstände der Volksfrömmigkeit. Unter anderem auch anläßlich einer Wunderheilung gespendete frühere Hilfsmittel.
Diabetes insipidus	Fehlende Konzentration des Primärurins in der Niere durch mangelhafte oder fehlende Bildung des Hormons Adiuretin im Zwischenhirn, dadurch Ausscheidung von mehr als 20 Litern Urin im Tagesverlauf.
Diabetes mellitus	Zuckerkrankheit.
Diagnosen-Shift	Häufiger Diagnosenwechsel.
Dilbert	Eine Figur von Scott → Adams, die die tägliche Hölle des Büroalltags und die Folterstudios der Managerkaste durchlebt und ihre Erkenntnisse in dem „Dilbert-Prinzip" zusammenfaßt.
Dilthey, Wilhelm	1833-1911. Philosoph in Basel, Kiel, Breslau und Berlin.
Dissoziativ	Früher: hysterisch.
Divide et impera	Cäsars Spruch „divide et impera" – teile und herrsche.
Don Quijote	Titelheld des Romans von Cervantes, der gegen Windmühlenflügel kämpfte.
Doppler-Effekt	Christian Joh. Doppler, Wiener Physiker, 1803-1853.
Dopplersonographie	Messung der Strömungsgeschwindigkeit (in der Medizin: des Blutes) durch Ultraschall. Dabei Ausnutzung des „Doppler-Effektes", der dadurch zustan-

Druide	Keltischer Priester und Heilkundler.
Dysdiadochokinese	Fehlerhafte willkürliche Drehbewegungen der Hand „wie das Fähnchen auf dem Turme".
Dysthymie	Depressives Syndrom mit Denkhemmung, hypochondrisch-neurasthenischen Beschwerden, Angst und mißmutiger Gereiztheit.
EDTA	Ethylendiäthyltetramin, komplexbildender Stoff, wird zur Bindung v.a. von Schwermetallen benutzt.
EEG	Elektroenzephalogramm: elektrische Aktivität des Gehirns. Zumeist als „Oberflächen-EEG" von der Kopfhaut abgeleitet.
Einrenken	S. Chiropraktik.
Ekklesiogen	Kirchlich bedingt.
Ekklesiogene Neurose	Psychische Fehlhaltung, die durch die Religion bedingt oder verstärkt wird.
Elektrokonvulsionstherapie	Elektrokrampftherapie, EKT: Erzeugung eines generalisierten hirnorganischen Krampfanfalls durch Einwirkung elektrischer Ströme auf den Schädel; heute unter Allgemeinnarkose. Es besteht keinerlei Erinnerung an das Geschehen. Einsatz heute sehr selten, in der Regel nur bei verzweifelten Fällen von schwerster, therapieresistenter Depression und lebensgefährdender „perniziöser" Katatonie.
Elektromyographie	EMG. Darstellung der elektrischen Muskelaktivität in Ruhe und unter Anspannung zum Erkennen krankhafter Muskel- oder Nervenprozesse.
Elektroneurographie	ENG, auch NLG. Messung der elektrischen Nervenleitgeschwindigkeit.
Elohim	Einer der hebräischen Gottesnamen, Plural von „El", einer gemeinsamen semitischen Gottesbezeichnung.
Embolie	Verstopfung einer Körperader durch in die Blutbahn geratene körpereigene oder -fremde Substanzen.
EMG	s. Elektromyographie
Endogene Depression	Depression, die sich nicht durch erlebnisreaktive, persönlichkeitsbedingte oder körperliche Faktoren erklären läßt. Symptome: traurige Grundstimmung ohne hinreichenden äußeren Anlaß, Darniederliegen aller Vitalgefühle, verschiedenartige körperliche Mißempfindungen, schwere Störung der Schlafarchitektur und der zirkadianen Rhythmik, u.a. „Morgentief", Hemmung von Antrieb, Interesse und Willen sowie Gedankengang, Konzentrationsstörungen, Angst- und Schuldgefühle, Suizidneigung. Synonym: Melancholie.
Epilepsie, epileptisch	„Fallsucht" – Störung der Hirnfunktionen mit Veränderungen der elektrischen Hirnaktivität im Sinne von einer weitgehenden Synchronisierung. Häufig mit Bewußtseinseinschränkung bis zum -verlust und motorischen (auch sensorisch/sensiblen) Störungen.
Epiphanie	Griech.: Erscheinung, Ankunft einer Gottheit z.B. Christi.
Exhibitionieren	(Sich) darstellen. Auch sexuelle Deviation, die sich Lust dadurch verschafft, indem man sich entblößt zur Schau stellt.
Exodus	Lat.: Auszug. Auch das zweite Buch Moses (Altes Testament), das von der Auswanderung der Israeliten aus Ägypten handelt.
Extrapyramidal	Das extrapyramidal-motorische System (EPS) betreffend. Außerhalb der eigentlichen „Pyramidenbahn" gelegene, von dieser aber nicht strikt zu trennende motorische Funktionsbereiche in Hirnrinde und in subkortikalen Regionen, die zur Modifizierung und Anpassung von Bewegungsmustern dienen.
False-Memory-Syndrome	Durch Fremd- oder Autosuggestion oder andere krankhafte psychische Phänomene entstandene Erinnerungen an nie (so) stattgehabte Geschehnisse.
Farm der Tiere	Orwell beschreibt in diesem verfilmten Roman eine Farm, auf der die Tiere sich gegen die Diktatur des Bauern erheben und im Laufe der Zeit unter die Diktatur der Schweine geraten. Deren Motto ist: Alle sind gleich – aber einige sind gleicher (als anderen).

Fazialisparese	Gesichtsnervenlähmung.
Feminin	Lat.: weiblich.
Filius	Lat.: Sohn.
Flexibilitas cerea	„Wächserne (Un)beweglichkeit". Verharren in einer einmal eingenommenen auch unbequemen Haltung. Die Lage der Glieder kann wie bei einer Gliederpuppe passiv verändert werden. Passiven Bewegungen wird ein gleichförmiger Widerstand entgegengesetzt. Kommt bei katatoner Schizophrenie und bei hirnorganischen Krankheiten vor.
Folie à deux	auch: induzierter Wahn: Übernahme der krankhaften Vorstellungen durch eine nahestehende Person.
Folkshem	„Volksheim" – Versorgungskonzept der schwedischen Sozialdemokratie.
Freisprechung	Auch im protestantischen Raum gelegentlich noch ausgeübte Variante des Exorzismus. S.a. „okkulte Belastung".
Freud, Sigmund	1856-1939. Dr. med., Wiener Neurologe, Arbeiten über verschiedene neurologische Themen (z.B. frühkindlicher Hirnschaden), zusammen mit Breuer Begründer der Psychoanalyse. Wanderte im Dritten Reich nach England aus.
Freudsche Zurückhaltung	Analytische Abstinenzregel. Der Therapeut ist gehalten, dem Patienten die Befriedigung seiner sexuellen oder aggressiven Wünsche zu versagen, um „Bedürfnis und Sehnsucht als zur Arbeit und Veränderung treibende Kräfte bestehen" zu lassen.
Frontobasal	Im Bereich der Unterfläche des Stirnhirns.
Galenus	Arzt des römischen Altertums.
Gastrostomie	Operativ angelegte Magenfistel.
Gastritis	Magen(schleimhaut)entzündung.
Gefahrenhalse	Rasches Drehen des Bootes vor dem Wind. Gefahr des Kenterns durch zu schnelles Umschlagen des Baumes gegeben.
Gefälligkeitsbescheinigung	Attest auf den Wunsch des Patienten mit übertriebener oder falscher Darstellung der Tatsachen.
Gelsenkirchen	Trotz massiven Protests der Ärzteschaft stellte die Stadt Gelsenkirchen 1998 einen Pädagogen als Leiter des Gesundheitsamtes ein, der zuvor dort als Suchthilfeberater gearbeitet hatte. Es war zuvor lediglich eine *interne* Ausschreibung erfolgt.
Gemeindezucht	Nach Matth.18:15-18 der Umgang mit einem „Bruder", der gesündigt hatte. Nach mehrfacher erfolgloser Ermahnung, schließlich durch die Gemeinde, sollte er wie ein „Heide und Zöllner" behandelt werden.
Gesamtvertrag	Nach § 83 Sozialgesetzbuch V sind zwischen einer Kassenärztlichen Vereinigung und dem Landesverband des jeweiligen Krankenkasse Gesamtverträge über die kassenärztliche Versorgung anzuschließen. In den Gesamtverträgen werden auch Verfahren zur Prüfung der ärztlichen Abrechnung auf Rechtmäßigkeit vereinbart.
Gesamtvergütung	Die Landesverbände der Krankenversicherungen zahlen vierteljährlich an die Kassenärztliche Vereinigung einen Betrag, mit der alle Leistungen der kassenärztlichen Versorgung abgedeckt sind. Die Gesamtvergütung wird nach einem Pauschalsystem (Kopf- oder Fallpauschale) errechnet. Die Summe ist an das Bruttosozialprodukt gebunden. Die frühere Einzelleistungsvergütung ist aufgegeben worden. Hierdurch sind die Risiken wie das durch erhöhte Morbidität der Bevölkerung (Altersentwicklung, Epidemien) von den Kostenträgern auf die Ärzteschaft verlagert.
Gesundbeten	Gebet um die Gesundung eines Menschen, u.a. durch Priester, in größeren Gruppen usw. In der Frühchristenheit häufiger, auch jetzt von den Christlichen Wissenschaftlern (Mary Baker-Eddy) und zahlreichen pfingstlerischen und charismatischen Gruppen gepflegt.
Gesundheitssystem	S.a. Sozialversicherung.

Gesundheitssystem	S.a. Sozialversicherung.
GKV	Gesetzliche Krankenversicherung. Träger sind Pflicht- und Ersatzkassen. Versicherungspflichtig sind Arbeiter, Angestellte und zu ihrer Berufsausbildung Beschäftigte, Leistungsempfänger nach dem Ausbildungsförderungsgesetz, Landwirte Künstler und Publizisten, Studenten und Personen, die die Voraussetzungen für den Anspruch auf eine Rente aus der Gesetzlichen Rentenversicherung erfüllen und die Rente beantragt haben. Die Versicherungspflicht ist vom Einkommen und der Beitragsbemessungsgrenze abhängig. Sie beträgt 75 Prozent der Bemessungsgrenze zur Gesetzlichen Rentenversicherung. Die GKV hat die Aufgabe, „die Gesundheit der Versicherten zu erhalten, wiederherzustellen oder ihren Gesundheitszustand zu bessern". Selbstverwaltung der Kassen und Sozialverwaltungen legen Art und Umfang der Leistungen fest, ohne daß der Versicherte selbst Einfluß nehmen kann.
Glossokomos	Griech.: Geldbeutel, Kasse. In den Evangelien wird Judas als derjenige gekennzeichnet, der den Beutel trug. Er war das, was man heute Kassenwart bezeichnet.
Gumma	Gummiartige Geschwulst im Tertiärstadium der Syphilis.
Hackethal, Julius	1921-1997. Prof. Dr. med., Orthopäde und Chirurg, zahlreiche medizinkritische Veröffentlichungen, Theorien über das Krebsgeschehen wie Haustierkrebs vs. Raubtierkrebs. Später paramedizinische Verfahren, Verfechter eines selbstbestimmten Todes. Sandte u.a. einer an einem Basaliom erkrankten Patientin Zyankali. Verstarb an Lungenkrebs.
Haloperidol	Butyrophenon-Neuroleptikum der Fa. Janssen, hochpotent. Haldol® S. Neuroleptikum
Hämorrhagie	Schwere Blutung, „Blutsturz".
Hartmannbund	1900 in Leipzig gegründeter Verband der Ärzte Deutschlands; nach seinem ersten Vorsitzenden Hartmannbund genannt. Aufgabe, „die Rechte und Interessen jedes Arztes zu vertreten". 40.000 Mitglieder. Im Mittelpunkt seiner Aktivitäten stehen Aus- und Weiterbildung, Förderung der Interessen seiner Mitglieder hinsichtlich gesundheitspolitischer Rahmenbedingungen.
Hedonismus	Genuß"sucht".
Heilpraktiker	Heilkundiger ohne Bestallung als Arzt.
Heil- und Hilfsmittel	U.a. Krankengymnastik, Massagen, aber auch materielle Hilfen wie Bandagen, Gehhilfen, Rollstühle etc. Bilden in der Ausgabenübersicht der GKV einen eigenen Bereich. Sie „können nur bei Vorliegen einer Krankheit zu Lasten der Krankenkasse verordnet werden".
Heilverfahren	Psychosomatisches: Über die Rentenversicherungsträger (LVA, BfA) abgewickeltes Verfahren zur Wiederherstellung der Erwerbsfähigkeit durch Behandlung in einer psychosomatisch/psychotherapeutischen Klinik.
Hemianopsie	„Halbsichtigkeit", Ausfall einer Gesichtsfeldhälfte.
Hemiparese	Lähmung einer Körperseite.
Herakles	Griechischer Sagenheld, Halbgott, Sohn des Zeus, den dessen Ehefrau Hera mit ihrer Eifersucht verfolgte und daher sich durch bestimmte Aufgaben beweisen mußte.
Herzsyndrom	Hyperkinetisches: Psychosomatische Störung. „Funktionelle" Tachykardie (Herzrasen) ohne Organbefund.
Hirnrindenatrophie	Abbau oder Schwund der Hirnrinde.
Histrionisch	Neigung zu dramatischen, aufsehenerregenden Handlungen. S.a. Hysterie.
HMO	Health Maintenance Organization. In den USA entwickelte Gesellschaften zur sozialen Sicherung gegen wirtschaftliche Krankheitsfolgen: fester Versicherungsbeitrag, Sachleistungsprinzip, Inanspruchnahme nicht vertraglich gebundener Leistungserbringer nur durch Überweisung, Gewinnbeteiligung der Leistungserbringer am möglichen Bilanzgewinn.

Ehre, Eigentum. Verschiedene Rechtsgüter können miteinander in Konflikt kommen, so daß fallweise zu entscheiden ist, welches das höhere Rechtsgut ist.

Holenzephalie Angeborene Fehlbildung des Gehirns. Die rechte und die linke Hirnkammer sind zu einer einzigen verschmolzen. Geht häufig mit Funktionsstörungen einher.

Homöopathie Von dem Arzt Hahnemann 1810 begründete Heilmethode, bei der nach dem Prinzip „Gleiches wird durch Gleiches geheilt" die Selbstheilungskräfte aktiviert werden. H. ging davon aus, daß die Wirksamkeit mit zunehmender Verdünnung des Ausgangsstoffes zunahm (Potenzen).

Honorarverteilungsmaßstab Der HVM ist in § 85 Sozialgesetzbuch V verankert. Nach ihm wird die zwischen Gesetzlichen Krankenkassen und Kassenärztlicher Vereinigung vereinbarte Gesamtvergütung unter den abrechnenden Kassenärzten verteilt. Er enthält Angaben über Abrechnung und Honorarauszahlungen, Verwaltungskostenanteile, Säumnisabzüge bei verspäteter Abrechnung, Honorarbegrenzung bei überdurchschnittlicher Abrechnung u. a. m.

Hospitalismus Das Gesamt psychischer und körperlicher Störungen durch Aufenthalt in Krankenhäusern und ähnlichen Institutionen, vor allem bei Kindern, aber auch bei Erwachsenen.

Hydrozephalus „Wasserkopf". Entsteht entweder durch Verlegung der Abflußwege, durch zeitweise Druckerhöhungen im System oder durch Verlust an Hirnmasse.

Hygieniker Angehöriger einer medizinischen Fachrichtung, die sich mit der Hygiene befaßt.

Hyperthermie, künstliche Überwärmen des Körpers gegen dessen Tendenz zur Wärmehomoistase, meist in Kombination mit anderen Therapieformen. Einsatz v.a. bei der Behandlung bösartiger Tumoren (erhöhte Temperaturempfindlichkeit von Tumorzellen).

Hyperthyreose Schilddrüsenüberfunktion.

Hypochondrie Krankheitswahn. Sachlich nicht begründete, beharrliche Sorge um die Gesundheit und das Leben. Gedanken und Handlungen kreisen um ein Leiberleben, das als krankhaft und lebensbedrohlich registriert wird. Dabei detektivische Suche nach Krankheitssymptomen. Kein Krankheitsgewinn. Keine Krankheit an sich, sondern Symptom einer Reihe von psychischen Krankheiten.

Hysterie, hysterisch Gemeinsames Merkmal hysterischer Krankheitsbilder scheint zu sein, daß jemand sich unbewußt anders darstellt, als er ist. Man unterscheidet den hysterischen Charakter und die Konversionshysterie, die innerseelische Konflikte in psychogene Körperfunktionsstörungen umsetzt, die nicht willentlich beeinflußbar sind. Es gibt motorische, sensible, sensorische, viszerale Symptome und Bewußtseinsstörungen, Gehunfähigkeit, Bewegungsstürme, Blindheit, Dämmerzustände.

Iatros Griech.: Arzt.

ICD International Classification of Disease for Injuries and Causes of Death. Eine ständig revidierte Diagnosenliste der Weltgesundheitsorganisation WHO, die Verletzungen und Todesursachen auflistet, in den letzten Jahren aber in der Bundesrepublik in einer Variante das Krankenversicherungssystem durch eine diagnosegesteuerte Therapie effizienter machen soll. Das dadurch aufgehobene Arztgeheimnis und die fehlende Selbstbestimmung des Patienten sind Ursache von Auseinandersetzungen und Rechtsstreitigkeiten.

IGEL Katalog individueller Gesundheitsleistungen der Kassenärztlichen Bundesvereinigung (KBV): medizinische Leistungen, die nicht von dem Leistungskatalog der gesetzlichen Krankenversicherung abgedeckt werden. Dessen Leistungen müssen notwendig und wirtschaftlich sein.

Imitatio dei „Nachahmung Gottes" (Verhalten wie Jesus Christus); Motto der Franziskaner.

Immissio Einführung.

Immunhyperthyreose	Durch einen autoaggressiven immunologischen Prozeß, bei dem die Immunabwehr sich gegen das eigene Schilddrüsengewebe wendet, gesteigerte Ausschüttung von Schilddrüsenhormon.
Imperative Stimmen	Stimmen mit Befehlscharakter z.B. bei schizophrenen akustischen Halluzinationen.
Indoktrination	Organisierte Ausrottung der Gesinnung eines Menschen und Einpflanzung einer neuen, häufig im Dienst einer totalitären Weltanschauung und mit der Hilfe psychologischer Methoden.
Infantil	Kindlich, kindisch.
In praxi	In der Praxis.
Intrakraniell	Im Innern des Schädels.
Intrazerebral	Im Innern des Gehirns.
Introitus	Eingang.
Irisdiagnostik	Krankheitserkennung an Auffälligkeiten der Regenbogenhaut (Iris) des Auges. Von der „Schulmedizin" nicht anerkanntes Verfahren.
Irrenarzt	Titel der Berufsgruppe der Psychiater in Deutschland bis zum ersten Weltkrieg.
Jagdschein	Umgangssprachlich für gerichtliche Feststellung einer verringerten oder aufgehobenen Verantwortlichkeit für die eigenen Taten.
Jaspers, Karl	1883-1969. Prof. Dr. med., Deutscher Psychiater in Heidelberg, später dort Lehrstuhl für Philosophie, Geisteswissenschaftliche Psychopathologie auf der Basis der Erkenntnisse → Diltheys.Gründer der Existenzphilosophie. Wanderte nach dem Zweiten Weltkrieg nach Basel aus.
Jehova	Auf Erasmus von Rotterdam zurückgehende falsche Transliteration des hebräischen Gottesnamens JHWH, „Jahweh". Im jüdischen Sprachgebrauch wegen der Heiligkeit dieses Namens durch → „Adonai" ersetzt.
Juliusturm	Die in der Bundesrepublik zwischen 1952 und 1956 bei der Deutschen Bundesbank (Bank dt. Länder) gebildete Rücklage der öffentlichen Hand. Sie betrug 1956 rd. 7 Mrd. DM und wurde ratenweise in den Bundeshaushalt aufgenommen und aufgelöst. Ursprüngl. Turm der Zitadelle Spandau, in dem bis 1914 der aus der französischen Kriegsentschädigung von 1870/71 stammende Reichskriegsschatz (120 Mio. Goldmark) lagerte.
Kallus	Gutartige Knochenwucherung im Bereich einer Verletzung z.B. nach Brüchen.
Kaptativ	Von lat. captare, fangen. Kaptative Hemmung (Schultz-Hencke): Hemmung des Besitzstrebens.
Karotisarterie	Vordere Hirnschlagader.
Kassenärztl. Vereinigung	KV. Kassenärztliche Vereinigungen sind *Körperschaften des öffentlichen Rechts*. Sie werden für jedes Bundesland errichtet – einige wie NRW haben deren zwei. Wichtigste Aufgabe es, eine ausreichende, zweckmäßige und wirtschaftliche kassenärztliche Versorgung unter Berücksichtigung des allgemein anerkannten Standes der medizinischen Erkenntnisse zu gewährleisten (Sicherstellungsauftrag). Kassenärztliche Vereinigungen haben die Rechte der Kassenärzte gegenüber den Krankenkassen wahrzunehmen, die Pflichten der Kassenärzte zu überwachen und sie zur Erfüllung dieser Pflichten anzuhalten (wirtschaftliche Behandlungs- und Verordnungsweise, Disziplinarverfahren, Verteilung der Gesamtvergütung etc.)
Kasualien	Die „Fälle" eines Pastors wie Geburten, Hochzeiten, Beerdigungen, kirchliche Feiern.
Katatonie, kataton	Vorwiegend durch Störungen der Willkürmotorik gekennzeichnetes Syndrom. 1. Bei völliger Wachheit keinerlei Reaktion, völlige Erstarrung wie eine Statue, so daß die betroffene Person gefüttert werden muß. 2. Häufige Automatismen wie Echolalie, Echopraxie, Echomimie. 3. Schwerste psychomotorische „katatone" Erregungszustände, die die Kräfte des Kranken rasch erschöpfen und zu schweren vegetativen Entgleisungen auch mit

	Todesfolge führen können. Plötzliche Selbstverstümmelungen und -tötungen kommen vor. Hauptsächlich bei der Schizophrenie, auch bei Hirnentzündungen, Tumoren und selten bei endogener Depression.
Katharsis	Griech.: Reinigung.
Kernspinangiographie	Darstellung von Gefäßen mittels der → Kernspintomographie.
Kernspintomographie	Verfahren, das sich der Kernspinresonanz bedient, um Schnittbilder des Untersuchungsobjekts zu erzeugen. In der Medizin nichtinvasives Verfahren unter Nutzung der Protonenresonanz wasser- und fetthaltiger Körperbestandteile durch ein Magnetfeld hoher Feldstärke sowie in gepulster Form eingestrahlter Radiowellen im Megahertz-Bereich. Nach dem jeweiligen Abschalten der Hochfrequenz werden die MR-Signale in den Empfängerspulen aufgenommen und rechnerisch in Schnittbilder umgesetzt.
Kohlhaas	Michael K.: Held der gleichnamigen Novelle von Heinrich v. Kleist. Er kämpft aus verletztem Gerechtigkeitsgefühl maßlos bis zu seinem Untergang um die Wiedergutmachung des erlittenen Unrechts. Vorlage ist Hans Kohlhase aus Cölln (Berlin), der zwar Recht erhielt, aber wegen seiner Vergehen gerädert wurde.
Köhnlechner, Manfred	Dr. jur., früher Justitiar bei der Mohn-Verlagsgruppe (Bertelsmann), prominenter Heilpraktiker; Praxis in München, zahlreiche Veröffentlichungen.
Kontrollverlust	In diesem Zusammenhang die Unfähigkeit, das Trinken von alkoholischen Getränken nach dem Beginn mengenmäßig zu begrenzen.
Konversionsneurose	Auch Konversionssyndrom, Hysterie. Stark expressives, demonstratives Verhalten im Rahmen einer psychogenen Störung.
Koprosmatiker	Kotschnüffler.
Krankenkassen	Der Krankenversicherungsschutz wird durch gesetzliche (GKV) und private Krankenversicherungen (PKV) gewährt. 95 Prozent der bundesdeutschen Bevölkerung sind bei den etwa 1200 gesetzlichen Krankenkassen versichert. Träger der GKV sind die Pflicht- und die Ersatzkassen, die als Körperschaften des öffentlichen Rechts in Selbstverwaltung ihre Geschäfte tätigen. Für die bundesweit agierenden Ersatzkassen übernimmt die Beaufsichtigung das Bundesgesundheitsamt, für die Pflichtkassen die jeweilige Landesinstitution.
Kuckucksnest	Umgangssprachlich für psychiatrisches Krankenhaus.
Kunstfehler	Verstoß eines Arztes gegen die anerkannten Regeln der ärztlichen Kunst, u.a. die wissenschaftlichen Erkenntnisse und die der ärztlichen Ethik.
Kurzzeitpsychotherapie	Analytisches Kurzzeitverfahren von 20 bis 40 Sitzungen bei leichten neurotischen Symptomen.
Kybernetik	Norbert Wiener, 1894-1964, amerikanischer Mathematiker: Wissenschaftszweig, der die Gesetzmäßigkeiten von technischen und biologischen Regelungs- und Steuerungsvorgängen erforscht.
Labskaus	Altes Seemannsgericht, auch in Westfalen heimisch, das aus verschiedenen Zutaten, u.a. Fleisch, Fisch, Kartoffeln, Gurken und roten Rüben, zusammengemischt ist.
Laokoon	Priester des Apollon der griech. Sage, der die Trojaner vor dem von den Griechen vor der Stadt zurückgelassenen hölzernen Pferd warnte. Er wurde zur Strafe mit seinen Söhnen von zwei Schlangen erwürgt.
Laszіv	(Insbes. von einer weiblichen Person) bewußt schwül-erotisch, mit einer ans Anstößige grenzenden Sinnlichkeit.
Leberzirrhose	Leberverhärtung aufgrund chronisch-entzündlicher (Hepatitis) oder toxischer Prozesse (am häufigsten durch Alkohol).
Leech	Leeg: in vd. niederdeutschen Dialekten für krank.
Lektor	Mitarbeiter eines Verlags, der u.a. die Manuskripte prüft und bearbeitet sowie die Autoren betreut.

Leukotomie	Abtrennung der vorderen Hirnregionen, des Frontallappens vom übrigen Gehirn zur Behandlung von extremen Steuerungsmängeln. In den vierziger Jahren in den USA häufig angewandte, inzwischen verlassene Methode.
Levodopa	Eine Nervenüberträgersubstanz, die in der Substantia nigra des Hirnstamms gebildet wird. Bei einer geminderten Syntheseleistung wie bei der Parkinsonschen Krankheit wird die Motorik stark beeinträchtigt (s. dort).
Lexotanil®	Bromazepam der Fa. Roche. Ein weiterer Benzodiazepin-Tranquilizer.
Linkshemisphärisch	Die linke Hirnhälfte betreffend.
Linsengericht	Nach einer biblischen Geschichte verkaufte Esau, der ältere Sohn Isaaks, sein Erstgeburtsrecht für ein Linsengericht an seinen jüngeren Bruder Jakob.
Liquor	Lat.: Flüssigkeit, hier: Nervenwasser, das Hirn und Rückenmark umspült und sich in den Hirnkammern (Ventrikeln) befindet.
Lithium	Leichtmetall wie Natrium oder Kalium. 1949 von dem Australier Cade zur Behandlung der Manie eingeführt. 1960 durch den Dänen Schou zur Vorbeugung manisch-depressiver Erkrankung. Wirkt allein nicht antidepressiv, hat aber eine verstärkende Wirkung bei antidepressiver Therapie.
Logos	Griech.: Wort.
Lues	Syphilis, eine durch das Bakterium Treponema pallidum übertragene Geschlechtskrankheit. Nachdem sie durch das Penizillin selten geworden war, tritt sie bei Drogenabhängigen durch die häufige Prostitution und Immunschwäche (z.B. AIDS) wieder häufiger auf.
Lumbalbereich	Bereich der Lenden und der Lendenwirbelsäule, „Kreuz“.
Lumbalpunktion	Entnahme von Nervenwasser (Liquor) aus dem Lumbalsack unterhalb des Rückenmarks, u.a. zur Abklärung entzündlicher Prozesse des Zentralnervensystems.
Lumboischialgie	In ein oder beide Beine einstrahlende Schmerzen durch Reizung einer Nervenwurzel, z.B. beim lumbalen Bandscheibenvorfall.
Lyell-Syndrom	Schwere allergische Reaktion mit großflächigen Hautablösungen wie bei Verbrühungen.
Machismo, macho	Sich übertrieben männlich geben, Betonung der männlichen Überlegenheit.
Mainframe	Großrechner.
Mammakarzinom	Brustdrüsenkrebs.
Maniform	Expansiv, stärker erregt, Rededrang.
Manie, manisch	Endogen entstehende heitere Verstimmung ohne äußeren Anlaß, häufig im Wechsel mit depressiven Episoden bei der manisch-depressiven Krankheit. Heitere Grundstimmung, strahlender Optimismus, gehobene Lebensgefühle, vermehrter Antrieb, Enthemmung, verstärkte Triebhaftigkeit, Selbstüberschätzung, hohe Geldausgaben und übereilte Geschäfte, sexuelle Hyperaktivität, bei Frauen unüberlegte Schwangerschaften.
Marasmus	Durch Ernährungsstörungen bedingter langsamer Auszehrungs- und Entkräftungsprozeß.
Marburger Bund	1947 in Marburg gegründeter freier ärztlicher Verband mit ca. 50.000 Mitgliedern, der die berufspolitischen Interessen der angestellten und beamteten Ärzte (u.a. Tarifrecht) vertritt, der Tarifgemeinschaft für Angestellte im öffentlichen Dienst angehört und aufgrund des Tarifgesetzes gesetzliche Aufgaben erfüllt.
Mascara	Wimperntusche.
MDK	Medizinischer Dienst der Krankenkassen. Ist seit dem Gesundheitsreformgesetz an die Stelle des „Vertrauensärztlichen Dienstes“ getreten, wird von den Landesverbänden der Gesetzlichen Krankenkassen gebildet und gemeinsam finanziert. Seine Aufgaben sind i. W. gutachterlicher Art und betreffen allgemeine Fragen der Qualitätssicherung.

Menetekel	Mene mene tekel u-pharsin: Der während eines Gastmahls des babylonischen Königs → Belsazar von einem Finger an die Wand geschriebene Spruch: Gezählt und beendet, gewogen und zu leicht befunden, zerteilt und den Persern gegeben.
Metastase	Absiedlung von Krebszellen. „Tochtergeschwulst".
Moral hazard	Die Inanspruchnahme von Leistungen durch den Versicherten, die über die objektive Notwendigkeit hinausgehen. Er will diese Leistungen als Gegenwert für die von ihm entrichteten Beitragszahlungen aufrechnen. Diese Inanspruchnahme steht dem Solidarprinzip der GKV entgegen und unterläuft die Bemühungen um eine wirtschaftliche Leistungserbringung.
Motorik	Gesamtheit der Körperbewegungen.
Multiple Sklerose	Auch Encephalomyelitis disseminata. Chronische entzündliche Krankheit des Zentralnervensystems, die teils schubförmig, teils schleichend ablaufen kann. Als Ursache wird ein bislang noch nicht verstandener Immunprozeß angenommen. Bislang noch nicht heilbar.
Myelographie	Darstellung des Liquorraums um das Rückenmark durch Einbringen von Röntgen-Kontrastmitteln. → Lumbalpunktion.
Myom	Muskelgeschwulst der Gebärmutter, i.d.R. gutartig. Führt häufig zu Blutungen.
Mystifikation	Mystifizierung, Täuschung, Bluff.
Nachtblindheit	Durch Ausfall des Schwarz-Weiß-Sehens fehlendes Dämmerungssehen bei Netzhautdegeneration.
Naturalisieren	Einbürgern.
Nemesis	Strafende, vergeltende oder ausgleichende Gerechtigkeit, nach der griech. Göttin der Rache und gerechten Vergeltung.
Neuroleptikum, -a	Gruppe verschiedenartiger Substanzen mit prinzipiell gleichartiger Wirkung auf Psychosen und andere psychische Störungen. Besserung vor allem bei Zerfahrenheit, Halluzinationen, psychotischer Angst; weniger bei Antriebssteigerung, Schlafstörungen, Wahn, Störungen des Sozialverhaltens. Bei den herkömmlichen N. in höherer Dosis extrapyramidale Nebenwirkungen wie medikamentöser Parkinsonismus, Zittern, Hyperkinesen (Überbewegungen).
Neologismus, -en	Neuwortbildung, auch krankhafte Störung i.R. einer Schizophrenie.
Nervenplexus	Nervengeflecht – Arm- und Beinnervenplexus, Sonnengeflecht im Bauch als die wesentlichen Nervengeflechte.
Nootropikum	Medikamente zur Verbesserung der geistigen Leistungsfähigkeit.
Obsession	Besessenheit, Zwang.
Ödipus	Griech. Sagengestalt, Herrscher von Theben. Aufgrund der Prophezeiung, er werde seinen Vater töten und die Mutter heiraten, als Säugling ausgesetzt, durch einen Hirten erzogen, traf er unwissend auf seinen leiblichen Vater und tötete ihn im Streit, bewarb sich um die Witwe, löste das Rätsel der Sphinx und heiratete sie. Von Freud 1910 als Symbol für den Gesamtkomplex von Gefühlen („Ödipus-Komplex") eines Kindes zwischen dem 3. und 4. Lebensjahr gegenüber seinen Eltern.
Off-Phase	Bei fortgeschrittenen → Parkinson-Syndromen auch bei guter medikamentöser Einstellung häufige Zustände von Bewegungsarmut bis hin zur völligen Bewegungsunfähigkeit.
Oganga von Lambarene	Albert → Schweitzer war der „Oganga (Arzt) von Lambarene" (einem Ort in Gabun).
Ohnesorg, Benno	Theologiestudent. Wurde anläßlich der berühmt/berüchtigten Schah-Demonstration 1967 von dem Polizisten Kurras bis auf einen Hinterhof verfolgt und dort erschossen.
Okkulte Belastung	Nicht unwidersprochene Denkfigur im christlichen Raum, daß die Berührung mit okkulten Praktiken, die auch durch andere Personen aus-

	geübt werden können, zu negativen Veränderungen in den verschiedensten Lebensbereichen der Betroffenen führt.
Okzipitallappen	Hinterer Abschnitt des Großhirns.
Optikusneuritis	Entzündung des Sehnerven.
Ordinarius	Durch Berufung auf einen Lehrstuhl und Ernennung zum Beamten auf Lebenszeit eingesetzter ordentlicher Professor. Höchster Rang der akademischen Hierarchie in der Bundesrepublik.
Orkus	Die Unterwelt der alten Römer.
Orwell	George, Pseudonym für Eric Arthur Blair, 1903-1950. Polizist in Birma, später Tellerwäscher, nahm auf republikanischer Seite am spanischen Bürgerkrieg teil. Veröffentlichungen u.a Animal Farm (1945) und Nineteen-eighty-four – 1984 (1948).
Ösophagusvarizen	Krampfadern in der Speiseröhre bei Leberzirrhose durch einen Umweg des Blutes vom Magen-Darm-Trakt an der Leber vorbei in den großen Kreislauf. Bei Blutungen Letalität von ca. 30%.
Osteochondrose	Nichtentzündlicher Degenerationsvorgang an Wirbelknochen und Zwischenwirbelscheiben.
Otitis media	Mittelohrentzündung.
Otitis externa	Gehörgangsentzündung.
Overlord	Engl.: Oberherrscher.
Ozon	Dreiatomiges Sauerstoffmolekül, das rasch sich in ein zweiatomiges Molekül und ein Sauerstoffradikal spaltet. Letzteres ist stark reaktiv.
Ozontherapie	Hier: In vitro-Begasung von Blut mit einem Ozon-haltigen Luftgemisch, schulmedizinisch nicht anerkanntes Verfahren.
Palladium	Chemisches Element aus der Gruppe der Platinmetalle. Charakteristisch für sein großes Absorptionsvermögen von Wasserstoff; wird daher als Katalysator zum Hydrieren verwandt. Wurde lange Zeit in Legierungen in der Dentaltechnik verwandt.
Pankreatitis	Bauchspeicheldrüsenentzündung.
Paracelsus	Theophrastus Bombastus von Hohenheim, 1493-1541, Arzt der beginnenden Neuzeit. Lehrte u. a. die Wichtigkeit einer naturgemäßen Lebensweise.
Paranoid	Wahnhaft. Im deutschen Sprachgebrauch zu einem geschlossenen Wahnsystem gehörig.
Paranoide Psychose	Geistesstörung mit Wahnbildung.
Paranoid-halluzinatorisch	Mit Wahn und Halluzinationen einhergehend.
Parästhesien	Mißempfindungen.
Parese	Lähmung.
Parietallappen	Hinterhauptslappen des Gehirns.
Parkbanklähmung	Lähmung durch Druck auf den Oberarmabschnitt des Radialisnerven, Fallhand, Gefühlsstörungen im Bereich des Handrückens.
Parkinsons Gesetz	„Arbeit läßt sich wie Gummi dehnen". Bei einer Sache, bei der mehr Leute zugange waren als benötigt, wurde auch sehr viel mehr Zeit benötigt, als nötig. Die Zahl der Angestellten und Beamten wächst, gleich ob die Arbeit zunimmt, abnimmt oder ganz verschwindet. Cyrill Northcote Parkinson, 1909-1993, englischer Historiker und Publizist.
Parkinson, Morbus	Neurologische Krankheit, die mit unterschiedlich gewichteten Symptomen wie Hypokinese (Minderung der Beweglichkeit), Rigor (Muskelsteifigkeit) und Tremor (Zittern) sowie verschiedenen autonomen („vegetativen") Störungen einhergeht. Bei dem (häufigsten) idiopathischen Parkinson-Syndrom kommt es durch den Untergang von Nervenzellen in der Substantia nigra zu einem Mangel der Nervenüberträgersubstanz Dopamin mit entsprechenden Gegenregulationen anderer Systeme. Die wichtigste Behandlung besteht in der Zufuhr der Vorläufersubstanz Levodopa, die die Blut-

	hirnschranke passieren kann. Erstbeschreiber James Parkinson, 1755-1824, englischer Landarzt.
Pathogen	Krankheitsverursachend.
Pendeln	Anwendung des siderischen Pendels zur Auffindung verborgener Informationen. Siderisch: auf die Fixsterne bezogen. Pendel schlägt in der Hand mancher Menschen über Wasser- und Erzadern aus. Parapsychologische Methode, die auch in der Paramedizin angewandt wird.
Periduralanästhesie	Vorübergehende Unterbrechung der Erregungsleitung durch Injektion eines Lokalanästhetikums in den Raum um die harte Rückenmarkshaut im Wirbelkanal bei Eingriffen in der unteren Körperhälfte.
Pharmakologie	Arzneiwissenschaft.
Pharmakotherapie	Behandlung einer Krankheit mit Medikamenten.
Physiotherapie	„Physikalische Therapie" wie Krankengymnastik, Balneotherapie, Massagen. In Deutschland fällt auch die Diätetik hierunter.
Physiotherapeut	Krankengymnast und Masseur.
Pneumoenzephalographie	Darstellung der Hirnkammern durch Einblasen von Luft, zumeist durch eine Punktion der Nervenwasserräume im Bereich der Lendenwirbelsäule.
Polamidon-Substitution	Kontrollierte orale Verabreichung des wenig psychotrop wirkenden Opiats Polamidon (Methadon) an Opiatabhängige, um sie aus der Beschaffung herauszuholen – z.B. bei AIDS oder HIV-Infektion.
Polygraphie	Parallele graphische Registrierung verschiedener Lebensvorgänge, zumeist in Kurvenform, innerhalb eines Zeitabschnittes. Üblich sind Elektrokardio- und elektroenzephalographische Aufzeichnungen, Registrierungen von Puls, Blutdruck, Atemfrequenz, Temperatur, Blutsauerstoff, Körperlage usw.
Polyneuritis	Allgemeine periphere „Nervenentzündung".
Polyneuropathie	Störung von Körpernerven durch Stoffwechselstörungen, Gifte, Strahlen usw.
Polypragmasie	Gleichzeitige Anwendung verschiedener Heilmethoden für eine Krankheit. Häufig als → „ut aliquid fiat".
Postgraduiertenstudium	Aufbaustudium nach Beendigung einer akademischen Ausbildung.
Prädelir	Anfangsstadium des Delirium tremens. Innere Unruhe, Angst, Zittern, Schwitzen, Schlafstörungen, Aufmerksamkeitsstörungen.
Präsenzpflicht	Ein niedergelassener Arzt ist verpflichtet, konstant an seinem Praxisort ansprechbar und anwesend zu sein (Residenzpflicht). Er darf sich hiervon durch Vertretungen von Kollegen desselben Fachgebiets in oder außerhalb seiner Praxis oder durch den organisierten Notdienst entbinden lassen.
Praxis	Griech.: Tat, Handlung.
Primärtumor	Ursprüngliche Geschwulst.
Privinismus	Körperliche Abhängigkeit von schleimhautabschwellenden Nasentropfen oder -sprays (z.B. Privin®).
Prokrustes	Riese der griechischen Sage, der Gäste freundlich empfing, kleinen ein großes, großen ein kleines Bett gab und nicht das Bett, sondern den Gast anpaßte – durch Strecken des Körpers oder Abschneiden der Gliedmaßen.
Protrahiert	Verzögert.
Präsuizidal	Zustand kurz vor einer Selbsttötung.
PsychKG	Gesetz über Hilfen für psychisch Kranke. U.a. stationäre Behandlung gegen eigenen Willen bei Selbst- oder Fremdgefährdung. Der fehlende Wille, sich behandeln zu lassen, reicht hierfür nicht aus.
Psychopathologie	Lehre von den seelischen Leiden. Wissenschaftliche Methodenlehre der Psychiatrie.
Psychopharmakon, -a	auf die seelischen Funktionen wirkender Stoff, i.d.R. ein Medikament.

Psychose, psychotisch	Seelen- oder Geisteskrankheit. Der allgemeinste psychiatrische Begriff für Störungen der Geistestätigkeit, die durch klar erkennbare oder hypothetische Organ- oder Gehirnkrankheiten hervorgerufen werden. Im amerikanischen psychiatrischen Sprachgebrauch herrschte lange Zeit eine inflationäre Tendenz, da der Begriff sich ausschließlich auf das Ausmaß der Störung bezog.
Psychosomatik	Psychosomatische Krankheiten: zur Chronifizierung neigende Körperkrankheiten, die ihren Ursprung in Erlebnissen und deren Verarbeitung haben oder durch diese maßgeblich beeinflußt werden.
Psychosomatische Klinik	Eine Klinik, in der psychosomatische Leiden mit psychotherapeutischen und (psycho-) somatischen Verfahren behandelt werden.
Psychosyndrom	Hirnorganisches: Beeinträchtigung der geistigen und seelischen Leistungen durch einen krankhaften (organischen) Prozeß des Gehirns.
Purpura	Flohstichartige Blutungen Haut und Schleimhäuten.
Pygmalion	König von Zypern; Figur der griechischen Sage, der sich in eine von ihm selbst gefertigte Jungfrauenstatue verliebte. Aphrodite belebte sie auf sein Bitten, so daß er sie heiratete. S.a. Bernhard Shaws „My Fair Lady".
Radikulopathie	Krankheit einer Nervenwurzel.
Raspe, Jan Carl	Terrorist, Mitglied der RAF (Rote Armee Fraktion)
Refluxösophagitis	Entzündung der Speiseröhre durch zurückfließenden Magensaft (Sodbrennen).
Regrediert	S. Regression
Regression	Rückwärtsentwicklung.
Remedacen®	Kodein-Präparat. Kodein ist ein stark hustenreizstillendes Präparat, das zu der Gruppe der Opioide gehört, aber nur eine geringe Suchtpotenz besitzt. Es wird gern von Opiatabhängigen zur Vermeidung von Entzugserscheinungen verwendet.
Remmi	Szene-Bezeichnung für Remedacen.
Residenzpflicht	Ein niedergelassener Arzt ist verpflichtet, an seinem Praxisort oder in unmittelbarer Nähe zu wohnen.
Rezidiv	Rückfall einer überstandenen Krankheit
Ruppi	Szene-Bezeichnung für Rohypnol.
Rohyprtol®	Flunitrazepam. Schlafanstoßendes Präparat.
Romberg, Moritz H. von	Prof. Dr. med., Internist und Pathologe in Berlin, 1795-1873. Romberg´scher Stehversuch: Prüfung des Gleichgewichtssinns und der Tiefensensibilität.
Sacks, Oliver	Prof., MD, 1933 in London geboren. Zuletzt in New York tätiger Neurologe mit zahlreichen populärwissenschaftlichen Veröffentlichungen auf neurologischem Gebiet, u. a. „Awakenings" (dt.: Zeit des Erwachens).
Säkularisierung	Verweltlichung.
Sauerbruch, Ferdinand	1875-1951. Prof. Dr. med., berühmter Chirurg, Breslau, Berlin. Verschiedene neue Operationstechniken, Druckdifferenzverfahren bei Thoraxoperationen, Sauerbruchprothese. Hatte im Alter noch eine große Anhängerschaft und große Schwierigkeiten, den aktiven Beruf aufzugeben.
Schädelhirntrauma	Verletzung des Hirns durch eine Gewalteinwirkung auf den Schädel.
Schamane	Zauberdoktor.
Schaufensterkrankheit	Durch verengte Arterien bedingte, schmerzhafte Sauerstoffunterversorgung der Beinmuskulatur beim Gehen, Besserung der Schmerzen beim intervallmäßigen Stehenbleiben (z.B. vor Schaufenstern).
Schizoaffektive Psychose	„Endogene" Psychose, die sowohl mit Wahnbildung und Halluzinationen als auch Stimmungsschwankungen einhergeht.
Schizophrenie	Psychose mit mit Wahnbildung und Halluzinationen. Häufige Neigung zur Chronifizierung. Die Ursache ist unklar; in den letzten Jahren mehren sich

	die Hinweise auf eine gemeinsame Endstrecke verschiedener Hirnkrankheiten. Die psychogene Hypothese ist weitgehend verlassen.
Schizophren	1. An Schizophrenie leidend. 2. Im nichtwissenschaftlichen Sprachgebrauch: zwiespältig, unvereinbar, gegensätzlich, innerlich zerrissen.
Schizophrenogene Mutter	Verlassenes Konzept der Entstehung schizophrener Psychosen, das Anlaß zu familienfeindlichen Zeitströmungen gegeben hat. Die Eigenschaften der hypothetischen Mütter werden als unvermittelt ängstlich, verdeckt feindselig, sozial inkompetent angegeben. Der zukünftige Schizophrene wird darauf in der Kindheit sensibilisiert.
Schlafapnoe	Auch „schlafbezogene Atemregulationsstörung". Eine Störung des Atemflusses während des Schlafs, die über eine Verlegung der oberen Atemwege zu einem Abfall des Sauerstoffgehalts des Blutes führt. Häufige Symptome sind Übergewicht, Hochdruck, Tagesmüdigkeit, plötzlicher Schlafdrang. Erhebliches kardiovaskuläres Risiko.
Schweitzer, Albert	1875-1965. D. Dr. med., Elsässischer Theologe, Musikwissenschaftler (J. S. Bach), Tropenarzt, gründete die Station Lambarene. Friedensnobelpreisträger. In der Nachkriegszeit wegen seiner dezidierten Gegnerschaft gegen die Atombombe in den Vereinigten Staaten persona non grata.
Schwerpflege	-versicherung.: Eine der am häufigsten mißverstandenen Gesetze der Nachkriegszeit. Dient der Entlastung der Sozialhilfe bzw. der finanziellen Sanierung des Staates, nicht der Absicherung der Schwerpflegebedürftigkeit. Stärker operationalisiert als das BSHG (Bundessozialhilfegesetz), dadurch einfache Begrenzung der Ansprüche. Unscharfe Trennung von der Krankenversicherung, bei der die Organisation der Versorgung angesiedelt ist. Die Beurteilung erfolgt durch den → MDK, den Medizinischen Dienst der Krankenkassen, einer eigenständigen Kontrollinstanz.
Séance	Okkulte, spiritistische Sitzung.
Sepsis	Schwere Allgemeininfektion.
Servicemädchen	Urteil des Bundesgerichtshofes AZ: XI ZR 192/97.
Sicherstellungsauftrag	Die Kassen(zahn)ärztlichen Vereinigungen und die Kassen(zahn)ärztliche Bundesvereinigung haben die bedarfsgerechte und gleichmäßige ärztliche Versorgung der Krankenversicherten räumlich wie zeitlich sicherzustellen. Dieser Sicherstellungsauftrag umfaßt auch Maßnahmen zur Qualitätssicherung.
Siddharta	Einer der Namen Buddhas. Titel eines Romans von Hermann Hesse, der zu einem Kult-Roman der Hippi-Generation wurde.
Sisyphos	Held der griechischen Sage, der als Strafe für seine Missetaten in der Unterwelt einen Felsen einen Berg hinaufrollen muß, der ihm stets kurz vor dem Gipfel entgleitet.
Soli die gloria	Lat.: Allein zur Ehre Gottes.
Soma	Adj.: somatisch. Leib, Körper.
Sonderkrankenhaus	Psychiatrisches Krankenhaus, auch bei Trägerschaft des Bundeslandes oder dessen Institutionen als Landeskrankenhaus.
Sozialversicherung	1883 wurde aufgrund der „Kaiserlichen Botschaft" vom 17.11.1881 das erste deutsche Kankenversicherungsgesetz erlassen. 1911 wurden mit Verabschiedung der Reichsversicherungsordnung die Sozialgesetze im Wesentlichen umgestaltet und die Rentenversicherung eingeführt. Die Gesetzliche Krankenversicherung GKV ist ein wesentlicher Teil der Sozialversicherung. Sie hat nach §1 Sozialgesetzbuch V das Ziel, die Gesundheit der Versicherten zu erhalten, wiederherzustellen oder ihren Gesundheitszustand zu bessern. Träger sind die Pflichtkassen und die Ersatzkassen. Versicherungspflichtig sind Arbeiter, Angestellte und zu ihrer Berufsausbildung Beschäftigte, Leistungsempfänger nach dem Ausbildungsförderungsgesetz, Landwirte, Künstler und Publizisten, Studenten und Personen, die die Voraussetzungen für den Anspruch auf eine Rente aus der Gesetzlichen Rentenversicherung erfüllen und die Rente beantragt haben.

Spätmetastasierung	Jahre nach der Entfernung der ursprünglichen Geschwulst auftretende Metastasen.
Stechapfel	Nachtschattengewächs, enthält u.a. die hochwirksamen Alkaloide Atropin und Scopolamin.
Subdurales Hämatom	Bluterguß zwischen der harten und der weichen Hirnhaut.
Suffix	An ein Wort angehängte Silbe.
Suizid, suizidal	Selbsttötung, Suizid betreffend.
Sünde gegen den	Heiligen Geist: nach Jesus die einzige Sünde, die nicht vergeben wird (Matth.12:31 u. 32). Sowohl in diesem Text als auch der ganzen Bibel keine explizite Definition, daher unterschiedliche Auslegungen.
Tarot	Kartenspiel, das zu spekulativen Deutungen in der Astrologie benutzt wird.
Tarquinius Priscus	Sagenhafter römischer König aus der etruskischen Zeit.
Thaumaturgie	Wunderheilung.
Therapie	Adj.: therapeutisch: Behandlung, auf die Behandlung bezogen.
Therapieresistenz	Adj.: therapieresistent: Erfolglosigkeit einer Behandlung.
Thermokoagulation	Veröden (eines Teils des Nerven) durch Hitzeeinwirkung. Hierbei wird eine Thermosonde durch Öffnungen der Schädelbasis bis zum Nervenknoten (Ganglion Gasseri) vorgeschoben.
Time-lag	„Zeitlücke" durch die Zeitverschiebung bei Interkontinentalflüge in Ost-West-Richtung und umgekehrt. Häufig Schlaf- und vegetative Störungen.
Torso	Rumpf.
Traumatisierung	Verletzung, Verwundung. In der Psychiatrie bzw. medizinischen Psychologie Erlebnis, auf das das Individuum nicht in adäquater Weise reagieren kann, das es nicht verarbeitet, sondern das aus dem Bewußtsein verdrängt wird, aber trotzdem bzw. gerade deswegen seine Wirkung auf das Erleben und Handeln entwickelt. → Neurose.
Trigeminusneuralgie	Schmerzhafte Irritation des Gesichtsnerven unterschiedlicher Ursache („idiopathisch", entzündlich, Tumoren, Gefäßprozesse, Gefäßschlingen mit Kompression des Nerven in der hinteren Schädelgrube, Herde der Multiplen Sklerose.
Ut aliquid fiat	Lat.: Auf daß (irgend)etwas getan werde.
Vaginismus	Unabsichtliche Verkrampfung der Scheidenmuskulatur auf Penetrationsversuche mit dem Penis. Beim unteren V. mißlingt der Versuch, bei dem oberen V. kommt es gelegentlich zum Festhalten des Penis („penis captivus").
Valium®	Diazepam – Tranquilizer aus der Benzodiazepingruppe der Fa. Roche. 1962 als zweiter Stoff dieser Gruppe erstmals synthetisiert. Kommt in Spuren auch natürlich vor. Stark beruhigende Wirkung, wird auch im akuten epileptischen Anfall benutzt, um diesen rasch abzubrechen.
Varixknoten	Krampfaderknoten.
Veden	Sing.: Veda. Sanskrit: *Wissen*. Die heiligen Schriften der altindischen Religion.
Ventrikelkatheter	Ableitsystem aus den Hirnkammern bei erhöhtem intrakraniellem Druck.
Verdrängung	Eigentlich besondere Form eines Abwehrmechanismus nach Freud, durch den nicht akzeptable *Triebwünsche* in Form von Gedanken, Bildern und Vorstellungen aus dem Bewußtsein gedrängt und von ihm ferngehalten werden.
Vertebralis	Arteria vertebralis: eine der beiden hinteren Hirnarterien, die für eine Strecke durch die Halswirbelsäule laufen.
Vertragspsychotherapie	S.a. Delegationspsychotherapie.
Vitiligo	„Weißfleckenkrankheit", Pigmentstörung mit Verlust des Melanin.
Voyeurismus	Eigentlich: Lust am Betrachten, auch als sexuelle Normabweichung (Deviation), die sich Befriedigung durch Betrachten von potentiellen Sexualobjekten verschafft.

Watzlawick, Paul
: 1921 in Villach geboren. Studierte Sprachen und Philosophie, Ausbildung zum Analytiker. Lebt in Palo Alto, Kalifornien.

Wotansrabe
: Der Rabe, der auf der Schulter des germanischen Hauptgottes Wotan saß.

Ypsilonbypass
: Y-förmiges Transplantat im Bereich der unteren Aorta und der Becken-Oberschenkel-Arterien.

Zeus
: Griechischer Hauptgott, römisch: Jupiter.

Zönästhesie
: Körperliche Mißempfindung als halluzinatorische Störung, die zumeist in ihrer Beschreibung nicht üblichen körperlichen Fehlfunktionen entspricht.

Zwangskrankheit
: Auch Zwangs*neurose*. Eine Störung, deren Genese recht unterschiedlich betrachtet wird, die mit unterschiedlichen Zwangssymptomen einhergeht. Zwangsgedanken, Zwangshandlungen und Zwangsimpulse können ein derartiges Ausmaß erlangen, daß der Betroffene erwerbsunfähig wird. Häufiger Beginn schon in der Pubertät, nicht selten in der frühen Kindheit, läßt sich in ca. der Hälfte der Fälle bessern, verschwindet nur in 15% völlig. Alle wesentlichen Psychotherapierichtungen reklamieren Erfolge trotz theoretisch unterschiedlichem Hintergrund; medikamentös erleichtern Clomipramin und neuere Serotonin-Wiederaufnahmehemmer das Schicksal der Betroffenen erheblich.

Zyklothymie
: 1. Synonym für manisch-depressive Erkrankung. 2. Charaktertyp mit raschem Stimmungswechsel zwischen heiterer Lebenszugewandtheit und Schwermut (Lamme Goedzak in De Costers Tyll Ulenspegel).

Die Realität in Zahlen

Gesundheitsausgaben ausgesuchter entwickelter Länder

Quelle OECD. Angaben in Prozent des Brutto-Inlands-Produkts, Stand 1996

Land	BIP-Anteil
USA	14,2
Frankreich	9,8
Schweiz	9,8
Deutschland (W)	9,7
Niederlande	8,6
Portugal	8,2
Belgien	8,0
Österreich	7,9
Finnland	7,7
Italien	7,7

Land	BIP-Anteil
Norwegen	7,3
Japan	7,2
Schweden	7,2
Spanien	7,2
Luxemburg	7,0
Großbritannien	6,9
Irland	6,4
Dänemark	6,2
Griechenland	5,9

Selbstbeteiligung der Krankenversicherung im internationalen Vergleich

Quelle: Medizinische Welt, Heft 2/1999, S. 48

Land	Arzneimittel	ambulante Versorgung	stationäre Versorgung
Deutschland	proportional (nicht linear)	diverse	linear (mit oberer Kappungsgrenze)
Großbritannien	fest	keine	keine
Schweden	linear	linear	linear
USA	diverse	diverse	proportional

Ausgaben der gesetzlichen Krankenkassen in Mrd. DM

Quelle: Bundesarbeitsblatt 4/1990, 5/1997, 6/1997

Alte Bundesländer

	1978	1980	1982	1984	1986	1988	1990	1992	1994	1996
Ärzte	13,2	15,4	16,9	18,9	20,3	21,6	24,4	28,9	31,6	33,6
Krankenhaus	21,7	25,5	29,6	33,2	37,5	40,7	44,6	53,9	61,4	54,5
Verwaltung	3,2	3,8	4,5	5,0	5,7	6,2	7,3	6,7	9,3	10,1
Beiträge	73,2	83,5	96,5	100,7	113,9	128,2	141,9	161,3	184,5	195,2

Sektorale Ausgaben der Krankenkassen in Prozent

Quelle: Verband forschender Arzneimittelhersteller (VFA) 1998

	1991	1992	1993	1994	1995	1996	1997
Sonst. Leistungen	33,4	34,8	34,5	35,3	35,5	36,2	32,9
Krankenhaus	32,9	32,2	34,2	34,3	34,0	33,1	35,8
Arztpraxis	17,3	16,7	17,5	17,0	16,8	16,6	17,4
Arzneimittel	16,4	16,3	13,7	13,4	13,7	14,1	13,8

Arznei- und Heilmittelbudgets für 1999

Quelle: Mitteilung der Kassenärztlichen Vereinigung Westfalen-Lippe Dez.1998

	Gesamt:	Pro Patient und Quartal:
Arzneimittel	3.874 Mio. DM	84,69 DM
Heilmittel	399 Mio. DM	8,70 DM

Verordnungskosten: Arzneimittel pro Patient und Quartal:

Insulin .... 300,- bis 480,-
Serotonin-Wiederaufnahmehemmer (Antidepressiva) ...... 270.- bis 800,-
Parkinson-Medikamente .... 1.000,- bis 1.500,-
Interferone (bei Multipler Sklerose) 3.000,-

Heilmittel pro Anwendung:

Krankengymnastik 25,-

Sozialbudget – Sozialleistungen in Deutschland in Mrd. DM

Quelle: Bundesarbeitsministerium, DIE ZEIT Nr.21 v. 14.05.1998; 1997 Schätzung; Gesamtdeutschland

Wofür?

	1960 (66)	1980 (474)	1997 (1256)
Alte/Hinterbliebene	44,4 %	39,7 %	36,0 %
Gesundheit	27,7 %	32,1 %	33,3 %
Ehe/Familie	16,4 %	15,1 %	13,5 %
Beschäftigung	2,8 %	6,1 %	13,5 %
Sonstiges	8,7 %	7,0 %	3,7 %

Wer finanziert?

	1960 (66)	1980 (474)	1997 (1256)
Staat	44,8 %	42,4 %	40,6 %
Private Haushalte	21,5 %	25,5 %	31,6 %
Unternehmen	33,7 %	32,1 %	27,8 %

Geplante Sozialabgaben West 1999

Quelle: Institut der deutschen Wirtschaft Köln 1998

	1998		1999	
Rentenversicherung	3.400	20.3%	8.58	20.3%
Arbeitslosenversicherung	8.400	6.5%	8.500	6.5%
Krankenversicherung	6.300	13.6%	6.375	13.5%
Pflegeversicherung	6.300	1.4%	6.375	1.7%

Wichtige Kennzahlen zu Arznei- und Heilmitteln

Quelle: Mitteilung der Kassenärztlichen Bundesvereinigung Januar 1999

1. Einsparungen der Kassenärzte
bei Arzneimitteln (gegenüber Grundlohnanstieg)
von 1992 bis 1998 17 Mrd. DM

2. Anteil der Arzneimittel an den GKV-Ausgaben
(Alt-Bundesländer)
1992: 17,9% ♦ 1998: 13,6%

3. Arzneimittelbudget

Ausgaben-Niveau 1992	33,9 Mrd. DM
Gesetzliches Budget 1999	33,6 Mrd. DM
Wahrscheinliche Ausgaben 1999	36,1 Mrd. DM

4. Heilmittelbudget

Ausgaben 1998	5,8 Mrd. DM
Gesetzliches Budget	5,0 Mrd. DM
Wahrscheinliche Ausgaben 1999	6,1 Mrd. DM
Wahrscheinliche Budgetüberschreitung	1,1 Mrd. DM

Kostenloser Dienst für die GKV-Versicherten

Quelle: NAV-Mitteilungsblatt Januar-März 1998

Budgetüberschreitung	Indiv.Punktwert Primärkassen	Indiv.Punktwert Ersatzkassen	Umsonst geleistete Tage
0 %	8.2 Pf	9.0 Pf	0
10 %	7.2 Pf	8.1 Pf	8
20 %	6.4 Pf	7.2 Pf	12
30 %	5.6 Pf	6.3 Pf	18
40 %	4.8 Pf	5.4 Pf	24
50 %	4.0 Pf	4.5 Pf	30

Netto-Verwaltungskosten der Krankenkassen in Westfalen-Lippe 1996

Quelle: Fred Nadolny, Vorstandsvorsitzender der AOK Westfalen-Lippe
in NAV-Mitteilungsblatt Januar-März 1998

Ersatzkassen für Angestellte	Innungskrankenkassen	AOK Westfalen-Lippe
296 Mio. DM	275 Mio. DM	245 Mio. DM

Struktur der Ärzteschaft 1998 in Tausend

Quelle: Statistik der Bundesärztekammer und der Kassenärztlichen Bundesvereinigung

Gesamtzahl der Ärztinnen und Ärzte				357,7
davon	ohne ärztliche Tätigkeit			70,7
	Berufstätige Ärztinnen und Ärzte			287,0
	davon:	Ambulant		124,6
		davon:	Privatärzte	4,1
			Angestellte Ärzte	7,8
			Vertragsärzte	112,7
		Behörden		10,5
		anderswo		16,1
		stationär		135,8
		davon:	Leitende Ärzte	13,9
			Nichtleitend	121,9

Entwicklung der Zahl der niedergelassenen Ärzte

Alte Bundesländer

Quelle: Statistik der Bundesärztekammer.

Ab 1991 einschließlich Praxisassistenten, ab 1994 einschließlich Berlin Ost

1975	53.303	1983	64.032	1991	82.543
1976	54.974	1984	65.780	1992	86.392
1977	56.157	1985	67.363	1993	94.102
1978	57.566	1986	68.698	1994	98.070
1979	58.908	1987	70.277	1995	100.143
1980	59.777	1988	71.751	1996	101.701
1981	60.652	1989	73.381	1997	103.865
1982	62.418	1990	75.251	1998	106.182

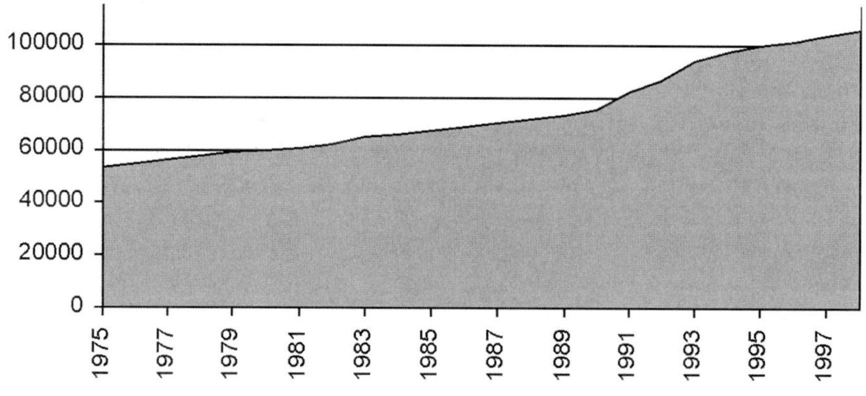

Anzahl der als arbeitslos gemeldeten Ärztinnen und Ärzte

Quelle: Statistik der Bundesärztekammer und der Kassenärztlichen Bundesvereinigung

Jahr	Summe	Ärztinnen	Ärzte
1985	3.987	1.939	2.048
1990	5.676	2.979	2.679
1991	5.693	3.096	2.625
1992	6.198	3.425	2.743
1993	6.911	3.767	3.144
1994	7.811	4.403	3.408
1995	7.689	4.348	3.341
1996	7.941	4.499	3.442
1997	9.396	5.275	4.121
1998	8.563	4.861	3.702

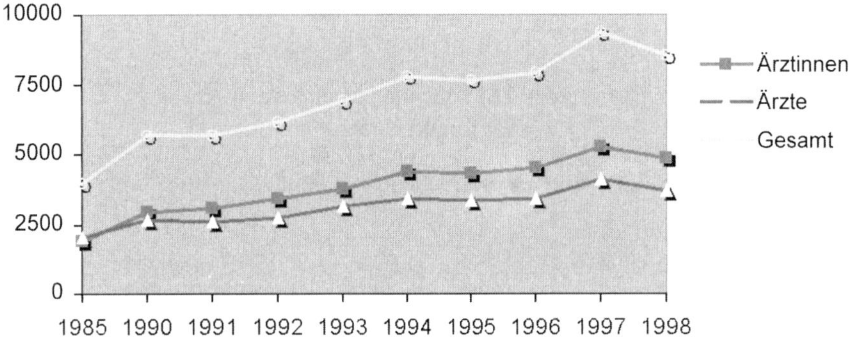

Arztdichte in den Ländern der Europäischen Union

Quelle: Statistisches Bundesamt

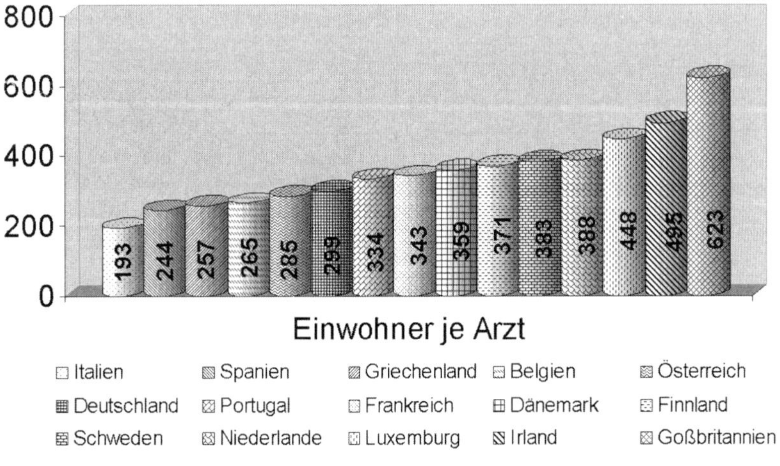

Interessant zu lesen

Es handelt sich hier um in Sachgebiet, inhaltlicher wie literarischer Qualität recht unterschiedliche Bücher, die ich dennoch für interessant halte, teils, weil sie Fakten und eigene Erlebnisse bieten, teils, weil sie publikumswirksame Deutungen verbreiten, die kritisch hinterfragt werden müssen, teils, weil sie den unnötigen Ernst vermissen lassen.

Ich habe versucht, für Sie die neueren Ausgaben – und diese möglichst in deutscher Sprache – zu finden.

Appignanesi, R. u. Zarate, O.: Freud for beginners. Pantheon & Knopf, London 1990

Babbage, C.: Passagen aus einem Philosophenleben. Kadmos Berlin 1997

Bandelow, N.: Gesundheitspolitik. Der Staat in der Hand einzelner Interessengruppen? Leske + Budrich, Opladen 1998

Basaglia, F.: Gesundheit und Krankheit. Das Elend der Medizin. S. Fischer, Frankfurt, 1985

Bennet, H. J.: The best of medical humor. Hanley & Belfus, Philadelphia 1991

Bleuler, E.: Das autistisch-undisziplinierte Denken in der Medizin und seine Überwindung. Springer, Berlin 1921, 1976

Braun, B., Kühn, H., Reiners, H.: Das Märchen von der Kostenexplosion. Fischer TB, Frankfurt 1999

Bretecher, C.: Dr. med. Bobo. Rowohlt, Reinbek 1986

Bundesarbeitsblatt 4/1990, 5/1997, 6/1997

Castel, F., Castel, R., Lovell, A.: La sociétée psychiatrique avancée. Paris 1979.

Condrau, G.: Der Mensch und sein Tod. Kreuz-Verlag, Zürich 1991

Dethlefsen, Th.,: Krankheit als Weg. C. Bertelsmann, München 1983

Dörner, Haerin, Rau, Schernus, Schwendy: Der Krieg gegen die psychisch Kranken. Psychiatrie-Verlag, Rehburg-Loccum 1980

Fengler, J.: Helfen macht müde. Pfeiffer, München 1998

Gaarder, J.: Der seltene Vogel. DTV, München 1997

Giese, E., Thamm, D. (Hrsg.): Dir werd' ich helfen. Satiren aus der Psychowelt. Psychiatrie-Verlag, Rehburg-Loccum 1987

Hackethal, Julius: Der Meineid des Hippokrates. Lübbe, Bergisch Gladbach 1992

Illich, I.: Die Nemesis der Medizin. Beck, München 1995

Katthagen, B.-D., Buckup, K.: Hauptsache Gesundheit. Steinkopf, Darmstadt, 1999

Klee, E.: Behinderten-Report. Fischer TB, Frankfurt/M, 1981

Kuiper, P. C.: Seelenfinsternis. S. Fischer, Frankfurt 1991

Krämer, G. u. Tomaschoff, J.: Irre(n)ärzte. Thieme, Stuttgart 1996

Krämer, G. u. Tomaschoff, J.: Doc & Dollar. Thieme, Stuttgart 1997

Krone-Schmalz, G.: Wir können es schaffen. Econ, Düsseldorf 1997

Miketta, G.: Netzwerk Mensch. Thieme, Stuttgart 1991

Ortwein, I. Kleines Lexikon des deutschen Gesundheitswesens. Piper, München 1992

Prokop, O.: Medizinischer Okkultismus. G. Fischer, Stuttgart 1977

Rapoport, J.: Der Junge, der sich immer waschen mußte. Goldmann, München 1989

Roth, E.: Neue Rezepte vom Wunderdoktor. Carl Hanser, München 1959

Rothschild, B.: Achtung: Psychiater. Beltz, Weinheim und Basel 1982

Rottenfußer, R.: Ausgebrannte Mediziner? Arbeitszufriedenheit und Burnout-Gefährdung von Vertragsärzten. Roderer, Regensburg 1998

Sacks, O.: Eine Antropologin auf dem Mars. Rowohlt, Hamburg 1995

Sacks, O.: Der Mann, der seine Frau mit dem Hut verwechselte. Rowohlt, Hamburg 1998

Schramm, P.: Die Quacksalber. Edition rarissima, Taunusstein 1985

Schiller, L.: Wahnsinn im Kopf. Bastei-Lübbe, Bergisch-Gladbach 1995

Vithoulkas, G.: Die wissenschaftliche Homöopathie. Burgdorf, Göttingen 1993

Watzlawik, P.: Anleitung zum Unglücklichsein. Piper, München 1983

Wittwer, W.: Glückspillen – Sucht auf Rezept. In: Sucht oder Leben. Saatkorn, Hamburg 1992

Herzlichen Dank

Ich danke Herrn Professor L., der mich durch seine Ermutigung und konkrete Förderung in den Markt der Schreiberlinge eingeführt hat.

Ich danke Frau H., die als freie Medizinjournalistin ein großes Faktenwissen besitzt, und Frau v. H., die als Journalistin einer Tageszeitung das „Ohr am Puls der Zeit" hat und mir bei den Korrekturen half.

Ich danke meinem rhetorisch und theologisch weit besser geschulten Bruder für seine Feinkorrekturen und zahlreichen wertvollen Ratschläge.

Ich danke Frau Dr. Wilbrand und ihren Mitarbeitern des LicguaMed-Verlages, die meine immerwährenden Nachbesserungen in Geduld ertragen haben.

Auch an die zahlreichen anderen Freunde und Kollegen geht mein Dank, die zwangsläufig bei der schweren Geburt meines ersten papierenen Kindes assistieren mußten.

Meiner Frau und meinen Kindern danke ich für die Geduld, die sie mit mir nicht nur als sich ständig mit anderen beschäftigender (Nerven-)arzt, sondern nun auch als Schreiberling hatten. Ihre liebevolle Ironie hat mir über manches hinweggeholfen und mir manches Licht aufgesteckt. „Du bist verrückt", haben sie mir gesagt, wenn ich abends noch lange über diesen Zeilen saß.

Sei's denn.

Berlin, im Februar 2000

K. H. A. G.

Nachtrag

Jahrtausendwerk

Um die Beitragssätze stabil zu halten, sollen die Gesamtausgaben der Krankenkassen nicht stärker steigen als die Einkommen der Versicherten. Alle zwei Jahre soll eine Expertenkommission die Versorgungslage überprüfen, so daß das Budget angepaßt werden kann.

In einer prosperierenden Gesellschaft wären damit reale Steigerungen zu erwarten und kaum jemand würde sich beklagen. Stagniert der Lohnsektor, ist dieser Konstrukt allerdings gefährlich. Da die Kosten der Versorgung rascher steigen, wird deren Qualität fallen. Irgendwann sind die Rationalisierungsreserven erschöpft oder ihre Aktivierung bringt keinen Gewinn mehr.

Neben den laufenden Kosten sollen die Krankenkassen stufenweise bis zum Jahr 2008 auch die Investitionen der Krankenhäuser übernehmen. Bislang war dies die Aufgabe der Länder. Zwei Milliarden Mark Mehrkosten kommen zwischen 2003 und 2008 auf die Krankenkassen zu, danach werden es 4,5 Milliarden sein. Dafür sollen die Länder die Ausgaben für Mutterschafts- und Sterbegeld von etwas 2,9 Milliarden Mark zahlen.

Abgesehen von einem schlechten Deal zu Lasten der Versichertengemeinschaft, deren Mitglieder keine Chance zu einer Änderungskündigung haben, wird hier eine Versicherungsleistung in eine Sozialleistung überführt. Ist diese sicher vor Manipulationen? Sind die rechtlichen Konsequenzen dieser Verschiebung überdacht worden?

Kassen und Ärzte sollen jedes Jahr ein Budget für Arznei- und Heilmittel aushandeln. Bei Überschreitung haftet zunächst der einzelne Arzt mit bis zu fünfzehn Prozent seines Honorars. Reicht dies für eine Deckung nicht aus, müssen alle Ärzte einer Region bis zu fünf Prozent ihres Honorars zurückzahlen.

Disziplinierung bis zur Existenzvernichtung – sollte man das nicht auch denen antun, die die steingewordene Machtdemonstration in Berlin geplant und riesige Kostensteigerungen zu verantworten haben? Wie ist es mit der Produkthaftung unserer Politik in der Ära der Nachbesserung?

Die Rolle der Hausärzte soll gestärkt werden. Sie sollen einen eigenen Honorartopf und eine Torwächterfunktion auf dem Weg zum Facharzt erhalten. Patienten, die generell nur mit einer Überweisung zum Anpassen von Brillen und Hörgeräten, zur Schienung eines Beinbruchs, zum Katheterwechsel und zur Behandlung ihrer Psychose gehen, erhalten finanzielle Vorteile.

Die Spaltung der Ärzteschaft wird ihre Früchte tragen. Der Allgemeinarzt hat heute keine General-Kompetenz. Er ist internistisch, vielleicht chirurgisch, gynäkologisch, seltener psychiatrisch ausgebildet. Er ist in seinem Tagesgeschäft genausoviel oder auch -wenig wie ein Facharzt in der Lage, sein medizinisches Rund-um-Wissen auf solch einem hohen Stand zu halten, daß er Vormund seines Patienten sein könnte. Die finanziellen Anreize für die nur scheinbaren Steuermänner und die Gesteuerten werden die Fachärzte ausbluten. Ob es sinnvoll ist, wenn der Weg zum nächsten Spezialisten und die Wartefrist für einen Kranken länger werden?

Warum verweigern wir Fachärzte für Allgemein- und sonstige Medizin uns nicht diesem Herrschaftsmodell und kooperieren zum Wohl unserer Patienten?

Die Krankenkassen sollen künftig die Abrechnungsdaten der Ärzte in maschinenlesbarer Form erhalten, um die Kosten besser zu kontrollieren. Erst eine massive Intervention der Ärzteschaft verhinderte schwere Verletzungen des Datenschutzes durch die Gesetzesvorlage. Allein der Doktor bleibt weiter gläsern.

Die Frage ist, ob die Kassen in der Lage sind, mit der Datenflut fertig zu werden. Fraglich scheint mir, ob sie die fachliche Kompetenz haben, hieraus die richtigen Schlüsse zu ziehen, und ob sie dauerhaft der Versuchung widerstehen können, sie zum Ausbau der eigenen Machtposition zu mißbrauchen. Die Rücknahme der Mitteilungspflicht der Kassen über die Höhe der Verordnungen durch die jetzige Regierung läßt Böses befürchten.

Ab dem Jahr 2002 zahlen die Krankenkassen nur noch für Medikamente, die in einer sogenannten Positivliste aufgelistet sind. Sie soll von einem Expertengremium erarbeiten werden. Vorwiegend werden hier „alte Schätzchen" enthalten sein. Bis die Bürokratie neue Medikamente darin aufnimmt, ist deren Patentschutz wohl abgelaufen. Der therapeutische Fortschritt läßt sich so zwar nicht aufhalten, aber finanziell etwas kommoder gestalten.

Das „Gesundheitsreformgesetz" ist keine Reform. Es bleibt beim Taktieren und Hinhalten. Die eigentlichen Probleme bleiben ungelöst. Es negiert die Ursachen der Kostensteigerung, schreibt die reine Sachleistung fort, so daß derjenige, der sie anfordert, die Kosten nicht kennt, und fördert das Anspruchsdenken. Damit ist die *Solidität* der Krankenversicherung nicht mehr gewährleistet. Andererseits entsprechen die Vorenthaltung medizinisch nicht indizierter, aber gewünschter und selbst bezahlter Gesundheitsleistungen, weil diese unter den Kassenleistungen aufgelistet sind, und die wirtschaftliche Austrocknung der Leistungserbringer durch die Budgetierung der Kostenseite nicht dem Geist unserer Verfassung.

So bleibt die „freiheitliche Grundordnung" auf der Strecke, da werden Menschen, die diese Arbeit leisten, mutwillig zu Arbeitslosen gemacht und da bleibt zu wenig Arbeitskraft für *grundlegende*, nicht nur für zu hohe Ansprüche. Da ist letztlich das Grundrecht auf Leben und körperliche Unversehrtheit gefährdet. Hohe Ansprüche sind und bleiben in diesem System *unsolidarisch*. Sie nehmen den wirklich Bedürftigen die Luft zum Atmen.

Wohlfahrt für *alle* wird auf diese Weise unserer Gesellschaft zum Fluch. Sie bevorzugt die, die laut „hier!" rufen, läßt den wirklich Bedürftigen nur noch Brosamen und korrumpiert und ruiniert schließlich alle.

Neu in der Gesundheitspolitik ist, daß unserer neue Gesundheitsministerin Gesetze schafft, die nach ihrer eigenen Aussage ein Steuerungsinstrument zur *Disziplinierung* der Ärzteschaft darstellen sollen. Mit ihrer Diskursfähigkeit und ihrem Demokratieverständnis scheint es nicht sehr weit her zu sein. Nachbeten demagogischer Parolen des AOK-Bundesverbandes und Vermeiden von Kontakten mit der anderen Seite sind keine eigenständige Politik. Wenn sie die Vergeudung auf der Seite der Kassen und deren Hilfsinstitutionen bagatellisiert, die auf der Seite der Leistungsträger geißelt, ist das Parteilichkeit.

Frau Fischer ist zu dringend wünschen, daß sie trotz des Getöses der einschlägig Interessierten, der Ja-Sager, der Schweiger und Uninformierten den Blick für das Wesentliche und Mögliche behält und sich nicht verleiten läßt, alles Porzellan zu zerschlagen, um das Schlaraffenland zum Nulltarif versprechen zu können. Umverteilung als Nullsummenspiel ist nicht realisierbar, die Aktion selbst aber zu teuer, vor allem für die wirklich Kranken. Dem Volk nach dem Mund zu reden und die Befriedigung aller Bedürfnisse zu versprechen, führt zum Totalitarismus.

Gesundheit läßt sich weder strukturieren noch reformieren, allein das System, das sie fördern und erhalten soll. Dazu ist eine unvoreingenommene Diskussion aller Beteiligten erforderlich. Halsstarrige Ideologie, juristische Fragwürdigkeiten, Buchungstricks, Bestechungsversuche und Unfähigkeit zur Kommunikation und Kooperation sind Zeichen einer ungesunden Entwicklung.

Gute Gesundheit, Deutschland.

Realität

Was Sie hier gelesen haben, ist keine Farce. Es ist noch nicht einmal übertrieben. Es ist die reine Wahrheit. Nur habe ich es gewagt, sie auf mich zu beziehen, auf Sie, auf die Akteure und die stillen Dulder in unseren Gesundheitssystem. Natürlich habe ich meine persönliche Sicht eingebracht, habe gedeutet, manches auch schief dargestellt. Sicher bin ich parteilich. Auf jeden Fall bin ich emotional beteiligt.

Ohne diese innere Beteiligung an den Geschehnissen, ohne heftiges Engagement hätte ich verzweifelt die Brocken hingeworfen und mich mit anderen Dingen beschäftigt. Ich bin kein Stoiker, der alles auf sich zukommen lassen und der allem das notwendige Minimum an Befriedigung abgewinnen kann. Ich kann nicht träge zuwarten und mir von einem überfürsorglichen, paternalistischen Staat alles an Entscheidungen abnehmen lassen. Zuwarten und erdulden macht träge. „Trägheit macht traurig", erkannte Thomas von Aquin. Und traurig zu sein, macht mir keinen Spaß.